- SAP ERP의 기능을 중심으로 한 -

ERP의 이해와 활용

함 용 석

북넷

ERP를 강의하다보면 ERP 안에 담겨있는 선진기업들의 프로세스들과 수많은 경영이론들에 대하여 학생들과 산업체에 계시는 분들에게 알려주는데 한계를 느끼는 것이 현실이다. 왜냐하면 ERP 안에는 영업, 생산, 자재, 물류, 회계, 원가 등 여러 분야에 대한 내용이 담겨있는데 경영학의 구체적인 내용을 묶어서 강의하는 것과 별반 다를 바 없기 때문이다.

그래서 대부분의 ERP 저서들은 깊이 있는 프로세스와 기능보다는 ERP의 선정과 구현방법론에 집중되어 있기도 하다. 물론 기업에 맞는 ERP를 선정하고 기업체가 성공적으로 활용할 수 있도록 구현하는 방법론이 중요하지만 ERP를 이해하려면 기능과 프로세스를 이해하여야 한다고 생각한다.

그렇지만 ERP 책 한 권에 여러 분야의 이론과 프로세스를 모두 담을 수는 없겠지요. 이 책은 SAP ERP를 중심으로 설명하였다. SAP ERP는 기업용 솔루션으로는 가장 높은 시장점유율 보유하고 있고 전 세계에서 가장 유명한 ERP이다. SAP ERP에는 수 만명의 학자들이 쌓아온 이론과 노우 하우가 담겨져 있고, 이러한 이론과 프로세스가 프로그래밍이 되어 있습니다. 본 서는 SAP ERP를 중심으로 ERP의 통합성을 이해시키고, 특히 영업 및 유통, 생산관리, 자재관리 분야에 초점을 맞추어 이론과 기능을 설명하였다.

〈ERP의 이해와 활용〉은 많은 부분이 신규로 집필되었지만 ERP 교재의 특성상 실습 부분은 〈무한세계 SAP ERP 여행〉의 개정판의 성격도 지니고 있다. 〈무한세계 SAP ERP 여행〉을 저술한 지도 6년이 지났으며, 많은 대학에서 교재로 선정하고, ERP를 구축하는 기업에서 단체로 구입을 하기도 했다. 또한 인터넷상에서도 많은 관심을 가져주신 독자들께 진심으로 감사드린다.

이 책은 대학에서 두 학기 정도에 강의를 할 수 있는 분량이다. 1부의 〈ERP 이해〉를 한 학기에 강의하고, 두 번째 학기에 1부의 6장 자재관리모듈의 주요 기능과 7장 영업/유통모듈의 주요 기능을 복습하며 , 2부의 〈SAP ERP의 실습 및 활용〉을 습득하면, ERP의 통합성을 이해하며 컨설턴트로 입문하는 수준에 이르리라고 생각된다.

이 책의 1부에서는 SAP ERP에 초점을 맞추어 전반적인 ERP 관련 이론을 살펴보았다. 특히 4장에는 확장형ERP를 알기 쉽게 설명하였다. 5장에는 구축방법론과 성공적 구축 방안에 대하여 기술하였다. 그리고 6장의 영업/유통모듈과 7장의 자재관리모듈은 학생들이 가장 흥미를 느낄 수 있는 분야이고, 생산관리 및 회계 분야와 밀접히 통합되어 있어 ERP의 특성을 가장 잘 반영하고 있는 모듈이다.

2부는 기능실습과 시나리오에 근거한 활용에 관한 내용을 넣고자 주로 실습과 시나리오 구현 그리고 사례를 기술하였다. 2부 1장은 SAP ERP 화면에 익숙해지도록 구성하였고, 2부 2장은 기본적인 자재관리 모듈의 프로세스를 기술하였다. 그리고 2부 3장에서 생산관리모듈을 통해 영업/유통모듈 및 자재관리 모듈과 연계된 주요 생산 프로세스에 대한 흐름을 살펴보았으며, 2부 4장에서 영업/유통모듈을 통해 비즈니스 시나리오에 기초한 업무를 실습할 수 있도록 구성하였다. 그리고 2부 5장에서 실제 기업에 적용될 수 있는 프로세스를 SAP ERP에 구현할 수 있도록 영업/유통모듈 위주로 컨피규레이션과 이를 응용할 수 있는 실습 화면을 구성하였다. 6장에서는 학생들이 지루하지 않도록 비즈니스 시나리오를 재미위주로 구성하여 구현함으로써, 학생들에게 비즈니스 시나리오를 이해시키려는 시도와 구현 화면 위주로 SAP ERP를 이해시키려는 시도를 하였다. 그리고 7장에서는 경영혁신 사례와 변화관리 사례를 담았다.

처음에 SAP ERP를 기증받고 강의계획서를 만들 때만해도 해야 할 일들이 많아 어렵게 느껴졌는데, ERP 관련 전문업체에 취업이 되어 ERP 실력이 부쩍 늘은 졸업생들, 그리고 일반 업체에 취직했는데 SAP ERP로 수출영업 업무, 생산 및 자재관리 업무, 회계 업무를 하고 있다는 졸업생들이 찾아올 때마다 기업체에 더욱 도움이 되는 교육과정이 되도록 노력해야겠다는 생각이든다.

이 책이 나오기까지 많은 분의 도움을 받았다. 학생들을 가르치는데 큰 도움을 주고 계시는 SAP Korea의 백성현 전무님과 Accenture의 전성욱 전무님, 주문식교육 협약을 맺고 SAP ERP 유지보수를 지원해주시는 ASPN의 한창직 사장님, 정택근 전무님께 감사드린다.

또한 필요한 자료를 작성하여 제공하고 같이 상의해주신 김태영선생님, 박현성선생님, 정운형팀장님께 진심으로 감사의 말씀을 전한다. 그리고 항상 제 스케쥴에 맞추어 연구실에 방문해서 책의 내용을 상의하고 직접 편집에도 힘써주신 북넷의 유재식 사장님께 깊이 감사드린다.

끝으로 SAP ERP 교육과정 개발과 운영을 성심껏 도와주신 동양미래대학교 경영학부의 모든 교수님들께 감사드린다.

2014년 2월

저자 함용석

제 1 부 ERP의 이해

제1장 ERP의 개요

제2장 ERP의 필요성과 특징

제3장 SAP ERP의 구성 및 모듈별 특성

제4장 확장형 ERP

제5장 ERP 구축방법론

제6장 자재관리모듈의 주요 기능

제7장 영업/유통모듈의 주요 기능

제 2 부 SAP ERP의 실습 및 활용

제1장 SAP ERP 익숙해지기

제2장 자재관리모듈 기본기능 실습

제3장 생산관리 모듈 프로세스 실습

제4장 영업/유통모듈 및 비즈니스 시나리오 실습

제5장 영업 및 유통 컨피규레이션과 활용

제6장 비즈니스 시나리오 구성 및 구현

제7장 ERP를 통한 프로세스 혁신 및 변화관리 사례

ERP의 이해

제1장

ERP의 개요

01 ERP의 개념

경영은 조직의 특정 목표를 달성해가는 과정이다. 좀 더 구체적으로 말하면 조직의 성과를 향상시키기 위하여 계획, 조직화, 지휘, 통제의 경영관리사이클 상에서 효율성과 효과성을 높이는 의사결정과정이다. 경영의 성과를 향상시키는데 점차 ERP가 혁신의 수단으로 많이 사용되고 있다.

한때 e-business가 유행이 되면서 기업마다 무조건적인 인터넷화를 추진한 시절이 있었다. 그러나 결국 델이나 시스코 그리고 국내의 삼성전자나 볼보건설기계, 한국타이어 사례에서 프로세스의 혁신과 ERP의 추진으로 e-business의 기본 정보가 나오지 않고서는 궁극적으로 e-business가 성공할 수 없다는 사실을 깨닫고, 국 · 내외적으로 더욱 ERP의 중요성이 부각되었다.

많은 국 · 내외의 선진기업들이 경쟁력을 확보하기 위한 노력의 일환으로 ERP의 도입과 도입 후 고도화에 많은 관심을 기울이고 있다. ERP는 Enterprise Resource Planning을 줄인 말로, 우리 말로는 전사적 자원관리로 불리어지고 있다.

기업의 자원(Resource)에는 사람(Man), 기계(Machine), 자금(Money), 자재(Material) 등이 있다. 기업의 성과를 향상시키려면 이러한 자원들을 효과적으로 사용할 수 있는 의사결정이 요구된다. 따라서 ERP는 기업활동을 위해 쓰여 지고 있는 기업 내의 모든 인적 · 물적자원을 효율적으로 관리하여 궁극적으로 기업의 경쟁력을 강화시켜 주는 역할을 하는 통합정보시스템이라고 할 수 있다.

ERP와 관련된 몇 가지 용어를 중심으로 개념을 설명하고자 한다.

첫째로, ERP는 통합정보시스템이다. 영업, 생산, 자재, 원가, 회계부문들이 서로 정보와 데이터를 통합하여 업무를 처리하는 시스템이다.

둘째로, 이미 프로그래밍 언어로 구현되어 있는 패키지(Package)이다. 수많은 학자들에 의해 정립되어온 경영이론들과 수많은 선진기업들의 업무 프로세스들이 이미 프로그래밍 되어 있어, 해당 기업의 업무에 맞도록 조합하여 사용하는 시스템이다.

셋째로, 세계 각국의 우수 기업들의 가장 우수한 업무 관행(Best Practice)이 내장되어 있어, 이를 참조모델로 사용하여 프로세스 혁신(Process Innovation)을 도모하는 수단이다.

ERP를 경영관리시스템의 새로운 개념으로 파악하고, 좀 더 포괄적인 관점에서 다음과 같이 개념을 정리할 수 있다.

- ERP란 경영자원의 효과적 이용이란 관점에서 기업 전체를 통합적으로 관리하고 경영의 효율화를 기하기 위하여, 경영이론과 실무를 사전에 프로그래밍하여 놓고, 기업에 맞도록 조합시킬 수 있는 최적화 패키지이다.
- ERP시스템이란 최신의 IT(Information Technology)기술을 활용해 수주에서 출하까지에 이르는 일련의 공급사슬(Supply Chain)과 관리회계, 재무회계, 인사관리를 포함한 기업의 기간업무를 지원하는 통합정보시스템이다.
- ERP란 공급사슬 상에 있는 기업의 모든 경영자원을 효과적, 효율적으로 계획하고 관리하는 경영혁신의 도구이다.

이상으로 ERP시스템에 대한 개념을 몇 가지 소개했는데 중요한 것은 'ERP란 기업의 이익을 최대화하기 위해 영업, 생산, 자재, 물류, 회계, 원가 그리고 인사 등의 기업 기간업무를 조직 횡단적으로 파악하고 전사적으로 경영자원의 활용을 최적화하는 계획과 관리를 위한 경영개념'이라는 것을 명확히 이해하는 것이다.

02 ERP의 통합성 장점

이러한 ERP패키지는 통합 데이터 베이스를 중심으로 많은 우량 기업의 비즈니스를 담고 있는 베스트 프랙티스(Best Practices)를 갖고 있고, 비교적 단기간에 업무 프로세스와 조직 혁신을 실현하기 위한 솔루션 모델을 제공한다.

통합적인 관리를 한다는 말이 쉽게 이해되지 않을 수 있다. 이를 위해 기업에서 수주를 하면서 수행하는 활동을 예로 들어 간단히 통합성에 대해 이해하여 보자. 기업이 속해있는 시장이 매우 다양하여 주문형 생산 및 영업을 하는 경우와 계획생산하여 불특정 다수에게 소비재를 재고영업하는 경우에 따라 영업업무 프로세스가 매우 달라진다. 일반적으로 주문형 생산 및 영업을 하는 경우라고 가정해보자.

[그림 1-1]은 ERP의 통합성을 보여주는 하나의 주문 프로세스 사례이다. 일반적으로

그림 1-1 주문 프로세스의 실시간 통합성 개념

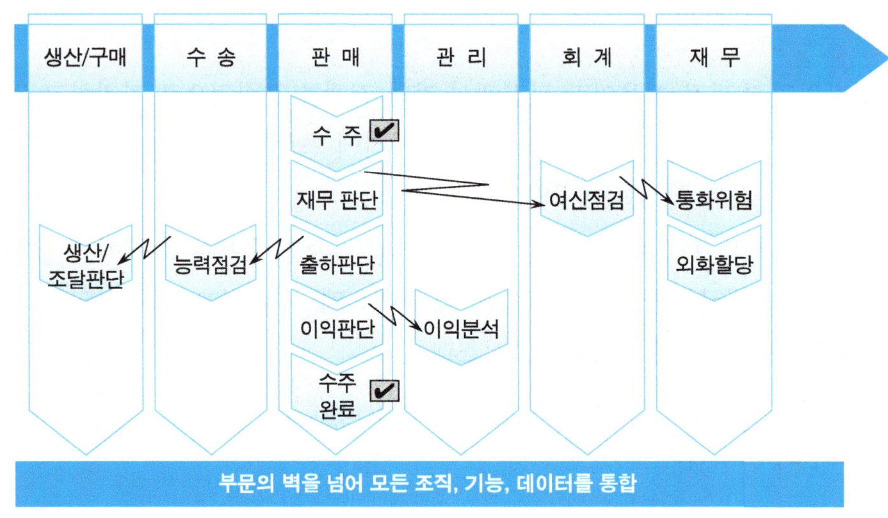

고객의 문의나 견적요청을 바탕으로 고객의 주문을 받게 된다. 주문을 받으면서 가격결정을 한 후 재무적인 판단을 하게 되는 데, 이때 여신을 점검한다. 즉, 고객이 과거에 구입한 불량외상매출금이 신용한도 이상으로 많이 남아있지 않은 지를 점검해야 한다.

외상매출금뿐만 아니라 주문받은 후 배송대기 중인 제품의 가치도 여신한도 금액에 포함시켜야 된다. 그리고 자재의 가용성 및 생산용량의 적정성 등과 같은 능력 점검을 한 후 생산해서 조달할 수 있는지 여부를 판단하고, 출하판단을 한다. 그리고 이익분석을 하기 위해 원가가 얼마인지, 원가 대비 판매가가 적정한 이윤을 남기는 지를 계산하는 이익 판단을 하고 수주가 완료 된다. 과거의 단위시스템이었다면 영업시스템에서 수행하다가 여신점검을 위해 회계부서에 문의하고, 능력점검을 위해 구매 및 생산부서에 문의하며, 이익판단을 위해 관리/원가부서에 문의하여야 할 상황에서 ERP라는 통합시스템에서는 즉시 실시간으로 조회가 가능한 것이다.

또한 수출의 경우 해외 통화로 대금청구를 해야 하는 상황이라면 재무부서에서 대금청구하는 통화의 위험을 판단해야 하는 경우도 있을 것이다. 통화위험이란 환율의 변동에 따른 위험을 말한다.

이와 같이 ERP는 실시간 처리시스템이고, 모든 모듈이 서로 통합되어 있으며, 또한 모든 조직, 기능, 데이터가 통합되어 있는 시스템이다. 이상의 개념과 정의를 바탕으로 ERP

를 하나의 정의로 보기 어려우므로 관점에 따라 전사적 자원관리 이외에 실시간 기업 최적화시스템, 기업성과 극대화시스템, 매개 통제방식의 통합경영시스템, 업무내장 기업최적화시스템이라고 생각하면 될 것 같다.

2부에서 여러분은 SAP ERP에 영업주문을 입력하는 화면을 보게 될 것이다. 다양한 가격정책에 대한 자동 가격결정 및 이익 판단, 다양한 여신점검 메커니즘에 기반한 여신점검, 다양한 가용성점검 파라미터 조정을 통한 납기 가능성 판단, 제품 재고 및 출하 예정리스트 조회를 통한 출하판단에 대한 기능들을 순차적으로 살펴볼 것이다.

ERP에 익숙해지고, ERP를 통해 업무처리를 하면 복잡한 회사나 공장의 物과 財의 흐름이 한 눈에 보인다. 즉, 조그마한 컴퓨터 모니터를 통해 바둑판같이 작지만 무한의 조합이 가능한 ERP 시스템을 관찰하면, 큰 회사나 공장이 운영되는 모습을 파악할 수 있는 것이다.

03 ERP의 배경

ERP가 나타나게 된 등장 배경을 먼저 살펴보도록 하자. 1990년대 들어 글로벌 경쟁체제로 들어서면서 경영환경이 급변하였다. 그리고 하드웨어 비용이 급랍하고 첨단 IT가 출현하면서 컴퓨터관련 환경이 저비용 고효율 구조로 변하였고, 이에 따라 개인과 기업의 컴퓨팅 파워가 막강해졌다. 또한 시장구조가 생산자 중심에서 소비자 중심으로 전환되어 가고 있는 가운데, 기업체들은 살아남기 위해서 IT자원을 활용한 첨단의 경영기법을 필수적으로 도입해야 하는 상황에 처하면서 자연스럽게 ERP가 주목을 끌게 된 것이다.

ERP는 '기업이나 조직의 업무 다각화 전략에 따른 분야별 기능의 지역적 분리 상황에 맞추어 물리적으로 떨어져 있는 조직체 간의 업무기능과 지역적인 한계를 넘어 기능의 연계, 더 나아가 통합적인 관리를 할 수 있도록 지원하는 종합적 자원관리시스템'이라고 볼 수 있다.

ERP는 기업의 통합정보시스템을 구축하기 위해 첨단의 IT를 기반으로 하여 선진 비즈니스 프로세스가 구현된 패키지 소프트웨어이므로 첨단 IT자원과 선진 비즈니스 프로세스를 동시에 기업에 접목시키는 수단으로 받아들여진 것이다. 쉽게 말해 기업체들은 ERP도입을 통하여 첨단의 IT 및 경영기법을 동시에 얻을 수 있게 된다. 이러한 ERP라는 개념은 가트너 그룹에서 MRP II(Manufacturing Resource Planning)에서 확장된 개념으로 처음 명명했다.

여기서 반드시 짚고 넘어가야 할 것은 ERP를 도입한다는 것은 단순히 전산시스템을 구축하는 것이 아니라는 점이다. 마치 새로운 공장을 짓고 새로운 회사를 설립하는 것과 같이 기존의 시스템과는 전혀 다른 혁신적인 업무와 통합성의 이점을 고려하여 ERP를 도입, 활용함으로써 일 처리방법이나 구조를 본질적으로 개혁시켜야 그 의미가 있다고 설명할 수 있다.

21세기를 맞이하여 기업은 내적 · 외적인 환경변화에 유연히 대응할 수 있는 능력을 확보해야 하는 동시에, 경쟁에서 살아남고 이익을 내기 위한 준비를 해야 한다.

과거와 현재의 경영패러다임을 비교해 본다면 과거는 고도성장과 매출극대라고 볼 수 있다. 그러나 현재의 경영은 빠르게 변하는 기업환경에 적절하게 대응하면서도 이익중심의 경영을 하는 것이 중요한 이슈이다. 현재의 기업이 생존하고 성장하기 위해서는 외부 환경변화를 항상 주시하고, 환경과 기술의 변화에 대응할 수 있는 노력과 투자로 능력을 확보해야 한다.

ERP시스템의 전략측면에서 본다면 기업의 경영환경 변화요인은 다음의 7가지로 요약할 수 있다. 아래의 7가지 환경변화요인에 의해 ERP시스템 구축의 필요성은 더욱 증대되고 있다.

3.1 경영환경 변화요인

(1) 기업의 세계화 · 국제화

세계화 · 국제화시대에 외국으로 진출하는 많은 기업들은 자국의 본사 또는 타 지역의 지사와 원활한 정보교환을 위해 다국적 기업에서 사용이 가능한 정보시스템을 요구한다. 기업의 해외 진출이나 사업이 세계적인 규모로 확대될 경우에 대비하여 각국의 언어, 통화를 비롯해 회계 기준 및 법 제도에 대응해야 하는 경우도 많다. 그리고 세계화 · 국제화의 흐름은 세계 도처에서 다수의 경쟁자와 경쟁해야하는 필연적 과정을 요구한다. 이러한 경쟁에서 우위를 점하는 기업은 더욱 많은 기회를 얻게 되고, 이러한 경쟁의 승리를 위해서 기업시스템 전체가 경쟁력을 갖추어야 한다. ERP시스템을 도입하며 세계화시대에 대비함으로써 업무프로세스를 표준화시키는 것은 타 기업에 대해 총체적 우위를 가지게 하고 이러한 우위는 차별화된 경쟁력을 가져온다.

(2) 대량화 · 분산화된 정보의 통합화

정보화시대에 부응하여 기업은 여러 곳에 산재해 있는 다량의 데이터를 효율적으로 수집하고 이를 가공하여 기업에 유효한 정보로 가공하고 보관하여야 한다. 이러한 정보의 통합을 위해 사람, 정보, 기술이 직접적으로 연결되는 네트워크기술이 필요하다. 그리고 지식화시대에 맞춘 빅데이터 정보분석시스템이 요구되고 있다.

(3) 빠른 제품 라이프사이클과 수익률의 감소

고객의 제품, 서비스에 대한 요구의 다양화는 제품 전체의 라이프사이클을 단축시키고 있다. 이러한 제품 라이프사이클의 단축으로 인해 제품개발에 투자되는 단위기간 비용은 늘어나고, 반대로 제품 판매기간이나 수량이 감소되어 이윤은 적어지는 추세에 있다. 이러한 추세에 대비하여 고객의 요구 분석능력과 생산을 최적화시키는 능력이 더욱 요구되고 있다. 고객이 요구하는 품질의 신뢰성과 고객 개개인의 기호를 맞춘 개별생산 형태를 가지기 위해서는 전사적으로 품질관련 정보시스템과 고객관리정보시스템 구축이 필요하다.

(4) 고객지원 체계의 발달

보다 많고 자세한 고객정보를 신속하게 파악하는 것은 고객지원 체계에 있어 가장 중요한 요소이다. 시간과 서비스에 뒤진 고객지원 체계는 기업의 성장에 절대적인 마이너스 요인으로 작용할 것이다. 기업은 고객과 친밀한 정보시스템을 확립함으로써 고객정보의 효율적 관리, 고객의 요구사항에 대한 신속한 대응, 시장세분화조사 등을 만족스럽게 수행할 수 있다.

(5) 생산품질의 고급화

고객의 기대에 도달하거나 혹은 고객의 기대를 초과하는 생산품질을 달성한다는 것은 고객의 마음 속에서 다차원적인 의미를 가진다. 고객이 구매한 제품이 설계사양서와 일치하

그림 1-2 7가지 경영환경의 변화

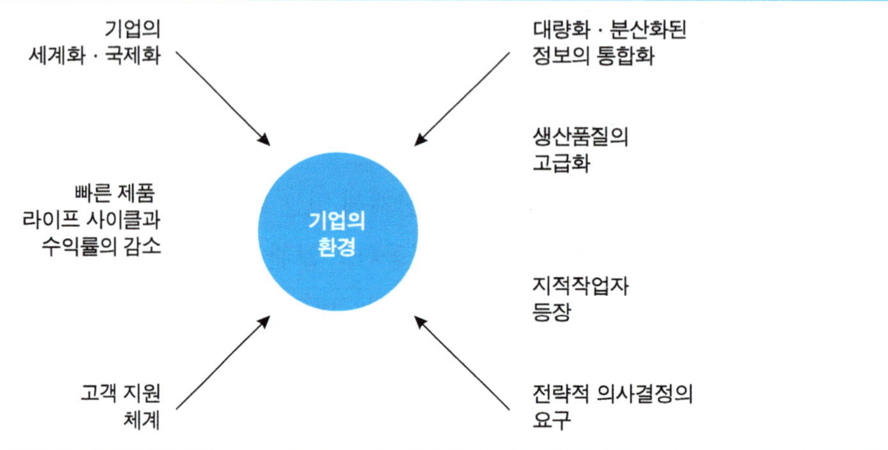

거나 고객의 마음 속에서 얼마나 많은 가치를 지니는가로 평가되는데, 이러한 기대 품질을 달성하기 위해 기업은 영업, 생산, 자재, 원가 등 여러 분야에서 통합된 정보가 필요해지고 있다.

(6) 지식작업자 등장

이제 기업은 단순작업을 하는 인재는 많은데, 지식경영에 필요한 지식작업자는 부족한 양극화의 고민을 해소해야 한다. 또한 이러한 지식작업자의 업무를 지원하여 생산성을 향상시킬 수 있는 시스템이 점점 더 요구되고 있는 실정이다.

(7) 전략적 의사결정의 요구

급격한 환경의 변화와 도전에 직면하여 시시각각 변화하는 실제 상태에 근거해 각종 경영판단이나 의사결정을 적시에 내리는데 도움이 되는 시스템이 필요해지고 있다. 그리고 어떤 업무에 대한 의사결정이 다른 업무에 어떠한 영향을 미치는가를 사전에 평가할 수 있는 전략적 관리가 요구되는 상황이다.

3.2 기술적 변화요인

앞에서 살펴 본 경영환경 변화요인에 의해 ERP시스템에 대한 필요성은 더욱 더 증가하였다. 현재 이러한 ERP시스템이 탄생할 수 있기까지 기술적인 요인관점에서의 발전을 보면 다음의 9가지로 분석할 수 있다.

(1) 개방형시스템

개방형시스템은 이 기종 간의 시스템 연계를 원활히 지원해주는 통합시스템 구축의 기본 골격을 형성하고 있다. 전사적인 자원관리를 기본적인 목표로 하고 있는 ERP시스템에서 다양한 기종을 연결시킬 수 있는 개방형시스템이라는 것은 가장 중요한 기본개념이다.

(2) 4세대 언어와 CASE

지금까지 정보시스템의 문제는 보통 사람이 이해하기 어려운 시스템의 구성과 영어를 위주로 한 전산용어였다. 이러한 문제로 사용자는 쉽게 정보시스템에 접근할 수 없었다. GUI(Graphic User Interface)의 등장은 사용자가 쉽게 정보시스템에 접근할 수 있게 하였다.

그리고 4GL(Fourth Generation Language)의 등장으로 프로그램의 개발이 용이해지고 좀 더 사용자 중심의 프로그램개발이 가능해졌다. CASE(Computer Aided Software Engineering)도구도 역시 개발 생산성의 증대와 소프트웨어 품질보증의 측면에서 ERP발전에 많은 공헌을 했다. 기존의 프로그램방법론에서는 한 번 개발된 프로그램을 급변하는 기업환경에 맞추어 수정하거나 보완하는 작업이 매우 어려웠다.

그리하여 이 작업에 소요되는 시간은 시스템을 처음부터 다시 개발하는 것과 비슷할 뿐 아니라, 수정이나 보완을 한다 해도 그 시스템이 완성된 후에는 이미 구형시스템이 되어 버리는 경우가 허다했다. 이에 따라 소프트웨어 개발뿐만 아니라 유지보수 측면에서 유연성 있게 활용하기 위해서 사용하게 된 것이 4GL이나 CASE 도구라고 할 수 있으며, ERP시스템 역시 이러한 개념에서 4GL이나 CASE 도구를 기본으로 채택하고 있는 것이다.

(3) C/S 시스템과 웹기술

C/S시스템(Client/Server System)의 개념은 공용성이 높은 정보는 서버에 보관하고 개별

적인 시스템은 사용자 측의 클라이언트에서 관련정보를 보관하여 관리한다는 것이었다. ERP시스템에 이러한 C/S의 개념이 도입되면서 정보의 공유와 시스템의 소형화에 많은 기여를 하게 되었다. 이제는 이러한 C/S중심의 ERP시스템에 웹기술을 접목하여, 어디에서든 자사의 정보시스템에 접근하여 업무를 처리할 수 있는 업무환경을 만들어가고 있다.

(4) 관계형 데이터베이스(RDBMS: Relational Data Base Management System)

ERP시스템에서 요구하고 있는 대단히 복잡하고 엄청난 거래를 소화해내기 위해서는 반드시 저장창고인 DB가 고기능화가 되어야 한다. 현재 ERP시스템에서 운영되고 있는 DB는 Oracle, Informix, Sybase, SQL 등인데 DB의 채택은 주로 운영환경과 하드웨어 등 전체의 플랫폼에 의해 결정되고 있다.

(5) 객체지향기술(OOT: Object Oriented Technology)

ERP패키지내의 각 모듈(Module: 프로세스)은 각기 독립된 개체(Object)로서의 역할을 하게 된다. ERP시스템은 이렇게 많은 모듈들의 집합체이다. 각 모듈들은 자기 고유의 기능을 가지면서 다른 모듈들과 객체지향방식의 인터페이스를 통해 전체적으로 시스템의 효율을 향상시킨다.

(6) 워크플로(Workflow)

기업업무가 복잡해지면서 사무실의 서류가 점차 복잡해져 가고 있고, 업무관리의 표준화가 더욱 어려워지고 있다. 워크플로 개념은 특정 업무가 수행되었을 때 연이어 수행되어야 할 업무에 대해 알려주거나, 결재가 진행되도록 필요한 사람에게 공지되는 것이다. 이러한 워크플로는 기업의 기간업무에 대한 자동화 및 표준화를 지향하고, 관련업무 간의 연계성, 정보의 효율적 관리와 운영에 많은 도움을 주게 된다. 또한 정보시스템에서 사용자의 역할과 책임이 업무성과와 밀접하게 연관되어 있음을 강조하면서 ERP시스템의 기본기능으로 정착되고 있다.

그림 1-3 9가지 기술의 변화

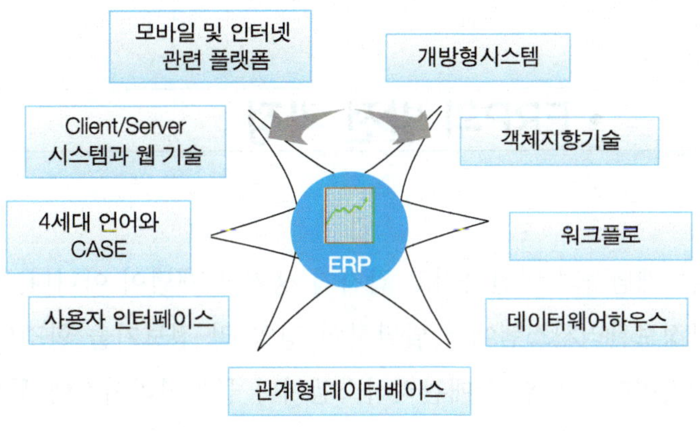

(7) 사용자 인터페이스(User Interface)

점차 사용자 인터페이스의 중요성이 부각되면서, 특히 그래픽 사용자 인터페이스가 눈부신 성장을 하였다. 이러한 성장이 ERP와 접목되어 복잡한 ERP정보를 용이하게 분석할 수 있도록 다양한 그래프 등이 제공되고 있다.

(8) 데이터웨어하우스(Data Warehouse)

데이터웨어하우스란 기업의 운영시스템에서 생긴 내부데이터와 기업 외부데이터를 주제별로 통합하여, 별도의 프로그래밍 없이 여러 각도에서 분석할 수 있는 정보로 모아 놓은 저장창고이다. 데이터웨어하우스의 발전으로 ERP의 분석시스템이 발전할 수 있었다.

(9) 모바일 및 인터넷관련 플랫폼

최상의 분석기술에 대한 수요, 모바일 기기를 아우르는 높은 수준의 보안, 그리고 주요 애플리케이션에 대한 비즈니스 연속성 보장 등의 요구가 점점 등장하고 있다. 이에 따라 이러한 애플리케이션의 효과적인 구축을 위해 스토리지와 서버, 네트워크, 데이터 교환 프로토콜, 데이터베이스 관리 등의 구성요소간 호환성이 검증된 컨버지드 플랫폼이 등장하고 확산될 것으로 전망된다. 이와 같이 급변하는 IT환경을 개별 기업들이 모두 따라 가면서 도입하고 구현하기 보다는 ERP와 같은 상용제품을 통해 변화하는 IT환경에 맞춰 애플리케이션을 도입하고 업데이트 시킬 수 있다.

04 • ERP의 발전 과정

ERP도 다른 개념들과 마찬가지로 갑자기 생겨난 개념이 아니다. ERP는 서구에서 발달한 통합 생산정보관리시스템에서 발달하여 경영 및 정보기술 환경의 변화에 따라 자연스럽게 태동된 것이다. 그 후 판매관리시스템이나 물류관리시스템 등의 기능이 추가되어지고 나아가 인사관리시스템과 회계관리시스템도 통합되어 오늘날 주목받고 있는 ERP로 진화해 왔다.

그림 1-4 ERP의 발전 과정

1970년대 MRP	1980년대 MRP II	1990년대 ERP	2000년대 확장ERP
· 자재명세서 · 자재소요량 계산 · 재고정보 (Inventory Record)	· 협력업체 및 사내의 생산능력	· 판매, 구매, 생산, 일반관리의 통합관리(MRP II + MIS)	· 내부공급뿐 아니라 외부공급망을 실시간으로 처리 (ERP+SCM,CRM)
↓	↓	↓	↓
구체적인 제조일정 산출 자재조달 계획 산출	생산능력계획과 기준생산계획의 연계 제조계획/설비 구입계획과의 연동 판매계획과의 연계	기업전반에 걸친 업무활동 대상	생산자와 공급자간의 전략적인 제휴
자재관리	생산관리	전사적 자원관리	확장된 공급 사슬관리
기업 내부 중심 관리			기업 내부 · 외부 관리

[그림 1-4]에서 좀 더 구체적으로 살펴보면 통합 생산정보시스템 중에서도 특히 자재소요량계획(MRP: Material Requirement Planning)에서 발전했다. MRP는 생산관리기법으로 기준생산계획(MPS: Master Production Schedule), 자재명세서(BOM: Bill of Material), 그리고 재고 정보를 가지고 최적의 제조 및 자재조달계획을 수립해 원가절감을 추구하는 기법이다.

그 후 MRP는 MRP II로 발전하는데, MRP가 자재조달 위주의 원가절감 기법인 데 반해 MRP II는 설비, 외주, 생산인력 등의 모든 생산관련 자원을 최적으로 투입해 생산성을 높이는 기법으로 발전했다.

ERP는 이러한 MRP와 MRP II를 거쳐 어느 한 부문만의 최적화에서 벗어나는 방향으로 발달하였다. 즉, 그동안 자체적으로 SI업체를 통해 개발한 부문 최적화된 시스템보다는 전체 최적화를 추구하여 통합적인 차원에서 기업을 비롯한 모든 조직의 모든 자원을 최적으로 활용해 새로운 정보기술과 경영환경에 대응할 수 있는 정보시스템이다.

특히 2000년도에 들어서 한 회사 단독으로만 잘해서는 효과가 한정된다는 인식이 확산되면서, 외부의 공급망까지도 실시간으로 최적화시키고 협업을 해야 하는 필요성이 커졌다. 또한 고객 및 관련업무 처리내역을 조회하고 분석할 수 있는 고객관계관리에 집중할 필요성이 커지면서 확장ERP로 점차 발전하고 있다.

ERP의 기원이면서 생산부문의 효율적인 관리를 위한 시스템으로서 MRP의 발전단계와 진화 내용을 좀 더 구체적으로 살펴보도록 하자.

4.1 MRP

1970년도에 등장한 MRP는 기업에서 가장 큰 고민거리 중 하나인 재고를 줄일 목적으로 제안되었다. 이 개념은 단순한 자재 수급관리를 위한 시스템이라고 할 수 있다. 이 시대에는 제품의 구성정보인 자재명세서(BOM: Bill of Material), 기준생산계획(MPS: Master Production Schedule), 재고 레코드 등의 기준정보를 근거로 자재의 비능률적인 활용이나 낭비를 제거하는 것이 주 목적이었다.

그림 1-5 ERP의 발전 과정별 특성

MRP	MRP II	ERP
· Materials Requirement Planning · 기능의 최적화 · 원자재, 가공품, 반제품 등에 대한 자재수급계획과 생산관리를 통합시킨 체계적인 제조정보 관리기술이었으나 DB기술의 미흡, 개념의 미정립 등으로 인하여 기업들이 적용하는데 어려움을 겪음	· Manufacturing Resource Planning · 부문의 최적화 1980년대에 전 단계의 기술적 문제의 해결과 함께 실시간 데이터 반영 및 수주, 재무 및 판매관리 등의 기능이 추가 · 안정된 제조활동을 보장하는 부문의 최적화가 이루어지게 되었으며 특히 스케쥴링과 시뮬레이션 기능이 추가 · COPICS라는 패키지 방식이 등장	· Enterprise Resource Planning · 기업 전체의 최적화 · MRP II에 회사전반의 경영지원 기능이 강화되면서 비 제조기업들도 활용할 수 있게 됨 · 선진 비즈니스 프로세스가 내장된 매개 통제 방식의 경영성과 극대화 시스템으로 발전됨

4.2 MRP II

1980년도에 출현한 MRP II(제조 자원계획: Manufacturing Resource Planning)는 자재뿐만 아니라 생산에 필요한 모든 자원을 효율적으로 관리하기 위한 것으로 MRP가 확대된 개념이다. MRP II는 소품종 대량 생산에서 다품종 소량 생산으로의 환경변화에 따른 고객지향 업무가 부각됨에 따라 생겨났다.

이러한 개념으로 MRP에 자동화된 공정 데이터의 수집, 수주관리, 재무관리, 원가관리의 기능을 추가하여 실현 가능한 생산계획을 제시하는 제조활동시스템이라고 할 수 있다. 그러나 MRP, MRP II시스템은 IT자원이 충분히 뒷받침되어 주지 않아 만족할만한 성과를 거두지 못한 것으로 평가되고 있다.

4.3 CIM

MRP II패키지시스템에 부족함을 느끼면서 통합을 중시한 컴퓨터 통합 생산시스템(CIM: Computer Integrated Manufacturing)이 부각되었다. 90년대 초반 당시에 CIM은 기업 경쟁력 확보를 위한 기본적인 시스템으로 인식되어 기업들이 CIM구축에 많은 투자를 하게 된다. 그러나 정보시스템 구축을 위한 인력의 부족, 기술력의 미흡, 전체 기능 통합의 어려움 등으로 확장열기는 점차 줄어들게 되었다. 이러한 문제를 안고 문제를 해결해 가면서 ERP시스템에 대한 전체적인 모델이 그려지고 있었다.

4.4 ERP

기존의 MRP시스템이 생산중심에서 출발하였다면 MRP II에서 확장된 개념의 ERP시스템은 생산뿐만 아니라 인사, 회계, 영업, 경영자 정보 등 경영관점에서 전사적으로 자원의 효율적인 관리가 주 목적이다. 1990년대에 탄생한 ERP의 배경은 새로운 비즈니스 환경의 변화였다. 이러한 변화와 더불어 생산 및 생산관리업무는 물론 재무, 회계, 인사 등의 순수 관리부문과 경영지원 기능을 포함하고 공급체계를 비롯한 회사 내의 연관 부서의 업무를 동시에 고려하지 않고서는 올바른 의사결정을 할 수 없다는 인식이 확산되면서, ERP시스템의 개념이 도입된 것이다. 현재는 ERP가 계속 확장되면서 확장형 ERP의 개념이 나왔으며 ERP와 확장형 ERP의 경계는 모호하지만, 지속적으로 확장되고 진화되는 것만은 틀림없다.

4.5 확장형 ERP

ERP가 점차 기능이 넓어지고 정착되면서, 확장형 ERP의 시대가 도래하였다. 한 기업의 최적화뿐만 아니라 공급사슬에 참여하고 있는 여러 기업들이 협력형 비즈니스를 전개할 수 있도록 협업과 융합을 강조한 것이다. 즉, 외부의 기업 데이터를 활용하고, 또한 우리 기업의 데이터를 외부기업에 전달하여, 전체 밸류체인을 최적화시키도록 진행되고 있는 것이다. 이를 위해 고객관계관리(Customer Relationship Management), 공급사슬관리(Supply Chain Management), 공급자 관계관리(Supplier Relationship Management), 전략적 기업경영(Strategic Enterprise Management), 제품 라이프사이클관리(Product Lifecycle Management) 등이 개념의 발전과 더불어 패키지로 출시되고, 점차 ERP와 통합되어 확장형 ERP의 개념과 패키지가 완성되어 가고 있다. 이러한 확장형 ERP는 4장에서 별도로 설명하도록 한다.

[그림 1-6]에서 보여주고 있는 바와 같이, ERP는 주로 생산 및 유통산업에서만 구축되

그림 1-6 확장형 ERP의 특성

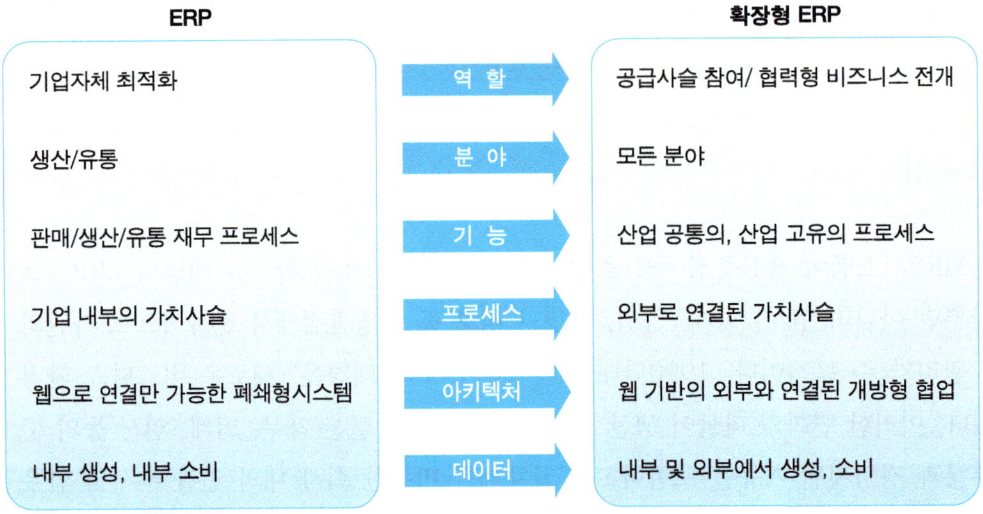

ERP		확장형 ERP
기업자체 최적화	역 할	공급사슬 참여/ 협력형 비즈니스 전개
생산/유통	분 야	모든 분야
판매/생산/유통 재무 프로세스	기 능	산업 공통의, 산업 고유의 프로세스
기업 내부의 가치사슬	프로세스	외부로 연결된 가치사슬
웹으로 연결만 가능한 폐쇄형시스템	아키텍처	웹 기반의 외부와 연결된 개방형 협업
내부 생성, 내부 소비	데이터	내부 및 외부에서 생성, 소비

고 있었으나 ERP로 발전하면서 공공분야와 금융분야 등 전 산업으로 범위가 넓어지고 있다. 또한 산업고유의 프로세스가 점차 강화되고, 웹기반에서 기업 간, 비즈니스 간의 협업 및 융합이 가능해지고 있다.

연 습 문 제

01 ERP의 개념을 기술하고, ERP를 도입하는 타당성을 설명하시오.

02 ERP에서 자원이란 무엇인가?

03 ERP란 무엇인가, 그리고 ERP에서의 베스트 프랙티스(Best Practices)란 무엇인가?

04 다음은 ERP의 개념에 대한 설명이다. 빈칸에 들어갈 단어를 순서대로 알맞게 짝지은 것은 무엇인가?

> "ERP는 기업의 모든 자원에 대하여 목표이익을 달성하기 위하여 (　　　　)하고 생산, 물류, 영업, 관리회계 및 재무회계 등 기간 업무 프로세스에서 (　　　　)하여 그 결과에 대하여 (　　　　)하고 (　　　　)하는 전사적 자원관리시스템입니다."

① 계획 – 실행 – 조정 – 분석　　② 분석 – 계획 – 실행 – 조정
③ 계획 – 실행 – 분석 – 조정　　④ 조정 – 계획 – 실행 – 분석

05 MRP와 MRP II에 대한 설명이다. 다음 중 틀린 것은 무엇인가?

① MRP는 외주처나 사내의 생산능력을 중요시 한다.
② MRP II는 생산능력 계획과 기준 생산계획을 연계하여 처리한다.
③ MRP를 통해서 구체적인 자재조달 계획을 산출한다.
④ MRP는 자재관리 중심의 개념이며, MRP II는 생산관리 중심의 개념이다.

06 MRP를 수행하는 목적은 무엇인가?

① 출하지점 결정　　② 가격 결정
③ 자재 소요량 판단　　④ 최적의 배송일정 확인

07 다음은 ERP의 특징에 대한 예시로서 주문 프로세스의 실시간 통합화에 대한 설명이다. 다음 중 주문 접수시 수행하는 절차가 아닌 것은 무엇인가?

① 여신한도 초과 여부　　② 생산/조달 판단 여부
③ 이익 판단 여부　　④ 고객 만족 여부

08 ERP가 필요하게 된 경영환경의 변화 요인들을 서술하시오.

09 ERP의 등장 역사를 1970년대, 80년대, 90년대, 2000년대로 구분하여 기술하시오.

10 ERP II의 핵심에 대한 설명이다. 다음 중 틀린 것은 무엇인가?

① 가치사슬(Value Chain)에서 웹 기반의 개방형 아키텍춰를 가지고 협력 형 비즈니스를 전개
② 산입 모든 분야에서 산업공통/산업고유의 프로세스 및 기능 지원
③ 기업 내부 최적화에 초점
④ 웹 기반의 개방형 아키텍춰, 데이터 공유

11 다음 중 ERP II의 요소가 잘못 연결된 것은 무엇인가?

① 역할 – 가치사슬 참여/협력형 비즈니스 전개
② 프로세스 – 외부로 연결
③ 아키텍쳐 – 웹 기반의 개방형, 외부와 연결됨
④ 데이터 – 내부생성, 내부소비

12 ERP에서 ERP II로의 진화에 대한 설명이다. 다음 중 연결 순서가 맞는 것은 무엇인가?

① 비즈니스 프로세스의 통합 – 기업 간 협력체계 구축 – 가상의 커뮤니티상의 협업체계 구축
② 기업 간 협력체계 구축 – 비즈니스 프로세스의 통합 – 가상의 커뮤니티상의 협업체계 구축
③ 비즈니스 프로세스의 통합 – 가상의 커뮤니티상의 협업 체계 구축 – 기업 간 협력체계 구축
④ 가상의 커뮤니티상의 협업 체계 구축 – 기업 간 협력체계 구축 – 비즈니스 프로세스의 통합

제2장

ERP의 필요성과 특징

01 ERP도입의 필요성

오랫동안 기업들은 데이터의 정합성이 확보된 통합관리를 실현하기 위하여 악전고투해 왔다. 가장 대표적인 문제가 이중 입력이었으며, 이 문제를 해결하려면 복수의 시스템 간의 데이터 정합성을 유지해야하므로 인터페이스개발과 운용에 방대한 인원, 비용 및 시간을 들여왔다. 많은 거래 데이터를 야간에 일괄적으로 주고 받는 등 복잡한 설계와 운용 스케쥴이 필요했다.

이러한 문제를 해소시키는 것이 통합 데이터베이스이다. 예를 들어 상품출하를 처리할 때 해당 품목의 재고 평가액 감소, 출하가능재고 수의 감소, 해당 고객에 대한 외상매출금 가계정 생성을 동시에 반영시킨다. 과거에는 각각의 단위시스템인 배송시스템에서 상품을 출하시키고, 재고관리시스템에서 출하가능 재고 수를 감소시키며, 회계시스템에서 재고 평가액을 감소시키고 외상매출금 가계정을 생성시켜야 했었다.

이로 인해 각 단위시스템 간에 데이터의 정합성이 떨어지고, 입력시간도 서로 달랐었다. 이제는 통합시스템인 ERP에서 상품출하를 시키면 관련업무가 모두 실시간으로 처리됨으로써 데이터의 이중 입력이 방지되고, 데이터의 정합성이 맞아 정보의 불일치로 야기되는 부서 간 갈등이 줄어들고, 부서 간 지속적인 업무혁신이 가능해진 것이다.

마찬가지로 고객으로부터 반품을 받았을 경우에도 반품된 재고 평가액의 증가, 출하가능재고의 증가, 거래처에 대한 외상매출금의 감소, 매출 감소처리를 실시간으로 일괄 수행한다. 과거에는 판매관리, 재고관리, 회계, 판매실적 분석 등 네 가지 단위시스템에서 별도로 기록했던 것을 일원화함으로써 업무절차의 간소화, 시간 단축, 처리의 정확성 향상이라는 효과를 얻는다.

이와 같은 통합성에 힘입어 SAP ERP와 같은 기업용 솔루션은 크게 다음과 같은 세 가지 방향으로 발전하고 있다.

첫째, 기업 내부의 업무를 처리하는 트랜잭션 위주의 시스템에서 전략경영 등의 분석 툴을 추가하게 되어 상위계층의 의사결정을 지원하는 시스템으로 발전하고 있다.

둘째, 단순업무처리에서 공급사슬관리(SCM), 고객관계관리(CRM), 공급업체관계관리(SRM), 제품 라이프사이클 관리(PLM) 등으로 확장되며, 기업 간 협업을 강조하는 시스템으로 발전하고 있다.

셋째, 사용자도 모르는 사이에 축적된 다양한 정보를 활용하여, 어떤 제품 시장과 고객을 대상으로 비즈니스를 하는 것이 가장 기업의 수익성을 향상시키는지를 분석할 수 있으므로 자연스럽게 시장조사에 도움이 된다. 이에 따라 신제품개발과 새로운 세분시장 영역을 파악함으로써 기업의 신 시장개척과 마케팅계획에 큰 도움을 줄 수 있다. 즉, 기업의 업무에 ERP가 활용될 뿐만 아니라, ERP에 의해 기업의 새로운 업무개척이 가능해지고, 비즈니스 간 융화를 지원하는 시스템으로 확대되어 가고 있다.

이와 같이 발전되고 있는 ERP는 단순히 효율성 측면뿐만 아니라 기업 성과측면에서 여러 가지 효과가 있는 것으로 조사된 바 있다. 기업의 이익율 개선, 구매비용의 감소, 재고감소, 수주/ 출하 리드타임 감소, 납기 응답 및 납기준수율 향상 등 기업의 성과증대에 도움이 된다.

이는 성공적으로 구현된 ERP는 단지 정보시스템 하부구조를 바꾸는 것이 아니라, 일하는 패턴과 업무 프로세스를 변화시키고, 기업의 의사결정에 필요한 정보를 제공함으로써 경영성과와 결과에 실질적인 도움이 된다는 것을 의미한다. 이와 같은 업무형태의 변화관점에서의 효과를 좀 더 자세히 살펴보도록 하자.

02 ERP도입에 의한 업무 형태의 변화

많은 기업들이 단순업무처리에 시간을 보내면서 분석업무를 위한 정보를 요구하면 담당자가 야간작업을 하고 수작업으로 데이터를 가공하면서 조직에 큰 기여를 하는 것으로 착각을 하는 경우가 많다.

[그림 2-1]에 나타난 바와 같이 ERP 추진으로 인한 업무형태 변화관점의 기대효과는 의사결정할 때마다 쓸데없이 시간이 소비되는 사람의 판단 위주에서 시스템의 규칙중심으로 옮겨졌다는 것이다. 이로 인해 기존의 정형화된 업무가 단지 5%, 그리고 비정형화된 업무가 95%에 달했던 일하는 방법에서 잘못된 관행 제거, 비부가가치 업무제거, 단순화와 표준화를 통해 정형화된 업무가 95%, 예외 사항이 5%인 정보인프라를 구축하는 것이다.

이로써 사람은 꼭 필요한 분석업무위주로 일할 수 있게 되고 좋은 품질, 저렴한 가격, 빠

그림 2-1 ERP의 추진으로 인한 업무 형태의 변화

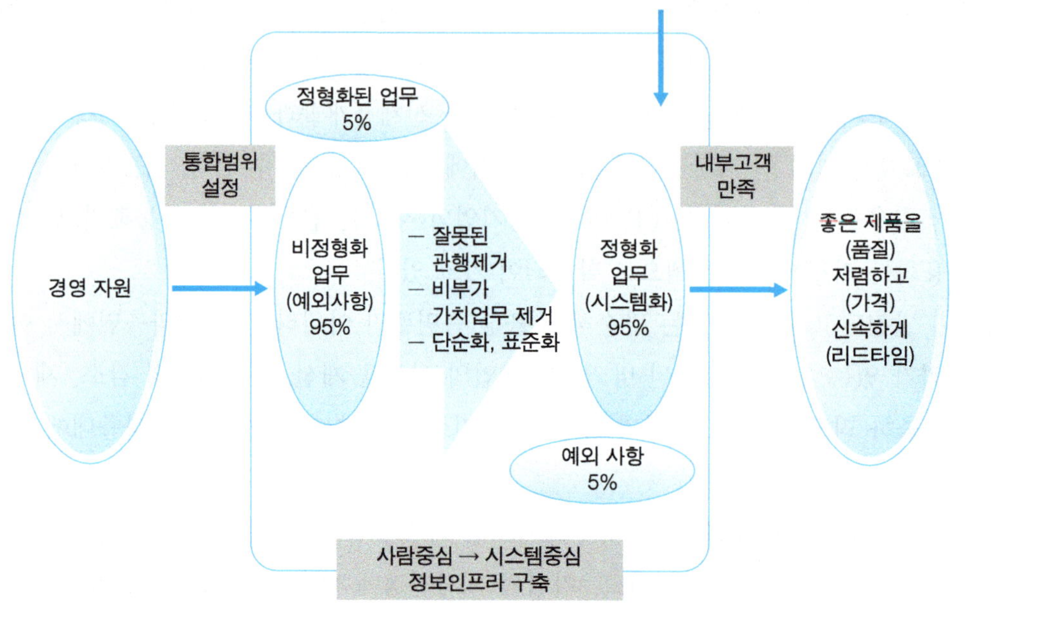

그림 2-2 정보공유 및 창조적 기업문화 측면의 ERP도입 효과

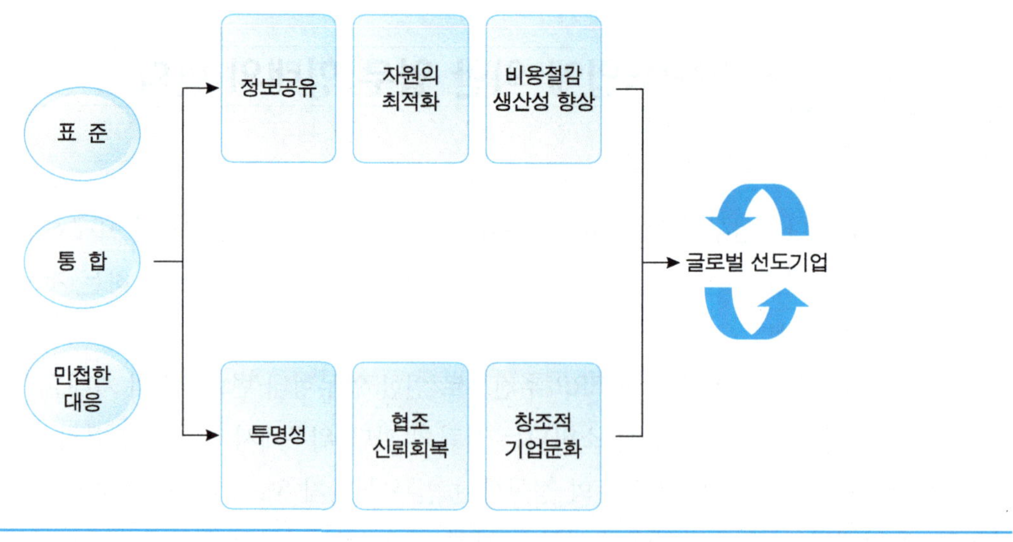

른 리드 타임을 얻을 수 있어, 고객을 만족시키는 것이 가능하다.

마찬가지로 ERP를 도입하여 표준, 통합, 민첩한 대응을 얻음으로써 [그림 2-2]와 같이 정보공유, 자원의 최적화, 비용 절감 및 생산성 향상, 업무의 투명성, 협조 및 신뢰회복, 창조적 기업문화를 이끌어냄으로써 글로벌 선도 기업으로 나아가는 것이 ERP의 기대효과라고 할 수 있겠다. 그리고 시스템 개발시간과 비용 단축, 선진업무 도입, 통합성, 안정성, 최신정보 기술도입, 유지/보수시스템 기능 및 첨단기술 업그레이드(Upgrade) 등도 ERP의 기대효과이다.

또한 단순업무의 자동화나 인프라스트럭춰로서의 정보시스템에 대한 인식을 전환하고, ERP를 현행 업무의 재설계와 업무혁신의 도구로 활용함으로써 일하는 방식을 변환시키고 진정한 업무혁신을 유도할 수 있다. 이에 따라 부문최적화에서 벗어나 전사최적화, 즉, 기업내부와 외부를 망라한 전체적 시각을 확보할 수 있다.

그러면 ERP가 Enterprise Resource Planning에서 더 나아가 Enterprise Result & Performance가 나타나도록 도입 효과를 높일 수 있는 ERP구축전략을 실행해야 할 것이다.

03 ERP의 장점 및 기능

ERP가 과거의 MRP I, MRP II보다 진보된 개념의 시스템이라고 할 수 있는 이유는 기존의 시스템들이 가지고 있지 못하는 특별한 기능을 가지고 있기 때문일 것이다. ERP시스템 구축의 범위와 패키지의 분류에 따라 차이가 있기는 하겠지만, 일반적으로 ERP가 장점을 가질 수 있는 기능들은 다음과 같다.

3.1 다양한 산업에 대한 지원

기존의 MRP II까지는 그 중심이 제조업이 많이 치우쳐 있었다. 그러나 빠른 속도로 변하는 기업환경변화에 적응하기 위해 하나의 기업이 여러 업종으로 발전하여 복합적으로 얽혀 있는 구조를 가지게 되면서, 다업종을 지원할 수 있는 시스템이 필요로 하게 되었다.

이러한 인식의 전환에 맞추어 발생한 ERP는 다양한 산업에 대한 최적의 업무관행인 베스트 프랙티스(Best Practices)를 담고 있다. 즉, 제조업만을 지원하는 것이 아닌, 회계, 인사, 물류, 유통, 그리고 각 분야별로 특화되어 있는 기능을 조합하여, 다양한 산업 그리고 그러한 산업들이 복합적으로 얽혀 있는 현대의 기업에 맞는 새로운 기능을 꾸준히 추가하며, ERP는 시스템의 구축범위를 계속 확대하고 있다.

3.2 분산 · 통합적 지원을 통한 전체 업무 최적화

ERP시스템이 지원하는 분산 · 통합적 지원기능의 3대 요인은 다음과 같다.

첫째, 업무적 분산 · 통합지원이 있다. 이 개념은 회계기능, 인사기능, 물류관리, 고객관리와 영업기능, 생산지원 기능 등의 모든 기업의 업무 프로세스를 개별 부서원들이 분산처리하면서도 동시에 중앙에서 개별 기능들이 통합적으로 관리되어야 함을 의미한다.

둘째, 조직적 자율 · 통합관리지원이 있다. 이 개념은 단위조직의 독립적 경영을 지원하면서 동시에 전체를 결합하는 통합적 관리도 해야 함을 의미한다. 각기 다른 조직의 생산 및 재고를 보며 통합적으로 최적화된 생산 물량 및 시점을 조정하거나, 각 조직의 재무제표를 모아 통합 재무제표 발행 등의 업무 필요성이 두 번째 요인에 속한다고 볼 수 있다.

셋째, 지역적 분산 · 통합지원이 있다. 이 개념은 현대 기업이 메머드처럼 규모가 커지면서 점차 한 곳에서 집중하여 근무를 할 수 있는 여건이 사라지는 기업환경변화에서 시작한다. 기업환경이 국제화되고 국내에서도 지역적으로 분리가 되는 본사와 지사의 관계, 그리고 거래처, 공급자, 협력업체 등의 관계를 통합적으로 관리하는 것을 의미한다.

3.3 파라미터 변경 방식의 시스템 설정

ERP는 경영학적인 업무지식에 입각하여 각 기업들의 고유한 프로세스를 구현할 수 있도록 파라미터(Parameter)를 변경하여 고객화(Customization)시킬 수 있게 구성되어 있다. 즉, 이미 경영학적인 이론과 실무가 ERP내에 내장되어 있고, 이러한 이론과 실무 프로세스가 수많은 산업의 생산 및 서비스 형태를 지원할 수 있도록, 그리고 특정 기업의 고유한 영업과 생산, 생산과 자재, 그리고 회계와 원가관리를 통합 관리할 수 있도록 파라미터를 설정하는 방식을 취함으로써 신속하게 업무 프로세스를 e-business화 할 수 있는 패키지인 것이다.

그림 2-3 컨피규레이션의 예 : 가용성점검 파라미터 세팅

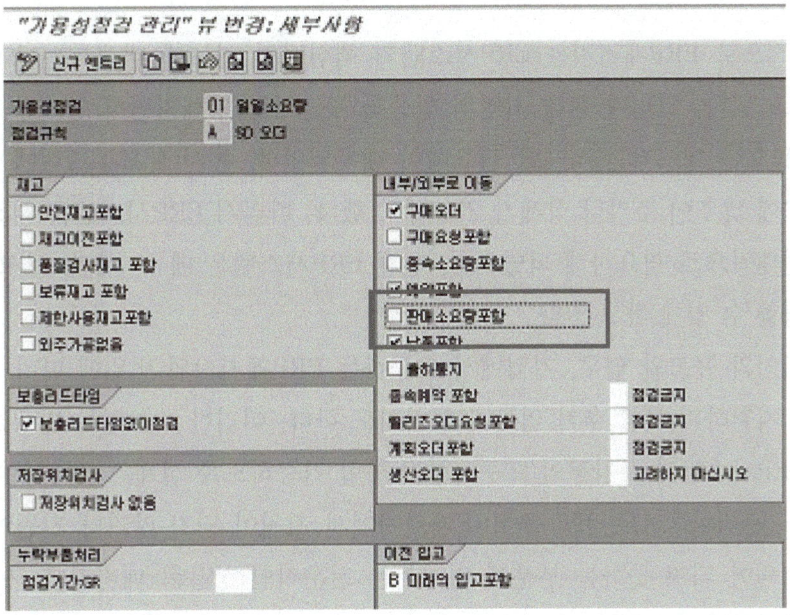

SAP ERP에서는 파라미터를 변경하는 방식을 컨피규레이션(Configuration)이라고 일컫고 있으며, [그림 2-3]에 컨피규레이션의 한 예가 나타나 있다. 그림에서 볼 수 있는 바와 같이 가용성점검을 할 때, 재고만 고려할 것인지, 아니면 구매오더나 생산오더까지 고려하여 가용성점검을 하여 고객에게 납기 회신을 할 것인지를 결정할 수 있다. 또한 재고를 고려할 때, 안전재고나 품질검사 중인 재고를 고려할 것인지, 아니면 일반 재고만 고려할 것인지를 파라미터 세팅을 통해 결정할 수 있다. 이러한 방식으로 ERP를 통해 우리 기업에 가장 적합한 업무 프로세스를 조합해 나가게 된다.

SAP ERP에서는 용이한 컨피규레이션을 자원하도록 이행 가이드(IMG: Implementation Guide)와 참조모델(Reference Model)을 제공하고 있다. 따라서 파라미터 설정에 의한 시스템 구현 기간의 단축과 업무 및 기능의 업그레이드시에 버전의 변경이 용이하다는 것이 ERP시스템의 특징이다.

기업의 환경여건이 빠르게 변하면서 기업의 업무나 조직이 변경될 수 있는 상황은 점점 더 많아진다고 할 수 있는데, 이러한 파라미터 설정을 통해 기업 스스로 변경사항에 대한 재설정 등 시스템설정이 용이하다는 것이 ERP시스템의 큰 특징 중에 하나이다.

3.4 패키지의 수정과 변경 지원

원칙적으로 ERP패키지는 ERP시스템의 핵심적인 기능에 대해서는 프로그램의 수정을 금지하고 있다. 그러나 현대 기업의 업종과 구조가 다양해지면서 필요한 데이터는 삽입하고, 불필요한 데이터는 삭제할 필요성이 대두되었다. 동시에 프로그램에 대해서도 사용자의 요구에 맞추어 추가나 삭제가 가능해야 했다. 따라서 ERP시스템은 시스템 자체의 유연성이 절대적으로 필요하게 되었으며, 현재 ERP시스템은 메뉴, 화면, 보고서 등을 추가 또는 변경할 수 있게 하고 있다.

또 기업의 규모와 업무, 기업에서 요구하는 ERP패키지의 범위에 따라 기존의 ERP시스템에서 지원하지 못할 추가 업무가 생기기도 한다. 이러한 추가업무 발생에 대비하여 기본적인 ERP시스템과 추가적인 요구사항이 통합 가능하도록 설계, 개발되어야 한다.

리스크관리나 CAD, JIT 등 ERP패키지에서 지원이 되지 않거나 지원이 되더라도 전체적인 지원이 되지 못하는 부분에 있어서는 전문적인 상용화 패키지를 구입하여 ERP시스템과 연계시킬 수 있어야 한다. 이러한 면에서 우수한 ERP시스템은 이미 다른 전문분야의 프로그램과 연계하여 사용할 수 있는 API(Application Program Interface: 인터페이스 프로그램)를 많이 확보하고 있으며, 이에 따라 별도의 인터페이스 프로그램이 없더라도 다른 전문적인 애플리케이션과의 인터페이스가 용이하다.

3.5 업무재설계 및 경영혁신 지원

일반적으로 ERP시스템이 구축되기 전에 업무재설계가 선행되는 것이 바람직한 방법이다. 즉, 업무재설계가 선행되고 ERP가 도입되어야 구축성과가 커질 수 있다. 이 때에는 상위 프로세스 관점의 업무재설계가 이루어지며, ERP가 도입되는 과정 중에 매핑(Mapping: 단위업무를 분석하고 요구사항을 받아들여 ERP와 연계하는 작업을 뜻함)단계에서 하위 프로세스 수준의 업무재설계가 실시된다. 이때 ERP에 내재되어 있는 경영이론 및 베스트 프랙티스들에 의해 가시적인 업무 재설계가 지원된다.

ERP가 도입되는 과정 중의 업무재설계 과정은 새로 도입되는 ERP프로세스가 기업의 조직, 제도, 업무와 잘 조화될 수 있도록 하는 단계이다. 이러한 업무재설계를 통하여 경영혁신이 이루어진다. 성공적인 ERP구축을 위해서는 가장 슬기롭게 넘어야 할 단계라고 할 수 있다.

3.6 시뮬레이션

ERP시스템을 통하여 얻을 수 있는 시뮬레이션의 효과는 시간과 비용을 단축하여 경영자원을 효율적으로 사용하고 의사결정의 효과성을 높일 수 있다는 점이다. ERP시스템에서는 MPS나 MRP에 의해 최적의 계획을 도출할 수 있으며, 경영분석, 원가계산 등으로 최적의 대안을 만들어 낼 수 있다.

시간과 비용의 부담이라는 짐을 벗게 된 기업은 반복적인 시뮬레이션을 통하여 가장 효과적인 의사결정을 통하여 성과를 향상시킬 수 있다.

3.7 최신 컴퓨터 및 정보기술

앞에서 언급한 것처럼 ERP시스템은 일반적으로 클라이언트/서버 구조로 구현되고 있으며, 현재 ERP는 점차 ERP의 모든 모듈이 웹에서 접속할 수 있다. 그리고 최근들어 객체지향적 구조와 언어를 이용한 ERP시스템이 등장하고 있다. 또 데이터웨어하우징 기술로 과거에 비해 경영의 중요한 자료의 산출이 용이해지고 전략적인 의사결정을 하는데 의미있는 데이터를 얻는 것도 가능해졌다.

이와 같이 변화하는 IT기술을 ERP가 계속적으로 수용하고 있기 때문에 기업은 별도의 IT환경을 고민하는데 소요되는 시간과 비용을 줄이고 ERP를 업그레이드시켜 나가면 최신 IT환경을 접목한 시스템을 지속적으로 유지해 나갈 수 있다는 장점이 있다.

04 SAP ERP의 통합성 예

SAP ERP는 모듈간의 통합성이 가장 큰 특징이다. 통합성은 직접 경험하지 않으면 이해하기 어렵지만, 다음과 같이 세 가지 정도의 주요 예로 통합성을 설명하고자 한다.

4.1 물류관련 모듈과의 실시간 통합에 의한 자동 회계계정 전기

전통적 시스템에서는 모든 회계프로세스가 회계모듈에서 전표를 등록해야만 이루어졌다. 전표등록만이 회계데이터를 생성하는 유일한 통로였다. 예를 들어 상품을 판매하였으면 판매부서에서 판매한 사실을 자신이 필요로 하는 양식에 따라 등록하고 이를 회계부서로 넘기면 회계부서에서 다시 회계전표 등록을 통해 다시 입력하면 비로소 판매 사실에 대한 회계데이터가 생성된 것이다. 그러나 ERP시스템 하에서는 자동분개가 이루어지기 때문에 회계모듈의 전표 등록을 직접 통하지 않고도 현장에서 곧바로 회계처리가 되어 회계데이터를 생성하게 된다.

매출채권회계와 매입채무회계는 대표적인 현장회계라고 할 수 있다. 매출채권회계는 영업/유통모듈과 연계되어 있고 매입채무회계는 자재관리모듈과 연계되어 있다. 판매활동의 결과는 고객에 대한 매출채권의 발생이고 매입활동의 결과는 공급업체에 대한 매입채무의 발생이다. 매출채권과 매입채무의 발생은 각각 영업/유통모듈과 자재관리모듈의 활동에 따라 발생하나 이에 대한 회수 및 상환은 회계모듈의 매출채권회계와 매입채무회계에서 이루어진다.

[그림 2-4]에 나타나 있는 바와 같이 회계모듈에서 자재관리모듈과의 통합성 과정은 다음과 같이 설명할 수 있다. 예를 들어 (주)동양에서 기계 한 대에 100달러를 지불하기로 하고 구매오더를 냈다고 하자. 구매업체로부터 기계가 납품되어 (주)동양에서 창고에 입고시

그림 2-4 구매업무 처리 시의 자동 회계분개메카니즘

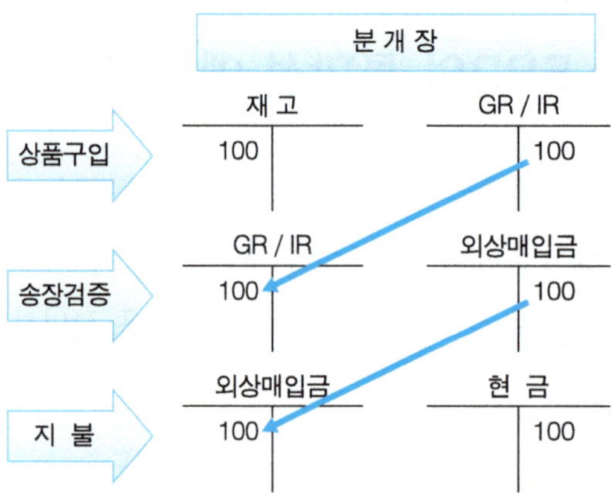

키게 되면 SAP ERP시스템에 입력함과 동시에 두 개의 계정이 생기는데, 차변의 재고계정에 100달러 가치의 기계가 생기고, 동시에 임시보조원장(GR/IR)에도 100달러가 생기게 된다. 그 후에 송장 검증을 하게 되면, 임시보조원장에 있던 값이 상쇄되어 사라지고, (주)동양에서 구매업체에 주어야 할 기계 가격이 외상매입금 계상으로 처리된다. 끝으로, (주)동양에서 구매업체로 기계값을 지불하면 차변에 외상매입금이 계상되어 외상매입금이 사라지고 현금 100달러가 나가는 것으로 처리된다. 이 과정이 위에서 이야기한 매입채권과 연관된 현장회계의 대표적인 메카니즘이라고 할 수 있다.

- 물류/인사시스템과 재무회계시스템과의 통합으로 물류시스템에서 발생하는 거래가 실시간으로 재무회계시스템에 반영되면서 관련된 회계전표들이 자동으로 생성된다.
- 물류시스템과의 통합으로 지출전표 및 매출전표에서 드릴다운 기능을 이용하여 실제 원시전표로까지 추적 가능하여 업무의 투명성을 제고한다.
- 관리회계시스템과의 통합으로 인해, 진행 중인 자산에 대한 정산처리가 신속하게 이루어지고 완성 고정자산으로의 전표가 자동 생성된다.

전통적 회계시스템에서는 분개장 혹은 회계전표에 분개 내용을 입력하고, 이를 다시 총계정원장과 각종 보조장부에 전기하고, 나아가 시산표와 정산표 등을 작성한 다음 재무보

그림 2-5 가용성점검

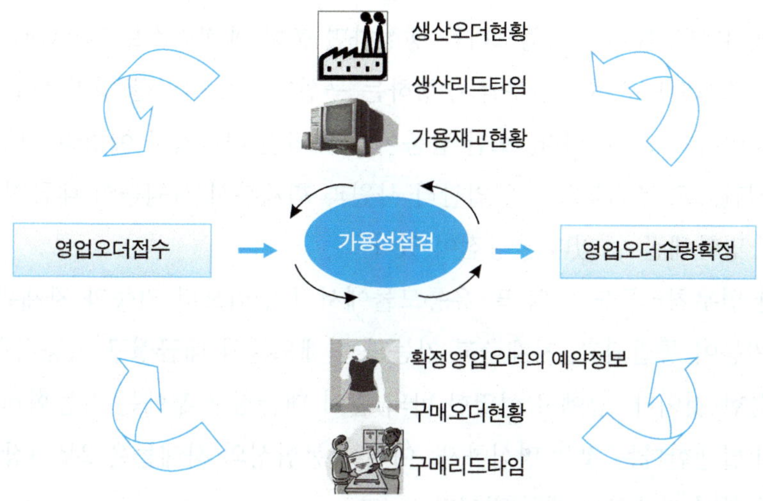

고서를 작성하는 절차를 거쳤다. 그러나 ERP시스템 하에서는 사실상 회계전표의 저장으로 모든 과정이 종료된다고 볼 수 있다.

4.2 영업주문에서의 자재관리 및 생산관리모듈과 통합된 가용성점검 처리

[그림 2-5]는 판매오더 입력시 가용성점검(Availability Check)이 이루어지는 과정을 나타낸 것이다. 영업 및 유통모듈의 가용성점검은 현재의 재고뿐만 아니라 자재관리모듈의 구매오더와 리드타임을 고려한 입고예정량 그리고 생산관리모듈의 생산오더와 생산리드타임을 고려한 생산현황 등을 고려하여 이루어질 수 있다.

현재 가용한 재고만을 고려한 가용성점검을 할 지, 아니면 구매오더나 생산오더 등을 고려한 가용성점검을 할 지를 파라미터의 변경을 통해 비교적 용이하게 설정할 수 있으므로 회사의 업무의 특성과 프로세스에 맞도록 가용성점검규칙을 정할 수 있다.

이와 같이 사용자가 느끼기에는 거의 동시에 수 많은 요소들을 고려한 가용성점검을 하게 되는데, 모듈간의 통합성이 보장되지 않으면 불가능한 기능일 것이다.

4.3 영업주문 처리 후 출하 예정리스트 및 대금청구 예정리스트의 자동생성

영업 및 유통모듈에서 영업오더를 생성하면 출하 예정리스트(Delivery Due List)에서 실시간으로 조회되므로 출고업무를 수행하는 구성원들이 어떠한 영업오더 건이 납품될 차례인지를 용이하게 알 수 있다. 또한 납품이 완료되면 대금청구 예정리스트(Billing Due List)에서 실시간으로 조회되므로 영업관리 사원과 회계부서 사원들이 대금청구건에 대하여 의사소통이 명확해질 수 있다는 장점이 있다.

이러한 업무처리들도 영업 및 유통모듈에서의 영업오더 기능과 자재관리모듈에서의 자재출고 기능이 통합되고, 자재출고 기능과 회계모듈의 대금청구 기능이 통합되어 있기 때문에 가능한 것이다. 앞에서 설명한 바와 같이 대금청구 후에는 자동회계처리가 되어 외상매출금이 발생한다는 것을 명심하자. 이러한 통합성의 사례들은 2부 4장에서 SAP ERP의 화면들과 함께 자세히 소개될 것이다.

사·례·연·구 **프로세스 혁신이 요구되는 콜롬비아사 사례 연구**

콜롬비아사는 컴퓨터 액세서리 조립제품과 네트워크기반의 컴퓨터 작업에 활용되는 전문화된 부품들을 생산하는 회사이다. 콜롬비아사는 설립된 지는 얼마 되지 않았지만 급속히 성장하고 있는 회사이다. 이 회사는 몇 가지 독특한 제품을 출시하고 있으며 품질 면에서 매우 높은 명성을 가지고 있다. 그러나 시장이 매우 경쟁이 치열한 만큼 지속적인 성공을 위해서는 혁신과 최고 품질의 제품유지가 요구되고 있다. 현재 직원 수는 700명인데 과거 3년 전에 비해 2배 정도의 규모로 성장하였다. 판매는 같은 기간 동안 거의 3배 정도 증가했으며 최근 대기업 컴퓨터 회사와의 계약이 체결됨에 따라 판매는 더욱 늘어날 것이다. 그러나 이러한 성공과 더불어 회사는 몇 가지 문제점들에 봉착하고 있다. 품질불량으로 인한 고객의 거절건수가 증가하기 시작하였고, 최근 몇 달간에 걸쳐 회사는 반복적으로 배송스케쥴을 준수하지 못하기까지 했다.

최고경영자팀에는 CEO겸 설립자인 매트 월시와 생산담당 부사장, 구매 및 자재담당 부사장, 설계 및 기술담당 부사장, 판매담당 부사장, 회계담당 부사장이 포함되어 있다. 월시는 회사 내에서 중요한 의사결정을 엄격하게 통제하는 강력한 관리자이다. 나머지 경영자들은 운영상의 중요한 변화를 시도하려면 사전에 그의 승인을 받도록 되어 있다. 월시의 스타일은 문제들을 처리하는 데 있어서 여러 부문이 모여 회의하는 것보다는 각각의 해당 부사장들과 개별적으로 처리하는 것을 선호하였다. 부서 간의 관계는 과거 2년 동안 악화되어 왔다. 부문간의 불신, 경쟁, 정치적 조작들이 증가해 왔으며 월시는 경영자들 간의 갈등을 해결하기 위하여 자주 개입하였다. 이러한 부문 간의 갈등으로 인해 각 부서의 하위층 직원들 간의 관계에도 불신과 적의가 팽배하게 되었다.

생산담당 부사장은 품질관련 문제들의 증가는 설계 및 기술부서의 잦은 제품설계 변경 때문이라고 믿고 있다. 신규 회사로서 신제품의 출시가 많고 기존제품도 하위부품의 설계 변경이 점차 늘어나고 있다. 생산관리자들은 이러한 설계 변경사항에 대해 제대로 전달받지 못하였으며 변경에 따라 생산방식에 있어서 어떠한 필요한 조정을 해야 할지를 결정할 충분한 시간도 가지지도 못하고 있었다. 또한 배송문제들과 관련해서 생산담당 부사장은 판매부서가 고객들을 유치하기 위하여 비현실적인 약속을 하고 있다고 믿고 있다. 생산용량은 증가하는 주문량을 충족시킬 만큼 충분하지 상황인데다가 고객들의 요청에 의해 행해지는 제품수정으로 인하여 추가적인 지연이 발생되고 있었다. 이러한 생산지연은 배송스케쥴을 준수하지 못하는 원인이 되고 있었다.

특히 구매 및 자재부서는 영업부문의 수주 후의 빈번한 제품 스펙변경과 설계 및 기술부문의 잦은 설계변경으로 인해 자재소요량계획(Material Requirement Planning)의 정확도가 떨어지고, 공급업체에서 구매오더의 변경에 대해 불만이 늘어나고 있으며, 이로 인해 재고가 점차 증가하여 창고에 사용하지 못하는 불용재고가 점차 쌓이고 있다고 걱정하고 있다. 또한 판매부문에서의 수요예측 정보가 지나치게 부정확하여 특히 수입해야 하는 장납기자재의 구매가 어려워지고, 공급업체에서 충분한 생산리드타임을 갖기 어렵다는 의견을 제시함에 따라 구매부문 단독의 의견에 의해 구매를 진행하여 더욱 재고가 늘어난다고 믿고 있다.

또한 판매담당 부사장은 생산부문의 진행상황을 알 수가 없고 제품재고 현황을 볼 수 없기 때문에 고객이 문의하였을 때 납기를 알려줄 수가 없어 수주에 어려움이 있다고 이야기하고 있다. 또한 배송이 늦은 것도 생산지연에 따른 것이라고 주장하고 있다. 그는 생산을 담당하는 직원들이 품질관련 문제들을 해결하는 데 지나치게 많은 시간을 소비하게 되어 결과적으로 제때에 제품배송을 못하고 있다고 생각한다. 또한 생산담당 부사장의 고객과 영업에 대한 이해부족으로 인해 생산지연이 발생하고 고객의 요구를 충분히 수용하기 어렵다고 생각하고 있다.

설계 및 기술담당 부사장은 신제품 설계 시에는 생산부문에서 시제품 생산을 적극 지원하지 않아 신제품 출시가 늦어지고 있다. 또한 고생하여 저렴하고 품질 높은 하위부품으로 설계변경을 성공시키고 나면 생산부문에서 제대로 이해를 하지 못하고 칭찬은커녕 설계변경을 하여 생산 및 구매부문의 어려움을 가중시킨다고 말하는 것에 대해 화가 나있는 상태이다. 판매담당 부사장과 설계 및 기술담당 부사장 두 사람은 생산담당 부사장이 고집이 세고 중요한 고객들의 특별한 니즈(Needs)를 수용하고자 노력하지 않는다고 믿고 있다.

판매담당 부사장은 사전 공지없이 고객신용도 요구수준을 높인 회계담당 부사장에게 화가 났다. 그녀는 단골고객으로부터 신용 때문에 대형 주문이 거절되었다는 불평을 들은 후에야 새로운 정책에 대하여 알게 되었다. 판매담당 부사장은 새로운 정책은 판매량을 감소시킬 것이고 그러한 감소는 자신의 탓으로 돌려질 것이라고 믿고 있다. 그녀는 그 여파에 대한 이해없이 결정을 승인해 주었던 월시에게 불평을 했다. 또한 회계담당 부사장은 이번 달 잔여업무에 대한 생산근

로자들의 초과근무 수당을 돌발적으로 전면 폐지함으로써 생산담당 부사장을 화나게 했다. 이러한 행동은 정당한 것으로 보이지 않을 뿐만 아니라 생산스케쥴에 맞춘 생산을 더욱 어렵게 만들었다. 생산담당 부사장은 월시에게 이러한 결정을 철회해 주기를 요청하였다.

회계담당 부사장은 매출은 늘어나지만 점차 제품원가가 높아지고 있으며, 불용재고가 늘어나고 있어 수익성이 저하될 수 있다고 걱정하고 있다. 그는 막연하게 이대로 가다가는 현금유동성에 문제가 생길 수 있다고 경고하고 있다. 게다가 정확한 원가집계가 되지 않고, 외상매입금이나 외상매출금이 정확하지 않아 현금흐름을 파악하기 어렵다고 생각하고 있다.

토론문제

1. 콜롬비아사의 문제점을 파악하여 요약해보시오.

2. 이 회사에서 ERP를 구축한다면 어떠한 프로세스의 개선에 초점을 맞추어 프로세스 재설계를 해야 하는가? 특히 경쟁우선순위가 원가(Cost: 저원가), 품질(일관성있는 품질, 고성능 제품개발), 시간(적시인도, 빠른 신제품개발 속도), 유연성(Flexibility: 고객화 능력, 생산수량 조절 능력) 중 하나라고 가정하고 프로세스 개선에 대한 각 부문의 의사결정이 어떻게 다르게 될 지에 대해 생각하시오.

3. 이 회사에서 ERP를 구축한다면 어떠한 효과를 기대할 수 있겠는가?

연 습 문 제

01 ERP에서 프로세스 재설계는 어떤 의미를 갖고 있는지 기술하시오.

02 다음은 기업의 정보시스템 측면에서 ERP 도입의 필요성에 대해서 설명한 것이다. 다음 중 틀린 것은 무엇인가?

① 기존 시스템은 단위시스템 간 연결성이 부족하였다.
② ERP 도입시 업무혁신보다는 정보인프라를 개선하는 것이 목적이다.
③ ERP 적용시 정보시스템의 중복 개발을 최소화할 수 있다.
④ 기존 시스템은 유동성/확장성을 반영하지 못하므로 개발요구에 대해 지체 현상이 발생할 수 있다.

03 ERP의 도입 목적에 대한 설명이다. 다음 중 틀린 것은 무엇인가?

① ERP는 비정형화된 업무형태로 정보인프라를 구축하도록 한다.
② ERP는 회사 업무를 통합시켜 업무효율을 극대화한다.
③ ERP를 통해 업무를 표준화시켜 궁극적으로 일하는 방식을 변화시킨다.
④ ERP는 변화에 민첩하게 대응하도록 함으로써 글로벌 선도기업으로 성장하도록 지원한다.

04 ERP는 계속 진화해 나가고 있다. 주요 세 가지 발전방향을 설명하시오.

05 ERP 도입으로 인한 업무형태의 변화를 설명하시오.

06 기존의 단위 시스템과 비교하여 ERP 도입의 효과에 대해 기술하시오.

07 ERP는 어떠한 방식으로 많은 기업의 다양한 업무에 맞추어 기업에 적합한 프로세스를 구현하는가?

08 다음 중 ERP의 특징을 알맞게 짝지어 놓은 것은 무엇인가?

① 기업 업무시스템 – 연결 업무시스템
② 프로세스 중심시스템 – 부문 최적화시스템
③ 기능중심시스템 – 통합시스템
④ 기간업무시스템 – 실시간 통합시스템

09 다음은 ERP의 특징에 대한 설명이다. 다음 중 틀린 것은 무엇인가?

① ERP는 전사의 기간업무를 망라한다.
② ERP는 하나의 데이터베이스를 이용한다.
③ ERP의 조직, 기능, 데이터는 클라이언트에서 분산되어 관리된다.
④ ERP는 경영진을 효율적으로 지원한다.

10 SAP ERP의 특징 중 하나인 컨피규레이션(Configuration)이란 무엇이며, 이 특징의 장점은 무엇인가?

11 ERP를 도입하기 위해서는 AS-IS 프로세스를 통해 현재 있는 그대로의 상황을 분석하고, 이를 바탕으로 기업이 앞으로 업무 프로세스를 어떻게 개선하는 것이 바람직한 가를 담은 이상적인 프로세스를 제안하여야 한다. 이렇게 AS-IS 프로세스 분석을 바탕으로 새롭게 도출한, 앞으로 지향해야 하는 이상적인 프로세스를 무엇이라고 하는가?

12 ERP시스템을 비롯한 전산업무 처리시스템에 있어, 데이터베이스가 중앙의 대형 컴퓨터에 구축되어 있고, 각각의 개인용 컴퓨터 혹은 단말기와 같은 소형 컴퓨터를 통해 각자 업무를 수행하면서 결과 저장 등의 작업을 할 때 대형 컴퓨터와 긴밀하게 정보를 주고받을 수 있도록 구성되어 있는 구조를 무엇이라고 하는가?

13 ERP의 통합 개념에 대한 구체적인 예를 세 가지 이상 설명하시오.

제3장

SAP ERP의 구성 및 모듈별 특성

01 SAP ERP의 모듈 구성

SAP는 1972년 독일에서 설립된 기업용 솔루션 전문업체로서, 현재 SAP ERP는 전세계 120여 개국에 25,000여 기업이 사용하고 있는 시장점유율 1위의 ERP이다. 최초의 ERP 제품 이름을 SAP R/1으로 정한 것은 System, Applications, Products in Data Processing Real Time/1의 약자로 모든 비즈니스를 실시간으로 처리하는 시스템과 응용 프로그램을 지향했다. 이후 SAP R/2, SAP R/3 등으로 제품을 발전시켰고, 특히 클라이언트/서버 구조로 전환한 SAP R/3이라는 제품을 출시하여 비약적으로 발전했다.

특히 1990년에 마이클 해머(Michael Hammer)가 하버드 비즈니스 리뷰에 BPR

그림 3-1 SAP ERP의 구성 : 상세 모듈

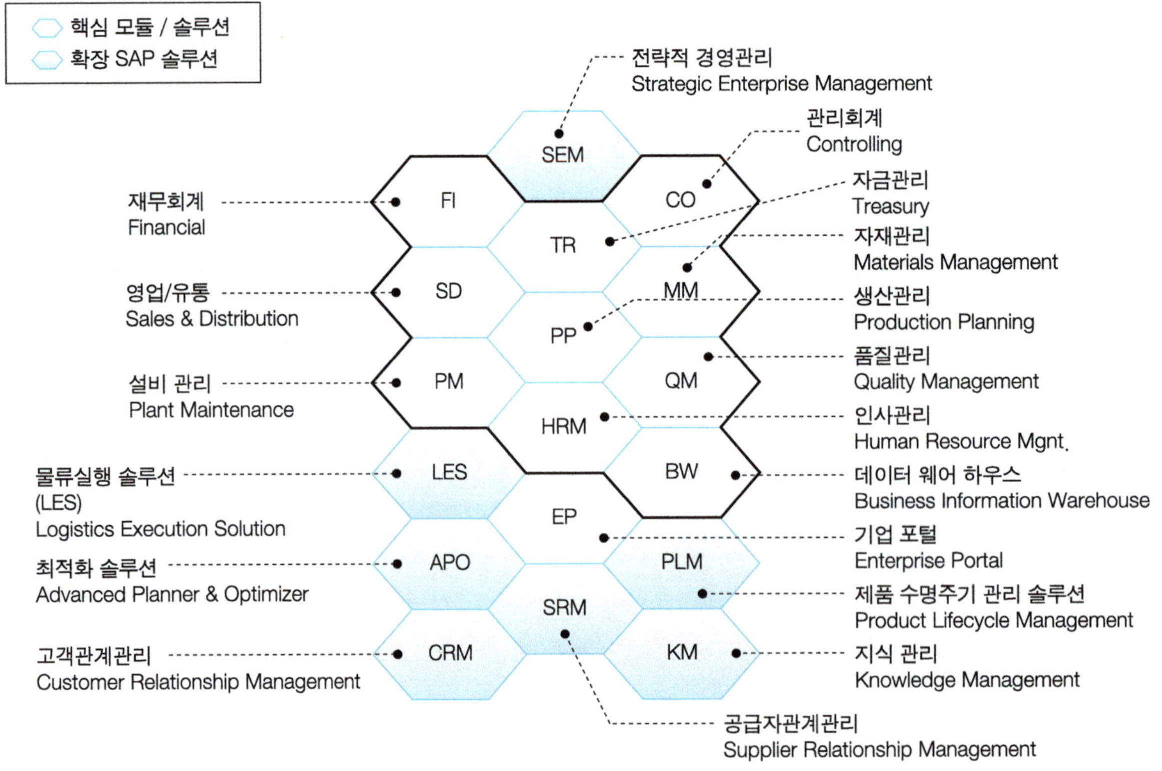

(Business Process Reengineering: 프로세스 재설계)개념을 처음으로 소개하였는데, 이때 ERP가 BPR추진에 도움이 되는 것으로 시장에 인식이 되면서 SAP회사가 눈부시게 성장하였다.

SAP ERP의 상세모듈 구성이 [그림 3-1]에 나타나 있다. 이 그림에서 SAP ERP의 핵심모듈과 확장솔루션을 모두 볼 수 있다. 3장에서는 핵심모듈 중에서도 가장 기본적인 영업/유통(SD)모듈, 자재관리(MM)모듈, 생산관리(PP)모듈, 재무회계(FI)모듈, 관리회계(CO)모듈 위주로만 특성을 소개하고자 한다.

SAP ERP의 핵심솔루션(Core ERP)과 확장솔루션(Extended ERP)은 각기 기업의 내부프로세스의 최적화와 기업 간의 외부 프로세스의 협업을 구현함으로써 SAP ERP를 통해 기업중심의 유기적인 프로세스를 구축하도록 지원하고 있다.

[그림 3-2]에서 기업 내부 및 기간업무 관점의 핵심솔루션과 기업 외부 및 협업관점의 확장솔루션 간의 관계를 볼 수 있다. 예를 들어, 공급사슬관리 솔루션인 mySAP SCM은 MM모듈과 PP모듈이라는 핵심솔루션을 기반으로 구성되어 있는 확장솔루션이라는 것을 알 수 있다. 마찬가지로 협업제품개발 솔루션인 mySAP PLM은 PM모듈, PS모듈, 그리고 QM모듈이라는 핵심솔루션에 기반을 둔 확장솔루션이다.

그림 3-2 SAP ERP의 구성 : 협업 관점

	HR	SCM	FCM	PLM	CRM
기업 외부, 협업 관점	mySAP HR	mySAP SCM	mySAP Financials	mySAP PLM	mySAP CRM
	온라인 채용	공급망 계획	재무 분석	협업 개발	캠페인 관리
기업 내부, 기간업무 관점			SAP ERP		
	인사 행정 및 급여	공급망 실행	운영 측면의 재무 및 원가 관리회계	설계 변경 및 제품 구조 관리	주문 실행
	HRM	MM, PP	FI, TR, CO	PM, PS, QM	SD

SAP회사에서는 이러한 핵심솔루션과 확장솔루션을 모두 포함하고 있는 mySAP Business Suite라는 제품을 출시해 놓고 있으며, 핵심솔루션만을 정제시켜 만든 제품으로 mySAP ERP라는 패키지를 제공하고 있다.

02 SAP ERP의 기본 프로세스 개요

SAP ERP의 핵심모듈들의 기본 프로세스가 [그림 3-3]에 도시화되어 있다. 각 모듈별로 기준이 되는 기준 정보가 있으며, 이러한 기준 정보를 마스터데이터(Master Data)라고 부른다. 이러한 기준정보를 바탕으로 영업/유통, 생산관리, 자재관리, 관리회계, 재무회계

그림 3-3 SAP ERP의 기본 프로세스 : 기준정보 및 개괄 기능

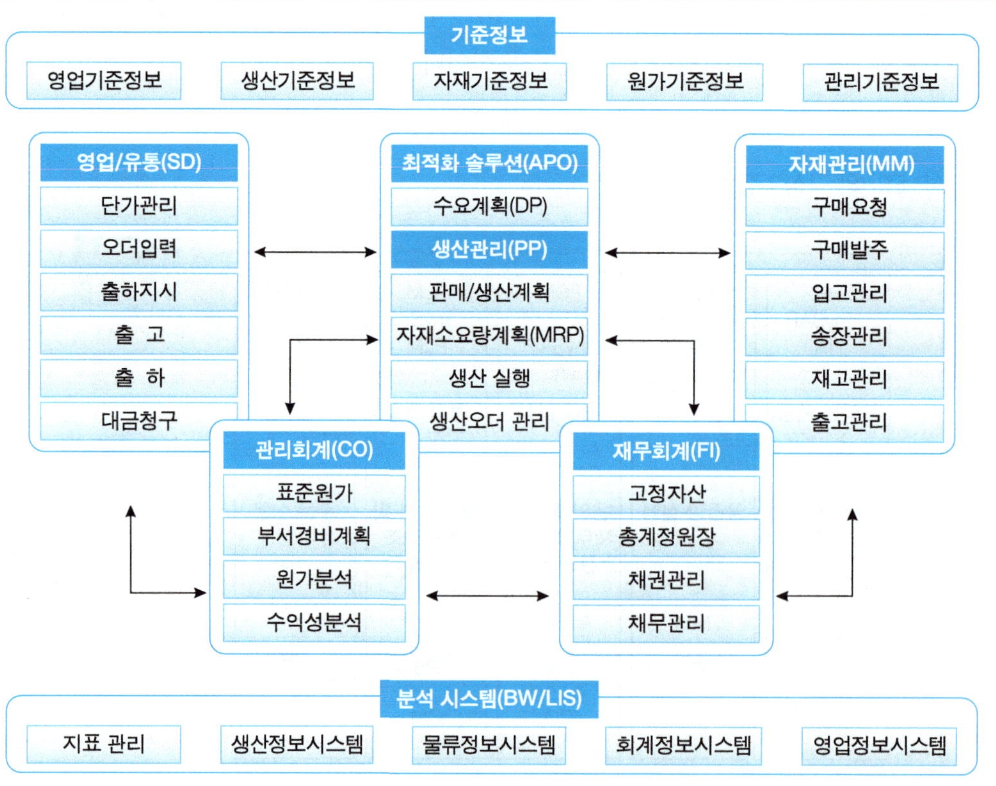

그림 3-4 SAP ERP의 기본 프로세스 : 물류부문 프로세스

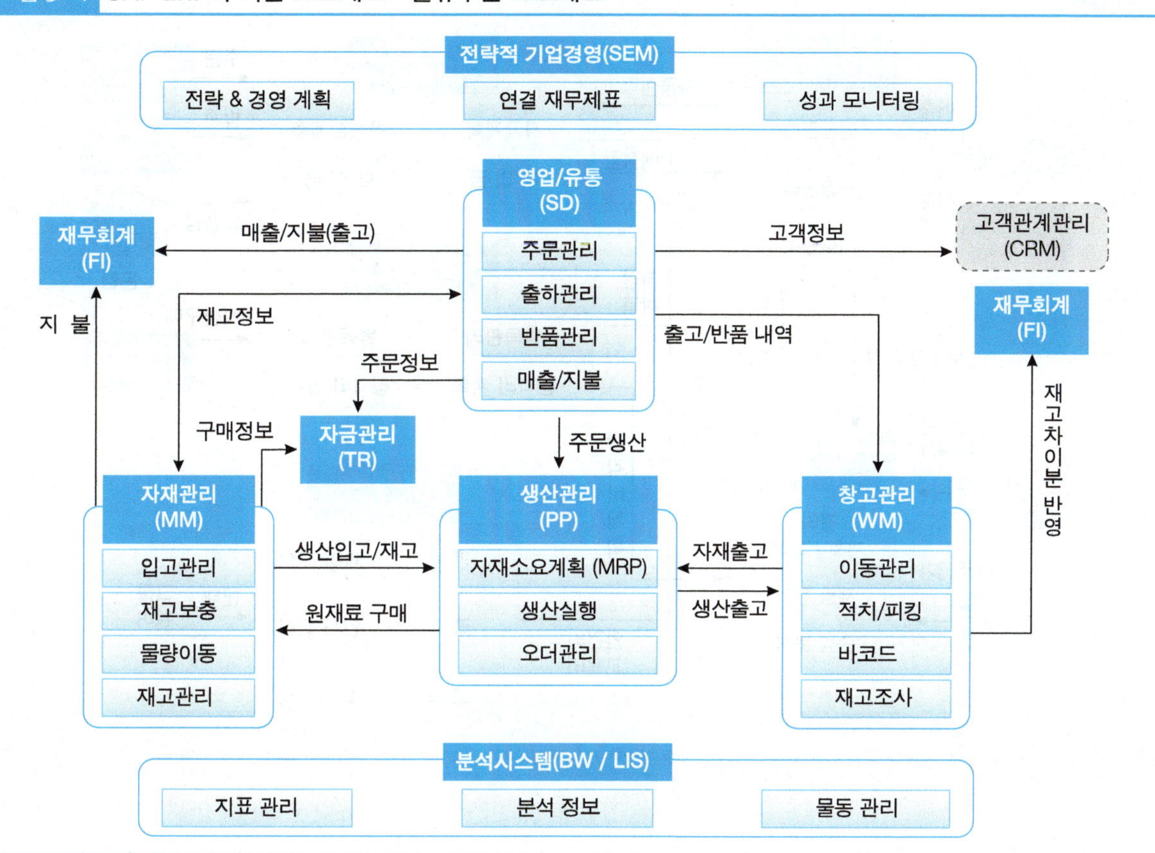

가 서로 밀접하게 연계되어 있는 모습을 볼 수 있다. 각 모듈에서 업무프로세스가 데이터와 더불어 흘러가는 업무처리 내용을 트랜잭션(Transaction)이라고 하는데, 트랜잭션의 데이터가 분석시스템에 모여 지표관리를 비롯하여 생산정보시스템, 물류정보시스템, 회계정보시스템, 영업정보시스템 등에서 한 눈에 볼 수 있도록 제공된다.

[그림 3-4]에는 SAP ERP의 물류부문 프로세스가 도시화되어 있다. 각 핵심모듈들 간에 주로 어떤 정보가 어떤 방향으로 전달되는 지가 잘 나타나 있다. 예를 들어 영업/유통모듈과 자재관리 모듈 간에는 재고관련 정보가 흘러가고, 영업/유통모듈의 주문정보가 생산관리 모듈의 자재소요량계획에 반영이 되며, 영업/유통모듈의 출고 및 매출정보가 재무회계 모듈에 실시간으로 반영된다. 이러한 물류흐름 정보는 분석시스템뿐만 아니라 전략적 기업경영(SEM)시스템에 반영되어, 전략적인 의사결정을 하는데 도움을 줄 수 있다.

그림 3-5 SAP ERP의 기본 프로세스 : 재무/회계 부문 프로세스

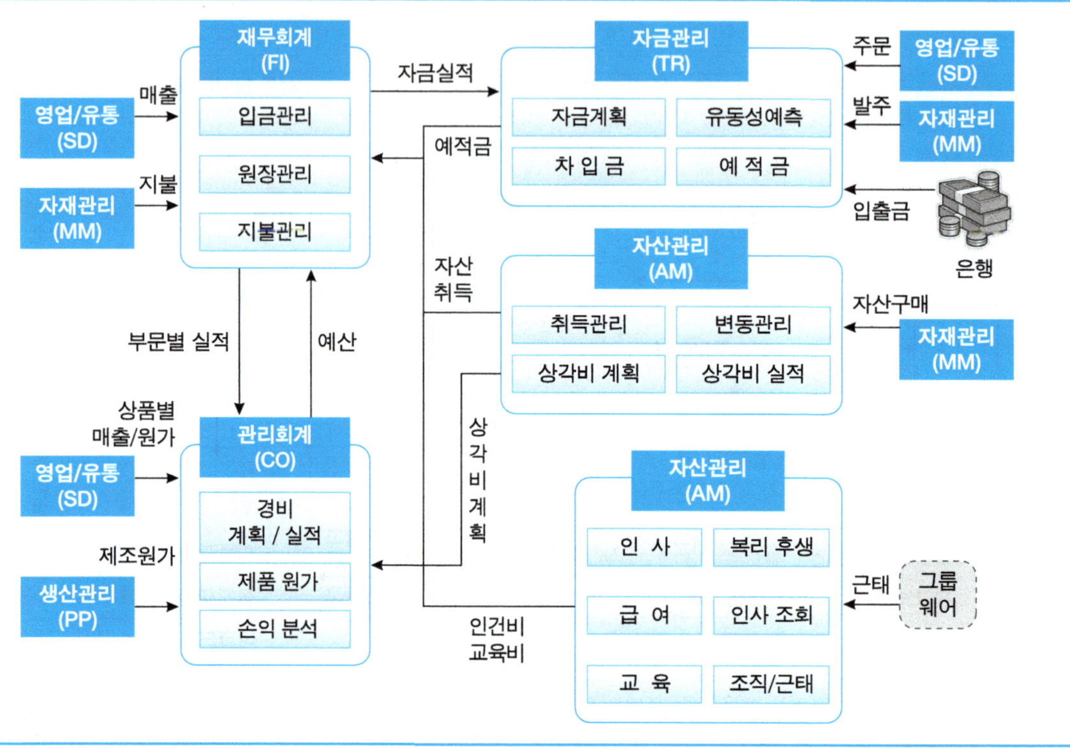

[그림 3-5]에는 재무/회계부문의 프로세스를 볼 수 있다. 재무회계 모듈은 영업/유통 모듈과 자재관리 모듈에서 각기 매출정보와 지불정보를 받고, 관리회계 모듈도 물류부문으로부터 필요한 정보를 받아 제품원가분석 및 손익분석 내용을 제공한다는 것을 알 수 있다. 재무/회계의 모든 모듈들은 서로 간에 정보를 주고 받을 뿐만 아니라 물류부문으로부터 필요정보를 받아 실시간으로 물류흐름과 자금의 흐름을 한 눈에 볼 수 있도록 지원한다. 즉, 재무회계 모듈과 관리회계 모듈 그리고 자금관리 모듈이 상호 필요정보를 공유하면서, 동시에 재무와 관계있는 물류의 흐름이 발생하면 그 정보는 즉시 회계부문으로 전기(Posting)되어, 실시간 기업경영 사상을 구현하게 된다. 또한 物과 財의 흐름이 정합성을 이루게 된다. 지금부터 SAP ERP의 각 핵심모듈의 특성과 장점을 살펴보도록 하자.

03 영업/유통 모듈

영업/유통(Sales and Distribution)모듈은 제품의 수요예측, 판매계획 수립, 영업지원, 판매 및 수주, 출하/배송, 대금청구, 판매분석에 이르는 영업/판매 및 물류의 전 프로세스를 지원하는 모듈이다. 그리고 이에 연관된 자재/구매, 생산, 재무/관리회계 및 데이터웨어하우스의 기능과 실시간으로 연동되어 기업 기간업무의 유기적인 통합성과 효율성을 극대화할 수 있다. 다양한 오더채널(Order Channel)에 적합한 유연한 주문기능을 제공하고, 수주 및 출하시점에 자동으로 여신관리가 이루어진다. 제품의 가용성 검사를 실시간으로 수행하며, 물류와 회계가 통합되어 출고 및 매출 처리시 자동으로 회계에 반영된다. 자동차나 굴삭기와 같이 차량번호를 관리하는 경우에는 완제품 입고 또는 출하 시 차량번호를 관리하여 애프터서비스 모듈과 연계시키기도 한다. 오더가 진행됨에 따라 진행정보는 데이터베이스에 실시간 반영되어 다양한 분석 및 현황관리가 가능하다.

그림 3-6 영업/유통 모듈의 내용

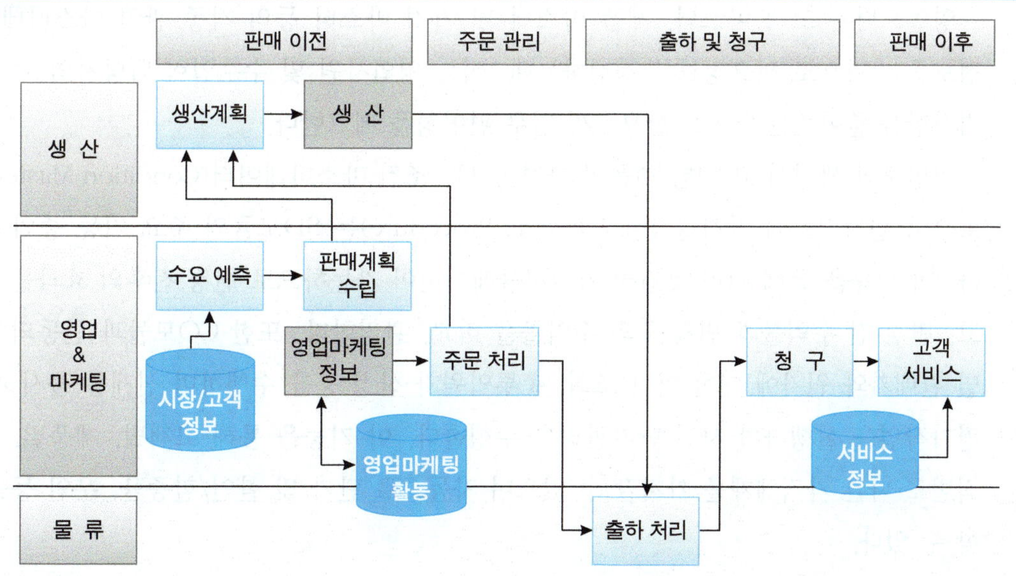

3.1 주문처리

판매지원 부분에서 고객문의나 이에 대한 견적이 완료되면 이를 참조하여 영업오더를 생성한다. 고객과의 일괄계약 및 납품일정 계약이 수립되어 있을 경우, 이를 참조하여 영업오더를 생성하기도 한다. 일괄계약은 판매제품이나 서비스가 일정한 기간 내에 팔리는 경우 적용되며 마스터 계약, 금액계약, 서비스 계약의 형태를 지원한다. 이에 반해 납품일정 계약(Outline Agreement)은 납품일과 납품수량을 포함한 계약의 형태로 납품일이 도래했을 때 이 계약서에서 자동으로 출하전표가 생성되는 형태의 계약이다.

영업오더는 판매의 성격에 따라 여러 가지 오더유형(Order Type)을 지원하는데, 각 오더유형에 따라 후속 프로세스가 변경되어 처리된다. 대표적인 오더유형에는 표준오더(Standard Order), 위탁거래(Customer Consignment), 현금거래(Cash Order), 긴급오더(Rush Order), 제3자 직송오더(Third-Party Order), 반품오더(Return) 등이 있다.

표준오더의 경우, 오더가 입력되면 오더에 입력된 납품 일에 그 제품이 출하가능한지 체크하고 가능하지 않은 경우 대체일자를 제안한다. 필요시 해당 오더의 물량을 PP모듈의 제품생산계획에 반영한다. 또한 고객 마스터데이터 및 트랜잭션 정보를 바탕으로 고객의 여신상태를 체크하여 리스크관리를 수행한다.

영업오더는 고객 마스터, 제품 마스터 및 가격 마스터 등의 각종 관련 마스터데이터의 정보를 바탕으로 필요정보를 갱신하는데, 이는 영업사원 및 수주입력 담당자의 수작업 입력사항을 줄여주는 역할을 함으로써 업무 편이성을 제고한다.

영업오더 생성시 고객별, 제품별 가격정보는 조건 마스터데이터(Condition Master Data)로부터 결정되는데 가격결정절차(Pricing Procedure)는 SD모듈의 주요 기능 중의 하나이다. 이 기능을 통해 여러 조건별 가격시뮬레이션이 가능하므로 변경 전후의 효과를 조회하고, 변경 전 수익률과 변경 후의 수익률을 비교, 관리한다. 또한 CO모듈과 연동되어 제품별 판매가와 원가에 대한 이익 조회, 총투입원가 산정 등을 수행하며 신제품 출시 때 원가평가작업을 실행하여 사전 단가관리를 수행한다. 이 기능을 통해 고객별, 제품별, 영업조직별로 다른 가격체계를 가져갈 수 있으며 자동으로 단가 및 할인/할증율, 운임 등을 결정할 수 있다.

또한 SD모듈에서는 FI모듈과 연계하여 회계부문에서 관리되는 여신관리정보를 바탕으로 주문입력과 제품출고 시점에 자동으로 여신한도 점검을 수행함으로써 부실채권에 대한 리스크관리를 수행한다.

신용평가 내역을 기초로 각 거래처 또는 그룹별로 여신 총액을 설정하고 관리하여 수주의 진행단계별로 자동여신점검을 실시한다. 주문입력과 제품출고 시점에 여신한도 점검을 수행하는데 이때 여신한도를 초과하면 후속작업의 진행을 일시적으로 수행할 수 없도록 하여 결재를 득한 후 후속 프로세스가 진행되게 한다. 또한 수주단계가 진행됨에 따라 실시간으로 여신 한도액을 갱신함으로써 보다 정확한 데이터를 바탕으로 여신관리를 수행할 수 있도록 한다.

여신한도액은 단순히 채권금액만으로 산정할 수도 있지만 청구서가 발행되었으나 입금이 이루어지지 않은 금액, 배송이 진행 중인 물량의 금액, 주문이 진행 중인 물량의 금액 등 여러 가지 유형의 물량금액을 여신한도액에 포함시켜 관리함으로써 보다 신뢰성 있는 여신관리가 가능하다.

3.2 출하/배송 및 운송관리

판매오더를 참조하여 출하지시서를 생성하고 피킹 및 포장, 출고처리를 지원하는 부분이다. 출하지시서는 장소 및 고객에 따라 여러 개의 판매오더를 묶어 발행할 수도 있고, 납품일자에 따라 하나의 오더를 분할해 생성될 수도 있다. 이때 가용 재고일, 운송계획 리드타임, 적재일, 납품요구일 등을 계산하여 출하스케쥴링을 실시하는데, 이는 가용성점검과 동시에 수행되며 역방향 스케쥴링(Backward Scheduling)과 순방향 스케쥴링(Forward Scheduling)의 두 가지 방법을 지원한다.

주문입력시 거래처 및 고객이 요청한 납기일을 기준으로 각각의 리드타임을 고려하여 역방향 스케쥴링을 실시해 재고 필요일자에 재고가 없거나, 계산된 날짜가 과거인 경우 재고가 가능한 날짜, 혹은 현재일을 기준으로 순방향 스케쥴링을 실시함으로써 출하품목별 일자를 계산한다. 이는 거래처별 피킹/포장시간, 이동시간, 선적/운송시간 등을 정의하고 계획할 수 있는 환경을 제공함으로써 고객에게 보다 정확한 납기를 제안할 수 있도록 한다.

운송관리는 전체 운송프로세스를 통제, 감독하여 여러 배송을 하나의 선적으로 그룹핑하거나 하나의 배송을 여러 개의 선적으로 나누어 관리하며 운송형태, 운송업자, 선적마감일 등을 관리하는 기능으로 LES(Logistics Execution System)와 통합 운영된다.

이 외에 출하/배송 부분에서는 피킹 및 포장관리를 지원한다. 피킹은 출하지시서를 바탕으로 재고 이전오더(Stock Transfer Order)를 생성하기도 하고 수작업 피킹을 할 수도 있다.

3.3 대금청구 및 매출관리

대금청구(Billing)는 고객의 주문이나 이에 따른 배송에 입각하여 고객에게 지급을 요청하는 과정이다. 대금청구는 영업부서 또는 영업관리 부서에서 하기도 하고, 기업에 따라 회계부서에서 하기도 한다.

SD모듈의 매출관리는 FI모듈의 기능과 완벽히 통합되어 거래처별 매출채권을 보조원장으로 실시간 관리하며 이어지는 입금 프로세스를 지원하고 실시간으로 총계정 원장에 반영한다. 세부적인 기능은 아래와 같다.

- 자금관리부문에 자동 정보제공
- 고객 마스터의 회계관련정보관리를 통해 회계모듈과의 통합기반 제공
- 외상매출금 및 미수금의 고객별 개별항목/잔액관리
- 외상매출금 및 미수금의 고객별 미결/입금관리
- 고객별 받을 어음 및 선수금관련 처리지원
- 고객별 여신관리
- 매출채권의 기간별 구분 및 이력관리

청구문서도 영업오더와 마찬가지로 판매문서 유형(Sales Document Type)에 의해 관리되며 후속 프로세스가 결정된다. 청구문서의 판매문서 유형에는 일반청구, 현금오더에 대한 청구, 대변/차변메모에 대한 청구 등이 있다. 또한 업무 편이상 하나의 판매오더에 대해 여러 개의 청구문서를 분할하여 발행할 수도 있고 송장 리스트(Invoice List)의 형태로 여러 개의 청구문서를 통합해 하나의 청구서를 발행할 수도 있다.

특별한 청구형태에 대한 지원도 이루어지는데 여기에는 청구계획에 의한 청구, 선수금 청구, 할부 청구 등이 포함된다. 이중에서 청구계획은 건설 등의 장기간 프로젝트를 수주한 경우, 이에 대한 청구계획을 수립하고 각 기간별 혹은 공정진행 현황별로 대금을 청구하는 형태이다. 주기별 청구(Periodic Billing)와 마일스톤 청구(Milestone Billing)가 있는데 후자의 경우 앞서 언급한 건설현장 등에서 프로젝트가 진행되는 과정을 마일스톤으로

설정하고 각 단계가 완료되는 시점에 대금청구를 실시하는 형태이다. 이에 반해 주기별 청구는 특정한 서비스나 제품을 주기별로 공급하는 형태의 계약에서 주로 이루어지는 청구 방식으로 계약상에 합의된 기간을 근거로 대금을 청구하는 형태이다.

3.4 SD모듈의 장점

영업/유통(SD)모듈의 특장점은 다음과 같다.

(1) 영업지원 관리 향상

영업지원 기능은 판매결과, 고객문의, 견적, 판촉활동, 경쟁사 및 경쟁제품에 관련된 정보를 관리할 수 있는 도구를 제공한다. 그러므로 영업 및 마케팅 담당자는 판매결과, 고객문의, 견적, 판촉활동 등을 꾸준히 관리함으로써 다른 영업활동을 수행하기위해 이러한 정보들을 활용할 수 있다. 또한 영업지원은 영업업무를 효율적으로 하고 기존고객에 대한 서비스를 향상시키는 것뿐만 아니라 시장조사 등의 전략적인 업무에 도움을 줌으로써 새로운 사업의 아이디어를 얻는데도 이용된다.

(2) 신속하고 효율적인 주문처리

영업오더 처리시에 입력된 정보들을 기준으로 판매주문에 필요한 정보들이 자동으로 결정, 제시된다. 예를 들어, 가용성점검을 통해 고객의 납기문의에 신속하게 응답할 수 있고, 인도기준이나 지급기준을 고객의 요구에 맞게 변경하거나 할인정보를 입력하여 가격을 자동으로 결정하고 수익성 분석을 실시할 수 있다. 또한 사용자는 제품을 수작업으로 입력하거나 고객에 맞게 제시된 제품 특성을 선택해서 입력하거나 또는 고객의 요구에 맞게 선택부품에 대한 제품 변형구성(Configuration)을 통해 입력할 수도 있다.

(3) 유연한 가격결정 기능

판매주문시 자동으로 가격결정을 수행한다. 관련된 가격결정 요소를 결정하기 위해 시스템은 가격리스트, 고객과의 계약관계를 고려하고, 제품군이나 제품원가에 따라 가격을 결정할 수 있다. 또한 유연한 가격결정 기능에 의해 복잡한 가격구조의 처리가 가능하다.

(4) 시장추세에 대한 의사결정 자원

SAP ERP는 판매정보시스템(Sales Information System)으로 의사결정자에게 가시성이 높은 정보를 제공할 수 있다. 영업유통문서를 입력하는 순간, 시스템에서는 실시간으로 판매정보시스템에 있는 관련된 정보를 수정하게 된다. 판매정보시스템을 이용함으로써 시장추이와 변화를 감지하고 이에 대응하는 의사결정을 통해 경쟁우위를 점하게 될 것이다.

(5) 회계모듈과 유기적 통합

재무/관리회계 모듈과 긴밀하게 통합되어 주문처리시 자동적으로 고객에 대한 여신한도에 대한 점검을 수행한다. 이때 주문이 여신점검에서 부적합할 경우 관련 담당자에게 자동적으로 경고 메일을 발송할 수 있도록 시스템을 설정할 수 있다. 또한 판매주문과 납품에 근거하여 자동으로 모든 해당 항목에 대한 대금청구를 수행하게 된다.

시스템은 항목들에 대한 송장, 대차메모를 개별적 또는 일괄적으로 생성하여 청구서를 우편이나 팩스 또는 전자문서교환(EDI)을 통해 바로 보낼 수 있다. 이와 동시에 시스템은 재무회계와 관리회계 모듈에서 볼 수 있는 외상매출금과 수익을 즉각적으로 생성하며, 고객의 구매수량에 따라 리베이트도 처리할 수 있다.

(6) 생산/물류 모듈과의 유기적 통합

자재관리 및 생산계획 모듈과 연동되어 이루어지는 가용성점검은 판매주문을 만족시키기 위해 요청한 납기에 충분한 수량을 보유하고 있는지를 확인하고, 요청한 납기를 맞추지 못할 경우 시스템은 즉각 가용한 날짜를 계산하고 결정하여 새로운 납기를 고객에게 제안할 수 있도록 한다. 자세한 내용은 7장의 기능 설명을 참조하기 바란다. 또한 여러 저장 위치에 있는 제품의 가용성을 점검할 수도 있으며, 고객이 특정한 수량의 제품을 필요로 할 경우 주문생산방식의 기능을 이용할 수도 있다.

(7) 적시 배송을 위한 출하/배송관리 지원

출하관리에서는 피킹, 포장, 적하 업무를 관리하고 납기마감을 감시하는데 유용한 기능을 제공한다. 시스템은 납품해야 할 모든 주문 리스트를 제공하고, 주문을 전체적 또는 부분적으로 납품할 것인지에 대한 옵션을 주게 된다.

04 자재관리 모듈

자재관리 모듈(Material Management)은 구매계획수립, 구매요청 및 구매발주, 검수 및 입고, 재고관리, 송장검증, 업체평가, 구매분석에 이르는 구매 및 재고관리 프로세스를 지원하는 모듈이다.

그림 3-7 MM모듈의 전체구조

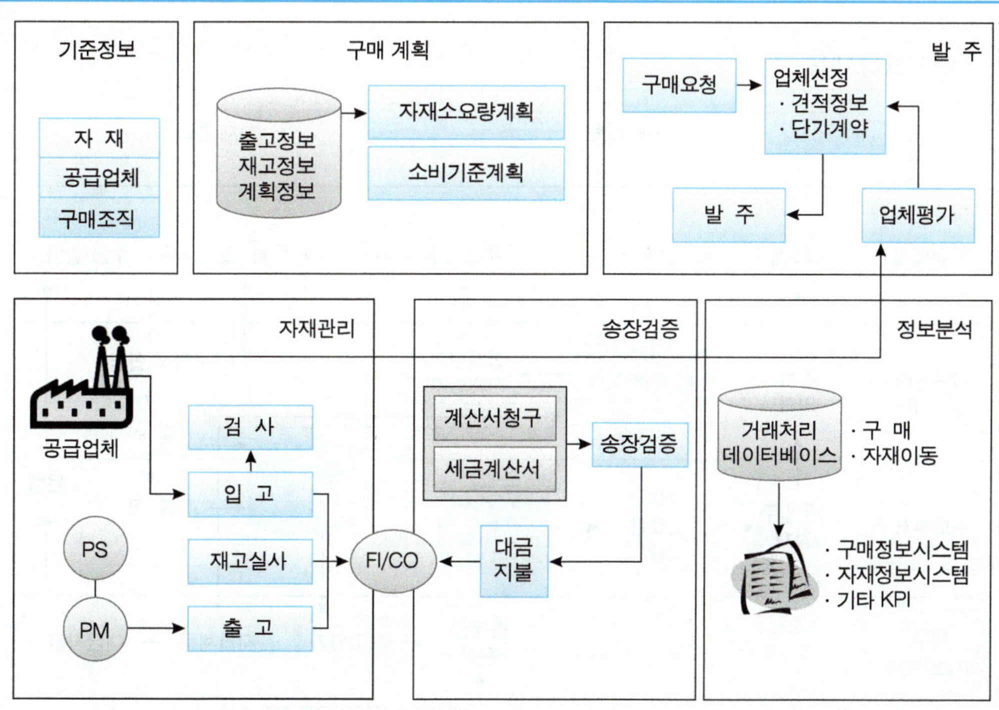

전체적인 구조는 [그림 3-7]과 같다. MM모듈은 주로 생산부문과 연계된 구매계획 부분, 구매계획에 의거하여 구매요청 및 구매오더를 생성하는 발주부분, 공급업체로부터 입고된 자재의 검수, 입고처리, 재고실사, 생산으로의 출고 등을 담당하는 재고관리부분, 공급업체로부터 접수된 송장의 검증을 통해 입고된 제품과 송장의 금액을 비교하는 송장검증 부분 및 각종 구매관련 정보를 관리하는 구매정보시스템(PIS: Purchasing Information System) 부분으로 구성된다.

MM모듈은 특히 확장솔루션인 mySAP SRM(Supplier Relationship Management)부분과 유기적으로 연계되어 전자입찰, 경매 등 인터넷 환경을 바탕으로 한 공급자관계관리를 지원하기도 한다. 입고 및 검수부분에서는 품질관리(QM: Quality Management) 모듈과 연계되어 입고시 제품/자재의 품질을 검사하고, 각 등급에 따라 후속처리를 다르게 하도록 구성할 수 있다.

MM모듈은 구매계획으로부터 구매견적, 구매요청, 발주, 입고, 출고 및 대금 지불까지 일련의 구매자재관리업무를 최적화 · 효율화 할 수 있도록 베스트 프랙티스(Best Practices)를 기본으로 한 다양한 기능을 제공한다. 정확한 재무회계 및 원가관리를 위한 기초적인

그림 3-8 MM모듈의 내용

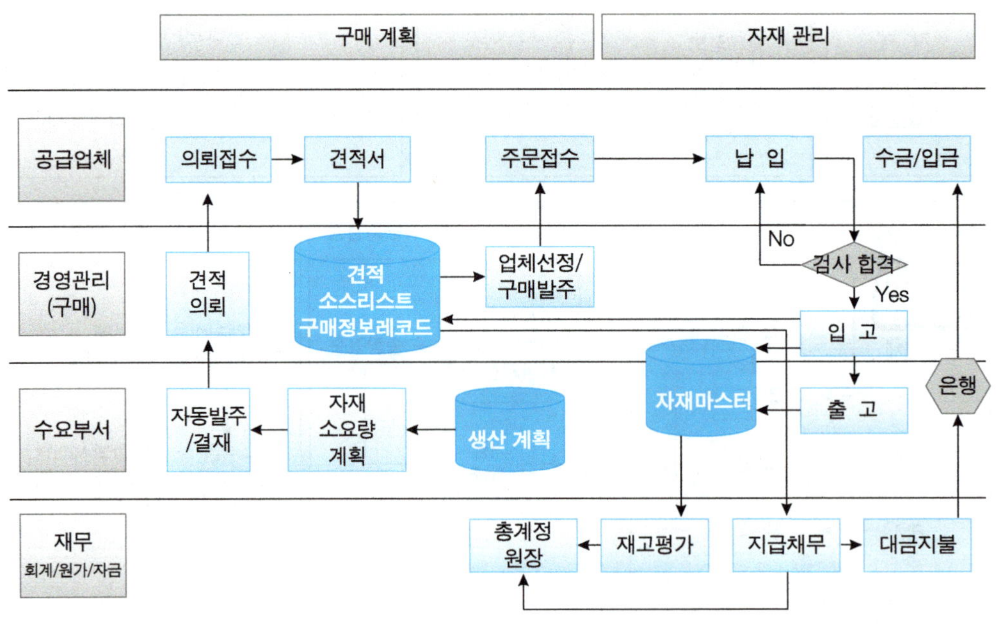

물류관리로서 재무, 관리, 예산, 프로젝트 등의 회계관리 및 생산, 설비, 품질, 창고 등의 물류관리 기능과 실시간 통합성을 제공한다.

4.1 구매량 결정

생산시스템과의 통합으로 기준생산계획(MPS) 및 자재소요량계획(MRP)에 따른 자재 요구량 및 자재 요구시점을 계산해 구매량을 결정하는 기능을 지원한다. MM모듈에서는 생산부분에서 넘어온 자재 요구량 계산 외에 비품 및 소모성 자재 등을 대상으로 소비기준계획(CBP: Consumption Based Planning)을 실행하여 이에 대한 소요량을 결정하는 기능도 제공한다.

CBP는 재고량이 재주문점에 도달하면서 자동으로 구매요청이 생성되는 재주문점 계획(Reorder Point Planning)과 수요예측기반계획(Forecast Based Planning) 등의 기능으로 구성되며, 재주문점 계획은 다시 수작업 재주문점 계획과 자동 재주문점 계획으로 나뉜다.

4.2 구매발주 관리

생산계획 및 자재소요량계획에 의거하여 필요한 구매량과 구매시점이 결정되면 실제 구매발주를 실행하는 부분이다. 생산계획에서는 구매에 대한 소요량이 계획오더(PL: Planned Order)나 구매요청(PR: Purchase Requisition)의 형태로 산출된다. MRP를 수행하고 난 후의 결과에 대해 검토를 실시한 후 전체 리스트를 보고 구매오더를 하나씩 생성할 수 있고, 단가계약이 존재하는 경우에는 자동으로 릴리즈 구매오더(Release PO)가 생성되도록 할 수도 있다. 또한 생성된 구매요청에 대해서는 대량 전환(Mass Conversion)기능을 사용하여 계약에 대한 릴리즈 구매오더로 연결되게 할 수 있다. 각 구매요청은 업체별 발주율, 생산능력, 거래 기간 등의 각종 요소를 고려하여 업체가 자동으로 할당되게 하는 기능을 지원한다.

이전오더(Transfer Order)는 공장 간, 저장창고 간의 이동 등 물리적인 이동을 나타내는 재고이전(Stock Transfer)과 자재의 특성 및 상태의 변화로 인한 논리적인(Logical) 이동을 나타내는 이전전기(Transfer Posting)로 구분된다. 공장 간 이동의 경우 1단계, 2단계 이동을 지원하며 모든 재고의 이동은 이동유형(Movement Type)을 통해 관리된다. 이동유형은 각각의 자재가 어떤 형태로 이동되는지를 나타내는 동시에 회계로의 전기 시 계정을 결정

그림 3-9 재고 이동의 구분

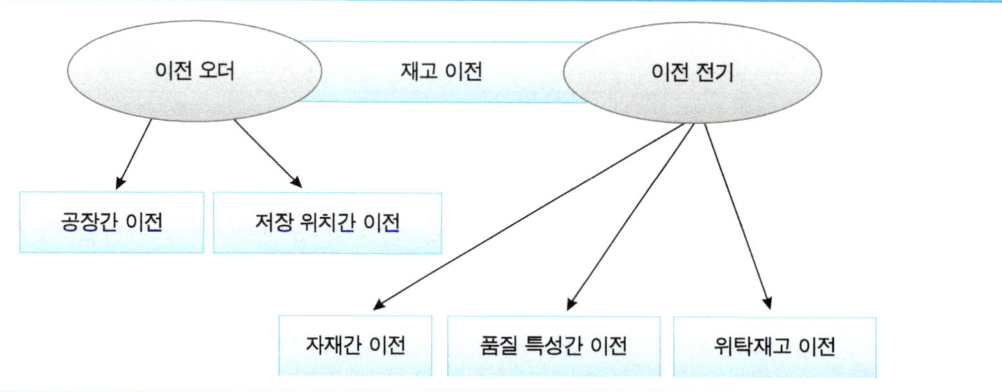

하는 역할을 담당한다. 이전전기는 자재의 특성 변화로 인한 자재 자체의 변경을 나타내는 자재 간 이전(Material to Material), 품질상의 특성 변화로 인한 품질 특성 간 이전, 위탁재고를 자체 재고로 이전하는 위탁재고 이전 등을 포함하며 그 구분은 [그림 3-9]와 같다.

서비스 오더는 제품 및 원부자재의 구매가 아닌 용역구매에 대한 처리를 지원하는 프로세스이다. 용역구매의 특성상 구매발주시 체결된 용역의 투입량과 실제 투입량이 다를 수 있으므로 이에 대한 처리를 지원한다. 단, 구매오더에는 용역의 한도량을 정하고 서비스 입력시점(자재 입고에 해당)에 지불금액이 확정된다. 서비스 입력에 대한 결제처리를 지원하며 용역의 투입량을 결재자가 확정처리하면 송장검증 단계로 넘어갈 수 있다. 용역에 대한 마스터데이터관리가 가능하며 구매오더 생성 시점에 해당 마스터데이터를 사용한다. 프로젝트시스템(PS: Project System) 및 설비보전(PM: Plant Maintenance) 모듈과 연계되어 사용되는 경우가 많다.

4.3 송장검증

송장검증은 구매오더 내용 및 공급업체가 납품한 물량과 발송된 송장의 금액을 비교, 검증하여 회계부문으로 지급요청을 생성하는 과정으로 전체 프로세스는 [그림 3-10]과 같다. 송장검증은 구매발주를 낸 구매부서에서 하기도 하고, 회계부서에서 할 수도 있다.

주기적 구매가 일어나지 않거나 계약금액이 큰 경우 개별 송장검증을 실시하고 그 외의 주기적 구매에 대해서는 자동 송장검증(ERS: Evaluated Receipt Settlement) 기능을 이용하

그림 3-10 송장검증 프로세스 개요

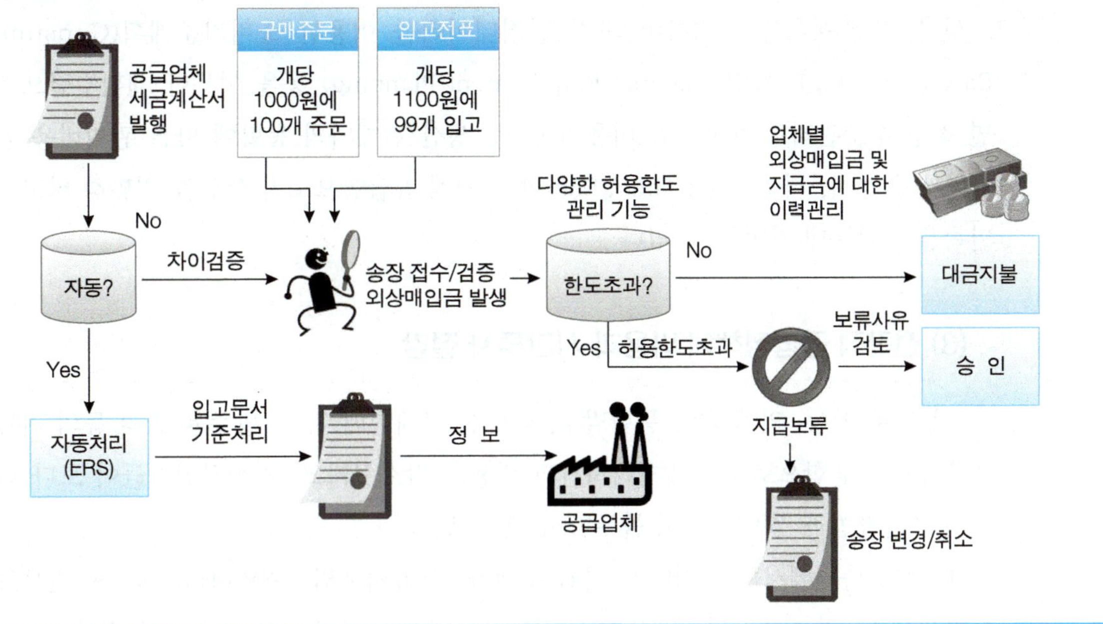

여, 일일이 송장검증처리를 하는 것이 아니라 입고문서를 기준으로 송장을 자동으로 생성한 후 해당 정보를 공급업체에 전송하여 확인하게 한다.

4.4 MM모듈의 장점

자재관리 모듈의 특장점은 다음과 같다.

(1) 타 모듈과 밀접한 통합

타 모듈(SD, PP, PM, CO/FI)과 밀접한 통합이 이루어져 있고, 제품과 상품의 입 · 출고 이동 시 재고계정과 관련계정에 그 정보가 실시간으로 연동되고 있다. 그리하여 정보를 전달하는 시간차에 따른 비즈니스 손실을 막고 정보탐색을 위한 시간을 좀 더 효율적인 구매 업무와 재고관리에 투자함으로써 비즈니스의 부가가치를 창출할 수 있다.

(2) 다양한 정책에 대한 구매계획 수립 지원

생산, 판매계획을 고려하며 과거 실적데이터를 이용한 소비기준계획(Consumption Based Planning), MRP(Material Requirement Planning) 등을 이용한 계획수립으로 자재별 적정 수준관리로 재고관리 비용의 절감, 생산/판매와의 통합에 따른 관리비용절감, 필요자재를 적시, 적소(Right Time, Right Place)에 공급함으로써 생산을 원활히 하고 고객의 만족을 높이는데 기여할 수 있다.

(3) 전략적 공급정책에 비용과 시간투자 절감

자동발주 기능, 업체평가, 통합발주, 다양한 구매형태 지원, 발주율 관리 등의 기능을 시스템에서 지원함으로써 구매처리시간과 비용을 감소시키고, 지식작업자들이 보다 더 전략적인 조달방법과 정책에 대해 몰두할 수 있게 된다.

재고관리측면에서는 회계와 관련된 문서가 구매/자재업무처리(Transaction)만으로도 자동발생함으로써 이중작업을 제거하고 정보공유에 따른 소요시간 및 비용을 절감하게 된다.

(4) 공급사슬의 효율적인 관리를 위한 대응력 확보

공급사슬관리는 상품, 정보, 자금의 흐름까지 공유하여, 협업의 효율성을 추구한다. 공급업체의 공급업체, 고객의 고객에까지 일체화시키는 전략을 실현시키려면 회사의 자원과 정보가 우선적으로 관리되어야 하는 전제조건이 해결되어야 한다. 이러한 전제조건은 자재관리 모듈의 기본정보와 통합성을 통해 해결될 수 있다.

05 • 생산관리 모듈

생산관리(Production Planning)모듈은 장기생산계획, 기준생산계획, 자재소요량계획, 생산능력계획, 생산오더관리 및 생산원가관리에 이르기까지 전체 생산관리 업무를 지원하는 모듈이다.

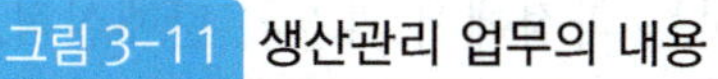
그림 3-11 생산관리 업무의 내용

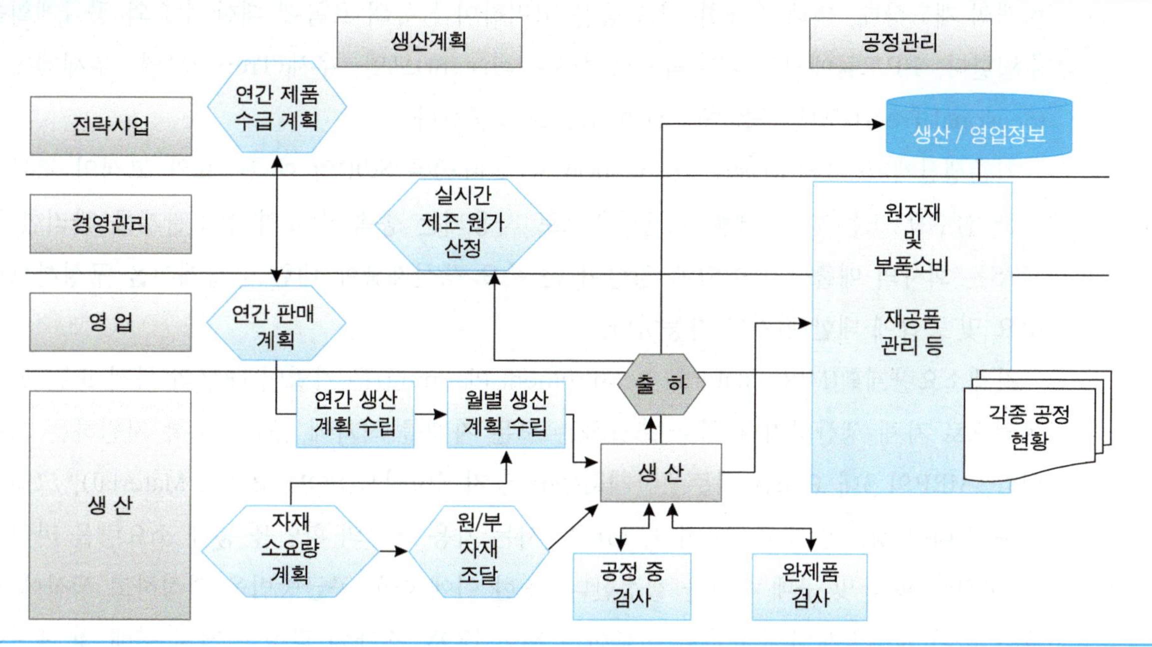

PP모듈은 크게 마스터데이터관리부문, 생산계획수립부문, 생산실행 및 분석부문 등으로 구성되어 있으며, 다양한 산업에서 필요로 하는 생산관리 업무프로세스를 모두 지원한다. 또한 원가(CO), 영업 및 유통(SD), 자재관리(MM), 품질관리(QM) 등 SAP의 다른 모듈들과 통합되어 있으며, 공급망 관리(SCM)솔루션과는 표준 인터페이스를 보유하고 있고, 기타 응용프로그램들(예: MES, PCS 등)과 인터페이스를 지원하고 있어 다른 부문의 다양한 정보들을 활용할 수 있다.

5.1 생산계획

영업/생산운영계획(SOP: Sales and Operation Planning)은 제품에 대한 생산계획의 수립을 유연하게 할 수 있도록 지원하는 도구로서 기업에 따라 총괄생산계획(Aggregate production planning)을 수립하거나 기준생산계획(Master Production Schedule)을 수립하는데 이용될 수도 있다.

결국 영업/생산운영계획(SOP)은 기준생산계획이나 자재소요량계획을 정확하게 운영하는 데 사용된다. 영업의 판매계획으로부터 생산계획을 수립하는 과정에서 과거의 판매실적, 현재의 재고상태, 미래에 대한 예측 등을 고려하여 물류의 흐름에 대한 수요와 공급계획을 수립한다. PP모듈에서는 기본적으로 상수(Constant)모델, 추세(Trend)모델, 추세계절성(Seasonal Trend)모델 등을 예측관련 모델로 제공한다.

기준생산계획(MPS: Master Prodcution Schedule)은 SOP의 예측수요와 고객의 주문에 의한 실수요 또는 다른 제품의 생산원료로 사용되는 종속 수요의 상호관계를 관리한다. MPS는 회사의 매출이나 이익에 영향이 큰 주요 생산제품에 대한 공급계획을 구성하므로 수요 및 공급에 대한 평가가 가능하다.

자재소요량계획(MRP: Material Requirement Planning)은 기업이 내부의 목적 또는 판매목적으로 자체 생산하거나 외부 조달하는 모든 자재를 적기에 공급하도록 지원하는 기능이다. MRP의 3대 요소는 기준생산계획(MPS), 자재명세서(BOM: Bill of Material), 그리고 자재에 대한 정확한 재고정보이다. MRP에서는 가용 재고의 확인을 통해 소요량을 파악하고 적정한 생산 및 구매 수량을 결정한다. 또한 이에 대한 공급방법을 결정하고 생산에 필요한 하위 원부자재의 소요량을 산출하기 위한 BOM 전개의 과정을 거쳐 구매 및 생산에 대한 양과 시기를 최적화시켜 고객 서비스 수준에 균형이 유지될 수 있도록 조정한다.

분배량 계획(DRP: Distribution Requirement Planning)은 대리점이나 총판 등의 물류센터관점에서 고객의 수요를 파악하고, 고객의 수요가 생기는 지점에 제품을 공급하도록 하는 기능이다. 배치(Deployment)를 통해 수요에 비해 생산이 부족한 경우 또는 초과생산한 경우 재고를 최적화하여 분배하도록 지원한다.

5.2 생산실행

장기 생산계획부터 생산원가관리에 이르기까지 전 생산관리 프로세스 중 생산실행이 차지하는 위치는 [그림 3-12]와 같다. PP의 생산계획부분이나 APO의 상세 계획부분에서 넘어온 계획을 대상으로 생산실행을 실시하며, 이후 실적보정 및 생산마감을 거쳐 생산원가 계산 및 분석을 위한 프로세스로 넘어가게 된다.

생산실행의 방법은 크게 생산방식이 단속적(Discrete)이냐, 반복적(Repetitive)이냐에 따라 달라진다. 일반적인 제조기업에서 많이 채택하고 있는 단속적 생산방식의 경우 생산계획의 결과로 계획오더가 발행되면 이에 대한 생산오더가 릴리즈 되고 작업지시가 이루어

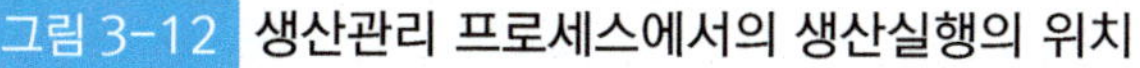
그림 3-12 생산관리 프로세스에서의 생산실행의 위치

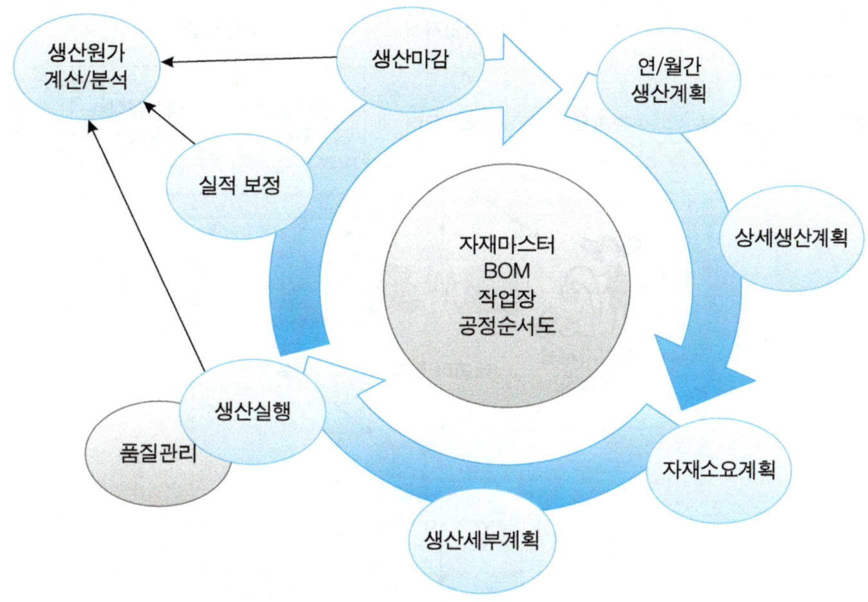

지는데 실적처리는 개별 자재출고 방식으로 할 수도 있고 이론출고(Backflush)방법으로 할 수도 있다. 또한 반복적 생산방식의 경우는 계획오더의 확정에 의해 작업지시가 이루어지고 완제품이 입고되면 이론출고의 방법으로 실적이 처리된다.

여기서 작업지시란 계획된 오더가 갖는 정보대로 생산작업이 실행될 수 있도록 필요 정보를 작업 주체에게 전달하는 행위를 말한다.

단속적 생산방식에서는 생산오더의 발행 및 관리를 바탕으로 작업지시 및 실적처리가 이루어진다. [그림 3-13]은 생산오더 관리프로세스 전반을 보여준다. 판매오더 및 기타 독립수요의 정보를 바탕으로 생성된 생산오더는 이후 생산단위별로 자재가용성점검, 생산능력점검 등이 이루어지며 해당 오더에 대한 승인 과정을 거쳐 자재출고, 생산실행, 실적집계 및 오더정산이 수행된다.

생산오더는 어떤 제품을 언제까지 생산해서 판매할 것인지의 정보를 보유하는 SD모듈의 판매 부분, 어떤 원부자재를 이용하여 자재별로 얼마의 가용재고를 보유하고 있고 언제 추가공급이 이루어져서 생산에 지장을 주지 않는지를 판단하는 MM모듈의 재고관리부분, 그리고 생산활동에 대한 제반 비용의 정산을 처리하는 CO모듈의 원가계산부분과 통합적

그림 3-13 생산오더 관리 프로세스

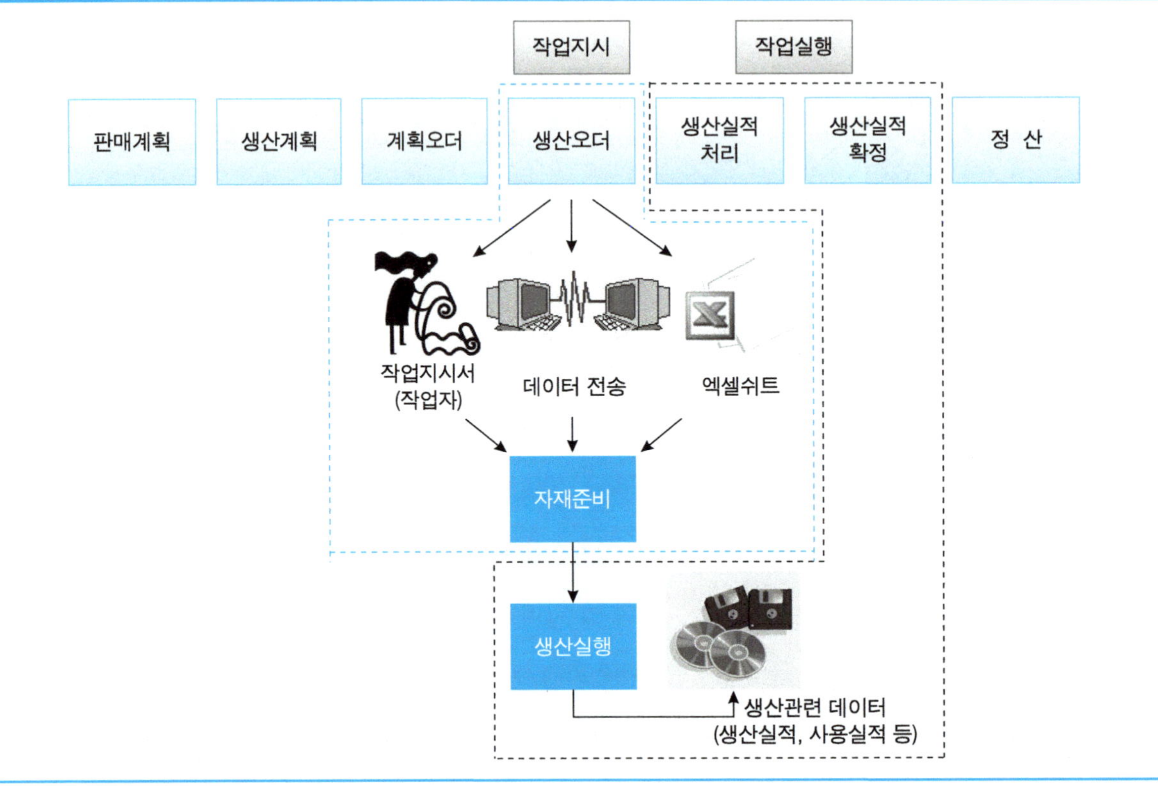

으로 연계되어 운영되는 생산계획 및 실행의 주요 정보를 담고 있다.

이러한 생산오더는 계획오더를 선택하여 일괄적으로 생성할 수도 있고, 개별적으로 생성할 수도 있다. 완제품에 대한 실적이 확정되면 생산진척 정도에 따라 투입된 원자재 및 활동에 대한 실적이 확정된다.

5.3 PP모듈의 장점

생산관리 모듈의 특징과 장점은 다음과 같다.

(1) 산업별 다양한 기준정보의 관리

물류관리 전반에 걸쳐 사용이 가능한 기준정보로 자재, 분류, 설계 변경, 쿼터(Quota)

등 여러 가지 종류가 있다. 또한 생산관리 전반에 걸쳐 필요한 기준 정보로는 생산자원/공구(Production Resources&Tools), 기준 달력 등이 있다. 그리고 각 산업 및 분야에 필요한 기준 정보는 아래와 같은 종류들이 있다.

① 조립산업에 필요한 기준 정보는 자재명세서(Bill of Material), 작업장(Workcenter), 작업장 계층구조, 공정순서도(Routing) 및 참조공정 세트(Reference. Operation Set) 등이 있다.
② 장치산업을 위한 기준 정보는 표준조리법(Master Recipe), 자원, 자원 네트워크, 공정지침(Process Instruction) 등의 종류가 있다.
③ 간판방식을 위한 기준 정보는 간판 사이클(Cycle), 자재 사용처, 자재 공급처, 공급지역 등이 있다.
④ 생산계획의 수립을 자원하는 기준 정보로는 BOM유효성, 계획 계층구조, 제품그룹 등 여러 가지가 있다.

위와 같이 산업별로 생산관리방식에 적합한 다양한 종류의 기준 정보를 관리하여 생산의 효율성을 높일 수 있다.

(2) 기준 정보를 통합적으로 활용

생산계획의 수립, 작업지시서의 발행, 생산실적의 입력, 원자재의 출고, 제품의 입고, 제조원가의 계산, 구매요청서의 발행, 생산일정의 계산 등 생산관리의 다양한 업무영역에서 기준 정보가 활용된다. 이와 같이 SAP ERP에서는 기준 정보를 여러 영역에 걸쳐 통합적으로 사용할 수 있다.

(3) 제품 특성에 맞는 생산계획 수립 가능

영업/생산 운영계획(SOP)은 제품의 특성에 맞추어 사용자가 직접 데이터를 입력하고 생성할 수 있는 정보구조를 설계하고, 제품의 특성에 맞는 작업 화면 및 계산 공식 등을 작성할 수 있다. 재고생산(MTS), 주문생산(MTO), 조립생산(ATO) 및 설계생산(ETO) 등 제품의 조달 및 판매를 제어하는 생산전략을 제품별로 다르게 지정할 수 있다.

(4) 다른 모듈에서 관리하는 자료의 활용

경영계획 자료, 창고의 재고현황, 구매요청이나 주문 현황 등 다른 업무부서나 모듈 등에서 관리하고 있는 자료들을 생산계획의 수립에 참고자료로 활용할 수 있다. 재고생산(MTS)하는 제품의 경우에 영업의 주문 접수시 창고에 있는 재고 현황뿐만 아니라 생산이 예정된 작업지시서의 일정까지도 점검하여 납품여부를 판단할 수 있도록 지원하며, 주문생산(MTO)의 제품의 경우에 영업의 주문 접수시 생산계획의 수요로 포함될 수 있는지 여부를 판단하여 납품의 가능성을 점검할 수 있도록 지원하고 있다.

자재소요량계획 등을 통하여 구매부서에 원자재의 구매요청이나 주문서의 발행 및 납품지시 등의 후속 기능을 지원할 수 있다. 생산오더는 생산품목, 일정, 원자재 불출, 공수 투입 등 생산현장에서 발생하는 실적자료를 입력하고 집계하는 문서이다. SAP ERP상에서 생산오더는 생산실적 정보를 실시간으로 저장하게 되어 결과분석의 자료로 사용되며, 또 원가를 집계/분석하는 데이터로도 사용된다.

(5) 시뮬레이션을 통한 분석

미래에 발생할 수 있는 다양한 상황변화를 반영하여 생산계획을 수립할 수 있는 시뮬레이션 모드(Simulation Mode)의 지원은 생산계획자들에게는 필수적인 도구라고 할 수 있다. SAP ERP의 중/장기계획(LTP)[1]은 실제로 발생하는 운영환경에 영향을 주지 않고 장기적인 관점에서 원자재 소요량 분석, 생산능력 소요량의 분석 등 자재소요량계획(MPS[2]/MRP)[3] 등에서 수행하는 모든 기능을 시뮬레이션할 수 있도록 지원한다.

(6) 공급사슬관리 모듈과 인터페이스 지원

생산관리 모듈에서 관리하는 자재명세서(Bill of Material), 공정순서도(Routing), 계획오더, 작업지시서 등 여러 가지 기준정보나 업무처리 정보를 공급사슬관리 프로그램

1) LTP : Long Term Planning의 약자로 시뮬레이션을 위한 시나리오를 구성하여 미래에 발생 가능한 여러 가지 상황 변화를 시뮬레이션을 통하여 미리 분석해 볼 수 있도록 지원하는 하위 모듈.
2) MPS : 앞에서 학습한 바와 같이 Master Production Schedule의 약자인데, 여기서는 기업의 매출이나 이익 등에 영향이 큰 주요 품목에 대하여 소요량 계획을 수립하는 SAP ERP의 하위 모듈을 의미한다.
3) MRP : Material Requirement Planning 또는 Manufacturing Resource Planning의 약자인데, 여기서는 원자재 소요량 계획 또는 생산에 필요한 생산 자원을 계획할 수 있도록 지원하는 SAP ERP의 하위 모듈이다.

(APO)[4]으로 보내고 받을 수 있다. 또 자재관리 모듈에서 관리하는 거래처, 각종 계약, 재고, 구매요청, 구매발주 및 영업관리 모듈에서 관리하는 고객, 가용성점검 요청, 주문현황 등 여러 가지 기준정보나 업무처리정보도 공급사슬관리 프로그램(APO)과 용이하게 주고 받을 수 있다.

(7) 제품 특성에 맞는 생산방식의 지원

조립산업, 장치산업, 반복생산, 프로젝트 위주 생산 및 간판 등 다양한 산업에서 필요로 하는 생산방식을 자재 마스터데이터에 정의하여 사용할 수 있다. 작업지시서의 형태도 산업의 특성을 반영하여 생산오더(Production Order), 공정오더(Process Order), 운영스케쥴(Run-Schedule) 등 해당 산업에서 요구하는 형태로 세분화되어 있다. 예를 들어 장치산업의 공정조건, 작업지침 등 작업관리를 위한 상세 작업지시서(PI-Sheet)를 만들어 사용할 수 있다.

(8) 공정 제어시스템 및 현장시스템과의 인터페이스 지원

장치산업 쪽에서 많이 사용하고 있는 각종 공정이나 설비의 관리를 위한 공정 제어시스템(PCS/DCS)[5]과 작업지시서, 작업지침 및 공정 변수 등을 다운로드할 수 있으며, 또한 공정제어시스템에서 관리하는 데이터를 다시 ERP시스템으로 업로드(Upload)하여 작업지시서와 함께 생산실적 및 공정변수들을 통합하여 관리할 수 있도록 공정 관리기능을 지원하고 있다. 다양한 산업에서 운영되고 있는 생산 실행시스템(MES)[6]과도 BAPI[7]프로그램을 통하여 인터페이스할 수 있다.

(9) 유연한 실적 분석기능을 지원

생산실적을 요약하여 다양한 분석이 가능하도록 지원하는 물류정보시스템에서 데이터를

---

4) APO : Advanced Planning & Optimization의 약자로 SAP에서 개발한 공급사슬관리 (Supply Chain Management) 시스템.
5) PCS/DCS : Process Control System/Distributed Control System의 약자로 공정 설비를 제어하는 시스템.
6) MES : Manufacturing Execution System의 약자로 생산 실적 및 조건 등의 정보를 집계/분석하는 시스템.
7) BAPI : Business Application Program Interface의 약자로 다른 S/W들과 인터페이스 작업을 할 수 있도록 개발된 프로그램.

저장할 수 있는 테이블, 조기경보 등을 사용자의 요구에 맞게 만들어 쓸 수 있다.

SAP에서 기본적으로 제공하는 표준분석에서는 막대그래프, 분류, 파이분석, 상관관계, 전략분석 등 각종 그래픽 툴을 통하여 데이터를 쉽게 분석하도록 지원하고 있다. 사용자가 정의할 수 있는 유연분석에서는 다른 기준 정보테이블 및 정보구조의 데이터 등과 결합하여 더욱 확장된 정보의 분석이 가능하도록 지원하고 있다.

(10) 데이터 웨어하우스 시스템으로 정보 제공

자료의 추출, 특히 변경된 자료만을 추출하는 기능은 데이터 웨어하우스 구현의 필수적인 요소라고 할 수 있다. SAP ERP에서는 ERP에서 발생한 각종 데이터를 간이 데이터 웨어하우스 기능인 물류정보시스템에 저장하고, 파라미터를 설정하는 방식으로 간단한 변수값의 정의로 변경된 자료만을 추출할 수 있다는 장점을 누릴 수 있다. 따라서 사용자는 쉽게 ERP시스템의 자료를 추출하여 데이터 웨어하우스를 구현할 수 있다. 자재관리, 영업관리, 설비관리, 품질관리 등 SAP ERP시스템은 동일한 방법의 데이터 웨어하우스 인터페이스를 지원하고 있어 많은 자료의 추출에 장점이 있다.

06 재무회계 모듈

6.1 영업처리과정과 외상매출금

재무회계(Finance)모듈은 GAAP 등 국제적으로 통용되고 있는 회계기준을 적용함으로써 회계 전 영역을 포괄하는 기능에 사용자 위주의 융통성을 접목시킨 통합 비즈니스 관리 시스템이다.

ERP시스템의 회계는 영업처리과정에서 현장회계가 구현된다. 예를 들어, 현장에서 영업처리과정이 실행되는 가운데 회계처리가 자동적으로 이루어져 총계정원장 및 보조원장이 업데이트 된다. 영업처리과정은 주문접수, 상품발송 그리고 대금청구로 이루어지는 일련의 판매과정이며 이는 SD모듈에서 처리된다.

그림 3-14 영업처리과정과 외상매출금

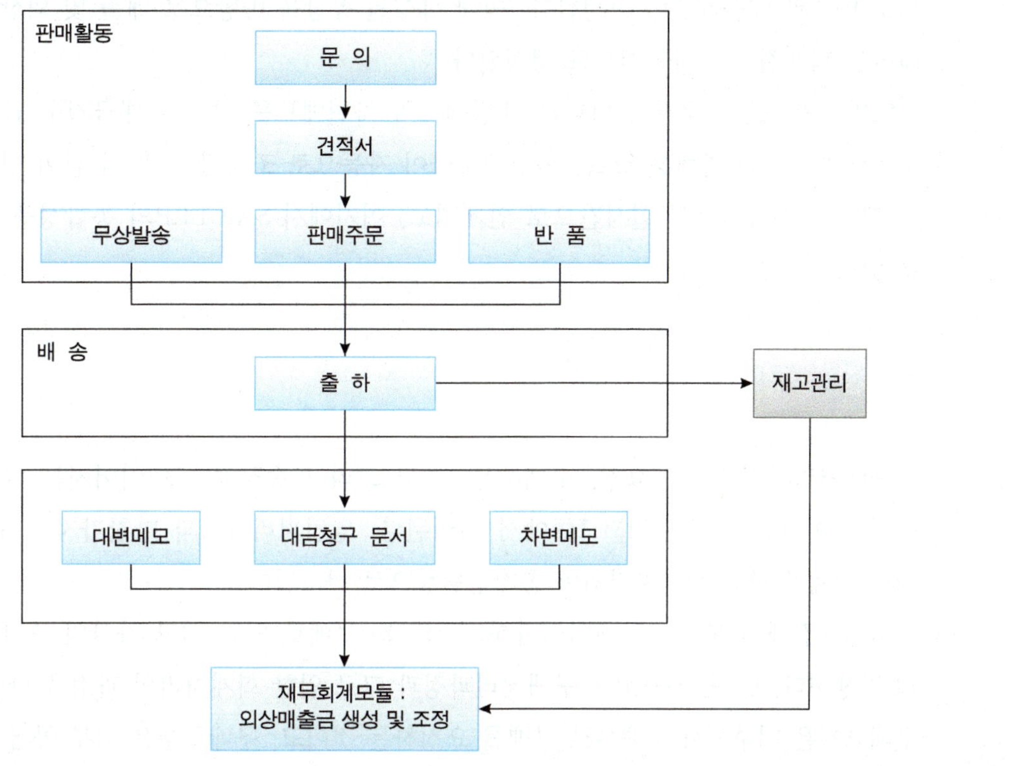

회계관점에서 볼 때 영업처리과정의 최종 결과는 매출과 매출채권 그리고 매출원가의 발생이다. 이러한 과정을 잘 알고 있어야 회계담당자가 영업처리과정 전반에 대한 관리를 할 수 있다.

[그림 3-14]는 영업처리과정과 회계모듈과의 관계를 나타낸 것이다. 고객의 문의가 접수되면 해당 제품에 대한 견적을 작성하여 발송하고, 고객이 이에 대한 주문을 내면 이때부터 판매프로세스에 들어간다. 재고 및 기타 상황을 고려하여 영업오더를 작성하면 이 문서를 기초로 해서 차후의 문서가 작성된다. 영업오더는 판매할 상품, 인도날짜, 가격조건, 거래조건 등의 내용을 담고 있으며 기본적인 내용만 입력하면 대부분 관련마스터데이터를 끌어와 자동으로 생성된다. 인도될 날짜가 도래하면 출하지시서가 발생되고 그에 따라 물량을 확보하고 마지막으로 상품이 물리적으로 배송된다.

상품이 배송되면 상품이 이동되었다는 자재전표가 작성되고 이를 바탕으로 매출원가를 인식하는 회계전표가 자동적으로 생성된다. 고객에게 대금청구를 하여 승인을 받으면 비로소 매출과 매출채권이 발생한다. 이때 작성된 송장을 바탕으로 매출 및 외상매출금을 인식하는 회계전표가 자동적으로 생성된다.

일반적인 대금청구뿐만 아니라 대변메모와 차변메모를 통하여 대금청구 금액을 조정할 수 있으며, 이때 회계상으로는 외상매출금이 자동으로 조정된다. 이와 같이 영업현장의 모든 활동이 회계업무와 실시간으로 연계되고, 여기에서 SAP ERP의 통합성을 재차 인식할 수 있다.

6.2 구매처리과정과 외상매입금

구매처리과정은 구매요청, 구매주문, 입고 그리고 송장접수로 이어지는 일련의 구매과정이며 이러한 과정은 MM모듈에서 처리된다. 영업처리과정과 마찬가지로 구매처리과정에서 회계가 자동으로 처리되어 총계정원장으로 전기된다.

회계관점에서 볼 때, 구매처리과정의 결과는 구매로 인한 재고 자산의 증가와 매입채무의 발생이다. [그림 3-15]는 구매처리과정과 그로 인한 회계처리의 과정을 나타낸 것이다. 구매요청은 내부에서 구매부로 구매를 요청하는 것이고, 구매주문은 외부 공급자에 대해 주문하는 것이다. 구매요청에서 작성된 구매데이터는 구매주문 검수 그리고 송장검증에 이르기까지 그대로 이어진다. 구매주문은 구매부서에서 하는 구매와 관련된 문서를 작성하는 것인데 이 문서를 작성할 때, 주변의 많은 마스터 자료를 끌어와서 작성하게 된다. 예를 들면, 자재 마스터데이터, 공급업체 마스터데이터, 과거 구매데이터 등의 데이터를 자동적으로 끌

그림 3-15 구매처리과정과 매입채무회계

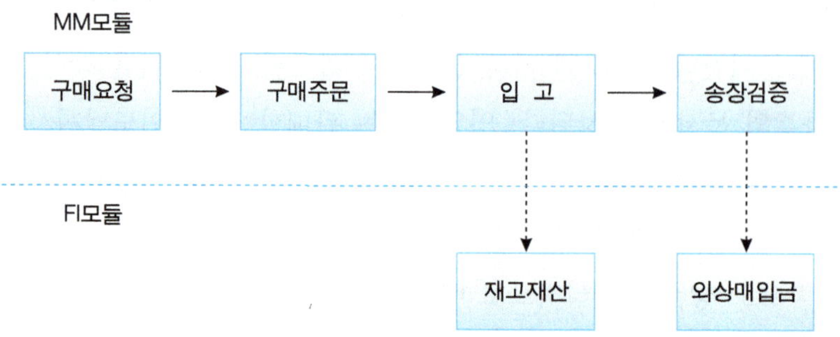

그림 3-16 F1모듈의 흐름

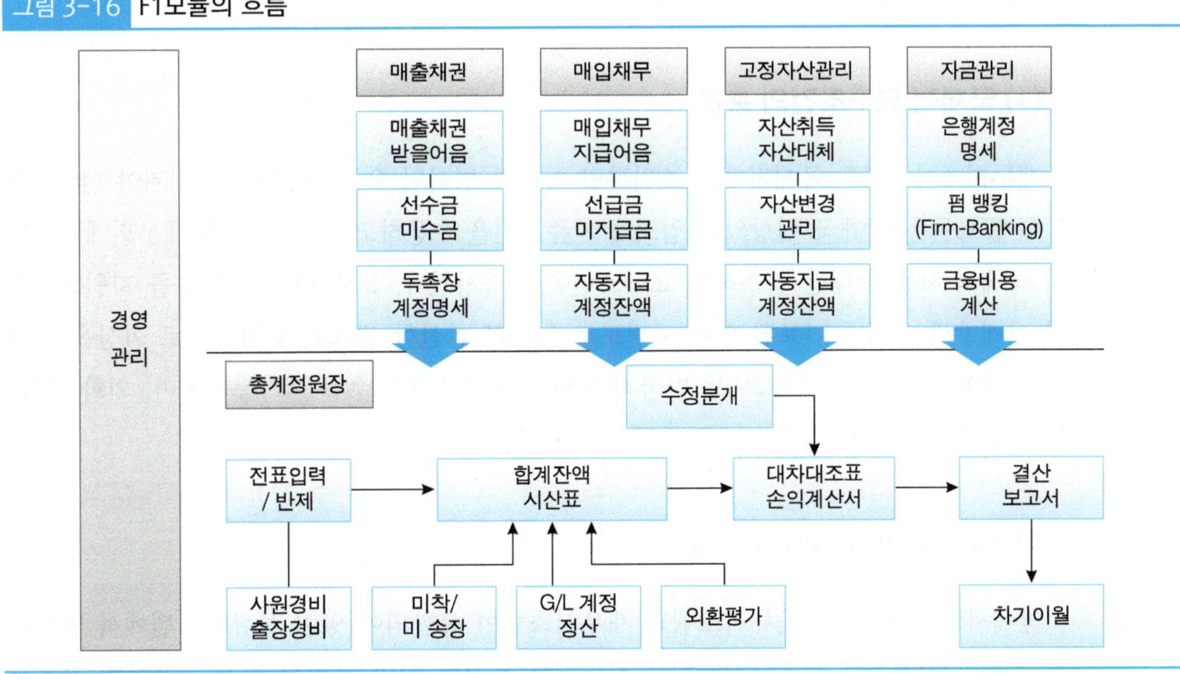

어와서 구매문서를 작성하게 된다.

입고는 구매한 물품을 공급업체로부터 인수하는 절차이다. 이 과정에서 일단 재고자산의 발생을 회계적으로 인식하고, 차후 공급자로부터 송장을 접수한 후 송장검증을 하면 비로소 매입채무가 발생한다. 입고시 잠정적으로 외상매입금을 인식하고, 차후 송장을 접수한 후 입고시 가계정에서 인식한 외상매입금을 상계하고 정식으로 매입채무를 인식하게 된다.

F1모듈에서는 지금까지 설명한 매출채권과 매입채무뿐만 아니라 고정자산관리와 자금관리가 이루어지며, [그림 3-16]에서 나타나듯이 총계정 원장의 제반처리를 통해 대차대조표와 손익계산서가 만들어 진다.

6.3 FI모듈의 특징과 장점

FI모듈은 비즈니스 거래 발생시 실시간으로 데이터를 자동 갱신하므로 계정명세서, 잔액확인서, 재무제표 등 각종 보고서를 신속하게 작성하며, 재무정보시스템을 통해 고객과 구매처에 대하여 미 결제된 채권/채무분석 및 조회를 실시간으로 지원한다. 재무회계 모듈의 특장점은 다음과 같다.

(1) 국제적 요구조건의 충족

재무회계시스템은 국제적 요구조건뿐만 아니라 법적인 요구사항을 충족시켜야 한다. 재무회계 모듈은 40개국 이상의 기업회계 기준요건을 수용하고 있기 때문에 재무회계시스템의 국제적 사용에 대한 필수적인 요구조건을 충족시킨다. 또한 다국적 통화를 지원함으로써 거래발생 시점에 기표된 외화는 별도로 원화로 환산할 필요없이 자동으로 환산을 지원하고 원화, 달러화 및 유로화 등 다국적 통화로의 재무제표 수립을 가능케하며, 외화 자산/부채에 대한 평가 및 환차손익을 자동으로 관리한다.

(2) 타 모듈과의 실시간 통합

앞에서 설명한 데로 물류시스템과 재무시스템이 통합되어 있어 물류시스템에서 발생하는 거래가 실시간으로 재무시스템에 반영되는 동시에 이와 관련된 회계 전표들이 자동으로 생성된다. 그리고 물류시스템과의 통합으로 지출 전표 및 매출 전표에서 드릴다운 기능을 이용하여 실제 원시전표로까지 추적이 가능하여 업무의 투명성을 제고한다. 또한 관리회계시스템과의 통합으로 인해 건설 중인 자산에 대한 정산처리가 신속하게 이루어지고 완성 고정자산으로의 전표가 자동으로 생성된다.

(3) 유연한 계정과목표(COA:Chart Of Accounts)

재무회계 모듈에서 제공하는 계정과목표는 사용 기업의 요구에 맞게 다양하게 관리할 수 있어 기업에서 발생하는 회계정보를 효과적으로 관리한다. 시스템이 다국적기업과 특정국가의 요구조건을 둘다 만족시키려면 재무회계 모듈에서는 이에 맞도록 계정과 목표를 쉽게 만들어 사용할 수 있어야 한다.

(4) 보조원장의 실시간 관리

총계정원장과 함께 보조원장을 연계하여 관리하는 것이 필수이다. 채권, 채무, 고정자산에 대한 모든 변동 사항들은 총계정원장의 할당된 계정으로 실시간 관리된다. 따라서 모든 보조원장은 항상 총계정원장과 함께 조정된다.

(5) 채권관리

계정분석, 알람 리포트, 만기별 리스트 및 유연한 지급 독촉 기능 등에 의해 미결항목을 보다 효과적으로 관리할 수 있다. 고객의 여신관리정보를 바탕으로 주문입력과 제품출고 시점에서 자동으로 여신한도 점검을 수행하여 채권에 대한 리스크관리를 지원한다.

(6) 채무관리

선금 요청 및 처리, 어음/수표 발행관리, 신용카드, 펌 뱅킹 등 다양한 채무 형태별로 관리를 지원하며 사용자의 다양한 요구에 맞는 지급방법 지원 등 채무관리에 필요한 모든 기능들을 채무관리(FI-AP)모듈에서 지원한다. MM모듈과의 통합으로 공급업체 마스터데이터의 통합관리를 지원하며 공급업체에 대한 지급 여력을 효과적으로 관리한다.

(7) 고정자산관리 지원

다양한 방법으로 투자 타당성 분석을 지원하고, 신규 고정자산 투자 건에 대한 예산책정을 지원한다. 관리회계시스템과의 통합으로 인해 건설 중인 자산에 대한 정산처리가 신속하게 이루어지고 완성 고정자산으로의 전표가 자동 생성된다. 고정자산 신규 취득/자본적 지출/매각/폐기 및 고정자산에 대한 감가상각법/내용연수 변경 등에 대한 계획을 반영하고, 감가상각 시뮬레이션을 수행하여 의사결정에 필요한 정보를 지원한다. 설비관리(PM) 모듈과의 통합으로 유지보수에 의한 자본적 지출에 대한 회계전표를 자동으로 생성하고 고정자산 잔존가에 자동으로 반영한다.

(8) 연결재무제표 연동

재무회계 및 고정자산시스템과의 통합으로 인해 개별 재무제표로부터 데이터가 직접 이동된다. 이러한 기능으로 연결재무제표 작성업무를 단순하게 해줄뿐만 아니라 결합작업에서 발생하는 오류를 최소화 한다.

(9) 한국화(Localization) 지원

SAP ERP는 오랜 기간 동안 한국에서 여러 업체에서 구현되며 요구사항에 맞게 수정되어, 한국화 지원이 잘 되어 있다. 재무회계 모듈에서 중요한 부가세, 원천세, 법인세에 대한 신고 자료를 용이하게 작성하도록 지원한다. 또한 인사관리 모듈과의 실시간 통합으로 인사관리 모듈에서 정의한 인사테이블에 의해서 소득세와 주민세 등이 자동으로 산출되고 이와 관련된 회계전표가 생성될 수 있다.

07 관리회계 모듈

7.1 CO모듈 개요

관리회계(Controlling) 모듈은 경영자의 의사결정에 필요한 회계정보를 제공하는 모듈이다. 경영자가 필요로 하는 회계정보의 기본은 원가정보이다. ERP를 구축하고자 하는 많은 기업들이 제품원가를 정확히 산정하려는 목적을 가지고 시작한다. 이러한 원가정보는 수익성 분석의 기반이 된다. 따라서 CO모듈의 많은 부분은 각각의 원가대상에 대한 원가정보를 생성하는 기능을 한다. 즉, 원가중심점(Cost Center), 내부 오더(Internal Order), 활동(Activity), 제품, 서비스, 마켓 세그먼트(Market Segment), 이익중심점(Profit Center) 등에 대한 원가정보를 계획하고 또한 실제원가를 생성하는 기능을 한다.

원가정보의 생성은 1차적으로 재무회계에서 발생한 원가를 받아들이고 2차적으로 이들 원가를 각각의 원가대상에 배분하는 절차로 이루어지는데, 전자를 1차원가라 하고 후자를 2차원가라 한다. 따라서 CO모듈은 F1모듈에서 흘러 들어온 1차원가를 의사결정 목적에 따라 가공하는 절차라고 정의할 수 있다.

예를 들어 어떤 인건비가 발생했다고 가정하자. 인건비의 처리는 인사관리모듈에서 처리되지만 이렇게 처리되는 가운데 F1모듈을 통해 재무회계 전표가 자동으로 생성된다. 재무회계 전표에는 이 인건비가 어떤 원가중심점 또는 내부주문에서 발생했는가를 입력하도록 되어 있다. 비용을 처리하는 재무회계 전표에서 원가의 발생 장소를 입력함으로써 CO

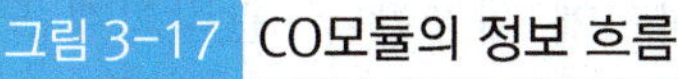
그림 3-17 CO모듈의 정보 흐름

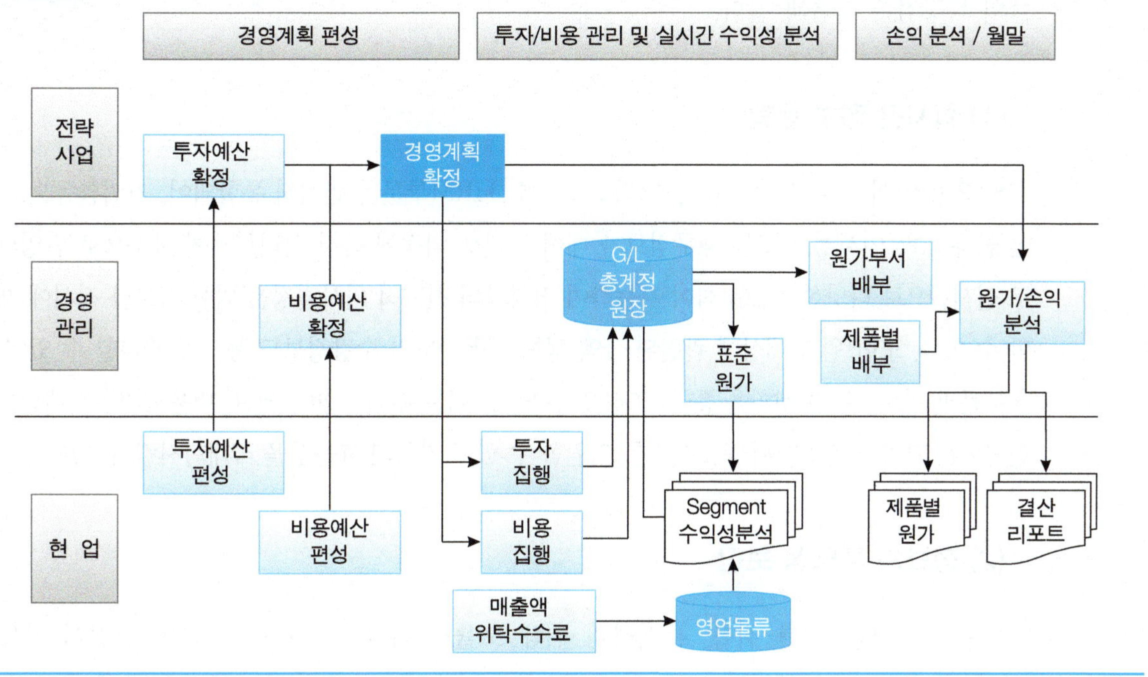

모듈과 연결이 되며, 이를 통해 이 비용은 CO모듈 영역으로 들어오는데 이를 1차원가라 한다. 관리회계 모듈 영역에서는 이렇게 들어온 1차원가를 원가배분 절차를 통해 다른 원가발생 장소로 배분하기도 하고, 궁극적으로 제품원가에 배분하여 제품원가를 계산한다.

또한 SD모듈에서 판매활동을 처리하는 가운데 FI모듈을 통해 재무회계 전표가 자동으로 생성되며, 이때 제품, 고객, 지역 등이 입력되어 이들 수익과 판매원가가 마켓 세그먼트로 이동된다. CO모듈에서는 이를 통해 마켓 세그먼트의 수익성 분석정보를 생성한다.

이와 같은 정보 흐름을 가지는 CO모듈은 원가요소회계, 비용중심점(Cost Center)별 비용관리, 내부 오더관리, 활동원가, 제조원가진행관리, 실적 원가관리, 수익성 분석, 손익센터 분석부분으로 나누어진다.

7.2 CO모듈의 특징 및 장점

재무회계를 포함한 타 물류부문과의 통합성을 기반으로 실시간 경영성과 및 비용/수익

추적이 가능하여 전략적 계획과 의사결정에 필요한 정보를 적시에 제공한다. 관리회계 모듈의 특장점은 다음과 같다.

(1) 실시간 정보 통합

SAP ERP의 다른 FCM부문, 그리고 SCM, HRM부문과 완벽히 통합되어, 기업활동으로 인한 물류정보, 인사정보 또는 재무정보가 데이터 발생 시점에 즉시 관리회계에 자동으로 반영되므로 실시간으로 다양한 정보분석이 가능하여 경영자의 전략적 의사결정을 위한 정보를 적시에 제공할 수 있다. 또한 원가 대상에 관련된 금액 정보뿐만 아니라 수량정보도 동시에 관리할 수 있어 물류부문과 회계부문의 계획을 통합, 조정할 수 있다. 이는 수익, 판매, 생산, 비용 및 인원 계획으로 연결되는 기업의 경영계획 프로세스를 지원할 수 있어 기업의 효율성을 극대화시킬 수 있다.

(2) 정보의 투명성 보장

비용 및 수익정보를 취합, 분석하기 위해 모듈별 각 마스터데이터 간의 연결이 가능하고, 분석 룰(Rule)에 의한 데이터 가공이 가능하므로 제공되는 정보의 투명성이 보장된다. 재무회계의 계정과목과 관리회계의 원가항목이 통합되어 관리회계시스템과 재무회계시스템이 동일한 데이터를 근거로 운영되고 조정된다. 관리회계 목적상 발생하는 비용 배부 등 정보의 재가공은 관리회계 전용의 2차 비용계정으로 관리하므로 재무회계 데이터의 일관성을 없애지 않고도 상세한 원가관리가 가능하다.

(3) 유연한 데이터 및 정보관리

버전별로 정보관리가 가능하여 다양한 목적별 데이터를 생성할 수 있고, 이렇게 생성된 정보를 비교, 분석할 수 있다. 관리회계를 구성하는 여러 하위모듈은 사용범위에 따라 유연하게 구성할 수 있다. 예를 들어, 제조가 없는 회사의 경우 간접비 회계와 수익성 회계만을 사용할 수 있고, 간접비 회계 중에서도 원가중심점회계, 내부 오더관리, 활동기준원가 등 필요한 부분만 선택하여 사용할 수 있다.

(4) 다양한 관리 계층 및 계층구조 별 분석 지원

각 회사에 따라 달라질 수 있는 관리 계층 및 조직에 대한 정의가 각 회사에 맞게 설정될 수 있으며, 각 단위 레벨 및 조직은 상위레벨 및 조직과 연결되어 있어 다양한 계층에서 요구하는 정보의 생성 및 분석이 가능하다. 수익성 분석도 제품측면, 고객측면, 조직측면 등 다양한 관점으로 정의가 가능하고, 계층구조별 수익성 분석을 지원한다.

(5) 산업 및 생산방식에 따른 유연한 제조원가관리

제조업체의 경우 산업의 특성에 따라 다양한 제조방식이 있을 수 있는데, 이에 대응하는 유연한 원가관리를 지원한다. 각 회사가 수행하는 사업에 따라 프로젝트 생산, 주문생산, 계획재고생산, 반복생산 등의 다양한 생산방식이 존재하는데, 이에 대응할 수 있는 제조원가계획 및 진행관리, 실적관리를 지원하기 때문에 기업이 가진 고유의 특징을 반영한 원가관리가 가능하다. 제조원가의 관리수준은 가장 상세한 수준부터 상위레벨로의 데이터 및 정보취합을 사용자가 지정할 수 있어 다양한 수준에서 정보가 제공된다. 수불표에서 구매, 생산, 판매에 대한 수량, 금액, 단가, 차이정보를 실시간으로 조회할 수 있으며, 차이의 배부방식이 아닌 수불내역을 기반으로 제조원가의 차이분석이나 수익성 분석을 상세한 수준에서 수행할 수 있다.

(6) 간편한 데이터 추적 및 정보분석

SAP ERP는 발생하는 모든 정보를 개별 라인 품목(Line Item)으로 처리하므로 저장된 정보는 세부적인 단위까지 분석이 가능하게 된다. 다양한 표준 리포팅 툴이 지원되며, 분석보고서에서 추가적인 정보가 필요할 경우 관련데이터를 더블 클릭하는 방법을 통해 계속 드릴다운(Drill-Down)해 가면, 해당 정보의 원시전표와 그 상세 내력, 그리고 관련마스터정보까지 추적할 수 있다. 이외에도 비쥬얼 리포팅 툴을 이용하면 사용자의 목적과 부합하는 추가적인 보고서를 간단하게 정의하여 사용할 수 있다.

SAP정보시스템에서 제공하는 보고서 기능은 보고서 간의 계층구조와 보고서 간의 연결을 가능하게 하며, 특정 정보를 얻기 위해 굳이 해당 기능을 가진 재무회계 모듈이나 기타 물류 모듈로 이동하지 않고도, 리포트 간의 연결을 통하여 해당 정보를 검색하거나 분석할 수 있다.

(7) 다차원적 수익성 분석

수익성 분석모듈에서는 용도에 맞는 다차원적인 수익성 분석을 할 수 있다. 다차원적 수익성 분석을 위해 사용자가 정의한 분석레벨을 조합하여 거기에 해당되는 정보만을 선택하여 분석할 수도 있다. 수익성 분석의 레벨은 최고경영층, 중간관리층, 실무자 등 다양한 계층의 요구사항을 반영하여 생성될 수 있으며, 제공되는 정보 또한 각 계층에 맞게 구성할 수 있다. 전략적 경영관리와의 통합으로 중장기계획, 경영계획, 실행계획, 실적 등의 데이터 및 정보를 관리회계와 연동할 수 있다. 계획시 다양한 전략적 목표가 반영된 시나리오(Top-Down Planning)와 현장의 상황 및 사실을 반영한 시나리오(Bottom-Up Planning)를 동시에 수용하고 분석할 수 있다. 그리고 전략적 목표가 반영된 시나리오를 구체화시키고 부문별 실행과 연계시키기 위해 영업계획 및 생산계획과도 연동할 수 있다.

연 습 문 제

01 SAP회사의 발전단계와 비약적인 성장의 동기에 대해 설명하시오.

02 다음이 설명하는 알맞은 용어를 쓰시오.

> "기업 경영내용이나 경영 과정전반을 분석하여 경영 목표달성에 가장 적합하도록 재설계하고, 그 설계에 따라 기업 형태, 사업 내용, 조직, 사업분야 등을 재구성하는 것으로 프로세스 중심으로 업무를 재구성하는 것을 의미함"

03 다음 중 확장 SAP 솔루션(Extended ERP)으로만 짝지어져 있는 것은 무엇인가?

① APO – CRM ② PM – CRM
③ PP – QM ④ PLM – PM

04 다음은 SAP ERP의 MM모듈에서 처리하는 기능에 대해 설명한 것이다. 다음 중 틀린 것은 무엇인가?

① 구매요청 ② 입고관리
③ 재고관리 ④ 적치/피킹

05 SAP ERP의 SD모듈 중 판매관리 및 영업오더(Sales Order)에서 수행 하는 세부 기능을 설명하시오.

06 SAP ERP의 MM모듈 업무프로세스를 기술하시오.

07 SAP ERP의 PP모듈의 주요 역할 및 기능을 설명하시오.

08 제품의 생산원가를 줄이고 고객 인도 시간을 최소화하기 위하여, 수요예측을 통하여 고객의 수요를 파악하여 많은 제품을 생산하고, 완성품 재고를 쌓아 놓고 판매하도록 하는 생산방식을 무엇이라고 하는가?

09 다음은 ERP에서 사용하는 용어에 대한 설명이다. 다음이 설명하는 공통적인 용어를 쓰시오.

- 제품이나 어셈블리(Assembly)를 이루는 구성부품(Component)들의 구조화된 리스트
- 특정 제품 또는 조립부품의 구성품목을 일목요연하게 보여주는 목록

10 FI모듈의 현장 회계를 이해하고 영업처리과정과 매출 채권회계의 과정을 설명하시오.

11 다음은 SAP의 재무회계(FI)모듈에서 처리하는 기능에 대해 설명한 것이다. 다음 중 틀린 것은 무엇인가?

① 입금관리　　② 손익관리
③ 원장관리　　④ 지불관리

12 SAP 솔루션의 회계모듈 중에서 간접비를 배부하고, 제조원가를 계산하며, 상품별 원가와 매출을 근거로 수익성을 분석하는 모듈은 어떤 모듈인가?

13 다음은 관리회계(CO) 조직 중의 하나인 이익중심점에 대한 설명이다. 다음의 설명 중 바르지 않은 것은 무엇인가?

① 각각의 비용중심점(Cost Center)은 이익중심점(Profit Center)에 할당됨
② 회사의 목적에 따라 지역, 기능, 제품 등을 기준으로 설정할 수 있다.
③ 부서 예산 및 비용실적의 관리단위
④ 손익 및 자산/부채의 집계, 관리단위

14 다음의 세 가지가 공통적으로 의미하는 조직단위를 기술하시오.

· 부서 예산 및 비용실적의 관리단위
· 비용(Input)/활동(Output) 계획 수행 및 실적집계와 성과분석의 단위
· 제조부서의 경우 이 조직 단위별로 계획 및 실적 임률(Activity Price)이 결정됨

15 CO모듈의 1차원가와 2차원가의 개념을 기술하시오.

16 MM모듈과 FI모듈, SD모듈과 FI모듈, PP모듈과 CO모듈 등 ERP의 통합 개념에 대한 예를 두 가지 이상 기술하시오.

제4장

확장형 ERP

01 고객관계관리
02 공급자관계관리
03 최적 공급사슬계획시스템
04 제품정보관리
05 전략적 기업관리

01 고객관계관리(CRM: Customer Relationship Management)

1.1 CRM의 개념 및 ERP와의 관계

기업은 점차 공급사슬 내의 비즈니스 파트너 및 고객과 창조적으로 협력해서 제품원가와 시간을 줄이고, 고객에게 보다 정확한 주문 추적정보(Order Tracking Information)를 제공함으로써 새로운 가치를 창출할 수 있다는 사실을 인식하고 있다.

정보기술(IT)을 효과적으로 활용하는 기업은 영업, 제품구성, 기획, 설계과정을 고객과 통합시켜 고객관계를 강화할 수 있다. 1990년대 중반 이후, 고객의 독특한 구매 특성이나 추세를 확인한다는 기대를 갖고 고객정보시스템을 통해 고객에 대한 정보를 얻을 수 있게 되었다. 또한 대량생산체제를 기반으로 운영되는 기업이 웹 애플리케이션을 통해 개별화된 고객관리를 할 수 있게 되었다. 고객과 친밀하고 견실한 관계를 구축하게 되자 기업은 현재 고객에 대한 평생가치를 추구하는 전략을 능동적으로 실행하게 되었다.

CRM을 통해 기업은 이러한 전략을 달성할 수 있게 되었다. CRM 애플리케이션은 영업, 마케팅, 고객 서비스에 초점을 맞춰 기업의 프런트 오피스(Front Office)기능을 강화한다. 그러나 CRM은 협소하게 정의된 정보기술 애플리케이션이 아니라 조직과 구성원, 프로세스와 시스템의 결합체라는 점이 강조되어야 한다. 또한 CRM 애플리케이션은 외향적이고 확장된 프로세스에 초점을 두는 확장형 ERP의 하나이며, ERP시스템의 기업 내 프로세스와의 연계를 추구하며 가치사슬혁신을 지원한다.

CRM은 어떻게 정의될 수 있는가? 가트너 그룹에서는 CRM은 "기업을 고객 세분화에 맞추어 조직하고, 고객을 만족시키는 행위를 촉진하고, 고객으로부터 공급자까지의 프로세스를 연결시킴으로써 수익성, 매출 그리고 고객 만족도를 최적화하기 위한 전사차원의 사업전략"이라면서 또한 "신규고객 획득, 기존고객 유지 및 고객 수익성 증대를 위하여 고객과 지속적인 커뮤니케이션을 통해 고객의 행동을 이해하고, 영향을 주기 위한 광범위한 접근방법"이라고 정의한 바 있다.

CRM은 운영적 CRM과 분석적 CRM 그리고 협업CRM의 세 가지로 분류할 수 있다. 운영적 CRM은 고객과의 접점에서 영업, 마케팅 및 서비스를 실행하는 CRM으로써 CRM의 구체적인 실행을 지원하는 시스템을 의미한다. 또한 분석적 CRM은 운영적 CRM에 의해 생성된 데이터들을 분석하는 것이다. 고객의 구매행동 및 구매패턴을 분석하고 이해할 수 있도록 지원하는 시스템인 것이다. 그리고 협업CRM은 기업의 운영시스템과 고객접점을 통합하여 기업 내부 및 외부를 연계하여 가치사슬을 향상시키고 각 고객별로 차별화된 서비스를 제공할 수 있도록 하는 시스템을 의미한다.

시스템관점의 CRM은 DBM(Database Management)과 일대일 마케팅 그리고 SFA (Sales Force Automation)의 세 가지로 분류될 수 있다. DBM은 마케팅 분석과 전략을 수립하기 위해 고객관련 데이터베이스를 이용하는 것이며, 일대일 마케팅은 개인화(Personalization)를 강조하며 마케팅 프로세스를 정보화하는 것이며, SFA는 영업채널의 경쟁력을 강화하기 위하여 영업자동화 기술을 의미하며 휴대폰, 개인정보 단말기(PDA), 콜센타(Call Center) 등을 활용한다.

1.2 프로세스관점의 CRM

프로세스관점에서 CRM을 살펴보면 [그림 4-1]에서 볼 수 있는 바와 같이 고객정보를 중심으로 마케팅으로부터 영업 및 서비스까지의 전 과정이 하나의 순환고리를 형성하는

그림 4-1 CRM의 프로세스

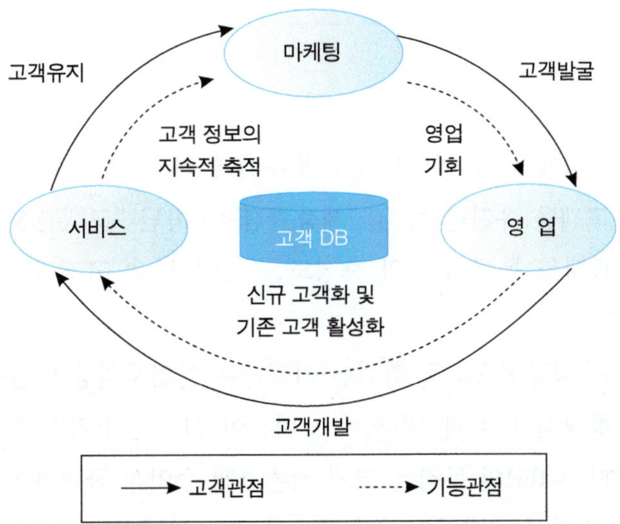

것이다. 먼저 각각의 기능에 대해서 알아보자.

마케팅의 기능은 여러 가지로 정의될 수 있지만, CRM관점에서 보면 새로운 수요를 창출하는 것이라 할 수 있다. 여기서의 새로운 수요라는 것은 새로운 고객의 흡수를 의미하기도 하지만 기존고객 중 휴면고객의 활성화도 포함하는 것이다.

영업은 마케팅에 의해서 창출된 영업기회를, 기회가 아닌 실제매출로 연결하는 역할을 한다. 이 과정에서 마케팅에 의해 조성된 호의적 환경이나 구체적 기회를 얼마나 효율적이고 효과적으로 관리하느냐가 영업의 평가지표가 된다. 영업이 효과적으로 진행되어 즉, 매출기회가 매출로 연결되어야 비로서 잠재고객은 실제고객이 된다.

서비스의 역할은 본질적으로 새롭게 들어온 고객에 대한 지속적인 관심과 보살핌을 통해 그 관계를 지속하는 것이다. 그 동안의 고객 서비스가 구매 후 고객의 만족을 주된 목적으로했다면, 현대 기업의 서비스는 포괄적 고객 서비스를 지향하는 것이다. 과거의 서비스는 소극적인 사후지원을 위한 것이었지만 새로운 서비스는 적극적 기회창출을 위한 것이다. 과거의 서비스가 극히 예외적인 고객별 프로세스였다면, 새로운 서비스는 모든 고객에게 맞춤화된 서비스를 전달하는 것을 목적으로 한다. 이러한 패러다임 변화만이 일단 우리 회사의 고객이 된 고객을 지속적으로 유지할 수 있다.

이러한 각 기능이 통합 고객정보를 중심으로 전개되고, 그 과정에서 발생된 정보가 다시 통합 고객 DB로 모아져서 지속적으로 축적되고 재활용되는 과정이 바로 선순환고리를 형성하는 모습이다.

1.3 목적관점의 CRM

CRM을 목적관점에서 접근하면 ① 고객 수를 늘리고, ② 고객 유지율을 높이고, ③ 가장 수익성이 높은 고객을 유지하며, ④ "제품관점"이 아닌 "고객관점"의 전향적 행동을 취하고, ⑤ 친근한 관계를 통해 고객의 충성도를 높이고, ⑥ 고객과 평생관계를 구축하는 것이다.

실제로 CRM을 성공적으로 구축했던 기업들은 영업사원당 매출이 51% 증대되고, 고객만족도가 20% 향상되고, 판매 및 서비스 비용이 21% 감소되며 이익이 2% 향상되는 효과를 보고하고 있다. CRM의 목적은 크게 기존고객 수익성 극대화 및 신규고객 창출로 요약된다. 기존고객 수익성 극대화는 우수고객에 대한 관계의 지속을 통해 평생가치를 극대화하는 것을 의미한다. 더불어 기업의 입장에서는 성장을 위해서는 신규고객의 지속적 확장이 필요하다. 그리고 CRM을 통해 이 신규고객 확장에 있어서의 효과를 극대화하는 것이 목적이 된다. 즉, 최소한의 비용으로 더 많은 신규고객을 창출하는 것인데 이를 위해서는 기존 고객에 대한 분석을 통해 성공 확률이 높은 고객군을 목표로 하는 것이 필요하다.

과연 기존고객의 기업에 대한 의미는 무엇인가? 많은 통계자료들이 기존 고객이 왜 그렇게 중요한지에 대한 수치적 자료를 제공하고 있다. 고객 유지 비용 대비 획득 비용이 10배가량 높다는 자료가 있다. 또한 하버드 비즈니스 리뷰에 따르면 미국기업들은 평균적으로 5년마다 고객의 반 정도를 잃고 있는데 관계관리를 통해 고객 상실률을 5% 정도만 줄이더라도 순이익을 두 배나 늘일 수 있다고 한다. 이만큼 한 고객이 거래를 지속하면서 기업에 주는 이익은 기하 급수적으로 늘어나는 것이다.

1.4 e-CRM

또한 최근에는 오프라인과 더불어 온라인, 즉 인터넷의 기업 웹사이트를 통해 양질의 풍부한 고객데이터가 수집됨에 따라 이와 같은 자료를 집중적으로 분석하는 웹로그 분석이 중요 분야로 대두되고 있으며, 우리나라의 대표적인 분석도구로는 CC Media사의 Web Nibbler 등이 있다.

e-CRM은 기존의 CRM 개념 위에 e-비즈니스 환경에서의 고객과의 관계유지라는 부분이 보강된 개념이다. 웹사이트를 방문하는 인터넷 이용자들의 로그파일을 분석하고 이를 기존의 데이터웨어하우스와 연계하여 고객의 성향에 맞는 제품이나 컨텐츠를 실시간으로 추천해 주는 맞춤형 마케팅 솔루션이라 할 수 있다.

기존 CRM솔루션들이 고객정보 및 고객거래 정보의 분석과 영업활동 자동화 등에 중점을 둔 반면, e-CRM은 인터넷 환경을 이용하여 e-mail을 통한 고객관리와 인터넷 마케팅을 중심으로 고객별로 차별화된 맞춤형 서비스를 제공하는 데에 중점을 두고 있다.

e-CRM과 전통적 CRM의 근본적인 차이는 고객 접점이라고 할 수 있다. e-CRM이 온라인을 통해 고객과 접촉하고 있는 반면, 전통적 CRM은 콜 센터나 오프라인 중심으로 고객과 접촉하고 있다. 결과적으로 고객 데이터 수집측면에서 e-CRM은 전통적 CRM에 비해서 정보의 질, 양, 그리고 정보수집 비용의 측면에서 많은 장점을 가지고 있다.

그러나 요즘에는 인터넷 기술이 일반화되어 CRM 개념에 e-CRM이 통합되어 구분하지

그림 4-2 e-CRM의 구성 요소

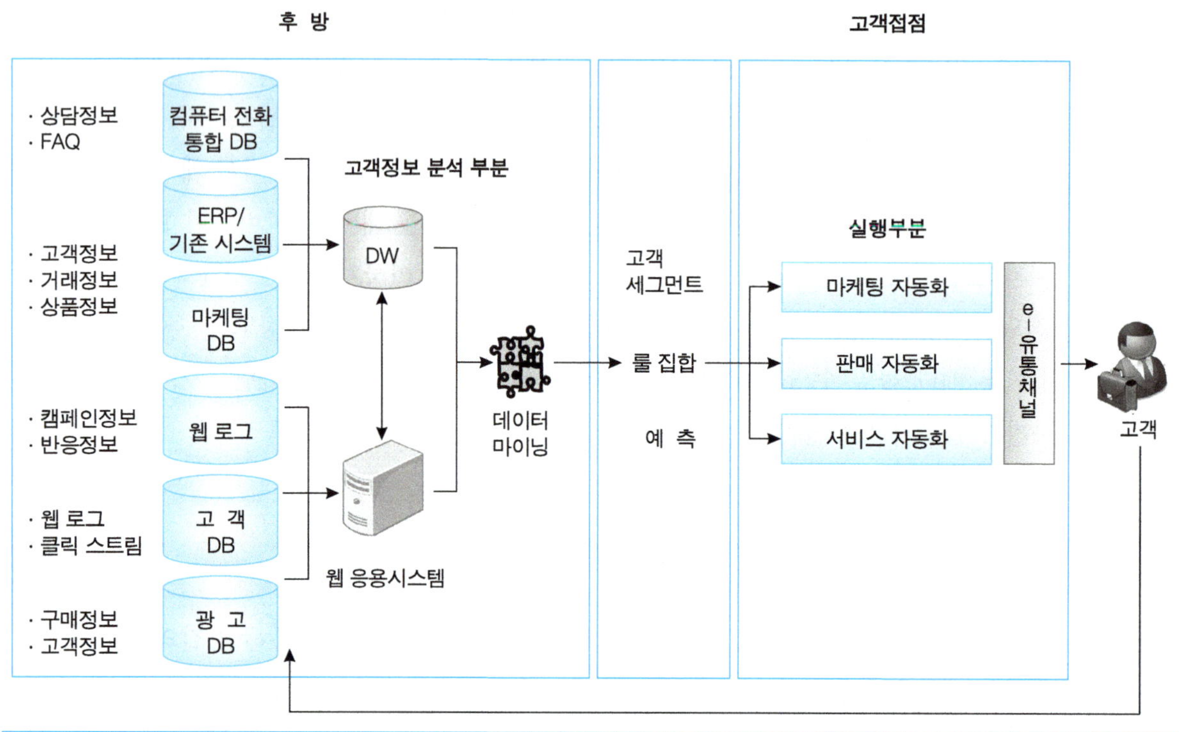

않고 사용되는 추세이다.

이전의 전통적 CRM이 신규고객 유치 및 관리에 많은 비용이 필요한 것에 반해, e-CRM은 초기고객 유치비용이 높은 반면 유지 및 관리비용은 상대적으로 저렴하다는 특징을 가지고 있다. 뿐만 아니라, 고객 서비스 측면에서도 온라인을 통한 단순한 처리 프로세스와 실시간 처리를 끊임없이 제공할 수 있다.

[그림 4-2]에서 볼 수 있는 바와 같이 e-CRM의 시스템 역시 전통적 CRM의 프레임(Framework)과 유사하게 후방의 고객정보 분석부문과 고객접점의 실행부문으로 나누어진다. 고객정보 분석부문에서는 한 사람이 인터넷에서 보내는 시간동안에 방문한 웹 사이트를 기록하는 클릭스트림(click stream) 정보 등을 고객 DB에 축적시킨다. 이러한 정보들을 데이터웨어하우스, 데이터마이닝 및 통계 패키지 등을 이용하여 고객의 세분화, 고객 요구사항 파악, 고객별 마케팅 방안에 대한 분석 등을 수행한다. 이와 같은 객관적 데이터를 바탕으로 초점 세분시장(Focused Market Segment)을 대상으로 마케팅, 영업, 서비스를

효과적으로 수행할 수 있다.

실행부문은 실제 고객과의 접촉이 이루어지는 부문으로 고객에게 다양한 정보의 제공, 판매, 서비스 측면에서의 각종 지원이 가능하도록 한다. 고객측면에서 보면 구매 프로세스 전체를 자동적으로 지원하는 것이다. 이를 위해 e-마케팅, e-영업, e-서비스 등의 기능이 제공된다.

e-CRM의 실행부분은 고객의 구매 프로세스를 자동적으로 지원해 주고 있다. 즉, e-CRM시스템은 고객의 구매 프로세스에 대응하기 위해서 온라인 상에서 e-마케팅, e-영업, e-서비스를 통해서 고객에 대한 지원활동을 수행한다.

02 • 공급자관계관리(Supplier Relationship Management)

인터넷을 통해 업체와 교류할 수 있는 통로의 구실을 해왔던 e-Procurement를 구매업무관련 영역전체로 확장하여 기능별로 특화시킨 시스템이 SRM이다. e-비즈니스 환경에서는 아웃소싱이 확대되고 기존의 공급사슬이 해체되어, 독립적으로 기능을 수행하는 여러 업체가 전략적 제휴형태로 가치창출 과정에 참여하여, 고객에게 가치를 전달하는 네트워크 경제형태로 산업구조가 변해가고 있다. 따라서 e-비즈니스를 수행함에 있어 가치창출 과정에 관련된 파트너들과의 관계를 효과적으로 관리하는 것이 중요한 성공요인으로 부각되고 있다.

SRM은 '보다 나은 제품을 개발, 생산하고 비용을 절감하기 위해 공급업체와의 협업 및

그림 4-3 공급사슬 관점에서 본 고객관계관리(CRM)와 공급자관계관리(SRM)

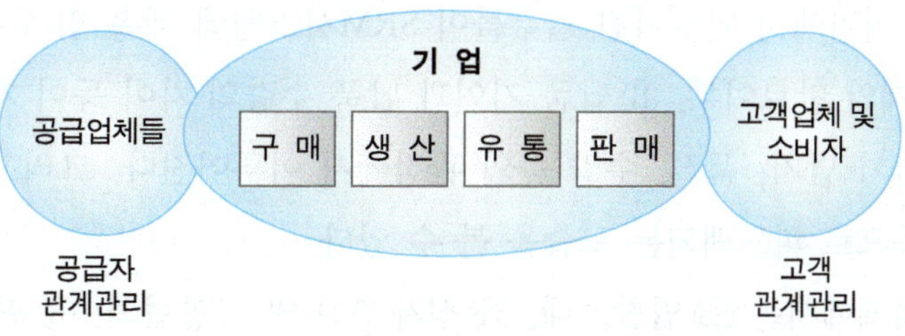

그림 4-4 SRM의 전반적인 프로세스

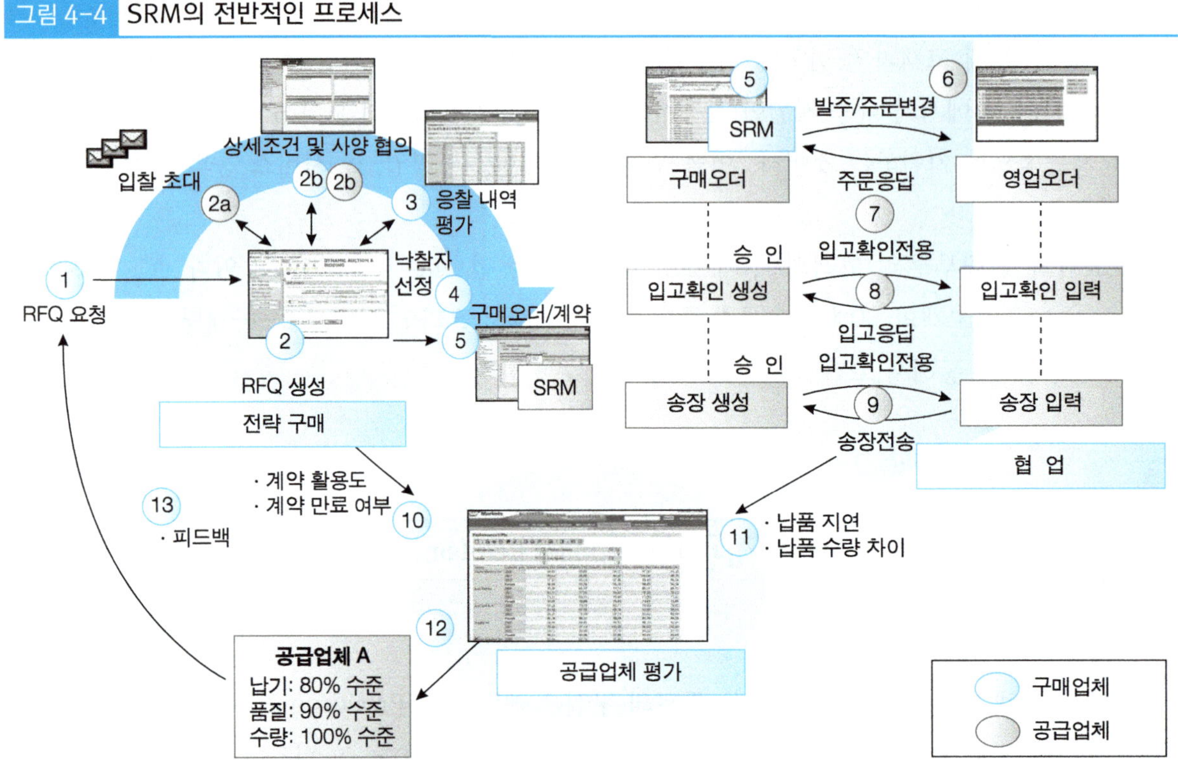

통합을 강화하기 위한 기업 간의 업무혁신 방법' 또는 그러한 방법을 구현하기 위한 솔루션이라고 할 수 있다. SRM은 ① 공급 및 구매전략개발을 통한 전략적 공급업체 선정, ② 공급업체의 역량 증진 및 협업, ③ 공급업체평가 및 공급자관계의 지속적인 관리 등 세 가지 영역의 기능들로 구성되어 있다.

SRM의 전반적인 프로세스가 [그림 4-4]에 나타나 있다. 구매하는 업체에서는 전략구매와 협업관점에서 ① RFQ요청, ② RFQ생성, ⓶ⓑ 상세조건 및 사양협의, ③ 응찰내역 평가, ④ 낙찰자 선정, ⑤ 구매발주 및 계약, 주문변경, 입고응답, 송장응답 등의 업무가 이루어진다. 그리고 여기에서 이루어진 업무들이 SRM시스템에 계속 입력되고 축적되면서 ⑩ 계약 활용도와 계약 만료여부, ⑪ 납품 지연과 납품 수량의 차이 등이 계속 업데이트되며, ⑫ 공급업체 평가가 납기, 품질, 수량 등의 관점에서 이루어진다. 그리고 이 평가내용이 다시 전략구매 활동으로 피드백되는 모습을 볼 수 있다.

또한 공급업체에서는 ⓶ⓐ 입찰초대, ⓶ⓑ 상세조건 및 사양협의, ⑥ 판매주문 입력, ⑦ 주문

응답, ⑧ 입고확인 전송, ⑨ 송장전송 등의 업무가 진행되는 것을 알 수 있다.

기업환경이 변화함에 따라 최근의 구매는 비용관리 측면에 있어 전통적인 구매와 차이를 보이고 있다. 전통적인 구매에서는 구매가격에 많은 비중을 두고 있으나 최근 구매에서는 구입 재화의 총 소유비용(Total Cost of Ownership)을 중요시 하고 있다. 총 소유비용은 구매가격을 포함하여 구입 재화를 사용하는 총 수명주기 동안 발생하는 모든 비용을 포함한다. 이러한 비용은 조직이 재화를 실제로 사용하기 전에 발생하기도 하고, 조직이 재화를 사용하고 난 이후에 나타날 수도 있다.

예를 들어, 실제 구매 이전에 발생하는 비용은 잠재적 공급자 탐색 비용, 협상, 주문준비 비용 등을 포함한다. 또한 구매 이후에 불량부품 사용으로 인하여 발생하는 A/S비용, 재작업 비용, 반품 비용, 그리고 완제품 수명이 다한 후 폐기와 관련된 비용도 총 소유비용에 포함시켜야 한다. 이와 같이 총 수명주기 동안 발생하는 모든 비용을 고려하게 됨에 따라 조직간 정보시스템의 도입 등을 통해 공급자와의 긴밀한 관계를 유지하여 총 소유비용을 절감하려는 노력이 이루어지고 있다.

IT기술의 발전은 다양한 기업혁신 형태를 가능케 하였다. 따라서 기업경영에서 내부 생산운영뿐만 아니라 외부 공급자관계관리에 대한 혁신도 고려하여야 하며, 나이키와 같이 부품뿐만 아니라 완성품에 대해서도 아웃소싱을 활용한 생산경영이 점차 가능케 되었다.

03 최적 공급사슬계획시스템

3.1 APS의 개념 및 중요성

일반적으로 산업계에서는 공급사슬 전체의 효과적인 계획을 관리하기 위한 솔루션을 최적 공급사슬계획시스템(APS: Advanced Planning & Scheduling)이라고 명명하고 있다.

APS에서는 [그림 4-5]에서 볼 수 있는 방법으로 수요예측이나 생산계획 결과를 고객이나 공급업체와 서로 공유함으로써 스피드한 조달과 최소 재고를 달성할 수 있다.

자재소요량계획(MRP)은 기본논리에서 상황에 따라 근본적인 문제점이라고 말할 수 있는 비현실성이 내포되어 있다. 원래 MRP시스템은 독립수요에서 종속수요를 산출하고 그

그림 4-5 고객 및 공급업체와의 수요예측 결과 공유

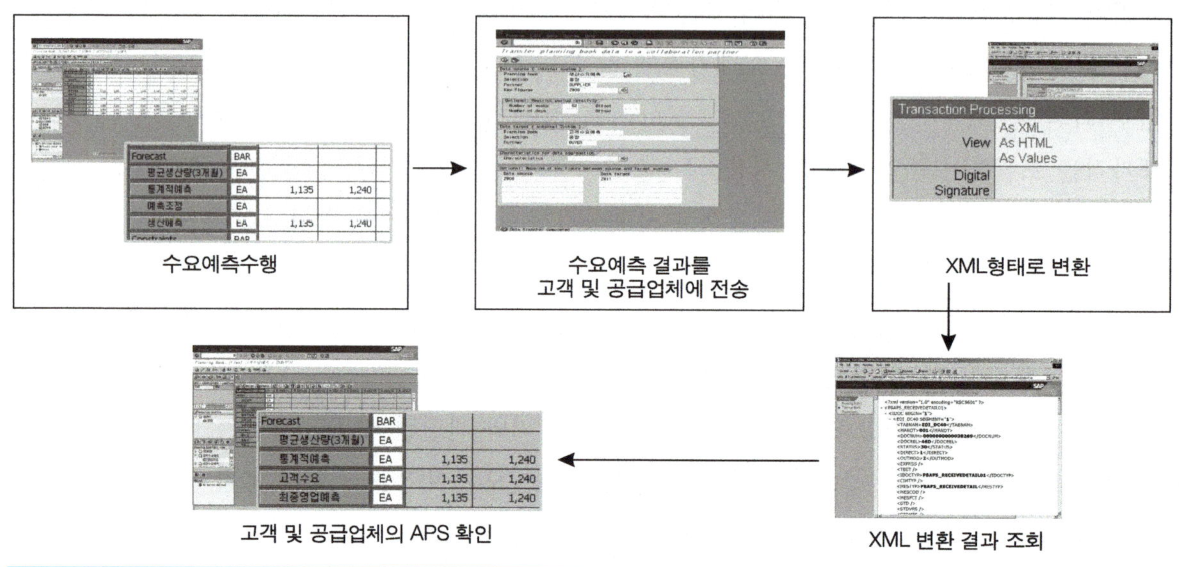

종속수요를 만족시키기 위해 필요한 리드타임이나 생산용량에 대해 단순한 가정에 근거해서 출발했다. 예를 들어 부품전개 과정에서 수준 하나를 내려갈 때 사용되는 리드타임은 일반적인 상황을 근거로 1주일 또는 2주일로 고정시켰고 주어진 리드타임이 경과하면 반드시 생산, 또는 구매절차에 의해 조달 가능한 것으로 가정한다.

그러나 이러한 과정에는 합리적이지 못한 요소가 존재한다. 최종 고객으로부터의 주문량의 변동을 미리 감안하여 매우 큰 주문이 발생하더라도 주어진 리드타임 내에 조달이 가능하도록 하려면 리드타임을 길게 설정해 놓아야 한다. 그런데 만약 주문량이 작을 경우에는 긴 리드타임 동안 불필요한 공정재고가 많이 발생하게 된다. 그렇다고 해서 또 리드타임을 너무 짧게 잡아두면 주문량이 많을 경우 주어진 리드타임 내에 조달이 불가능한 경우도 발생한다.

따라서 정확한 생산능력에 대비하여 일정계획을 수립하는 것이 바람직하다. APS는 유한 생산능력을 고려한 유연한 생산계획 시스템이다. APS는 다음과 같은 특징을 가지고 있다.

① APS는 MRP와 자원능력계획을 동시에 수립한다.

MRP의 단점은 공장과 자원의 능력이 항상 가용한 것으로 가정하고 자재에 대한 계획을 먼저 수립하는 것이다. 따라서 모든 자원의 일정계획은 자재계획을 준수하도록 수립되어야 했다. 또한 MRP와 자원능력계획이 순차적으로 이루어지기 때문에, 상호 간섭되는 부분을 무시하게 되었다.

그 결과, MRP는 자원능력계획에 문제를 야기하고 자원능력계획의 문제가 해결되면 MRP의 실행이 불가능해지므로, 반복적으로 수정을 할 수 있는 기능이 요구되었다. 반면, APS는 자재소요량계획과 자원능력계획을 동시에 수립함으로써, 불확실성을 제거하고 유용한 통합생산계획을 제공한다.

② APS는 리드타임에 대한 비현실적 가정을 배제한다.

전통적인 MRP계산방식에서는 자원의 능력을 고려하지 않고 자재계획을 수립하기 때문에, 리드타임을 고정된 것으로 가정한다. APS는 변동된 리드타임을 사용하기 때문에 작업량, 생산제품, 자원의 가용성 등 여러 가지 요인에 의한 상황변동에 유연하게 대처할 수 있다.

③ APS는 진보된 로직을 사용한다.

MRP의 계획과정은 매우 단순하며 수학적으로나 논리적으로 사칙연산 정도의 매우 간단한 계산을 한다. APS는 규칙에 따른 로직이나 최적화 이론, 휴리스틱기법, 인공지능기법 등 주문과 생산의 제약조건의 문제를 풀기 위한 최신기법을 사용한다.

사람이 어떤 의사결정을 하기 전에 여러 대안을 고려하는 것과 마찬가지로, ASP는 보다 논리적인 방법을 통해 생산계획의 문제점을 파악하고, 다양한 조건을 이용하여 문제를 해결할 수 있다. ASP에 의해 계산된 생산계획은 공장의 현재 상황에 대해 여러 부문에 더욱 현실적이고 충실한 정보를 제공하기 때문에 공급사슬혁신을 달성하기 위한 방법을 제공한다. 그러나 APS가 본연의 역할을 하려면 APS 운영에 필요한 수많은 기준 정보들이 모두 정착하게 유지 · 관리되어야 하는 어려움이 뒤따른다.

3.2 APS의 특징

공급망계획(Supply Network Planning)에서는 수요에 대한 중장기 공급계획을 세운다. 공급망계획의 목적은 다양한 수요 즉, 독립수요, 주문, 구매요청 등에 대응하여 생산, 구매, 물량 이동 등의 공급계획을 수립하는 것이다.

여기서 고려되는 요소는 공급망 전반에 걸친 물동 경로, 상품을 필요로 하는 판매법인과

그림 4-6 공급망 계획의 휴리스틱 기법 수행 예

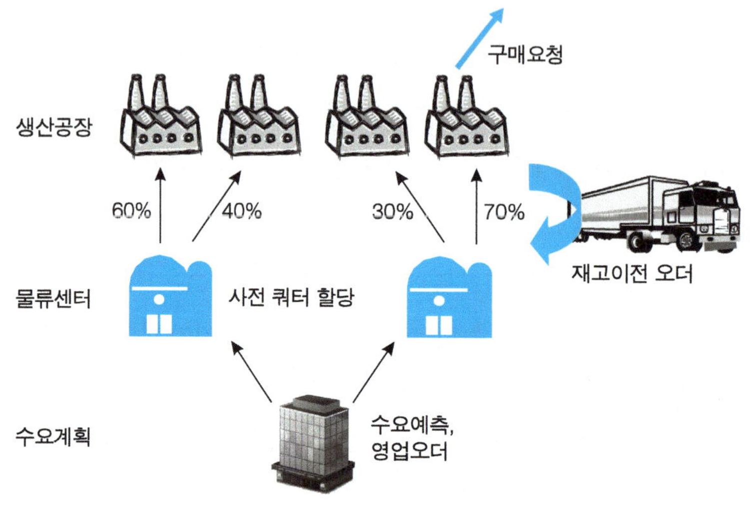

공급공장 위치 간의 관계, 생산능력, 생산에 필요한 주요 원부자재에 대한 요구량 등이다. 중요한 점은 공급망계획이 공급망 전반에 걸쳐 제약사항을 고려한 중기 생산용량계획(Rough Cut Capacity Planning)의 개념을 실현하고 있다는 것이다. 제약사항에는 생산능력, 원부자재의 가용성, 운송수단의 가용성 등이 포함된다. 중기 생산용량계획이라는 관점의 생산계획을 세우기 위해서, 자세한 자재명세서(BOM)와 공정경로(Routing)보다는 주요 자재 및 애로공정에 있는 자원 (Bottleneck Resource)을 고려하는 생산모델이 필요하다. 이를 위해 다양한 휴리스틱(Heuristic)기법 및 최적화 기법이 제공된다.

[그림 4-6]에서 볼 수 있는 바와 같이 만족 해를 구하는 무한계획(Infinite Planning) 방식인 휴리스틱(Heuristic)을 활용하여 공급망에서 발생한 수요를 만족시키기 위한 여러 공장의 생산오더(Production Order)와 재고이전오더(Stock Transfer Order)를 계획할 수 있다. 이때 물류센터를 포함하는 운송경로, 쿼터(Quota) 할당, 자재별 로트 크기, 안전 재고, 자재명세서(BOM)와 공정경로 그리고 각 공장의 작업일과 자재별 스크랩 양 등을 휴리스틱 수행시 고려하는 요인으로 활용할 수 있다.

APS를 통해 고객의 주문이나 예상주문을 계획할 수 있는 능력을 가질 수 있다. 즉 제조업체는 기계, 작업자, 자재 등과 같은 모든 자원들과 다른 고객의 주문 등 현재의 공장 상황을 전체적으로 분석하여 신뢰할 수 있는 출하일자를 계산하는 것이 가능해지므로 실시간으로 의사결정을 할 수 있다.

출하일자는 애매한 가정을 바탕으로 하는 것이 아니라, 공장에 대한 실제적인 모델과 자원 및 주문량을 고려한 것이므로 매우 현실적이다. APS를 통해 제조업체는 실시간으로 납기를 통보할 수 있으며, 그 납기는 모든 요인을 고려하여 산정된 것이므로 실제 출하일자는 고객에게 통보한 납기일자와 일치시킬 가능성이 높아진다.

MRP의 제약은 정보화시대 초기의 컴퓨터 기술이 충분히 발전하지 못했던 것에 기인한다. MRP의 계산기법이 단순했음에도 불구하고, 컴퓨터에 의한 계산시간은 20~30시간이나 소요되었다. 그러나 시간이 지남에 따라 기술이 급격히 발전하여, 1975년에 수백만 달러에 팔리던 컴퓨터보다 오늘날의 개인용 컴퓨터가 더 좋은 성능을 가지게 되었다. 요즘의 PC는 10년 전에는 상상도 하지 못했던 수준의 계산속도와 메모리 용량을 보유하고 있다. 이러한 컴퓨터 기술의 발전으로 대량의 계산을 빠르게 수행할 수 있는 기반이 조성되었다.

컴퓨터 기술의 발전과 더불어 논리적인 수학모형과 알고리즘의 개발도 함께 이루어졌다. 새로운 관리이론과 접근방식의 개발과함께 컴퓨터 기술과 수학모형의 발전으로 인해 ASP와 같은 기업의 새로운 경영개념과 요구가 실제로 구현되게 되었다.

04 • 제품정보관리(PDM: Product Data Management)

4.1 제품정보관리의 개념

제품개발과 생산에 있어서 제품 데이터의 효율적인 관리 필요성이 꾸준히 증대되어 왔다. 제품을 시장에 보다 빨리 출시하기 위하여 제품개발주기를 단축시킬 필요가 있으며, 이를 위한 한 가지 해결책은 정보의 흐름을 보다 빠르게 하는 것이다. 또한 회계, 설계, 공정계획, 제조통제, 구매 등을 위하여 여러 부서에서 운영되는 정보시스템들의 호환성이 적절히 유지되어야 한다.

한편 제품이 많은 부품과 다양한 버전을 가지면서 점차 더 복잡해지고 있다. PDM (Product Data Management)의 주요 목적은 복잡해지는 제품에 관련된 데이터를 관리하고 제품의 설계공정을 관리하는데 있다. 제품관련 데이터의 효율적인 관리를 통하여 ① 제품

개발과 생산에 걸쳐 발생하는 비용을 줄이는 원가절감, ② 제품 수율 향상 및 설계변경 감소를 위한 품질향상, ③ 시장에서 영업기회를 극대화하기 위한 제품개발 기간의 단축을 도모하는 것이 목적이다.

설계업무에 컴퓨터가 도입되면서 각종 정보는 디지털 데이터의 형태로 작성되고 저장된다. 이는 네트워크와 인터넷 환경에서 협업과 동시작업을 가능하게 한다. 형상정보, 치수/공차, 가공방법, 기타 텍스트 등의 정보는 서로 연관되어 복잡한 형대로 지장되는 것이다. 아울러 최종도면의 생성까지 발생되는 잦은 설계변경에 의해 원본, 수정본 등이 산출되고 중간도면의 정보저장 등은 설계정보의 체계적, 효율적 관리를 요구한다.

PDM은 제품과 관련된 모든 정보를 제공, 관리, 결재하는 제품중심의 정보체계이며 제품개발에 관련된 모든 구성원(외주업체, 공급업체 포함)이 동시에 병렬적으로 작업을 수행하여 가치를 창출하도록 지원하는 솔루션이다.

(1) PDM의 기능

PDM은 다섯 가지 주요한 기능을 가지고 있다. ① 도면이나 3D 형상정보, 조립정보데이터를 저장하고 관리하는 전자금고 및 문서관리 기능, ② BOM과 같은 제품구성 및 변경관리 기능, ③ 제품 및 부품을 분류하고 부품의 재활용이 용이하도록 검색하는 기능, ④ 제품

그림 4-7 PDM의 5대 기능

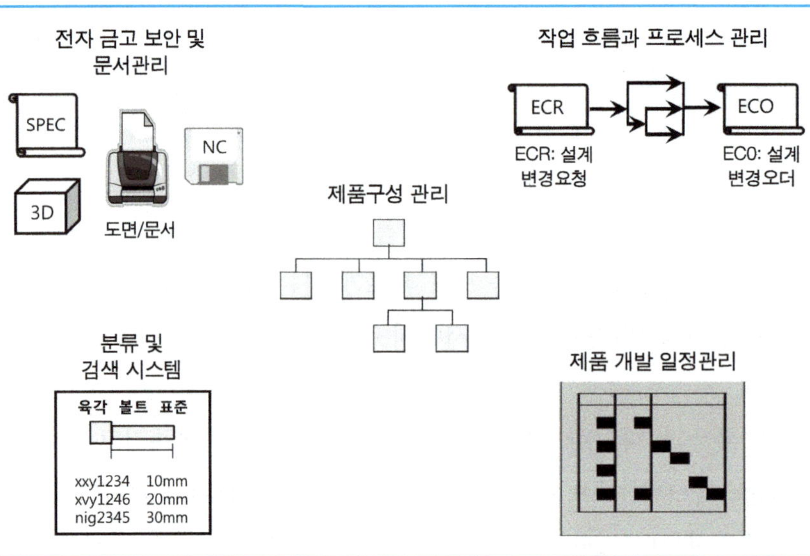

개발 프로세스와 설계변경 프로세스를 정형화하고 규칙에 따라 자동적으로 진행되도록 하는 작업흐름과 프로세스 관리 기능, ⑤ 제품개발의 일정과 비용 자원을 관리하는 기능 등이다. [그림 4-7]은 PDM의 다섯 가지 주요 기능을 보여주고 있다. 각각의 기능을 좀 더 구체적으로 설명하면 다음과 같다.

① 전자금고 및 문서관리 기능의 필요성은 도면데이터와 공구경로를 표현하는 데이터의 양과 부피가 대단히 많다는 점, 보다 많은 업무들이 연결되어야 한다는 점, 도면관리에 심각한 이상이 발생되었을 때 대응해야 한다는 점들로 설명된다. 이들 데이터는 파일이라는 개체로 저장되고 논리적으로 통합되어 하나의 커다란 메타데이터베이스를 이루게 된다. 또 데이터베이스에 접근할 수 있는 권한, 변경 · 수정할 수 있는 권한 등이 제한된다.

② 제품구성 관리기능은 PDM의 가장 핵심적인 기능으로서 PDM에서 관리하고자 하는 모든 정보는 부품개체를 중심으로 연관 관계를 정의하게 된다. 하나의 부품이 여러 개의 문서(예를 들어, 3차원 모델, 2차원 도면, NC 프로그램, 기술시방서 등)와 연관을 가지기도 하고, 반대로 하나의 문서(예를 들어, 표준도면)가 여러 개의 부품과 연관을 가질 수 있다. 이러한 연관관계는 모두 논리적 연관관계이므로 설계엔지니어를 비롯한 관련부서들은 쉽게 제품정보에 접근할 수 있게 된다. 이 기능에서는 최종 조립품, 부분 조립품, 단위 부품까지의 계층적 구조를 정의하는 BOM(Bill Of Material) 정보도 가지고 있다. 이를 통하여 제품의 원가, 부품별로 "제조 또는 구매(Make or Buy)"에 관한 의사결정도 용이하게 할 수 있으며, 여러 개의 제품에 사용되는 공용부품에 대한 관리와 이 부품의 변경이 제품에 어떤 영향을 미치는지도 분석할 수 있게 된다. 아울러 BOM은 설계자 중심으로 구성할 수 있고, 생산 또는 조립라인을 중심으로 구성할 수도 있다. 이러한 BOM은 기존의 MRP I과 II에서도 중요한 역할을 수행하는데 MRP는 주로 생산계획과 자재조달을 목적으로 BOM을 구성한다. 이와 같이 PDM에서의 BOM은 부품정보의 효율적 관리를 통하여 설계 또는 생산을 위한 정보를 얻기 위한 목적으로 구성된다고 볼 수 있다.

③ 분류 및 코딩시스템은 제품, 부품, 또는 도면에 일정한 코드체계에 따라 중복되지 않는 코드를 부여하고 코드의 내용을 기초로 유사성을 평가하여 그룹으로 분류하는 기능을 가지고 있다. 이것은 그룹 분류기술(Group Technology)을 활용하는 것인데, 각

코드는 일반적으로 제품 또는 부품의 외관형상(회전형상, 각진 형상 등), 내부형상(나사선 존재여부 등), 길이, 지름, 재질, 가공조건, 가공방법 등의 내용을 담고 있다. 이들 제품 또는 부품의 유사성을 평가하는 방법은 다양하게 존재하고 있으나 일반적으로 생산흐름, 공통적인 특징형상 등으로 유사성을 평가하고 있다. 일단 유사성이 평가되면 유사한 제품 또는 부품들은 하나의 그룹으로 편성되고, 유사성 그룹별로 표준제품 또는 부품이 되며 이들에 대한 공정계획과 작업계획이 수립되어 제조현장에 전달되도록 하는 것이다. 물론 공정계획과 작업계획은 추후 수정 또는 변경을 위하여 저장되고 분류와 코딩을 위한 저장공간도 제공된다. 이러한 과정을 통해서 설계시간이 단축될 수 있고 반복적 작업을 줄일 수 있으며, 무엇보다도 일관성 있는 생산계획을 수립하고 관리할 수 있도록 도와준다.

④ 작업흐름과 프로세스관리는 문서, 정보 또는 업무가 기업의 총체적인 목표에 따라 교환되고 관리되도록 논리적으로 연결된 시스템을 말한다. 예를 들어, 설계변경이 필요하게 되었을 때 설계부서에서 생산부서와 구매부서에 해당 부품의 생산가능성 여부 검토를 요청하게 되고, 필요한 문서나 정보를 폴더형태로 보내고 확인 및 결제를 받는 업무이다. 이 시스템이 성공적으로 구동되기 위해서는 실제 프로세스에 맞게 흐름을 최적화하는 모델링, 정보가 필요한 업무 사이를 흘러 다니도록 실행시키는 엔진, 사용자의 응용프로그램과 연동되는 정보기술 도구가 필요하게 된다. 이러한 시스템에 기본적으로 필요한 기능들은 이미지관리, 문서관리, 전자우편, 그룹웨어, 프로젝트 지원, BPR 등 구조적인 시스템 설계, 관계형 또는 객체지향적 데이터베이스 등이다.

⑤ PDM이 갖추어야 할 마지막 기능은 제품개발 일정관리인데 이는 제품개발에 관련된 작업을 세분화하여 WBS(Work Breakdown Structure)로 구성한 다음, 각각에 할당된 자원과 일정을 추적 · 관리하는 기능을 뜻한다. 고객이 원하는 품질의 제품을 주어진 예산 내에서 정확한 납기에 맞추어 공급해야하므로 전체적인 일정관리가 필요하게 된다. 계획 대비 진행상황에 따라 비용산출, 예상납기 등이 추정 가능하도록 하며 고객의 요구사항 변동 등도 시의 적절하게 반영될 수 있는 기능도 필요하다.

이상과 같이 PDM의 기본적이고 필수적인 기능에 대하여 설명하였다. 보다 높은 부가가치를 창출하기 위해서는 설계 엔지니어가 제품에 대한 정보를 상세하게 고찰할 수 있도록 CAD(Computer Aided Design)시스템과의 통합 · 연동이 필요하다.

(2) PDM과 CAD시스템의 통합

PDM의 가장 핵심적인 기능 중 하나는 제품 구조의 관리이며 CAD시스템에 의하여 문서화된 제품 형상과 구조가 이 관리기능과 통합되면 제품개발 프로세스는 훨씬 더 효율적일 것이다. 하지만 이러한 통합작업은 많은 시간과 비용을 필요로 하게 된다. 즉, 모든 제품정보, 메타데이터가 CAD시스템과 PDM시스템 사이에서 양방향으로 흐르도록 통제 및 관리를 위한 인터페이스, 문자와 그림정보로 이루어진 제품도면을 적절한 형태로 저장하기 위한 인터페이스 등의 개발이 병행되어야 한다.

아울러 수정 및 완성도면에 대한 전자결제 및 결제상태에 따른 적절한 통제를 위한 응용프로그램과 인터페이스도 필요하며, BOM과 연계되어 조립정보를 추출하는 기능, PDM의 분류 및 코딩 기능도 도입되는 것이 필요하다.

이러한 통합이 이루어지더라도 입력 양의 과다방지 등 사용자의 노력도 더불어 필요하다. 따라서 통합을 위해서는 되도록 사용자의 편의성을 강조하여야 하며, 아울러 제품개발 업무의 효율성이 강조되도록 통합되어야 한다.

(3) PDM의 새로운 흐름

PDM은 점차 제품의 수명주기 전체를 대상으로 정보의 양방향 흐름이 가능토록하고 능률향상을 획기적으로 달성하여 고객의 만족도를 극대화시키는 시스템으로 발전하고 있다. 이러한 발전된 개념을 표현하는 개념이 제품수명주기관리(PLM: Product Lifecycle Management)이다. 이 중심에는 “고객이 원하는 제품”의 개발이라는 핵심과제가 있다.

한편 PDM은 CAD시스템과 통합되어 제품개발 프로세스를 중점적으로 관리하는 시스템이다. 따라서 이 두 시스템은 제품의 개발단계에서 서로 연동된다. PDM은 제품개발 프로세스의 효율을 극대화하기 위해 전술한 다섯 가지 핵심적인 기능으로 이루어져 있으며, PLM은 제품의 전 수명을 고려하여 기업내의 부문별 영역내의 부분 효율성 증대를 전사적으로 확장하는 솔루션인 것이다. PDM은 제품의 설계와 제조에 관련된 일부 엔지니어들에게만 도움을 주는 한계에서 점차 벗어나, 기업 전체의 가치사슬혁신을 지원하게 되었으며 ERP 솔루션에서도 PDM이 채택되고 있는 추세이다.

4.2 제품수명주기 관리로의 발전

고객을 만족시키고 시장을 확대하는 과정의 시작은 제품의 탄생단계에서 출발한다. 즉 제품의 기획, 설계, 제조, 조립, 출하하는 과정인 제품개발에서 출발한다. 그러나 제품개발에 관련된 각종 어플리케이션 영역들은 나머지 단계들과 연관성을 가지지 못하여 생산성과 효율성을 높이기 어려웠다. 따라서 제품수명주기의 각 단계에서 제품설계 초기부터 생성된 각종 개념, 아이디어, 분석결과 등을 공유하기가 어려웠다.

이에 대응하기 위해 동시설계(Concurrent Engineering), BPR에 기초한 팀웍, 협업체계의 구축 등이 가치사슬혁신의 주요 과제로 대두되었다. 이러한 과제를 채택하여 현실적으로 고립된 영역을 원활하게 연결하기 위해서는 CAD/CAM, MES(Manufacturing Execution Systems), PDM 등의 어플리케이션의 기능이 동시에 필요하게 되었다. 그러한 연결의 효과는 제품개발 단계에 참여하는 모든 전문가 또는 전문성을 가진 팀이 새로운 부가가치를 창출하도록 가치사슬이 구성되어야 효과를 얻게 된다. 예를 들어 제품의 3D 형상은 고객에게 제품을 이해시키는 영업사원에게도 필요하지만 제품의 보수 · 유지를 담당하는 서비스 엔지니어에게도 유용한 정보를 제공한다. 이런 예처럼 제품의 수명주기 전반에 걸쳐 협업이 일어날 수 있도록 하는 것이 PLM 솔루션인 것이다.

이와 같이 확장형 ERP로서의 PLM은 기본적으로는 제품개발을 위한 업무지원에서 시작하여 제품이 시장에서 퇴출될 때까지의 모든 단계를 지원하면서 고객의 요구를 수용하도록하는 솔루션의 집합이라고 할 수 있다. 다시 말해 "제품설계, 엔지니어링, 생산, 구매, 영업, 마케팅, 애프터서비스, 고객지원 등을 포괄적인 지식 네트워크로 통합하기 위해 인터넷을 사용하는 새로운 소프트웨어 및 서비스영역"이라고 정의할 수 있다.

4.3 제품수명주기 관리의 목표

PLM을 통해서 궁극적으로 이루고자 하는 것은 다음의 세 가지 정도로 요약해 볼 수 있으며, PLM은 이 목적을 달성하기 위한 모든 기능을 충족시키는 방향에서 구성되어야 한다.

① 제품출시 기간의 단축

② 제품출시 비용의 절감

③ 시장의 요구에 정확하게 부합하는 제품의 출시

첫째로, 제품출시 기간의 단축을 위해서는 제품출시까지의 주요한 병목 구간 혹은 지연에 대한 동인을 이해하는 것이 중요하다. 산업군 별로 차이는 있겠으나 제품개발단계 초반의 프로세스가 주요 병목 구간으로 파악되고 있다. 상품화를 위한 여러 단계 중 가장 유연하면서도 정형화시키기 힘든 부분이 바로 초기 제품개발단계이다. 초기계획의 착오나 변경에 의한 비용 중에서 가장 큰 부분을 차지하는 단계가 제품개발 초기단계인 것을 감안하면 그 중요성에 대해 공감하지 않을 수 없다. 이는 이미 동시설계(Concurrent Engineering)에 기반한 PDM 도입시부터 강조되어왔던 것으로 제품개발분야를 최적으로 지원하는 기능을 제공해야 하는 당위성을 제공하고 있다.

지원되어야 할 주요 기능에는 도면/문서관리를 기본으로 하여, CAD와의 연계, 설계변경관리, 제품구조관리, 분류관리, 워크 플로우(Workflow) 활용 등을 들 수 있겠다. 이들은 단순히 제품개발분야에 대한 지원에만 그쳐서는 안되며, 동시설계 개념에 기반하여 전후 공정에서도 제품정보를 적절히 활용할 수 있는 기능구조가 되어야 한다.

또한, 자재 선정 이전의 제품개발 초기에서부터 기능 구조와 공정, 그리고 공장 라인까지를 고려한 설계가 가능하도록 지원할 수 있어야 한다.

둘째로, 제품출시 비용의 절감은 전통적 관리기법을 시스템적으로 개선하기 위한 프로세스에 드는 여러 비용 요소의 제거, 그리고 기업 간 협업에 의한 정보교류를 위해 발생되는 제반 물류비용의 축소를 통해 가능할 것이다.

다시 말해서, 제품출시 과정에서 발생하는 관련부서 간 혹은 기업 간의 거래비용 발생 요인을 시스템적으로 최적화할 수 있어야 한다. 또한 제품개발 프로젝트에 소요되는 각종 인적/물적자원과 진척에 대해 관리하고, 소요 비용 및 목표원가에 대한 관리가 지원되어야 하며, 설비의 고장이나 이상으로 인하여 발생할 수 있는 생산성 저하 및 비용 증가에 대해서도 지원할 수 있어야 한다.

마지막으로, 시장의 요구에 정확하게 부합하는 제품출시를 위해서는, 앞에서 설명한 CRM과 같은 시스템과의 연계/통합을 통해, 시장요구 정보를 용이하게 얻고 고객의 요구를 쉽게 수용할 수 있는 다양하고 복잡한 제품구조의 수용, 품질에 대한 대내 · 외적인 확신을 지원할 수 있는 시스템 기능, 그리고 향후 고객만족을 위한 유지보수 지원까지 고려한 제품구성 이력의 관리가 필요하다.

이상과 같이, PLM의 세 가지 목표를 충족하기 위해서는 제품 초기개발에서부터 유지보수 및 폐기에 이르기까지의 전체 프로세스 지원과 고객 및 협업을 위한 다양한 형태의 파트너에 대한 고려, 그리고 내부적 관점에서의 철저한 비용 및 품질관리가 필수적 구성요건이라 하겠다. 이러한 일련의 기능지원들은 기업의 핵심역량에 대한 지식화로 이어져, 기업의 성과를 향상시키는데 도움을 줄 것이다.

4.4 제품중심의 경영과 수명주기

기업의 핵심역량은 생산중심에서 제품중심으로 새롭게 이해되어야 하며, 그것을 달성하기 위한 구체적인 방안으로서 PLM은 이해되어야 한다. 경쟁력 있는 제품이 되기 위해서는 품질과 비용 등을 바탕으로 고객의 다양한 요구에 부합되어야함은 물론이고, 시장 적기출하를 통해 타사 제품보다 먼저 고객에게 인지되는 것이 매우 중요하다.

시장 적기출하와 더불어 전반적인 품질 및 비용의 결정이 초기단계에서 이미 결정되며, 이에 대한 최적화 활동이 곧 제품중심 경영의 주요 개선활동이라는 것이다.

제품중심 경영의 개선기회는 다음의 네 가지 관점으로 요약할 수 있다.

① 조직(Organization)관점 : 전체 프로세스 단계별로 분권화된 조직에서 제품 혹은 이슈를 중심으로 전체 프로세스에 걸쳐 협동적이고 통일된 프로젝트 기반이 되도록 조직화

② 프로세스(Process)관점 : 초기단계에 보다 많은 비중을 두어 변경비용 발생을 최소화하며, 동시 병렬적이고 협업적인 프로세스로 전환

③ 제품정보(Product Information)관점 : 제품과 관련된 정보, 즉 제품구성 정보, 프로세스 정보, 지식정보의 체계적인 버전관리 및 전체 프로세스 기간 동안 공유

④ 자원(Resource)관점 : 효과적인 인적, 물적자원의 할당 및 투입 비용의 최소화, 원가요인의 투명성 확보

상기 네 가지 관점은 제품의 전체 수명주기에서 고찰되어야 하며 각 수명단계에 따라 관점의 적용이 달라져야 한다.

제품의 수명주기는 생성, 성장, 성숙, 쇠퇴 등 네 단계로 나누어진다. 각 단계들은 고유한 속성, 요소기술, 시장전략, 투자전략, 이익산출 면에서 구별된다. PLM에서 중시하는

단계별 특징을 정리하면 다음과 같다.

(1) 도입(Introductory)

이 단계에서는 경쟁자에 대해 초점을 맞추기 보다는 신제품개발에 노력이 집중되는 단계로서, 설계과정에서 발생하는 다양한 아이디어 관리, 검증되지 않은 신기술을 채택할 때 대두되는 위험의 관리(Risk Management), 유연성이 높은 범용설비의 사용, 총 제품원가 관점에서의 대략적인 비용평가, 높은 초기투자비용을 담당할 투자자의 물색, 아직 회수되지 못하는 비용에 대한 의사결정이 주요 특징으로 정의된다.

(2) 성장(Growth)

이 단계는 시장에서 리더십을 확보하는 중요한 단계로서, 주요 경쟁자가 가시화되며 업계표준이 되는 기술, 대량생산을 위한 설비투자, 브랜드 이미지의 제고, 차츰 낮아지는 가격, 혁신에 의해 향상된 제품을 출시하기 위한 새로운 투자, 이익창출의 가속화 등에 대한 의사결정 등이 주요 특징으로 나타난다.

(3) 성숙(Maturity)

이 단계는 고객의 구매력이 극대화된 단계로서 많은 경쟁자들이 이미 시장에서 사라졌거나 경쟁력을 잃은 경우이다. 성숙단계에서는 시장의 성장속도가 느리고 새로운 제품의 진입이 고객들에게 매력적이지 못하다. 제품의 수정여부, 생산자동화에 의한 대량생산체제의 효율성 검증, 안정된 가격에 대한 검증, 새로운 투자에 대한 물색, 정점에 다다른 이익에 의한 현금화 등에 대한 의사결정 등이 주요 특징이다.

(4) 쇠퇴(Decline)

이 단계는 현재 확보된 시장에서의 경쟁력을 유지할 것인가 아니면 포기할 것인가의 의사결정이 중요한 단계로서, 새로운 경쟁자가 나타나지 않으며 제품의 혁신적 개발도 없다. 또한 생산체제도 변화가 없고 그 동안 투자된 금액이 지나치게 높은 경우 시장에서 빠져나오는 것이 오히려 장벽이 될 수 있으며 가격은 꾸준히 하락된다. 소규모 구매력만을 위한 제품 유지여부, 연착륙 방법 등의 의사결정이 주요 특징으로 나타난다.

위와 같은 제품의 수명주기에서 신제품, 신기술의 발빠른 개발을 통하여 시장의 확보 또는 고객의 확보측면에서 가장 초점을 맞추어야 하는 단계가 도입단계이다. 이 단계는 제품개발단계를 의미하며 제품개발의 용이성을 증진시키기 위한 많은 솔루션들이 이미 상품화되어 있고 아울러 PDM, 동시설계, 협업공학 등의 새로운 패러다임들도 활발하게 소개되고 있다.

이러한 경향이 제품개발단계에서 두드러진 가장 큰 이유는 신제품 또는 신기술 개발에 있어서 설계의 변경이 다른 단계에서 보다 더 용이하고, 여타 부서와의 정보교환 또는 단위업무 간의 연결의 중요성에도 불구하고, 일종의 "정보의 섬(Island of Information)"으로 분리되어 있기 때문이다.

설계부서에서 작성된 도면은 단순히 형상만을 표현한 것이 아니고 그 속에는 MRP구동 등 다음 단계에서 활용되어야 하는 많은 정보(예를 들어 BOM작성 등)가 기재되어 있다. 따라서 설계부서의 정보들은 성공적인 제품개발을 위하여 여타 부서의 단위업무들과 연결되고, 공유되고, 정확하게 전달되어야 한다. BOM정보는 설계부문, 생산부문, 영업부문의 가치사슬 최적화에 꼭 필요한 중요한 정보이다. ERP와 CRM의 개념과 일부 중복되기도 하지만, 이러한 정보의 흐름을 가능하게 하는 것이 PLM이다.

05 전략적 기업관리

5.1 균형성과지표

기업에서 지속적인 가치창출이 이루어지려면 모든 계층의 관리자가 통합된 의사결정을 하고 가치에 기반한 의사결정을 하여야 한다.

최근 지능형 기업관리(Business Intelligence)의 일환으로 전략적 기업관리(SEM: Strategic Enterprise Management)에 대한 관심이 고조되고 있다. 기업이 ERP를 통해 내부 데이터를 정비하면, 과거 수작업으로 수행하던 프로세스 모니터링 작업을 실시간으로 진단할 수 있도록 핵심성과지표(Key Performance Indicator)를 자동적으로 시스템에서 볼

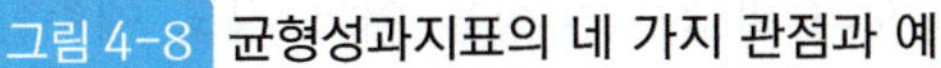
그림 4-8 균형성과지표의 네 가지 관점과 예

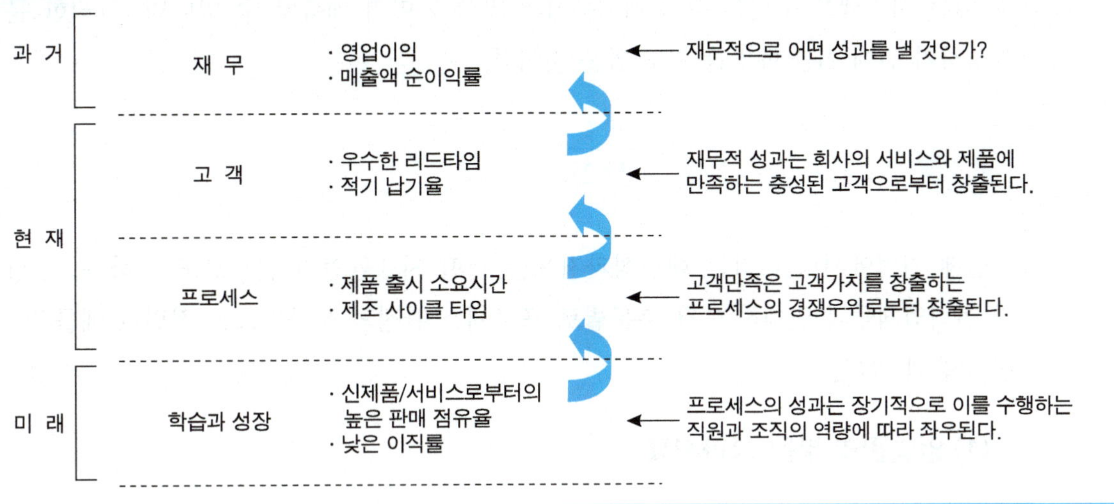

수 있는 프로젝트를 하는 기업이 늘어나고 있다.

의미있는 성과지표가 되려면, [그림 4-8]에서 볼수 있는 바와 같이 기업전략을 고려하여 성과지표를 재무, 고객, 프로세스, 학습 및 성장의 네 가지 관점에서 정의하고, 각 성과지표를 측정할 수 있는 구체적인 기준을 마련한 후 각 부서들이 합의를 하는 과정을 거쳐야 한다. 이러한 네 가지 관점의 균형있는 성과지표를 균형성과지표(BSC: Balanced Scorecard)라고 부른다.

즉, BSC는 전통적으로 중시되어 오던 재무적 관점외에 고객, 내부 프로세스, 학습과 성장이라는 비재무적 관점도 함께 고려함으로써 조직의 전략을 입체적으로 관리할 수 있는 효과적인 가치중심의 성과관리기법이라 할 수 있다. 그 이유는 재무적 관점의 성과지표는 과거의 성과를 나타내므로, 현재 진행중인 업무의 성과와 미래의 잠재 성과를 파악하기 힘들기 때문이다. 따라서 현재의 상황을 나타내주는 고객관점과 내부 프로세스관점, 그리고 미래의 상황을 보여주는 학습 및 성장관점까지 균형있게 측정하고 모니터링해야 기업의 성과와 가치를 파악할 수 있다.

또한 여러 부서들의 정보를 통합함으로써 의사결정에 영향을 미치는 리스크들을 사전에 포착하기 위한 활동이 가능해진다. 이를 위해 정보들 간의 관계를 파악하여 사전에 리스크들의 징후를 포착할 수 있는 다양한 규칙들을 정형화하여 시스템에 구현할 수 있다. 예를 들어 위의 BSC 모니터링시스템을 기반으로하여 서로 다른 부서들의 모니터링 결과 및 생산계획시스템의 정보들을 연결함으로써 사전에 문제의 발생 가능성을 어느 정도 예측할 수 있는 시스템을 구현할 수 있다. 문제의 발생을 미리 예측할 수 있다면, 그러한 문제가 발생하기 전에 이를 예방할 수도 있을 것이다.

5.2 가치사슬 및 핵심성과지표 예

실제 기업에서 관리하는 핵심성과지표는 어떤 지표들인지 살펴보도록 하자. 삼성전자가 협력업체들과 연계하여 각 부문별로 프로세스 관점의 성과지표를 정립한 예를 들어 보면 다음과 같다.

(1) 영업관리 부문 성과지표

① 수주 납기 준수율 : 월 납기일자 이전 출고된 수주 건수 / 월 수주 건수 * 100
② 수주 대응율 : 월 출고수량 / 월 수주수량 * 100
③ 제품 반입율 : 반입수량 / 출고수량 * 100
④ 예외 입고처리율 : 월 예외입고 건수 / 월 총 입고 건수 * 100
⑤ 예외 출고처리율 : 월 예외출고 건수 / 월 총 출고 건수 * 100
⑥ 예외 입고처리 비중 : 월 예외입고 수량 / 월 총 입고 수량 * 100
⑦ 예외 출고처리 비중 : 월 예외출고 수량 / 월 총 출고 수량 * 100

(2) 생산계획부문 성과지표

① 생산계획 달성율 : 월 생산지시 수량 / 월 생산실적 수량 * 100
② 생산지시 준수율 : SUM(1−납기 내 실적 수량 / 생산지시 수량) / 생산지시 건수 * 100

(3) 품질관리부문 성과지표

① 양품율 : 월 합격 수량 / 월 실적 수량 * 100
② 불량률 : 월 불량 수량 / 월 실적 수량 * 100
③ 수입검사 LOT 불량률 : 월 불량 LOT 수 / 월 접수 LOT 수 * 100
불량 LOT 판정 기준은?
④ 수입검사 불량률 : 월 불량 수량 / 월 접수 수량 * 100

(4) 구매관리부문 성과지표

① 자동발주율 : 월 전환된 발주 건수 / 월 발주 건수 * 100
② 단가 미등록율 : 단가 미등록 건수 / 원자재 및 외주가공품 수 * 100
③ 구매 납기 준수율 : 입고 완료 건수 / 월 발주 건수 * 100
④ 장기 미납율 : 30일 입고 지연된 발주 건수 / 월 발주 건수 * 100

(5) 자재관리부문 성과지표

① 예외 입고율 : 월 예외 입고 건수 / 월 입고 건수 * 100
② 예외 출고율 : 월 예외 출고 건수 / 월 출고 건수 * 100
③ 예외 입고 비중 : 월 예외 입고 수량 / 월 입고 수량 * 100
④ 예외 출고 비중 : 월 예외 출고 수량 / 월 출고 수량 * 100
⑤ 재고 조정율 : 실사조정출고 건수 / 재고 이월 건수 * 100
(대상 : 제품 + 원자재, 제품, 원자재)

(6) 기준정보관리 부문 성과지표

① BOM 구성율 : BOM 미 구성 건수 / 월 생성 제품, 반제품 수 * 100
② 신규 코드 발생율 : 월 등록 건수 / 총 품목 수 * 100

(7) 원가관리부문 성과지표

① 매출 신장율 : (전월 매출 – 당월 매출) / 당월 매출 * 100
② 재료비율 : 총재료비 / 매출액 * 100
③ 제조원가 비율 : 제조원가 / 매출액 * 100
제조원가 재료비율 : 재료비 / 제조원가 * 100
제조원가 노무비율 : 노무비 / 제조원가 * 100
제조원가 경비율 : 경비 / 제조원가 * 100
④ 재고일수 : ((기초재고금액 + 기말재고금액) / 2) / 월 출고 금액 * 30
(원자재, 재공품, 제품별 계산)

위에서 예를 든 삼성전자의 부문별 핵심성과지표는 균형성과지표(BSC)의 입장에서 보면 프로세스관점의 지표들이다. 즉, 프로세스의 우수성을 유지하고 향상시키기 위하여 이러한 핵심성과지표를 모니터링하면서 문제점을 파악하고 프로세스를 개선해 나가야 한다.

또한 대우조선해양에서는 프로세스 혁신요원들이 웍샵을 통해 각 주요 성공요인별로 가치사슬을 도시화하고 하부의 주요 성공요인 별로 핵심성과지표를 설정하였다. 조선업은 주문설계형 생산방식으로 선박이 제조된다. 따라서 수주부터 출하까지의 리드타임을 단축시키는 것이 수주 경쟁력을 확보하고 제조원가를 낮추는 데 매우 중요한 성공요인이다. 또한 수주부터 출하까지의 리드타임을 단축시키려면 설계 리드타임과 생산 리드타임을 모두 감소시키는 것이 중요한 성공요인이다. 이러한 리드타임 단축을 위한 가치동인구조와 성과지표가 [그림 4-9]에 나타나 있다. 또한 가치동인구조에서 도출된 핵심성과지표에 대한 정의와 측정기준이 [그림 4-10]에 기술되어 있다. 〈정확한 PND〉라는 주요 성공요인을 측정하는 지표 중에서 〈생산 BOM 정확도〉를 선정하고, 〈일정계획 변경 최소화〉라는 주요 성공요인에 대한 성과를 측정하는 지표 중에서 〈계획변경확정 이탈율〉을 선정하여 각 KPI에 대한 정의와 측정 계산식을 정의한 내용을 볼 수 있다.

[그림 4-9]는 가치사슬의 예시이므로 실제 기업의 가치사슬과는 많이 다를 수 있다. 이러한 가치동인구조에 의해 어떠한 KPI에 문제가 생기면 차후에 영향을 미치는 주요 성공요인을 알 수 있으므로 문제를 미리 파악하는 조기 경보의 역할을 할 수 있다. 또한 중요한 KPI들은 [그림 4-10]과 같이 관련주요 성공요인, 정의, 측정목적, 계산식, 측정시스템, 해당 조직, 측정주기 등을 자세히 기술하고, 측정뿐만 아니라 실제로 KPI의 향상과 주요 성공요인의 달성을 위해 노력하는 것이 필요할 것이다.

그림 4-9 대우조선의 리드타임 단축을 위한 가치동인구조와 주요 성공요인별 성과 지표

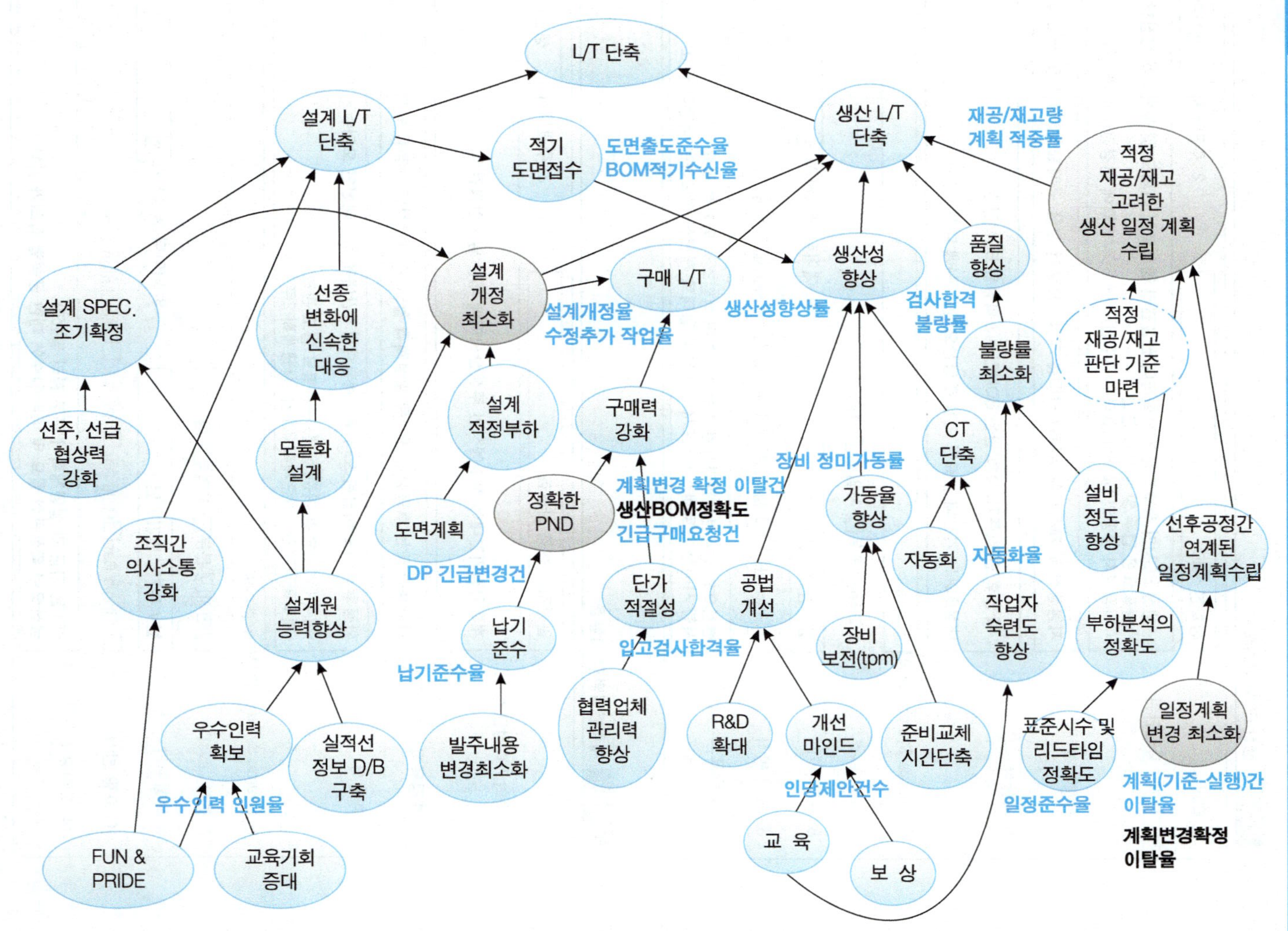

※생산 BOM 정확도와 계획변경확정 이탈율 측정 내용은 [그림 4-10] 참조.

그림 4-10 성과지표 정의서 예시

지표 명 생산 BOM 정확도

1. CSF	정확한 PND
2. 주관부서	생산관리팀
3. 정의 / 측정단위	· 생산 BOM의 정확도를 지표화하여 산출관리 함으로서 신뢰도 및 정확도를 향상함으로써 불필요한 업무 및 수작업 근절 · 의장설치 공종의 BOM확정(착수-3주전)후에 BOM변경에 변경건수를 관리함.
4. 측정목적	지원생산 및 제작사에 정확한 PND를 제공함으로서 긴급 구매요청, 결품 및 재고증가 방지
5. 계산식	· 확정후 변경(추가/삭제)안된 BOM건수 / 확정된 BOM건수 대상BOM 기간내 완료된 의장 주생산오더 BOM에 대해
6. Source System/생성부	SAP ERP
7 .조직 Level	☑ 전사 ☑ 본부 ☑ 사업부 ☑ 팀
8. 측정주기	월 / 분기 / 반기 / 년
9. 데이터 생성시기	월
10. 표현 방식	☐ Single Bar ☐ Multi Bar ☑ PL Bar ☐ Simulation Tree
11. 고려요소	변경요인 상세분석관리지원 가능해야하며 책임조직 명확화 필요 시행 시에는 프로세스 KPI로서 공동책임 형태로 개선을 선도하는 역할이 필요

지표 명 계획변경확정 이탈율

1. CSF	일정계획 변경 최소화
2. 주관부서	생산관리팀
3. 정의 / 측정단위	계획확정기간내에 착수예정인 주생산오더에 대한 일정변경건수
4. 측정목적	지원생산 또는 후공정과 연계된 일정계획 합의 후 일방적인 수정을 방지
5. 계산식	확정후 버터를 이탈한 오더 수 / 계획확정기간내에 착수예정인 오더수 * 100 •버터 : 계획단위(기준/실행) 공종별로 별도 관리 •계획확정기간 : 기준계획 3개월, 실행계획 2주
6. Source System/생성부	SAP ERP
7 .조직 Level	☑ 전사 ☑ 본부 ☑ 사업부 ☑ 팀
8. 측정주기	월 / 분기 / 반기 / 년
9. 데이터 생성시기	월
10. 표현 방식	☐ Single Bar ☐ Multi Bar ☑ PL Bar ☐ Simulation Tree
11. 고려요소	KPI 는 기준 과 실행계획이 구분 관리 필요함. 생산오더 확정관리 필요 및 버터 일수에 대한 공종별 합의가 필요.

5.3 SEM의 발전

SEM은 BSC와 가치경영(VBM: Value Based Management)의 이론이 활용될 수 있는 정보시스템의 형태로 구현되고 있다.

SEM은 전략경영에 활용 가능한 새로운 형태의 애플리케이션으로 90년대 후반부터 다양한 기업용 소프트웨어 공급자에 의해 개발되기 시작하였다. 이러한 SEM 애플리케이션은 일반적으로 BSC와 VBM 등 최근에 개발된 경영이론을 대부분 반영하고 있다.

SEM에 관심이 증가한 이유로는 첫 번째로, BSC와 VBM 등 미래 지향적이면서 정량적으로 관리가 가능한 경영이론이 발전되면서 전략적 경영을 지원할 수 있는 소프트웨어개발이 가능해졌고, 두 번째로 ERP와 데이터웨어하우스(DW) 등이 개발되고 폭넓게 활용되면서 기업의 경영관련 정보가 축적되어 이러한 정보를 전략적 경영에 활용할 수 있는 가능성이 증가한 점 등을 들 수 있다.

SEM은 관리사이클(Management Cycle)인 계획(Plan), 실적(Do), 진척(See)에 기반을 두고 ① 계획을 수립하기 위해 필요한 정보수집단계(BIC: Business Information Collection), ② 계획수립단계(BPS: Business Planning and Simulation), ③ 기업에서 업무를 수행한 결과를 취합(BCS: Business Consolidation), ④ 계획 대비 결과를 평가(CPM: Corporate Performance Monitoring)하고, ⑤ 최종 결과를 모든 이해관계자에게 배포하고 관리(SRM: Stakeholder Relationship Management) 등으로 구성되어 있다.

이러한 시스템을 통해 경영진을 포함한 기업문화가 획기적으로 바뀌는 결과가 나올 수 있다. 즉, 문제가 발생한 후에 이를 해결하기 위한 경영이 아닌, 문제를 미리 파악하여 이를 방지하는 경영으로 탈바꿈할 수 있다.

또한 각 리스크 관리요인에 대한 관리주기를 일 단위나 주 단위로 단축시키고 이를 시스템화하여 한눈에 파악할 수 있도록 함으로써 경영의 대응력을 강화할 수 있다. 이러한 대응력 향상은 전략과 일관성 있도록 기업의 의사결정을 올바르게 할 수 있게 해주기 때문에 전략적 기업관리라고 일컫는다.

한국타이어와 삼성SDI에서는 ERP를 구축하여 성과에 대한 내용을 신속하게 집계하여 볼 수 있는 조기 결산체제와 조기 경보체제를 이루었으며, 전략적 기업관리를 통해 성과를 달성한 내용을 정확하게 모니터링하면서 인센티브에 반영함으로써 책임경영체제를 달성한 바 있다.

제5장

ERP 구축방법론

01 • ERP시스템 구축단계

ERP시스템은 기존의 자체개발 MIS시스템을 구축하는 방법과 비슷한 경로인 착수(Preparation), 분석(Analysis), 설계(Design), 구축(Construction), 구현(Implementation) 등 다섯 단계의 과정을 거쳐 구축한다. 이러한 다섯 단계의 내용을 주요 활동관점에서 [그림 5-1]과 같이 나누어 볼 수도 있다. 그런데 ERP는 이와 같이 과정은 비슷하지만 각 단계에서 수행해야 할 일은 큰 차이를 보이고 있다. 즉, MIS와 ERP시스템과의 차이가 큰 것과 마찬가지로 구축하는 데 있어서도 본질적인 접근방법이 다르다고 볼 수 있다.

예컨대 MIS시스템은 회사의 바람직한 업무프로세스를 구상하고 이에 맞추어 프로그램을 만들더라도 기존의 업무프로세스를 크게 벗어나지 못하는 경우가 많다. 반면 ERP시스템에서는 ERP패키지 내에 있는 우수 업무관행인 베스트 프랙티스(Best Practices) 자체를 지향해야 될 방향 및 목표로 정하고 시스템을 구축하게 된다. 경영혁신 사상에 입각하여 ERP패키지에서 구현된 업무 프로세스에 맞추어 현행 업무와 조직을 바꿔야 한다.

이러한 이유로 ERP시스템은 구축이 시작되면서부터 끝날때까지 내부에서의 많은 저항에 부딪치고 이를 극복해 나가야 하는 과정을 지속적으로 되풀이해 나가야 하기 때문에 전문적인 컨설팅을 요구하게 된다. 조직이 크면 클수록 경영진부터 일반사원에 이르기까지 변화에 대한 관리를 잘 해야 ERP시스템을 구축할 수 있게 된다.

ERP시스템을 구축하는데 사용되는 방법론(Methodology)은 ERP공급업체나 컨설팅 회

그림 5-1 ERP구축을 위한 주요 활동

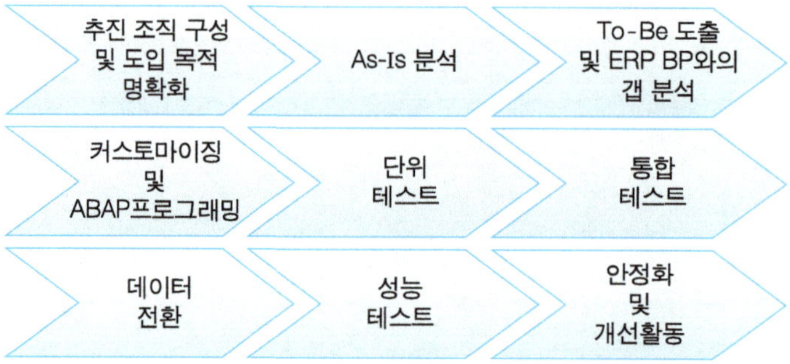

추진 조직 구성 및 도입 목적 명확화	As-Is 분석	To-Be 도출 및 ERP BP와의 갭 분석
커스토마이징 및 ABAP프로그래밍	단위 테스트	통합 테스트
데이터 전환	성능 테스트	안정화 및 개선활동

사가 자체적으로 개발하여 보유하고 있는 것을 활용한다. ERP공급업체는 자사의 ERP제품을 구축하기에 적합한 방법론을 보유하고 있으며, 컨설팅회사도 자체적으로 기업의 경영혁신 및 시스템 구축에 범용적으로 사용이 가능한 방법론을 개발하여 사용한다.

1.1 착수단계

착수단계는 ERP 도입의 목적을 명확히 결정하고 추진조직을 확정하며, 패키지 선정이나 외부 컨설턴트를 선정하는 단계이다.

(1) 추진 조직 구성

ERP를 도입하려면 먼저 도입에 대해 관련업무를 맡고 지원업무를 담당할 조직을 구성해야 한다. 이 조직에는 전체적인 프로젝트를 관리할 관리자부터 각각의 세부모듈에 대한 업무 및 책임을 맡을 소그룹의 담당자까지 모두 포함된다. ERP시스템이 도입되면서 프로젝

〈표 5-1〉 수행주체별 구성원의 역할 예시

직 무	회사내부	컨설팅 회사
PM	· 프로젝트 범위 및 추진일정 관리 · 모듈 별 우선순위 조정 · 진척관리 및 이슈관리 · 모듈 별 위험요소 관리 · 표준 프로세스 적용율 관리	
모듈 담당자	· 프로세스 표준화 및 개선과제 도출 · SAP ERP 기능 및 베스트 프랙티스 지식 습득 · To-Be프로세스 및 비즈니스 시나리오 작성 및 변경 · 이슈보고 및 의사결정 · 프로토타이핑 수행 · 단위 테스트 및 통합 테스트 수행 · 완성여부 최종승인 · 마스터데이터 및 이관 지원 · 파워유저에게 전달 교육	· 경영혁신(Process innovation) 개선 과제 대안 제시 · SAP ERP 기능 및 베스트 프랙티스 지식 교육 · 현행 프로세스 분석으로 To-BE 프로세스 대안 제시 · 커스토마이징 및 테스트 · 프로토타이핑 가이드라인 제시 · 프로그램개발 사양서 작성 · 단위 테스트 및 통합 테스트 지원 · 데이터 이관 준비 및 지침 제시 · 안정화를 위한 변화관리 지원 · 사용자 매뉴얼 작성
기술지원 담당자	· 개발 프로그램의 관리 · 하드웨어, 데이터베이스, 네트워크 구축 · 개발환경 및 운영시스템 준비 및 관리 · 사용자 관리 및 권한 설정	· 추가변경 프로그램의 개발 및 테스트 · 하드웨어, 데이터베이스, 네트워크 구축 지원 · 개발환경 운영 및 운영시스템 준비 지원 · SAP 시스템관리 기술 전수

트 관리, BPR, 하드웨어/소프트웨어/네트워크 등의 기술적 문제, 시스템 교육과 문서화, 프로젝트 지원 등의 많은 과제들이 동시에 발생하기 때문에 이러한 전체적인 조직을 구성하여 운영하는 것이 매우 바람직하다. 〈표 5-1〉에는 회사내부와 컨설팅 회사의 일반적인 역할과 책임을 정리하여 놓았다.

[그림 5-2]는 일반적인 ERP 추진조직을 보여주고 있다. 물론 이 조직의 구성과 책임 및 역할은 ERP시스템의 구축특성과 기업의 규모에 따라 달라질 수 있다.

어떠한 프로젝트를 하는 경우에라도 성공적으로 프로젝트를 수행하기 위한 추진조직을 구성해야함은 당연하다. ERP프로젝트는 특히 기업의 성공에 매우 중요한 역할을 하는 대규모 프로젝트이므로 이에 필요한 인적 · 물적자원은 막대하다고 볼 수 있다.

보통 ERP프로젝트 팀을 ERP추진 TFT(Task Force Team)라고 하는데 구성원은 회사 내부에서 차출된 정예요원(CIO, 기획, 전산, 업무별 현업)과 ERP패키지 설치와 교육을 담당하게 될 ERP공급업체 직원 그리고 구축 방법론에 맞추어 프로젝트를 주도적으로 추진하게 될 요원인 컨설팅회사 직원 등이 프로젝트 추진요원으로 참가한다.

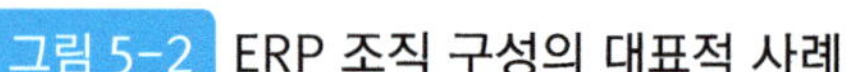
그림 5-2 ERP 조직 구성의 대표적 사례

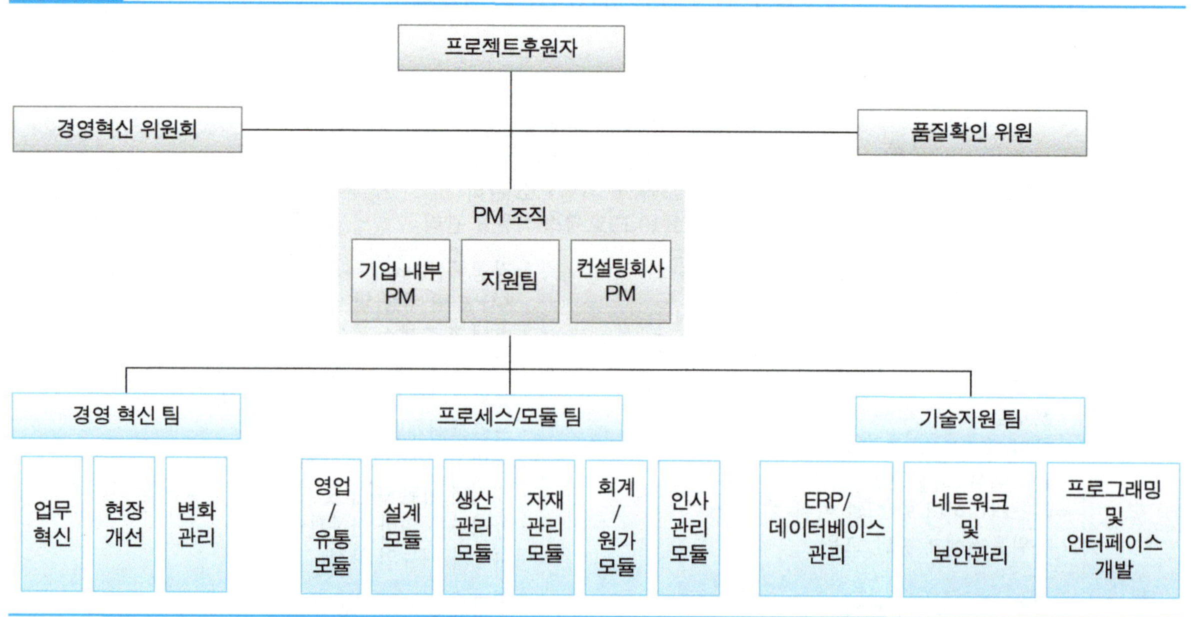

(2) 세부 추진일정 수립

프로젝트팀의 구성이 끝나면 PM조직에서 전체 일정을 수립하고 결정한다. 프로젝트 전체 일정은 [그림 5-3]에 예시되어 있다. 여기에 예시되어 있는 프로젝트 일정은 SAP 회사의 ASAP 방법론에 입각하여 ERP의 베스트프랙티스를 중심으로 표준 프로세스를 ERP에 신속하게 구축할 때를 가정하여 만든 일정이다.

킥오프(Kick off) 미팅을 하고 본격적으로 프로젝트가 개시되는데 TFT는 우선 전체적인 프로젝트 추진일정을 수립하게 된다. 이러한 전체 일정계획은 각 단계에 대하여 세부 추진일정으로 상세화시키는 것이 필요하다. 세부 추진일정계획에서는 분석, 설계, 구축, 구현

그림 5-3 ERP 구축 전체 일정계획 예시

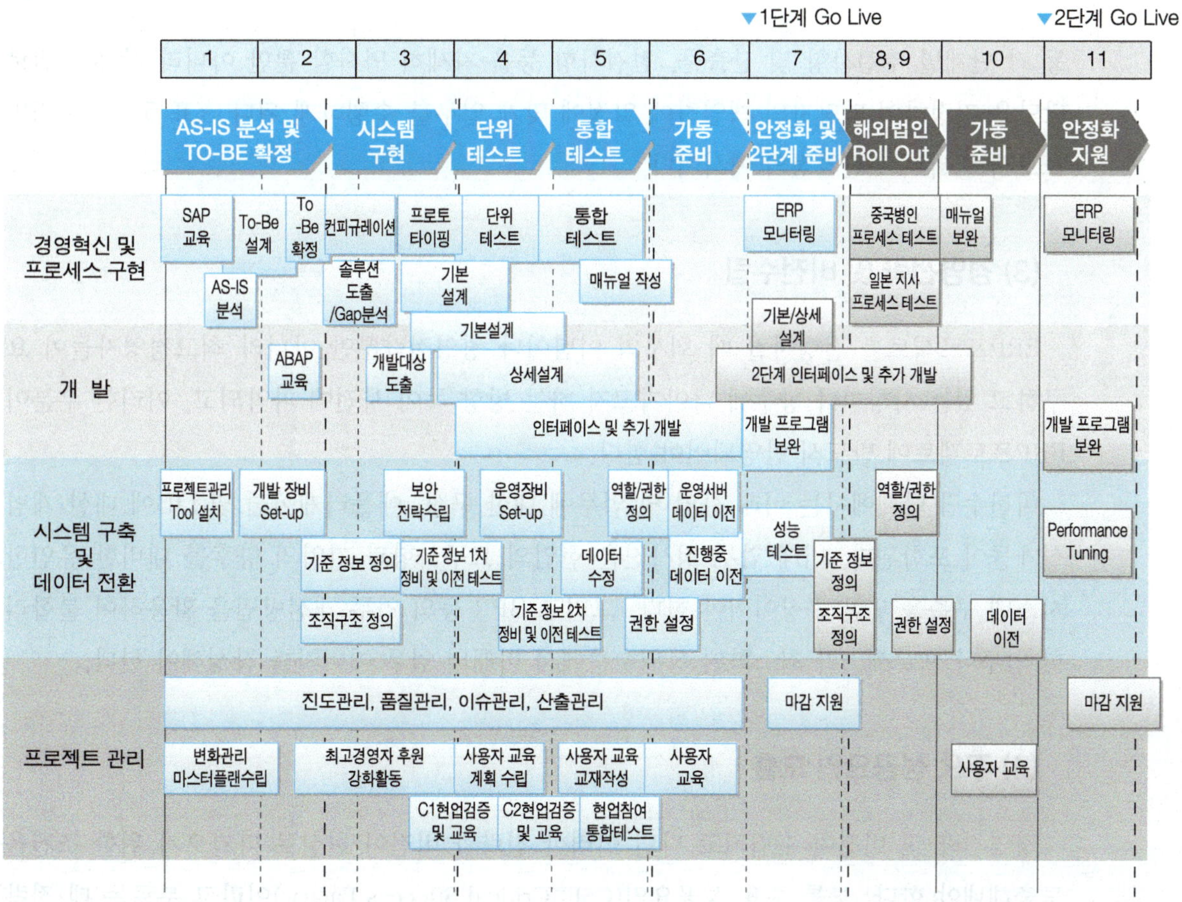

▼1단계 Go Live
▼2단계 Go Live
1 2 3 4 5 6 7 8, 9 10 11
AS-IS 분석 및 TO-BE 확정
시스템 구현
단위 테스트
통합 테스트
가동 준비
안정화 및 2단계 준비
해외법인 Roll Out
가동 준비
안정화 지원
경영혁신 및 프로세스 구현
SAP 교육
To-Be 설계
To -Be 확정
컨피규레이션
프로토 타이핑
단위 테스트
통합 테스트
ERP 모니터링
중국법인 프로세스 테스트
매뉴얼 보완
ERP 모니터링
AS-IS 분석
솔루션 도출 /Gap분석
기본 설계
매뉴얼 작성
일본 지사 프로세스 테스트
기본/상세 설계
개 발
ABAP 교육
개발대상 도출
기본설계
상세설계
2단계 인터페이스 및 추가 개발
인터페이스 및 추가 개발
개발 프로그램 보완
개발 프로그램 보완
시스템 구축 및 데이터 전환
프로젝트관리 Tool 설치
개발 장비 Set-up
보안 전략수립
운영장비 Set-up
역할/권한 정의
운영서버 데이터 이전
역할/권한 정의
성능 테스트
Performance Tuning
기준 정보 정의
기준 정보 1차 정비 및 이전 테스트
데이터 수정
진행중 데이터 이전
기준 정보 정의
조직구조 정의
기준 정보 2차 정비 및 이전 테스트
권한 설정
조직구조 정의
권한 설정
데이터 이전
프로젝트 관리
진도관리, 품질관리, 이슈관리, 산출관리
마감 지원
마감 지원
변화관리 마스터플랜수립
최고경영자 후원 강화활동
사용자 교육 계획 수립
사용자 교육 교재작성
사용자 교육
사용자 교육
C1현업검증 및 교육
C2현업검증 및 교육
현업참여 통합테스트

〈표 5-2〉 세부 추진일정 및 산출물 예시

	작업 이름	기 간	시작 날짜	완료 날짜	선행 작업	산출물
1	**⊟ 1단계 (한국 및 미국 구현)**	**157 일**	**08-06-02 (월)**	**09-01-02 (금)**		
2	**⊟ 분석 및 설계단계**	**35 일**	**08-06-02 (월)**	**08-07-18 (금)**		
3	**⊟ To-Be 확정**	**30 일**	**08-06-09 (월)**	**08-07-18 (금)**		
4	SAP 교육	2 주	08-06-09 (월)	08-06-20 (금)		
5	AS-IS 분석	2 주	08-06-09 (월)	08-06-20 (금)		현업 인터뷰 결과서
6	글로벌 To-Be 설계	2 주	08-06-23 (월)	08-07-04 (금)	5	Global To-Be 설계서(부문별 PI과제, 실행방안,TO-BE Process정의서,
7	To-Be 해외검증	7 일	08-07-07 (월)	08-07-15 (화)	6	Global To-Be 검증결과서
8	글로벌 To-Be 확정	2 일	08-07-16 (수)	08-07-17 (목)	7	Global To-Be 보고서(부문별 PI과제, 실행방안,TO-BE Process정의서,
9	To-Be 보고	1 일	08-07-18 (금)	08-07-18 (금)	8	
10	**⊟ 개 발**	**10 일**	**08-06-30 (월)**	**08-07-11 (금)**		
11	ABAP 교육	2 주	08-06-30 (월)	08-07-11 (금)		
12	**⊟ 시스템 구축**	**35 일**	**08-06-02 (월)**	**08-07-18 (금)**		
13	OneStop Manager 설치	3 주	08-06-02 (월)	08-06-20 (금)		
14	개발장비 Setup	4 주	08-06-23 (월)	08-07-18 (금)	13	

등 각 단계별 추진사항 및 산출물, 점검사항 등을 자세히 명시할 뿐만 아니라 각 분야별로 담당을 지정하여 담당자의 책임하에 일정에 맞게 업무를 수행하게 된다. 〈표 5-2〉는 ERP 프로젝트 세부 추진일정의 예시이다.

(3) 경영전략 및 비전수립

ERP프로젝트를 진행시킬 때 회사의 이념이나 경영전략뿐만 아니라 최고경영자들이 요구하고 있는 사항이나 향후에 나아가고자 하는 방향 등이 사전에 파악되고, 이러한 부분이 ERP프로젝트에 반드시 반영되어야 한다.

비전수립 단계에서는 미래 사업 및 업무에 대한 구상, 애플리케이션 및 DB에 대한 개념 설계들이 포함된다. 미래 업무 청사진은 현업의 요구사항과 기업의 향후를 대비한 유연한 시스템 구축을 위한 구상이어야 한다. 그리고 BPR 등의 업무 개선방법을 활용하여 불합리한 업무나 프로세스가 최소화된 상위수준에서 미래의 업무 이미지를 작성해야 한다.

(4) 주요 성공요인 도출

경영전략 및 비전이 수립되고 나면 이러한 전략과 비전이 현실로 다가오기 위한 조건을 도출해내야 한다. 보통 주요 성공요인(CSF: Critical Success Factor)이라고 부르는 데 전략을 달성하기 위한 세부 추진사항이라고 볼 수 있다.

1.2 분석단계

(1) 현황파악(AS-IS분석)

기업의 현재 업무의 흐름을 파악하고 이에 대한 문제점을 발견하는 과정이다. 어떤 기업이나 기업 나름대로의 독특한 문화와 관행 및 업무처리방식 등이 있는데 ERP프로젝트에서는 좋지 않은 관행이나 업무처리방식을 무시하고 백지에서 다시 그리는 것이 기본 사상이라고 이해할 수 있다. ERP를 도입하는 가장 큰 목적이 ERP패키지에 구현된 선진업무 프로세스를 택하는 것이기 때문에 우선순위는 ERP패키지대로 하되 본질을 해하지 않는 범위 내에서 기업의 요구사항을 수용하는 것이 최상의 프로젝트 진행방법이다.

분석단계에서 핵심은 현황 파악과정인 As-Is분석이다. 성공적인 시스템을 구축하기 위해서는 무엇보다 회사의 현주소를 명확히 알아야 하기 때문이다. ERP패키지내에서는 방대한 비즈니스 프로세스가 구현되어 있기 때문에 어느 기업에서나 ERP패키지를 도입하게 되면 반드시 자기 몸, 자기 체질에 맞도록 패키지내의 모듈과 기능을 취사선택해야 한다. 이 분석단계에서는 다시 말해 기업을 진단하는 과정으로 세심하게 문제점을 파악해야 한다. 의사가 정확한 진단을 통해 처방을 내리듯이 기업도 가장 아픈 문제점(Pain Points)을 밝혀내야 훌륭한 개선방향을 도출할 수 있기 때문이다. 분석과정을 통한 결과물은 바로 다음 단계인 설계에 반영하도록 되어 있다.

(2) 목표와 범위 설정

ERP프로젝트는 규모가 크기 때문에 대상 범위를 명확히 확정하고 관리하는 것이 정해진 기간과 인력 내에서 프로젝트를 성공으로 이끄는 주요 요인이다. 특히 대상조직, 업무, 패키지 모듈의 범위를 명확히 설정해야 한다. 주로 예산상의 이유 때문에 일시에 투자를 하지 못하는 경우가 많아 단계적으로 프로젝트를 수행하는 경우가 많다. 사업장별로 또는 각 사업부문별로 시스템을 구축할 수 있다.

ERP시스템이 영업, 생산, 구매, 자재, 회계 인사급여 등 각 모듈별로 독립적으로 업무를 수행할 수 있기 때문에 모듈별로 도입하는 경우도 있다. 특히 글로벌 패키지의 경우 각 단위

모듈별로 구축하는 경우가 많지만 모듈별로 구축하면 향후 통합성에 문제가 생길 수 있기 때문에 이를 감안하여 결정하여야 한다. 즉, 이러한 단계적 이행방식(Phased Approach)의 단점은 향후에 다른 모듈을 구축할때에, 통합성 차원에서 기존 모듈을 대폭 수정하는 중복투자가 발생한다는 점이다. 통합성 차원에서는 모든 모듈을 동시에 빅뱅(Big Bang)방식으로 구축하는 것이 좋지만, 추진팀이 통제 가능한 범위 내에서 모듈 범위를 선정해야 한다. 즉, 한 모듈을 더 추가함으로써 통합성 차원에서 수행해야 하는 구축업무가 기하급수적으로 늘어나며, 사용자들에 대한 변화관리업무도 매우 늘어나기 때문에 통제가능한 범위내에서 구축범위를 결정하는 것이 중요하다. 그러나 빅뱅방식의 구축은 어려움이 따르는 만큼 기대효과도 증대한다는 점을 명심해야 한다.

1.3 설계단계

설계단계는 분석한 결과를 바탕으로 문제점을 해결할 수 있는 업무프로세스를 수립하여 구축을 준비하는 과정이라고 볼 수 있다. 이 단계에서 가장 중요한 것은 ERP프로젝트의 핵심인 향후의 업무 프로세스(TO-BE프로세스)의 도출이다. 현재의 회사 업무 프로세스와 회사나 경영진 및 현업에서 요청한 사항을 고려하여 ERP패키지에 내재되어 있는 베스트 프랙티스와 잘 조화시켜서 TO-BE프로세스를 도출하는 것이 가장 큰 과제라 할 수 있다. ERP사상에 비추어 보면 ERP패키지에 내재되어 있는 프로세스 자체를 TO-BE로 정해서 모든 것을 이에 맞추면 된다. 그러나 현실적으로 ERP패키지가 천차만별의 기업에 똑같이 적용되는 것은 불가능하므로, 이 단계에서 TO-BE프로세스와 ERP내의 프로세스와 비교하여 차이점을 발견하는 과정인 갭(Gap) 분석이 이루어진다.

(1) 향후의 업무 프로세스 도출

새로운 업무 프로세스를 정립할 때에는 새로운 업무전체의 연관성을 표시하는 전체 개요도를 작성한다. 또한 새로 도입하는 ERP패키지의 기능을 상정하면서 업무프로세스를 재설계해야 한다. TO-BE프로세스를 도출해내기 위해서는 경영전략 및 비전도출, AS-IS파악, 주요 성공요인 등의 결과물과 ERP패키지 프로세스와의 차이를 분석해야 한다. 즉, ERP패키지의 프로세스를 완전히 무시하고 TO-BE프로세스를 도출하는 것은 베스트 프랙티스를 놓칠 수 있으며, 다음 단계인 구축과정에서 ERP를 대폭 수정하는 어려움을 겪어야 할 수도 있다.

(2) 차이분석

회사에서 정립한 TO-BE프로세스와 ERP패키지의 프로세스를 하나하나 대조하면서(Mapping) 그 차이를 발견하는 것을 차이분석(Gap Analysis) 또는 갭분석이라고 한다. 이러한 갭을 해결하는 방법으로는 우선 가능하면 ERP패키지 내에서 대안을 마련하는 방안을 찾게 되고 ERP패키지 내에서 수용이 되지 않는 부분에 대해서는 수정 또는 추가개발을 하는 과정을 거친다.

(3) 패키지 설치 및 파라미터 설정

ERP운용환경에 맞게 하드웨어 및 소프트웨어가 설치되면 바로 ERP패키지 설치에 들어가게 되는데 ERP패키지가 가지고 있는 기능들이 CD 몇 장에 모두 포함되어 있다. ERP패키지들은 예상할 수 있는 거의 모든 프로세스가 내재되어 있으며 구축하는 과정에서 도입회사 여건에 맞게 파라미터(Parameter)를 설정할 수 있도록 되어 있다. 따라서 갭분석이 끝나고 TO-BE프로세스가 도출되면 TO-BE프로세스를 검증할 수 있도록 기본적인 파라미터를 설정해 주어야 한다.

ERP 구축방법론의 특징은 프로토타이핑(Prototyping)을 반복적으로 실시한다는 것인데, 이는 파라미터를 설정하여 새로운 업무프로세스를 테스트하고, 지속적으로 설계까지도 수정·보완한다는 것이다. 파라미터를 설정하고 새로운 업무 프로세스를 테스트하는 프로토타이핑 과정에서 갭으로 분류되어 개발이 필요하다고 판단되었던 업무프로세스가 갭이 아니고 베스트 프랙티스에 포함되어 있어 적용할 수 있다는 것을 발견하는 경우도 있다. 따라서 다음 단계인 구축단계나 구현단계에서 다시 설계단계로, 설계단계에서 구축단계 또는 구현단계로의 작업이 용이하게 반복된다.

(4) 추가개발 설계

설계단계에서 도출된 TO-BE프로세스가 ERP패키지 내에서 수용이 가능하다면 별도의 추가개발이나 수정 보완이 필요가 없겠지만, 대부분의 경우에는 자기 회사의 독특한 업무 및 거래 관행, 현업 및 경영자 요구 등에 의해 수정·보완이나 추가개발을 한다. 이런 경우에 추가개발을 위한 설계가 필요하다.

(5) 인터페이스(Interface) 설계

많은 회사들이 경영자 정보나 영업 및 서비스 정보 등에 대해서는 별도의 독립된 어플리케이션(Applications)을 사용하고 있다. 이처럼 대부분의 기업들은 자사 업무를 효과적으로 수행하기 위하여 자체개발 또는 외부에서 패키지를 도입하여 사용하는 실정이다. ERP를 도입해서 사용할 때 전체 시스템 범위를 구축하는 경우도 있지만, ERP 이외의 다른 시스템과 연결해서 상호 보완적으로 사용하는 경우도 있다. 이런 상황을 위해 대부분 인터페이스 설계가 필요하다.

1.4 구축단계

분석과 설계과정에서 도출된 결과를 시스템적으로 구축하여 검증을 하는 과정이다. 분석, 설계과정을 통해 영업, 생산, 구매, 자재, 회계, 인사급여 등 회사의 모든 업무에 대해 재설계를 한 결과를 갖고 ERP패키지의 세부모듈과 비교하여 꼭 필요한 모듈의 파라미터들을 조합하여 기능을 구성하고 테스트를 한다.

(1) 파라미터 조합화(Configuration)

분석, 설계과정에서 도출된 TO-BE프로세스를 ERP패키지 내에서 구축하게 된다. 이 단계는 많은 모듈과 파라미터들을 조합하여 TO-BE프로세스를 시스템적으로 구현시켜 나가는 과정이다. 이를 위해 관련된 파라미터를 세부적으로 세팅하는 과정을 거친다.

ERP의 가장 큰 특징인 파라미터 조합화는 파라미터를 세부적으로 세팅함으로써 내장되어 있는 프로그램들을 연결하는 방식으로 기업 고유의 업무프로세스가 흘러갈 수 있도록 만들어 준다. 따라서 파라미터들이 각기 어떠한 이론을 바탕으로 어떠한 기능을 수행하는지를 잘 아는 것이 중요하다. 실제로 많은 기업들이 TO-BE프로세스를 구현할 때 ERP의 기본 기능에 있는데 각 파라미터의 기능을 충분히 이해하지 못하기 때문에 필요하지 않은 프로그램을 개발하는 경우가 많다.

(2) 단위 테스트

우선 각 단위 모듈별로 새로운 업무 프로세스를 구현하고 모듈 단위테스트(Unit Test)를 하고, 이상이 없으면 부문간, 전체의 모듈을 관통하는 통합테스트를 하게 된다. 일단 모듈 내에서 파라미터를 조합하여 테스트하고 문제가 발생하면 다시 조합하여 테스트하는 과정을 반복적으로 되풀이하게 된다.

(3) 수정 · 보완 프로그램개발

기업의 요구사항을 충족시키기 위하여 ERP패키지의 핵심프로그램이나 프로세스를 변경하지 않는 선에서 수정 · 보완프로그램을 개발한다. 핵심프로그램이나 프로세스를 변경하면 향후에 약간의 기능을 수정하려고 해도 추가프로그램을 개발하여야 하며, 또한 ERP의 버전이 올라가 좋은 기능이 있을 때 업그레이드를 하려고 해도 어려움을 겪는 경우가 많이 발생할 수 있다. 가급적 수정 · 보완프로그램을 개발할 때는 이 프로그램이 반드시 없으면 안되는 것인지를 확인하는 과정을 거쳐야 한다. ERP내에 있는 기능인데 사용자가 예전의 시스템과 친숙해서 요구하는 사항이라면, 교육과 변화관리를 통해서 해결하도록 한다. 따라서 추가로 수정 · 보완되는 것은 주로 사용자용 입력화면, 보고서, 추가정보관리 등에 관련된 프로그램으로 한정하는 것이 바람직하다.

수정 · 보완프로그램 중에서 추가시스템(Add-on) 개발은 ERP에 추가시키는 프로그램 설계에 대한 사항에 대해 실시된다. 추가시스템을 개발하여 ERP패키지에 적용할 경우에는 향후 ERP공급자로부터 지속적인 업그레이드 지원을 원만히 받기 위해 공급자가 제시하는 개발도구와 방법론에 따라 진행하는 것이 바람직하다.

(4) 통합테스트

위의 단위테스트와는 달리 영업, 생산, 자재, 원가, 회계 등 프로세스 상에 밀접한 모듈간의 기능을 전체적으로 테스트하는 것이 필요하다. 또한 통합테스트에서는 ERP패키지가 제공하는 기본 기능뿐만 아니라, 수정 · 보완의 결과, 추가개발 등 모든 사항이 집결된 기업의 통합시스템으로서의 ERP시스템이 제대로 작동하는지를 점검한다. 이를 위해 통합테스트 시나리오를 면밀하게 작성하고 A모듈에서 B모듈, B모듈에서 C모듈로 제대로 정보가 흘러가는 것을 확인해야 한다. 또한 예상한 시스템 성능 시간 내에 기능이 구현되는지를 알 수 있도록 시스템 성능시간(Performance) 테스트도 수행해야 한다.

(5) 사용자 교육

ERP를 구축하는 과정에서, 그리고 구축이 완료된 후에 현업에서 사용자들이 잘 사용할 수 있도록 관련된 교육을 실시하는 것이 매우 중요하다. 교육에 성공해야 현업의 사용자가 불만없이 시스템을 받아들이고, 충실하게 활용하여 소기의 목적을 달성할 수 있기 때문이다. ERP에 대한 사용자 교육에 소홀하여 잘 구축된 시스템이 제대로 활용되지 않는 경우가 많이 있다. 또한 향후에 ERP를 사용하는 수준에서 분석하여 발전시킬 수 있는 수준까지 향상시키려면 시스템을 충분히 이해하고 숙련될 때까지 반복교육을 하는 것이 필요하다.

특히 ERP의 사용자 교육은 구축시부터 이루어지는 것이 중요하다. 구현단계에도 사용자 교육이 이루어지지만 ERP는 사용방법만 간단히 교육시키는 것이 아니라 시스템에 담겨 있는 사상까지도 구축하면서 학습시키는 것이 필요하기 때문이다. 또한 사용자 교육이 잘 되어야만 프로토타이핑을 거치면서 ERP의 베스트 프랙티스를 잘 활용하여 성과를 내는 시스템을 구축할 수 있다.

1.5 구현단계

시스템 구축이 끝나면 실제시스템을 운영시켜 본다. 본격적인 시스템 가동에 앞서 시험적으로 운영하는 과정이 구현단계이다. 구축된 시스템에 실제 데이터를 입력시켜서 시스템을 시험적으로 운영하는 과정이 구현단계의 프로토타이핑(Prototyping)이라고 볼 수 있다. 프로토타이핑의 과정을 통해 문제점이 발견되면 다시 개선점(TO-BE프로세스)을 찾아 구축을 하게 된다. 앞에서 설명한 바와 같이 프로토타이핑을 통해 구축단계와 설계단계를 반복하여 시스템을 구축하고 다시 구현단계에서도 이 프로토타이핑을 반복하면서 완성시켜 나간다. 구현단계에서는 보다 완성된 프로토타이핑을 수행하게 되는 것이다.

또 구현단계에서는 기존 데이터의 전환작업이 이루어지게 된다. 기존 시스템에서 필요한 데이터를 ERP시스템으로 옮기는 과정이 데이터 전환이다.

(1) 실제 상황 프로토타이핑

프로토타이핑은 본격적인 시스템 가동에 앞서 시험적으로 시스템을 운영하는 과정이다. 구현단계에서 프로토타이핑을 할 때에는 실제 사용자들이 참여하여 시스템의 활용도를 점검하고, 기업의 실제데이터를 입력시켜 거의 실제 상황과 같은 조건으로 시스템을 운영해 보게 된다.

(2) 데이터 전환

분석, 설계, 구축과정에 데이터 전환에 대한 범위나 방법 등에 대해 논의한 결과에 따라 폐기할 데이터와 시스템에서 보유할 데이터를 결정한 후, 과거시스템에 있거나 수작업 관리하던 데이터를 옮겨 ERP시스템으로 옮겨 주면 된다. 실제 가동이 이루어지기 전에 품목, 고객, 공급업체 등의 마스터데이터나 수주 및 발주 등의 업무처리 데이터(Transaction Data)를 이행한다. 데이터를 전환하기 전에 중복된 레코드나 부정확한 데이터를 정리하여 데이터 정확성을 높인 후에 실제 데이터 전환을 해주어야 한다.

특히 현재 진행 중인 구매오더, 생산오더, 판매오더 등의 업무처리 데이터에 대해서는 주의를 기울여야 한다. 즉, 진행 중인 상태와 순서에 맞추어 ERP기능을 같이 수행해야 통합성을 유지하면서 진행 중 데이터로서 의미를 가지고 시스템에 잘못된 정보를 주지 않게 된다.

(3) 시스템 평가

프로토타이핑을 통해서 구축된 시스템이 본 가동에 들어가면 시스템평가를 하게 된다. 이때 문서화를 철저히 점검하고, 각 단계별로 필요하지만 제대로 작성되지 않은 문서는 보완하여 향후 ERP 개선프로젝트나 업그레이드 프로젝트에 대비하여야 한다.

평가과정에서 제기된 문제점이나 새로운 요구가 생기면 이러한 부분을 반영한 새로운 개선방향과 TO-BE프로세스가 도출되게 된다. 운영과정에서 도출된 TO-BE프로세스는 다시 주요 과제로 도출하고 개선 프로젝트로 정의하여 ERP시스템을 계속 발전시켜 나가는 것이 필요하다. ERP가동을 시작하자마자 TFT를 해산하고 안정화나 고도화 프로젝트를 하지 않으면 ERP구축 후에 성과를 내기 어렵다. 개선 프로젝트를 통해 기업성과를 향상시킬 수 있도록 설계를 하게 되고, 설계가 끝나면 프로토타이핑 작업을 통해 구축과정으로 들어간다. 또 구축이 끝나면 다시 구현단계로 되돌아오게 된다. 이와 같이 구현–설계–구축–구현의 순서가 반복되면서 안정화 단계에서 시스템이 완성되게 된다.

02 주요 이슈 및 고려사항

2.1 ERP도입 시에 고려할 점

많은 기업이 ERP시스템을 도입하면서 눈에 보이는 실질적인 효과를 바라는 것은 그만큼의 투자에 따른 당연한 요구라고 할 수 있다. 이러한 소기의 목적을 달성하기 위하여 ERP를 구축하는 기업에서는 여러 측면에서 많은 검토와 신중한 판단이 필요하다고 하겠다. 이번 장에는 ERP 도입시의 고려 요인들과 ERP구축에 성공하기 위한 기본전략들을 살펴보겠다. ERP 도입시에는 다음과 같은 질문을 던지고 해답을 찾는 것이 필요하다.

(1) ERP를 도입하려는 이유는 무엇인가?

ERP시스템을 도입하기 이전에 이러한 의문을 가져야 한다. 왜 ERP를 도입하려고 하는지, ERP를 도입함으로써 기업이 얻는 효익은 무엇인지, 현재 기업이 보유하고 있는 시스템의 문제점과 그러한 문제점이 ERP시스템을 구축함으로써 해결될 수 있는 가를 질문해야 한다. ERP를 구축하는 초기단계에서 이러한 의문에 대한 확실한 해답을 갖지 못한다면 장차 기업이 얻고자 하는 목표를 달성하지 못하는 결과를 낳을 소지가 있다.

(2) 어떠한 구체적인 성과지표의 향상을 기대하고 있는가?

ERP는 상당한 금액과 인력이 투자된다는 점에서 기업에서 기대하는 효과가 크다. 그러나 ERP는 뚝딱하면 나오는 도깨비 방망이가 아니다. ERP로 인해 얻고자 하는 구체적이고 세부적인 성과지표를 설정해야 한다.

기업이 원하는 효과를 달성하기 위해 이러한 효과에 대한 지표는 구축초기부터 설정되어 있어야 한다. 단순히 포괄적이고 일반적인 효과들, 예를 들어 매출증대나 이익증대, 인원절감이나 재고 감축 등의 효과가 아닌, 좀더 세부적인 기대치가 설정되어 있어야 한다. 어떤 자재의 재고를 어느 정도 감축시킬 것인가, 그리고 수주부터 출하까지의 소요시간, 고객문의에 대한 응답시간 등의 세부적인 기대치가 설정되어 있을 때 이것과 연관된 좀더 포괄적인 목표도 기대할 수 있다.

(3) 변화에 대한 마음가짐은 어떠한가?

ERP시스템을 구축한다는 것은 단순히 전산시스템을 구축하는 것이 아니다. ERP라는 이름에서도 보이듯이 관련자원을 연계하여 기업전반의 프로세스를 다시 재구축하는 것이다. 그러므로 ERP시스템을 자신의 프로세스에 맞추는 것에만 급급하지 말고 ERP시스템이 가지는 장점을 적극적으로 도입하여야 한다. 즉, ERP시스템에서의 기능과 현재 기존의 업무프로세스가 상충되었을 때 만약 기업의 업무 프로세스가 불합리하다는 판단이 선 경우에는 미련없이 기존의 업무 프로세스를 없애고 ERP에 있는 베스트 프랙티스(Best Practices)를 채택하겠다는 단호한 결단이 필요하다. ERP시스템은 이러한 결단안에서 더 좋은 결과를 도출해 낼 수 있다. 많은 경우에 있어 자신의 업무변화에 대한 소극성, 지금까지 수행해 온 자기부서 업무의 고집 등으로 인하여 전체 업무프로세스의 효과를 떨어뜨리거나, ERP제품이 가지고 있는 최적의 프로세스를 수정하는 오류를 범해오고 있었다.

결국 ERP시스템을 도입하는 목적은 기존의 업무를 전산으로 편하게 하기 위한 프로젝트가 아님을 명심하여야 하며 ERP에 내재되어 있는 이론과 사상을 학습하고 스스로 변화할 수 있는 자세를 갖추어야 한다.

(4) 추진범위는 어디까지인가?

ERP시스템을 도입하는 초기에 ERP가 과연 어느 범위까지 영향을 미쳐야 하는가에 대해 고려해야 한다. 즉, 어느 업무까지 ERP를 도입할 것인지, 어떠한 하드웨어나 소프트웨어, 네트워크를 적용할 것인지, 회사가 서울 및 지방 그리고 해외법인 등 지리적으로 분산되어 있는 경우 어느 지역까지 통합할 것인지 등의 문제가 이에 속한다. 추진범위는 회사의 상황과 성공 가능성 그리고 기대효과 등을 모두 고려하여 결정해야 한다. 또한 이러한 추진범위 결정에 따라 프로젝트 팀원의 선발에 영향을 미치게 된다.

(5) 어떠한 구축 방법을 채택할 것인가?

ERP시스템을 구축하는 방법에는 크게 두 가지가 있다. 먼저 영업, 생산, 자재, 물류, 회계, 인사 등 여러 부문을 한번에 통일된 ERP제품으로 구축하는 총괄적 접근(Big Bang Approach)이 있다. 가장 큰 효과를 가질 수 있는 방법이나 그에 따른 위험부담도 당연히 크다. 이와는 다르게 단계적으로 도입하는 방법도 있는데 이를 단계적 접근(Phased Approach)이라고 한다. 먼저 한 부문을 구축한 후 단계적으로 다른 업무에도 진출하는 방식인데 주로 회계분야로부터 시작하여 ERP를 구현하는 경우가 많다. 인사의 경우는 독립적인 구축도 가능하나 대체로 회계모듈과 동시에 구축하거나 바로 다음단계에 이루어진다. 본사와 지사 또는 본사와 해외법인에 대한 단계적 구축도 이에 속한다.

(6) 최고경영자의 의지가 강하고 자질을 갖춘 PM이 몰입할 수 있는가?

최고경영자의 지속적인 관심과 ERP에 대한 적극적인 의지는 매우 중요하다. 최고경영자가 ERP에 대한 적극적인 의지를 보임으로써 조직구성원들의 무관심을 없애고 ERP를 경영혁신의 수단으로 취급하게 만들 수 있다. 최고경영자의 위치에서 가장 중요한 역할은 각각의 부서에서 발생할 수 있는 잡음을 제거하는 것이다. ERP시스템을 도입하면서 부서들 간에 많은 의견차이나 업무추진에 따른 불만이 생기기 마련인데 이러한 문제를 중간에서 가장 빠르게 해결할 수 있는 존재로서 최고경영자의 깊은 관여는 매우 중요하다.

프로젝트를 맡고 있는 프로젝트 매니저(PM: Project Manager)의 역할도 매우 중요하다. 우수한 프로젝트 매니저를 선임함으로써 ERP시스템을 구축하는 과정에서 발생할 수 있는 많은 갈등과 문제를 최소화시켜 ERP시스템을 성공적으로 구축하는 중요한 열쇠가 된다. 프로젝트 매니저는 팀원들 간의 갈등, 사용자들의 불만, 컨설팅 회사와의 문제 발생 등 크고 작은 많은 문제점들을 해결하며 추진 일정에 맞추어 반드시 프로젝트를 성공시키겠다는 의지로 전념해야 한다.

(7) 구성원들은 ERP를 잘 이해하고 있는가?

ERP구현은 이미 만들어진 패키지를 구매하고, 외부 컨설팅 인력을 활용하여 자기 기업에서 현업들을 선발하여 구성한 프로젝트 팀과 합작하여 진행된다. 그러나 기업의 구성원들의 협조와 관심없이는 성공적인 시스템구현은 거의 불가능하다고 할 수 있다.

프로젝트를 진행하면서 때로는 부서별로 ERP에 필요한 정보를 다시 정립할 필요도 있을 것이고, 심지어는 자신이 지금까지 관습적으로 해왔던 업무처리방식도 바꾸어야 하는 경우도 생길 수 있다. 이렇게 실무자들은 자신의 업무와 새로운 ERP시스템 추진과정의 업무 사이에서 많은 부담을 안게 된다. 이러한 업무의 과중에 대한 불만은 실제로 구성원들이 ERP를 제대로 이해하고 있는가에 따라 달라진다. ERP에 대한 충분한 이해가 뒷받침되지 않은 구성원은 ERP시스템의 도입을 단순히 일거리로만 생각하게 되고, 그러한 경우 ERP 추진에 대한 협조에 소홀히 하게 되고 심지어는 거부감을 느끼며 ERP시스템에 대해 좋지 않은 감정을 가질 수 있다. 이러한 현상이 가져오는 문제점은 실제 ERP시스템 사용단계에서 많은 문제를 야기시킨다.

또 하나 ERP시스템에 대한 그릇된 시각은, ERP시스템이 도입되는 것이 즉각적인 감원으로 이어진다는 잘못된 편견이다. ERP시스템의 궁극적인 구현목표는 지금까지 관리해오던 수준을 보다 세부수준으로 관리의 정확도를 높이고, 부가가치가 높은 분석업무를 강화함으로써 효과적인 의사결정을 하여 이익을 극대화하자는 것이다. ERP시스템을 도입하면서 비용이 절감되고 이익이 극대화되는 것은 인원감축에 의한 것이 절대 아니다.

ERP시스템의 적극적인 활용을 통해 생산성이 향상되고 수주부터 출하 그리고 수금과 결산에 이르기까지 모든 업무 프로세스의 혁신을 이룸으로써 이와 연관된 업무지표가 향상될 수 있다.

그림 5-4 ERP 도입 시 고려사항

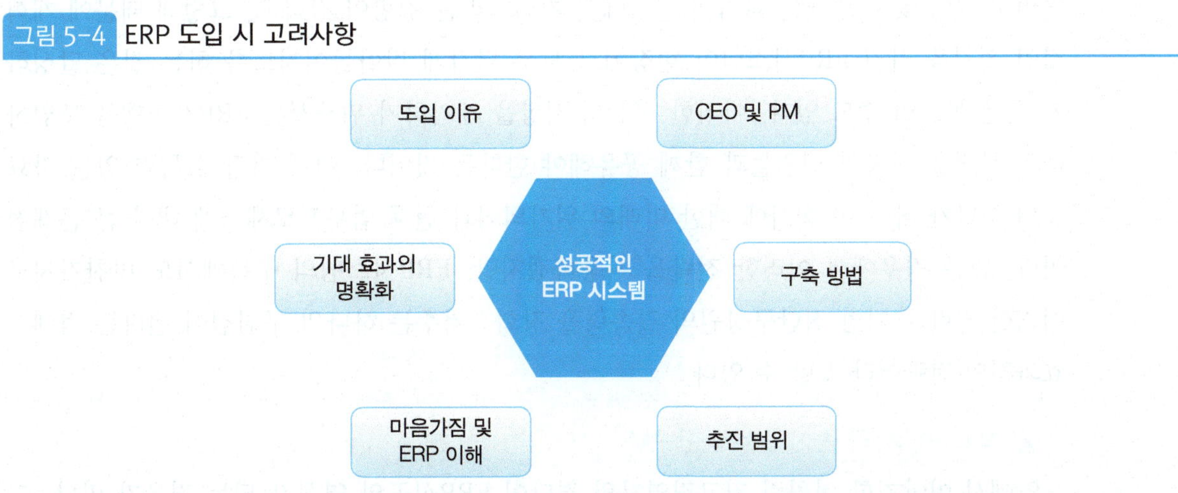

2.2 단계별 ERP 구축전략

기업에서 ERP를 구축하고자 할 때 시간이나 노력, 그리고 비용측면에서 많은 투자가 병행되어야 한다는 것은 앞에서 이야기한 바와 같다. 이렇게 많은 투자를 들여 구축하는 ERP시스템이 제 기능을 다하지 못하는 실패사례를 주위에서 종종 볼 수 있다.

그렇다면 어떻게 해야 성공적으로 ERP시스템을 구축할 수 있는가? 어떠한 요인이 ERP 시스템을 실패로 몰고 가는지를 알면 그 요인들을 제거하면 될 것이다. 그리고 각 단계별로 요구되는 성공요인을 안다면 성공요인과 상반되는 제반 저해요인들을 과감히 제거하며 시스템을 구축하여야 할 것이다.

(1) ERP 도입 검토단계에서의 전략

여기서 이야기하는 도입 검토단계란, 기업이 ERP시스템을 도입하고자 하는 필요성을 갖는 단계부터 ERP제품 및 서비스의 공급자 선정을 마치는 단계까지를 말한다. 이 도입 검토단계는 앞으로의 ERP구축의 방향을 잡는 가장 중요하고도 기초적인 단계이므로 간과할 수 없는 단계라 하겠다.

① 위기의식을 공유하라

ERP시스템은 현장에서 매끄럽게 받아들여지는 시스템이 아니다. 대부분의 사람들은 과거의 타성에 젖어 현재를 과거의 연장에서 처리하려는 경향이 강하고, 그렇게 때문에 개혁적인 성격을 가진 ERP시스템이 현장에서 모두 달갑게 받아들여지도록 하는 것은 달성하기 힘든 목표일 수도 있다. 이러한 현장의 저항을 제거하기 위해서는 ERP시스템을 도입하려는 목적을 현장의 인원들과 함께 공유해야 한다는 것이다. 이에 가장 설득력 있는 자료 중의 하나가 바로 이 회사에 대한 미래의 위기의식과 현재 업무프로세스에 대한 큰 문제점이다. 많은 경우에서 이러한 전략을 사용하겠지만, ERP시스템의 구축에서도 마찬가지로 이러한 전략은 기업 집단구성원의 결속력을 강화시켜주는 하나의 구심점이 된다는 점에서 효과적인 전략이라고 할 수 있다.

② 최고경영자의 관심과 우수한 PM

앞에서 이야기한 것처럼 최고경영자의 결단이 ERP성공의 열쇠가 되는 경우가 많다. 그렇게 때문에 항상 최고경영자가 프로젝트에 관심을 가질 수 있게 하는 여건이 중요하다.

최고경영자의 관심을 불러일으키기 위해서는 먼저 상세한 프로젝트의 상황과 현장의 저항 등에 대한 빠른 보고, ERP시스템 구축 중의 여러 행사시에 반드시 최고경영자가 참석하게 하는 것, 최고경영자의 의지를 공표할 수 있는 과정 등을 미리 염두에 두고 모양을 갖추어 가는 것이 바람직하다.

프로젝트를 진두지휘하는 PM과 ERP컨설턴트를 선정 할 때에도 능력과 경험을 충분히 고려하고, 프로젝트를 진행함에 있어 실행력이 있으면서도 주위와 마찰이 생기지 않을 관리자 및 외부 컨설턴트를 임명하는 것이 중요하다.

③ 도입 예정 ERP 제품의 품질과 성능 검토

ERP의 도입 시에는 실제로 사용할 ERP패키지의 선정 작업도 중요하다. 그러나 패키지 소프트웨어를 선정할 때에는 [그림 5-5]와 같이 많은 고려사항이 있으며 이것은 실제로 해보면 상당히 어려운 작업이다. 더욱이 프로젝트의 성패에 따라서 기업의 미래에 큰 영향을 미치기 때문에 신중해야 한다.

ERP패키지를 선정할 때에는 우리 회사의 업무를 ERP패키지에서 잘 수용할 수 있는 정도와 ERP패키지의 향후 발전가능성 등을 면밀하게 검토해야 한다.

그림 5-5 ERP패키지 선정 시에 고려 사항

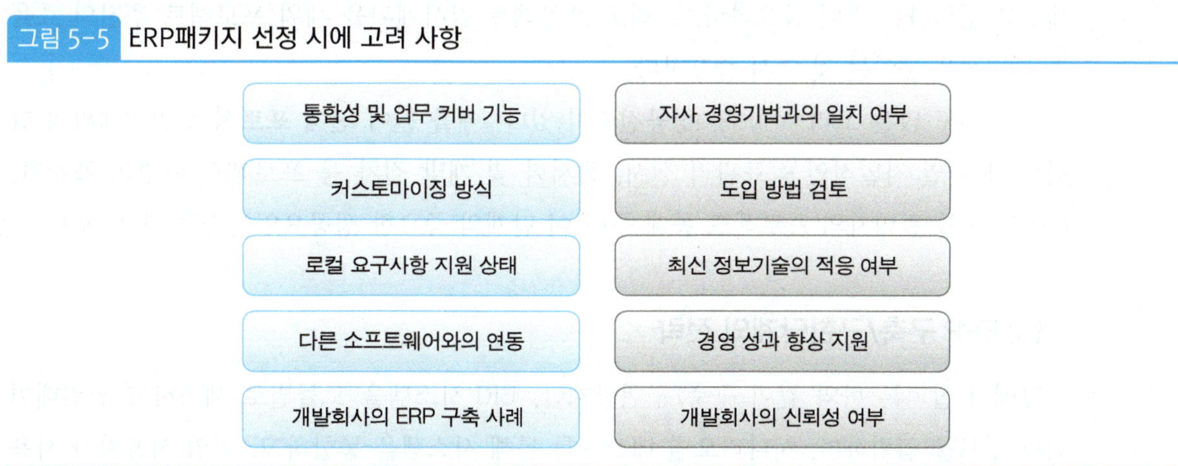

(2) 착수 및 분석/설계 단계에서의 전략

여기에서 말하는 착수 및 분석/설계단계는 ERP시스템을 구축하기 위해 제품이나 서비스의 공급사와 계약을 체결한 후부터 시작되는 단계이다. 이 단계는 ERP시스템 구축을 위한 전략적 계획을 수립하고 기업의 업무프로세스 및 시스템에 대한 문제점을 분석하며, 제반환경을 표준화하는 과정에 해당한다.

구성원은 현업주체로, 핵심인재를 선발하여 프로젝트에 투입시켜야 한다. 일반적으로 자체 개발 MIS 구축시에는 정보시스템 부서를 중심으로 현장에서 몇 사람 선발하는 것이 일반적인 방식이다. 이러한 이유는 무경험자에게 있어서 컴퓨터 그 자체가 너무 어려워 이해하기 쉽지 않기 때문이다.

그러나 ERP패키지에는 처음부터 모델이 되는 업무처리 순서가 들어있어 컴퓨터 전문가보다는 업무경험과 혁신의지를 가진 구성원이 더욱 적합하다. ERP에 내재되어 있는 모델을 참고하여 파라미터 설정을 해나가는 방식을 컨피규레이션이라고 하는데 ERP패키지가 그 기능을 구비하고 있다. 이러한 ERP패키지를 통한 업무혁신을 위해서는 기업의 경영과제와 현장업무의 이해가 전제조건이 되고, 또한 현장의 저항을 제거하는 것이 중요하기 때문에 충분한 업무경험을 통해 업무에 능통한 현장중심의 전문가를 프로젝트에 포함시키는 것이 매우 중요하다.

먼저 기업의 문제점을 정확히 진단하고, ERP시스템 안에서 구현할 수 있는 기업 업무프로세스를 파악하고, 그러한 프로세스에서 너무 동떨어지지 않은 실현 가능한 TO-BE프로세스를 정립하는 것이 중요하다. 그리고 프로젝트 감사계획을 세워 프로젝트 추진의 효율과 투명성을 높이는 것 역시 중요하다.

이 외에도 많은 고려 사항 및 성공전략이 있다. 예를 들어 전체 프로젝트 일정계획의 합리성, 모듈별 자발적인 목표관리 실시, 문서화 및 개발 절차 등 프로젝트 환경의 표준화, PM 및 모듈 관리자의 프로젝트 통제 등이 이 단계의 중요한 성공요인이라고 할 수 있다.

(3) ERP 구축/구현단계의 전략

앞에서 살펴본 바와 같이 구축/구현단계란, ERP시스템을 모듈별로 세팅하고 관련데이터나 정보를 입력하며, 시나리오별 테스트를 통해 시스템을 통합하고, 현업 사용자가 사용할 수 있게 최종시험을 거쳐 개통하는 과정을 말한다. 이 단계에서의 주요 성공요인들을 [그림 5-6]과 같이 간략히 요약하도록 하겠다.

그림 5-6 ERP 구축/구현 단계의 성공요인

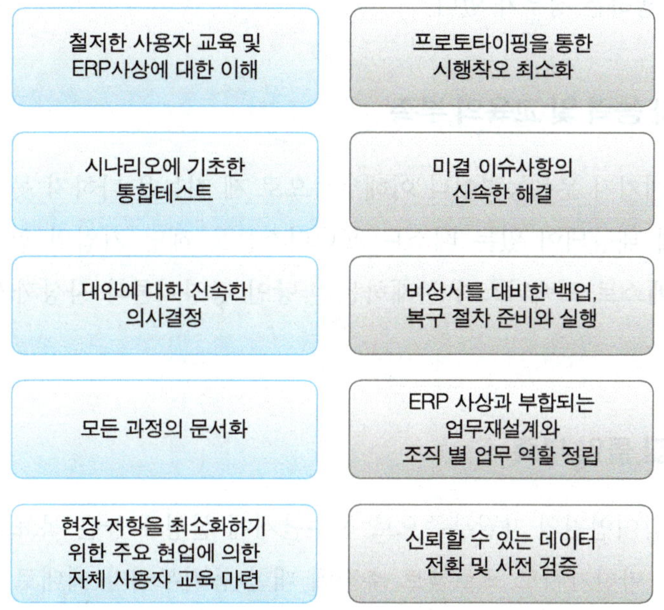

2.3 ERP의 실패 요인

ERP패키지의 구축에 실패하는 경우는 앞에서의 단계별 성공요인을 제대로 실행하지 못하여 발생한다고 생각한다. 이와 별도로 고려하여야 할 문제는 ERP패키지 기능이 기업의 요구에 얼마나 부응했는지를 판단하여야 한다.

그러나 전적으로 ERP패키지 기능으로 인해 실패하였다고 판단하기 어려운 경우가 많다. 상용화된 패키지가 가지고 있는 기능을 제대로 이해하지 못하고 수정 · 보완된 사항이 애초에 기대했던 것과 미치지 못하여 일부 기능의 미비가 있는 경우가 많다.

이와 같이 패키지 또는 컨설팅 제공회사와 도입 기업 양측에 모두 문제가 있어 실패요인으로 작용할 수도 있다. ERP시스템의 실패는 어느 한 쪽의 잘못이라고 쉽게 판단 내릴 수는 없다. 주로 발생할 수 있는 실패요인을 정리하여 보면 아래와 같다.

(1) 프로세스 구현 기능의 부족

ERP패키지의 프로세스관련 지원 기능이 부족한 경우 전체적으로 ERP의 활용이 어려울 수 있다. 그리고 만약 이러한 기능을 수정 · 보완하는 경우 생각보다 더 많은 시간과 비용이 추가로 발생하는 경우가 있다.

(2) 사용자 능력 및 교육의 부족

사용자의 패키지 운용능력이나 이해부족으로 제 기능을 다하지 못하는 경우가 발생할 수 있다. ERP에 내장되어 있는 베스트 프랙티스들을 해당 기업의 업무와 연관시켜 이해하고, 이러한 베스트 프랙티스가 존재하는 바탕인 경영이론과 사상까지도 교육하는 것이 필요하다.

(3) 자질 및 몰입 부족

프로젝트 참여인원의 자질부족으로 착수단계에 설정해 놓은 목표로 이끄는 데 실패하는 경우가 있다. 마찬가지로 프로젝트 추진에 대한 동기부여가 제대로 되지 않아 프로젝트에 대한 전념도가 떨어지고 몰입을 하지 않아서 실패하는 경우도 보게 된다.

(4) 기업의 관심 부족

시스템 구축 후에 사용에 대한 거부감이나 기존 프로세스의 고집 등으로 ERP시스템 사용을 꺼리는 경우가 발생할 수 있다. 프로젝트를 추진하면서 관련현업들과 커뮤니케이션이 부족하거나, 최고경영자의 후원을 얻지 못해 생기는 실패요인이다.

이러한 실패요인을 미리 방지하고, 발견되는 즉시 적절한 조치를 취하는 것이 바로 ERP시스템의 성공적인 구축에 대한 바른 길이라고 할 수 있다. 물론 위에 요약한 고려사항이나 실패요인 이외의 많은 사항들이 개별 기업의 업무특성과 연관되어 다양하게 발생할 수 있다. 그러나 성공하겠다는 마음가짐과 ERP도입에 대한 세심한 배려, 지속적인 관심 등으로 성공적인 ERP시스템을 구축할 수 있다.

결국 ERP시스템을 구축하면서 경영자의 관심, ERP추진 팀뿐만 아니라 여타 구성원 전원이 참여하는 공조된 분위기, 현업경험이 풍부한 핵심 인력중심의 ERP패키지 도입, 지속적인 교육과 훈련 등을 병행한다면 성공적으로 ERP시스템을 구축할 가능성이 높아진다고 볼 수 있다.

연 습 문 제

01 ERP구축방법은 착수, 분석, 설계, 구축, 구현단계로 구분할 수 있다. 이 중 설계단계와 구축단계의 활동을 각기 나열하시오.

02 귀사에서는 ERP를 구현하는 일정계획을 수립하고자 한다. ERP추진을 위한 다섯 단계를 기술하고 간단히 설명하시오.

03 ERP를 도입하기 위하여 현재 있는 그대로의 상황을 분석하고, 이를 바탕으로 기업이 앞으로 업무프로세스를 어떻게 개선하는 것이 바람직한 가를 담은 이상적인 TO-BE프로세스를 제안하여야 한다. 이렇게 기업업무가 앞으로 지향해야 하는 TO-BE프로세스를 도출하기 위하여, 사전에 기업의 현재 상황을 있는 그대로 표현한 프로세스를 무엇이라고 하는가?

04 기업이 ERP시스템을 도입하는 과정에서 주로 이루어지는 차이 분석(Gap Analysis)에 대해 설명하시오.

05 통합 테스트와 데이터 변환의 개념과 유의점에 대해서 기술하시오.

06 어떠한 시스템 개발도 사용자 교육은 매우 중요하다. 특히 ERP구축 단계의 사용자 교육이 자체개발 MIS에 비해 더욱 중요한 이유를 설명하시오.

07 프로토타이핑(Prototyping) 구현방식의 특징을 기술하시오.

08 통합테스트에서 중시해야 하는 내용을 설명하고, ERP구축이 자체개발 MIS구축보다 사용자 교육이 더욱 중요한 이유를 설명하시오.

09 ERP프로젝트를 진행함에 있어, 다른 기업들의 ERP 도입사례를 참고하면 큰 도움이 될 수 있다. 이렇게 벤치마킹을 통해 시행착오를 학습할 수 있는 이전의 ERP프로젝트 사례, 혹은 시사점이 있는 우수한 ERP프로젝트를 수행한 기업을 일컬어 무엇이라고 하는가?

10 프로젝트관리자로서 범위관리와 시간관리의 중요성에 대해서 설명하시오.

11 ERP도입이나 특별한 중요 프로젝트를 위하여 구성하는 팀을 TFT(Task Force Team)이라고 한다. 특히 성공적인 ERP프로젝트를 수행하기 위하여서 TFT를 구성할 때에는, 각 분야의 업무 프로세스를 정확히 파악할 수 있도록 배려하는 것이 중요하다. 따라서 어떠한 사람들로 TFT가 구성되는 것이 바람직한 지 기술하시오.

12 ERP를 도입하고자 하는 기업의 CEO, PM, 그 밖의 모든 구성원들이 어떠한 마음가짐과 태도를 갖는 것이 중요한가, 그리고 어떠한 노력을 기울여야 하는지에 대해 서술하시오

13 ERP를 성공적으로 추진하기 위해 도입 검토단계에서 중요하다고 생각되는 점은 무엇인가?

14 어떤 기업에서 ERP프로젝트를 진행하였지만, ERP를 도입한 이후 제대로 활용하지 못하고 있다. 이럴 경우 어떠한 실패요인이 있을 수 있는지 설명하고, 실패를 예방하기 위해서는 어떤 방법이 있는지 기술하시오.

제6장

자재관리모듈의 주요 기능

01 • 조직구조

SAP ERP의 조직구조(Enterprise Structure)는 기업의 물리적인 구조와는 다르게 ERP시스템 상의 논리적인 구조이다. 물론 이러한 논리적인 구조로 기업의 실제 물리적인 조직구조의 비즈니스 프로세스를 가장 잘 처리하도록 구성하여야 한다. 또한 법적인 조직단위에 맞는 제반 보고서를 산출해야 하고, 실제 조직의 계획 및 실적집계가 원활히 이루어지도록 논리적인 구성을 하여야 한다. 따라서 조직구조는 SAP ERP의 개념을 잘 구현할 수 있도록 구성하는 동시에 물리적인 조직구조를 잘 표현해야 한다.

조직구조는 관리적인 측면과 재무회계적인 측면 그리고 영업과 유통, 구매와 생산관리 등으로 구분하며 이들은 모두 밀접하게 연계되어 있는데, 처음에 제대로 구성하지 못하면 시스템을 모두 구현한 후에 다시 시스템구성을 변경시켜 중복작업을 해야 할 수도 있다. 따라서 SAP ERP의 조직의 의미를 잘 이해하고 기업의 최적 프로세스를 구현할 수 있는 논리적으로 구성하는 것이 필요하다.

1.1 그룹회사(Company)

외부 공표용 재무제표를 산출하는 독립적인 법적 실체이며, 기업의 규모에 따라 법적 단위인 회사의 상위조직으로 여러 회사가 하나의 그룹 회사에 소속될 수 있다. 경우에 따라서는 회사의 내부조직(사업본부 등)을 회사코드로 설정할 수도 있다. 그룹회사와 회사코드는 다음과 같은 모듈의 조직구조와 모두 연결된다.

- 재무관리영역(Financial Management Area: TR)
- 통제영역(Controlling Area: CO)
- 공장(Plant: MM)
- 영업조직(Sales Organization: SD)
- 여신관리영역(Credit Control Area: FI, SD)

1.2 공장(Plant)

회사 안에서 제품을 생산, 조달, 공급하는 기능을 수행하는 조직단위이다. 공장의 정의 기준은 다음과 같다.

- 제조시설(Manufacturing Facility)
- 물류센터(Warehouse Distribution Center)
- 지역별 영업법인이나 사무소(Regional Sales Office)

1.3 저장창고(Storage Location)

공장안에서 자재의 재고수량을 관리하는 조직단위이다. 저장창고에서 재고실사, 재고관리, 자재입고 · 출고 · 이전 등을 수행할 수 있다.

1.4 구매조직/구매그룹(Purchasing Organization/Purchasing Group)

구매조직은 하나 또는 그 이상의 공장이나 회사 내에서 부품과 원재료의 소싱(Sourcing)

그림 6-1 회사코드, 구매조직, 공장의 관계

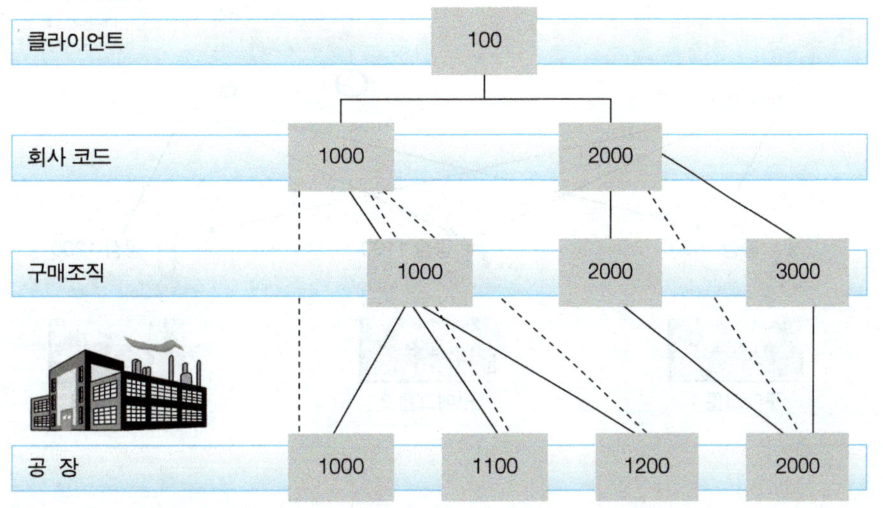

과 협상을 책임지는 조직단위를 말하며, 구매그룹은 구매조직 내 조직원 또는 업무팀을 뜻한다. [그림 6-1]과 같이 구매조직은 다음과 같은 관계성을 가진다.

- 회사와 구매조직 → 1:M
- 구매조직과 공장 → N:M

예를 들면, 하나의 회사는 두 개의 구매조직을 가질 수 있고, 한 개의 구매조직이 세 개의 공장과 연결될 수 있으며, 또한 두 개의 구매조직이 한 개의 공장과 연결될 수도 있다.

[그림 6-2]에 있는 사례는 한 개의 구매조직이 세 개의 공장구매를 책임지고 있으면서 각 공장을 맡고 있는 세 개의 구매그룹이 존재하고 있는 모습이다. 이러한 구매조직은 집중 구매정책을 채택하고 있는 회사에서 볼 수 있다. 반면 분산구매 정책을 채택하고 있는 회사는 각 공장별로 구매조직을 두어 스피드 있는 공장별 구매가 이루어지도록 할 것이다. 요즘에는 수입 원자재나 물량소비가 많은 부품은 서울의 구매조직에서 소싱(Sourcing)하는 집중구매 정책을 활용하고, 각 공장의 상황에 맞는 부품의 구매는 공장별로 구매조직을 두어 분산구매를 하는 혼합형 구매정책도 많이 활용되고 있다.

제품이나 부품의 가치평가(Valuation)는 회사별로 이루어질 수도 있고 각 공장단위로 이

그림 6-2 구매조직, 공장, 구매그룹의 관계

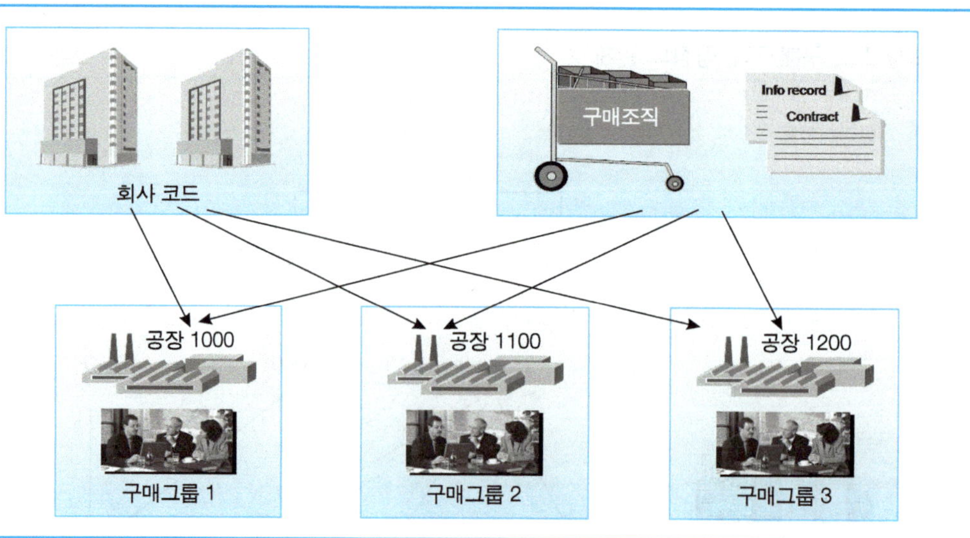

그림 6-3 가치평가 설정단위

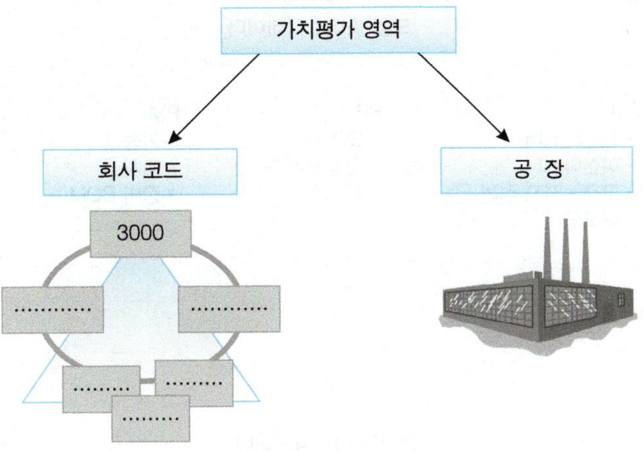

루어지게 설정할 수도 있다. [그림 6-3]에 나타나 있는 바와 같이 가치평가의 단위를 결정하려면 가치평가를 설정하는 가치평가 영역(Valuation Area)을 회사로 두느냐, 개별공장으로 두느냐에 따라 결정된다. 즉, 한 회사의 모든 공장의 가치평가 방식을 같게 하려면 가치평가영역을 회사로 설정하고, 각 공장별로 가치평가 방식을 다르게 하기를 원하는 경우에는 가치평가 영역을 공장으로 설정해 놓으면 될 것이다.

02 마스터데이터 개요

프로세스에 의해 변화하지 않으며 경영전반에 걸친 관리활동을 지원하기 위해 구성되는 모든 기준정보를 마스터데이터(Master Data)라고 한다. 마스터데이터를 우리말로 표현하면 기준정보라 할 수 있다. 즉, 회사나 공장의 기준이 되는 정보라는 의미이다.

[그림 6-4]에 SAP ERP의 주요 마스터데이터의 종류가 나타나 있다. 가장 중요하면서도 많이 사용되는 마스터데이터로는 자재마스터데이터(Material Master Data), 고객마스터데이터(Customer Master Data), 그리고 공급업체 마스터데이터(Vendor Master Data)가 있으며, 이와 더불어 각 모듈내에서 중요하게 사용되는 마스터데이터들이 예시되고 있다.

자재관리모듈의 기준정보에는 자재마스터데이터, 공급업체 마스터데이터와 더불어 공급

그림 6-4 주요 마스터데이터의 종류

모듈별 마스터데이터

MM
- 정보레코드
- 소스리스트
- 쿼터할당
- 서비스마스터

SD
- 조건마스터
- 여신마스터
- 고객 · 자재 정보 레코드

PP
- BOM
- 공정순서도
- 작업장

PM
- 기능
- 위치
- 장비 BOM

QM
- 카랄로그
- 검사 특성
- 클래스 특성
- 검사방법

일반적 마스터데이터

고 객 / 자 재 / 공급업체

그림 6-5 자재관리모듈에 필요한 기준정보

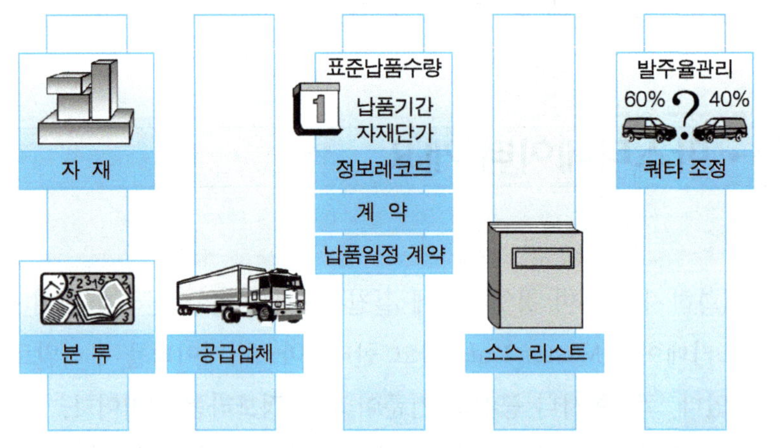

업체별 자재단가를 관리하는 정보레코드(Info Record), 계약, 납품일정 계약, 그리고 공급업체를 관리하는 소스 리스트(Source List), 쿼타 조정(Quota Arrangement) 등이 있다. 각각의 역할은 뒤에 설명하도록 한다.

2.1 마스터데이터의 필요성과 이용 효과

앞에서 마스터데이터는 회사나 공장의 기준이 되는 정보라고 설명한 바 있다. [그림 6-6]에서 마스터데이터를 사용하지 않는 경우와 사용하는 경우를 비교해 보도록 하자. 마스터데이터를 사용하지 않는 경우에는 각 업무처리마다 고객정보와 제품정보를 시스템에 만들면서 업무처리를 하는 번거로움을 겪을 것이다. 고객에 관련된 모든 정보와 제품에 대한 정보의 양이 생각보다 훨씬 많기 때문에 업무처리할 때마다 관련 정보를 모두 입력하는 것은 시간낭비가 될 것이다. 또한 담당자마다 고객명과 제품명을 각기 다르게 만들어서 커뮤니케이션에 어려움을 겪고, 최종 분석단계에서 혼란을 겪을 것이다.

반면에 고객마스터와 자재마스터 등의 마스터데이터를 이용하여 영업오더와 그 후속작업을 하면 일관성 있는 작업처리가 되어, 같은 고객 그리고 같은 자재에 대한 정보를 손쉽게 얻을 수 있다. 예를 들어 9월 한 달간의 Becker고객에게 판매한 실적 또는 바게트 빵 제품에 대한 1년간의 총 판매량 및 수익성 분석 등을 용이하게 할 수 있는 장점이 있다.

이와 같이 마스터데이터를 이용하면 업무처리의 양이 감소되고 의사소통이 왜곡되는 것을 방지할 수 있으며, 정보공유가 더욱 용이해질 것이다. 이에 따라 신속 정확한 정보분석이 가능해지고 결과적으로 의사결정이 신속해지며, 적기 시장 대응에 도움을 줄 수 있다.

그림 6-6 마스터데이터의 필요성

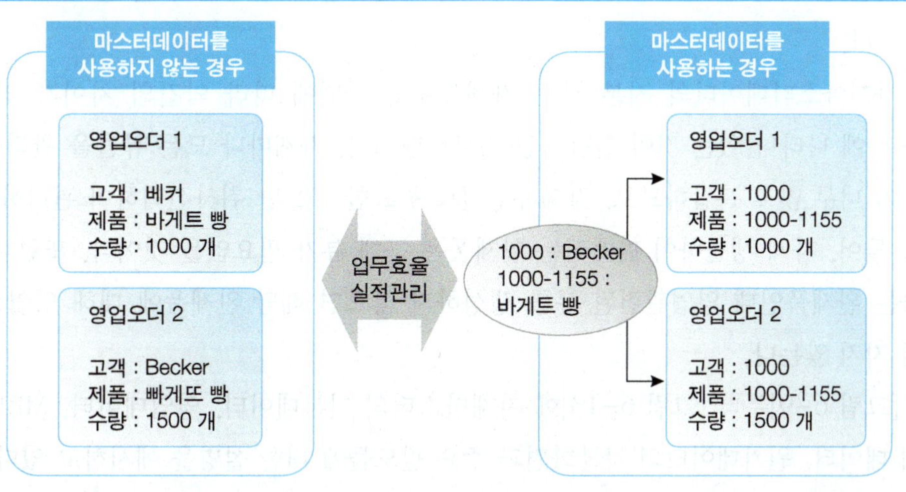

2.2 자재마스터데이터 개요

자재마스터는 기업에서 구매, 생산, 저장 또는 판매하는 유 · 무형의 제품, 반제품 또는 원자재 등을 관리하는 기업의 기준정보이다. 또한, 물류의 자재명세서(BOM), 공정순서도(Routing), 생산오더, 제품입고, 원가계산 등 일련의 생산활동의 근간이 되는 데이터이다.

MM모듈 입장에서 보면 자재마스터는 생산계획 및 구매, 재고관리 및 회계 상의 관리에 기초가 되는 중요한 기본적인 정보이다. 따라서 정확한 관리가 요구된다.

자재가 생산과정을 거치거나 구매될 때 그리고 재고관리 및 이에 따른 회계정보가 변경될 때 항상 자재마스터레코드에 있는 정보들을 참조하여 통합성을 유지하게 된다.

ERP 내의 모든 모듈과 연관을 갖게 되는 자재마스터는 24개의 뷰(View)로 구성되어 있으며, 각 모듈의 업무특성에 맞는 필드(Field) 값을 유지 · 보수한다.

(1) 자재마스터데이터의 뷰 구성

자재마스터는 완성품, 반제품, 원재료 등의 자재유형(Material Type)별로 필요한 내용이 매우 다르며, 산업별로도 필요한 내용이 매우 다르다. 또한 판매가 되는 제품인지, 생산에 필요한 원자재나 반제품인지에 따라서도 필요한 내용이 다르며, 영업부서, 생산부서, 자재부서, 회계부서, 원가부서 등에서 요구되는 내용이 상이하다. 따라서 매우 많은 필드가 존재하는데, 이를 필요시마다 비교적 용이하게 접근할 수 있도록 뷰를 달리하여 구분하여 사용한다.

자재마스터데이터의 기본 뷰는 자재유형과 산업에 따라 약간의 차이가 있지만 [그림 6-8]에 나타나 있는 것이 일반적인 기본형태이다. 자재마다 모든 뷰들을 관리하면 관리할 양이 너무 많고 복잡하므로, 자재유형별로 필요한 뷰들만 취사선택하여 관리하게 된다. 예를 들어, 자체 생산하여 판매되는 완제품은 구매 뷰가 필요없을 것이다. 또한 판매를 해야 하는 완제품인데 영업관련된 뷰를 생성하지 않으면 해당 완제품에 대해 영업오더가 만들어 지지 않는다.

[그림 6-9]부터 [그림 6-13]에 자재마스터의 기본데이터, 영업데이터, MRP데이터, 회계 데이터, 원가데이터의 기본화면과 주요 필드들에 대한 설명을 예시하고 있다.

그림 6-7 자재마스터데이터의 주요 데이터

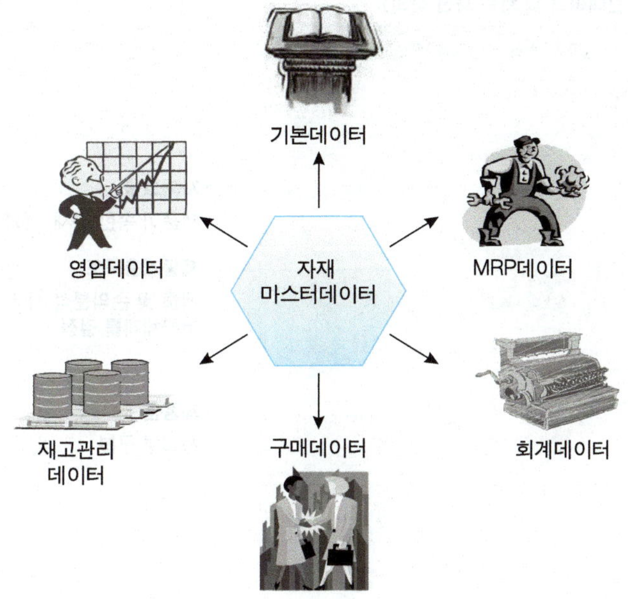

그림 6-8 자재마스터데이터의 주요 뷰

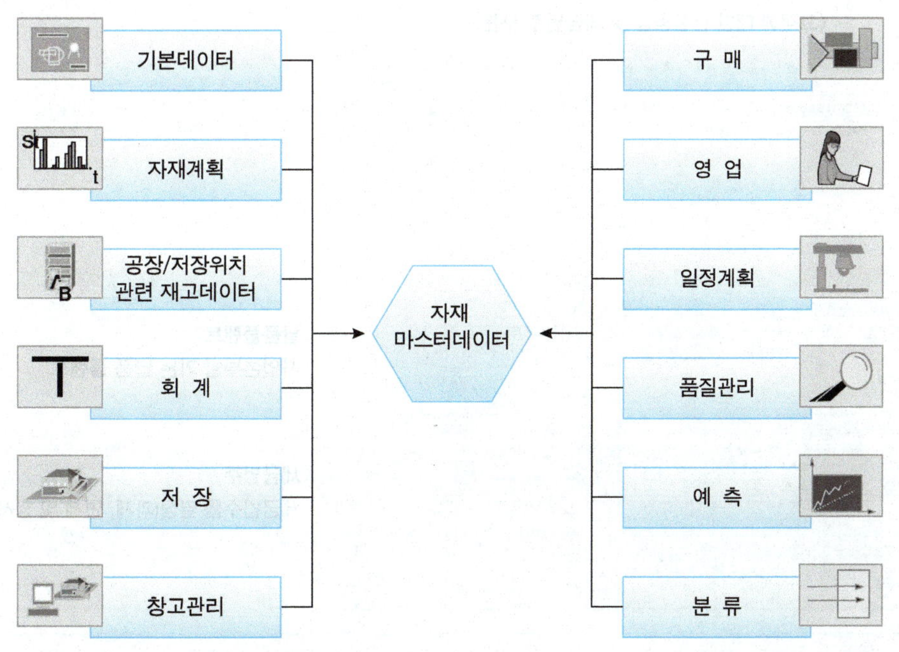

그림 6-9 자재마스터(기본데이터 1 뷰 정보)

〈제품의 일반데이터 및 치수 사전 정의〉

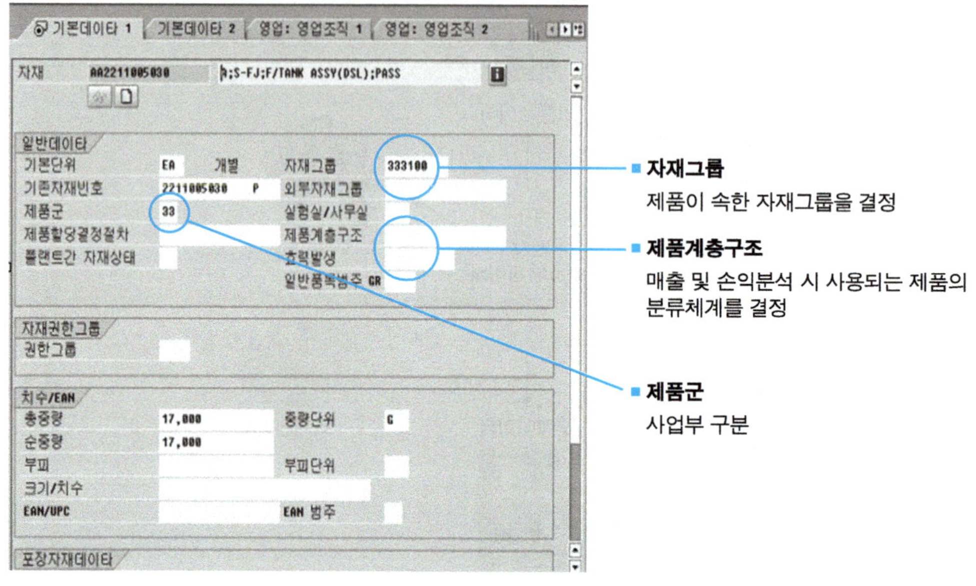

그림 6-10 자재마스터(영업조직 1 뷰 정보)

〈고객에 대한 납품공장 및 세금범주 구분〉

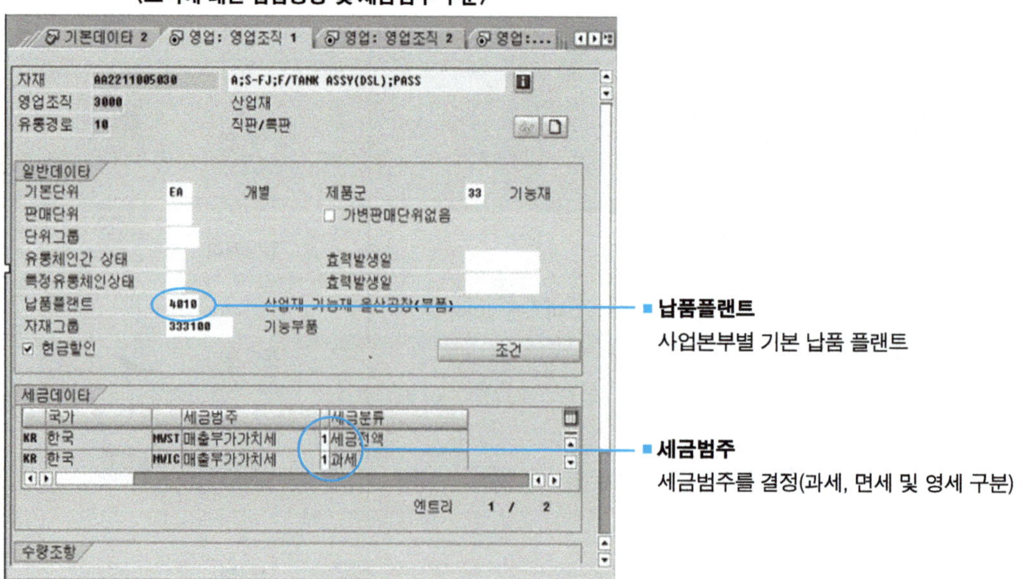

그림 6-11 자재마스터(MRP 1 뷰 정보)

〈MRP 절차 및 로트생성을 위해 사전 정의〉

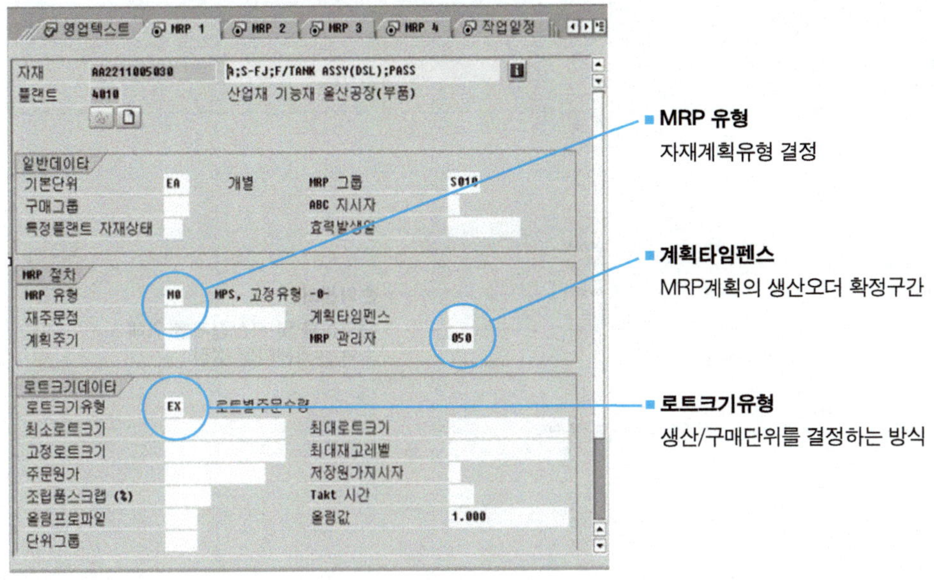

그림 6-12 자재마스터(회계 1 뷰 정보)

〈일반평가데이타 및 표준가격에 대한 정보〉

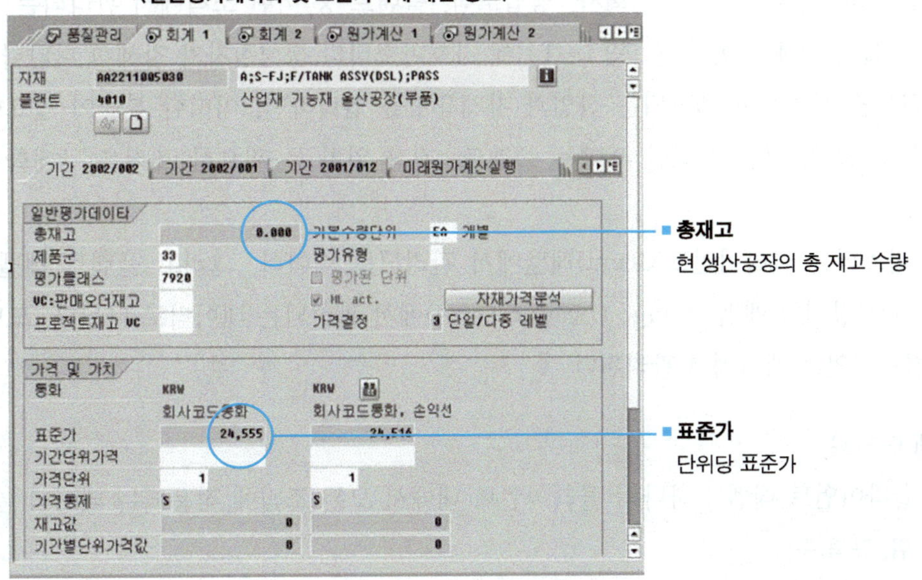

그림 6-13 자재마스터(원가계산 1 뷰 정보)

〈원가계산의 일반데이타 및 수량 구조데이타에 대한 정보〉

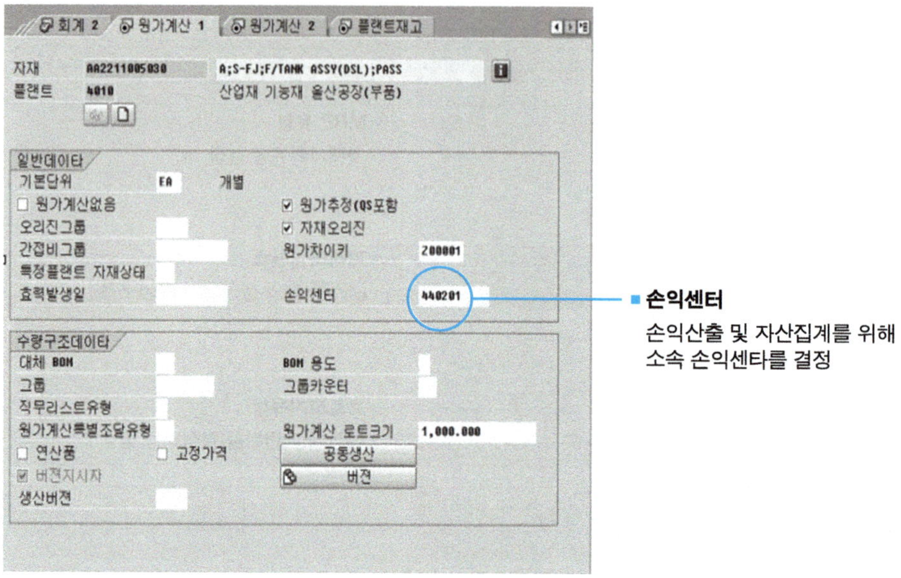

■ 손익센터

손익산출 및 자산집계를 위해 소속 손익센타를 결정

(2) 자재마스터의 조직 구성

자재마스터 생성시에는 관련회사, 영업조직, 플랜트 등 어떤 조직에서 관리되는 자재마스터인지를 입력해야 한다. [그림 6-14]에 자재마스터의 생성절차가 자세히 나타나 있다. 자재 코드를 부여하고 해당되는 산업과 자재유형을 입력하면, 어떠한 뷰들이 필요한지를 선택할 수 있고, 뷰를 선택한 후에는 플랜트, 저장 위치 등 필요한 조직을 구체화시켜야 한다.

자재마스터는 클라이언트(Client)레벨에서 관리되는 데이터, 그리고 플랜트 레벨(Plant Level)과 저장위치 레벨(Storage Location Level)에서 관리되는 데이터로 나뉜다. 도면정보 등은 클라이언트 레벨에서 관리된다.

- 제공 자료
  - · 클라이언트 레벨 : 하나의 클라이언트 내에서 모든 조직에 적용되는 데이터(품명, 단위, 규격 등)
  - · 영업조직 레벨 : 하나의 영업 조직과 유통채널에 적용되는 데이터(판매 단위, 제품그

그림 6-14 자재마스터데이터의 생성 절차

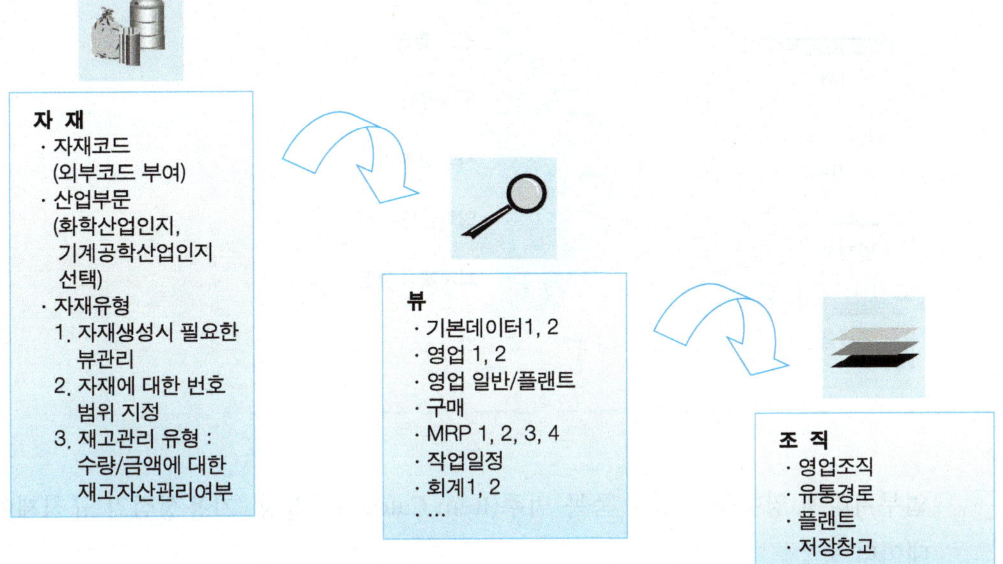

룹 등)

· 영업조직 + 공장 레벨 : 하나의 영업조직과 유통채널 그리고 플랜트에 적용되는 데이터(운송 그룹, 적하 그룹, 원산지 등)

· 공장 레벨 : 하나의 공장에 적용되는 데이터(구매, 수급, 회계, 원가 관련 데이터 등)

(3) 자재마스터데이터의 역할

자재마스터데이터는 자재가 포함되는 모든 업무처리에 영향을 미친다. 가장 쉽게는 이 자재가 무엇인지를 기술하고 기본단위가 개수인지 kg인지를 나타내주며, 기본적으로 어떤 플랜트에서 관리되는 자재인지를 나타내준다. 특히 SAP ERP에서는 자재마스터의 역할이 매우 큰데, 각종 통합성이 필요한 업무처리의 연결고리 역할을 해준다. 기본적인 역할만 몇 가지 예시하면 아래와 같다.

- 자동표시 : 자재 내역, 기본 단위, 제품군, 총/순 중량, 제품 계층구조, 손익센터, 플랜트 등

그림 6-15 자동유형의 역할

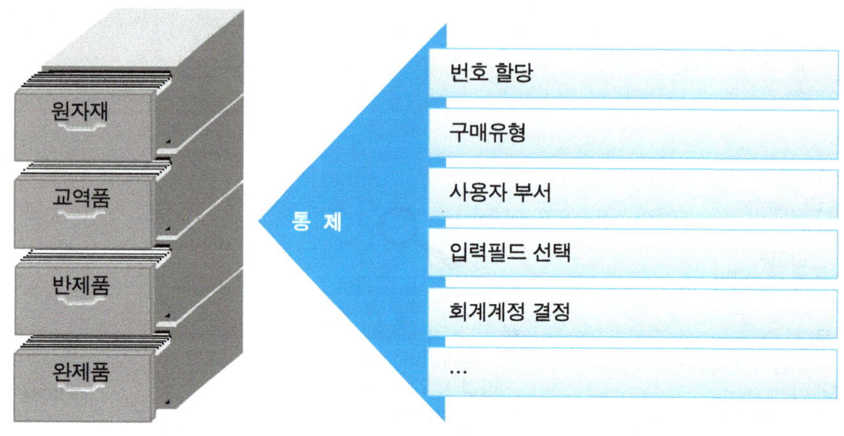

- 업무처리에 영향을 미침 : 품목 범주(Item Category)결정, 가용성점검 규칙제어, 세금 데이터 등
- 생산전략 결정 : MRP 유형, 동결구간(Time Fence), MRP 그룹, 안전재고 설정 등

자재유형(Material Type)은 MM모듈에서 중요한 통제역할을 하는데, [그림 6-15]에 나타난 바와 같이 내부 자재번호 할당, 자재마스터의 입력필드 선정, 입출고에 따른 회계계정의 결정 등이 자재유형에 따라 달라진다.

일반적으로 자재유형에 따라 이를 관리하는 회계계정이 다르다. [그림 6-16]에서 볼 수

그림 6-16 자동계정전기를 위한 자재유형과 가치평가 클래스의 역할

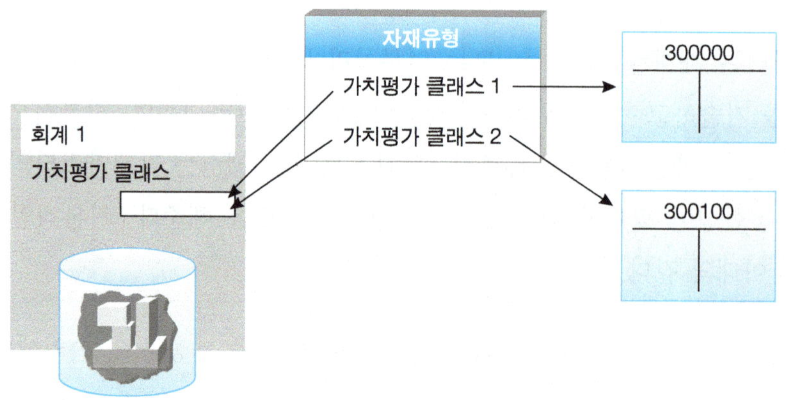

그림 6-17 자재마스터데이터에 있는 가격관리의 역할

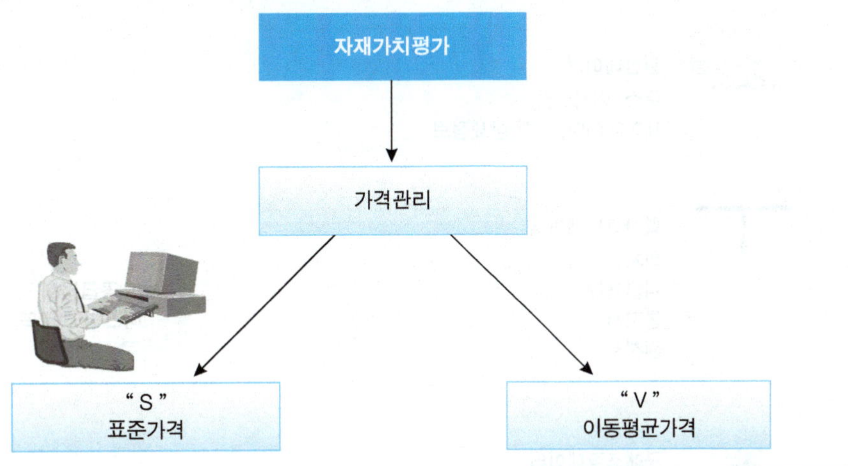

있는 바와 같이 자재마스터의 회계 뷰에 있는 가치평가 클래스(valuation class)는 자재유형 정보와 더불어 더욱 세분화된 자동 회계계정 전기를 가능하게 해준다. 예를 들어 같은 부품을 구매하더라도 해외에서 구매하는 부품과 국내에서 구매하는 부품을 다른 계정에서 관리할 필요가 있거나, 자체 생산하는 완제품을 판매할때와 위탁생산하는 완제품을 판매할때 각기 상이한 계정을 사용할 필요가 있는데, 이때 가치평가 클래스를 통해서 회계계정을 다르게 할 수 있다.

또한 자재마스터에 있는 가격관리(Price Control) 필드에서 표준가와 이동평균가를 지정할 수 있도록 되어 있다. 이 필드에 지정된 값에 의해 회사의 재고를 평가할 때 표준가를 사용할 것인지, 아니면 이동평균가를 사용할 것인지를 결정한다.

2.3 공급업체 마스터데이터

공급업체 마스터데이터는 자재마스터와 더불어 MM모듈에서 매우 중요한 기준정보이다. 기업에서 구매오더를 내고, 입고처리를 하고 송장검증을 하는 기본프로세스에 공급업체 마스터데이터가 계속해서 관련되어 있을 수밖에 없다.

[그림 6-18]은 공급업체 마스터의 기본구조를 보여준다. 공급업체 마스터데이터는 일반데이터와 회사코드 데이터 그리고 구매조직 데이터로 구분되어 있다. 일반 데이터에는 공

그림 6-18 공급업체 마스터데이터의 구조

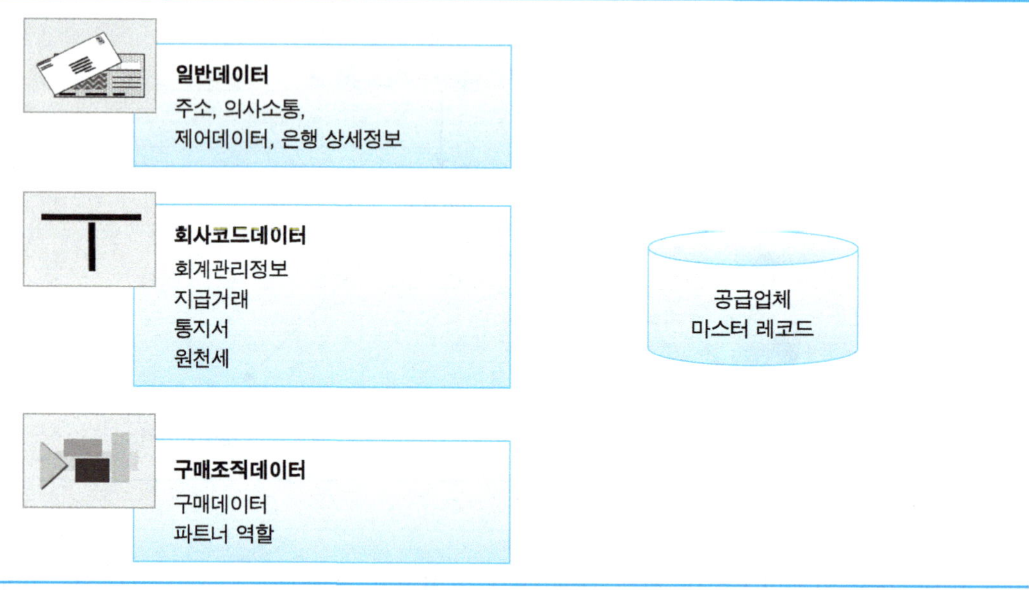

급업체의 이름, 주소, 통신 방법 등에 관한 데이터를 입력하고, 회사코드 데이터에서는 회계관리, 세금관련 데이터, 그리고 구매조직 데이터에는 공급업체와 거래할때 사용하는 화폐단위, 입고기준 송장검증만 허용할지 여부 등 구매관련된 데이터를 관리한다.

2.4 구매 정보레코드

구매 정보레코드(Info record)는 특정 공급업체가 특정 자재를 얼마에 공급하겠다는 가격정보를 관리하는 마스터데이터이다.

구매오더를 생성하는 과정에서 자재마스터 기록과 공급업체 마스터의 정보들이 활용되는데, 구매가격을 결정할 때 정보레코드로부터 공급업체와 자재에 대해 연결해 놓은 가격정보가 자동으로 입력되도록 할 수도 있다. 또한 표준구매오더, 외주가공오더, 위탁구매오더 등 다양한 구매오더 유형에 대하여 구매 정보레코드를 관리할 수도 있다. 구매 정보레코드는 공급업체 및 자재별로 수작업 생성할 수 있다. 경우에 따라서는 견적, 계약, 구매오더의 가격정보를 가지고 구매 정보레코드의 가격정보를 자동으로 갱신시킬 수도 있다. 예를 들어 구매오더의 정보갱신 파라미터를 체크해 놓으면 정보레코드의 가격정보를 갱신한다.

그림 6-19 구매오더를 만드는 과정에서 구매 정보레코드의 역할

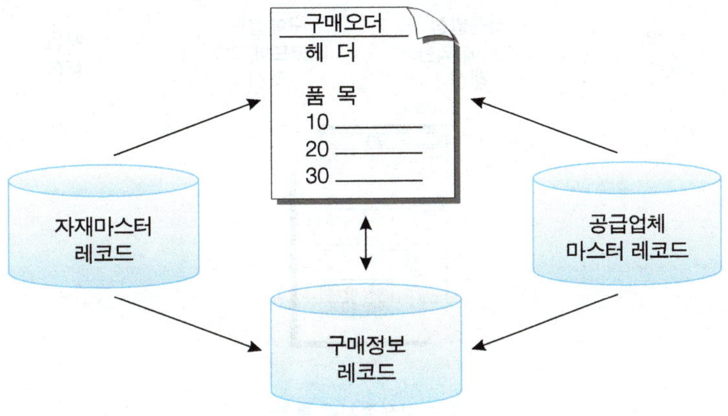

그림 6-20 소스 리스트의 형태

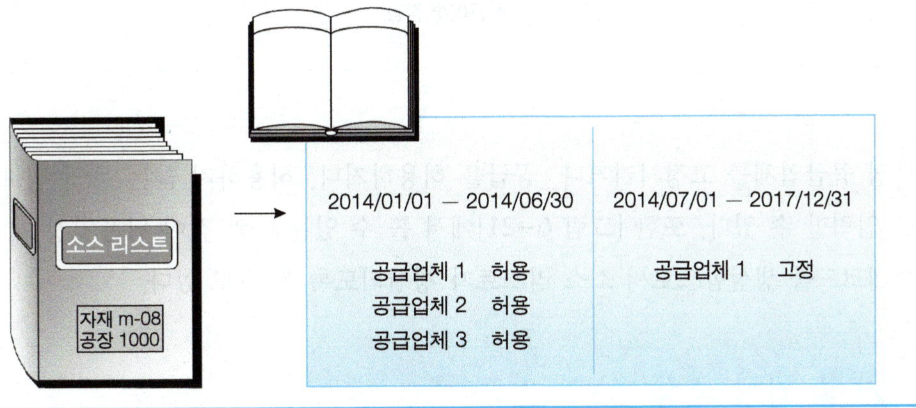

2.5 소스 리스트

특정 공장의 특정 자재에 대하여 자재를 조달할 수 있는 공급업체의 목록을 시기별로 관리한다. 특정 시기에 구매를 허용하지 않는 공급업체를 지정할 수도 있으며, 특정 시기에는 하나의 공급업체에서만 구매하도록 공급업체를 고정시켜 표시할 수도 있다. 또한 MRP 가동시 계획오더나 구매요청에 공급업체가 자동으로 지정되도록 정의할 수도 있다.

소스 리스트(Source List)는 자재 및 공장별로 수작업으로 생성할 수 있다. 즉, 시기별로

그림 6-21 소스 리스트 생성 및 갱신 방법

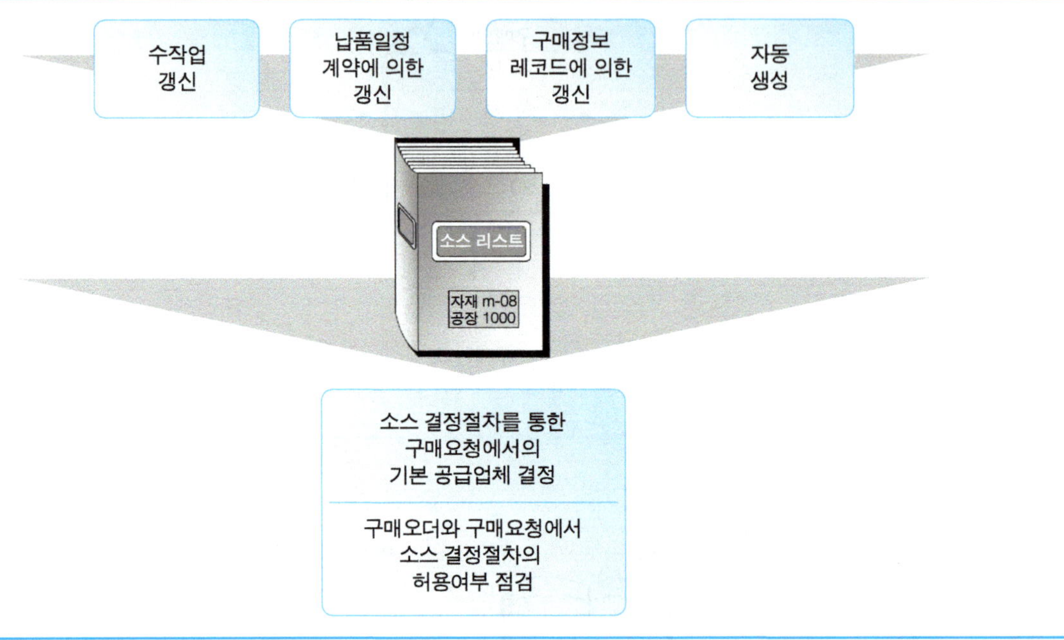

특정 공급업체를 고정시키거나, 공급을 허용하거나, 허용하지 않는 등의 정보를 수작업으로 입력할 수 있다. 또한 [그림 6-21]에서 볼 수 있는 바와 같이 납품일정 계약과 구매 정보레코드를 생성함으로써 소스 리스트가 갱신되도록 할 수도 있다.

2.6 쿼타 조정

쿼타 조정(Quota Arrangement)은 내부생산, 외부조달, 혹은 여러 업체로부터 조달하는 양을 조달 비율로 관리할 수 있도록 조정하는 마스터데이터이다. 쿼타 조정 마스터를 사용함으로써 MRP운영 후 PR생성시에 사전에 설정해 놓은 쿼타 비율에 맞추어 자동으로 공급업체를 결정할 수 있다.

[그림 6-22]와 같이 쿼타 조정 마스터에 공급업체 1, 2, 3에 각기 30%, 40%, 30% 씩 쿼타가 할당되어 있을 때, 현재까지 각 공급업체에 몇 개씩 발주되어 있는 지를 알 수 있으며 다음에 공급업체 3에 발주 나갈 것을 예상해 볼 수 있다. 쿼터 할당비율에 비해서 지금까지 가장 적게 발주가 나갔기 때문이다.

그림 6-22 쿼타 조정 마스터데이터의 모습

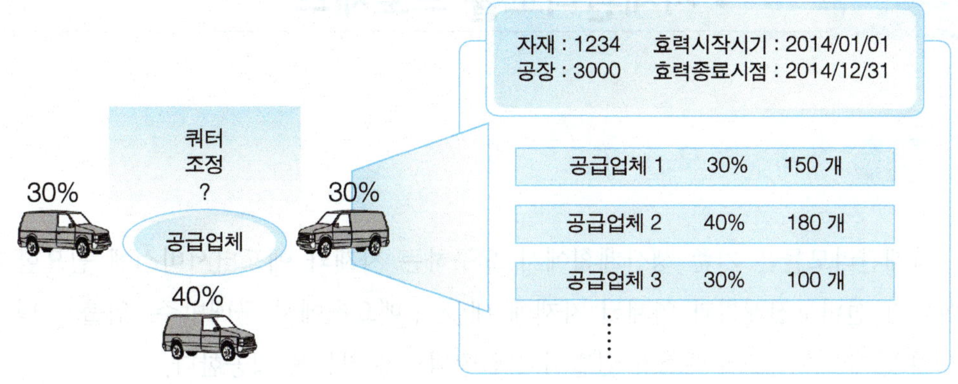

그림 6-23 쿼타 조정 설정

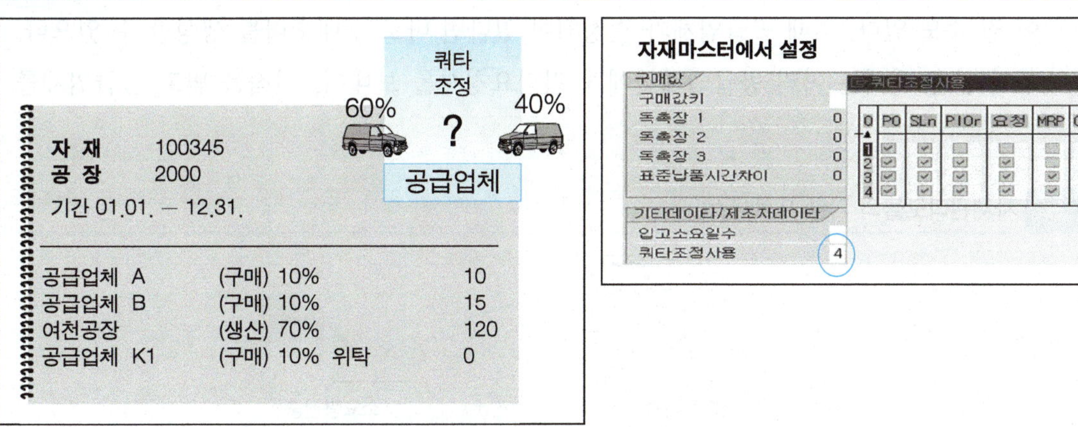

[그림 6-23]에 쿼타조정의 사용여부가 자재마스터의 MRP 뷰에 설정되는 모습이 나타나 있다. 즉, 자재마스터에 쿼타 조정을 사용할 것인지 그리고 사용할때 어떤 업무처리의 내용이 쿼타조정을 갱신시키도록 할 지를 세팅시킨다. 이 그림에서 예시된 내용을 살펴보면, 자재 00345는 10%를 공급업체 A에서 구매하고, 공급업체 B에서도 10%를 구매하며, 여천공장에서 70%를 자체 생산하고, 나머지 10%는 공급업체 K1에서 구매하되 위탁재고로 가져다 놓고 소비하고 있음을 보여주고 있다. 그 오른쪽 옆에는 지금까지 구매하고 생산된 양을 나타내고 있다.

03 자재관리모듈 프로세스

3.1 자재관리모듈 개요

자재관리모듈은 기준 생산계획에서 요구하는 자재와 애프터서비스에 필요한 자재뿐만 아니라 설비보전계획과 연계된 자재에 대한 구매요청에서 구매발주, 입출고 및 송장처리까지 단계별 업무프로세스가 연결되어 진행되도록 기능을 제공한다.

[그림 6-24]는 자재관리모듈의 기본프로세스를 설명하고 있다. MRP 등의 방법으로 자재의 소요량과 필요시기를 계산한 후 구매요청을 작성한다. 구매요청은 수작업으로 작성할 수도 있지만 MRP에서 필요 시기별로 계산되어 나온 소요량에 근거하여 자동으로 만들어 질 수도 있다. 이때 공급업체가 결정되어 있다면 바로 구매오더를 생성할 수 있으나, 그렇지 않을 때에는 여러 공급업체들에게 견적요청서를 보내어, 견적을 받고 공급업체를 결

그림 6-24 자재관리모듈의 기본 프로세스

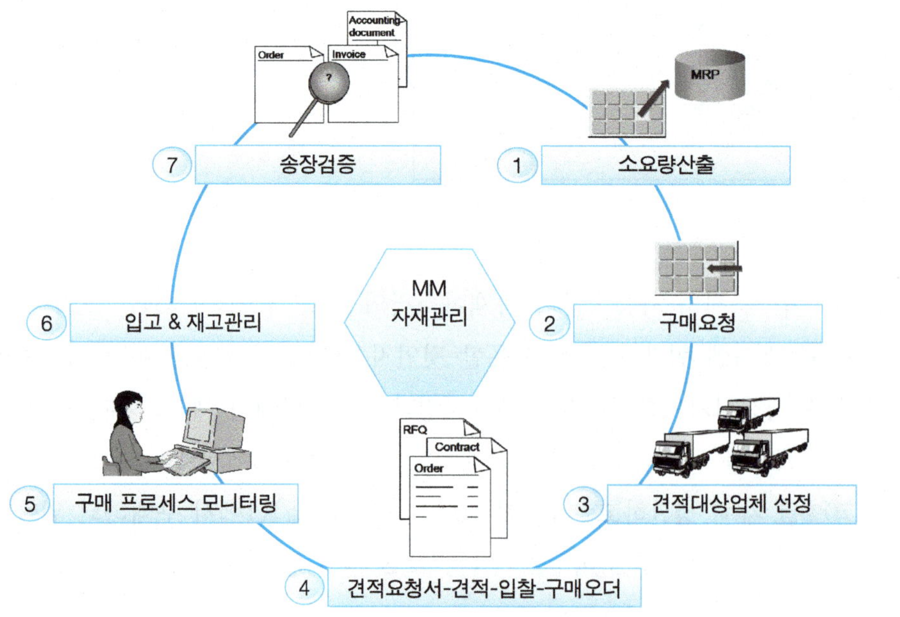

정한 후 구매오더를 생성한다. 구매오더의 진척상황을 보면서 필요시 독촉관리를 하며, 자재가 도착하면 입고를 처리하고 재고관리를 한다. 입고 처리시에는 자동으로 회계상의 관련재고 계정을 갱신한다. 그리고 송장검증을 통해, 받은 수량 및 가격을 확인하고, 자동으로 외상매입금이 발생하게 된다.

3.2 구매관리

(1) 구매발주의 유형

구매오더도 오더유형(Order Type)에 따라 여러 가지 형태의 구매프로세스를 지원한다. 크게 주요 원재료 및 상품인 저장성 자재에 대한 프로세스, 소모성 자재에 대한 구매처리 프로세스, 위탁재고에 대한 프로세스, 사급(Subcontracting)프로세스, 재고이전에 대한 프로세스 및 서비스 구매에 대한 프로세스로 구분할 수 있다.

저장성 자재에 대한 프로세스는 구매계획에서부터 시작하여 업체선정, 오더발행, 검수 및 입고, 송장검증 등의 전 구매프로세스를 표준적으로 따르며, PP, FI, QM모듈과 유기적으로 연동됨으로써 기업 내부업무의 최적화를 지원한다.

소모성 자재란 창고로의 입고나 생산 및 작업오더로의 투입이 이루어지지 않는 자재를

그림 6-25 구매발주 유형

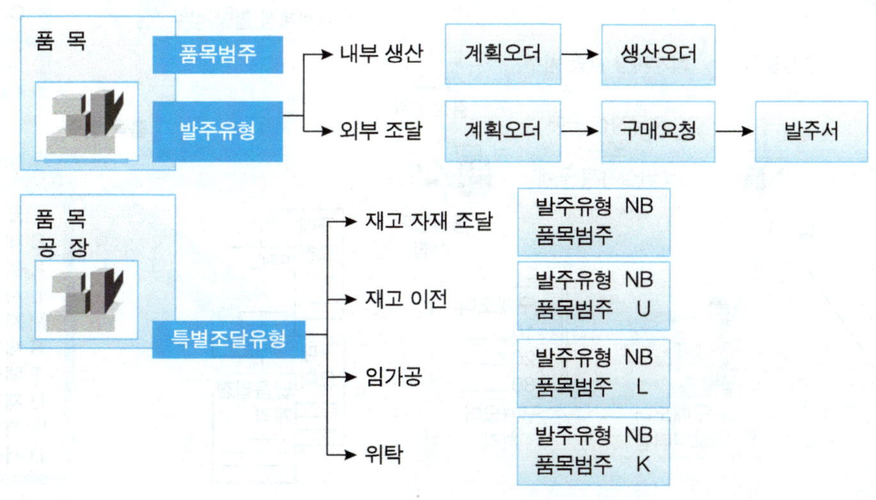

말하며, 소모성 자재는 입고되더라도 재고자산으로 전기(Posting)되지 않고 원가중심점(Cost Center)이나 해당 계정으로 직접 연결된다.

MRP 수행 후 생성된 계획오더는 공장 내부에서 직접 생산하는 자재인 경우 생산오더로 변환되며, 외부조달 자재인 경우 구매요청서로 변환된다. 이러한 업무처리가 [그림 6-25]에 잘 나타나 있다. 구매요청서는 구매오더로 변환되는데, 일반 구매오더에 대한 발주유형은 NB로 설정하여 시작한다. 외부 조달 자재인 경우도 조달유형에 따라 재고구매인지, 사내이전 거래 또는 임가공 구매인지, 위탁 구매인지가 결정된다. 이러한 조달유형은 구매오더의 품목범주에서 구분하여 설정한다.

구매오더를 내는 품목에 대한 회계계정을 원가중심점 또는 프로젝트나 영업오더 등으로 할당할 수 있으며, 회계계정 할당은 [그림 6-26]에서 보듯이 회계계정 할당 범주에서 비용을 할당시켜야 하는 대상을 지정하도록 되어 있다. 또한 앞에서 설명한 바와 같이 품목범주를 통해서 일반 표준품목에 대한 구매인지, 위탁이나 재고이전에 의한 구매인지를 분

그림 6-26 회계계정 할당 범주와 품목범주설정

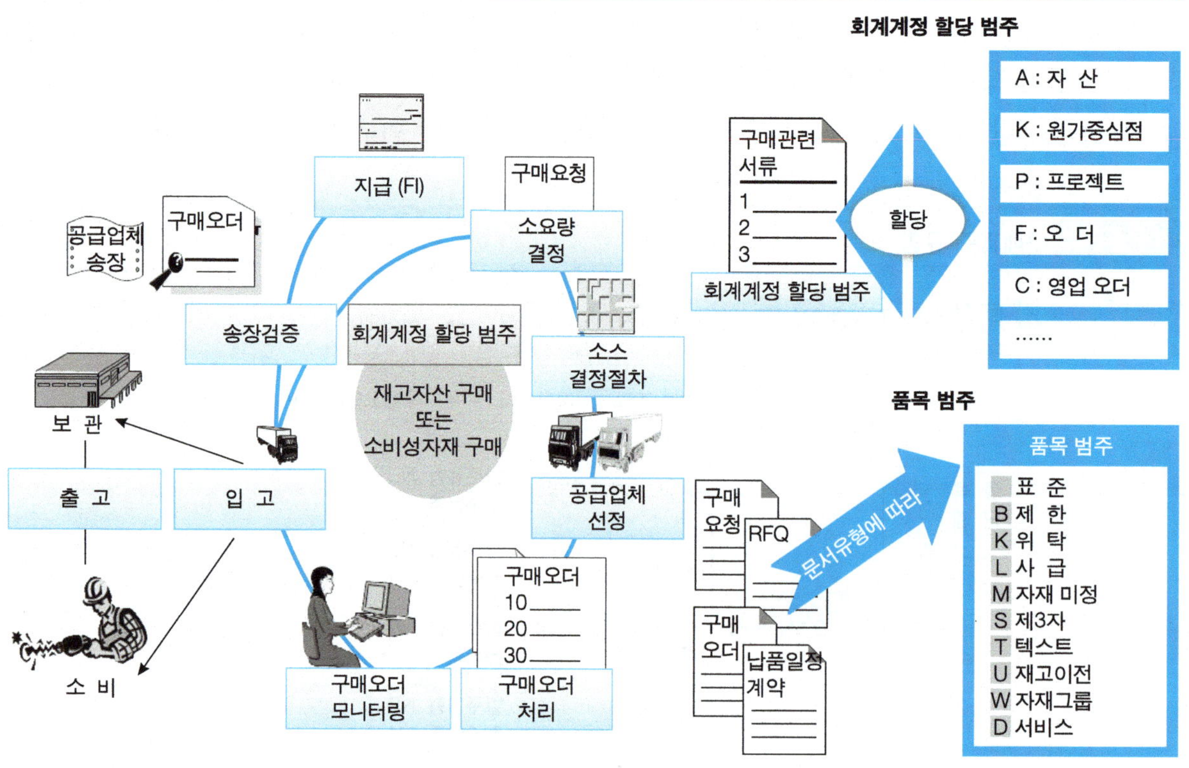

류할 수 있다. 품목 범주에서 지정한 구매 품목 유형에 따라 차후의 후속 프로세스가 완전히 달라진다.

(2) 구매오더 생성과정

구매요청은 요청된 자재나 서비스를 외부로부터 구매하기 위한 내부 요구문서로 수작업 생성 또는 MRP에 의한 자동생성이 가능하다.

그림 6-27 구매요청 및 구매오더 생성 과정

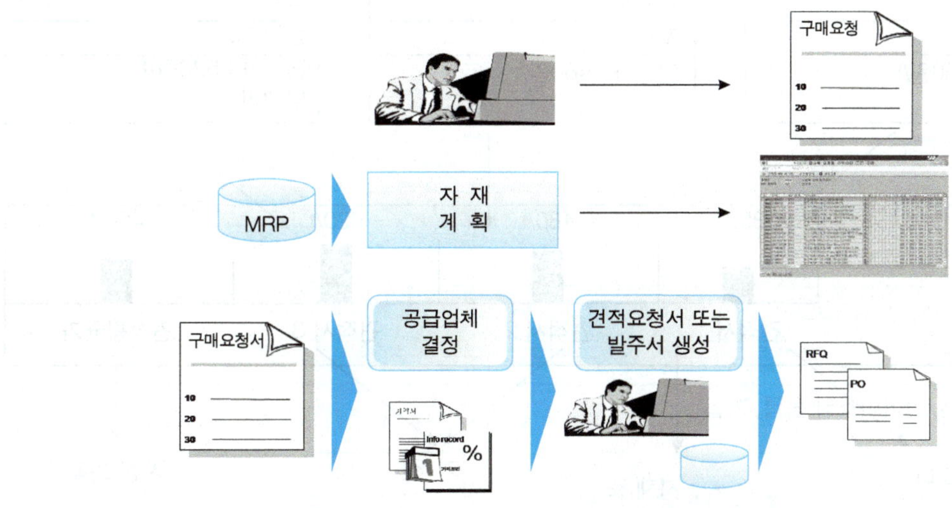

구매요청서에는 구매를 위한 주요정보가 포함되어 있고 이 정보는 [그림 6-27]과 같이 견적요청서(RFQ) 또는 구매오더(PO)로 전환되어 후속처리가 발생한다.

구매요청에서 구매오더로 전환될 때 가장 필요한 정보가 무엇일지를 생각해보자.

결국 어느 공급업체에서 구매를 할지를 결정하는 프로세스일 것이다. 이 정보가 사전에 소스리스트에서 결정되어 있거나, 쿼타 조정마스터에서 공급업체 결정프로세스에 의해 정해진다면 그 다음으로 구매가격만 정하면 될 것이다. 가격정보는 구매 정보레코드에서 가져온다. 만약 새로 공급업체를 정해야 된다면 견적요청서를 보내, 여러 업체 중 하나를 결정할 것이다.

구매요청을 참조한 견적요청서를 생성하여 업체에 전송하고 업체로부터 접수한 견적서

그림 6-28 견적 프로세스 이해

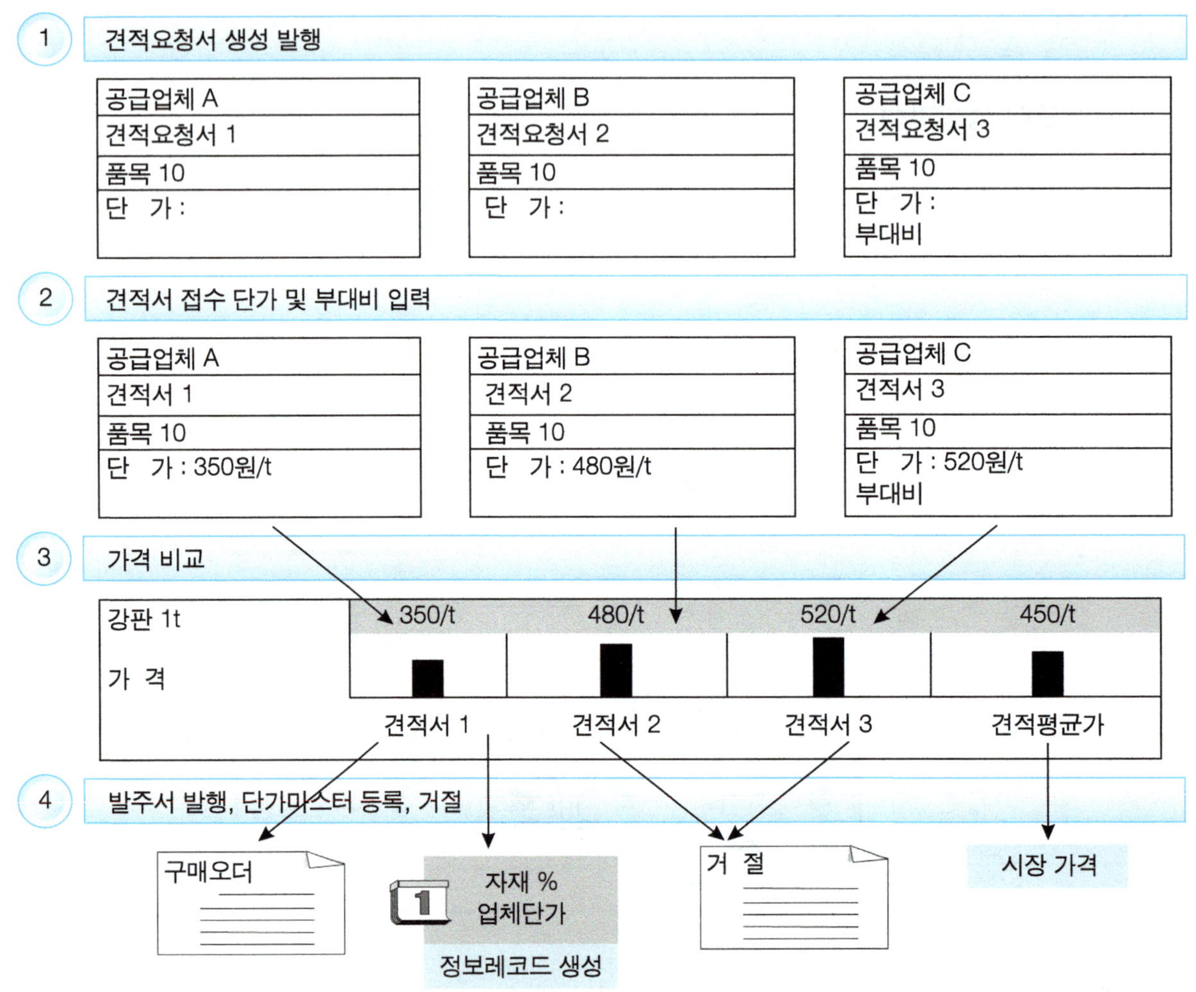

를 토대로 가격을 비교하고 품의하여 발주 처리한다. [그림 6-28]은 강판을 톤당 얼마에, 특정 날짜에 구매가능한 지를 알아보기 위한 견적요청서를 생성하여 비교하는 과정이다. A, B, C 세 개 업체에 발송하고 견적서를 접수하여 시스템에서 가격을 비교한 후, 납기준수 가능여부와 품질 그리고 최저 가격여부를 판단한다. 그 후 공급업체를 결정하며 정보레코드를 입력하고 결정된 업체로 구매오더를 생성하여 발송한다.

그림 6-29 위탁 구매오더 프로세스

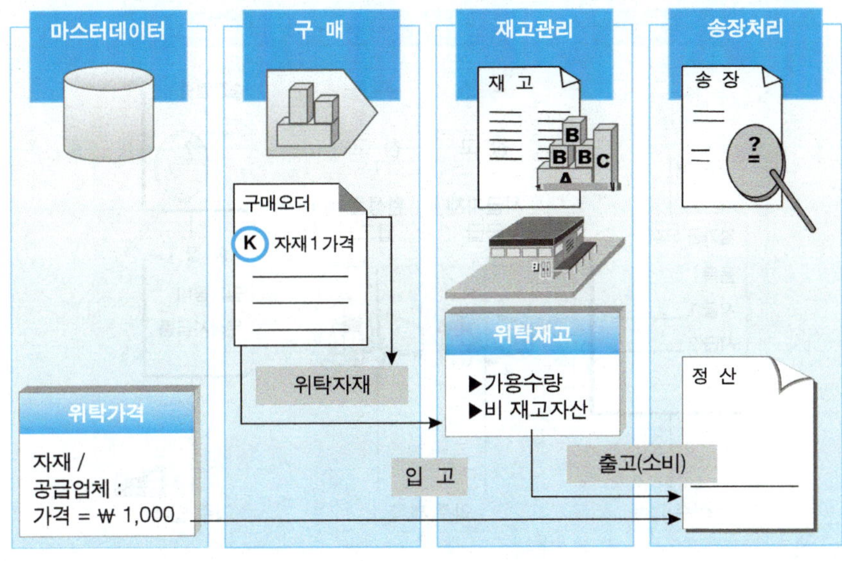

(3) 특별 구매오더의 유형

구매오더 프로세스의 대상은 크게 자재와 서비스로 나뉘고, 자재의 경우는 표준, 위탁, 임가공, 사내이전 오더 등으로 구분되어 지원한다.

[그림 6-29]는 위탁 구매오더 프로세스를 보여준다. 위탁 구매오더로 발주가 나가 입고된 재고는 출고되어 소비되기 전까지는 발주한 회사의 재고로 전기되지 않는다. 즉, 출고하여 소비되기 전까지는 공급업체의 재고이며, 발주한 회사에서 가용한 수량으로는 보인다. 출고하여 소비되면서 사용분량만큼 정산이 이루어진다.

다시 말해 위탁 프로세스는 공급업체의 제품이 회사의 창고로 이동되었지만 해당 제품에 대한 소유권은 공급업체에 그대로 남아있는 형태의 프로세스이다. 자재가 생산으로 출고되거나 판매가 이루어져 실제 해당 제품/자재에 대한 소모가 이루어진 후에 매입을 발생시키는 프로세스이다.

MM모듈에서는 이러한 위탁자재에 대한 구매오더를 발행할 때 해당 자재가 위탁 자재임을 표시하는 식별자(Indicator)를 품목범주에 K로 입력하게 되는데, 이 경우 해당 자재가 입고되면 MRP 수량으로는 가용한 재고로 인식되지만 재고 자산으로의 평가는 이루어지지 않는다. 위탁 자재도 기타 다른 형태의 자재와 마찬가지로 가용재고, 품질검사 재고, 보류

그림 6-30 임가공 구매오더 프로세스

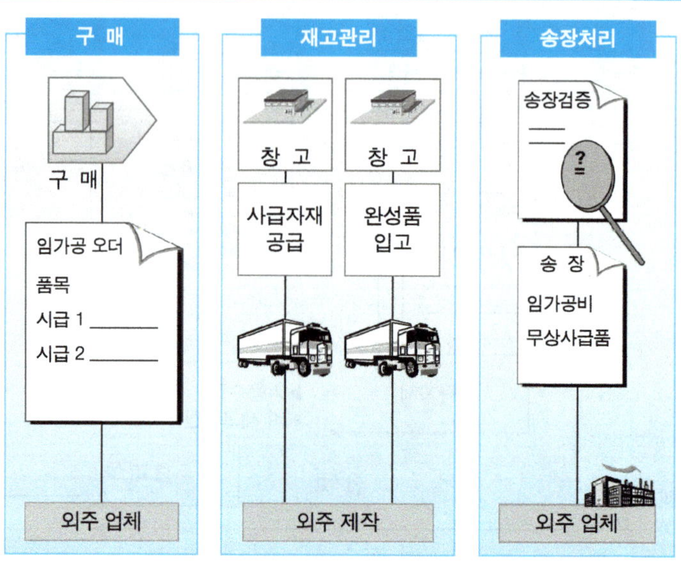

재고의 형태로 입고될 수 있다.

임가공 구매오더의 하나인 사급은 구매하고자 하는 제품의 부품을 발주회사에서 공급업체에 제공하고 외주가공비에 대해서만 정산처리를 실시하는 프로세스이다. 이때 사급오더에 대해서도 구매오더 발행시 해당 식별자인 L을 입력하여 구분하게 된다. 사급오더가 발행되면 구매오더 상에서 해당 제품에 대한 하위부품을 전개하게 되고, 그 부품들이 공급업체에 현재 얼마나 제공되어 있는지 확인할 수 있도록 되어 있다. 구매오더 생성자는 업체에 필요한 만큼의 하위부품을 제공하게 되는데, 외주가공이 완료되어 완제품이 입고되면 그에 대한 외주가공비 및 하위부품에 대한 비용처리가 이루어진다.

사내 이전오더는 공장 간, 저장창고 간의 이동 등 물리적인 이동을 나타내는 재고이전(Stock Transfer)을 일컫는다. [그림 6-31]에서 공장 2에서는 가용 재고가 부족하고 공장 1에서는 가용 재고가 충분히 있을 때, 공장 2에서 공장 1로 사내 이전오더를 내어 재고를 받을 수 있다. 또한 품질검사 중인 재고나 보류재고를 가용한 재고로 바꾸는 자재의 특성 및 상태의 변화로 인한 논리적인 이동을 나타내는 이전전기(Transfer Posting)와 구분된다. 공장 간 이동의 경우에는 1단계와 2단계 이동을 지원하며 재고이전 뿐만 아니라 이전전기 등 모든 재고의 이동은 이동유형을 통해 관리된다. 이동유형은 각각의 자재가 어떤 형태로

그림 6-31 사내 이전오더의 프로세스

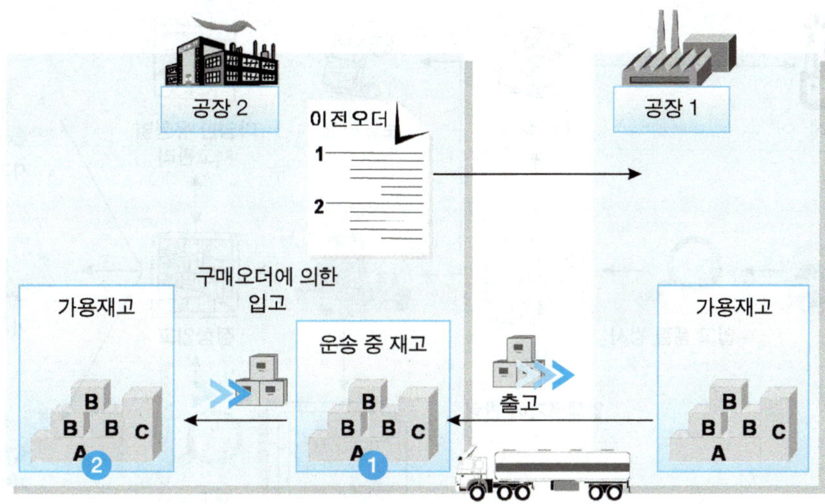

이동되는지를 나타내는 동시에 회계로의 전기시 계정을 결정하는 역할을 담당한다.

이외에도 서비스 구매오더와 비용, 자산, 프로젝트 구매 등 계정지정에 따른 구매오더도 지원한다.

3.3 검사 및 입고처리

발행된 구매오더에 대해 공급업체에서 입고를 실시하는 부분이다. 입고시 품질검사가 필요한 자재에 대해서는 자재마스터 상에 입고시 품질검사 대상 자재로 정의하고, 필요한 품질검사 항목을 관리할 수 있다. 이는 품질관리모듈과의 유기적 연계를 통해 이루어지며 품질검사 대상 자재로 지정된 경우에는 해당 자재가 입고되는 동시에 품질검사 로트가 생성된다. 입고 프로세스는 [그림 6-32]와 같다.

공급업체가 자재를 입고하면 발주회사에서는 필요에 따라 입고 품질검사를 실시하고, 그 결과를 업체평가에 반영한다. 입고검사를 거친 자재는 그 결과에 따라 정상재고, 보류재고 및 기타 다양한 형태의 재고로 입고되거나 반품이 되는 절차를 거친다. 일단 입고가 이루어지면 해당 자재가 증가했다는 자재문서와 동시에 재고자산이 증가하는 회계문서가 자동적으로 생성된다. 창고에 입고된 재고에 대해서는 다양한 방법의 재고실사가 이루어

그림 6-32 입고 프로세스 개요

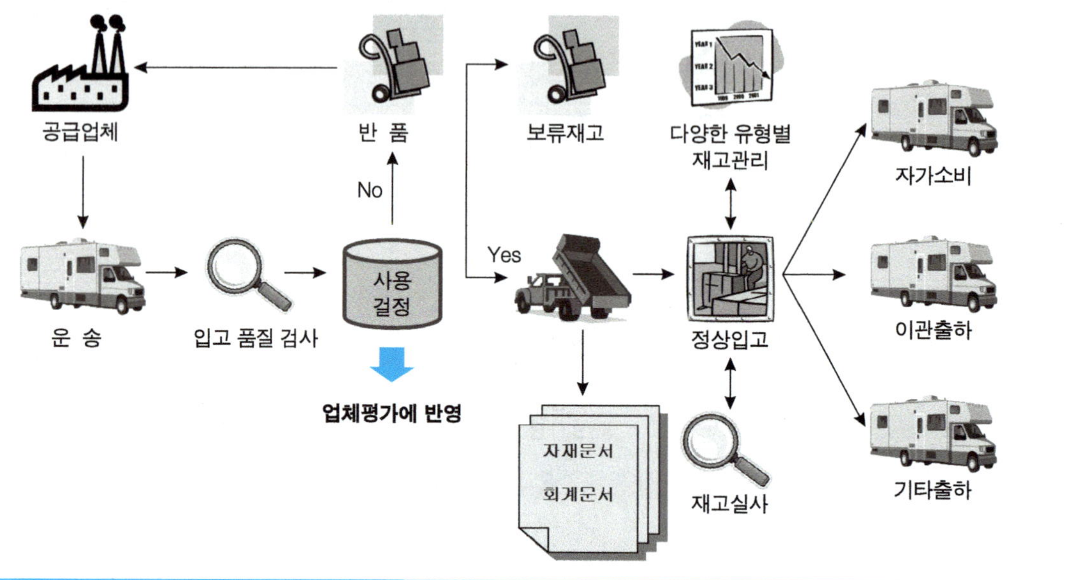

지며, 공장 내에서 생산을 위해 자가소비가 이루어지거나 이관출하 및 기타 출하의 방법으로 출고가 이루어진다.

재고실사는 시스템상의 장부재고와 실제 재고량의 차이 여부를 검사하는 것으로 차이가 존재한다면 비용 또는 재고로 반영하여 그 차이를 조정한다. 재고실사를 위해 주기적 실사, 연속실사, 재고 표본조사, 순환실사 등의 방법을 제공한다. 무엇보다도 시스템상의 장부재고와 실제 재고량 간에 차이가 발생한 근본 원인을 찾아내어 개선하는 것이 중요하다. 장부재고와 실제 재고량의 차이는 MRP를 정상적으로 운영되지 못하게 하는 원인이 되며, 또한 ERP를 불신하게되는 불씨를 제공할 수 있다.

3.4 송장검증

송장검증(Invoice Verification)은 공급업체가 납품한 분량과 발송한 송장의 금액을 검증하여 회계부문으로 지급요청을 생성하는 과정이다.

개별 송장검증은 접수된 송장 정보를 구매문서 및 입고전표를 기준으로 비교하고, 차이가 존재할 경우 지급을 보류하여 차이에 대한 소명이 이루어진 후에 승인과정을 거쳐 대금

그림 6-33 입고에 근거한 송장검증

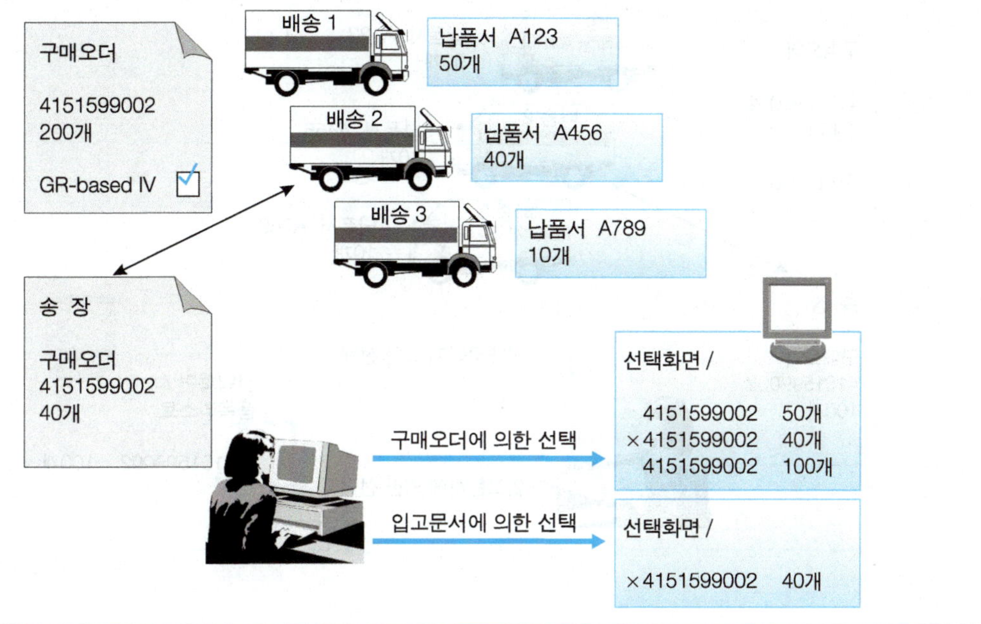

을 지불하도록 하는 기능이다. 송장검증의 종류에는 크게 입고에 근거한 송장검증과 구매오더에 근거한 송장검증이 있다.

이 외에 대금지불계획에 의거하여 공급업체에 대금을 지불할 수도 있는데, 이는 크게 주기적 대금지불계획과 분할 대금지불계획으로 구분된다. 주기적 대금지불계획은 렌탈 서비스처럼 연간 계약에 따라 특정 서비스를 제공받고 이에 대해 주기적으로 일정 금액을 지불하는 경우에 사용되는 기능이다. 이에 반해 분할 대금지급계획은 건설, 공사 및 컨설팅 프로젝트처럼 프로젝트성 용역계약에서 주로 사용되는데 업무의 진행현황 및 계약 일정에 근거하여 특정 시점에 대금을 지불하기 위해 사용되는 기능이다.

[그림 6-33]은 입고에 근거한 송장검증을 보여주는데 이 방식하에서는 입고를 먼저하고 입고한 수량에 대해서만 송장을 접수하고 세금계산서의 등록이 가능하다. 그림에서 전체 입고 수량이 100개 이므로, 전체 송장수량이 100개를 초과하면 송장검증을 통과하지 못하고, 100개를 초과하지 않으면 송장검증을 통과할 수 있다. 그렇지만 입고에 근거한 송장검증이므로 입고문서에 있는 한 번에 입고된 수량만큼씩만 송장검증하게 된다.

[그림 6-34]은 구매오더에 근거한 송장검증을 보여준다. 입고와 무관하게 구매오더만

그림 6-34 구매오더에 근거한 송장검증

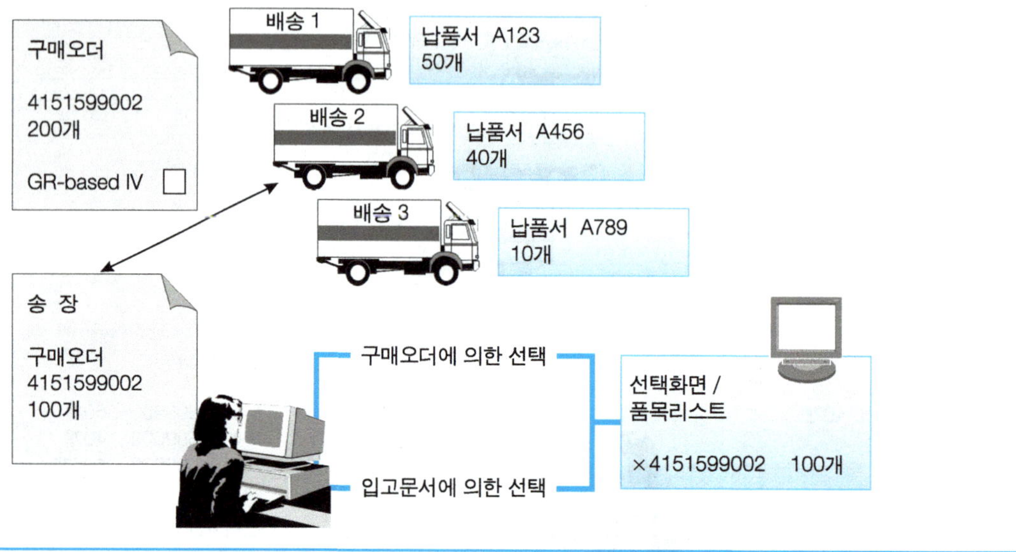

생성되어 있으면, 입고 전이라도 화물대표증권(BL) 통지를 근거로 구매오더의 수량만큼 송장을 접수하고 세금계산서의 등록이 가능하다.

이와는 별도로 입고기준 자동정산(ERS)이라는 방식도 지원한다. ERS방식에 의해 세금계산서를 수작업으로 등록하지 않고, 입고정보에 의한 자동등록이 가능하다.

3.5 자재소요량계획

(1) 자재소요량계획의 개요

자재소요량계획(MRP)은 기업이 내부의 목적 또는 판매의 목적으로 자체 생산하거나 외부 조달하는 모든 자재를 적기에 공급하도록 지원하는 기능이다. 가용 재고의 확인을 통한 소요량의 파악, 적정한 생산 및 구매 수량의 결정, 공급방법의 결정, 공급일정계획의 수립, 생산에 필요한 하위 원자재나 부품의 소요량을 산출하기 위한 BOM전개의 과정을 거쳐 원가 및 자산을 적절하게 운영하고 고객서비스 수준에 균형이 유지될 수 있도록 조정한다.

기본적으로 SAP ERP의 MRP계획은 공장별로 진행이 되며 공장 내에 등록된 모든 MRP 자재의 소요량을 계산하여 계획오더 형태로 제안한다. SAP ERP에서 제공하는 MRP의 주

그림 6-35 자재소요량계획과 차후 프로세스

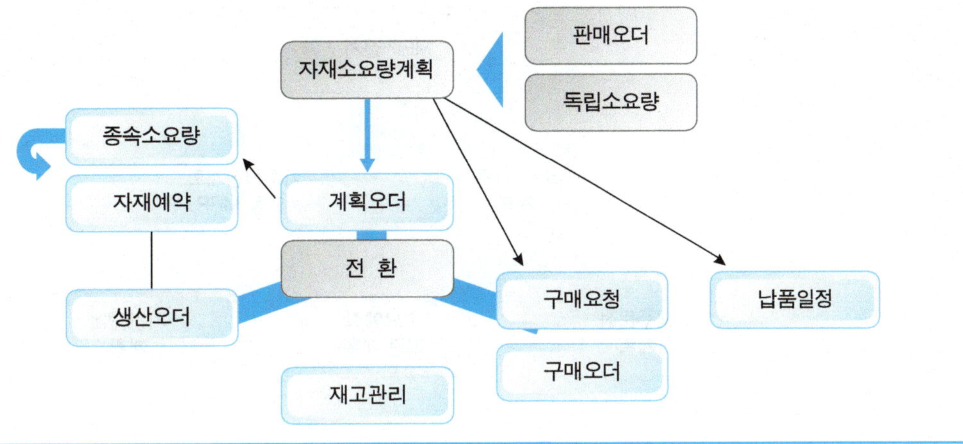

요 기능은 다음과 같이 요약할 수 있다.

- MRP의 결과평가 : 실시간으로 자재 입출고 변동상황을 모두 반영하여 일자별로 수요와 공급상황을 확인할 수 있는 재고/소요량리스트(Stock/Requirement List)와 최종 MRP작업상태를 확인할 수 있는 MRP리스트를 통해 MRP를 가동시킨 결과를 확인하고 후속조치를 취할 수 있다.
- MRP파라미터 설정 : MRP작업을 위하여 필요한 파라미터들을 자재수준에서, MRP 그룹수준에서, 공장수준에서 설정이 가능하며, 파라미터 설정에 따라 우선순위를 가지고 MRP작업에 영향을 줄 수 있다.
- 오더 리포트 : 완제품의 계획을 변동하는 경우 하위의 자재들이 어떤 영향을 받을 것인지를 추적해 볼 수 있어, 영업의 수주 상황의 변동 등에 유연하게 대처할 수 있다.

(2) 자재소요량계획의 분류

SAP ERP에서 지원되는 다양한 MRP는 기준생산계획에 연동된 MRP와 재주문점 이하로 재고가 떨어진 경우만 구매요청되는 재주문점방식(ROP) 등이 있다. 분류상으로는 기준생산계획 연동MRP는 PP모듈에서 주로 다루며, MM모듈에서는 소비기준계획을 다루고 있다.

MRP는 크게 생산계획 연동MRP와 소비기준계획으로 나눌 수 있다. 생산계획 연동

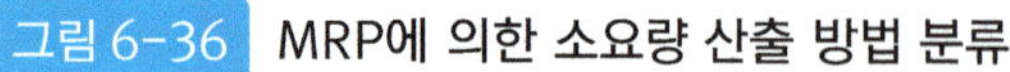
그림 6-36 MRP에 의한 소요량 산출 방법 분류

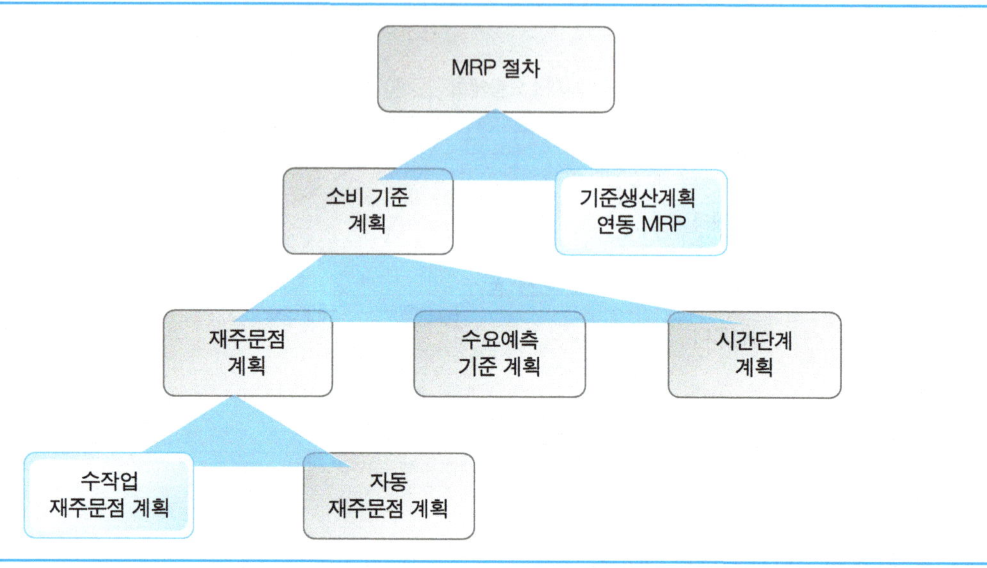

MRP는 기준생산계획에 맞추어 자재를 공급할 수 있도록 자재명세서(BOM)를 전개시키고, 재고수량 및 입고 예정량 등을 고려하여 계획오더를 생성한다. 이에 따라 생산할 부품이나 완제품은 생산오더를 생성하고, 구매하는 원재료나 부품은 구매요청을 거쳐 구매오더를 생성하는 과정을 거친다. 소비기준계획에서 많이 사용되는 것은 재주문점 계획과 수요예측기준계획이다. 재주문점 계획은 재고수량이 점차 소진되면서 사전에 설정해 놓은 재주문점에 도달하면 발주가 나가는 것이다. 또한 수요예측기준계획은 과거의 소비패턴을 근거로 다양한 수요예측모형에 의해 미래의 원재료나 부품수요를 예측하는 방법으로 소요량을 계산한다.

(3) 자재소요량계획의 운영방식

전체 재계획(Regenerative Planning)은 새로운 요구사항과 사전에 결정된 오더를 무시하고 전체적인 수급상황을 다시 분석하고 계산되는 MRP전개방식이다. 이 방식은 우선순위가 새롭게 정해지면서 기준 생산계획이 완전히 재수립됨에 따라 필요한 방식이다.

반면 순변화계획(Net Change Planning)은 MRP가 일간 또는 주간으로 수시로 변화될 때 사용하는 MRP전개방식이다. 이 방식은 입출고에 의한 재고변화나 영업오더, 구매오

그림 6-37 MRP 운영 방식

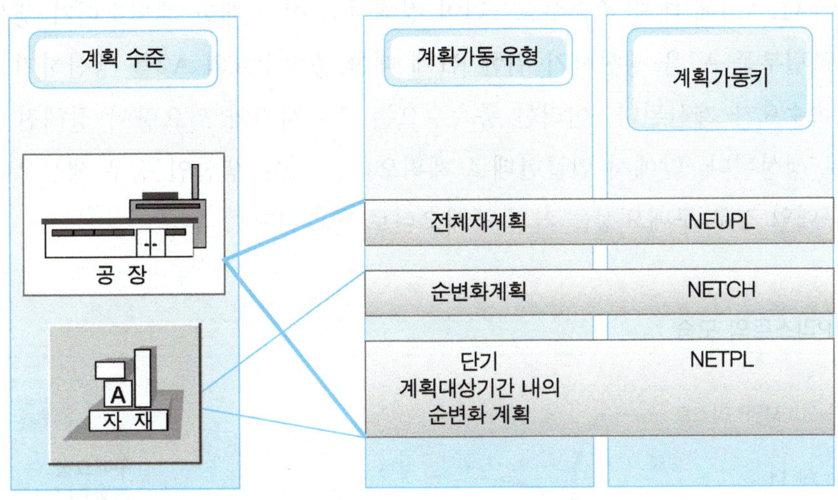

그림 6-38 다계층 MRP 구조

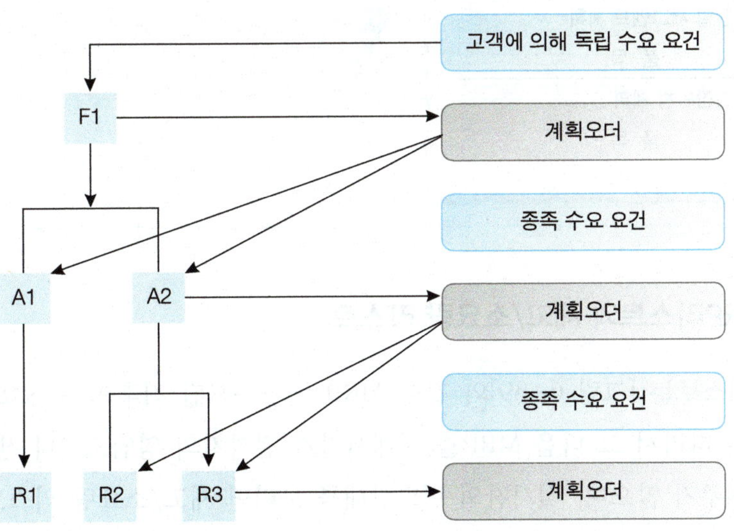

더, 생산오더 등 소요량의 변동요인, 그리고 BOM에 변동이 생겨 요구사항이 이에 따라서 변화될 때, 관련된 자재의 변화만 구체적으로 전개한다.

[그림 6-38]은 다계층(Multi-Level)의 자재명세서(BOM)를 전개(Explosion)할 때의

MRP가 운영되는 구조를 나타낸다. 완제품(F1)에 대한 고객 독립수요가 정해지면 하위조립부품(A1, A2)에 대한 종속수요요건이 정해지고 이에 대한 계획오더가 생성되며, 이어서 하위 조립부품 A1을 생산하기 위한 R1에 대한 종속수요와 A2를 생산하기 위한 R2와 R3의 종속수요가 계산된다. 이러한 종속수요는 필요시기와 필요량이 정해진 상태에서 계획오더로 생성된다. 앞에서 언급한데로 계획오더는 사내 생산인 경우 생산오더로 전환되고, 외부구매일 경우 구매요청을 거처 구매오더로 변환된다.

그림 6-39 MRP리스트의 모습

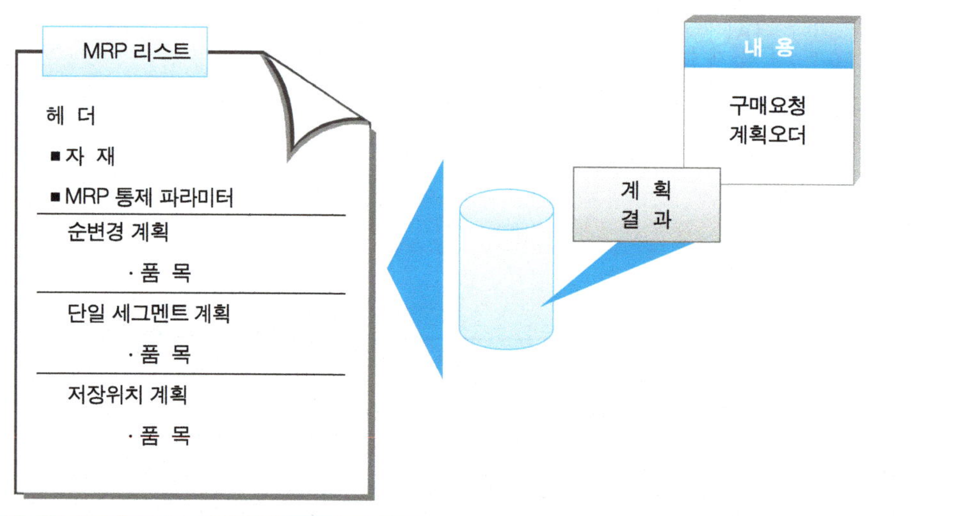

(4) MRP리스트와 재고/소요량 리스트

MRP리스트는 [그림 6-39]와 같이 MRP를 가동시킨 직후의 구매요청과 계획오더만을 보여준다. 따라서 그 다음 MRP를 전개시키기 전까지의 영업오더나 생산지시, 재고의 변화는 보여주지 않으며, 실시간의 변화상태를 보려면 재고/소요량 리스트를 참조하여야 한다. MRP리스트의 헤더(Header)에서는 자재 및 MRP관련 파라미터를 알 수 있다.

[그림 6-40]은 MRP리스트의 형태와 내용을 나타내준다. 헤더에서 볼 수 있는 정보가 나타나 있으며, 입고량과 소요량을 근거로 기간별 총합과 그룹화된 소요량 등을 표시할 수 있다. 또한 구매오더나 생산오더로의 전환 및 소요 요인의 추적 등의 업무처리가 가능하다. 그리고 생산능력을 점검해 볼 수도 있다.

그림 6-40 MRP 리스트의 형태와 내용

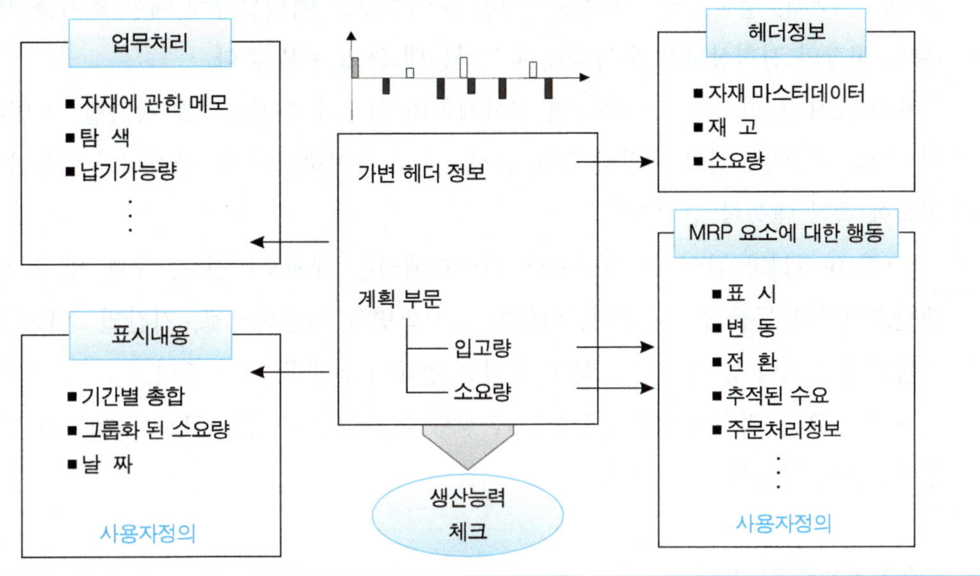

재고/소요량 리스트는 MRP리스트와 달리 실시간의 모든 변동 상황을 나타낸다. 자재의 입출고뿐만 아니라 구매오더나 생산오더 그리고 영업오더가 생성된 상황을 실시간으로 보여준다. 이외에도 자재예약과 창고재고가 발생한 상황까지도 알 수 있다.

그림 6-41 재고/소요량 리스트의 모습

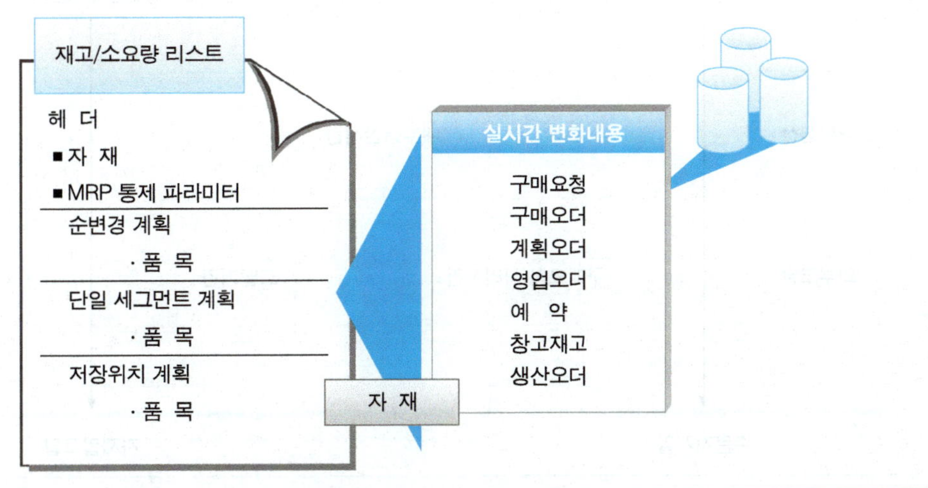

단순하게 MRP결과만을 보여주는 MRP리스트와 다르게 재고/소요량 리스트는 실시간으로 재고, 구매, 생산, 영업의 변동상황을 보여주므로 예외상황에 대한 조치를 가능하게 해주며, 공장의 진척상황을 용이하게 파악하는데 큰 도움을 준다.

재고/소요량 리스트를 이용하면 생산계획의 현상과 수행결과를 평가할 수 있다. 현재의 재고량과 수요량, 입고 예정량 등을 실시간으로 보여줌으로써, 변화되어 발생한 생산 환경 변화에 즉각 대응할 수 있다.

[그림 6-41]과 같이 재고/소요량 리스트에서는 계획오더정보, 구매 및 영업오더정보, 생산오더정보 등을 볼 수 있다. 다양한 표시화면을 제공하므로, 기간별 소요량의 총합 및 그룹화된 소요량 등 사용자가 보고자 하는 형태의 화면을 보여 준다.

재고/소요량 리스트에서도 생산능력 상황을 분석할 수 있으므로 가용능력 범위 내에서 생산활동의 지시를 내릴 수 있다.

(5) 스케쥴링 과정

스케쥴링은 내부에서 생산하거나 외부조달 되는 자재의 주문지시일과 입고일을 계산하여 준다. 즉, 필요한 자재의 시기가 결정되면 내부 생산시간 또는 외부 조달기간을 고려하

그림 6-42 스케쥴링 과정

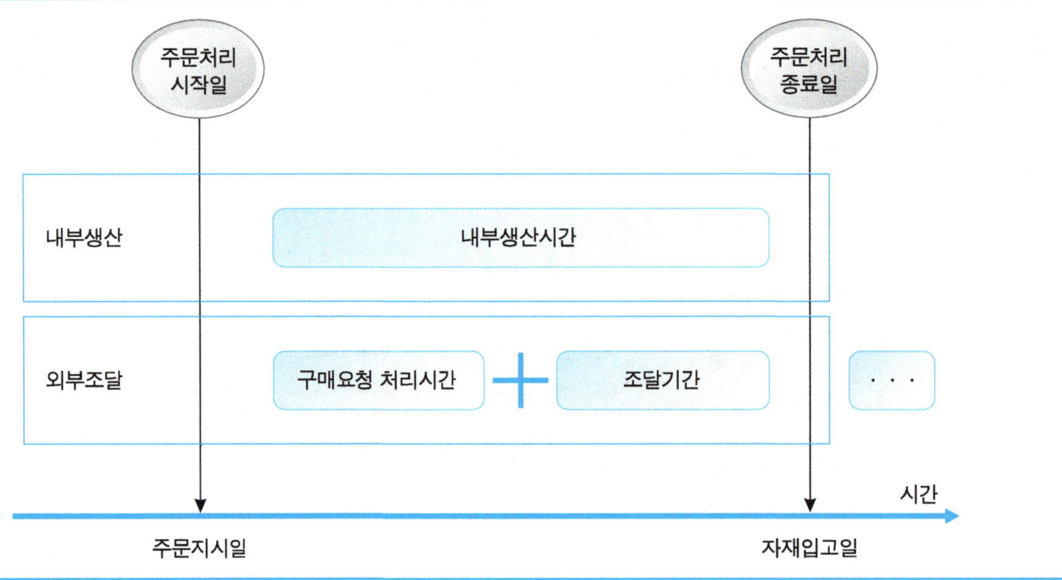

여 언제 계획오더가 생성되고 발송되어야 하는지를 계산한다. 즉, 자재입고일에 맞추어 리드타임을 고려한 계획오더를 생성한다.

마스터데이터에서 지정하는 조달방식에 따라 알맞은 조달시간을 계산하여 주므로, 원활한 생산활동을 유지할 수 있다.

앞에서 언급한 바와 같이 자재소요량계획을 수행하게 되면 [그림 6-42]와 같은 스케쥴링 과정을 거쳐 계획오더가 발생한다.

계획오더를 전환하게 되면, 외부조달 자재에 대해서는 구매요청이, 내부생산자재에 대해서는 생산오더가 발생한다. 또한 생산오더를 위해 사용되어지는 자재를 예약상태로 만듦으로써, 다른 변동상황에 영향을 받지 않고 생산활동을 원활히 수행하도록 한다. 따라서 자재소요계획 가동시에, 재고현황과 입고예정의 부품수량을 정확히 계산하여 참조하므로 과잉재고를 방지할 수 있다.

(6) 안전재고

생산계획은 항상 불확실성을 내포하므로 이에 대한 대응책으로 안전재고(Safety Stock)를 사용하는 것도 좋은 방법이다. 안전재고를 설정하면 자재소요량계획 가동시에, 계획에 반영할 수 없는 수량으로 인식되므로, 급작스러운 수요의 증가와 같은 변동상황에 대처하는 재고수량으로 사용될 수 있다.

[그림 6-43]과 같이 보유 재고량이 설정한 안전 재고량 밑으로 떨어지면, SAP ERP시스

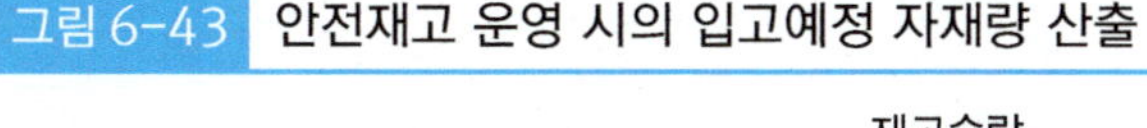
그림 6-43 안전재고 운영 시의 입고예정 자재량 산출

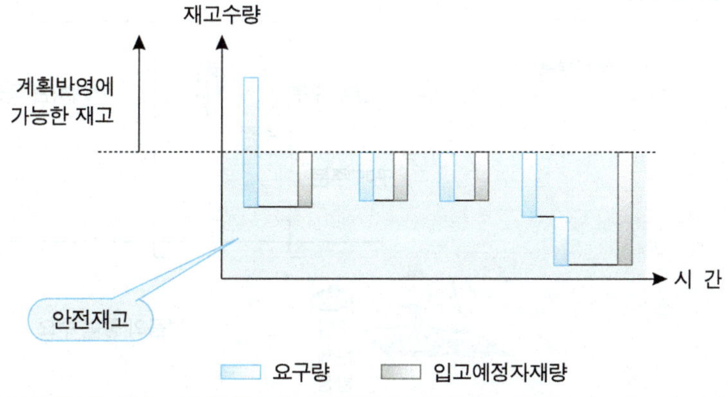

템은 자재소요량계획 가동시, 자동으로 이를 충족시키는 계획오더를 생성하게 된다. 그리고 계획오더를 근거로 구매요청이나 생산오더를 만들어, 입고예정인 자재수량이 늘어나게 된다. 아주 적은 양의 안전재고 부족 때문에 MRP가동시 너무 빈번하게 계획주문이 발생되지 않도록 안전 재고량의 계획반영 비율을 설정할 수도 있다.

(7) 품목소요의 추적과 주문보고서 사용

MRP결과를 평가할 때, [그림 6-44]와 같이 자재명세서에 포함된 자재들 간의 관계를 추적할 수 있는 기능이 제공된다. 예를 들어 부품이 부족하거나 적시에 조달되지 못할 때, 어떤 수요에 의해 영향을 받고 있는지를 찾아내어 그 수요의 필요성을 점검함으로써 문제를 해결할 수 있다. 즉, 어느 영업오더 또는 계획된 독립수요에 의해 발생한 제품의 종속수요가 적시에 조달되지 못하는 것인지를 추적하여 특정 영업오더 납기예정일을 늦추거나, 아직 여유가 있는 영업오더의 제품과 대체하는 조치를 취할 수 있다.

또한 자재명세서의 하위단계의 부품에서 조달일자나 조달량에 변화가 생길 경우 품목소요를 추적함으로써 어떤 구매오더에 영향을 주는가를 파악하여 관련구매오더의 수량에 대해 모두 변경조치를 취해야 하는 경우도 있을 것이다. 앞에서 설명한 MRP리스트나 재고/소요량 리스트에서 추적정보를 얻을 수 있다.

그림 6-44 품목 소요의 추적

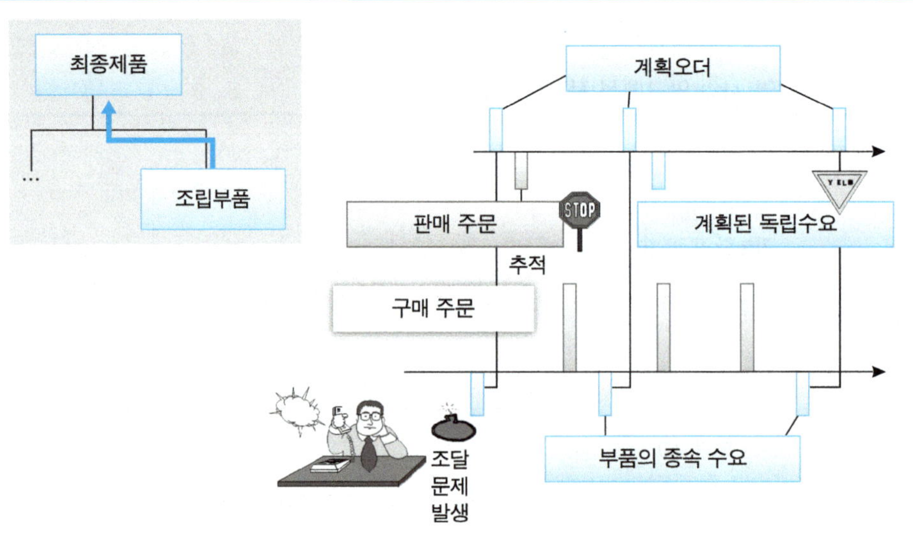

그림 6-45 주문보고서의 사용

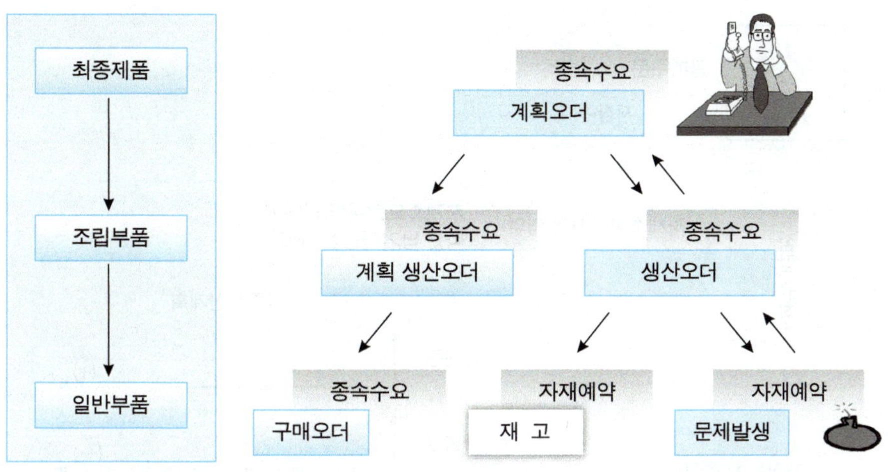

또한 주문보고서를 사용하면 판매주문, 생산오더, 계획오더의 자재명세서(BOM) 레벨에 대한 상황을 평가할 수 있다. 주문보고서를 이용하여 조립부품이나 자재에 대한 생산과 조달상의 문제를 조기에 파악할 수 있다.

재고/소요량리스트나 MRP리스트에서 직접 주문보고서 정보를 볼 수 있다. [그림 6-45]와 같이 MRP를 수행하는 사람은 이 정보를 이용하여 특정 판매주문에 대한 생산이 어떻게 진행되고 있는지를 알 수 있으며 또한 특정부품이나 자재명세서 레벨상의 품질 혹은 스케쥴상의 문제점 등을 점검하여 조치를 취할 수 있다.

(8) 영역별 가용성점검

자재소요량계획 영역을 활성화시키면, 개별 자재소요량계획 영역에 대한 자재 가용성을 체크할 수 있다. 개별 자재소요량계획 영역에 입고 예정인 자재공급을 모니터링함으로써 개별 저장창고별로 예기치 못한 상황에 미리 대비할 수 있을 것이다. 또, 하나 이상의 저장창고를 자재소요량계획 영역으로 지정하여 사용할 수 있다.

일반적으로 자재의 특성에 따라 입고되는 저장창고가 분류된다. 그러므로 자재의 특성에 따라 저장창고를 관리하면서 이를 자재소요량계획 영역으로 지정하면 더욱 효율적인 납기가능성 점검이 이루어진다.

일반적으로 주문생산방식은 공장 단위의 자재소요량계획이 이루어지고, 재고 생산방식

그림 6-46 영역별 가용성점검

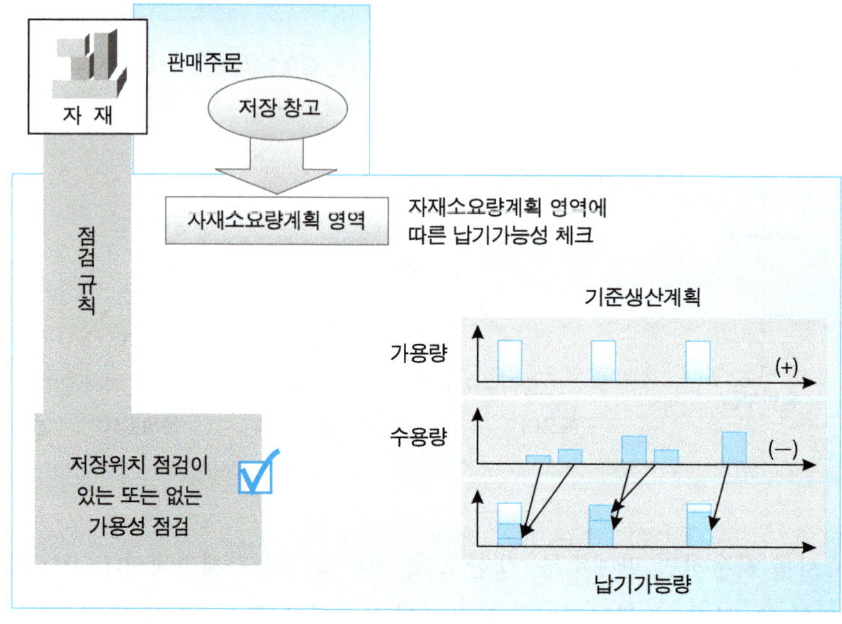

은 저장창고 단위의 자재소요량계획이 이루어지는 경우가 많다.

생산일정에 차질을 초래하는 자재수급의 조기발견과 자재수급 차질의 영향도 분석을 통해 현상을 평가하고 필요시에 안전재고나 안전시간을 설정하는 방법을 취함으로써 예기치 못한 상황에 대비를 할 수 있다.

SAP ERP에서는 다양한 가용성점검 룰을 세팅할 수 있다. 품질검사 중인 재고를 현재의 가용 재고량에 포함시킬 것인지, 또 보류 중인 재고를 가용 재고량에 포함시킬 것인지를 결정할 수 있다. 또한 수요량도 영업오더를 포함시키지 않고 출하지시만을 포함시킬 것인지, 영업오더도 수요량에 포함시킬 것인지를 선택할 수 있다.

그리고 현재의 가용 재고량과 앞으로의 수요량만을 고려하였을 때, 자재조달이 없을 경우 언제 품절이 발생할 것인가에 대한 정보를 제공한다. 또한, 다른 방법으로는 현재의 재고량과 확정된 입고 예정량까지도 고려하여 언제 자재부족 사태가 일어날 것인지에 대한 정보를 제공한다. 이와 같이 다양한 가용성점검방식을 사용함으로써 특정 기업이나 특정 사업부에 적합하도록 점검방식을 최적화시킬 수 있다.

연 습 문 제

01 SAP ERP에서 조직구조를 세팅하는 목적을 세 가지 기술하시오.

02 다음의 세 가지가 공통적으로 의미하는 조직단위를 쓰시오.

> · 회사 내의 생산설비를 나타내는 조직단위로, MRP가 가동되는 조직단위임
> · 일반적으로 제조업체의 생산 공장, 물류창고 등을 의미함
> · 회사(Company Code)에 할당되며, 비즈니스 장소(Business Place)에 연결됨
> · 이 단위에서 가치평가영역이 설정될 경우 재고 평가단위의 역할을 함

03 다음이 의미하는 조직단위를 쓰시오.

> · 자재수량관리의 기본단위
> · 자재가 실제로 저장되는 장소 및 논리적 개념의 장소(예를 들면, 불량 부품 저장장소, 또는 반품된 제품의 임시 보관 장소 등)

04 트랜잭션, 마스터데이터, 컨피규레이션의 개념을 각기 기술하시오.

05 마스터데이터의 효과를 기술하시오.

06 가장 기본적인 마스터데이터 세 가지를 쓰고, 이러한 마스터데이타가 왜 필요한지를 설명하시오.

07 ERP시스템에서 자재 품목정보, 거래처 정보, 자원정보, 임직원 정보 등은 향후 업무처리과정에서 업무처리 데이터를 발생시키기 위하여 사전에 미리 입력해 놓고 사용하는 기본적인 입력정보이다. 이러한 핵심적인 주요 입력 데이터를 무엇이라고 하는가?

08 MM모듈에서 공장의 의미와 역할에 대해 간략하게 쓰시오.

09 다음 중에서 공장 코드레벨에서 수행하지 않는 기능은 무엇인가?

① 자재소요량계획(MRP) ② 제품원가관리(Product Costing)
③ 재고관리(Inventory Management) ④ 계정과목표(Chart of Account)

10 다음은 구매/물류관련 기준정보에 대한 설명이다. 다음 중 바르지 않은 것은 무엇인가?

① 구매조직은 구매가격 및 제구매조건의 협상과 결정에 책임을 지는 단위이다.
② 자재별, 팀별 등의 기준으로 나누어진 구매그룹이 구매조직에 지정된다.
③ 공장은 회사코드에 할당되며, 비즈니스 장소에 연결된다.
④ 출하지점은 자재가 실제로 저장되는 장소 및 논리적 개념의 장소이다.

11 마스터데이터의 역할이 아닌 것은 무엇인가?

① 데이터의 효율적인 관리
② 사용자 입력 및 관리 정보량의 최소화
③ 의사소통의 왜곡을 최소화
④ 작업 부하의 감소

12 자재마스터데이터에 대한 설명 중 옳은 것은 무엇인가?

① 자재마스터는 구매, 생산, 판매하는 유형의 제품 및 반제품만 관리한다.
② 자재마스터는 크게 일반데이터, 영업데이터, 플랜트관련 데이터로 구성된다.
③ 자재마스터의 조직 레벨별 중 일반데이터는 회사 코드 레벨정보를 의미한다.
④ 자재마스터의 영업조직 레벨정보는 하나의 판매조직과 유통채널에만 적용되는 데이터를 의미한다.

13 자재마스터데이터의 역할에 대한 설명 중 틀린 것은 무엇인가?

① 자재내역, 기본단위 등의 정보가 업무처리에서 자동으로 보여진다.
② 품목범주 결정, 가용성점검원칙 등의 업무처리에 영향을 줄 수 있다.
③ 영업/구매/기본 데이터 등으로 나누어서 관리하며, 해당 업무 영역별로 데이터를 관리할 수 있다.
④ 전사조직에 상관없이 동일한 정보를 보여 준다.

14 자재마스터의 MRP1 뷰에 있는 로트크기 유형과 회계1 뷰에 있는 평가클래스의 개념을 기술하시오.

15 자재마스터의 MRP 프로파일(Profile)이 하는 역할을 기술하고 수동 재주문점 방식(VB01)과 자동 재주문점 방식(VM01)의 차이점이 무엇인지 설명하시오.

16 SAP ERP시스템의 MM모듈에서 쿼타 조정의 역할에 대하여 설명하시오.

17 다음은 구매모듈에서 사용하는 용어에 대한 설명이다. 빈칸에 들어갈 용어를 쓰시오.

> "구매요청은 현업부서에서 구매부서로 자재 구매를 요청하는 것이며, (   )는 구매부서에서 공급업체로 자재를 주문하는 것을 의미한다."

18 SAP ERP시스템의 MM모듈에서 인바운드 납품을 생성하기 위하여 필요한 선행 프로세스와 주요 입력 정보에 대하여 설명하시오.

19 SAP ERP에서 MRP의 개념을 기술하고 MRP리스트와 재고/소요량 리스트의 차이점을 설명하시오.

20 구매 정보레코드와 소스 리스트 그리고 쿼타 조정의 기능을 각기 설명하시오. 그리고 쿼타 조정은 자재마스터의 어느 뷰에 있는 필드인지 쓰시오.

21 재고이전과 이전전기의 개념과 차이점을 기술하시오.

22 이전전기가 필요한 이유는 무엇이라고 생각하는지 기술하시오.

23 위탁구매의 개념 및 필요성을 각기 기술하시오.

24 임가공 구매의 개념과 사내이전 거래구매의 개념 및 필요성을 각기 기술하시오.

25 12월 1일에 A자재와 B자재의 소요량을 얻기 위해 SAP ERP에서 MRP를 가동한 후 12월 5일에 A자재의 계획오더를 생산오더로 전환하였고 같은 날에 B자재의 계획오더를 구매요청으로 전환하였다. 12월 6일에 보면 A, B자재의 MRP리스트와 A, B자재의 재고/소요량 리스트는 어떤 차이가 있을 것으로 생각되는가? 그 이유는 무엇인가?(단, 다음 MRP 가동 날짜는 12월 8일이다).

다음을 읽고 O, X로 답하시오.(26~30)

26 SAP ERP의 MM모듈에서 조직구조를 살펴보면, 플랜트와 구매조직은 N : M의 관계성을 갖는다.

27 ① 자재마스터 생성시 공장은 필수로 입력할 필드이다.

② 자재마스터 생성시 MRP 프로파일은 필수로 입력할 필드이다.

28 MRP 유형에 VB(수동 재주문점 방식)을 선택하면 반드시 재주문점 필드를 입력해야 한다.

29 SAP ERP시스템의 MM 모듈에서, 계획생산의 형태로 생산하는 제품을 취급하는 기업에서 수요예측과 생산계획의 결과에 의하여 구매요청이 생성될 수 있다.

30 SAP MRP에서 순변경계획방식은 새로운 요구사항과 사전에 결정된 오더를 무시하고 전체적인 수급상황을 다시 분석하고 계산하는 MRP 전개방식이다.

제7장

영업/유통모듈의 주요 기능

01 조직구조

영업/유통모듈과 연관된 조직구조에 대해 살펴보도록 하자. 조직구조에 대한 일반적인 설명은 6장을 참조하기 바란다.

1.1 영업영역

영업영역(Sales Area)은 각종 실적을 보고하고 가격을 결정하는 조직단위이며, [그림 7-1]에 나타나 있듯이 영업조직/유통경로/제품군으로 구성되어 영업문서를 생성한다.

(1) 영업조직

제품과 서비스를 고객에게 제공하는 영업의 책임을 지는 조직단위이며, 영업 및 물류에서 정의되는 모든 마스터데이터와 업무거래에는 영업조직(Sales Organization)이 필수적으로 들어가야 한다.

그림 7-1 영업영역을 구성하는 조직

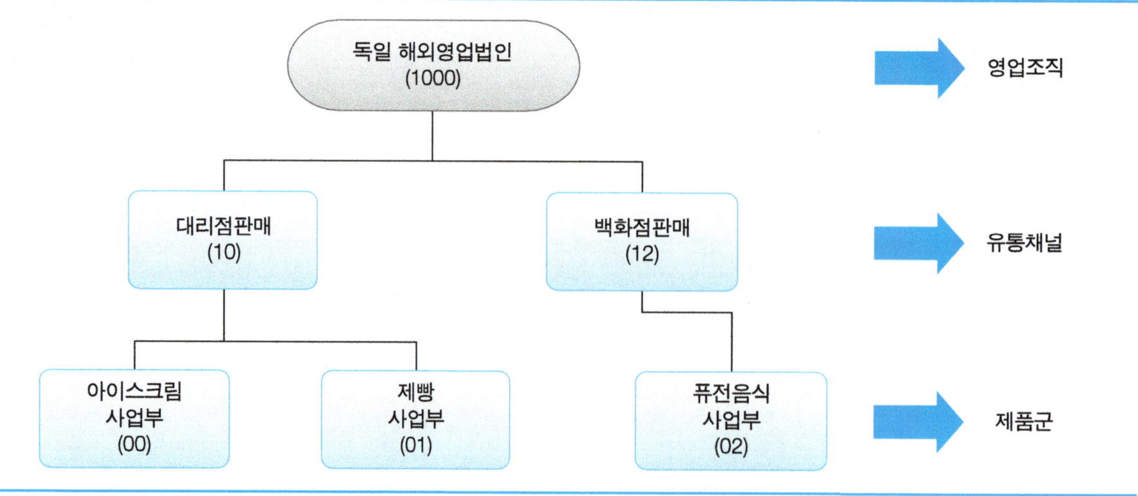

(2) 유통채널

제품이나 서비스가 고객에게 전달되는 방식을 정의한다. 일반적으로 도매, 소매, 직접 판매, 방문 판매 등의 방식으로 정의하거나 대리점 영업, 백화점 영업 등 직접적인 유통채널(Distribution Channel)로 정의할 수도 있다.

(3) 제품군(Division)

제품군(Division)은 특정 제품 또는 서비스를 판매하는 사업부를 지칭한다.

다시말해 영업영역은 영업조직, 유통경로, 제품군의 조합으로 구성되며 마스터데이터와 판매문서가 이 단위로 관리된다. 마스터 생성, 영업오더 생성 등에서 반드시 하나의 영업영역을 선택해야 한다. 예를 들어 가격마스터는 반드시 영업영역을 기준으로 생성, 관리되어야 한다. 하나의 영업영역은 반드시 하나의 회사 코드(Company Code)에만 할당이 가능하다.

1.2 사업장/영업그룹/사원

사업장(Sales Office), 영업그룹(Sales Group), 영업사원(Sales Employee)은 모두 영업활동 및 실적관리를 위한 단위조직들이다. 사업장은 주로 지역특성이 강한 영업팀 또는 영업소이다. 또한 영업그룹은 영업사원들의 그룹이나 팀으로 사용되며 실제 영업활동을 실행하는 주체이다.

- 사업장/영업그룹/영업사원은 모든 영업문서 생성시 필수 입력사항이다.
- 사업장/영업그룹은 영업문서 초기화면의 해당 필드에 선택적으로 입력한다.
- 영업사원은 고객마스터의 파트너 기능에 사전 등록하는데 복수 존재시 선택한다.

1.3 생산/출하조직

(1) 공 장

공장(Plant)은 제품과 서비스를 생산하거나 창출하며, 자재소요량계획(MRP)을 운영하는

그림 7-2 영업관련 조직의 위치

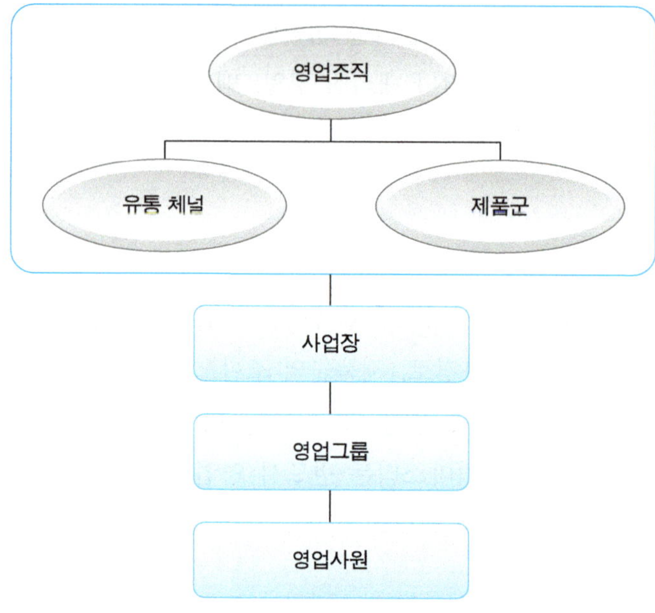

단위이다. 제조시설뿐만 아니라 물류센터에도 플랜트 설정이 가능하다. 공장은 아래의 저장창고(Storage Location)를 보유하며, 재고관리의 전체적인 단위이기 때문에 물류센터를 공장으로 설정·관리하는 경우도 많다.

(2) 저장창고

제품의 특성별로 재고를 관리하기 위한 조직이며 하나의 공장에 설정된다. 자동창고관리(WM) 사용시 공장과 저장창고의 조합이 자동창고 번호와 연결된다.

(3) 출하지점

출하업무를 진행하기 위한 고정된 장소이며, 물리적 장소 또는 가상조직도 설정이 가능하다. 또한, 하나의 출하지점(Shipping

Point)에서 복수공장의 제품출하가 가능하다.

02 영업/유통모듈의 마스터데이터 개요

2.1 마스터데이터의 종류

영업/유통모듈과 관련된 마스터데이터는 앞의 자재관리모듈에서 설명한 자재마스터데이터와 더불어 고객마스터데이터, 영업오더 생성시 가격을 결정하는 기능을 하는 조건(Conditions) 마스터데이터, 고객-자재정보레코드(Customer-Material Info Record), 그리고 판매자재명세서(Sales BOM) 등이 있다.

그림 7-3 마스터데이터의 종류

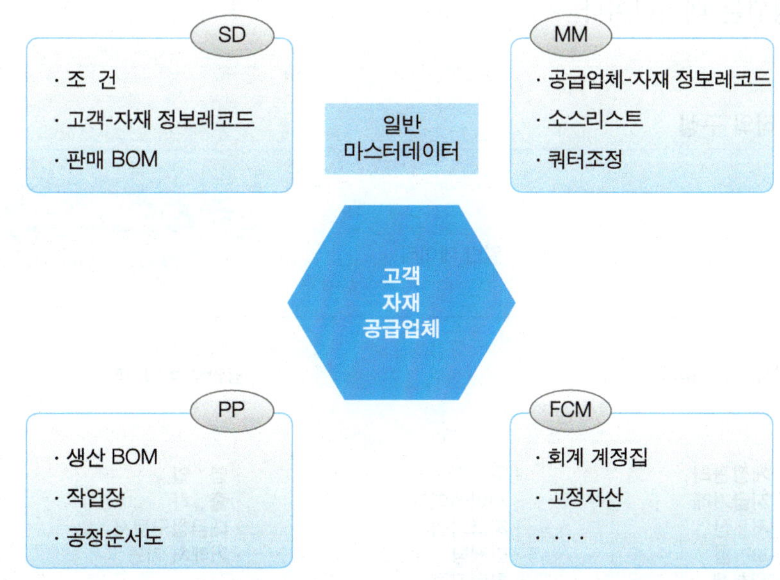

2.2 고객마스터데이터

(1) 고객마스터데이터의 구성

고객마스터는 우리 회사와 접촉하는 비즈니스 파트너에 관한 정보를 담고 있다. 이것은 고객명과 주소 정보 그리고 거래시 사용되는 화폐, 지불조건, 주요 담당자 등을 포함한다. 사용 목적으로는 영업활동지원을 위한 고객정보관리, 대금청구를 위한 고객의 송장작업을 들 수 있다.

고객마스터에 입력하고 제공하는 자료는 다음과 같다.

- 일반 데이터는 하나의 클라이언트내에서 모든 회사 코드와 영업조직에 균일하게 적용되는 데이터로서 고객 명, 주소, 사용언어, 전화번호 등을 포함한다.
- 회사코드 데이터는 G/L조정 계정번호, 지불조건 등 하나의 회사 코드 내에 한정되는 데이터이다.
- 영업영역 데이터는 사업장, 영업그룹, 고객그룹, 가격그룹 등 하나의 영업조직 내에 한정되는 데이터이다.

그림 7-4 고객마스터의 구성

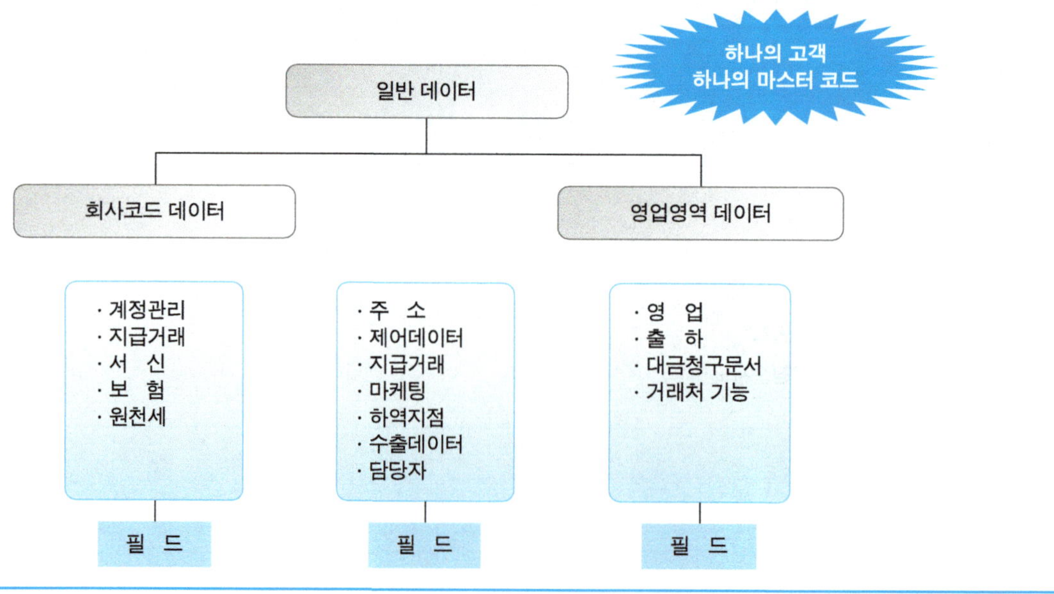

(2) 고객계정그룹과 고객그룹

고객계정그룹(Customer Account Group)은 고객마스터의 번호범위를 지정하며, 고객마스터를 생성하거나 수정할 때 필드의 상태를 필수입력 또는 선택입력 등으로 규정하는 역할을 한다. 고객그룹(Customer Group)은 말 그대로 고객을 그룹핑하여 그룹별로 매출 및 손

그림 7-5 고객계정그룹의 역할

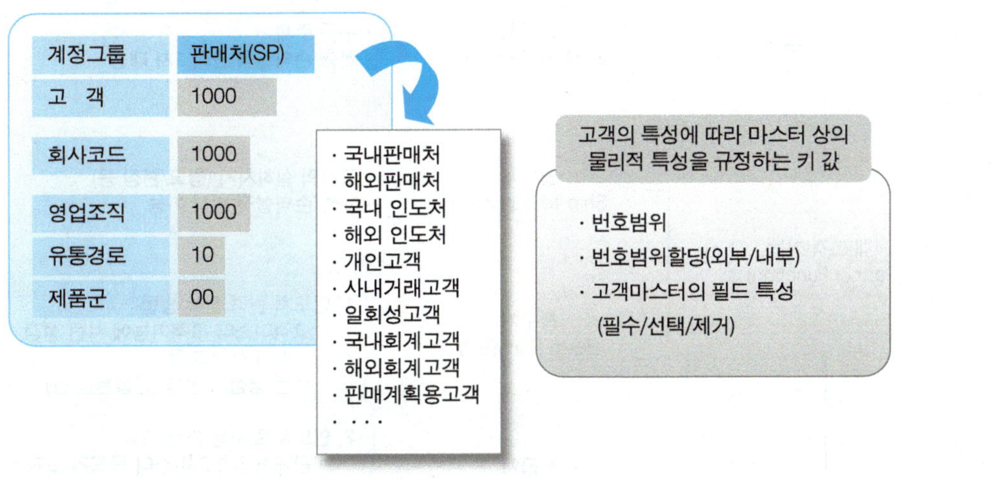

그림 7-6 고객그룹의 역할

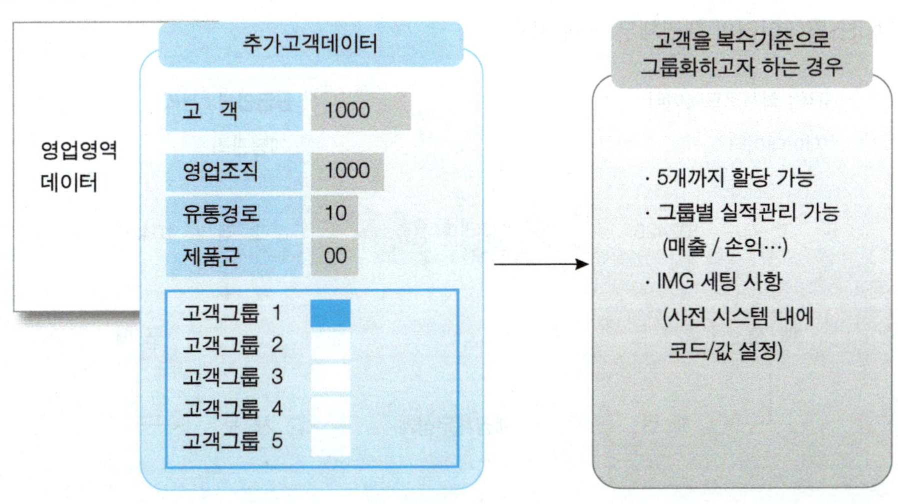

익 등 실적관리를 하는데 활용할 수 있다.

(3) 파트너 기능

고객마스터에서는 파트너 역할을 구분하여 고객 및 거래선의 역할을 다양하게 구분하여

그림 7-7 고객마스터의 4대 파트너 기능

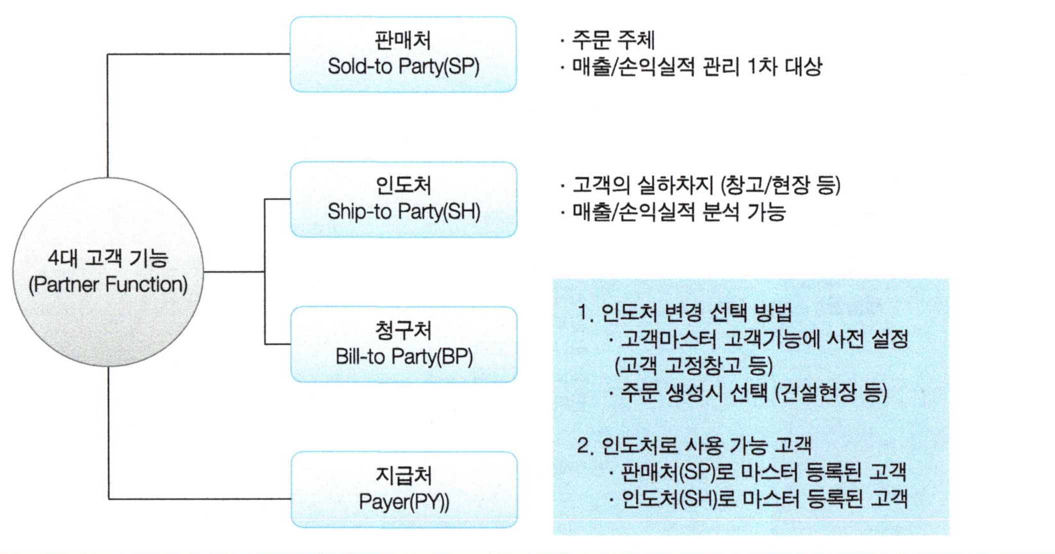

그림 7-8 고객마스터데이터의 채권채무 상계기능

사용할 수 있다. 고객마스터 등록을 통해 4대 기본고객 기능은 등록되는 판매처(Sold-to Party) 고객코드와 동일하게 생성된다.

고객인 동시에 공급업체인 파트너가 있을 경우에는 [그림 7-8]과 같이 고객마스터에 공급업체마스터를 지정하고, 공급업체마스터에 고객마스터를 지정하여 채권과 채무를 상계처리 시킬 수 있다.

[그림 7-9]에는 고객마스터데이터를 조회하는 트랜잭션 코드와 순서가 나타나 있다. 그

그림 7-9 고객마스터데이터의 조회

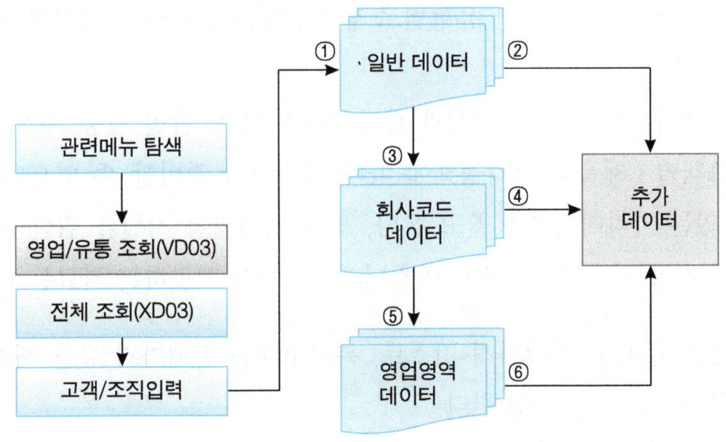

그림 7-10 고객마스터데이터에 인도처 기능 추가

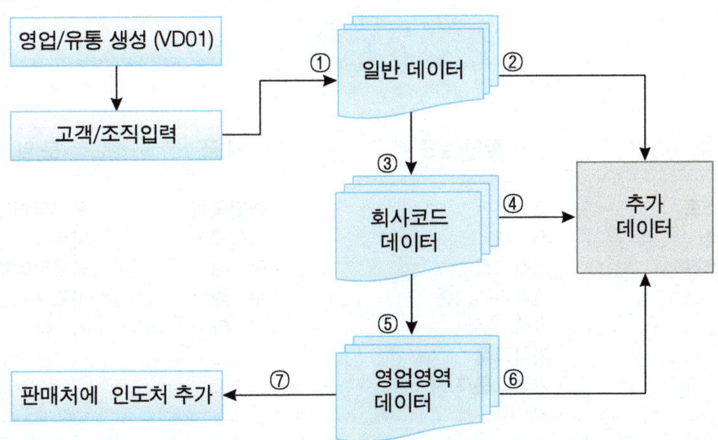

리고 [그림 7-10]에는 고객마스터데이터에 인도처(Ship-to Party)기능을 추가하는 절차가 나와 있다.

2.3 조건 마스터데이터

조건 마스터데이터(Condition Master Data)는 판매가격, 유효기간, 주문금액 규모 등을 시스템 내에서 자동으로 제어하는 기능을 수행하면서 사전손익정보를 제공하는 역할을 수행한다. 이때 판매가격과 예상원가, 판매직접비/간접비 등의 차이를 계산함으로써 사전손익을 제공할 수 있다. 또한 조건 유형별로 할인실적을 용이하게 분석할 수 있도록 지원해주는 역할도 한다.

조건 마스터데이터는 [그림 7-11]과 같이 제품판매가, 할인/할증, 운임, 세금 등을 포함하고 있고, 고객별 · 제품별 가격정책에 따라 마스터를 정비할 수 있으며, 영업문서 생성 시 마스터에 있는 가격데이터를 끌고 온다. 또한 영업활동 지원을 위한 가격정보관리에도 조건 마스터가 사용될 수 있다. 조건 마스터데이터에서 제공하는 자료는 다음과 같다.

- 가격 : 제품 판매가, 판매가격 리스트, 특정고객용 판매가격 등을 제공하며, 해당판매가에 대한 유효기간을 설정 한다.
- 할인/할증 : 고객별, 제품별, 가격그룹별, 고객/제품별 등 가격마스터에서 정의한 대

그림 7-11 조건의 종류

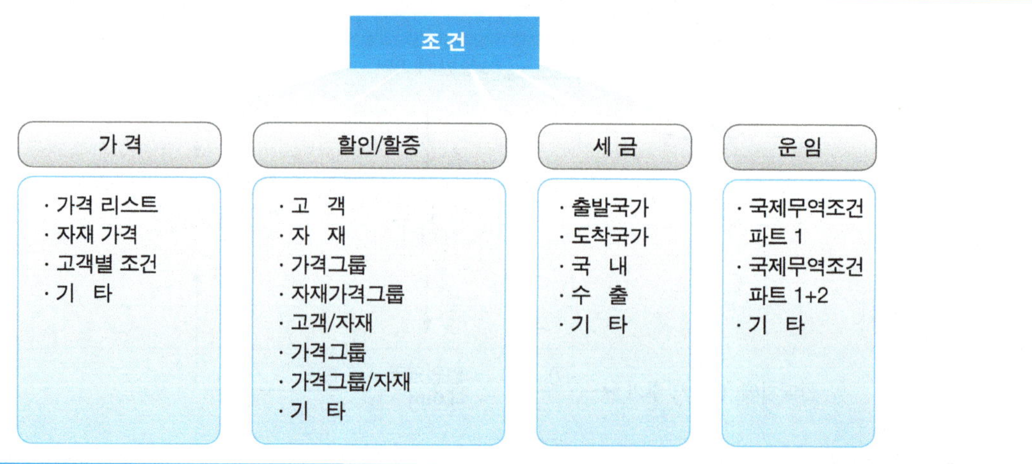

로 할인/할증에 대한 정보를 퍼센트 혹은 수량 단위로 제공함

- 운임 : 국제무역 조건(수출시 CIF 혹은 FOB 등을 결정)을 제공함
- 세금 : 고객별, 제품별 과세기준을 제공함(부가세, 면세, 영세)

2.4 고객-자재 정보레코드

고객별 자재 정보레코드(Customer-Material Info Record)는 특정고객과 특정제품에 대한 기준정보를 담고 있다. 고객의 주문을 받아 업무를 진행하기 위해서 고객과 제품별로 사전에 정의되어야 할 정보[단가정보(고객 · 제품별 할인, 할증), 용도, 세트 제작업체, 출하플랜트, 저장창고]를 관리하여 정보를 제공하는 마스터이다. 특정고객의 요구(부분 납품, 특정 납품플랜트 등)를 충족시키기 위한 목적으로도 사용한다.

- 단가정보 : 판매단가 구성을 코드별 기준단가, 고객 · 제품코드별 할인, 할증으로 결정

그림 7-12 가격결정시 사용하는 마스터데이터의 순서

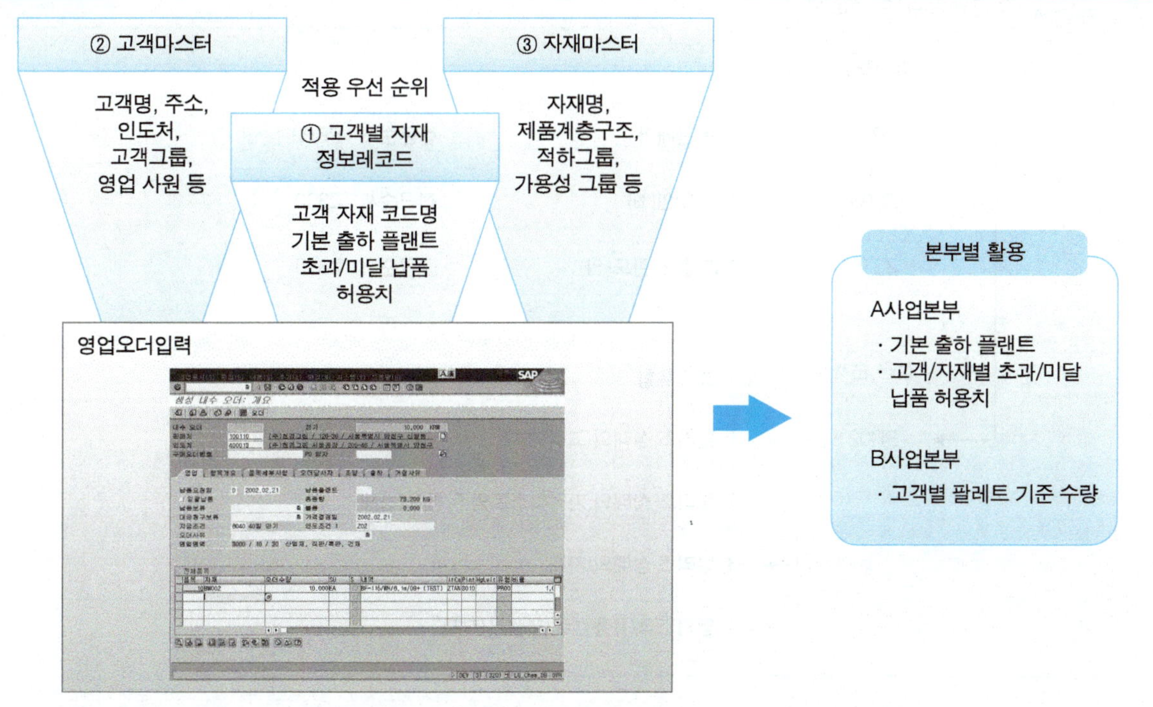

- 용도별, 세트 제작업체별 판매추이, 매출, 손익을 분석하는 기초자료로 활용함
- 고객별로 출하공장, 저장창고, 출하지점을 마스터로 관리하여 영업오더 입력시 자동으로 결정하도록 정보를 제공함

일반적으로 가격결정시 참고하는 마스터데이터의 순서는 [그림 7-12]와 같다. 가장 먼저 고객-자재 정보레코드에 접근하여 특정고객과 제품에 대해 사전에 협의해 놓은 가격을 참조할 것이다. 그 후에 고객마스터의 제반정보를 참고하고, 마지막으로 자재마스터의 정보를 참조한다.

가격결정절차를 설명하는 [그림 7-13]을 살펴보도록 하자. 먼저 조건유형을 정의하는데 이 예제에서는 기준판매가(PR00), 비율에 의한 매출할인(Z300), 그리고 금액에 의한 매출할인(Z315)를 정의해 놓았다. 그리고 각 조건유형 별로 접근순서를 할당해 놓는데, 여기에서는 기준판매가(PR00)라는 조건유형에 PR02라는 접근순서를 할당해 놓았다. 이 접근순서는 먼저 고객-자재 정보레코드를 참고하고, 만약 고객-자재 정보레코드가 없으면 가격리스트 범주/통화/자재를 참조한 후 자재의 판매가격을 가져온다.

그림 7-13 조건유형과 접근순서

03 영업/유통모듈 프로세스

3.1 영업/유통모듈 개요

영업/유통모듈의 전체적인 구조는 [그림 7-14]와 같다. 대분류를 해보면, 고객으로부터의 문의를 접수하고 이에 대한 견적 프로세스를 지원하는 판매지원 부분, 문의 및 견적이 실제 주문으로 접수되어 영업오더를 생성하고 처리하는 판매부분, 생성된 영업오더를 고객에게 배송하기 위해 출하지시를 내리고 실제 출고처리가 이루어지는 배송/수송부분, 배송이 완료된 영업오더에 대해 고객에게 대금을 청구하는 대금청구부분 및 전체 판매활동에 대한 정보를 관리하는 영업정보시스템(SIS:Sales Information System) 부분으로 나뉜다.

그림 7-14 SD 모듈의 전체 구조

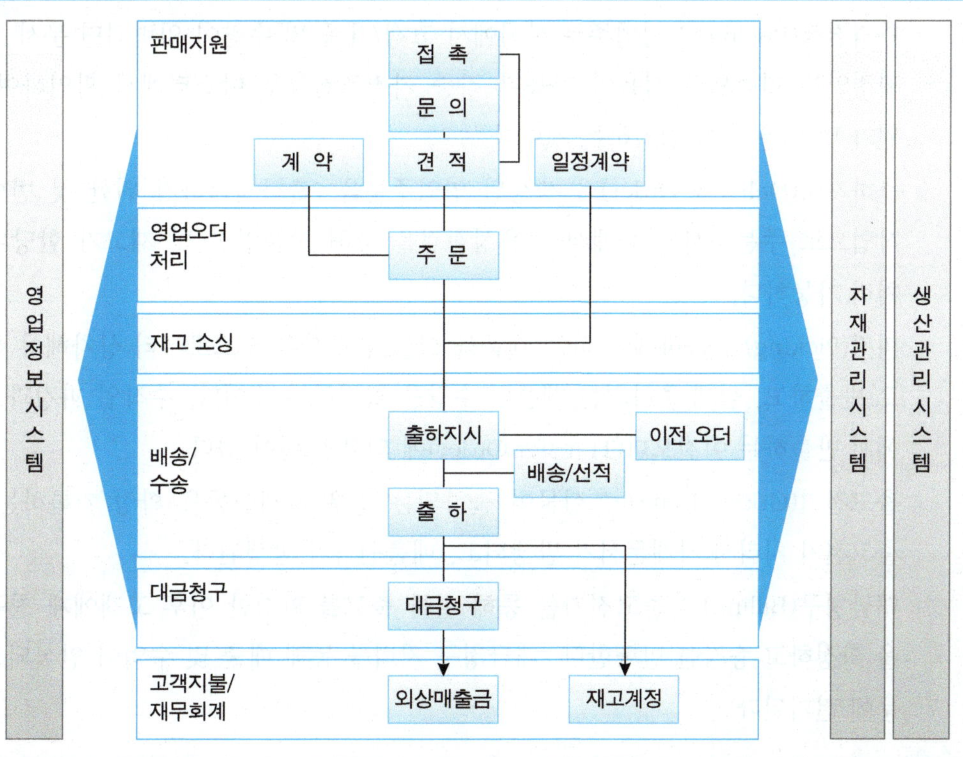

출하/배송을 위해 제품을 준비하는 재고소싱(Inventory Sourcing)단계는 자재관리모듈과 생산관리모듈에 속한다. 또한 대금청구 이후에 고객의 입금을 다루는 부분은 재무회계 모듈에서 이루어진다. 단, 입금된 결과는 영업/유통모듈의 영업오더에서 문서흐름을 보면 확인할 수 있다.

SD모듈의 업무프로세스를 이해하기 위한 몇 가지 용어를 설명하면 아래와 같다. 각 개념을 구현한 SAP ERP의 화면은 2부 4장을 참조하기 바란다.

- 주문유형(Order Type) : 주문, 납품, 피킹, 출고전기 및 대금청구 등 이후 프로세스의 내용과 특성을 결정하는 유형이다. 표준오더, 긴급오더, 무상납품, 현금판매 등 다양한 주문 유형의 업무흐름은 2부 4장을 참조하기 바란다.
- 가용성점검(ATP Check) : 주문생성 시점에서 납품이 가능한 일자를 확정하기 위해 필요한 일자에 사용 가능한 제품이 있는지 확인하는 것이다.
- 여신점검(Credit Check) : 일반적으로 주문생성 단계에서 고객에게 부여된 여신한도 잔액을 확인하여 해당 주문의 정상처리/보류 여부를 결정하는 것이다. 여신점검은 영업오더 단계뿐만 아니라 출하단계에서도 가능하다.
- 가격결정(Pricing) : 영업주문 문서에서 고객/제품 및 수량이 입력되면 문서 상의 가격결정일을 기준으로 적용이 가능한 각종 가격조건들을 마스터에서 확인하여 판매가, 원가 및 비용 등을 결정하는 것이다.
- 출하지시(Delivery Order) : 생성된 영업주문을 출하처리하기 위한 첫 번째 단계의 작업으로 주문문서들 중에서 가용성점검을 통해 납품일정 및 재고가 할당된 주문만 처리 가능하다.
- 피킹(Picking) : 출하해야 하는 제품을 실물이 저장된 창고로부터 상차해야 하는 위치로 반출하고, 실제 출하되는 제품의 수량을 확정하는 것이다. 수작업 피킹과 자동창고에서 반출하는 이전오더(Transfer Order)에 의한 방법이 있다.
- 출고전기(Goods Issue) : 실물이 출하되는 경우 자재이동을 확정/기록하는 것인데, 출고전기 처리시 자재문서가 발생되고, 매출원가가 발생된다.
- 대금청구(Billing) : 출고전기를 통해 실물 출고를 확정한 이후 고객에게 청구할 대금을 확정하고 송장을 발행한다. 대금청구 처리를 통해 매출 및 수익이 인식되고 회계부문에 전기된다.

3.2 영업지원활동

영업지원활동(Pre-Sales Activities)은 고객의 주문을 창출하기 위한 것으로 잘 누적 관리된 사전 영업활동정보는 주문처리과정에서 중요한 정보원이 될 수 있으며, 고객과의 지속적인 관계를 유지하기 위한 기초자료로 활용될 수 있다.

영업지원활동에는 우편 리스트(Mailing Lists), 고객전화 기록관리, 문의, 견적이 있다. 홍보나 판촉 등의 사전 영업을 하면서 고객의 견적요청에 의해 견적을 생성하거나 변경하는 견적관리를 한다. 견적관리를 철저히 함으로써 향후 제안영업을 할 수 있는 기반을 마련할 수 있다. [그림 7-15]에서 볼 수 있는 바와 같이 견적과 입찰과정을 거쳐 고객의 요구 사항에 맞출 수 있는지를 검증받게 된다. 각 영업지원 활동도 영업오더 유형과 같이 각기 여러 형태로 나누어 관리할 수도 있는데, 예를 들면 A사에서는 견적 사용유형을 아래와 같이 다양한 유형으로 생성하여 관리하고 있다.

① ZQT : 내수 견적관리
② ZOF : 내수로컬 오퍼 작성
③ ZLC : L/C 할당 및 개정
④ ZEQ : 수출 견적관리

그림 7-15 견적관리 개요

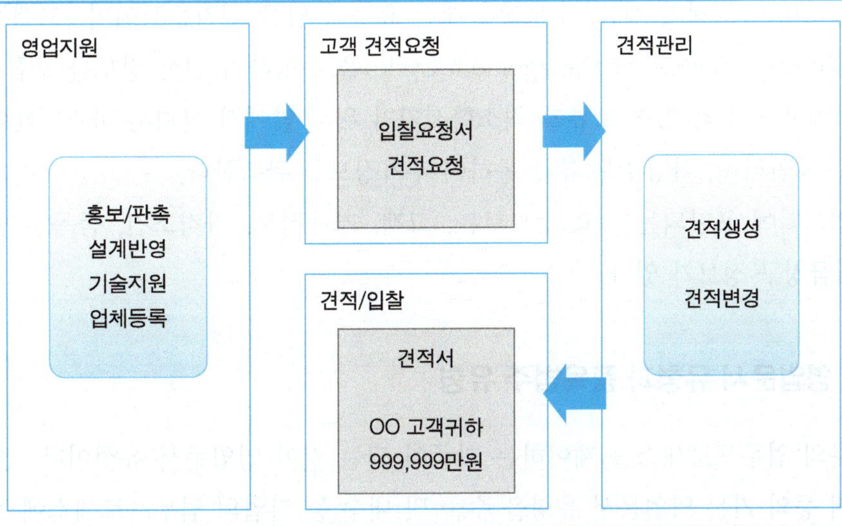

그림 7-16 견적관리 프로세스

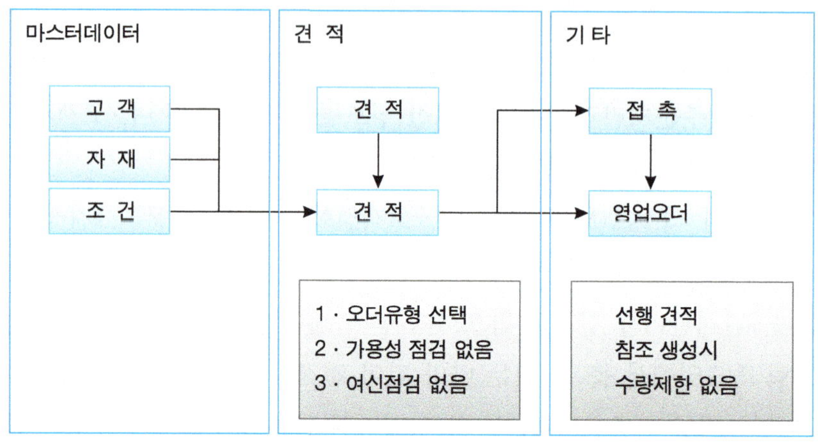

또한 견적 및 입찰 후 고객으로부터 주문을 받게 되는데, [그림 7-16]에서 볼 수 있는 바와 같이 과거에 생성했던 견적을 복사하여 용이하게 영업오더를 생성할 수 있다. 경우에 따라서는 고객과 장기계약을 체결한 후에 이에 근거하여 지속적으로 영업오더를 만들 수도 있다.

3.3 영업오더 처리 및 재고조달

영업오더는 고객의 제품/서비스에 대한 요구를 담은 전자문서이며, 고객주문 관리사이클(COM:Customer Order Management Cycle)을 수행하기 위한 정보를 포함하고 있다. 또한, 입력량 감소와 입력 오류를 최소화시키기 위해 앞에서 살펴본 마스터데이터가 적절한 정보를 제안하며, 확장주문 뷰를 통하여 추가정보를 관리한다.

영업오더에 포함되는 주요 정보로는, 고객, 자재정보, 가격조건, 품목별 납품요청일 정보, 대금청구 정보가 있다.

(1) 영업문서 유형과 품목범주 유형

주문의 업무프로세스를 제어하는 기준이 되는 것이 영업문서 유형이다. 문의, 견적, 영업오더 등의 기본 영업문서 유형을 수출 및 내수 등 기업의 업무프로세스에 적합하도록 구

그림 7-17 영업문서 유형의 종류

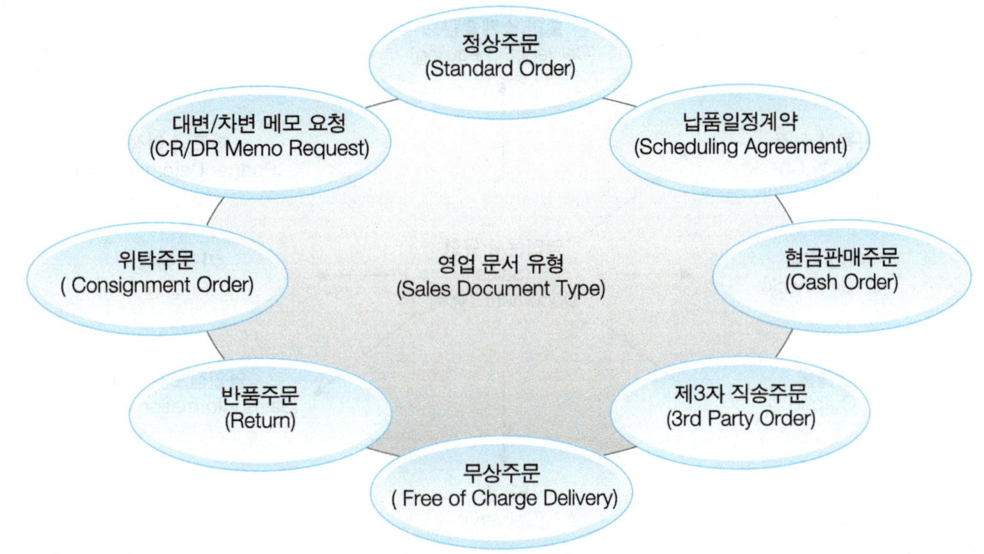

분하여 사용할 수 있다. 컨피규레이션(Configuration)에서 각 영업문서 유형의 프로세스를 제어하는 필드들을 업무 특성에 맞게 조정하여 사용한다.

[그림 7-17]은 영업문서 유형의 종류를 설명하고 있다. 영업문서 유형이 달라진다는 것은 주문입력 이후 업무처리방법이나 기준이 달라진다는 것을 의미한다. 예를 들어, 무상주문은 고객에 대한 대금청구가 이루어지지 않으므로 채권이 발생되지 않으며, 현금판매주문이나 제3자 직송주문은 영업오더에 근거한 대금청구가 이루어진다.

또한 [그림 7-18]은 영업문서 유형의 역할을 보여주고 있다. 즉, 정상주문, 납품일정계약, 현금판매주문, 제3자 직송주문, 무상판매, 반품주문, 위탁주문, 대변메모요청/차변메모요청 등의 영업문서 유형에 따라 여신점검이 필요한지, 가용성점검이 필요한지, 출하 스케쥴링을 허용하는지, 파트너 결정기능이 필요한지, 가격결정이 필요한지 등의 여부가 다르게 결정된다.

일반적으로 컨피규레이션에서 새로운 영업문서 유형을 생성할 경우, 가장 유사한 유형을 복사하여 참조 생성한 후, 관련필드를 변경하는 방법을 선택한다.

또한 하나의 영업오더 내에서도 품목범주에 의해 개별 품목의 성격을 규정지을 수 있다. 품목범주의 역할은 [그림 7-19]에 나타나 있다. 즉, 가격결정을 수행하는지, 대금청구가

그림 7-18 영업문서 유형의 역할

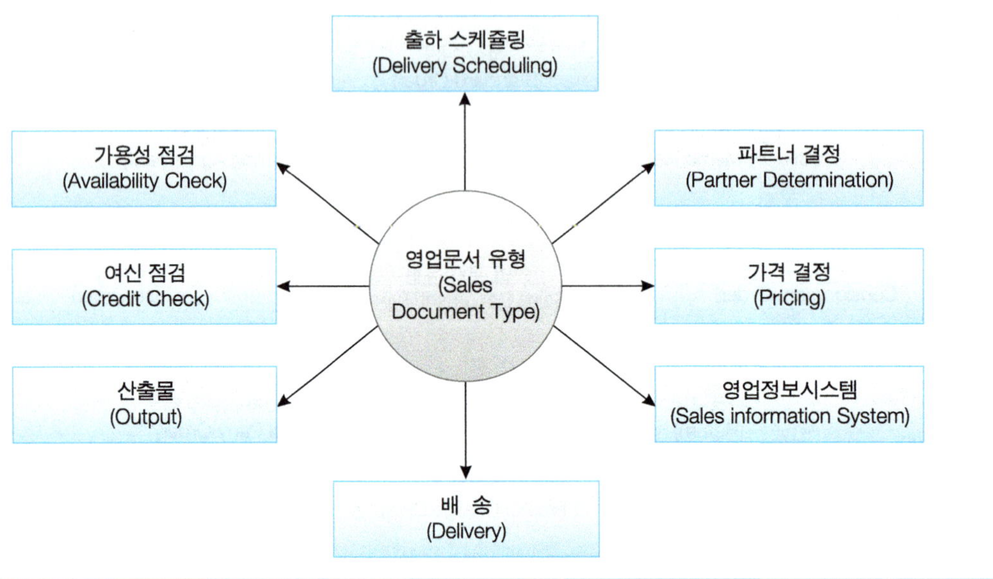

그림 7-19 품목범주의 역할

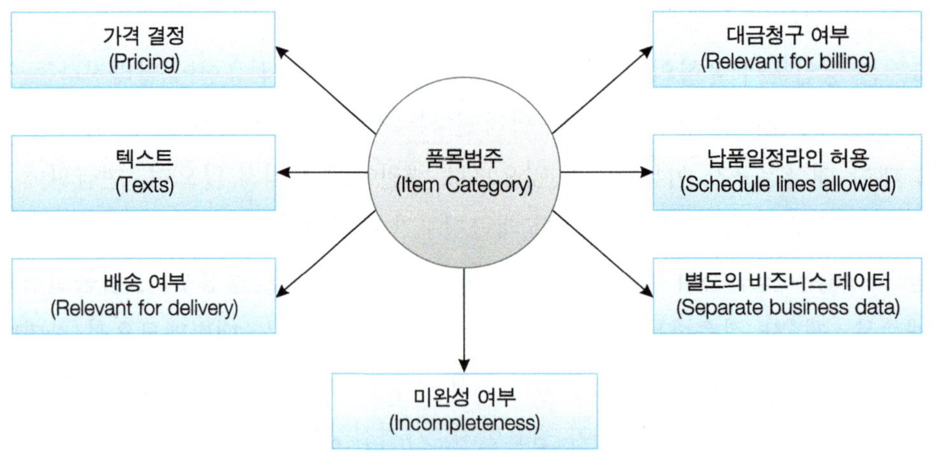

필요한 유상품목인지 필요없는 무상품목인지, 또한 품목별로 여러 날짜로 나누어 출하할 수 있는 납품 일정라인을 허용하는 품목인지 등의 성격을 규정한다.

그리고 스케쥴라인 범주(Schedule Line Category)에 의해서도 생산 및 배송과 연관된 다

그림 7-20 스케쥴라인 범주의 역할

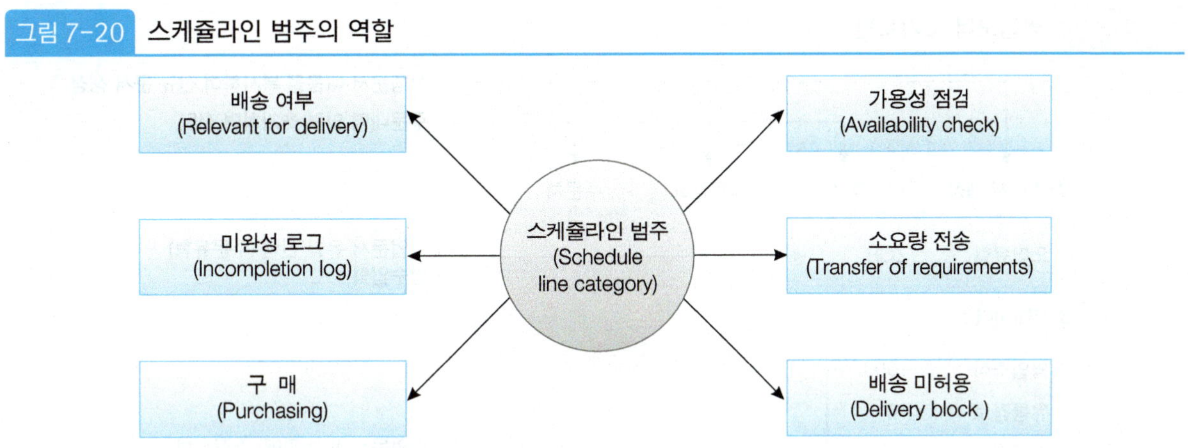

양한 성격을 규정지을 수 있다. 예를 들면 해당 품목이 MRP에 반영되어 자재의 필요량을 증가시키게 만들 것인지, 가용성점검이 필요하고 가능한 품목인지 등에 관한 성격을 규정짓는다.

이와 같이 하나의 영업문서 유형 내에서도 품목별로 여러 가지의 품목범주를 할당함으로써 다양한 업무를 처리할 수 있도록 조합할 수 있다. 하나의 영업문서 유형이 기본적으로 특정 품목범주와 스케쥴라인 범주를 디폴트(Default)로 제시하지만, 수작업으로 이러한 범주를 바꿈으로써 통합성을 유지하며 복잡한 영업업무를 용이하게 처리할 수 있다. 이 내용에 대한 화면도 2부 4장을 참조하기 바란다.

(2) 영업오더 화면

영업영역을 입력하는 영업오더 초기화면이 [그림7-21]에 제시되어 있다. 앞에서 설명한 바와 같이 영업조직, 유통경로, 제품군으로 구성되어 있는 영업영역은 영업문서를 생성하는 조직으로서, 각종 실적을 보고하고 가격결정이 이루어지는 조직단위이므로 필수로 입력해야 하며 사업장과 영업그룹은 고객마스터에서 자동으로 가져온다. 만약 고객마스터에 있는 사업장 및 영업그룹과 다르다면 초기화면에서 입력해도 되고 영업오더를 생성하는 과정에서 수정할 수도 있다.

[그림 7-22]에서 ① 판매처는 주문고객에 대한 정보(인도처는 실 하차지)를 입력하는 필드이며, ②는 주문을 입력할 탭 페이지(Tab Page)인데 선택하는 탭에 따라 다양한 정보를

그림 7-21 영업오더 초기화면

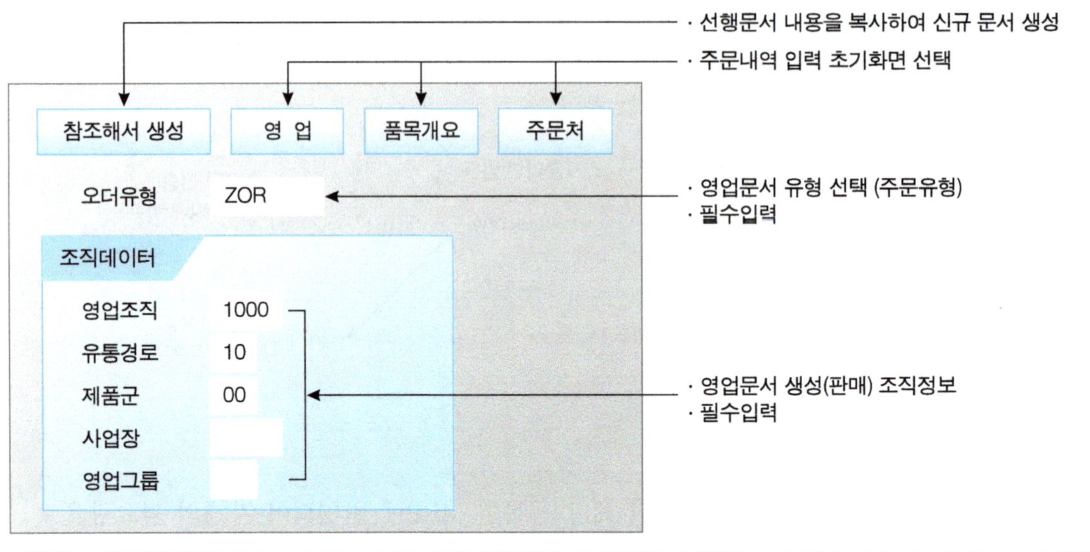

그림 7-22 영업오더 개요화면

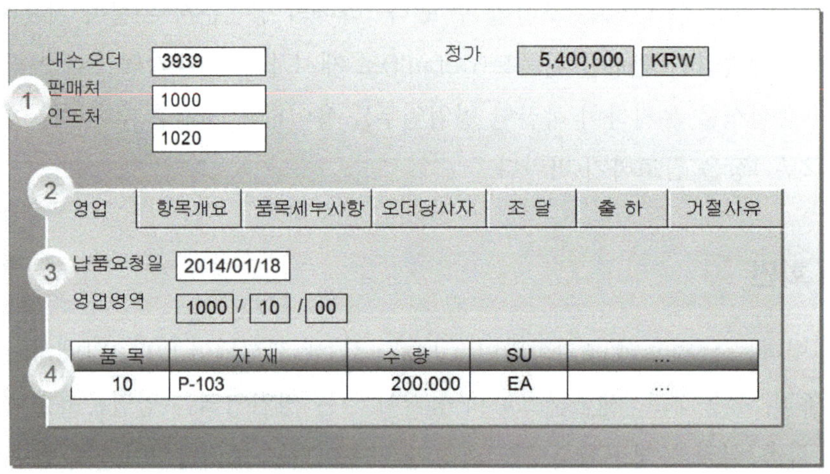

조회하거나 변경할 수 있다. 탭 뷰(Tab view)들을 통해 쉽고 빠르게 가격, 출하 등에 관한 다양한 정보들에 접근하여 확인 및 편집이 가능하며, 메뉴를 통해서도 헤더와 품목 수준의 많은 탭 뷰들로 접근이 가능하다. ③은 고객의 납품요청일을 입력하는 필드인데 수동으로

그림 7-23 영업문서의 구조

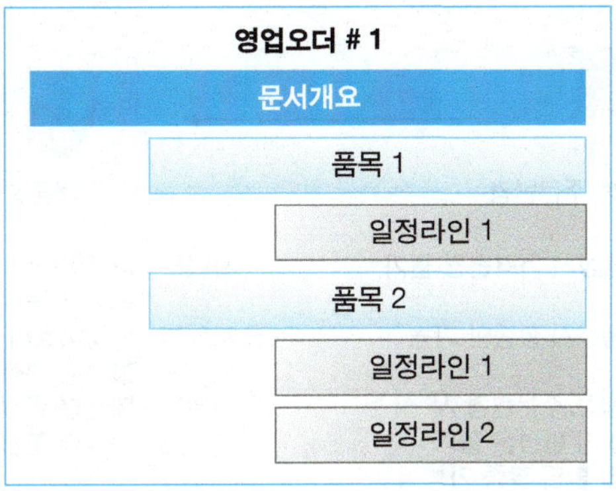

입력할 수도 있고, 일단 가용날짜를 자동으로 제시하도록 세팅할 수도 있다. ④는 고객의 주문자재 내역을 입력하며 자재코드와 수량 그리고 품목의 성격을 규정하는 품목범주를 입력할 수 있다.

[그림 7-23]에 있는 영업문서는 정보들을 논리적으로 구조화하여 관리한다. 문서 헤더(Header)는 주문문서 전체에 대한 고객과 관련된 정보를 관리한다. 품목(Item)은 고객으로부터 주문된 자재와 수량에 관한 정보를 관리한다. 일정라인은 납품 일자별 수량 등 납품 관련정보를 관리한다. 문서 헤더의 정보는 품목으로, 품목정보는 다시 일정라인(Schedule Line)의 필드로 복사된다. 품목범주와 스케쥴 라인범주에 대한 설명은 [그림7-19]와 [그림 7-20]을 참조하기 바란다.

(3) 가격결정

가격결정은 기본적으로는 주문생성시 가격결정일을 기준으로 실행되며, 사업본부별 필요에 따라 대금청구 시점에서 재결정할 수 있다. 조건 마스터데이터(Condition Master Data)에 등록된 가격조건을 검색하여 자동으로 결정한다. 일부 수작업으로 변경이 가능한 조건 유형이 존재하며, 필요시 수작업 추가가 가능한 조건유형도 존재한다. 이것은 기업에서 사업본부별로 가격결정방법의 차이를 처리할 수 있다는 것을 말해준다. [그림 7-24]에서 볼 수 있는 바와 같이 사업본부별로 그리고 영업문서 단계별로 가격변경의 방법을 다르게 할 수 있다. 즉, 주문 생성시에 A사업부는 가격변경이 불가능하게 되어 있으며, B사업

그림 7-24 주문 및 대금청구 시의 가격결정 사례

주문생성/주문변경

A 사업부 : 주문생성시 가격변경 불가

B 사업부 : 주문생성시 할증만 가능

C 사업부 : 주문생성/주문변경 시 기준판가 변경은 불가 수작업 할인/할증 가능

대금청구

A 사업부 : 가격마스터 변경 후 판가 변경 가능

B 사업부 : 가격마스터 변경 후 할인 가능 할증은 수작업 가능

C 사업부 : 대금청구 시 자동 재 가격결정 수작업 할인/할증 가능

부는 가격할인은 안되고 할증만 가능하도록 세팅할 수 있다.

가격에 대한 자세한 결정과정은 앞에서 살펴본 [그림 7-13]을 참조하도록 하자.

(4) 인도조건

인도조건은 고객에게 자재를 수송하는 계약조건을 말하며, 운임과 보험료가 포함된 가격인지 여부 등을 의미한다. 회사에 맞는 인도조건을 만들어 사용할 수도 있으며 [그림 7-25]

그림 7-25 인도조건 예시

인도조건		
CFR	운임 포함 가격	수출주문 인도조건
CIF	운임, 보험료 포함 가격	
FAC	공장 도착도	
FOB	본선 적재 인도	
...	...	
Z01	내수-상차도	· Z01 : 운송계획 없음(고객이 자체 수송 시) · Z02 : 운송계획 있음(회사가 운송 진행 시)
Z02	내수-하차도	

의 예는 고객이 직접 운송하는 경우와 회사가 운송해서 납품하여 주는 경우를 각기 나누어 인도조건 Z01과 Z02를 새로 만들어서 사용하는 경우를 예시한다.

(5) 텍스트

영업오더에 있는 텍스트(Text)는 출하, 생산, 구매 등 관련부문에 추가정보를 전달하기 위한 메모 성격이다. [그림 7-26]과 같이 영업오더의 텍스트는 다른 영업오더로 복사가 되며, 출하시에도 텍스트에 적힌 정보가 그대로 전달되는 기능을 가지고 있다. 또한 영업오더에 기초하여 만들어지는 구매오더나 생산지시서에도 품목에 대한 텍스트는 복사가 된다.

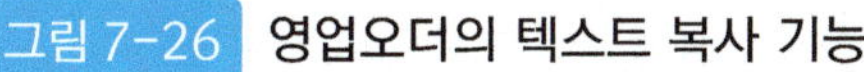
그림 7-26 영업오더의 텍스트 복사 기능

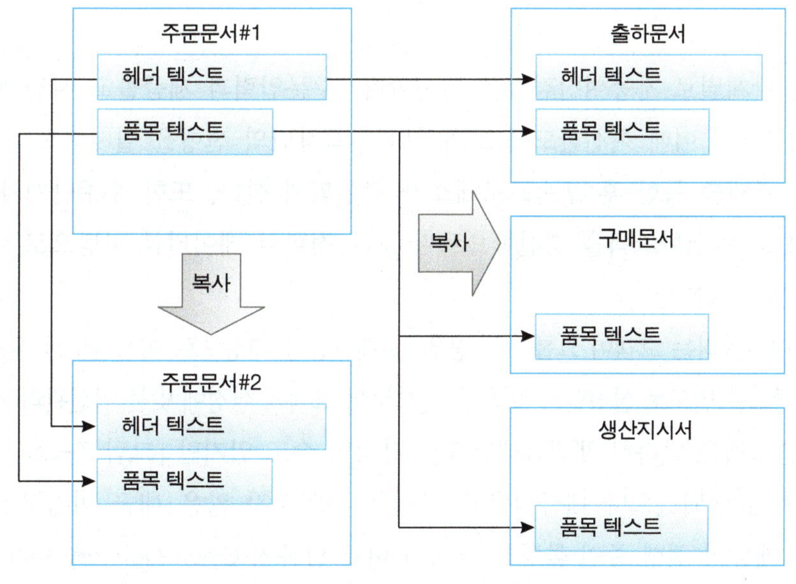

(6) 여신관리

SD모듈에서는 FI모듈과 연계하여 회계 부문에서 관리되는 여신관리정보를 바탕으로 주문입력과 제품출고 시점에 자동으로 여신한도 점검을 수행함으로써 부실채권에 대한 리스크관리를 수행한다. [그림 7-27]은 여신관리기능의 프로세스를 나타낸다.

신용평가 내역을 기초로 각 거래처 또는 그룹별로 여신총액을 설정하고 관리하여, 수주

그림 7-27 여신관리 프로세스

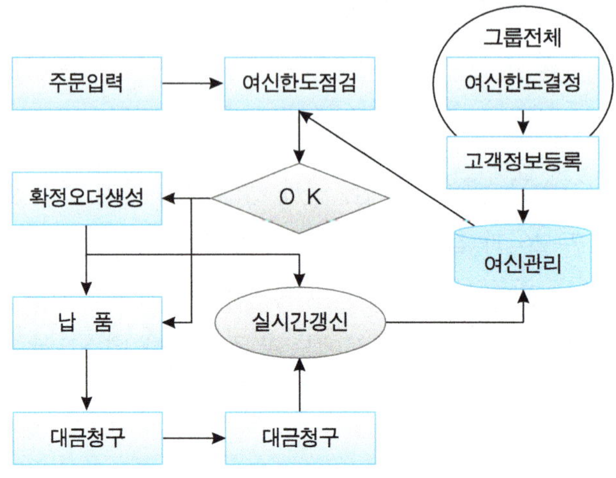

의 진행 단계별로 자동여신점검을 실시한다. 주문입력과 제품출고 시점에 여신한도 점검을 수행하는데 이때 여신한도를 초과하면 후속작업의 진행을 일시적으로 수행할 수 없도록하여, 결재를 득한 후 후속프로세스가 진행되게 한다. 또한 수주단계가 진행됨에 따라 실시간으로 여신한도액을 갱신함으로써 보다 정확한 데이터를 바탕으로 여신관리를 수행할 수 있도록 한다.

또한 여신관리는 고객이 그룹사일 경우, 전체그룹을 대상으로 여신한도를 설정하거나 각 사별로 여신한도를 별도로 설정할 수 있도록 함으로써 고객의 실정에 맞는 여신관리 기능을 지원한다.

여신한도액은 단순히 채권금액만으로 산정할 수도 있지만 [그림 7-28]에 나타나 있듯이 청구서가 발행되었으나 대금청구가 아직 이루어지지 않은 대금 미청구액(Open Billing Value), 배송이 진행 중인 물량의 금액인 미결 납품액(Open Delivery Value), 그리고 주문이 진행 중인 물량의 금액(Open Order Value) 등 여러 가지 카테고리의 물량금액을 여신한도액에 포함시켜 관리함으로써 보다 신뢰성 있는 여신관리가 가능하다. 특별부채는 어음이나 선수금을 의미하며, 어음이나 선수금으로 받은 것은 여신한도 사용금액에서 마이너스 처리된다.

또한 여신한도에 사용되는 대상 주문금액은 재고할당이 완료된 부분만 해당된다. 이때 기 발생된 채권잔고와 미결 여신 요소들의 합계액으로 여신한도 초과여부를 결정한다.

여신점검 대상 주문액 결정방식에 따라 정적인(Static) 여신점검방식과 동적인(Dynamic)

그림 7-28 여신한도 사용액 계산 방식

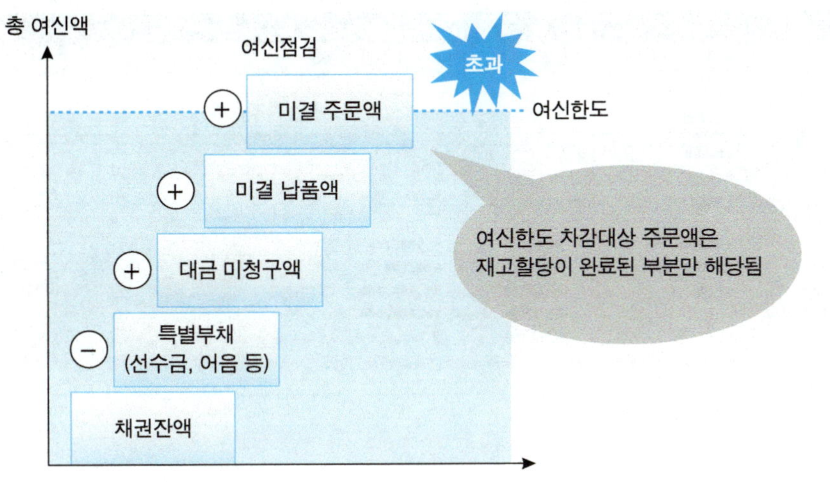

여신점검방식으로 구분한다. 정적인 방식은 주문 입력일 시점의 모든 주문금액을 대상으로 하고, 동적인 방식은 사전에 설정해 놓은 여신설정기간(Credit Horizon) 이내의 주문금액만 대상으로 점검한다. [그림 7-29]에서는 여신설정기간을 13일로 설정해 놓고 그 안에 있는 주문금액만을 위주로 여신점검을 하고 있는 모습을 볼 수 있다.

[그림 7-30]은 여신점검을 확인하는 화면이다. 여신한도를 초과하여 불량채권이 많은

그림 7-29 여신점검 방식 구분

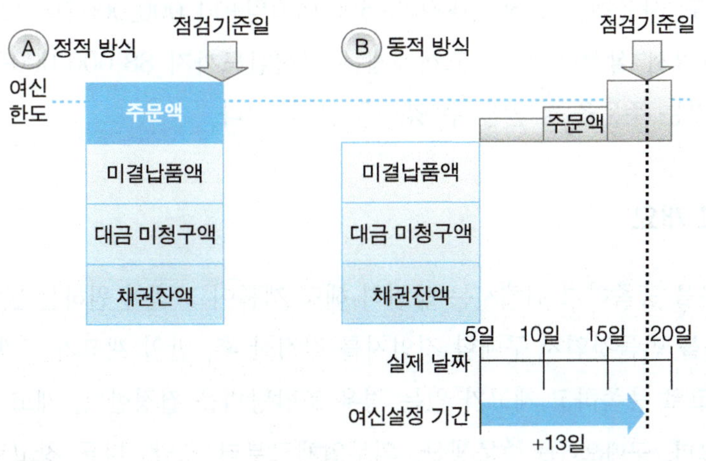

그림 7-30 여신관리 조회 화면

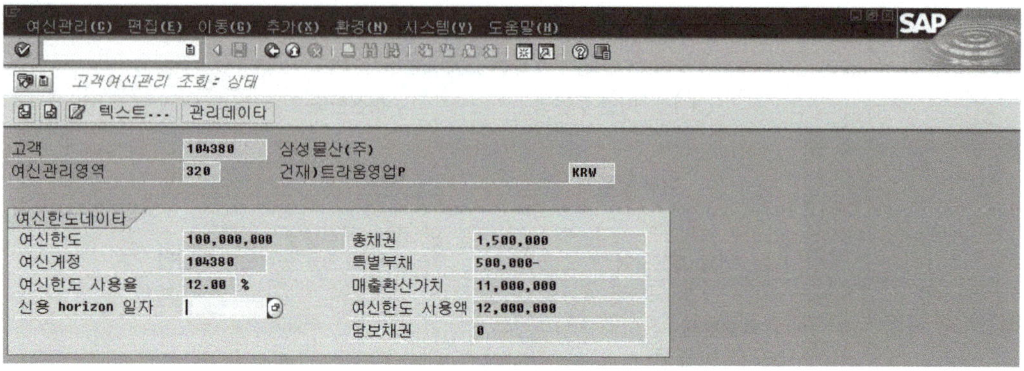

고객에게 계속 주문을 받거나 제품을 배송하여 보내면 안될 것이다.

여기서 여신한도 데이터의 의미를 살펴보고 가자. 여신한도는 회사가 고객에게 부여한 총 여신한도를 말하며 총채권은 발생채권액 중 미수채권을 말한다. 만기 미도래 어음액 또는 선수금 입금액이 특별부채의 값으로 나타나며, 재고할당 된 미출고주문액 또는 출고 후 대금청구 미실행액 등을 매출환산가치라고 한다. 이때 여신한도 사용액은 총채권과 특별부채, 그리고 매출환산가치를 합한 값과 같으며 특별부채는 (−) 반영된다.

[그림 7-30]에서 삼성물산(주) 고객에게 설정해 놓은 여신한도는 100,000,000원이다. 이때 미수채권은 1,500,000원이고 특별부채인 만기 미도래어음액 또는 선수금이 500,000원이며, 재고할당된 미출고 주문액 또는 출고 후 대금청구 미실행액이 11,000,000원이므로 여신한도 사용액은 1,500,000원−500,000원+11,000,000원=12,000,000원으로 나타났다. 따라서 삼성물산(주) 고객에게는 여신한도까지 88,000,000원의 여유가 있으며, 이 정도까지는 주문을 더 받을 수 있음을 알 수 있다.

(7) 재고 개요

고객주문을 충족하기 위해서는 당연히 해당 제품이 고객이 원하는 날짜에 가용해야 할 것이다. 제품을 만들것인지 구매할 것인지를 결정한 후, 만일 재고가 고객의 납품요청일에 가용하면 재고로 충족하고 재고가 없는 경우 조달방법을 결정한다. 재고조달방법으로는 보충활동(생산오더, 구매오더), 주문생산, 외부업체로부터 조달, 다른 창고로부터 조달이 있다.

그림 7-31 자재별 재고조회 화면

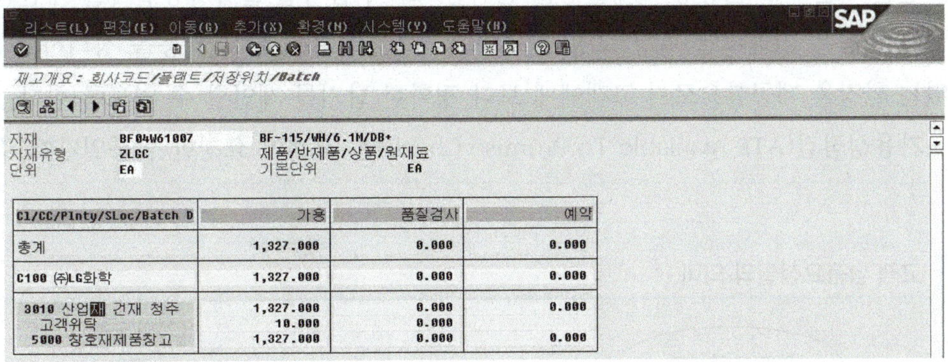

리스트(L) 편집(E) 이동(G) 추가(X) 환경(N) 시스템(Y) 도움말(H)

재고개요 : 회사코드/플랜트/저장위치/Batch

자재 BF04W61007 BF-115/WH/6.1M/DB+
자재유형 ZLGC 제품/반제품/상품/원재료
단위 EA 기본단위 EA

Cl/CC/Plnty/SLoc/Batch D	가용	품질검사	예약
총계	1,327.000	0.000	0.000
C100 ㈜LG화학	1,327.000	0.000	0.000
3010 산업재 건재 청주	1,327.000	0.000	0.000
고객위탁	10.000	0.000	
5000 창호재제품창고	1,327.000	0.000	0.000

우선 [그림 7-31]과 같이 재고를 조회하여 현재 상태를 파악하는 것이 필요할 것이다.

재고를 관리하고 조회하는 수준은 클라이언트 재고와 회사 전체재고, 공장 보유재고, 저장창고별재고, 배치(Batch)재고 정도이다. 가장 기본적인 재고유형들에는 고객주문처리에 사용이 가능한 재고인 가용재고, 품질검사 중이기 때문에 가용재고로 전기시까지 사용이 불가능한 품질검사재고, 반품재고와 같이 가용/폐기 등의 재고유형이 결정되지 않은 보류재고가 있다.

(8) 고객 납품요청일과 가용성점검

ERP도입 이전에는 일반적으로 고객 납품요청일의 기준이 통일되지 않은 회사들이 많다. 당연히 고객 납품요청일은 고객에게 도착하는 날짜 기준으로 생각되지만 영업부문과 출하부문 간의 의사소통이 잘못되고 있는 경우가 많은 것이다. 그러나 ERP도입 이후에는 정확한 고객의 요구납기를 준수할 목적으로 고객의 납품요청일은 전사적으로 고객에게 도착하는 날짜 기준으로 통일해서 명확한 기준하에 관리해야 된다.

영업오더를 참조하여 출하지시서를 생성할 때 가용 재고일, 운송계획 리드타임, 적재일, 납품요구일 등을 계산하여 출하 스케쥴링을 실시하는데, 이는 가용성점검과 동시에 수행되며 [그림 7-33]과 같이 역방향 스케쥴링(Backward Scheduling)과 순방향 스케쥴링(Forward Scheduling)의 두 가지 방법을 지원한다. 주문입력시 거래처 및 고객이 요청한 납기일을 기준으로 각각의 리드타임을 고려하여 역방향 스케쥴링을 먼저 실시한다. 이때 재고 필요일자에 재고가 없거나, 계산된 날짜가 과거인 경우 재고가 가능한 날짜, 혹은 현재일을 기준으로 순방향 스케쥴링을 실시함으로써 품목별 출하가능일자를 계산한다.

이 기능은 거래처별 피킹/포장시간, 이동시간, 선적/운송시간 등을 정의하고 계획할 수 있는 환경을 제공함으로써 고객에게 보다 정확한 납기를 제안할 수 있도록 한다.

가용성점검(ATP:Available To Promise Check)은 고객이 요청한 납품일자에 주문수량의

그림 7-32 고객 납품요청일의 의미

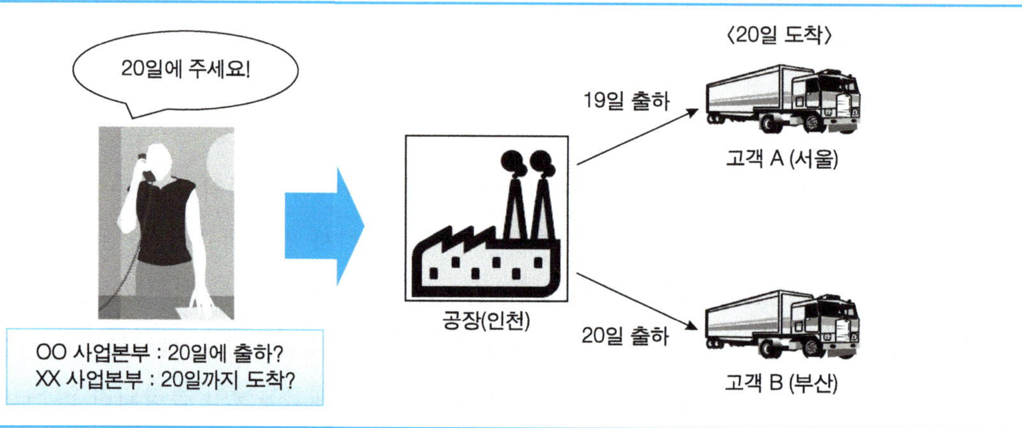

그림 7-33 출하 스케쥴링의 두 가지 방법

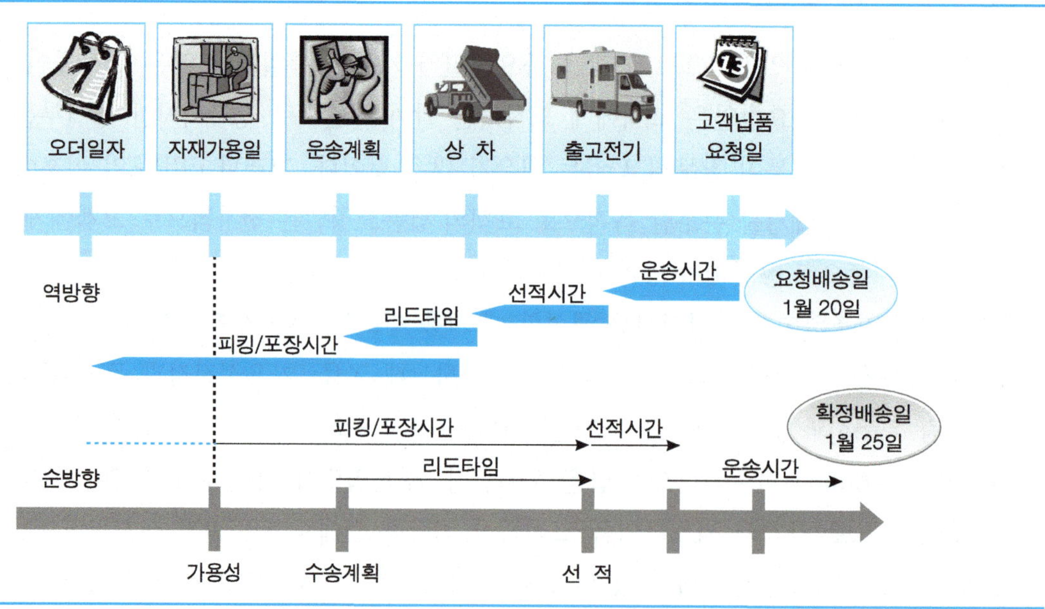

그림 7-34 가용자재 증감 요인

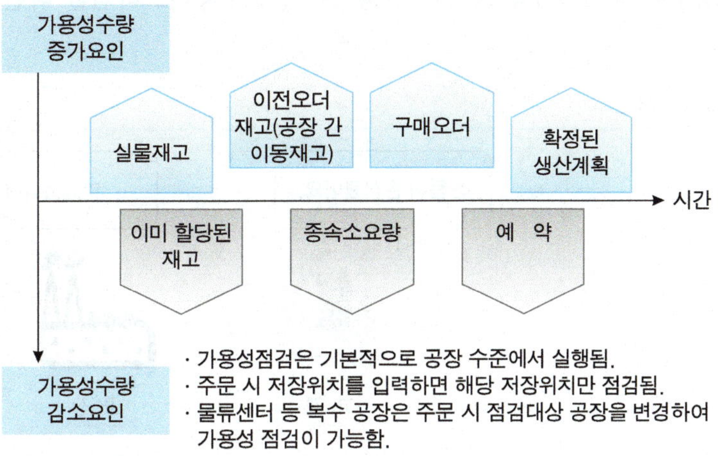

납품이 가능한지를 확인하여, 가용한 재고가 있는 경우 영업오더에 할당하는 작업이다.

가용성점검에서는 현재의 재고뿐만 아니라 [그림 7-34]와 같이 미래에 입고되고 차감될 재고요소까지 고려한다.

가용성점검에서 보충리드타임(Replenishment Lead Time)을 고려하도록 설정하는 경우에는 주문생산방식(MTO) 품목도 주문시 가용일자 제안이 가능하다. [그림 7-35]와 같이 보충리드타임은 자재마스터데이터의 MRP3 뷰에서 설정이 가능하다. MRP3 뷰에 보충리

그림 7-35 보충리드타임을 사용한 ATP제안일

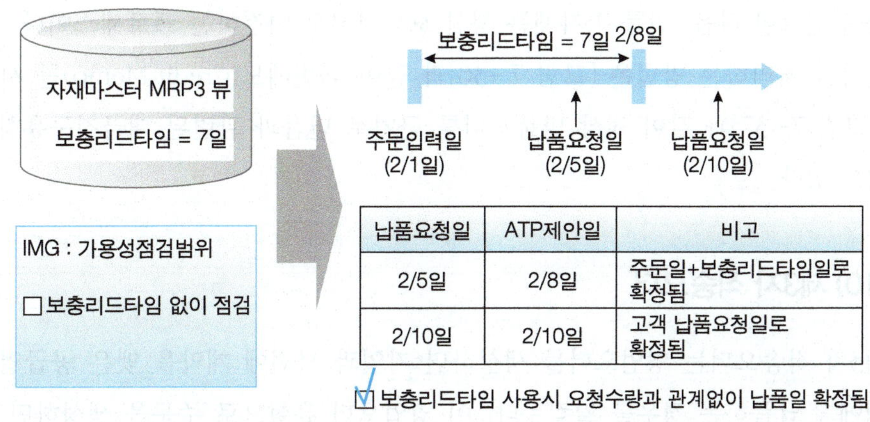

납품요청일	ATP제안일	비고
2/5일	2/8일	주문일+보충리드타임일로 확정됨
2/10일	2/10일	고객 납품요청일로 확정됨

드타임을 설정해 놓은 경우에 고객의 납품요청일이 주문입력일에 보충리드타임을 더한 날짜보다 앞인 경우에는 제품가용 날짜가 주문입력일에 보충리드타임을 더한 날짜로 확정된다.

그림 7-36 반품오더 처리 개요

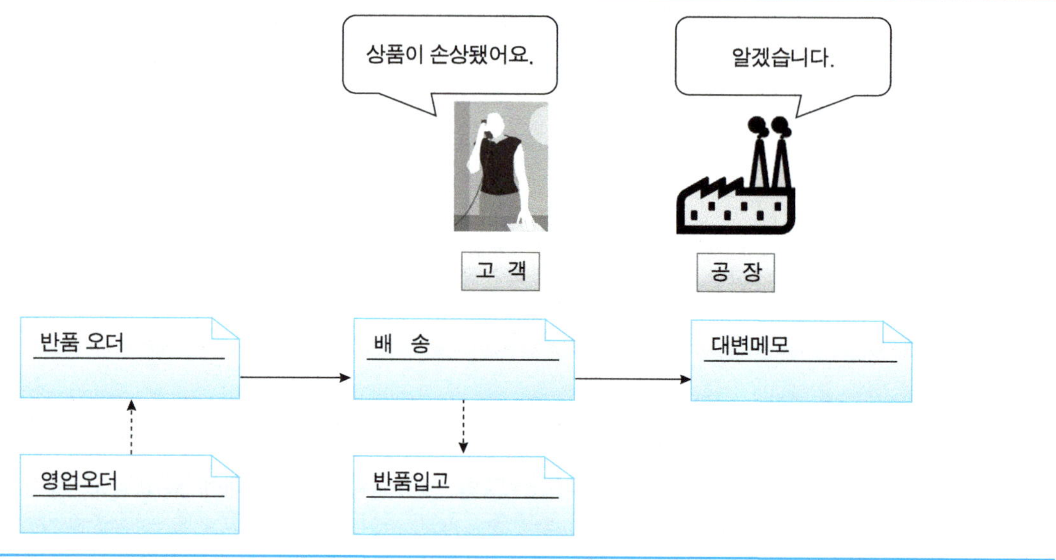

(9) 반품 오더

정상주문 등으로 고객에게 납품된 제품 중, 운송 중에 손실이나 고객의 품질 불만사유로 인하여 반품이 발생하였을 때 실행하는 프로세스이다. 고객의 반품사유가 발생시 반품의 유형에 따라 반품오더로 생성처리하고, 필요시 선적문서를 생성하여 운송업체를 설정하여 반품을 입고한 다음, 반품된 자재는 생산 보류창고로 이전하는 프로세스이다.

반품을 처리하는 방법은 [그림 7-36]과 같이 대변메모(Credit Memo)를 사용하는 방법과 [그림 7-37]과 같이 정상 반품오더를 근거로 반품과 관련된 대금청구유형을 사용하는 방법이 있다.

(10) 제3자 직송오더

제3자 직송오더는 영업오더를 생성하면 기업과 사전에 계약을 맺은 공급업체에서 직접 고객에게 납품하는 경우를 일컫는다. 이 영업오더 유형으로 주문을 생성하면 고객의 주문

그림 7-37 반품오더 처리프로세스

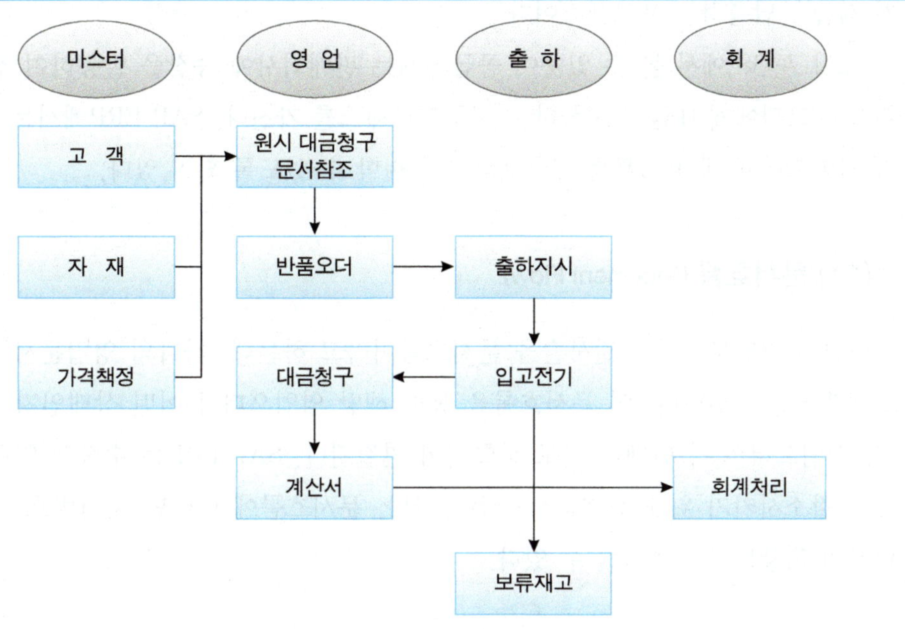

그림 7-38 제3자 직송판매 오더의 프로세스

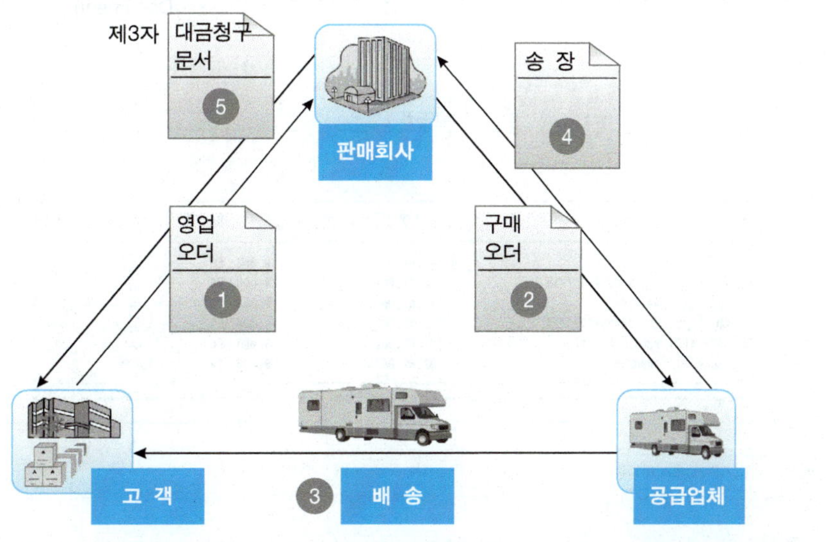

을 입력하는 시점에 구매요청이 생성되어 공급업체에 발주되며, 공급업체가 직접 고객에게 제품을 납품하는 프로세스이다.

[그림 7-38]에서 볼 수 있듯이 공급업체는 판매회사에 송장을 발송하여 정산하고, 판매회사는 고객에게 대금청구를 하는 업무프로세스를 가진다. SAP ERP에서는 이와 같이 제3자 직송오더에 대한 업무를 세부적으로 구현할 수 있도록 되어 있다.

(11) 문서흐름(Document Flow)

연관된 영업문서의 연결사슬을 문서흐름이라고 하는데, 하나의 영업문서는 SAP ERP의 트랜잭션을 대변한다. 이 문서흐름을 통해 해당 영업오더가 어떤 상태인지 추적이 가능하고, 영업오더의 각 단계가 서로 통합되어 연결된다. SAP ERP는 수작업 입력과 데이터 오류를 감소시키기 위해 선행문서를 복사한다. 문서흐름에 나타난 문서번호 라인을 더블 클릭하면 해당문서를 조회할 수 있다.

그림 7-39 문서흐름 조회에 의한 통합성 검증

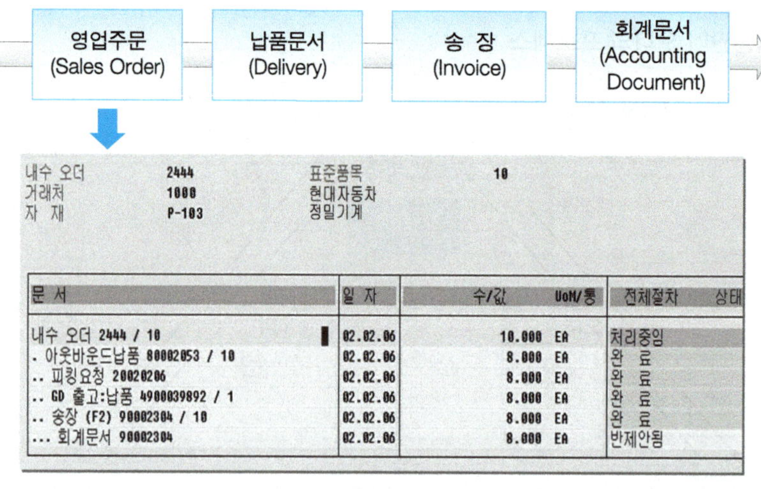

문 서	일 자	수/값	UoM/통	전체절차 상태
내수 오더 2444 / 10	02.02.06	10.000	EA	처리중임
. 아웃바운드납품 80002053 / 10	02.02.06	8.000	EA	완 료
.. 피킹요청 20020206	02.02.06	8.000	EA	완 료
.. GD 출고:납품 4900039892 / 1	02.02.06	8.000	EA	완 료
.. 송장 (F2) 90002304 / 10	02.02.06	8.000	EA	완 료
... 회계문서 90002304	02.02.06	8.000	EA	반제안됨

(12) 미결주문 처리

미결주문(Backorder)은 주문을 받은 후에 일부만 납품하고 잔량이 남은 영업오더 또는 주문을 입력한 후 재고 할당을 못받은 영업오더를 의미한다. 따라서 미결주문처리는 [그림 7-40]과 같이 고객의 주문에 대하여 가용성(현 재고 및 생산 오더 또는 구매요청 내역) 부족으로 확정되지 않은 긴급주문 수량을 위하여 기 주문의 확정 수량을 삭제하고 가용성을 확정받지 못한 신규 주문의 가용성을 확정하는 프로세스이다.

결국 고객이 요청한 수량과 일자에 납기가 불가능한 경우 미결주문으로 관리하게 되는데, SAP ERP에서 미결주문을 관리하기 위해서는 건별 수작업 미결주문관리 또는 재일정계획화(Rescheduling) 작업을 통해 일괄가용성점검을 수행한다.

그림 7-40 미결주문 처리 프로세스

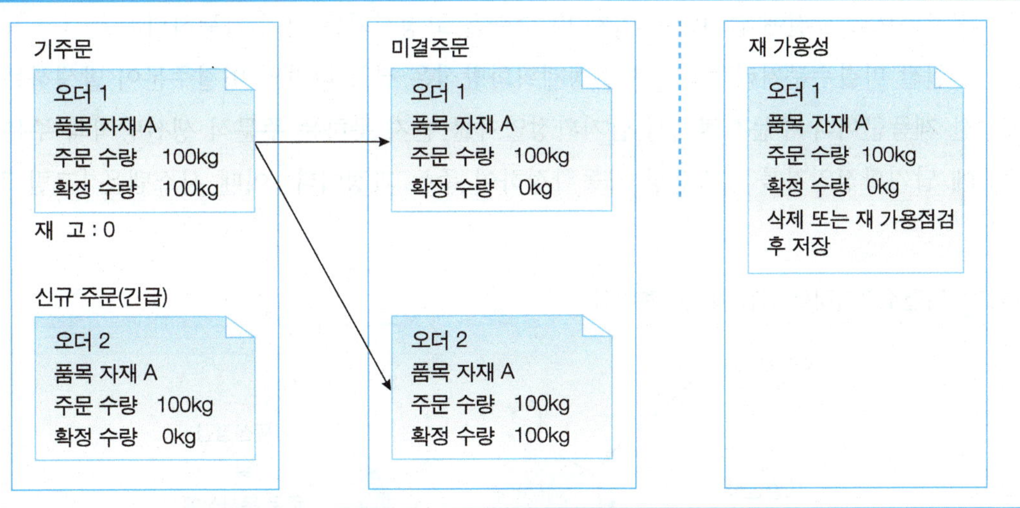

그림 7-41 미결주문을 처리하는 두 가지 방법

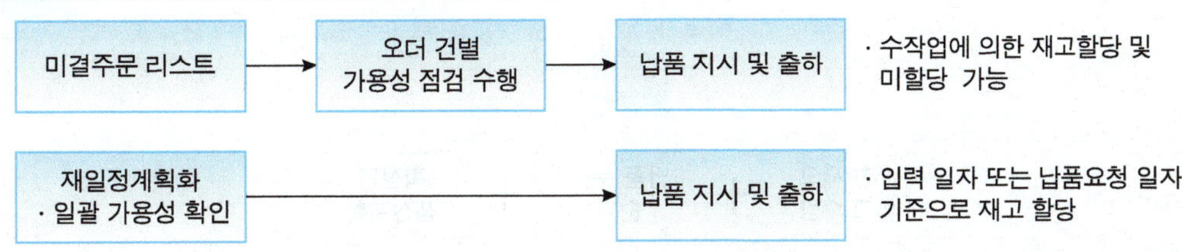

재고부족으로 인해 재고를 받지 못한 주문을 의미하는 재고 미 할당주문은 시스템상 타 주문에 할당된 재고를 강제적으로 재조정하여 처리한다. 주문에 대한 출하 이후에 주문이 완료로 간주되지만, 고객과 합의되어 일부수량만 납품하기로 된 경우 시스템 상으로 미 출하 잔량으로 주문이 계속 남아 있는 주문을 뜻하는 출하잔량 주문은 미 출하잔량에 대한 주문취소를 통해 주문을 완료시키는 것으로 처리한다.

건별 수작업 미결주문처리는 수작업 재고할당으로 우선순위를 고려할 수 있고 주문시 납품 일자 및 수량의 변경이 비교적 적다는 장점이 있으나, 미결주문 대량발생시 건별가용성 확인작업으로 작업 로드가 발생한다는 단점이 있다.

반면에 재일정계획화는 일괄가용성점검으로 시스템에 의한 일괄재고할당이 가능하며, 가용재고에 대한 최적의 재고할당이 가능하고 주문식 생산품목의 생산계획 수립시 납품 예정 일자를 반영할 수 있다는 장점이 있다. 하지만 생산 일정 수시변경에 따라 주문 입력시 납기 약속된 수량 및 일자에 변경이 생긴다는 단점이 있다. 이러한 단점을 보완하기 위해서 날짜 및 수량 고정기능으로 사전에 납기약속 일자 및 수량을 고정시키는 것이 가능하다.

일괄 미결주문처리방법인 재일정계획화방식은 결국 다량의 미결주문이 발생하는 재고생산 제품군이나 주문시점에서 납기확정일자를 받지 못하는 주문식 생산방식의 주문의 경우에 납기확정일자를 시스템상 자동확정하여 주는 과정이다. 이때 시스템은 [그림 7-42]와

그림 7-42 미결주문처리를 위한 재일정계획화

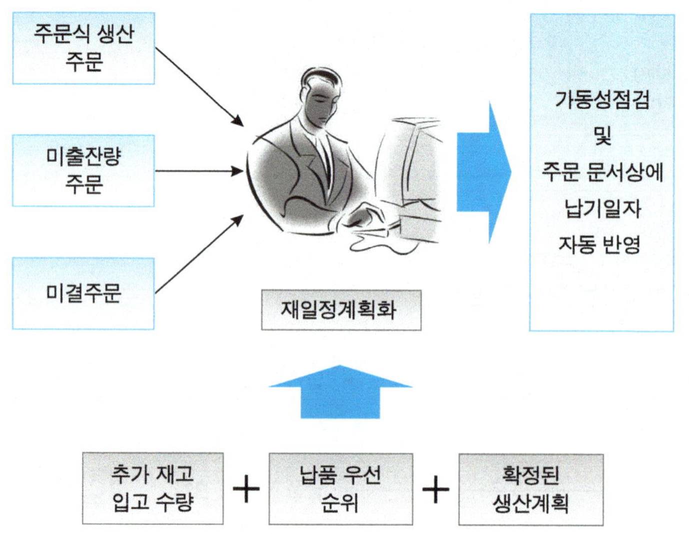

같이 추가 입고예정 수량과 납품 우선순위 그리고 확정된 생산계획을 모두 고려하여 최적의 납기확정 일자를 제시한다.

재일정계획화는 [그림 7-43]에서 볼 수 있듯이 제품별로 가능하며, 필요시에 전체 공장 단위로도 가능하다.

그림 7-43 미결주문처리를 위한 재일정계획화 초기화면

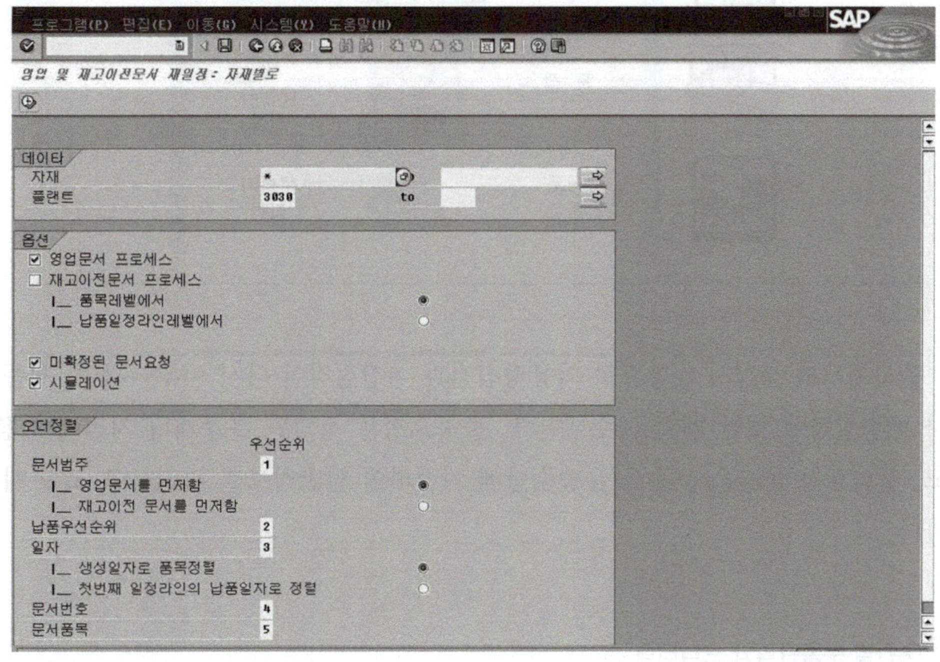

3.4 배 송

(1) 출하 및 운송 관리 개요

출하일자가 도래한 주문내용은 출하 예정리스트에 등재된다. [그림 7-44]에 나타난 바와 같이 주문을 받은 물량의 출하는 출하지시, 피킹, 포장, 제품출고의 단계를 거친다. 고객의 요청이나 납품업체의 상황에 따라, 영업오더의 출하일자를 기준으로 하나의 주문이 여러 개의 출하지시서로 나뉘어 배송될 수 있고, 또한 여러 개의 주문이 하나의 출하지시서로 취합될 수도 있다.

그림 7-44 출하 및 운송관리 기능

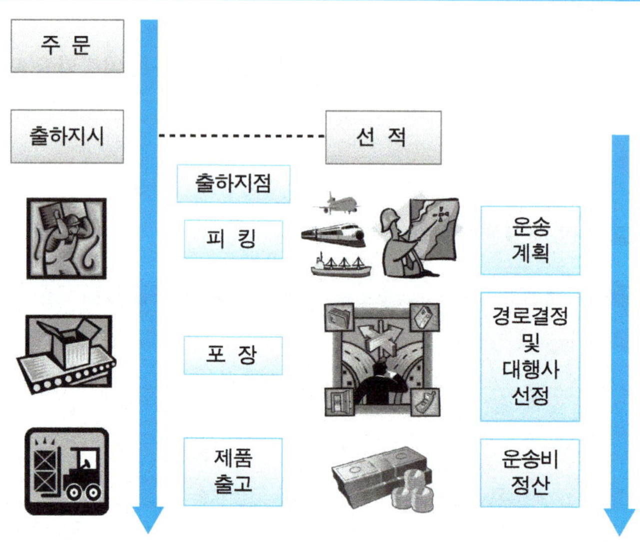

출하지시서 생성시 자동으로 가용성점검과 여신점검이 다시 이루어지며, 제품 가용일이나 배송일정에 대한 계획을 수행한다. 출하요청은 정의된 운송계획 지점에서 통합관리되고, 출하요청 물량을 운송사/운송수단에 지정하여 일반정보를 관리하고, 운송계획을 수립한다.

그림 7-45 구간별 운송관리와 모니터링

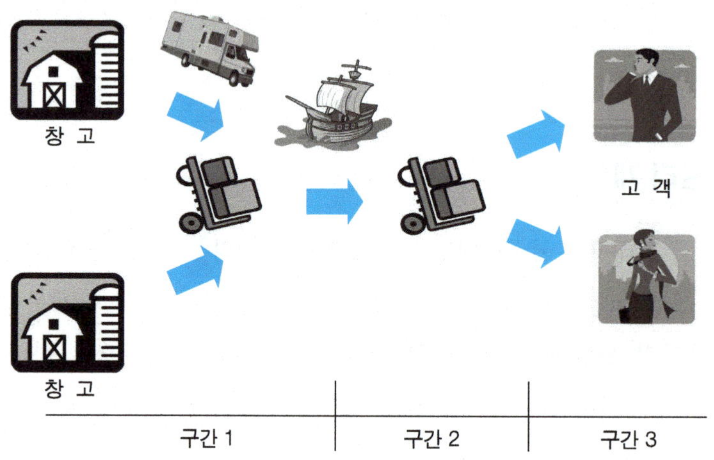

운송관리에서는 전체 운송 프로세스를 통제/감독하며, 여러 배송을 하나의 선적으로 그룹짓거나, 하나의 배송을 여러 개의 선적으로 나누어 관리하고, 운송형태, 운송업자, 선적 마감일을 관리한다.

유통경로를 위한 선적단계는 [그림 7-45]에서와 같이 공장, 출하지점, 거래처의 위치 등을 감안하여 여러 구간이나 단계로 설정된다. 출하요청을 근거로 작성된 운송문서에 운송수단 및 운송회사를 배분하고 운송문서별 운송일정을 관리한다. 또한 운송계약을 위한 기준정보, 운송비 계산, 대행사와의 비용 정산 등을 통해 비용을 최소화하는 기능을 지원한다. 그리고 거래처별, 납품 장소별 출하 현황에 대한 실시간 모니터링도 가능하다.

(2) 납품문서 생성

이 단계에서는 납품문서를 생성하고 피킹(Picking) 또는 이전오더(Transfer Order)를 생성하며, 필요시 포장을 하고 출고전기(Posting Goods Issue)를 한다.

납품문서 생성은 모든 출하활동의 시작을 의미하고 자동창고 사용시에는 납품문서를 참

그림 7-46 출고 전기의 영향

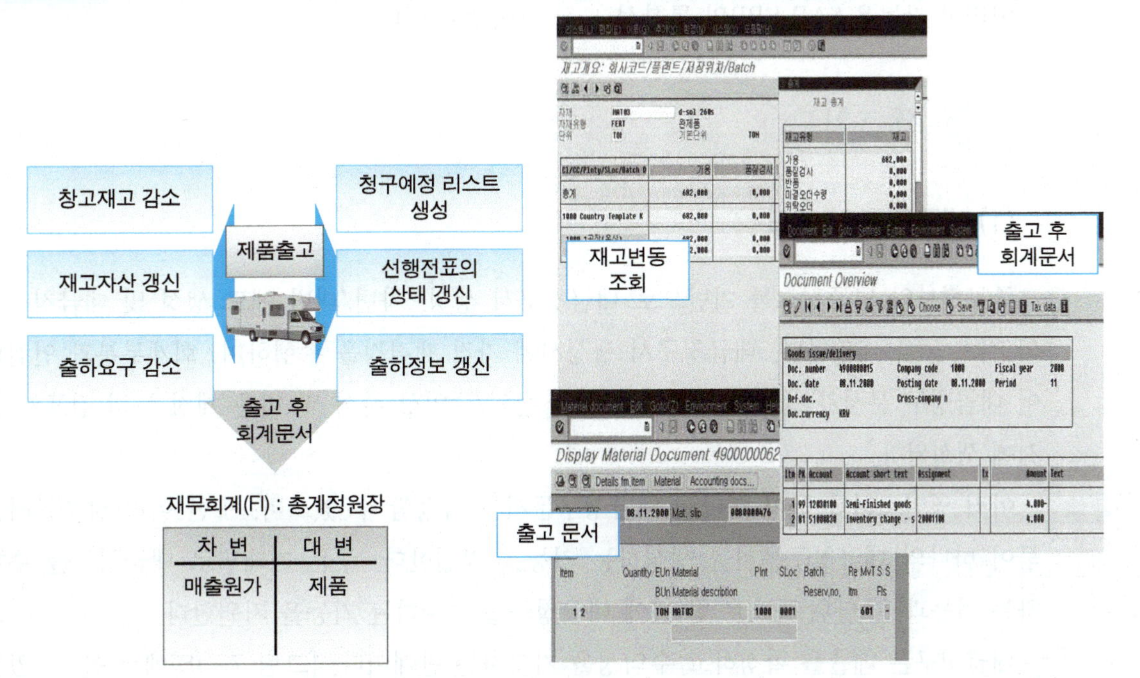

조하여 이전오더를 생성하는 것이 필요하다. 또한 피킹시에 배치나 평가유형(Split Valuation)을 적용하는 제품의 경우에는 해당 필드에 적정한 배치나 평가유형을 선택해야 한다.

제품 출고전기가 이루어지면, 자동으로 창고재고의 감소, 재고자산 갱신, 출하요구 감소 등의 재고정보와 출하정보가 갱신된다. [그림 7-46]에서 보듯이 영업오더의 진행상황이 자동으로 갱신되고 대금청구 예정리스트가 생성된다. 영업, 재고, 회계관리가 통합되어 출고 일자기준으로 출고 후 자동으로 회계로 연결되어 재고금액이 회계계정에 즉시 반영되며, 실시간으로 조회된다.

요약하면, 출고전기는 실물 출하 신호로 매출원가를 확정하며 다음과 같은 기능을 수행한다.

- 재고수량 감소
- 재고평가 금액 변동을 재고계정에 반영
- 납품 요구수량 감소
- 영업주문 및 납품 문서흐름 갱신
- 대금청구 예정리스트 작성

이러한 기능은 SAP ERP의 통합성을 잘 보여주고 있다.

3.5 대금청구

(1) 대금청구의 개요

주문정보와 납품정보를 기반으로 대금청구서 생성, 차변/대변 메모 생성 및 대금청구서의 취소 등을 지원한다. 대금청구서 생성시에 가격 재결정을 수행하며, 회계부분과 연결되어 대금청구 문서가 생성되면 총계정원장, 손익/수익성 분석 및 비용 계정 등의 전표가 동시에 생성된다.

여러 영업오더를 묶어 하나의 대금청구문서를 작성할 수 있으며, 또한 여러 납품문서를 묶어 하나의 대금청구문서를 생성하는 기능을 지원한다. 주문 거래별로 대금청구를 수행하는 기능과 월 단위 등으로 한 번에 대금청구를 수행하는 기능을 지원한다.

대금청구는 매출을 확정하고 수익성을 기록하는 단계이다. [그림 7-48]에서 볼 수 있듯

그림 7-47 대금청구 기능

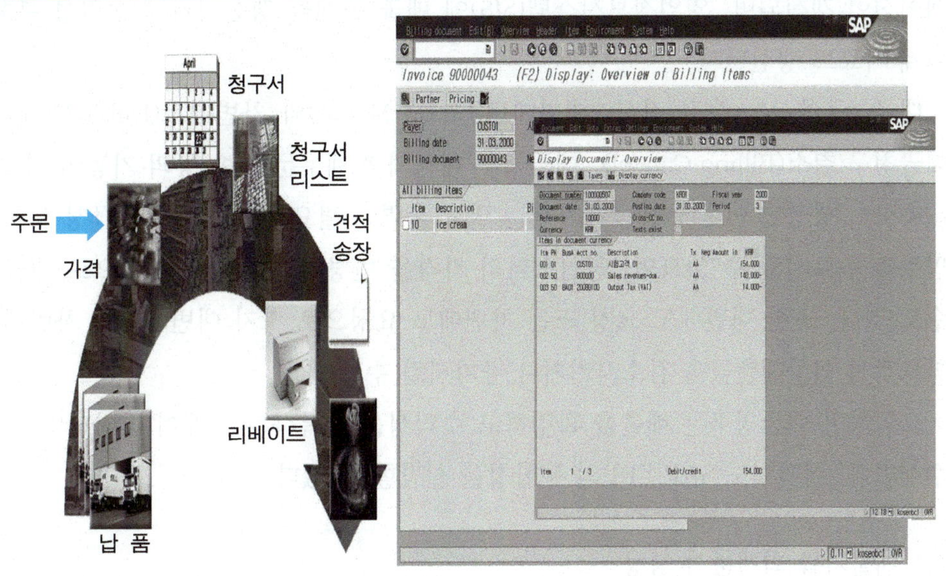

그림 7-48 대금청구의 영향

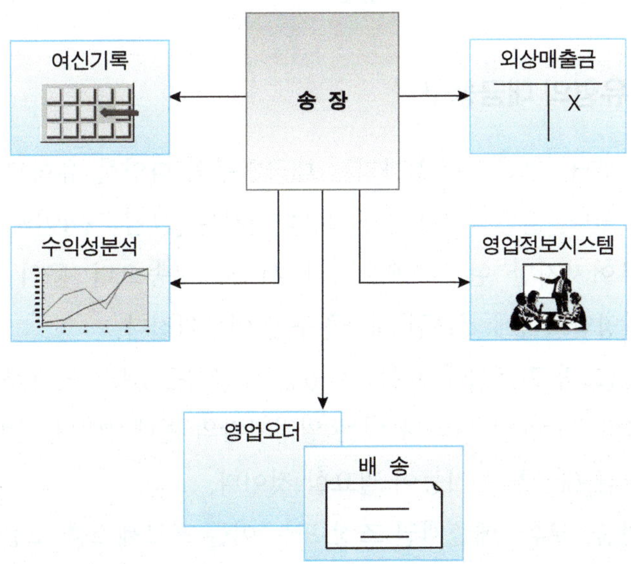

이 이 단계에서는 매출을 기록하는 회계문서가 생성되고, 연관된 모든 영업문서 상태와 고객여신이 갱신되며, 영업정보시스템(SIS)에 매출 통계를 갱신시키고 수익성 분석 등 관리회계 자료도 갱신된다.

대금청구에서는 송장 작성, 대변메모(Credit Memo)와 차변메모(Debit Memo)의 생성, 대금청구 취소(Billing Cancel), 대금청구 내역의 회계부문 전송 등의 기능이 가능하다.

송장이 생성된 이후에 세금계산서는 별도 출력이 필요하다. 또한, 대금청구 취소를 통해 업무를 종료시킬 수 있으며, 영업오더의 가격을 변경하고 수정된 금액으로 대금청구를 할 수도 있다. 또한 대변메모 요청 또는 차변메모 요청으로 각기 대변메모와 차변메모를 생성함으로써 외상매출금을 감소시키거나 증가시킬 수 있다.

요약하면 대금청구는 매출을 확정하고 수익성을 기록하는 단계이며 아래와 같은 기능을 수행한다. 여기서도 SAP ERP의 통합성을 실감할 수 있다.

- 매출기록 회계문서 생성
- 연관된 모든 영업문서 상태 갱신
- 고객 여신기록 갱신
- 영업정보시스템(SIS)에 매출 통계 갱신
- 수익성 분석 등 관리회계 자료 갱신

(2) 다양한 유형의 대금청구

[그림 7-49]부터 [그림 7-52]까지는 대금청구의 다양한 유형과 이에 대한 처리프로세스를 나타내고 있다. 일반적인 표준영업오더에서는 [그림 7-49]와 같은 출하에 기초한 대금청구가 이루어지지만 현금판매오더나 제3자 직송오더 등의 오더유형에서는 [그림 7-50]과 같은 영업오더에 기초한 대금청구가 이루어진다.

그 이외에도 [그림 7-51]에서 볼 수 있는 대금청구 취소나 가격변경 후의 대금청구 기능, 그리고 [그림 7-53]에 나타나 있는 일정기간의 판매량이나 판매금액에 기초하여 리베이트를 주는 소급 대금청구 기능이 필요할 것이다.

무상납품, 반품, 교환, 매출채권 조정 또는 이들 프로세스를 조합하여 다양한 대금청구 처리 형태를 지원한다. 무상납품은 무상으로 제품을 고객에게 제공하는 것으로 제품출하에 대한 재고관리를 수행하나 청구문서는 작성하지 않는다. 반품은 출고된 제품을 재반입

그림 7-49 출하에 기초한 대금청구 유형 처리

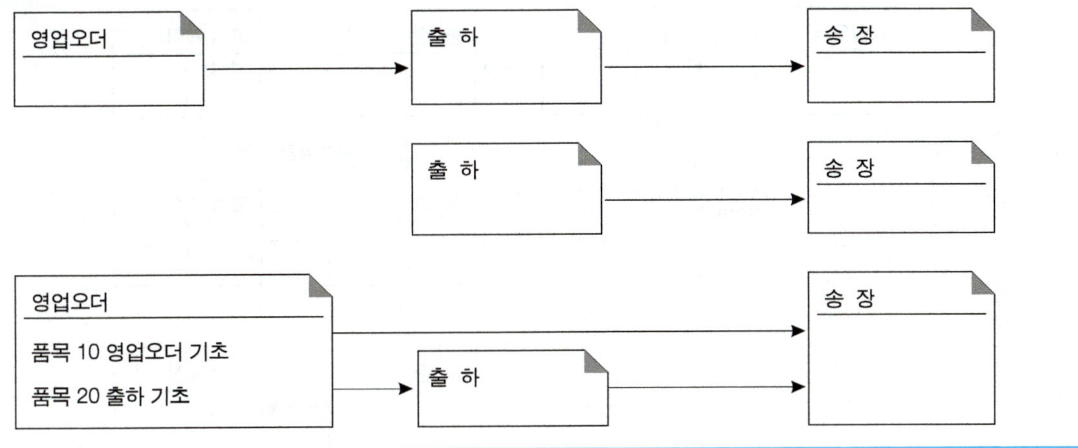

그림 7-50 영업오더에 기초한 대금청구 유형 처리

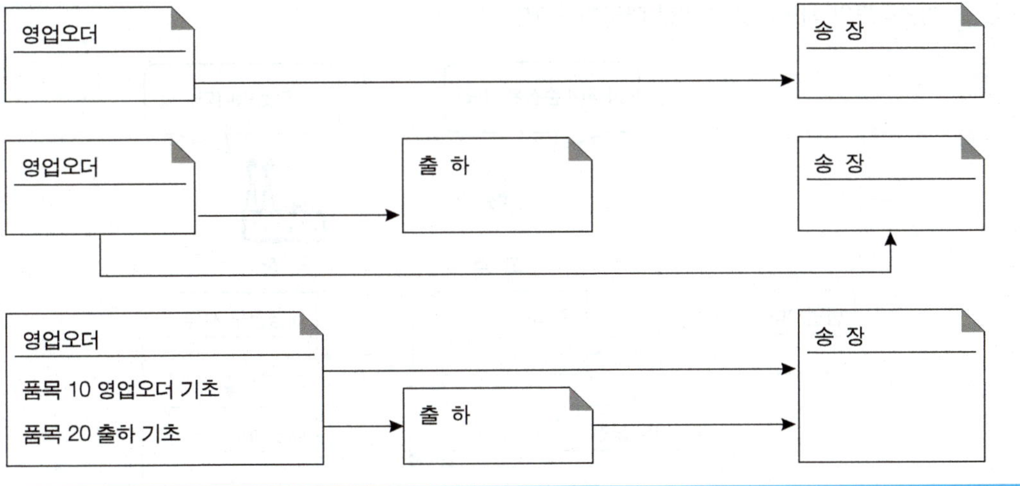

그림 7-51 대금청구 취소 처리

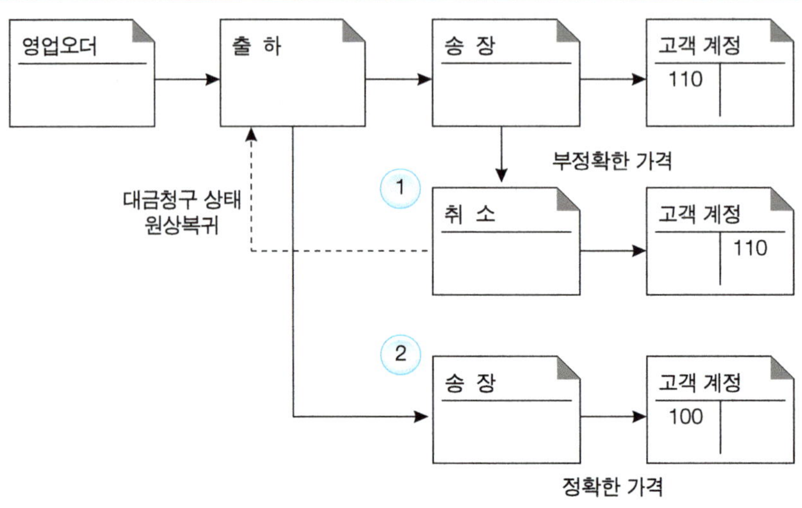

그림 7-52 대변메모와 차변메모에 의한 대금청구 기능

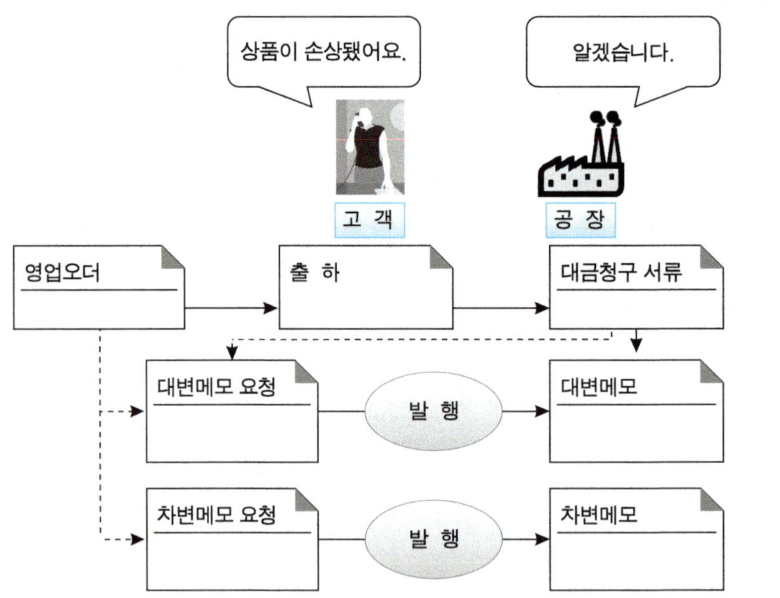

처리하고, 해당 고객에 대하여 채권 상계 등의 회계처리를 수행한다.

[그림 7-52]와 같이 대변메모 요청이나 차변메모 요청에 의해 매출채권 조정요청을 하여 제품에 대한 재입고 처리없이, 해당 고객에 대한 채권 상계 등의 회계처리만 수행할 수 있다. 또한 반품 대금청구 기능을 수행하면 실시간으로 재고의 입/출고 및 회계처리가 자동으로 이루어진다.

그림 7-53 대변메모에 의한 리베이트 처리 영향

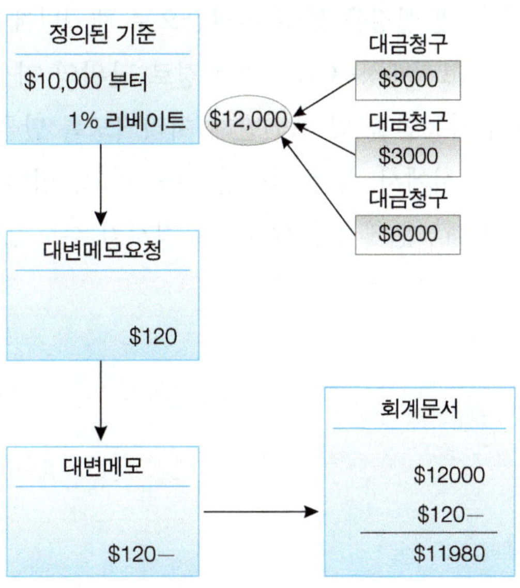

[그림 7-53]에 나타나 있듯이 고객에 대한 일정기간의 판매량을 기초로 하여 특별할인을 지원한다. 고객과 소급계약을 체결하고 소급 대상자, 소급이 계산되는 기준, 계약 기간 등에 대해 정의된 조건들을 기반으로 소급 대금청구가 수행되며, 고객별, 제품별, 고객그룹별 소급금액이나 퍼센트 등의 다양한 조건을 지원한다. 소급금액 및 퍼센트는 가격 산정시에 가격 기준정보 및 가격 기준공식을 이용하여 결정되며, 소급 대금청구(리베이트)에 대한 회계전표가 자동으로 생성된다.

3.6 채권반제(Payment)

고객주문 관리사이클의 마지막 단계이다. 고객입금에 의한 채권반제가 대부분이겠지만 고객이면서 공급업체인 어떤 회사와의 관계가 있다면 채무와 상계시키는 채권반제도 존재한다. 재무회계 모듈에서 채권반제가 이루어지는데, 반제된 내용은 영업오더의 문서흐름에서도 조회하여 볼 수 있다. 또한, 채권은 고객계정에서 반제되면서 동시에 여신관리영역(CCA:Credit Control Area)과 유통경로단위에서 발생하고 반제된다.

기업에서는 은행 등과 펌뱅킹을 통해 실시간으로 채권반제를 시킬 수도 있고, 고정거래고객(대리점 등)의 경우 고객계정+CCA+유통경로 단위의 가상계좌를 부여하여, 가상계좌 입금액이 매일 3~4회 자동인출 및 채권반제 처리되도록 만들 수도 있다. 또한 채권과 채무의 상계처리는 회계부서에서 직접 처리할 수도 있고, 영업관리부서에서 반제처리를 하여 전표를 발행한 후 회계부문에 전송시켜서 확정시킬 수도 있다.

연 습 문 제

01 영업영역의 개념을 서술하고, 영업영역을 구성하는 세 가지 요소들을 기술하시오.

02 영업영역에 관한 설명 중 틀린 것은 무엇인가?

① 각종 실적보고와 가격결정 단위조직으로 관리
② 영업문서 생성에서는 반드시 하나의 영업영역 정보를 입력해야 함
③ 하나의 영업영역은 반드시 하나의 공장에만 할당 가능함
④ 영업영역의 구성요소는 영업조직, 유통채널, 제품군임

03 다음 중 영업조직을 상위조직에서 하위조직으로 바르게 연결한 것은 무엇인가?

① 영업조직 – 영업그룹 – 사업장
② 영업조직 – 사업장 – 제품군
③ 사업장 – 영업그룹 – 영업조직
④ 영업조직 – 사업장 – 영업그룹

04 다음 중 영업 관련 조직 중의 하나인 제품군을 바르게 설명한 것은 무엇인가?

① 판매자재가 어떠한 방법으로 고객에게 전달될 것인지를 결정하는 조직단위
② 배송자재와 서비스, 판매조건 협상을 담당하는 조직단위
③ 유통관리와 특정 판매자재의 수익성 모니터링을 위해 설정된 제품을 구분하는 조직단위
④ 같은 경로로 판매될 수 있는 모든 자재를 그룹화 하는데 사용하는 조직단위

05 다음이 의미하는 영업조직체계는 무엇인가?

> · 판매 자재가 어떠한 방법으로 고객에게 전달될 것인지를 결정하는 조직단위
> · 한 회사가 어떠한 방법으로 거래를 촉진시키고, 유통 상 어떠한 조직이 연관되어 있는지 정의하는 조직단위

① 사업장
② 영업그룹
③ 제품군
④ 유통채널

06 SD모듈에서 사용하는 기준정보를 3개 이상 쓰시오.

07 다음은 고객 기준정보에 대한 설명이다. 다음 중 바르지 않은 것은 무엇인가?

① 회사와 접촉하는 비즈니스 파트너에 관한 정보를 담고 있다.
② 일반데이터 뷰의 정보는 하나의 회사코드 내 판매조직에 균일하게 적용되는 데이터이다.
③ 판매/물류데이터는 하나의 판매조직 내에 한정되는 데이터이다.
④ 고객 기준정보는 영업활동 지원을 위한 고객정보관리를 위해 사용한다.

08 고객 기준정보의 구성이 바르게 정의된 것은 무엇인가?

① 회사코드데이터 – 일반데이터 – 영업영역데이터
② 클라이언트 데이터 – 회사코드데이터 – 일반데이터
③ 일반데이터 – 영업영역데이터 – 구매영역데이터
④ 일반데이터 – 회사코드데이터 – 구매영역데이터

09 다음은 ERP의 물류(판매, 구매, 생산, 물류) 프로세스를 정리한 것이다. 빈칸에 들어갈 프로세스를 적으시오.

> "고객주문 수주 → 고객 주문 수량/재고 확인 → (재고 부족 시) (   ) → 계산된 원자재 소요량을 구매 → 구매한 원자재 생산 공장으로 입고 → 생산으로 반영 → 생산 실행 → 완제품 생산 → 창고로 이동/적치 → 상품출하지시 → 출고 → 회계 반영"

10 다음은 고객 주문접수시 동시에 확인/처리하는 기능을 정리한 것이다. 맞는 것을 모두 고르시오.

① 출하지점 결정　　② 가격결정
③ 제품 가용성 확인　　④ 여신한도 확인

11 고객주문에 포함되는 내용이 아닌 것은 무엇인가?

① 고객 및 자재정보　　② 생산정보
③ 대금청구정보　　④ 가격조건

12 다음의 세 가지가 공통적으로 의미하는 영업/유통모듈관련 용어를 쓰시오.

> · 주문, 납품, 피킹, 출고전기 및 대금청구 등 이후 프로세스의 내용과 특성을 결정하는 키 값
> · 이것에 따라서 주문입력 이후 업무처리방법이나 기준이 달라진다는 것을 의미함
> · 견적, 문의, 영업주문 등의 생성시 후속 프로세스의 유형별로 항상 지정해야 함

13 다음의 세 가지가 공통적으로 의미하는 영업관련 용어를 쓰시오.

- 주문생성 시점에 납품이 가능한 일자를 확정하기 위해 재고가 필요한 일자에 사용가능한 자재가 있는지 확인하는 것
- 고객이 요청한 납품 일자에 주문 수량의 납품이 가능한지 확인하여, 가용한 재고가 있는 경우 주문오더에 할당하는 작업
- 현재의 재고뿐 아니라 미래의 입고 및 차감될 재고요소까지 고려함

14 영업문서가 발생하는 단계를 표시한 것이다. 괄호 안에 들어갈 용어를 각각 쓰시오.

문의(Inquiry) → (　　　) → 영업오더(Sales Order) → 출고지시(Delivery Order) → 제품출고(Good Issue) → (　　　)

15 영업문서의 구조는 크게 세 가지 영역으로 나눌 수 있는데, 영업문서 구조에 대한 설명에서 괄호 안에 들어갈 용어를 쓰시오.

- (　　　)은/는 주문문서 전체에 대한 고객과 관련된 정보를 관리
- (　　　)은/는 고객으로부터 주문된 자재와 수량에 관한 정보를 관리
- 납품일정라인은 납품일자별 수량과 같은 납품관련정보를 관리

16 출하 프로세스를 구성하는 단계를 순서대로 알맞게 짝지은 것은 무엇인가?

① 납품서－피킹－출고전기　② 대금청구－납품서－출고전기
③ 납품서－피킹－입고전기　④ 출고전기－포장－피킹－납품서

17 영업문서 생성에 대한 설명 중 바르지 않은 것은 무엇인가?

① 선행문서 내용을 복사하여 신규문서를 생성할 수 있다.
② 영업문서는 전체 처리내역을 문서흐름에서 확인할 수 있다.
③ 고객 기준정보는 반드시 입력해야 한다.
④ 영업문서 생성시 재고 유무는 확인할 수 없다.

18 출고전기의 효과가 아닌 것은 무엇인가?

① 매출을 확정하고 수익성을 기록하며 세금계산서 산정의 기준으로 한다.
② 실물 출하 신호이므로 매출원가를 확정한다.
③ 납품 요구수량이 감소하고 대금청구 대상리스트를 작성한다.
④ 영업주문, 납품문서 흐름이 갱신된다.

19 영업모듈의 주문유형에 대한 설명 중 틀린 것은 무엇인가?

① 주문, 납품, 피킹, 출고전기 및 대금 청구 등의 이후 프로세스의 내용과 특성을 결정하는 키 값이다.
② 영업문서를 생성할 때 필수 입력 항목이다.
③ 주문입력 이후 업무처리방법이나 기준이 달라진다는 것을 의미한다.
④ 오더유형이 다르더라도 동일한 화면구성을 제공한다.

20 고객마스터에서 파트너 기능을 사용하는 목적은 무엇인가?

21 SAP ERP에서의 조건 마스터는 가격 기준정보를 의미한다. 조건마스터를 구성하는 네 가지 구성요소를 쓰시오.

22 영업오더를 만들 때 여신점검을 해보니, 고객의 여신한도가 90,000,000원이며, 대금청구를 하여 외상매출금이 120,000,000원이 발생하였고, 출고 후 대금청구 미실행액이 20,000,000원이며 만기가 도래하지 않은 어음액(특별부채)이 40,000,000원이라고 가정하자. 귀하가 영업사원이라면 이 고객에게 30,000,000원의 추가 영업오더를 받을 수 있을지에 대한 이유를 기술시오.

23 영업오더를 받을 때 A자재 100개가 고객이 원하는 날짜에 가용한 지 가용성점검을 해보니 A자재의 실물재고와 공장간 이동재고, 구매오더를 합한 자재 숫자가 A자재의 기할당된 재고와 종속소요량, 그리고 예약을 합한 자재 숫자보다 500개 많았다. 영업사원 입장에서 어떻게 할 것인가?

※ 다음 그림을 보고 답하시오. (24~25)

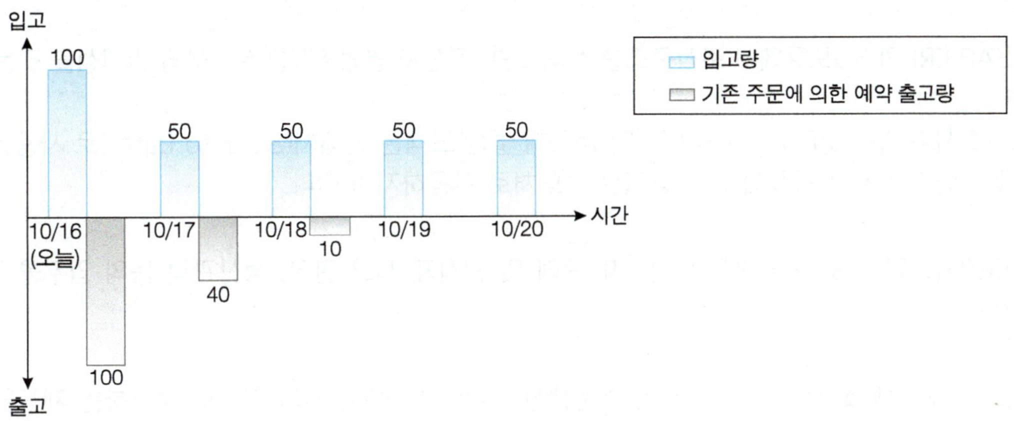

24 오늘(10/16) 평소 자주 거래하는 단골고객 A로부터 2일후(10/18)까지 120개의 제품을 구입하고 싶다는 문의를 받았다. ERP시스템을 통해 영업오더를 생성하기 위하여 우선 가용성 점검을 진행할 경우, 고객 희망하는 날짜(10/18)까지 해당 고객에게 약속할 있는 제품 수량은 몇 개인가?

25 오늘(10/16) 제품 구입을 문의해 온 고객 A가 반드시 제품 120개를 모두 한꺼번에 구입하는 것을 원한다면, 해당 고객에게 판매가 가능하다고 제안할 수 있는 날짜는 언제부터인가? 120개의 제품 판매가 가능해지는 첫 날짜를 구하시오.

26 SD모듈의 미결주문이란 무엇이며, 미결주문을 처리하는 두 가지 방식의 장단점을 설명하시오.

27 ERP시스템의 SD모듈에서 피킹이란 무엇인가 간략히 쓰시오.

28 대금청구의 결과와 효과를 기술하시오.

29 SAP 대금청구에서 대변메모를 만들어 사용하는 경우를 모두 설명하시오.

다음을 읽고 O, X로 답하시오.(30~35)

30 SAP ERP의 SD모듈에서 조직구조를 살펴보면, 공장과 영업조직은 N : M의 관계성을 갖는다.

31 인도처(Ship-to Party)로만 마스터 등록해 놓은 고객은 판매처(Sold-to Party)로 사용할 수 있으나 판매처로 등록해 놓은 고객은 인도처로 사용하지 못한다.

32 ERP시스템의 SD모듈에서는 원자재 구매 및 원자재 재고 관리, 생산관리 등의 업무를 관장한다.

33 SAP ERP시스템의 PP모듈에서, 주문생산(Make-to-Order)의 형태로 생산하는 제품을 위하여 고객으로부터의 영업주문에 의하여 생산계획을 세우는 것이 기본이다.

34 ERP시스템의 SD모듈에서, 고객으로부터 주문을 받아 영업오더를 생성할 때 해당 고객의 여신 정보를 조회하고 점검할 수 있다.

35 출하 처리시에 피킹처리만 하여도 재고계정이 감소하고 외상매출금이 발생한다.

SAP ERP의 실습 및 활용

제1장

SAP ERP 익숙해지기

01 SAP ERP 접속

SAP ERP를 사용하기 위하여, 우선 대용량 서버에 SAP ERP를 설치하고, 각 클라이언트 PC에 SAP ERP GUI를 설치한다. SAP ERP GUI가 설치된 PC의 바탕화면에는 [그림 1-1]의 왼쪽에 보이는 것과 같은 SAP 로그온 아이콘이 생성되고, 이 아이콘을 마우스로 더블 클릭하면 [그림 1-1]의 오른쪽에 보이는 것과 같은 SAP 로그온 창이 나타난다.

그림 1-1 SAP ERP 접속화면

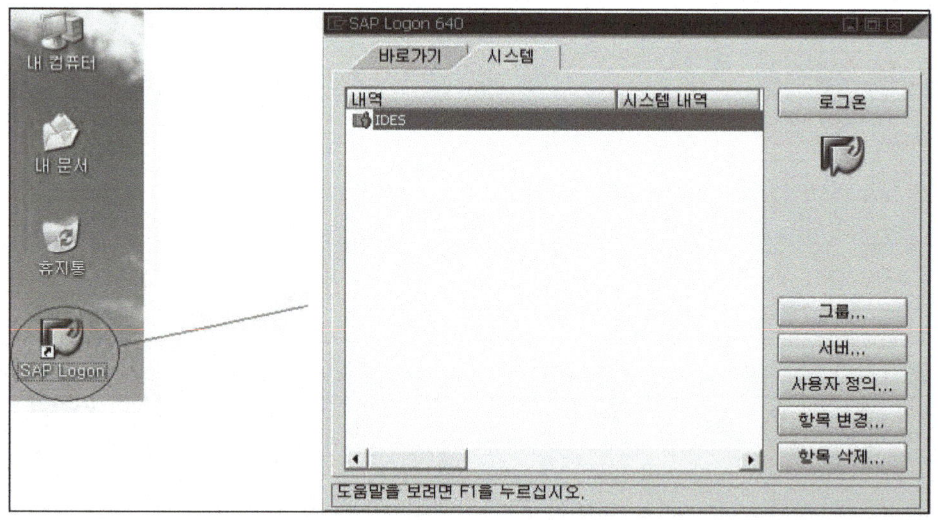

SAP ERP를 사용하기 위해서는 여기에서 IDES 내역을 설정하고, 로그온을 실시하여야 한다.

[그림 1-1]의 로그온 버튼을 누르면 [그림 1-2]와 같이 사용자 ID와 패스워드를 입력하는 화면이 나온다.

여러 사람이 공유하는 시스템을 사용하기 위해서는 개인별로 ID와 패스워드를 입력해야만 한다. 이러한 ID는 시스템 담당자에게 신청해야 하며, ID를 부여받으면 이제 SAP시스템에 로그온할 수 있다. 사용자 ID와 패스워드를 입력하고 엔터 버튼을 누르면 SAP 접속

그림 1-2 SAP ERP의 로그온 화면

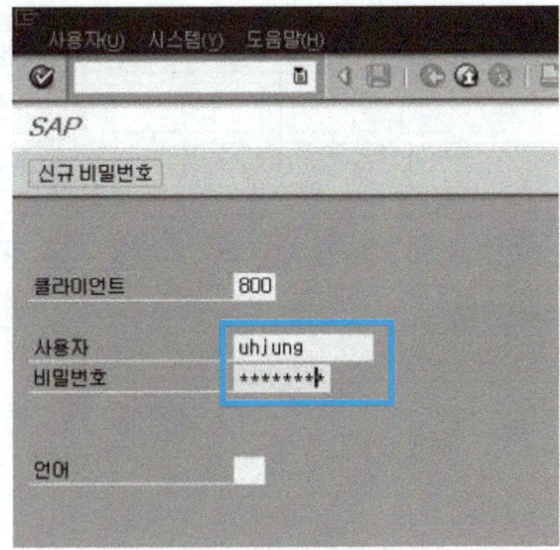

이 완료된다. 이때 언어필드에 아무 것도 입력하지 않거나 K를 입력하면 모든 메뉴와 화면이 한국어로 나오고 언어에 E를 입력하면 모든 메뉴와 화면이 영어로 나타난다.

02 SAP 초기화면

SAP ERP의 초기화면은 [그림 1-3]과 같다. 화면 왼편에는 탐색경로가 나타나 있고, 여기에서 원하는 기능을 찾아 더블 클릭하면 화면이 열리면서 작업을 할 수 있게 되어 있다. 즐겨찾기 기능은 사용자가 원하는 항목을 등록하여 자주 사용하는 화면에 편리하게 접근할 수 있도록 한다.

상단에는 '메뉴 바(Menu Bar)'가 있는데 메뉴 바에서는 별도의 트랜잭션 코드없이 사용자들이 다양한 내용의 업무처리(Transac tion)를 실행할 수 있다. 원하는 메뉴에 마우스를 가져가면 사용가능한 메뉴의 종류가 나타나고 이것을 클릭하면 된다. 그 아래에는 아이콘 형태의 버튼들이 있는 '어플리케이션 툴 바'가 있다. 여기에서는 입력, 저장, 뒤로가기, 프린트, 화면확대 및 축소, 새창열기 등의 자주 쓰는 기능을 지원한다. 툴 바의 왼쪽에 명령 필드(Command Field)가 있는데, 이곳에 사용자가 작업하고자 하는 트랜잭션 코드

그림 1-3 SAP ERP 초기화면

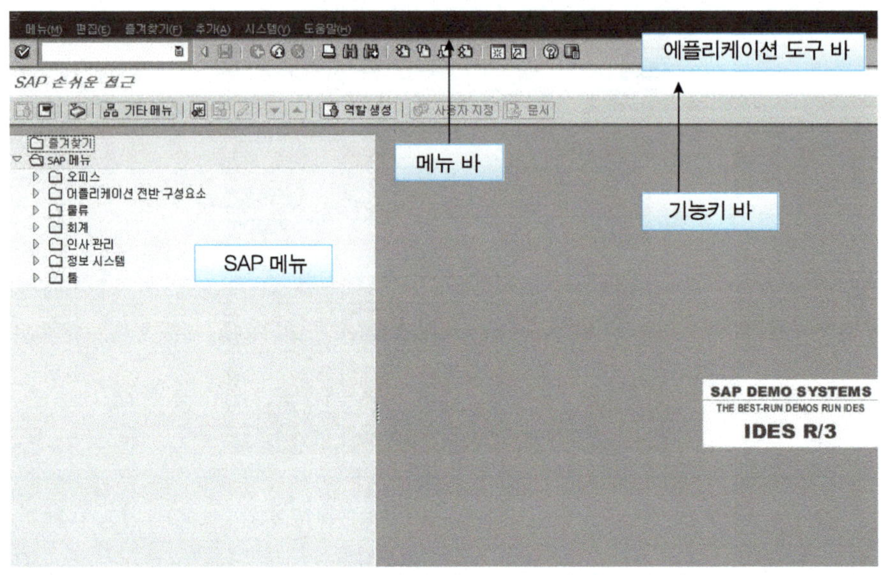

〈표 1-1〉 SAP ERP 주요 아이콘 설명

아이콘	기 능	단축키	설 명
	입력내용 저장	F11	저장해야 입력(변경)내용이 시스템에 반영된다.
	전 화면으로 이동	F3	
	종 료	Shift + F3	첫 화면에서 클릭하면 로그아웃(오프) 된다.
	취 소	F12	저장하지 않은 내용을 취소한다.
	프린트	Ctrl + P	현재화면을 프린트한다.
	찾 기	Ctrl + F	현재화면에서 내용 검색한다.
	다음 찾기	Ctrl + G	
	첫 페이지	Shift + F9	
	전 페이지	Shift + F10	
	다음 페이지	Shift + F11	
	마지막 페이지	Shift + F12	
	새로운 세션 생성		최대 6개 생성할 수 있다.
	단축키 생성		바탕화면에 바로가기 생성한다.
	도움말		
	로컬 레이아웃 설정		시스템의 폰트, 색상 등을 설정한다.

(T-Code)를 입력함으로써 메뉴를 일일이 실행하지 않고 트랜잭션을 바로 시작할 수 있다. 그 밑에는 SAP 메뉴를 제어하는 '기능키 바'가 있다. 오른쪽 하단에는 시스템정보와 사용자정보 등이 표시되어 있다.

SAP ERP에서 주로 사용하는 아이콘을 몇 가지만 예시하면 〈표 1-1〉과 같다.

[그림 1-3]의 화면 왼편에 있는 탐색경로를 따라 사용자가 원하는 특정한 작업을 선택

그림 1-4 SAP ERP 로그아웃 화면

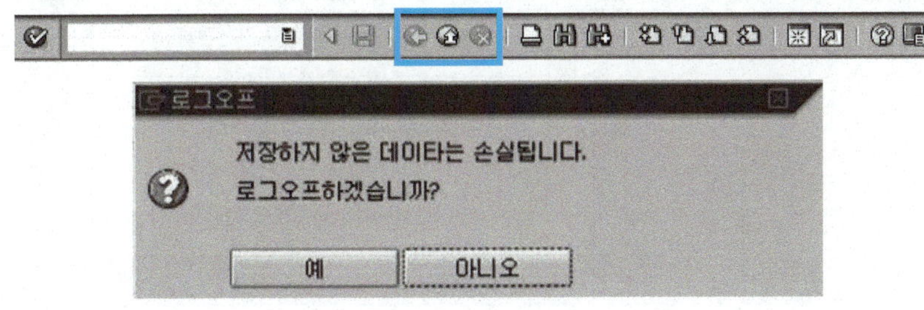

하여 더블 클릭하면, 새로운 화면이 열리면서 작업을 할 수 있게 된다.

〈표 1-1〉과 [그림 1-4]에서 볼 수 있는 종료 버튼을 누르면 창이 닫히거나 또는 종료 확인 팝업 창이 나타난다.

SAP ERP를 사용하면서, [그림 1-5]와 같은 현재 시스템상태정보를 확인해 보는 것이 가능하다. [그림 1-3]의 왼편에 있는 탐색경로를 따라 특정 트랜잭션, 예를 들면 새로운 자재를 등록하는 화면을 선택한 후, 화면상단의 메뉴 바에서 '시스템'을 클릭하고 아래로 열리는 메뉴 중 '상태'를 선택하면, [그림 1-5]와 같이 시스템상태를 조회하는 화면이 나타난다.

[그림 1-5]에서는 해당 화면이 자재관리에서 자재생성에 관련된 것이라는 것을 '트랜잭션' 항목의 고유번호(Transaction Code)로부터 파악할 수 있고, 트랜잭션 코드만 입력해도 해당 화면으로 바로 이동할 수 있다. 즉, 시스템상태 조회화면에서는 사용자 ID, 서버이름, DB이름, 접속시간, 현재화면의 고유번호(Transaction Code), SAP 라이센스 정보 등을 조회할 수 있다.

그림 1-5 시스템상태 조회화면

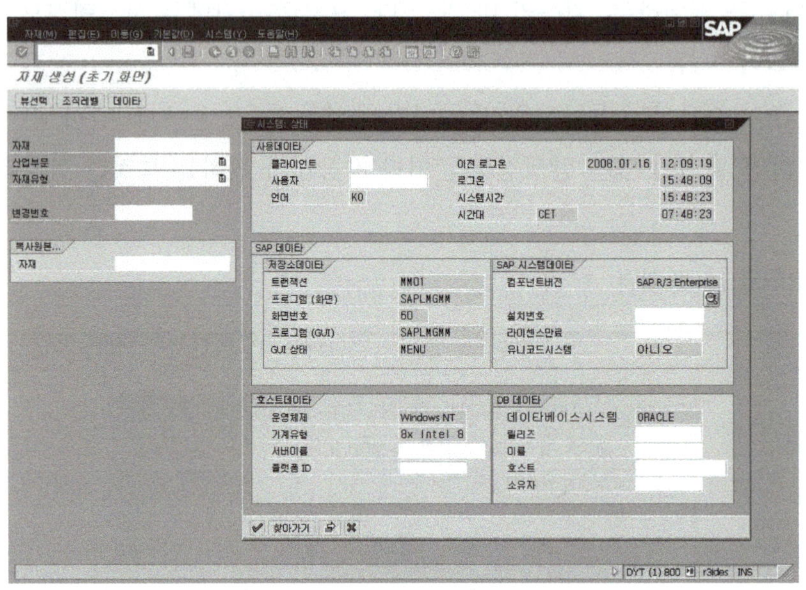

03 SAP ERP의 기본 기능 활용

SAP ERP를 사용하기 위하여 기본적으로 숙지하고 있어야 하는 기능으로는 메뉴 바 활용, 트랜잭션 코드 활용, 즐겨찾기 활용, 세션제어 등이 있다.

(1) 트랜잭션 코드(Transaction Code)

SAP ERP에서 사용하는 작업화면들은 각각 고유한 번호(혹은 이름)를 가지고 있고, 이러한 번호를 이용하여 체계적으로 관리되고 있다. 이러한 작업화면들의 고유한 번호를 '트랜잭션 코드(Transaction Code: T-Code)'라고 부른다. 사용자는 이러한 작업화면들의 고유번호를 파악하여 곧바로 작업을 할 수 있다.

각각의 작업화면에 대한 트랜잭션 코드를 조회하고자 할 때, 우선 현재작업 중인 기술이름은 상단의 메뉴 바를 이용하여 조회할 수 있다. 화면상단의 메뉴 바에서 '시스템'을 클릭하고 ‘상태’를 선택하면, [그림 1-5]와 같이 시스템상태 조회화면이 나타난다. 여기에서 ‘트랜잭션’ 항목의 내용이 바로 트랜잭션 코드에 해당한다.

또 다른 방법으로 각 화면의 고유번호를 파악할 수도 있다. SAP ERP의 기본적인 메뉴 탐색경로에서 작업하고자 하는 내용을 찾고 마우스로 선택한 후, 화면상단의 메뉴 바에서 ‘추가’를 클릭하고 ‘기술적 세부사항’을 선택하면 [그림 1-6]과 같은 화면이 열리면서 현재화면의 고유번호와 명칭, 영역정보를 알려준다. 여기에서 ‘트랜잭션 코드’라고 명시된 내용을 확인할 수 있다.

그림 1-6 **트랜잭션 코드 조회**

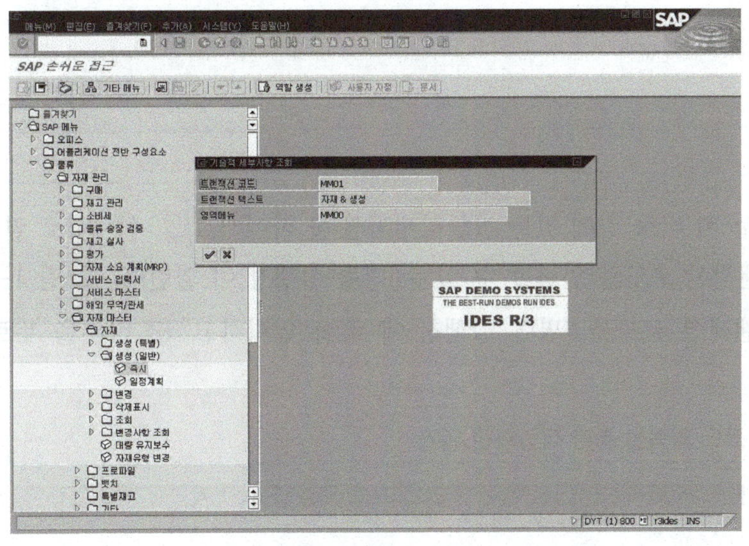

이처럼 작업하는 화면마다 ‘상태’를 확인하거나 ‘기술적 세부사항’을 조회하면서 트랜잭션 코드를 파악하는 것도 가능하지만, 이는 매우 번거롭고 비효율적인 방법이다. 따라서 [그림 1-7]과 같이 SAP의 기본메뉴 경로에 트랜잭션 코드가 항상 표시되어 나타나도록 할 수도 있다. 화면상단의 메뉴 바에서 ‘추가’ 메뉴를 클릭하면 아래로 열리는 메뉴 중 ‘세팅’을 선택하면, [그림 1-7]에 보이는 것과 같이 화면 세팅지정을 할 수 있다. 여기에서 “기술이름 조회”에 체크표시를 한 후 ✔ 버튼을 누르면, 왼편의 메뉴경로에서 각각의 작업화면마다 트랜잭션 코드가 항상 표시된다.

트랜잭션 코드를 알고 있을 경우, 각각의 작업화면을 곧바로 열어서 쉽게 작업을 할 수

그림 1-7 기본메뉴 경로에 트랜잭션 코드가 항상 나타나도록 세팅

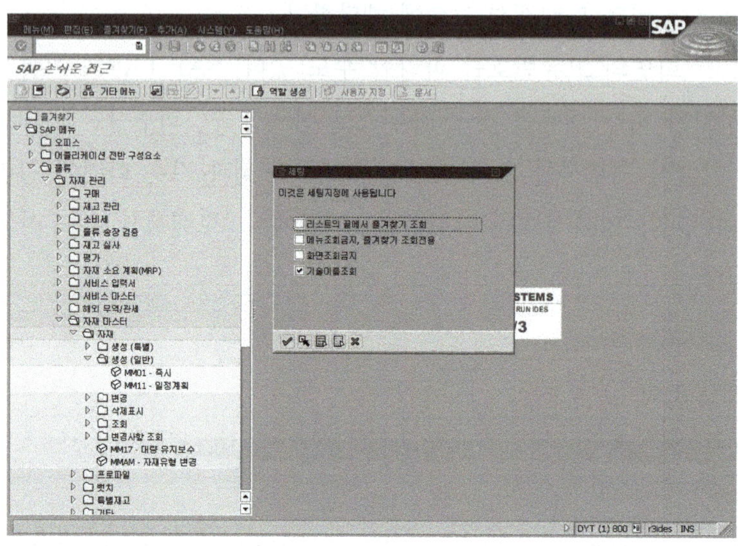

있다. 메뉴 바 바로 밑에 있는 어플리케이션 툴 바에서, [확인] 버튼 바로 옆의 [▷] 버튼을 클릭하면 트랜잭션 코드를 입력할 수 있는 '명령 실행창'이 열린다. [그림 1-8]에서 보는 바와 같이 트랜잭션 코드를 '명령 실행창'에 직접 입력하고 [확인] 버튼을 누르거나 키보드에서

그림 1-8 트랜잭션 코드 입력을 통한 작업화면 열기

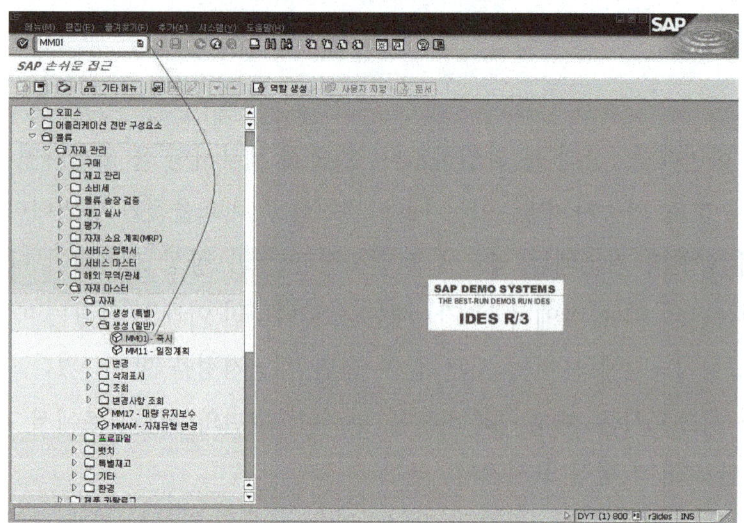

엔터 를 입력하면, 해당 트랜잭션 코드에 대한 작업화면이 바로 열리면서 사용할 수 있게 된다.

기본메뉴 경로에서 삭제된 구 화면의 경우에도, 과거의 트랜잭션 코드를 명령 실행창에 입력하면 구 화면이 열리면서 작업하는 것이 가능하다.

(2) 즐겨찾기 기능

SAP ERP에서는 인터넷 브라우저와 마찬가지로 자주 사용하는 화면을 즐겨찾기로 등록하여 사용할 수 있다. 즐겨찾기 기능은 사용자가 매번 복잡한 탐색경로를 따라 작업창을 찾아야 하는 수고를 덜어주므로 매우 편리하며, 즐겨찾기로 등록된 화면들을 대상으로 별도의 폴더를 생성하여 체계적으로 관리하는 것이 가능하다.

[그림 1-9]에 나타난 것과 같이 화면왼편의 탐색경로를 따라 사용자가 작업하고자 하는 기능을 찾았을 때 해당 작업을 즐겨찾기에 추가하고자 한다면, 마우스 오른쪽 버튼을 클릭하여 몇 가지 실행메뉴가 나타나도록 하고 '즐겨찾기에 추가'를 선택하면 된다.

그림 1-9 탐색경로에서 즐겨찾기 추가

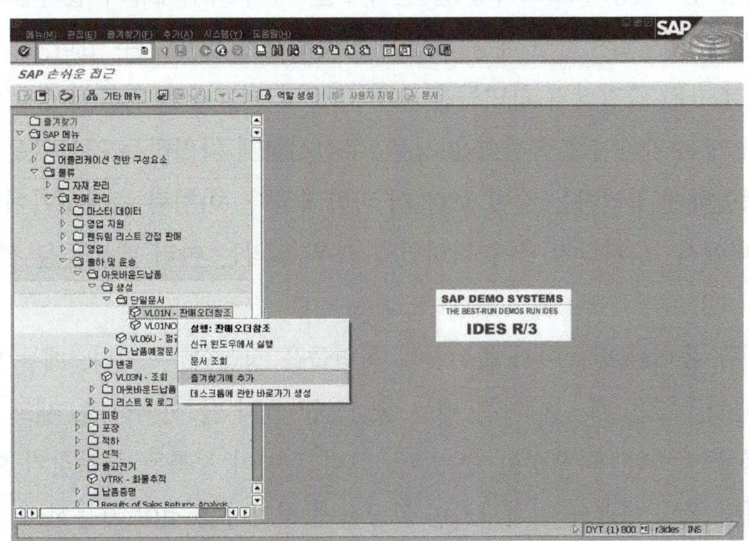

그림1-10 현재작업 중인 화면에서 즐겨찾기 추가

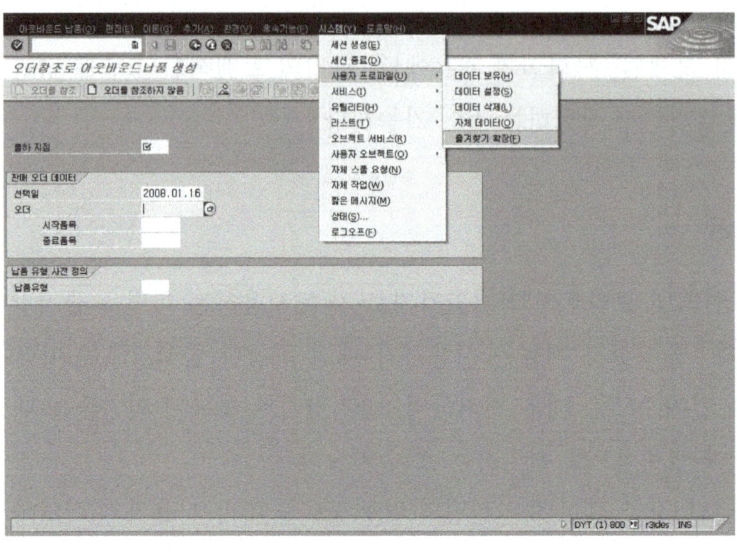

[그림 1-10]에서는 현재작업중인 화면을 메뉴 바를 통해 즐겨찾기에 추가하는 방법을 나타내고 있다. 작업하고 있는 창의 상단 메뉴 바에서 '시스템'을 선택하였을 때 아래로 열리는 메뉴들 중 '사용자 프로파일'을 선택하면, 다시 하위메뉴가 열리면서 '즐겨찾기 확장'이 나타난다. 이를 클릭하면 해당 화면에 즐겨찾기에 추가할 수 있다.

이렇게 추가된 즐겨찾기 화면들은 SAP ERP의 메뉴경로 위쪽에 등록된다. 즐겨찾기 화면을 여러 개 추가하여 등록하였을 경우, 무질서하게 나열하는 것보다는 폴더 등을 생성하여 질서정연하게 정리하는 것이 보다 더 바람직하다. 이처럼 즐겨찾기에 관련된 여러 작업은 메뉴 바에서 '즐겨찾기'를 클릭하였을 경우 열리는 여러 메뉴들을 선택하여 수행할 수 있다.

우선 신규 폴더를 만들어서 즐겨찾기 화면들을 정리할 수 있다. 메뉴 바를 통하여 '즐겨찾기'를 클릭하였을 때 나타나는 메뉴 중 '신규 폴더'를 선택하면, 새로 만들고자 하는 폴더의 이름을 입력한 후 생성할 수 있다. 그리고 이미 등록된 즐겨찾기 화면들을 마우스로 끌어서 해당 폴더 아래에 위치시키면 깔끔하게 정리하는 것이 가능하다.

그리고 '즐겨찾기' 메뉴 바에서 '트랜잭션 코드'를 선택하면, 직접 트랜잭션 코드를 입력하여 즐겨찾기에 등록하는 것이 가능하다. 또한 '즐겨찾기' 메뉴 바에서 '기타 오브젝트 추가'를 선택하면, [그림 1-11]에 나타난 것과같이 웹 주소를 즐겨찾기에 등록하여 SAP

그림1-11 즐겨찾기에 웹 주소 등록

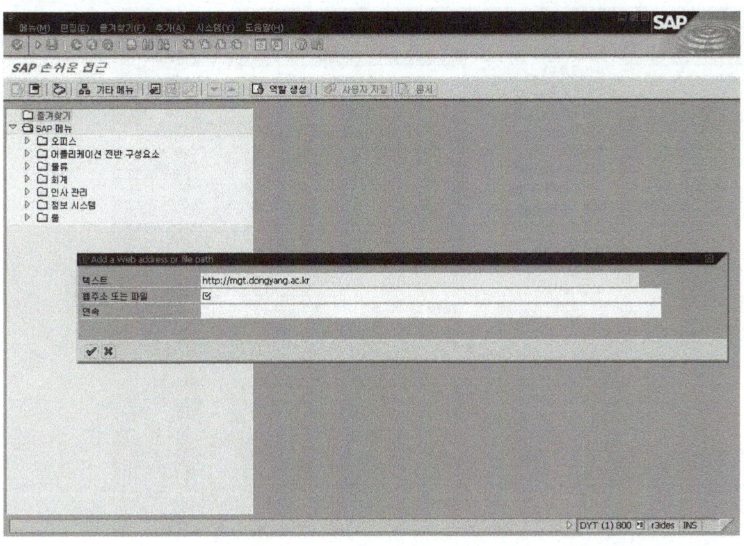

ERP를 작업하면서 원하는 인터넷화면을 띄우는 것이 가능하다.

(3) 세션 제어

SAP ERP에서 세션(Session)이란 사용자가 작업을 수행하는 화면을 말한다. 복수의 세션을 사용하면 여러 작업을 동시에 처리할 수가 있으므로, 경우에 따라 상당히 효율적일 수 있다. SAP ERP에서는 복수의 세션을 동시에 6개까지 열어서 작업을 처리하는 것이 가능하고, 복수의 세션을 열고 작업하고자 하는 세션을 클릭하면 해당 세션이 작동하게 된다.

복수의 세션을 활용하려면 메뉴 바에서 '시스템' 메뉴을 클릭하고 '세션생성'을 선택하면 [그림 1-12]에서 보는 바와 같이 새로운 세션이 나타난다. 혹은 어플리케이션 툴 바에서 아이콘 버튼을 선택하면 마찬가지로 신규 세션을 추가하여 복수의 세션을 사용할 수 있다. 이러한 복수의 세션들이 여러 개 열려 있을 경우, [그림 1-12]와 같이 각 세션 아래쪽의 상태표시줄에 세션이 열린 순번이 표시된다. 세션을 종료하고 싶을 때는 메뉴 바에서 '시스템' 메뉴을 클릭하고 '세션닫기'를 선택하거나, 해당 세션의 윈도우 닫기버튼을 클릭하면 된다.

그림1-12 복수 세션 열기

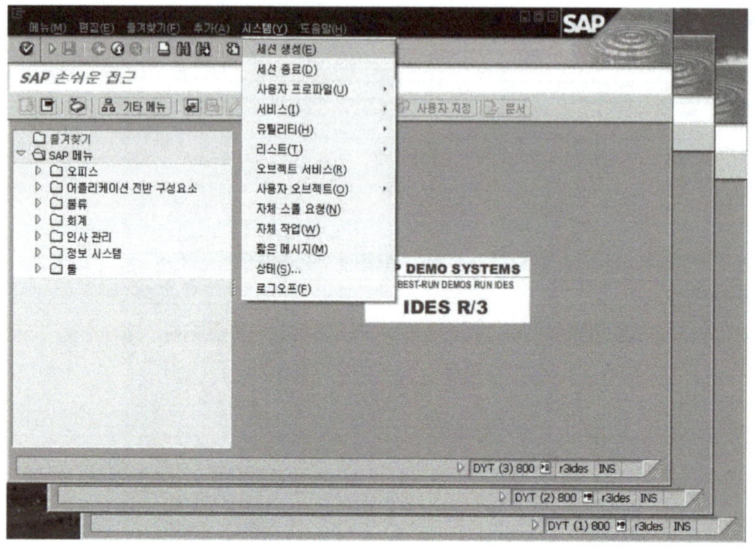

연 습 문 제

01 SAP ERP에서 특정 업무를 처리하다가 트랜잭션 코드를 찾는 방법을 기술하시오.

02 구매오더를 만들다가 자재마스터 생성을 할 필요가 생겼다. 트랜잭션 코드(Transaction Code)는 MM01인데 새로운 세션을 만들면서 자재마스터 생성을 하려면 어떠한 트랜잭션 코드를 입력하여야 하는지 기술하시오.

03 ERP에서 마스터데이터와 구분되며, 실제 업무를 처리하는 과정에서 발생하는 데이터를 무엇이라고 하는가?

04 SAP시스템의 즐겨찾기에 설정가능한 내용이 아닌 것은 무엇인가?

① 웹 어드레스(Web Address)를 즐겨찾기에 추가할 수 있다.
② 즐겨찾기 대상 항목을 드래그(Drag)해서 추가할 수는 없다.
③ 트랜잭션 코드 여러 개를 추가할 수 있다.
④ 외부의 이메일 시스템과도 연결할 수 있다.

05 SAP 로그인 시 사용하는 아이콘에 대한 설명이다. 다음 중 바르지 않은 것은 무엇인가?

① 삭제 메뉴
② 엔터(확인) 메뉴
③ 뒤로 이동(Back)버튼
④ 도움말

06 SAP의 가장 큰 조직 체계로서, SAP시스템을 로그인할 때 입력하는 조직체계는 무엇인가?

① 회사코드
② 클라이언트
③ 공장
④ 통제영역(Controlling Area)

제2장

자재관리모듈 기본기능 실습

01 기준 정보

자재관리모듈에서 활용하는 주요 기준 정보들을 생성하는 실습을 수행한다.

비즈니스 시나리오

기업이 새로운 사업에 진출하여 신제품을 생산하고자 한다. 이에 따라 그 동안 거래가 없었던 공급업체로부터 지금까지 구매하지 않았던 반제품 자재를 구매하여 제품을 생산하게 되었다. SAP ERP시스템에서는 새로 거래를 시작하는 공급업체를 등록하고, 구매를 새로 시작하는 자재정보를 등록하여야 한다. 공급업체 번호는 SAP ERP시스템이 자동 채번하여 등록하도록 하고, 자재번호도 자동 채번방식을 사용한다. 자재는 교역품 또는 반제품을 선택한다.

1.1 공급업체 마스터데이터

공급업체 마스터 생성을 위한 메뉴경로는 다음과 같다.

메뉴경로	물류 → 자재관리 → 구매 → 마스터데이터 → 공급업체 → 구매 → 생성
트랜잭션 코드	MK01

그림 2-1 공급업체 마스터 생성 초기화면

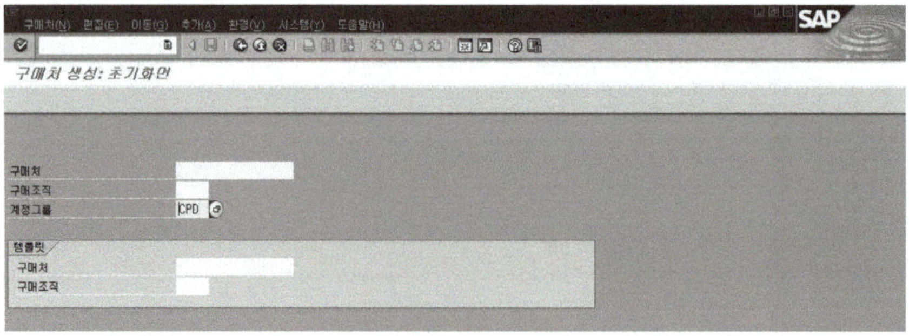

공급업체 마스터 생성의 초기화면은 [그림 2-1]과 같다. 여기에서는 '계정그룹'에서 설정부분이 필요하다. 계정그룹이 미리 설정되어 있으면 그 정보를 사용할 수 있고, "CPD 일회성 구매처(내부번호지정)" 등의 값을 입력하여 임시로 공급업체를 생성하여 사용할 수도 있다.

버튼을 클릭하면 [그림 2-2]와 같은 상세 정보 입력화면으로 나타나고, 공급업체 주소와 연락처 이름 등의 세부정보를 입력한다. 입력을 마치고 버튼을 눌러 저장하면 자동으로 공급업체 마스터의 고유번호를 채번하면서 공급업체가 생성된다.

그림 2-2 공급업체 마스터 생성 상세화면

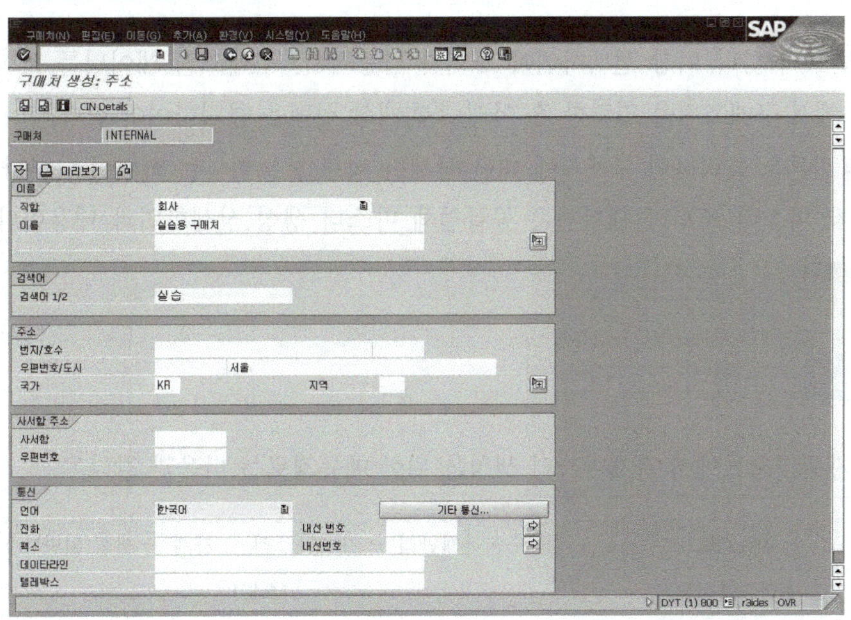

공급업체 마스터 조회를 위한 메뉴경로는 다음과 같다.

메뉴경로	물류 → 자재관리 → 구매 → 마스터데이터 → 공급업체 → 구매 → 조회
트랜잭션 코드	MK03

공급업체 마스터 조회의 초기화면은 [그림 2-3]과 같다. 공급업체가 생성될 때 자동으로 채번된 공급업체 번호를 입력하고, 아래에서 구체적으로 조회하고 싶은 정보를 선택한

그림 2-3 공급업체 마스터 조회 초기화면

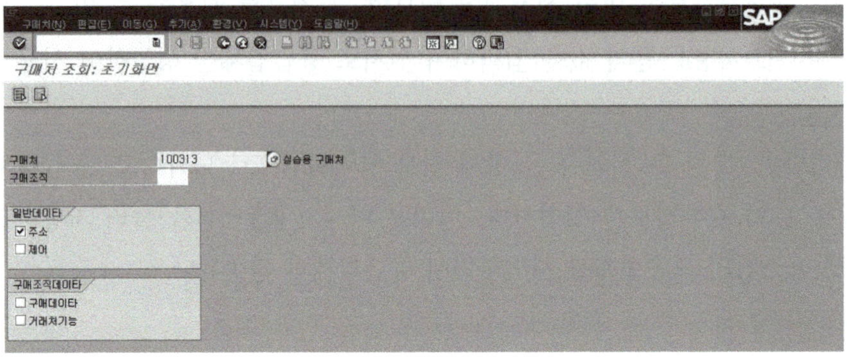

다. 반드시 하나 이상 선택하여야 조회가 가능하다. 구매조직 데이터를 조회하려고 할 때는 위에서 구매조직을 입력한 후 아래 조회대상 선택을 클릭하여야 한다.

버튼을 클릭하면 구매처에 대한 상세한 정보를 조회하는 화면이 나타나고, 이때의 공급업체 마스터 조회 상세화면은 공급업체 마스터 생성 상세화면과 내용이나 구성이 거의 동일하다.

1.2 자재마스터데이터

자재관리모듈에서 자재마스터 생성을 위한 메뉴경로는 다음과 같다.

메뉴경로	물류 → 자재관리 → 자재마스터 → 자재 → 생성(일반) → 즉시
트랜잭션 코드	MM01

자재마스터 생성의 초기화면은 [그림 2-4]와 같다. 여기에서는 '산업부분'에 "기계공학"을 선택하고, '자재유형'으로 교역품 또는 "반제품"을 선택하여 실습을 진행한다. 완제품(FERT)은 생산을 하여 판매를 하는 자재유형이며, 교역품(HAWA)은 구매를 하여 판매하는 자재유형이다. 또한 원자재(ROH)는 구매를 하여 반제품이나 완제품의 부품으로 들어가는 자재유형이다. 복사원본의 자재필드에 기존의 자재코드를 입력하면 여러 필드값들이 자동으로 입력되므로 용이하게 실습자재를 만들 수 있다. 완제품은 P-103, 교역품은 m-08, 원재료는 100-310을 복사하여 자재를 만들어 보도록 한다. 버튼을 클릭하면

그림 2-4 자재마스터 생성 초기화면

자재생성의 상세한 설정을 위하여 뷰를 선택하는 화면이 나타난다. 뷰 선택화면은 [그림 2-5]와 같다.

[그림 2-5]는 자재마스터의 상세한 설정을 위하여 어떠한 뷰를 사용할 것인가 결정하는 화면이다. 판매를 시행하는 완제품이나 교역품은 영업관련 뷰를 선택하여야 하고, 판매를 하지 않는 원자재는 영업관련 뷰를 선택할 필요가 없다. 이러한 뷰를 선택하는 화면에서

그림 2-5 자재마스터 데이터의 뷰 선택화면

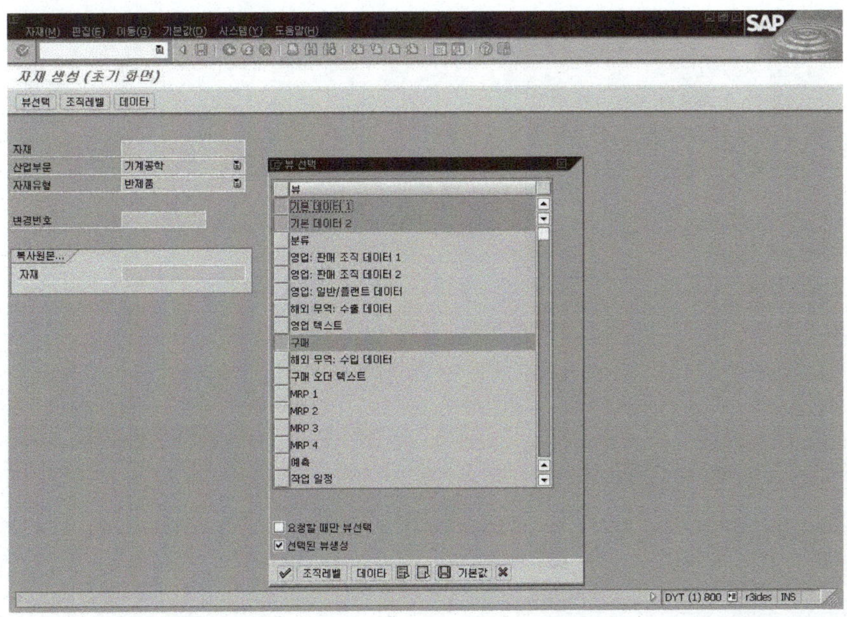

기본데이터 1, 기본데이터 2, 구매, 회계 등의 뷰를 선택한다. 구매 뷰를 선택하였을 경우 플랜트 정보를 입력하여야 한다. 플랜트 정보를 "1000(함부르크공장)"으로 입력한 후 상세한 설정값 입력화면으로 넘어간다. 만일 뷰 선택화면에서 구매 뷰를 선택하지 않으면 플랜트 정보를 입력하는 절차없이 곧바로 자재마스터의 상세설정값 입력화면으로 넘어가고, 생성된 자재마스터는 특정 플랜트에 제한되지 않은 상태로 남아 있게 된다. MRP 프로파일은 특정 MRP 유형에 관련된 여러 필드값을 사전에 정해 놓고, 일관성 있게 입력하기 위해 사용한다. 생산계획과 BOM을 활용하는 가장 일반적인 MRP유형인 PD유형을 사용하기 위하여 MRP 프로파일에 PD01을 입력하면 MRP1 뷰부터 MRP4 뷰까지의 여러 필요한 필드값들이 자동으로 입력된다.

자재마스터의 상세한 설정값을 입력하는 화면은 [그림 2-6]과 같다. 자재에 대한 기본데이터를 설정하고, 구매그룹 등을 입력한다. 기본데이터 뷰에서는 자재이름을 입력하는데 자재에 대한 짧은 설명을 한다. 예를들어, 스마트 폰 또는 엔진 등과 같이 자재가 무엇인지를 알도록 기술한다. 그리고 자재를 취급하는 기본단위와 자재그룹을 입력한다. 구매

그림 2-6 자재마스터 상세 데이터 설정 입력화면

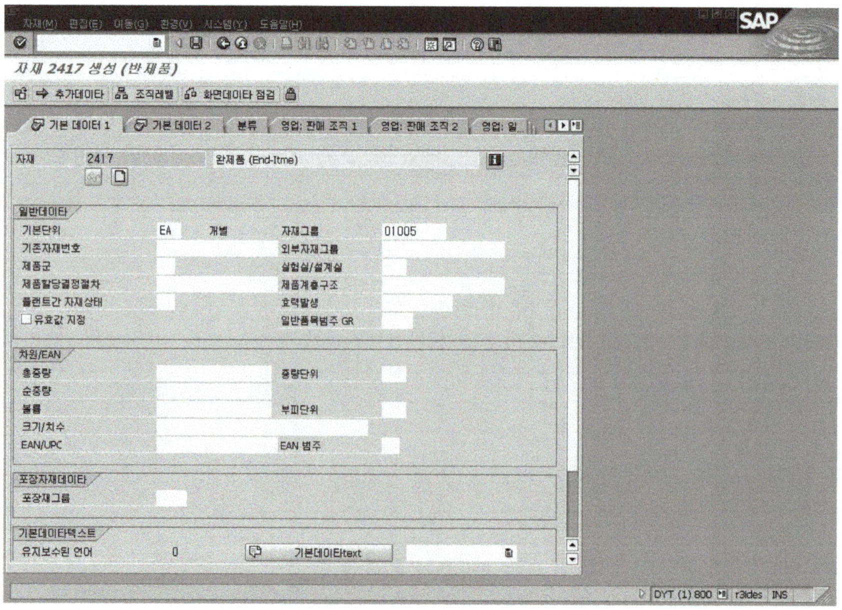

뷰에서는 구매그룹을 입력한다. 구매그룹은 해당 구매를 담당하는 구매팀 또는 구매부서 직원을 의미한다.

자재를 취급하는 기본단위로는 기계공학 유형의 제조업을 대상으로 하여 개수를 의미하는 "PC" 혹은 "EA"를 선택하여 실습을 진행한다. 이때 상세한 설정가능한 단위를 조회하고자 한다면 버튼을 눌러서 확인하는 것도 가능하다. 자재가 액체와 같은 특성을 지니고 있을 경우에는 갤런이나 무게, 부피 등의 단위가 사용될 수 있고, 기체상태의 자재의 경우에는 주로 부피를 사용하게 된다.

구매 뷰에서는 구매그룹을 입력하여야 한다. 구매그룹을 입력할 때는 구매 담당자의 정보가 필요하다. 어떠한 담당자가 원자재조달을 책임지고 있는가에 대한 정보를 조회하고자 할 때는 버튼을 눌러 확인하거나 담당자를 고를 수 있다. 구매그룹으로 "001(Dietl. B)"을 입력하여 실습을 진행할 수 있다.

필요한 설정값을 모두 입력하였으면 버튼을 눌러 입력한 내용을 저장한다. 자재마스터 설정 내용이 저장되면서 해당 자재마스터를 위한 고유번호가 자동으로 채번되어 제시되고, 자재마스터 생성이 완료된다.

생성된 자재마스터 정보를 조회하고자 할 때의 메뉴경로는 다음과 같다.

메뉴경로	물류 → 자재관리 → 자재마스터 → 자재 → 조회 → 현재조회
트랜잭션 코드	MM03

자재마스터를 조회하기 위해서는 초기화면에서 자재번호를 입력하여야 한다. 앞에서 자재마스터를 생성하면서 자동으로 채번된 자재번호를 입력하고, 버튼을 클릭하면 조회하고 싶은 특정 뷰를 선택하는 화면이 나온다. 기본데이터 1, 기본데이터 2, 구매, 회계 등의 뷰를 선택한다. 뷰선택 후 버튼을 누르면 자재마스터가 소속된 플랜트 정보를 입력하는 화면이 나오고, 플랜트 "1000"을 입력하면 자재마스터의 상세한 정보를 조회할 수 있다. 플랜트 정보는 자재마스터를 생성할 때 입력한 정보와 일치하여야 한다.

자재마스터의 상세한 조회화면은 [그림 2-7]과 같다. "추가데이터" 버튼을 클릭하면 "내역", "단위", "대체 단위" 등과 같은 자재관련 추가정보들을 조회할 수 있으며, 해당 자재에 대한 문서와 내부 주석과 같은 정보도 조회하는 것이 가능하다. "조직레벨" 버튼은 "기본데이터 1" 등의 뷰에서는 작동하지 않지만, "구매 뷰"를 선택하고 "조직레벨" 버튼

그림 2-7 자재마스터 조회 상세화면

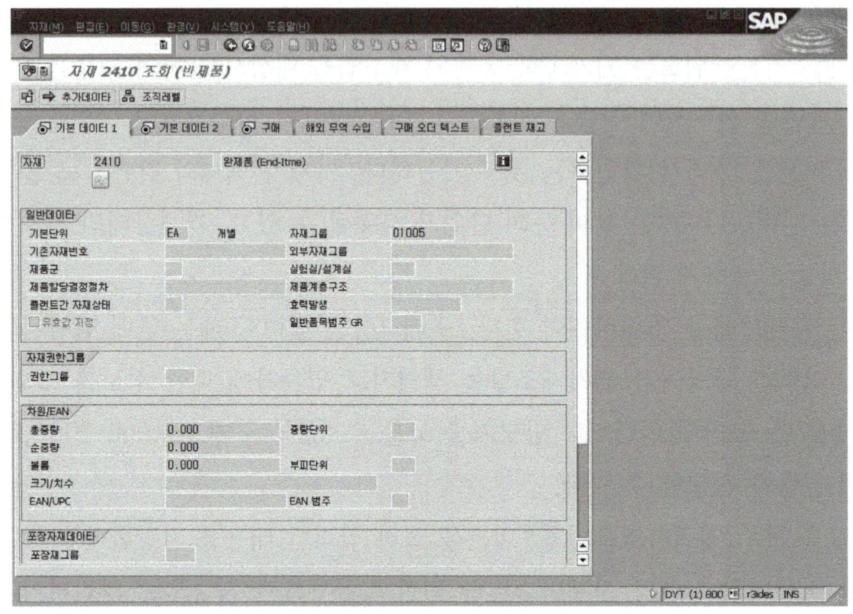

을 클릭하면 해당 자재의 조직레벨 정보를 보여 준다. 실습에서는 플랜트 정보 “1000”을 조회할 수 있다.

왼쪽 상단의 버튼을 클릭하거나 “Shift+F5” 키를 누르면 [그림 2-7]의 자재마스터 조회 초기화면으로 되돌아간다.

02 • 구매관련 프로세스

구매관련 프로세스는 기업이 공급업체로부터 원자재나 반제품 등을 구매하고, 공장 내의 특정 저장위치에 입고시키며, 입고시킨 만큼 제대로 송장이 작성되었는지를 검증하는 활동을 의미한다.

비즈니스 시나리오

자재번호 "100-310(테스트 원자재)"에 해당하는 자재를 2개 구매하고자 한다. 해당 자재를 구매하려는 플랜트는 "1000"이고, 공급업체는 "1005(PAQ Deutschland)", 구매조직 "1000(IDES Deutschland)", 구매그룹 "001(Dietl,B.)"이다. 먼저 구매요청을 할 때는 요청수량을 100개로 하여 구매요청서를 생성하고, 이를 바탕으로 실제로 구매오더를 생성할 때는 2개의 자재를 구매하는 것으로 한다.

구매오더가 생성되면 구매하는 수량에 대하여 모두 한 번에 인바운드 납품을 실시하도록 하고, 납품된 자재를 확인하고 입고전기를 실시한다. 입고전기가 이루어지면 구매오더를 통하여 송장을 접수시키고 검증한다.

2.1 구매요청

구매요청이란 회사 내부부서에서 구매부서로 특정 자재에 대한 구매를 요청하는 것이다. 예를 들면 연구개발팀에서 어떤 자재를 언제까지 몇 개를 구매해달라고 구매팀에 요청하는 행위이다. 구매요청은 대부분 공급업체를 지정하지 않고 이루어지지만, 특별히 공급업체를 지정하여 그 업체에서 구매하도록 요청하는 것이 필요한 경우도 있다.

자재관리모듈에서 구매요청 생성을 위한 메뉴경로는 다음과 같다.

메뉴경로	물류 → 자재관리 → 구매 → 구매요청 → 생성
트랜잭션 코드	ME51N

구매요청 생성화면은 [그림 2-8]과 같다. 상단에 '문서유형'은 "구매요청(NB)"으로 자

그림 2-8 구매요청 생성화면

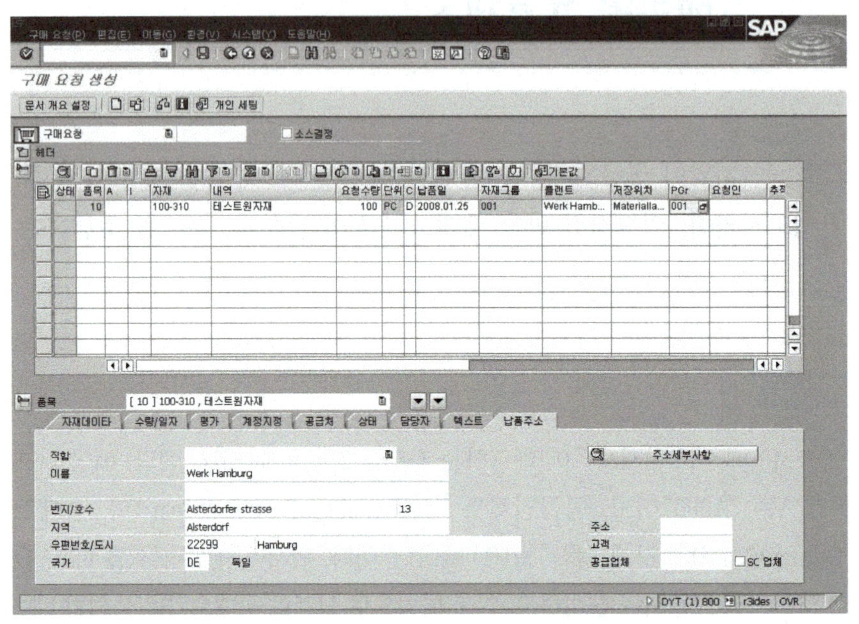

동 설정되어 있다. 품목 입력란에서는 '자재'에 구매하고자 하는 자재번호를 입력하고, 희망하는 구매량을 입력한다. 실습 예제로 자재번호 "100-310"을 입력하고, 요청 수량으로 100개를 입력한다. 플랜트 정보로는 "1000"를 입력하고 희망납품일 정보를 입력한 후 버튼을 클릭하면 나머지 정보들이 자동 인식되어 입력된다. 버튼을 누르면, 입력한 내용이 저장되면서 자동으로 구매요청 번호를 채번하고 구매요청 생성이 완료된다.

생성된 구매요청에 대하여 구매업체를 지정하는 절차는 아래와 같다. 지정처리란 구매요청에 대하여 공급업체를 확정하는 절차를 의미한다.

메뉴경로	물류 → 자재관리 → 구매 → 구매요청 → 후속기능 → 지정 및 처리
트랜잭션 코드	ME00

[그림 2-9]의 화면에서 방금 생성한 구매요청을 검색하기 위하여 자재필드에 구매요청을 한 자재명을 기술한 후에 실행버튼을 누른다.

[그림 2-10]의 화면에서 생성된 구매요청 중 원하는 구매요청을 찾아 왼쪽 상자를 클릭하고, 자동지정 버튼을 누르면 공급업체를 지정할 수 있다.

그림 2-9 구매요청 지정을 위한 탐색

프로그램(P) 편집(E) 이동(G) 시스템(Y) 도움말(H)

구매요청 지정 및 처리

구매 요청 종료
구매 그룹 000 종료
자재 hys00001 종료
자재 그룹 종료
소요량 추적 번호 종료
리스트범위 A
플랜트 종료
전표 유형 종료
품목범주 종료
계정지정범주 종료
납품일 종료
릴리스일 종료
자재 계획자/관리자 종료
처리상태 종료
고정 공급업체 종료
구매요청처리상태 종료
보류 지시자 종료
구매요청담당자
내역
정렬지시자 1
☐ 지정된 구매 요청
☐ 마감된 요청
☑ '분할 오더' 요청
☐ 릴리스된 요청만
☑ 전체 릴리스 요청
☑ 품목 중심 릴리스 요청
코스트 센터 종료

그림 2-10 구매요청 지정을 위한 탐색

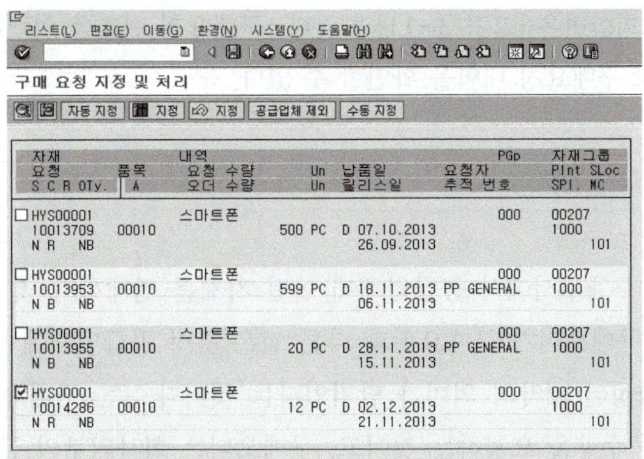

자재관리모듈에서 구매요청 조회를 위한 메뉴경로는 다음과 같다.

메뉴경로	물류 → 자재관리 → 구매 → 구매요청 → 조회
트랜잭션 코드	ME53N

그림 2-11 구매요청 조회화면

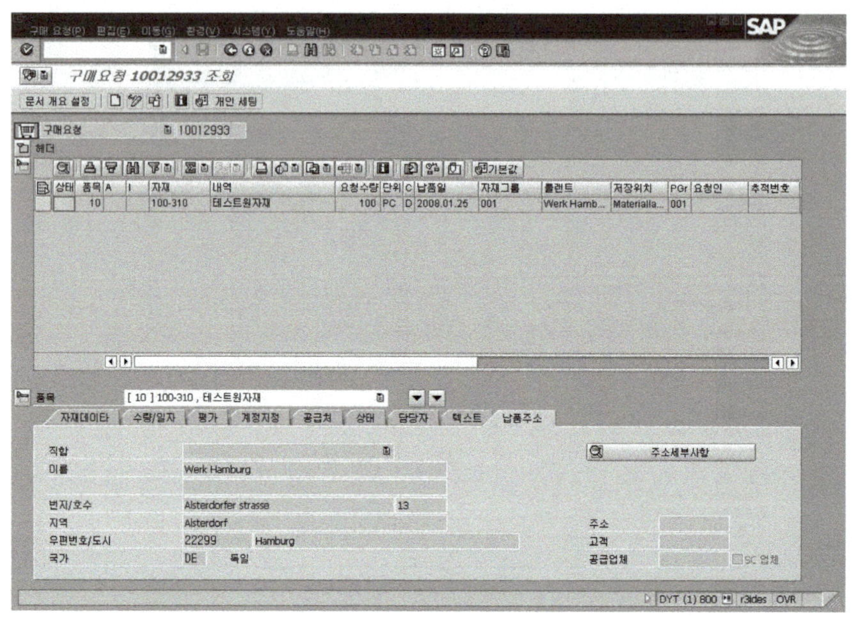

구매요청 조회화면은 [그림 2-11]과 같다. 구매요청 번호를 입력하고 ✔ 버튼을 클릭하면 상세한 해당 구매요청 내역을 확인할 수 있다.

2.2 구매오더

구매오더는 구매부서에서 공급업체에 어떤 자재를 언제까지 몇 개 구매하겠다고 보내는 문서이다. 구매오더가 구매요청과 다른 점은 특정 공급업체에 어떤 자재를 얼마에 구매하겠다는 확정된 계약의 의미가 담겨있다는 것이다. 즉, 구매요청은 회사 내부적으로 필요한 자재와 수량을 요청하는 것이고, 구매오더는 회사외부의 공급업체를 지정하여 얼마의 가격에 구매하겠다는 암묵적인 계약내용이 담긴 구매문서이다.

자재관리모듈에서 구매요청을 활용하여 구매오더를 생성하기 위한 메뉴경로는 다음과 같다.

메뉴경로	물류 → 자재관리 → 구매 → 구매오더 → 생성 → 구매요청 지정리스트를 통해
트랜잭션 코드	ME58

그림 2-12 구매오더 생성을 위한 구매요청 조건 입력화면

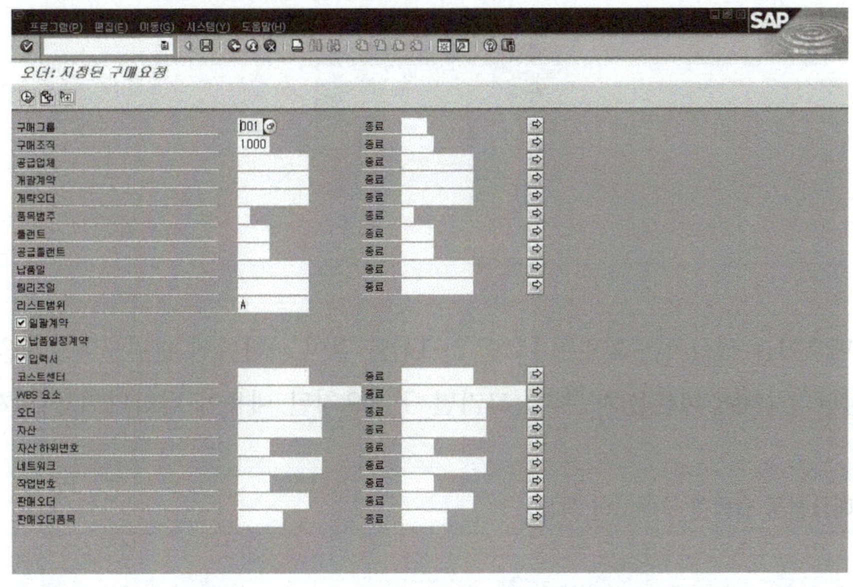

구매오더를 생성하기 위하여 지정된 구매요청을 조회하는 화면은 [그림 2-12]와 같다. 구매그룹, 구매조직, 공급업체, 플랜트 등의 정보를 입력하고 ⊕ 버튼을 클릭하면, 구매오더로 전환되지 않은 구매요청 중 조건에 일치하는 내역들을 조회하여 [그림 2-13]의 화면에서 확인할 수 있다. 조건에 일치하는 내역이 너무 많을경우 조건을 점차 강화해 가면서 조회를 하면 필요한 구매요청들만 볼 수 있다.

[그림 2-13]과 같이 각각의 공급업체별로 나타난 구매요청을 하나 선택하고 지정처리 버튼을 클릭하면, 작은 팝업 창이 나타나면서 구매오더를 생성하기 위한 구매요청 지정처리를 수행하게 된다. 팝업 창에서 구매오더 유형을 "NB(표준오더)"로 설정하고, 구매그룹 정보와 구매조직 등의 정보를 확인한 후 ✔ 버튼을 누르면 구매오더 생성화면이 나타나게 된다.

그림 2-13 구매오더 생성을 위한 구매요청 조회화면

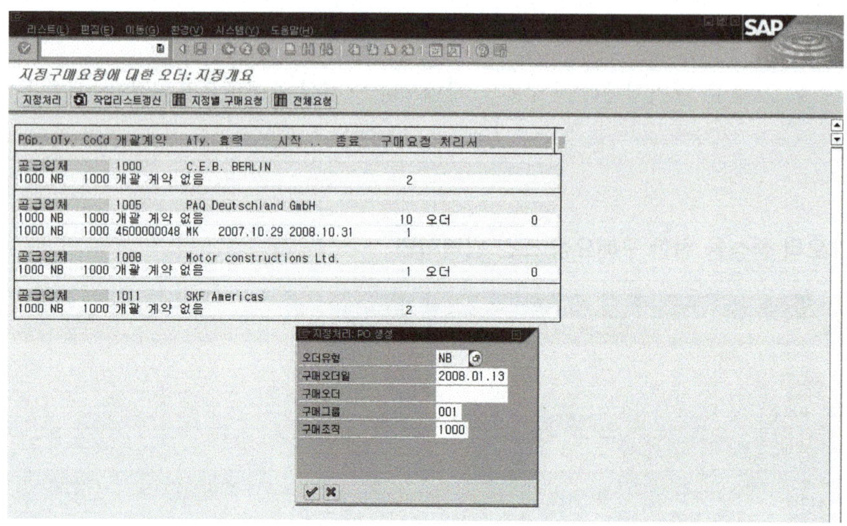

구매오더를 생성하는 화면이 [그림 2-14]와 같이 나타나면 관련구매요청을 클릭하고 왼쪽 상단의 채택 버튼을 누른다. 그러면 구매요청된 내용이 나타나며 이렇게 구매요청된

그림 2-14 구매요청을 활용한 구매오더 작성

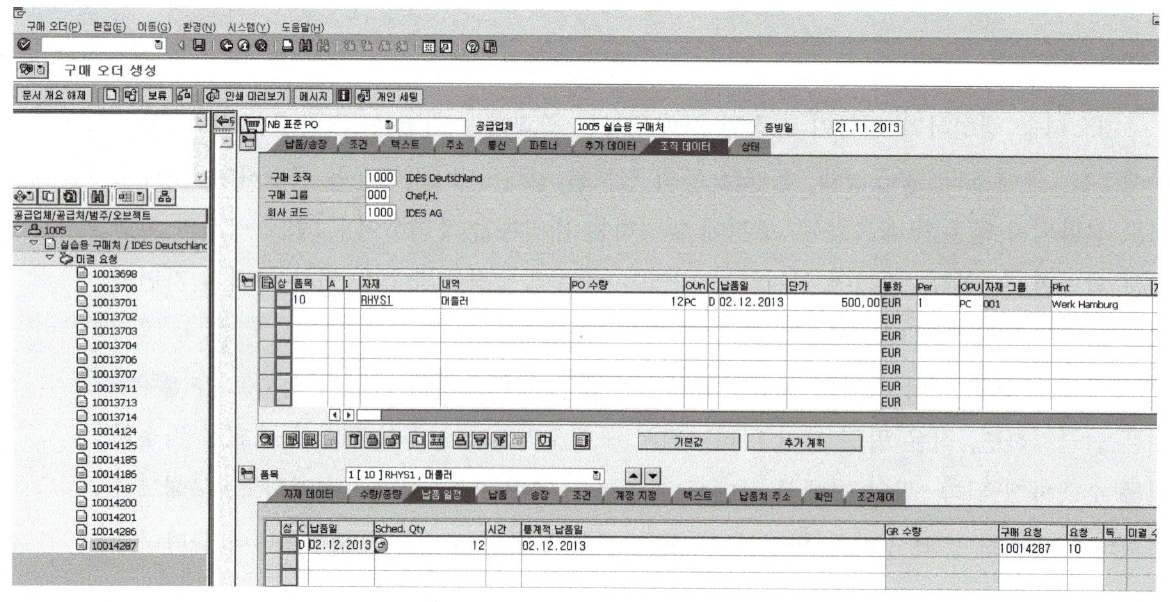

정보를 활용하여 저장함으로써 쉽게 구매오더를 생성할 수 있다.

만일 공급업체와 공급 플랜트를 미리 알고 있다면, 메뉴경로를 통하여 곧바로 구매오더를 생성할 수도 있다.

이러한 경우를 위한 구매오더를 생성하기 위한 메뉴경로는 다음과 같다.

메뉴경로	물류 → 자재관리 → 구매 → 구매오더 → 생성 → 공급업체/공급 플랜트 확정
트랜잭션 코드	ME21N

구매오더 생성화면은 [그림 2-15]와 같다. 구매요청 지정처리를 통하여 구매오더를 생성할 경우 공급업체 정보와 구매조직, 구매그룹 정보가 모두 자동으로 입력된다. 메뉴경로를 이용하여 구매오더를 직접 생성할 경우 이러한 정보를 직접 입력하여야 한다. 이때 공급업체 "1005(PAQ Deutschland)", 구매조직 "1000(IDES Deutschland)", 구매그룹 "001(Dietl,B.)" 등을 입력하여 실습을 진행할 수 있다. 또한 자재가격과 화폐단위를 결정하여 입력하여야 한다. 단, 사전에 공급업체와 자재를 연결하는 정보레코드를 만들어 놓으면 구매가격이 자동으로 결정되므로 구매오더 생성시에 구매가격과 화폐단위를 입력하지 않아도 자동으로 나타난다.

그림 2-15 구매오더 생성화면

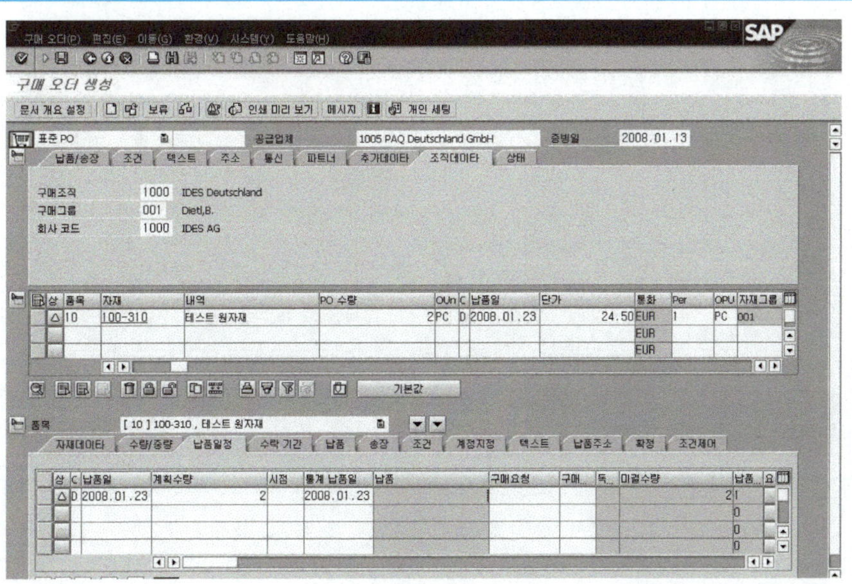

품목 입력란에는 구매하고자 하는 자재정보를 입력한다. 자재번호와 구매수량을 입력하고, 해당 자재를 구매하고자 하는 플랜트 정보를 입력한다. 자재번호 "100-310(테스트 원자재)", 수량 2개, 플랜트 "1000" 등을 입력하여 실습을 진행한다.

모든 정보를 입력한 후 💾 버튼을 누르면, 입력한 내용이 저장되면서 자동으로 구매오더 번호를 채번하고 구매오더 생성이 완료된다.

구매오더를 조회하기 위한 메뉴경로는 다음과 같다.

메뉴경로	물류 → 자재관리 → 구매 → 구매오더 → 조회
트랜잭션 코드	ME23N

구매오더를 생성한 후, 구매오더 조회를 실시하면 [그림 2-16]과 같은 화면에서 구매오더 정보를 확인할 수 있다. 구매오더 번호를 왼쪽 상단에 입력하여 내용을 바꾸어 가면서 조회하는 것이 가능하다.

그림 2-16 구매오더 조회화면

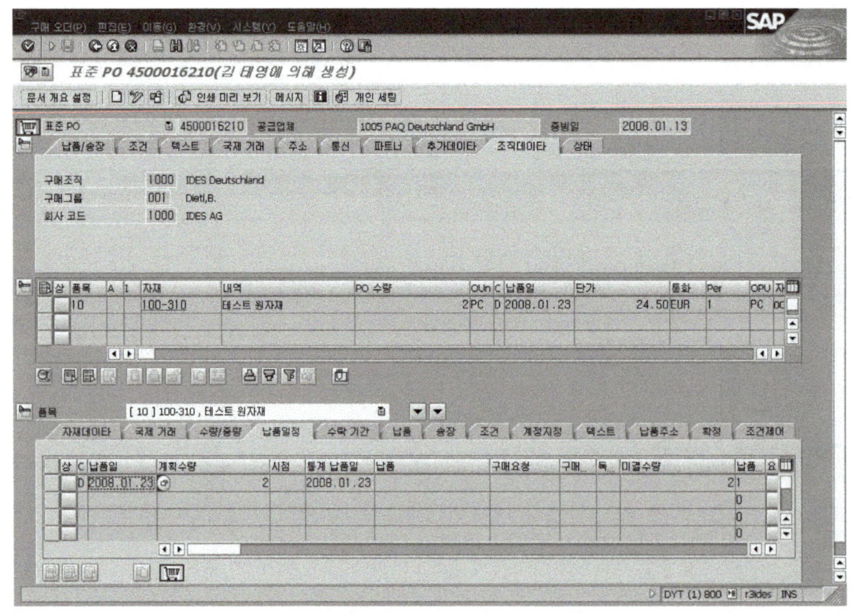

메뉴경로를 통하지 않고 트랜잭션 코드만으로 들어갈 수 있는 구매오더 생성 및 조회화면이 별도로 존재한다. 즉, 트랜잭션 코드 'ME21'을 이용하면 구매오더 생성작업을 할 수 있고, 'ME23'은 구매오더 조회를 할 수 있다. 이러한 것들은 과거에 사용하던 구매오더 및 조회화면이었지만, 표준이 'ME21N', 'ME23N' 화면으로 바뀌면서 메뉴경로에는 나타나지 않게 되었다. 그러나 'ME21', 'ME23'을 이용하여 생성 및 조회작업을 하여도 상관없다.

2.3 입 고

구매오더를 통해 입고를 생성하기 위한 메뉴경로는 다음과 같다.

메뉴경로	물류 → 자재관리 → 자재이동 → 입고 → 구매오더 → 구매오더에 대한 입고
트랜잭션 코드	MIGO_GR

구매오더(PO:Purchase Order) 정보를 이용하여 입고를 생성하는 화면은 [그림 2-17]과

그림 2-17 구매오더에 대한 입고 화면

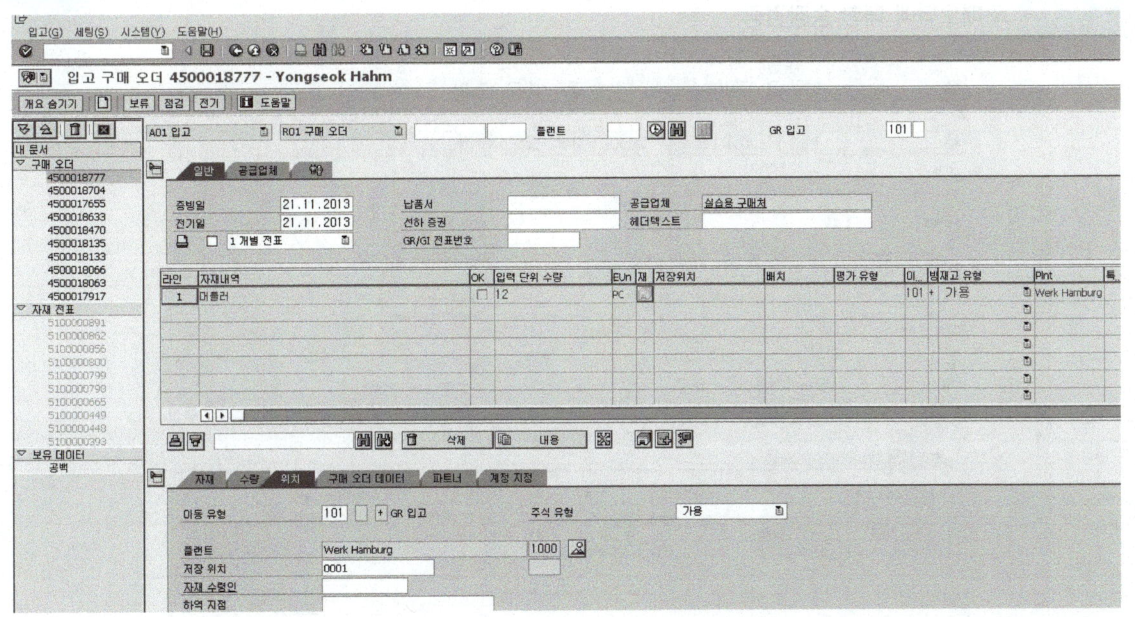

같다. 여기에서는 왼쪽 상단에 A01 입고를 확인하고 구매오더 번호를 입력하고, 버튼을 클릭하면 구매오더 관련된 정보들이 나타난다.

창고에 입고시키는 작업이므로 저장위치인 0001을 입력하고, 정확한 입고수량을 확인한 후 품질검사를 마치면 품질 OK 필드를 클릭한다. 모든 정보를 확인한 후 버튼을 누르면, 자동으로 입고번호를 채번하고 입고전기(GR:Goods Receipt) 생성이 완료된다.

2.4 송장검증

입고전기를 실시한 후 송장(Invoice)을 접수시킨다. 송장을 접수하는 메뉴경로는 다음과 같다.

메뉴경로	물류 → 자재관리 → 구매 → 구매오더 → 후속 기능 → 물류 송장 검증 또는 물류 → 자재관리 → 물류송장검증 → 전표분개 → 송장입력
트랜잭션 코드	MIRO

[그림 2-18]과 같은 송장 접수화면에서 구매오더(PO) 번호, 송장처리일 정보와 금액을

그림 2-18 구매오더에 대한 송장검증

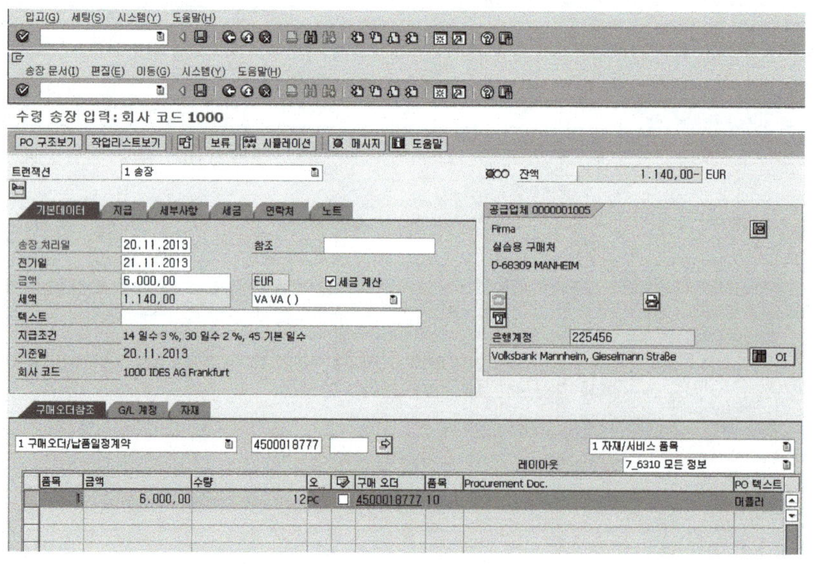

입력하고, 세금계산을 클릭하면 세액계산이 자동으로 처리된다. 오른쪽에는 공급업체정보와 은행 계정정보가 나타나고, 여러 탭을 클릭해 가면서 보다 자세한 사항을 확인해 가면서 입력할 수 있다.

송장 접수화면 왼쪽 중단의 기본데이터 탭에서는 송장처리일, 전기일, 금액 등의 정보를 확인한다. 지급탭을 클릭하면 비용의 지급방법과 거래은행, 지급조건 등의 정보를 입력할 수 있다. 세부사항을 클릭하면 송장 발행처로 공급업체번호가 명시되어 있는 것을 확인할 수 있다.

모든 정보를 입력한 후 버튼을 누르면 송장검증 처리가 마무리 되고 외상매입금이 생성된다.

연 습 문 제

01 기업에서 ERP를 이용하여 업무를 처리하는 과정에서 생성되는 각종 오더와 전표 등은 기본적으로 헤더-아이템(Header-Item) 구조로 이루어져 있다. 헤더-아이템 구조에 대해 설명하시오.

02 완성품 자재마스터데이터(기본데이터 1, 영업판매 조직 데이터1, MRP1, 2, 회계1 뷰)를 하나 만들어 ① 기본데이터 1의 기술에 본인 이름 자재(예:홍길동 자재)가 있는 화면과 ② MRP 뷰의 MRP유형 필드에 수동 재주문점 방식인 VB를 넣은 화면 ③ 저장되었다는 메시지가 나타난 화면을 제출하시오.

03 SAP ERP시스템의 MM모듈에서 실습을 시행하시오.

(1) 공급업체 마스터를 생성하시오. 생성된 공급업체 마스터의 주소 옵션을 선택한 조회화면을 보이시오(계정그룹:CPD, 직함:회사, 이름:본인 이름_공급업체(예:홍길동_공급업체), 도시:서울, 국가:KR(대한민국), 언어:한국어, 검색어:실습)

(2) 구매오더를 공급업체/플랜트 확정의 경우에 대하여 생성하고 입고전기를 수행하시오. 생성된 조회화면을 보이시오.(구매그룹: 001 구매조직: 1000, 회사코드: 1000, 공급업체: 1005, 자재: 100-310, 플랜트: 1000, 오더수량: 2)

(3) 송장검증을 수행하시오.

04 구매오더의 회계계정 할당 범주의 종류와 역할을 설명하시오.

05 구매오더의 품목범주의 종류와 역할을 설명하시오.

제3장

생산관리 모듈 프로세스 실습

01 재고생산

재고생산(MTS : Make to Stock)과 주문생산(MTO : Make to Order)은 고객의 주문 충족을 위해 제품의 생산을 어떠한 방식으로 진행할지 구분하는 생산전략이다. 재고생산은 먼저 판매계획 → 생산계획 → 재고생산 → 재고관리 → 고객주문 순으로 이루어지며, 주문생산전략은 주문에 근거하여 이루어지는 생산이므로 고객주문 → 생산계획 → 주문생산 → 재고관리 순으로 이루어진다.

먼저 설명할 재고생산방식은 생산하고자 하는 제품의 수요를 파악하고, 이를 기반으로 계획생산을 실시하는 것을 말한다. 우선 수요관리(Demand Management)에서 계획독립소요량을 생성하고, 이를 근거로 하여 계획오더(Planned Order)를 생성한다. 그리고 계획오더를 생산오더(Production Order)로 전환하여 생산활동을 실시한다.

다음과 같은 비즈니스 시나리오를 가정하여 재고생산의 대표적인 프로세스를 SAP ERP로 실습하여 보도록 한다.

그림 3-1 대표적인 생산전략 프로세스

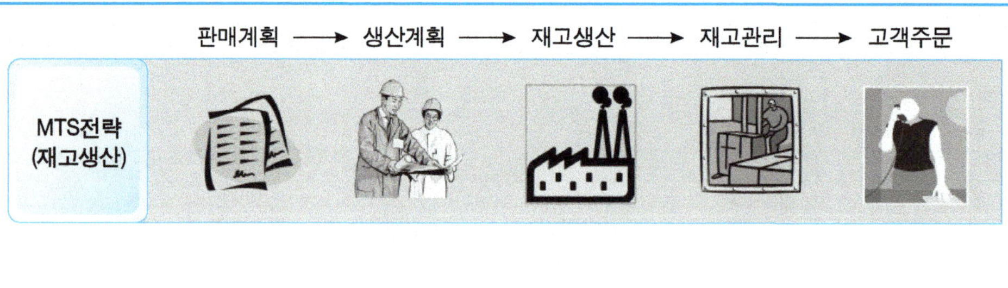

고객주문 → 생산계획 → 주문생산 → 재고관리

MTO전략
(주문생산)

비즈니스 시나리오

◈ 동양기업이 '책상 스탠드'를 생산하고 있다. '책상 스탠드' 모델을 대상으로 ERP에서의 생산과정을 살펴보도록 하자.

'책상 스탠드'를 구성하는 부품은 크게 '램프' 조립부품, '몸체' 조립부품, '전선'이라고 할 수 있다. '램프' 조립부품은 '갓', '소켓', '전구' 등의 원자재를 구매하고 조립하여 생산한 반제품이다. 또한 '몸체' 조립부품은 '기둥' 조립부품과 '밑받침' 원자재로 구성되어 있으며, '기둥' 조립부품은 '지지대' 4개, '조인트' 2개, '스프링' 2개 등 원자재들을 조립하여 생산한 반제품이다.

'책상 스탠드' 생산을 위하여 기준정보(master data)를 등록하고 생산계획을 수립한다. 생산계획 수립을 위하여 우선적으로 등록하여야 하는 기준정보로는 자재마스터, 자재명세서(BOM), 공정(routing) 등이 있다. 먼저 완성품 및 구성부품에 대하여 자재마스터를 등록하고, 조립을 통해 생산되는 완성품 '책상 스탠드', 반제품 '램프' 조립부품, '몸체' 조립부품, '기둥' 조립부품 등에 대해서 자재명세서와 공정 정보를 등록한다. 기준 정보등록을 마친 후 생산계획 수립을 진행한다.

수요예측결과에 기반하여 완제품 생산목표량을 결정하게 되는 기준 생산계획(MPS)을 수립하여 계획독립 수요량을 등록한 후, MRP를 수행한다. MRP의 결과에 따라 각각의 원자재에 대한 구매요청, 반제품 및 완성품에 대한 생산계획이 수립된다.

MRP 결과를 이용하여 '조인트' 원자재에 대한 구매요청을 생성하고, 실제로 원자재 구매주문을 내고, 이에 맞추어 구매입고시킨다. 더불어 MRP 결과를 이용하여 '몸체' 반제품에 대한 생산오더를 생성하고, 실제로 생산을 실시하여 완성된 반제품 생산 수량을 입고시키고 재고량이 증가하는 것을 확인한다. 또한 MRP 결과를 이용하여 '책상 스탠드' 완성품에 대한 생산오더를 생성하고, 생산을 실시하여 완성된 생산 수량을 입고시키고 완성품 '책상 스탠드'의 재고량이 증가하는 것을 확인하다. 그리고 '책상 스탠드' 생산을 위하여 반제품과 원자재들을 생산오더에 대하여 출고시키고, 투입된 자재 '몸체' 조립부품, '전선', '램프' 조립부품의 재고량이 소모되어 줄어드는 것을 확인한다.

마지막으로 완성된 '책상 스탠드'에 대하여 고객의 판매 주문이 들어와서 판매가 이루어지고, 납품서를 생성하고 제품 출고전기가 이루어진 후 '책상 스탠드'의 재고량이 줄어드는 것을 확인한다.

1.1 기준정보

우선 생산관리(PP : Production Planning) 모듈에서 활용하는 주요 기준 정보들을 생성하는 실습을 수행한다. 가장 많이 사용하는 기준 정보로는 자재마스터가 있으며, 자재마스터들의 관계를 보여주는 BOM, 공정 등을 생성한다.

[그림 3-2]와 같은 책상용 전기 스탠드 제품의 생산관리를 위하여 필요한 기준정보를 생성하고자 한다.

우선 원자재와 반제품, 완성품 사이에서 어떠한 관계를 가지고 있는가 확인할 수 있는

그림 3-2 책상 스탠드의 구성

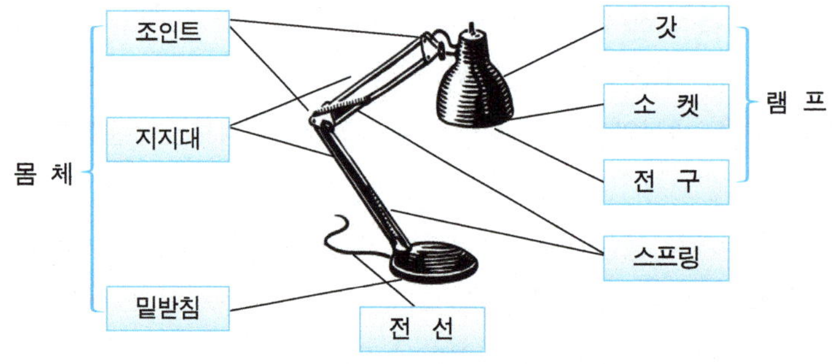

그림 3-3 책상 스탠드의 BOM

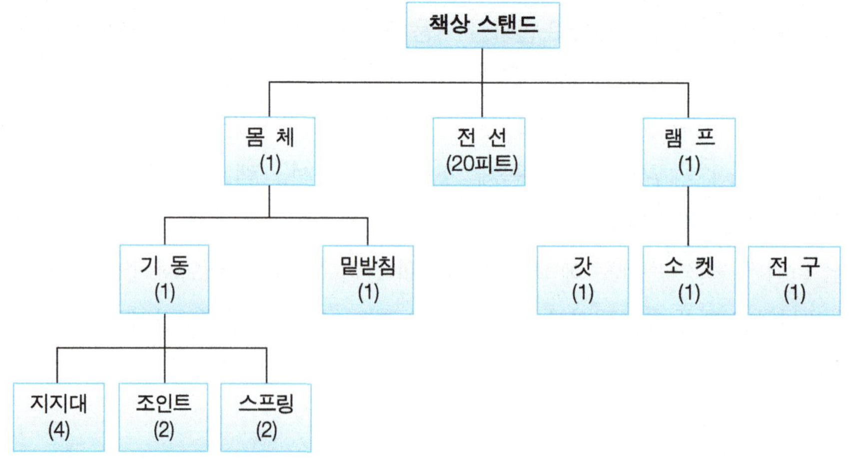

BOM은 [그림 3-3]과 같다. 책상 스탠드를 완성하기 위해서는 몸체, 전선, 램프의 세 부분을 조립하면 된다.

이때 몸체는 기둥과 밑받침으로 이루어지는데, 책상에서 자유롭게 높이와 각도를 움직이고 조정하는 것이 가능하도록 하기 위하여 기둥은 4개의 철제 지지대와 조인트 2개, 스프링 2개를 조립하여 만든다. 이때 지지대, 조인트, 스프링은 원자재 부품이고, 기둥은 이를 조립하여 만든 중간 반제품이며, 몸체 역시 기둥과 밑바침을 조립한 반제품이다. 그리고 최종적으로 조립되어 판매되는 책상 스탠드는 완성품이다.

(1) 자재마스터데이터

1) 자재마스터 생성화면

SAP ERP를 활용한 생산운영관리의 첫 번째 단계는 자재마스터를 생성하는 것이다. 자재마스터는 원자재, 중간 반제품, 최종 완성품 모두에 대하여 생성하여야 한다. SAP ERP의 메뉴경로에 따라 자재마스터 생성을 선택하면, [그림 3-4]와 같은 초기화면이 나타난다. '산업부분' 항목에서는 "기계공학", "소매", "플랜트 엔지니어링", "화학산업" 등 여러 다양한 산업유형을 선택할 수 있다. 이러한 분류는 생산 서비스 운영관리의 관점에서 유통산업에서 사용되는 자재인지, 일반적인 제조업에서 사용되는 자재인지, 플랜트 엔지니어링과 같은 대규모 설비산업에서 사용하는 자재인지에 대한 분류를 뜻한다. '자재유형' 항목에 대해서는 "원자재", "반제품", "완제품" 등의 항목을 선택할 수 있다. 원자재(raw

그림 3-4 자재마스터 생성화면

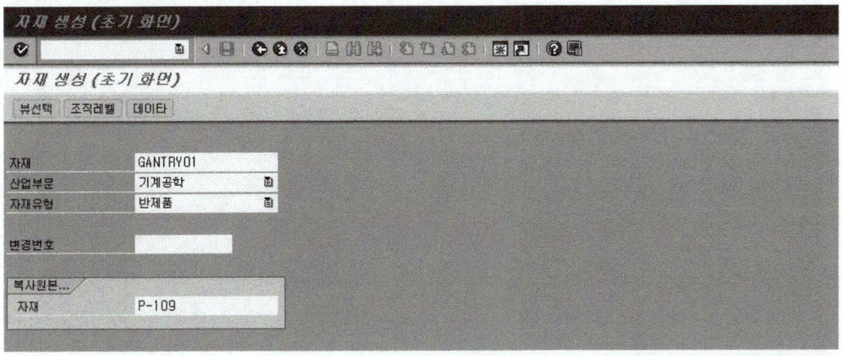

자재 생성 (초기 화면)

뷰선택 | 조직레벨 | 데이타

자재 GANTRY01
산업부문 기계공학
자재유형 반제품

변경번호

복사원본...
자재 P-109

materials)는 제조기업이 공급처로부터 구매하여 생산에 투입하는 자재를 뜻한다. 반제품(semi-finished product)은 하도급 자재유형과 사내 생산제품 자재유형 등으로 분류되며, 제조기업이 구매한 원자재를 이용하여 생산한 부품으로 완성품 조립을 위해 투입되어야 하는 중간제품을 뜻한다. 완제품은 조립 등의 모든 공정을 마치고 고객에게 판매할 수 있는 완성된 제품을 말한다.

자재관리모듈에서 자재마스터 생성을 위한 메뉴경로는 다음과 같다.

메뉴경로	물류 → 자재관리 → 자재마스터 → 자재 → 생성(일반) → 즉시
트랜잭션 코드	MM01

2) 자재마스터 기본데이터

생산관리를 위한 자재마스터는 일반적으로 기본데이터, 구매, MRP, 회계 등의 뷰를 선택하도록 되어 있다. 특히 구매를 하는 원자재는 구매 뷰를 반드시 선택하여야 하며, 또한

그림 3-5 자재마스터 '기본데이터 1'뷰 조회화면

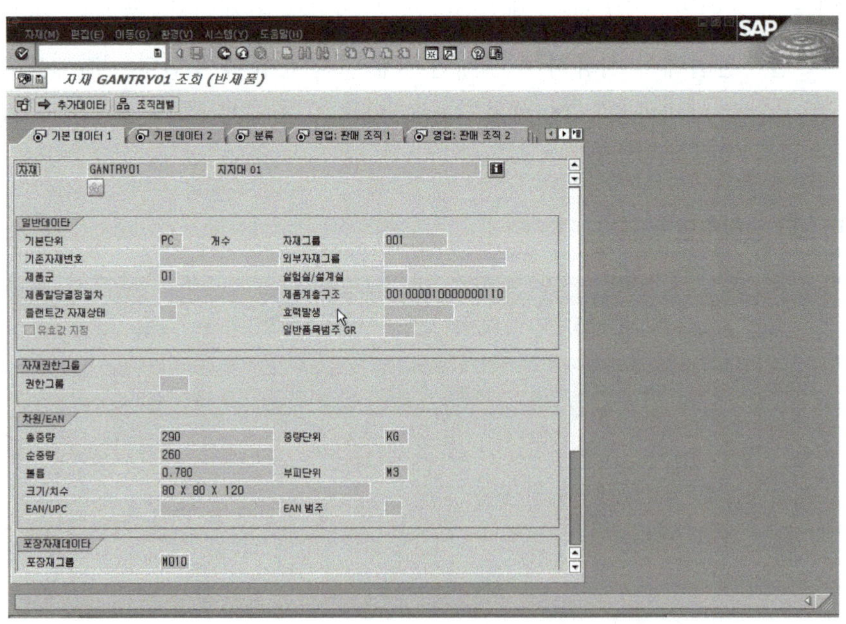

제조를 하는 반제품이나 완제품은 MRP 뷰와 작업일정 뷰를 선택하여야 한다. 만일 기본데이터 뷰만 선택하였을 경우에는 생산관리를 진행하는 데 있어 플랜트(plant)를 지정하지 않았기 때문에 문제가 발생할 가능성이 있다. 자재마스터를 위한 플랜트 정보를 입력하면 앞서 선택한 뷰에 따라 자재마스터의 상세한 설정값을 입력하는 화면이 나타난다. [그림 3-5]는 정상적으로 자재마스터 생성이 완료되었을 때, 그 결과를 조회하는 화면이다. '기본데이터1' 뷰에서는 자재번호, 자재이름, 취급 기본단위와 같은 기본적인 정보가 우선 다루어지고, 자재그룹에 대한 정보를 통하여 해당 자재가 속한 계층구조를 밝히게 되어 있으며, 해당 자재의 중량, 중량 단위, 부피, 부피 단위, 자재의 크기 및 치수 등과 같은 규격에 대한 주요 정보를 다루고 있다.

'자재그룹(materials group)'은 제품 및 자재들을 그룹화한 것을 말하며, 자재의 특성이 유사하거나 같은 설비를 활용하여 제조하는 것이 가능한 경우 또는 수입 조달이나 현지 조달을 구분하는 등 기업이 필요한 관리목적에 따라 동일한 자재그룹으로 묶을 수 있다. 또한 자재그룹은 다중레벨로 계층을 구성하여 자재그룹을 또 다른 자재그룹 안에 포함시켜 가면서 더 포괄적인 큰 개념의 자재그룹을 생성하는 것이 가능하다.

3) 자재마스터 구매관련데이터

[그림 3-6]은 해당 자재의 구매업무처리에 대한 주요설정 정보를 확인할 수 있는 구매뷰의 내용이다. 여기에서는 구매오더 단위를 기본단위와 다르게 설정하는 것이 가능하고, 구매그룹을 설정할 수 있다. '구매그룹(purchasing group)'은 구매에 대한 책임을 지는 구매담당자나 구매담당자 그룹을 나타낸다. 자재의 구매조달에 대하여 기업 내부적으로 책임 소재를 명확하게하고, 해당 기업이 공급처(vendor)와 거래를 진행할 때 주 경로역할을 담당하는 구매담당자를 확인할 수 있도록 한다. '자재 세금 지시자'와 같은 항목은 해당 자재를 구매할 때의 부가세와 같은 세금의 비율을 정의하는 부분으로, 자재마다 국가가 지정한 세금 비율이 다르게 적용될 수 있다. '현물할인'은 대량구매를 진행할 경우와 같이 구매나 판매를 진행할 때의 할인규칙이 적용되는 경우에 대한 부분을 말한다. 기업 간 거래를 진행할 때 특정한 자재에 대하여 대략으로 구매하거나 판매가 이루어지면 할인율이 적용되는 경우가 있는데, 그러한 할인규칙을 따르도록 지정하는 작업이 필요할 수 있다. 자재운임그룹은 해당 자재를 공급자가 구매자에게 무상으로 운송하도록 할 것인지, 아니면 유상운송을 진행하여 구매자로부터 운임을 부담하도록 할 것인지에 대한 정의부분이다. 이

그림 3-6 자재마스터 '구매'뷰 조회화면

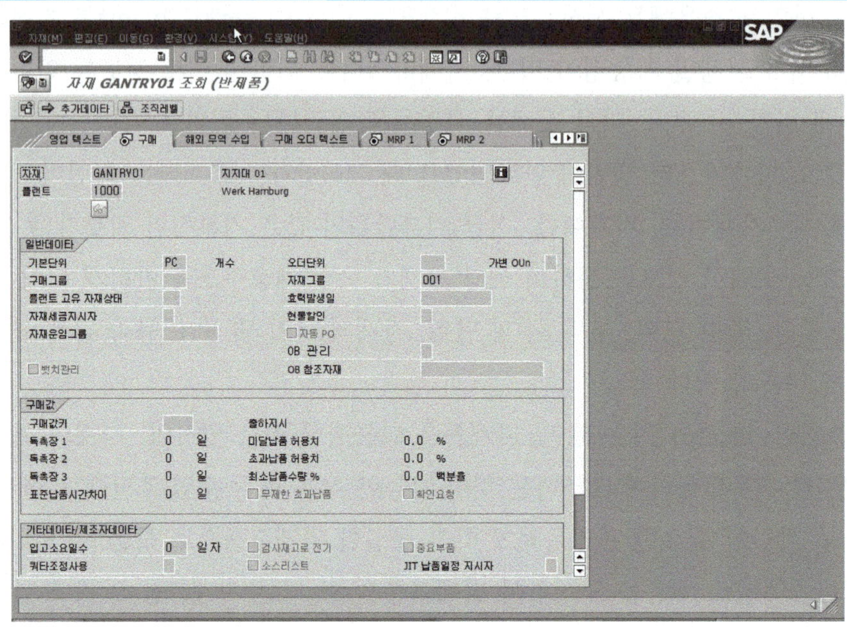

렇게 세금 납부규칙, 할인규칙, 운임부담 규칙 등을 미리 해당 자재에 대해 정의하면 구매를 진행할 때 주의하여야하는 체크포인트에 대해 보다 효율적으로 대응할 수 있게 된다.

4) 자재마스터 생산계획 관련데이터

[그림 3-7]은 해당 제품의 MRP 수행에 대한 내용을 확인할 수 있는 MRP1 뷰이다. 여기에서는 MRP절차에서MPS 결과를 활용한다는 것을 확인할 수 있으며, 로트크기 설정과 그것을 활용하는 로트크기 데이터에 대한 세부 설정값을 확인할 수 있다.

'MRP그룹(MRP group)'은 생산계획을 수립하는 MRP를 진행할 때 제어를 위한 입력값을 할당하기 위하여, MRP의 관점에서 유사한 계획수립방식을 따르는 자재들을 함께 묶는 역할을 한다. 이때 생산계획제어를 위한 입력값으로는 계획기간(planning horizon)이나 생성지시자와 같은 것을 들 수 있다. 계획기간은 생산계획이나 구매계획 등을 수립할 때 전체 계획기간을 말하며, 향후 1년 간의 장기계획을 수립하는 과정에서 3개월(분기) 단위로 계획결과를 조회하고자 한다면 계획기간은 1년, 단위구간(Time Bucket)은 3개월이 된다. 만일 1주일 간의 생산계획을 수립하면서 계획결과를 1일 단위로 조회하고자 한다면, 계획

그림 3-7 자재마스터 'MRP1'뷰 조회화면

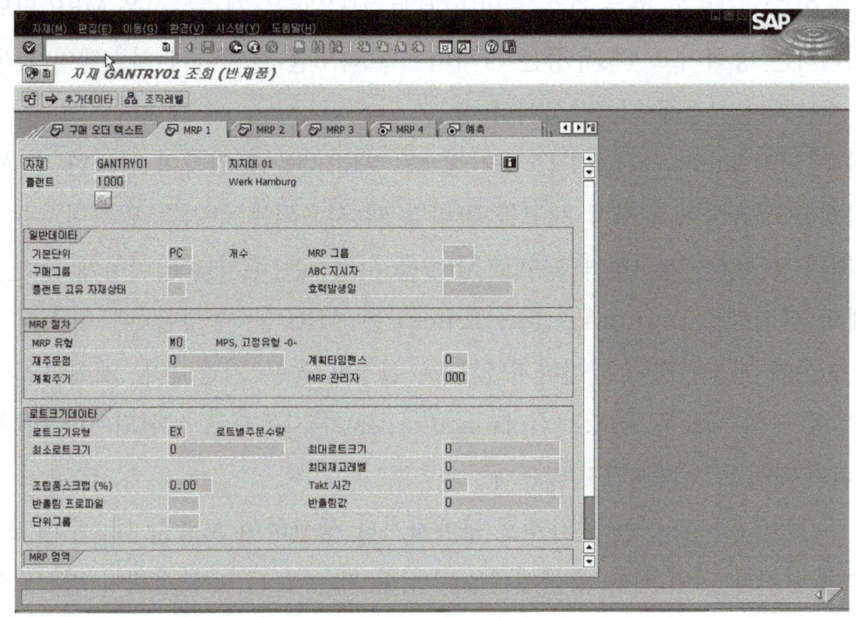

기간은 7일, 단위구간은 1일이 된다. 이렇게 생산계획을 수립할때의 기준이 유사한 자재들을 MRP그룹으로 묶어 함께 관리할 수 있다.

'ABC 지시자'는 자재를 취급하고 재고를 관리하는 데 있어 ABC 분석기법을 활용하기 위하여 해당 자재가 중요 자재(A)인가, 보통 자재(B)인가, 중요하지 않은 자재(C)인가를 지정하는 부분이다. ABC 분석은 자재의 중요도에 따라 아주 중요한 자재를 관리하는 데 역량을 집중하고, 상대적으로 중요성이 떨어지는 자재를 관리하기 위해서는 기업의 관리역량을 크게 소모하지 않도록 하는 경영기법이다. 이러한 자재분류에 따른 관리는 기업의 한정한 능력을 최대한 효율적으로 활용하는데 있어 반드시 필요한 일이며, ABC 지시자에 정의된 바에 따라 기업은 해당 자재에 대한 관리정도를 결정하게 된다.

'MRP유형'은 자재의 소요량을 계산하는 방법과 정보를 설정하는 부분이다. 가장 기본적인 MRP유형으로는 MPS와 BOM을 활용하는 PD유형과 MPS와 BOM을 활용하지 않고 재고수량만을 고려하는 재주문점 방식의 VB유형이 있다. MRP, fixing type은 PD유형과 마찬가지로 MPS와 BOM을 사용하면서 계획 타임펜스(Planning Time Fence)를 설정하여 타임펜스 내의 계획오더(Planned Order)는 변경되지 않도록 설정하는 방식이다.

'재주문점(Reorder Point)'은 자재의 재고량이 미리 정한 한계점 밑으로 떨어질 경우 재발주가 이루어지도록 하는 기준을 의미한다. VB유형은 재주문점을 MRP 담당자가 수동으로 입력하는 방식이고 VM유형은 자재의 수요속도를 파악하여 시스템이 자동으로 재주문점을 계산하여 설정해주는 방식이다.

'계획주기(Planning Cycle)'는 주기적으로 재고량을 확인하여 감소한 수량만큼 채워 넣는 방식을 사용하여 원자재 재고를 관리할 때 사용되는 주기를 말하며, 주기적으로 해당 원자재의 요구량을 계산하게 되므로 MRP를 수행하는 주기를 의미하게 된다.

'계획 타임펜스(planning time fence)'는 MRP를 수행할 때 마스터 계획(master planning)에 자동변경이 일어나지 않도록 설정해 놓은 기간이며, 계획타임펜스 안에서는 시스템에 의해 새로운 계획오더(planned order)가 자동으로 생성되거나 이미 존재하는 계획오더가 자동으로 변경되지 않는다.

'로트크기(Lot-Size)'는 원자재를 구매하거나 생산하여 보충할 때, 구매 또는 생산을 위한 수량 단위를 의미한다. 생산계획을 수립할 때는 로트크기 정책이 명시되어야 하고, 로트크기 결정규칙(Lot-Sizing Rule) 등이 미리 확정되어야 MRP 수량계산이 가능하다. 로트크기 유형은 로트크기 결정규칙을 지정하는 부분이다. 로트크기 결정규칙으로는 크게 고정주문량 방식(SAP ERP에서의 FX), 주기주문량 방식(SAP ERP에서의 PB), L4L방식(SAP ERP에서의 EX)이 있다.

고정주문량 방식은 발주할 때 마다 동일한 수량을 로트크기로 결정하는 규칙으로, 고정된 로트크기의 배수만큼 발주가 이루어진다. 가장 널리 활용되는 로트크기 결정규칙으로, 최소 로트크기와 최대 로트크기 값을 입력하여 활용하는 것이 가능하다.

주기주문량 방식은 사전에 정한 일정시간 간격마다 발주가 이루어지는 것을 말한다. 발주할 때마다 주문수량이 바뀌며, 로트크기는 특정기간 동안의 총 소요량과 주문시점에서의 예상 보유재고량의 차이로 결정된다.

L4L(Lot for Lot)방식은 각 시점별로 필요량이 그대로 로트크기로 결정되는 규칙으로, 필요한 만큼 구매, 생산, 판매 등이 이루어지므로, L4L 규칙에서는 로트크기가 사실상 의미가 없으며 고정주문량 방식으로 보면 L4L은 항상 고정주문량이 1인 로트크기를 갖는 경우라고 할 수 있다.

SAP ERP에서는 [그림 3-7]의 로트크기 유형을 설정할 때 고정주문량 방식의 경우 FX를 선택한 후 최소 로트크기 수량을 입력하여야 한다. 또한 주기주문량 방식의 경우 로트크기 유형을 PB로 선택하면 되고, L4L방식의 경우 로트크기의 유형을 EX로 선택하면 된다.

[그림 3-8]은 해당 제품의 MRP 수행에 대한 내용을 확인할 수 있는 MRP2 뷰이다. 여기에서는 MRP계산에 의한 원자재 조달방법이나 계획납품기간, 내부생산이 이루어질 경우에 대한 생산계획수립방법, 안전재고 등에 대한 부분을 설정하게 된다.

[그림 3-8]의 '조달유형'은 해당 자재가 기업내부에서 생산할 수 있는 자재인지 또는 외부 공급사로부터 구매하는 자재인지를 설정하는 부분이다. 경우에 따라서 내부생산 및 외부조달이 모두 이루어질 수 있다.

'쿼타조정'은 기업이 원자재를 구매할 때 한 곳의 공급처로부터만 해당 원자재를 구매한다면 원자재 공급처에 문제가 생길 경우 생산에 차질이 빚어질 수 있으므로, 복수의 공급처로부터 원자재를 공급받을 수 있도록 하고 각각의 거래처별로 원자재를 조달하는 비율을 미리 정하여 사용하는 것이다. '쿼타조정' 필드를 사용하면, 구매오더의 금액을 기준으로 공급업체의 비율을 누적으로 계산하여 쿼타에 맞도록 다음에 적합한 공급업체에 구매오더가 할당되어 나갈 수 있도록 자동으로 제시해 준다.

그림 3-8 자재마스터 'MRP2'뷰 조회화면

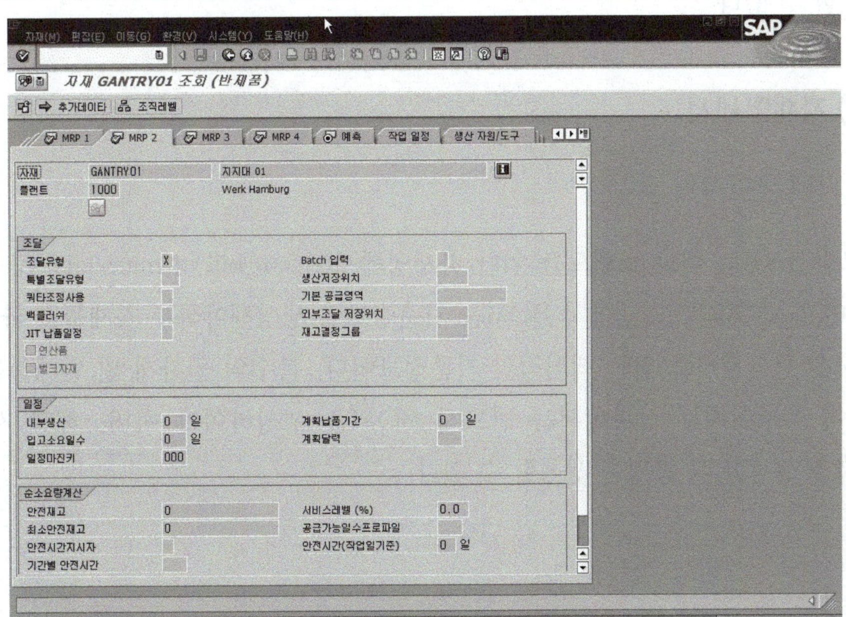

'백플러쉬(backflush)'는 특정오더에 대하여 일단 생산을 진행하여 출고한 후 BOM의 사용 자재량을 기준으로 자동으로 실적이 기표되도록하는 방식을 말한다. 일반적으로 백플러쉬방식은 완제품 생산에 필요한 원자재와 반제품을 개별적으로 출고처리시키지 않고, 완제품을 생산한 후 BOM의 자재명세서별 필요한 수량을 시스템 상에서 일괄적으로 출고처리시키는 것이다. 이와 같은 방식을 이론출고 또는 백플러쉬라고 한다.

해당 자재조달을 자체적인 내부생산을 통하여 진행할 경우, 내부생산에 소요되는 시간을 지정할 수 있고, 외부에서 조달할 경우 '계획 납품시간'을 통하여 외부조달에 소요되는 시간을 지정하는 것이 가능하다. 이러한 내부생산이나 외부조달을 위하여 필요적으로 소요되는 시간을 리드타임이라고 하며, [그림 3-8]의 '일정' 항목은 생산 리드타임과 조달리드타임을 세팅하는 부분이라고 할 수 있다. MRP를 전개할 때 리드타임 정보는 해당 원자재를 조달하는 데 필요한 소요시간으로, MRP전개를 통하여 구매오더의 발주시기 혹은 생산오더 시기를 결정하는데 있어 주요정보로 사용된다.

'안전재고(Safety Stock)'는 기업이 해당 자재에 대하여 예기치 않은 많은 소요량을 충당하기 위하여 반드시 확보하려고 하는 재고량을 의미하며, 안전재고는 자재품절에 의한 생산이나 판매의 중단을 방지하는 것이 주요목적이다. 안전재고의 수준이 높으면 해당 자재에 대한 기업의 재고비용부담이 커지고, 안전재고의 수준이 낮으면 품절 가능성이 높아진다고 할 수 있다.

(2) 자재명세서

1) 자재명세서의 생성

[그림 3-9]는 책상 스탠드를 위한 자재명세서(BOM: bill of materials) 구성을 나타내고 있으며, SAP ERP시스템에서 BOM을 기준정보로 생성해야하는 자재들을 확인할 수 있다. BOM은 생산관리를 위한 핵심적인 기준정보이다. 복수의 원자재 및 반제품들을 이용하여 조립이 이루어지는 상황에서는 반드시 BOM을 생성하여야 하며, 해당 자재에 대하여 BOM을 생성한 후 공정을 생성할 수 있다.

그림 3-9 BOM 및 공정생성 대상 제품

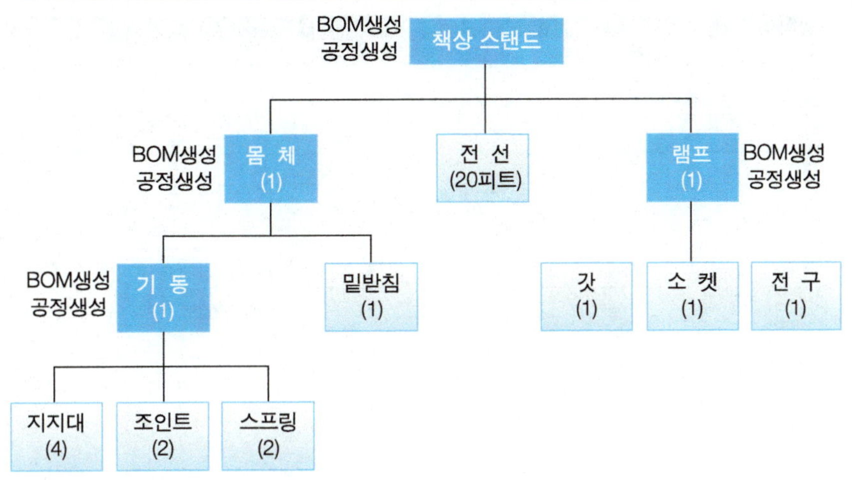

[그림 3-10]은 BOM생성을 위한 SAP ERP화면이며, BOM은 자재번호와 해당 자재를 취급하는 플랜트(plant) 정보를 기준으로 생성됨을 알 수 있다. 플랜트는 일반적으로 해당 자재를 취급하는 사업장을 의미하는 개념으로 재고관리와 MRP수행의 기본단위이다. BOM은 BOM을 생성하고자 하는 대상 자재와 해당 자재를 만들기 위하여 필요한 구성부품 사이의 수량관계를 정의함으로써 만들 수 있다. [그림 3-9]의 BOM 구성도에 의하면 '기둥'을 만들기 위해서는 지지대 4개, 조인트 2개, 스프링 2개가 필요하다. 따라서 [그림 3-10]과 같이 지지대, 조인트, 스프링의 자재 코드번호를 '구성부품' 항목에 입력하고 수량값을 입력하여 BOM을 관리하게 되는 것이다.

BOM 생성을 위한 메뉴경로는 다음과 같다.

메뉴경로	물류 → 생산 → 마스터데이터 → BOM → BOM → 자재 BOM → 생성
트랜잭션 코드	CS01

SAP ERP을 통하여 BOM생성을 진행할 때 하위 구성부품이 어떠한 속성을 가지고 있는가 확인이 필요한 경우, 하단의 아이템 스크롤 화면의 구성부품번호를 더블 클릭하면 드릴다운(drill-down) 방식으로 자재마스터의 설정값을 곧바로 조회하는 것이 가능하다. '구성부품 코드' 번호는 해당 자재를 구성하는 부품들의 고유 자재번호를 의미하여, '구성부품 내역'은 자재이름을 뜻한다. 이상과 같이 [그림 3-9]의 BOM 구성도를 참고하여 기둥, 몸

그림 3-10 자재 BOM 생성 상세화면

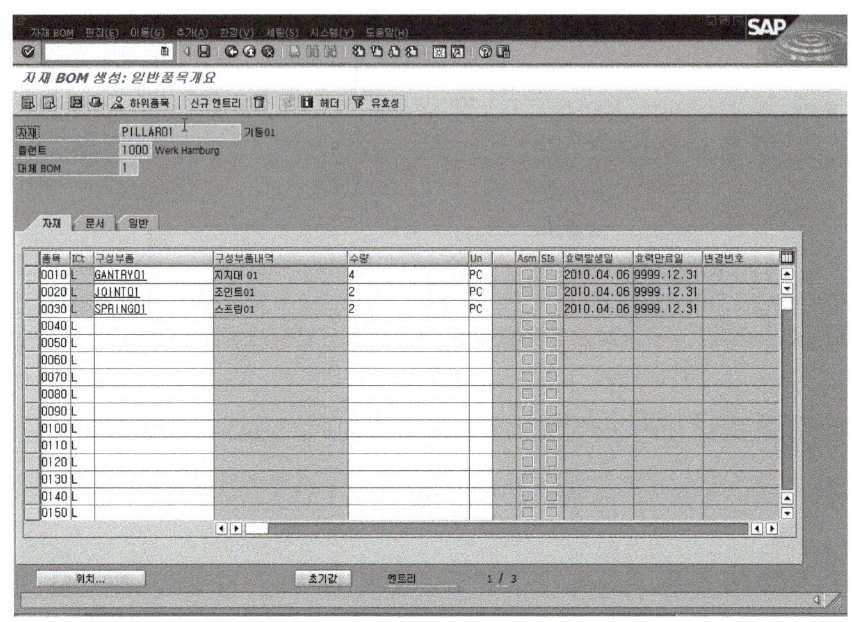

체, 램프 등의 BOM정보를 생성하여 활용하게 된다.

또한 완제품인 책상 스탠드의 BOM을 생성하여 몸체, 전선, 램프를 구성부품으로 입력하여야 전체 BOM부분이 완성된다.

(3) 공 정

공정(Routing)생성에서는 BOM을 등록한 자재에 대하여 어떠한 작업장에서 어떠한 작업을 거쳐 생산이 이루어지는 가에 대한 정보를 입력하게 된다.

공정생성을 위한 메뉴경로는 다음과 같다.

메뉴경로	물류 → 생산 → 마스터데이터 → 공정 → 공정 → 표준공정 → 생성
트랜잭션 코드	CA01

공정생성의 초기화면은 [그림 3-11]과 같다. 공정을 생성하고자 하는 자재번호와 플랜트 정보를 입력하고, ✔ 버튼을 클릭하면 상세화면으로 넘어간다. 자재번호는 자재마스터를 생성할 때 자동채번되거나 입력한 고유번호이다.

그림 3-11 공정생성 초기화면

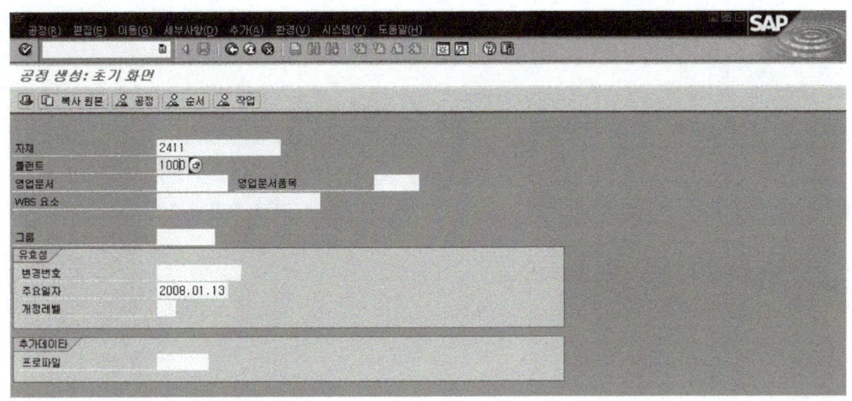

공정생성의 상세화면은 여러 단계로 이루어져 있다. 우선 헤더 세부사항 화면은 [그림 3-12]와 같으며, 여기에서는 생성하는 공정의 용도와 상태를 필수적으로 입력하여야 한다. 용도내역으로는 "1(생산)"을 선택하고, 상태내역으로는 "1(생성)"을 선택하여 실습을 진행할 수 있다. 이후 상단에 있는 공정, 자재지정, 순서, 작업, 구성부품 할당의 버튼을 누르면 상세설정화면이 나타난다. 특별한 상세설정을 하지 않아도 공정생성이 불가능한 것은 아니다.

공정생성에서 가장 중요한 상세설정으로는 작업장 지정이 있다. 공정생성 개요화면이나 헤더화면에서 [작업] 버튼을 누르면 작업장 입력화면이 나타난다. 여기에서는 어떠한 작업장에서 해당 공정이 이루어지는 가를 입력하게 된다. 하단품목의 스크롤 형태의 입력란의 "작업장"에 각의 작업별로 이루어지는 작업장을 입력한다. 입력을 마치고 [저장] 버튼을 누르면 입력내용이 저장되고 공정이 생성된다.

그림 3-12 공정생성 헤더 세부사항 화면

공정을 조회하기 위한 메뉴경로는 다음과 같다.

메뉴경로	물류 → 생산 → 마스터데이터 → 공정 → 공정 → 표준공정 → 조회
트랜잭션 코드	CA03

공정조회 초기화면은 공정생성의 초기화면과 구성이 동일하다. 조회하고자하는 자재 고유번호와 플랜트 정보를 입력하고, ✅ 버튼을 클릭하면 상세 조회화면이 나타난다.

그림 3-13 공정조회 작업 개요화면

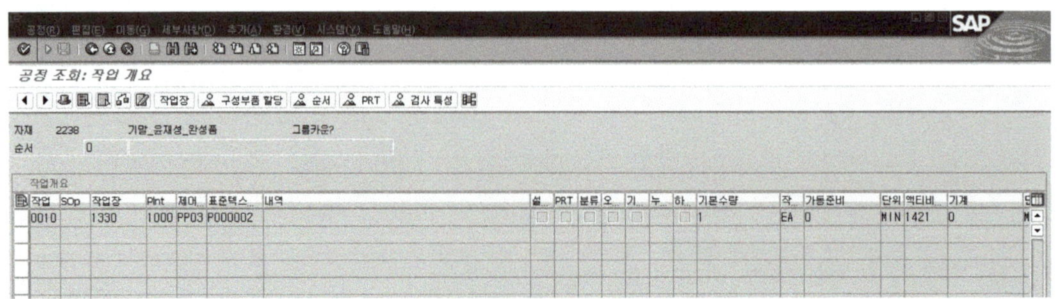

공정조회에서는 공정에 대한 헤더조회와 작업장 조회, 구성부품 할당조회 등이 가능하다. [그림 3-13]은 1개의 작업에 대하여 작업장을 입력한 공정에 대한 조회화면을 보여주고 있다. 구성부품 할당조회에서는 자재 BOM도 함께 연동하여 조회하는 것이 가능하다.

1.2 생산계획수립과 MRP결과 평가

(1) 생산능력계획

SAP ERP시스템을 활용하여 생산계획을 수립하고, 생산계획에 따라 생산작업을 수행하는 부분을 살펴보도록 한다.

1) 생산능력 설정 및 조회

생산계획을 수립하기 위해서는, 우선 생산현장의 생산능력에 대한 정보와 생산의 기준이 되는 수요정보를 먼저 파악하여야 한다. 수요량에 따라 생산목표 수량이 결정이 되고, 또 수요를 알아낸 후 생산현장의 생산능력에 따라 1일 생산이 가능한만큼 생산수량을 결정하여야 하기 때문이다. 즉, 생산능력을 고려하지 않은 생산계획수립은 생산을 실행하면서 현실과 맞지 않아 무용지물이 되기 쉽다.

그림 3-14 각 생산현장별 생산능력 조회

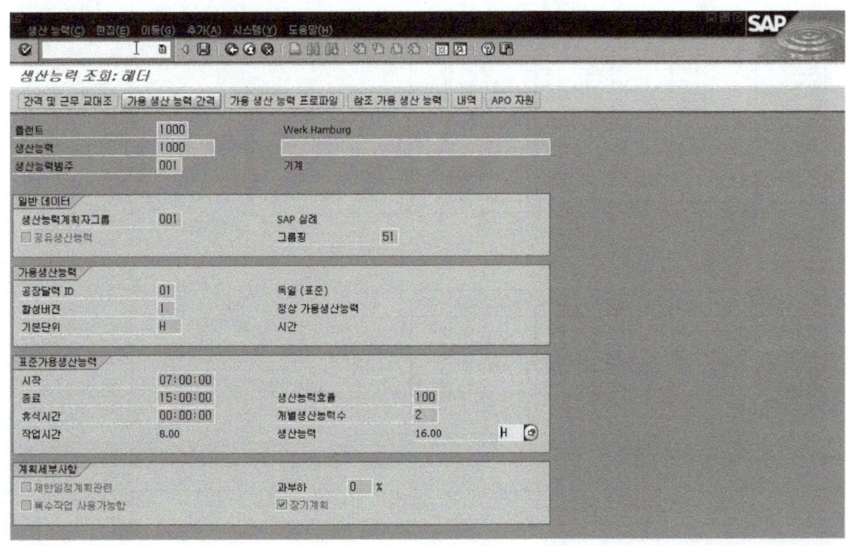

SAP ERP에서는 생산현장의 생산능력이 [그림 3-14]와 같이 설정하여 관리되고 있다. 생산능력은 각 설비별로 또는 각각의 플랜트별로 관리할 수 있다.

이때 플랜트별 능력관리는 각각의 공장별로 생산할 수 있는 능력이 별도로 관리된다는 것을 뜻한다. [그림 3−14]와 가용생산능력 항목을 살펴보면, 생산능력의 기준이 시간을 기본단위로 하고 있음을 확인할 수 있다. 즉, 생산현장의 생산능력은 생산을 시작하여 종료하기까지의 시간정보를 이용하여 파악하고, 시간 당 생산가능 수량을 파악하여 총 일별 생산능력을 산정하는 방식으로 생산능력을 정의한다. 표준 가용생산능력 항목을 보면 생산 시작시간, 종료시간, 휴식시간 정보를 입력하고, 일별 업무시간 정보를 입력하게 되어 있는 것을 확인할 수 있다. [그림 3−14]에서는 일별 작업시간이 8시간으로 지정되어 있고, 시간당 개별 생산능력 수가 2개로 정의되어 있다. 이에 따라 8시간의 작업시간을 가질 경우 생산능력은 총 16개가 되는 것이다. 일별 생산능력을 초과하는 생산계획을 수립하면 생산활동을 통해 계획을 실천하는 것이 불가능하므로, 생산능력을 정확히 파악하는 것이 중요하다.

그림 3-15 각 작업장별 생산능력 소요량 조회

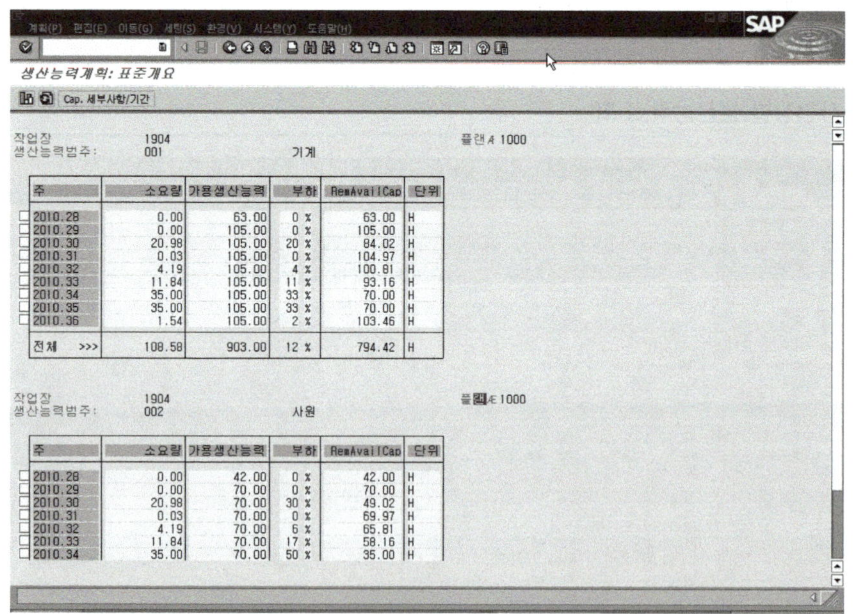

주	소요량	가용생산능력	부하	RemAvailCap	단위
2010.28	0.00	63.00	0 %	63.00	H
2010.29	0.00	105.00	0 %	105.00	H
2010.30	20.98	105.00	20 %	84.02	H
2010.31	0.03	105.00	0 %	104.97	H
2010.32	4.19	105.00	4 %	100.81	H
2010.33	11.84	105.00	11 %	93.16	H
2010.34	35.00	105.00	33 %	70.00	H
2010.35	35.00	105.00	33 %	70.00	H
2010.36	1.54	105.00	2 %	103.46	H
전체 >>>	108.58	903.00	12 %	794.42	H

주	소요량	가용생산능력	부하	RemAvailCap	단위
2010.28	0.00	42.00	0 %	42.00	H
2010.29	0.00	70.00	0 %	70.00	H
2010.30	20.98	70.00	30 %	49.02	H
2010.31	0.03	70.00	0 %	69.97	H
2010.32	4.19	70.00	6 %	65.81	H
2010.33	11.84	70.00	17 %	58.16	H
2010.34	35.00	70.00	50 %	35.00	H

2) 작업장별 생산능력

[그림 3-15]는 각각의 작업장별로 생산능력 소요량을 조회하고, '기계'와 '사람'에 대하여 얼마만큼의 부하(%)가 걸려 있는가를 확인하는 부분이다. 생산계획을 수립하여 생산이 확정되면, 그 만큼 작업자와 설비가 감당하여야 하는 작업부하가 늘어나게 된다. 단위 기간별로 미래시점의 '기계'와 '작업자'에 대하여 작업부하가 얼마만큼 발생할 것인지 확인하고, '기계'와 '작업자'의 여유 생산능력을 계산하여 추가적인 생산계획수립에 활용하게 된다.

(2) 기준생산계획

1) 기준생산계획 수립

수요예측결과 완제품에 대한 수요량과 시기에 대한 정보를 확인하였다면, 이러한 수요예측과 더불어 실제 수요를 고려하여 기준생산계획을 수립할 수 있다. MPS를 수립함으로써 완제품에 대한 수요량과 시기를 확정하고, 생산에 소요되는 생산 리드타임을 반영하여 해당 완제품이 생산완료 후 입고되는 시기와 생산을 진행하여야하는 시기정보를 계산할 수 있다. 이러한 '책상 스탠드' 완제품에 대한 MPS 는 [그림 3-16]과 같다.

그림 3-16 책상 스탠드 완제품에 대한 MPS

품목 : 책상 스탠드(Stand-S)								
로트크기 : 고정주문량-40개	주(Week)							
리드타임 : 1주(7일)	1	2	3	4	5	6	7	8
총 소요량	0	40	0	0	40	0	40	40
예정 입고	0	0	0	0	0	0	0	0
예상보유재고	0	0	0	0	0	0	0	0
계획입고	0	40	0	0	40	0	40	40
계획발주	40	0	0	40	0	40	40	0

2) 계획독립소요량 생성

SAP ERP에서는 수요예측을 통하여 미래시점의 수요를 파악한 후, [그림 3-17]과 같이 수요예측의 결과를 반영하여 기준생산계획(MPS)을 수립하여 계획독립소요량(Planned Independent Requirement)을 생성할 수 있다. 계획독립소요량은 완제품에 대한 미래시점의 수요예측결과를 통하여 생산을 위한 목표수량을 결정하는 것이다. 계획독립소요량은 반드시 판매 등을 목적으로 하는 것으로 다른 자재에 수요가 영향을 받지 않는 것을 뜻하며, 만일 다른 자재의 수요에 의하여 영향을 받는 경우에는 독립소요량 생성이 아닌 종속소요량 계산을 이용하여야 한다.

계획독립소요량을 생성하게 되면 계획독립소요량이 MPS의 역할을 하게 되어 생산과 자재수급의 기준이 된다. 향후 모든 생산계획은 계획독립소요량 결과에 의하여 영향을 받게 되고, 따라서 수요예측결과를 반영하여 계획독립소요량을 확정하기 전에 한번 더 해당 계획독립소요량이 적합한 값인가 검토한 후에 확정하여야 한다.

계획독립소요량은 [그림 3-17]과 같이 미래시점의 소요일별로 계획수량을 결정하고, 수요예측결과를 수정하기를 바랄 경우 수정 및 보완작업을 거쳐 확정하게 된다. 이때 전체 계

그림 3-17 계획독립 소요량 생성

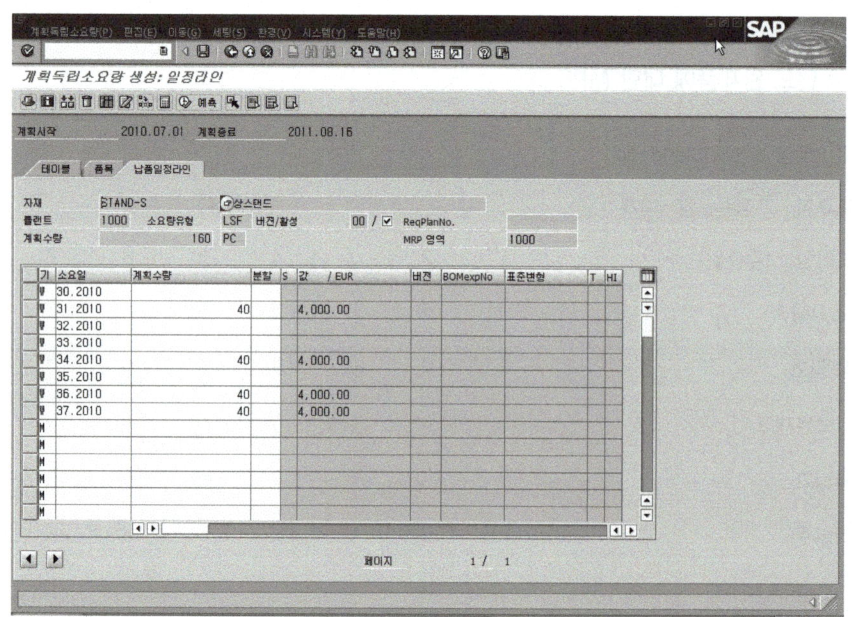

획기간에 따르는 총 계획수량의 합계를 확인할 수 있다. 소요량 유형값은 [그림 3- 17]에서 해당 제품이 재고생산방식(MTS)으로 관리되는 것으로 설정하였음을 나타낸다.

계획독립소요량을 생성하는 메뉴경로는 다음과 같다.

메뉴경로	물류 → 생산 → 생산계획 → 수요관리 → 계획독립 소요량 → 생성
트랜잭션 코드	MD61

(3) MRP

1) MRP를 위한 고려사항

MRP를 수행하기 위해서는, 기준생산계획(MPS), 자재명세서(BOM), 재고 레코드의 기존 보유재고량 자료를 활용하게 된다. 최종 완제품에 대한 계획독립소요량 수량에 따라 BOM을 전개하여 하위레벨로 순차적으로 각 반제품과 원자재의 소요량을 계산하게 된다. 이때 MPS의 기간정보에 따라 MRP계산결과를 확인하는 기간이 결정된다. MRP를 계산할 때 고려하여야 하는 주요 사항은 다음과 같다.

① 각각의 자재에 대한 기존 보유재고량이 고려되어야 한다. 재고 레코드를 통하여 기존의 보유재고량이 MRP 수행 이전 초기재고량으로 입력되어야 한다. [그림 3–18]은 실습시나리오에서 가정한 초기재고량을 보여주고 있다.

② MRP에 의하여 원자재나 반제품의 소요량을 계산하고 나면, 계획수립결과에 의하여 계획오더와 구매요청이 생성된다. 이어서 구매요청에 의하여 구매오더가 생성되거나 생산오더에 의하여 작업지시서가 발부되게 된다. 이때 구매를 위한 로트크기 정책이나 생산을 위한 로트크기 정책이 미리 결정되어 있어야 한다. SAP ERP에서는 [그림 3–18]에서 확인할 수 있듯이 이 부분이 각 원자재의 자재마스터에 정의되어 있다. 소요량만큼 자동으로 로트크기가 결정되는 L4L(lot for lot)의 경우에는 로트크기 유형을 'EX'로 선택한다. 로트크기가 고정되어 있는 고정주문량방식의 경우, 로트크기 유형을 'FX'로 선택하고 고정 로트크기의 수량을 입력하면 된다. MRP에서는 이러한 로트크기 정책과 수량에 따라 구매 또는 생산을 통한 계획입고 수량을 계산하게 된다.

③ 자재명세서(BOM)에 따라 MRP에서는 하위 구성부품의 종속소요량이 결정되어야 한

그림 3-18 BOM 구조와 초기재고수량

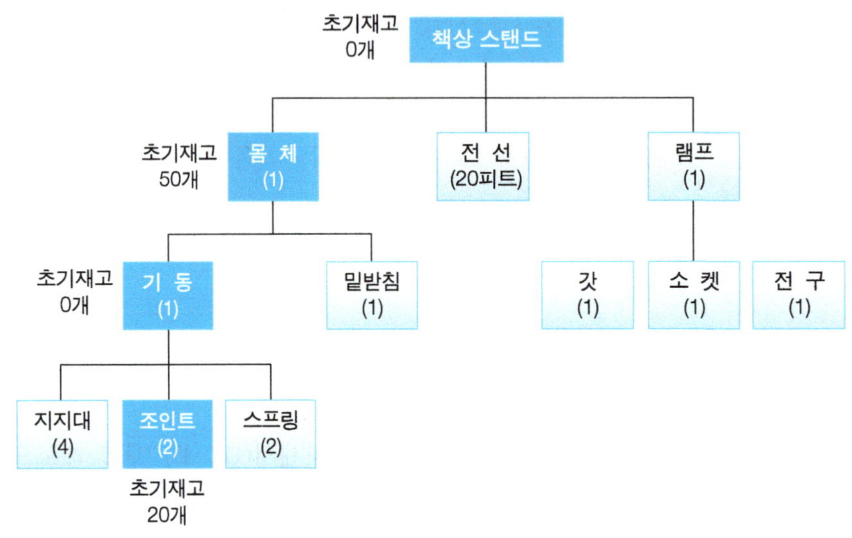

다. [그림 3-18]의 수량구조에 따라 책상 스탠드의 소요량이 40개이면 몸체는 완성품과 1:1의 수량구조를 갖고 있으므로 40개가 소요량으로 결정되게 되고, 기둥 역시 몸체와 1:1의 수량구조이므로 40개가 소요된다. 하지만 기둥과 조인트는 1:2의 수량구조를 갖고 있으므로 조인트는 80개가 소요되게 된다.

④ 각 자재에 대한 리드타임을 고려하여 계획보충기간을 결정하여야 한다. MRP에서는 구매주문을 위한 리드타임과 생산을 위한 리드타임을 자재마스터로부터 확인하여 사용하게되며, 내부생산을 위한 리드타임과 계획납품기간에 의한 리드타임을 정의할 수 있다. 원자재 속성을 갖는 자재의 경우 구매를 위한 계획납품기간 정보만 활성화되며, 생산작업이 존재하는 반제품과 완제품의 경우 내부생산에 소요되는 생산 리드타임을 반드시 입력하여야 한다. 실제 기업상황에서는 구매를 위한 계획납품 기간정보와 생산 리드타임이 모두 정확하게 입력되어야 현실적으로 적기구매와 적기생산이 이루어질 것이다. 공급업체별로 또는 생산되는 자재별로 리드타임의 정확성을 관리하고, 필요시 주기적으로 업데이트하여 정확성을 향상시켜 나가야 한다. MRP에서는 이러한 구매 및 생산 리드타임을 고려하여 원자재와 반제품의 보충시기를 결정하게 된다.

그림 3-19 MRP 수행 전 초기재고 입력

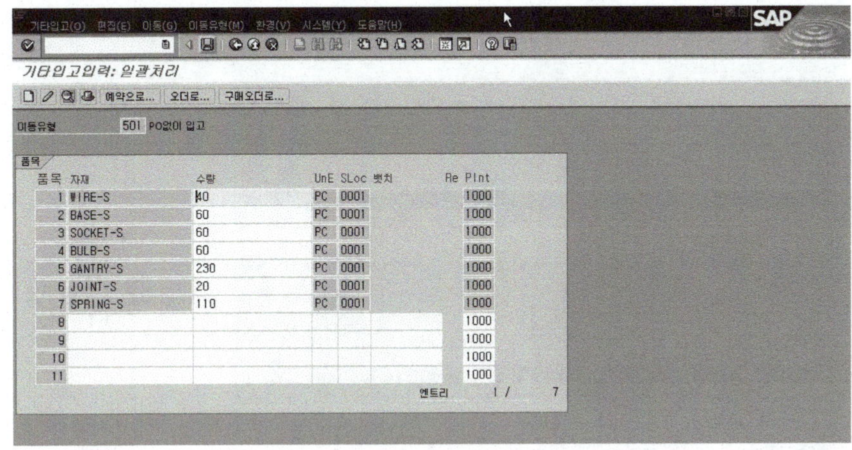

2) 초기재고 입력

SAP ERP를 통하여 MRP를 수행하기 전에, 먼저 해당 완제품 생산을 위하여 투입되는 원자재와, 중간조립 반제품 등에 대하여 초기재고를 입력하여야 한다. 초기재고는 MRP 수행 이전에 이미 예전 생산작업의 결과 이월되어 보유하고 있는 재고량을 말하며, MRP가 수행되면서 초기재고량을 고려하여 계획입고와 주문에 대하여 수량과 시기를 계산하게 된다.

[그림 3-19]는 SAP ERP시스템에서 각각의 원자재에 대하여 초기재고를 입력하는 화면을 보여주고 있으며, [그림 3-20]은 그 결과 MRP를 수행하기 직전의 각 원자재와 반제품, 완성품에 이르기까지 초기 보유한 재고수량을 보여주고 있다. [그림 3-18]의 BOM 구조에 맞추어 초기재고를 입력한 결과, [그림 3-20]과 같이 완제품 책상 스탠드의 초기재고량은 0에서 시작하고, 몸체는 50개, 기둥은 0개, 조인트는 2개에서 시작하고 있음을 알 수 있다.

그림 3-20 상하위 레벨에 따른 초기재고 입력 결과

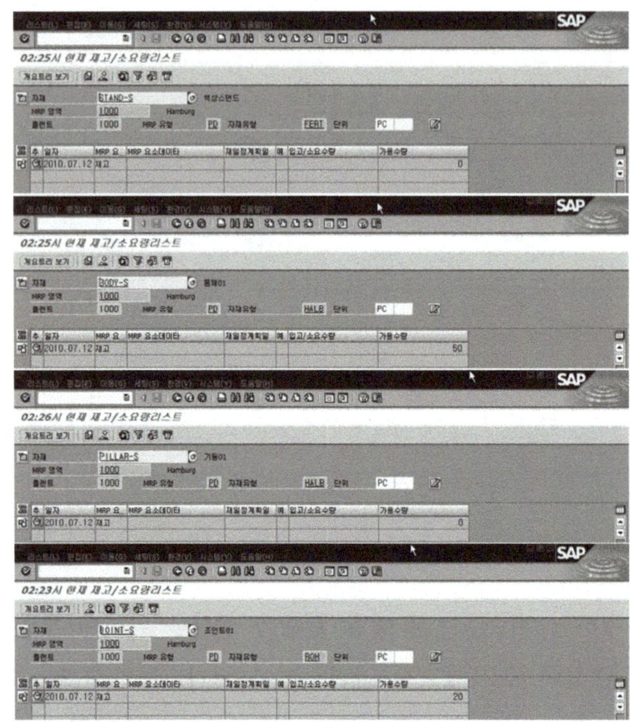

완제품
1레벨

반제품
2레벨
상위품과 수량구조
1:1

반제품
3레벨
상위품과 수량구조
1:1

반제품
4레벨
상위품과 수량구조
1:2

3) MRP 수행

계획독립소요량이 결정되면, 이는 MRP수행을 위한 기초자료인 기준생산계획(MPS)결과와 동등한 위치를 갖는다. [그림 3-21]은 앞에서 생성한 계획독립소요량에 맞추어 BOM 트리 구조에 따라 단일품목 다중레벨로 MRP를 수행하는 것을 보이고 있다. MRP는 기준생산계획의 결과를 이용하여 각 부품별로 소요량을 계산하는 부분으로, 만일 내부생산을 통하여 부품을 만들어야 한다면 생산오더를 생성하여 작업지시를 내리게 되며, 구매하는 제품의 경우 구매요청을 통한 구매오더를 생성하여 원자재를 구매한 후에 입고시키게 된다.

다중레벨요구량 계획(Multi-Level Requirements Planning)을 수행하여 계획오더를 생성하는 메뉴경로는 다음과 같다.

메뉴경로	물류 → 생산 → MRP → 계획 → 단일품목, 다중레벨
트랜잭션 코드	MD02

그림 3-21 MRP 수행 실시

계획(P) 편집(E) 이동(G) 세팅(S) 추가(A) 시스템(Y) 도움말(H)

단일품목, 다중레벨

자재 Stand-S
MRP 영역
플랜트 1000

계획범위
☐ 제품그룹

MRP 제어매개변수

처리키	NETCH	총범위에 대한 순변경
구매요청 생성	2	오픈기간내 구매요청
납품일정 .	3	일정라인
MRP 리스트 생성	1	MRP 리스트
계획모드	1	계획데이타채택 (정상모드)
일정계획	1	계획오더에 대한 기본일자를 결정

제어매개변수처리
☐ 변경되지 않은 구성부품계획
☐ 저장하기 전 결과조회
☐ 자재리스트조회
☐ 시뮬레이션 모드

그림 3-22 다중레벨 MRP 수행결과

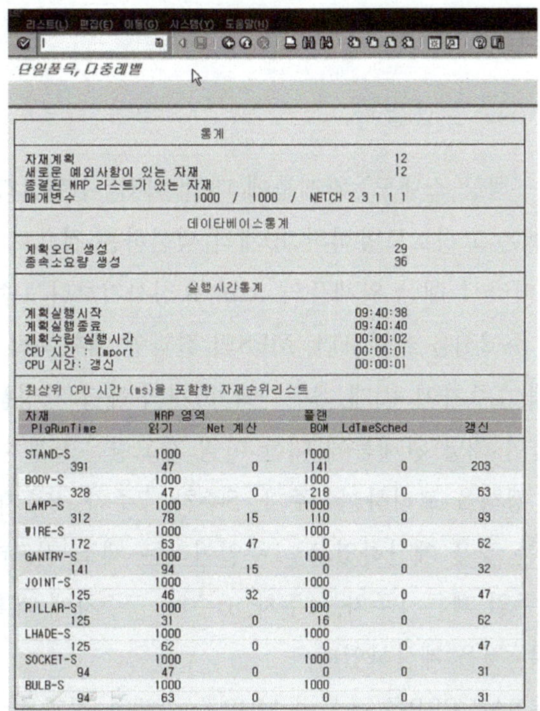

리스트(L) 편집(E) 이동(G) 시스템(Y) 도움말(H)

단일품목, 다중레벨

통계

자재계획	12
새로운 예외사항이 있는 자재	12
종결된 MRP 리스트가 있는 자재	
매개변수	1000 / 1000 / NETCH 2 3 1 1 1

데이타베이스통계

계획오더 생성	29
종속소요량 생성	36

실행시간통계

계획실행시작	09:40:38
계획실행종료	09:40:40
계획수립 실행시간	00:00:02
CPU 시간 : Import	00:00:01
CPU 시간: 갱신	00:00:01

최상위 CPU 시간 (ms)을 포함한 자재순위리스트

자재 / PlgRunTime	MRP 영역 / 읽기	Net 계산	플랜 / BOM	LdTmeSched	갱신
STAND-S	1000		1000		
391	47	0	141	0	203
BODY-S	1000		1000		
328	47	0	218	0	63
LAMP-S	1000		1000		
312	78	15	110	0	93
WIRE-S	1000		1000		
172	63	47	0	0	62
GANTRY-S	1000		1000		
141	94	15	0	0	32
JOINT-S	1000		1000		
125	46	32	0	0	47
PILLAR-S	1000		1000		
125	31	0	16	0	62
LHADE-S	1000		1000		
125	62	0	0	0	47
SOCKET-S	1000		1000		
94	47	0	0	0	31
BULB-S	1000		1000		
94	63	0	0	0	31

단일품목 다중레벨의 의미는 완성품 '책상 스탠드' 단일품목에 대하여 BOM구조에 따라 하위레벨 전체에 대하여 MRP를 수행한다는 것이다. SAP ERP를 통하여 다중레벨 MRP를 수행하면, [그림 3-22]와 같이 BOM 상의 최상위 완성품에서부터 순차적으로 하위레벨의 구성부품들에 대하여 MRP계산이 진행되고, 결국 최하위레벨에 이르기까지 해당 완성품을 위하여 필요한 모든 구성부품들에 대하여 MRP계산 결과가 도출된다. 이러한 계산과정을 BOM전개(BOM explosion)라고 부른다.

SAP ERP의 생산관리모듈에서는 MRP를 수행하기 위하여 우선 완성품에 대한 MPS 내용을 기준으로 삼아야 하고, 자재마스터에서 로트크기 설정과 리드타임에 대한 설정값을 참조하여야 하며, BOM 트리 상의 상하위 제품들 간의 수량구조를 모두 고려하여야 한다. 이를 바탕으로 MRP계산 로직에 의하여 BOM 상의 모든 레벨에 존재하는 모든 구성품들에 대하여 동시에 MRP계산을 수행하게 된다.

다중레벨 MRP를 수행하면, 우선 상위레벨의 자재에 대한 MRP계산결과를 기준으로 하여 하위레벨의 자재에 대한 종속수요량이 결정되고, 또 다시 그 하위에 존재하는 자재에 대한 종속수요량이 순차적으로 결정되게 된다. 따라서 MRP계산 로직은 그리 복잡하지 않다고 하더라도, 구성부품의 종류가 많고 BOM 트리가 복잡할 경우 다중레벨 MRP는 많은 계산량이 요구된다.

4) 완제품의 MRP 수행결과

[그림 3-23]은 '책상 스탠드' 완제품에 대한 MRP 수행결과를 워크시트로 정리한 것이다. 로트크기 정책은 고정로트방식의 40개씩 생산하는 것으로 되어 있고, 제조 리드타임은 1주일(5일)이다. 따라서 해당 완제품의 소요 요청시기보다 1주일 먼저 계획발주가 이루어지게 된다. [그림 3-23]을 살펴보면, MPS의 결과인 계획독립 소요량으로부터 2주차에 40개, 5주차에 40개, 7주차에 40개, 8주차에 40개의 해당 완성품의 수요가 존재한다는 것을 파악하였다. 더불어 해당 완제품에 대한 이월 재고량은 0개 이다. 이를 바탕으로 해당 완제품의 로트크기 정책을 고려하여 2주차, 5주차, 7주차, 8주차에 각각 40개씩 계획입고가 이루어져야 한다는 것을 계산하였고, 1주일이라는 제조 리드타임을 고려하여 입고되어야 하는 시기보다 1주일 빠른 1주차, 4주차, 6주차, 7주차에 계획발주를 통하여 생산작업이 이루어져야 한다는 것을 계산하였다.

[그림 3-24]는 SAP ERP를 통하여 MRP를 수행한 결과를 보인 것이다. 책상 완제품에

그림 3-23 완제품(1레벨) 책상 스탠드의 MRP계산 워크시트

품목 : 책상 스탠드(Stand-S) 로트크기 : 고문 주문량-40개		주(Week)							
리드타임 : 1주(5일)		1	2	3	4	5	6	7	8
총 소요량		0	40	0	0	40	0	40	40
예정 입고		0	0	0	0	0	0	0	0
예상보유재고	0	0	-40/0	0	0	-40/0	0	-40/0	-40/0
계획입고		0	40	0	0	40	0	40	40
계획발주		40	0	0	40	0	40	40	0

대한 MRP 수행결과에 따라 계획발주기간과 수량이 계산된 것을 확인할 수 있다. [그림 3-23]과 [그림 3-24]를 비교해보면 1주차인 8월 2일, 4주차인 8월 23일, 6주차인 9월 6

그림 3-24 완제품(1레벨) 책상 스탠드의 MRP 수행결과 화면

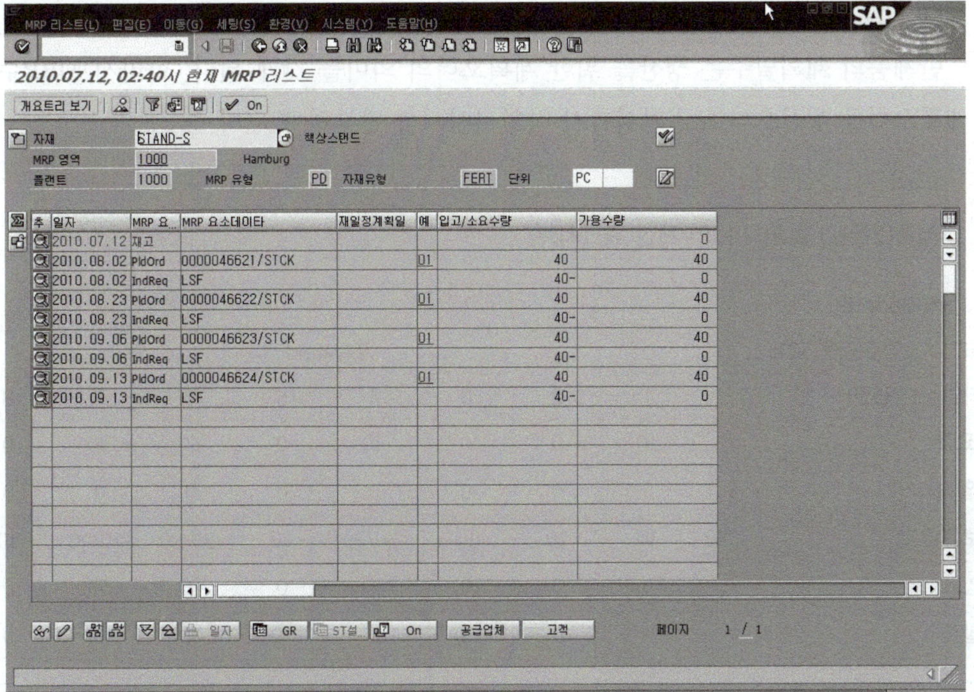

일, 7주차인 9월 13일에 각기 계획발주인 계획오더가 시스템 상으로 생성되어 'PldOrd' 라고 표시되어 있는 모습을 볼 수 있다. 이때 [그림 3-24]와 같은 MRP결과를 바탕으로 계획오더를 생산오더로 전환하여 실제로 생산이 이루어지면 완제품에 대한 입고가 진행되고, 또 완제품 소요예정일에 예정일만큼 출고가 이루어지면 제품재고가 변화하게 된다. MRP수행 이후 이러한 업무처리가 하나씩 진행됨에 따라 재고/소요량 리스트의 내역도 계속적으로 업데이트되면서 변화하게 된다.

5) 반제품(2레벨) MRP 수행결과

[그림 3-25]는 완제품 하위의 2레벨에 해당하는 반제품 '몸체'의 MRP 수행결과에 대한 재고 레코드이다. 몸체의 로트크기 정책은 50개의 고정주문량을 갖는 것으로 되어 있고, 리드타임은 1주일(5일)이다. [그림 3-23]의 완제품 MRP의 결과에 따라 [그림 3-25]에서는 그 하위 원자재인 '몸체'의 소요일이 리드타임 만큼인 1주일씩 앞당겨져 있는 것을 확인할 수 있다. 또한 [그림 3-20]에서 입고를 확인한 초기재고량이 50개가 반영되어 MRP 계산이 이루어지게 되며, 그 결과 [그림 3-25]의 예상보유재고, 계획입고, 계획발주 등의 일자와 수량이 결정된다. 로트크기 정책이 50개의 고정로트로 지정되어 있으므로, 소요량보다 많은 50개 단위로 입고와 발주가 이루어지게 된다.

반제품의 계획발주는 생산을 위한 계획오더의 의미를 갖게 된다. 따라서 MRP수행 이후 계획오더를 생산오더로 전환시켜서 작업지시서를 발부하게 된다.

그림 3-25 반제품(2레벨) 몸체의 MRP계산 워크시트

품목 : 몸체(Body-S)									
로트크기 : 고정주문량-50개		주(Week)							
리드타임 : 1주(5일)		1	2	3	4	5	6	7	8
총 소요량		40	0	0	40	0	40	40	0
예정 입고		0	0	0	0	0	0	0	0
예상보유재고	50	10	10	10	-30/20	20	-30/20	-10/40	40
계획입고		0	0	0	50	0	50	50	0
계획발주		0	0	50	0	50	50	0	0

그림 3-26 교역품(2레벨) 전선의 MRP계산 워크시트

품목 : 전선(Wire-S)									
로트크기 : L4L		주(Week)							
리드타임 : 1주(5일)		1	2	3	4	5	6	7	8
총 소요량		40	0	0	40	0	40	40	0
예정 입고		0	0	0	0	0	0	0	0
예상보유재고	40	0	0	0	-40/0	0	-40/0	-40/0	0
계획입고		0	0	0	40	0	40	40	0
계획발주		0	0	40	0	40	40	0	0

6) 교역품(2레벨) MRP 수행결과

[그림 3-26]은 완제품 하위의 2레벨에 해당하는 교역품 '전선'의 MRP 수행결과이다. 교역품은 구매와 생산을 모두 진행할 수 있으며 고객에게 직접판매도 할 수 있는 자재속성이다. 따라서 MRP의 결과 계획오더를 전환하여 생산오더를 생성할 수도 있고 경우에 따라서는 계획오더를 구매요청으로 전환하여 구매발주 프로세스를 진행할 수도 있다.

'전선'의 로트크기 정책은 소요량만큼 보충량이 결정되는 L4L 방식이며, 리드타임은 1주일(5일)로 되어 있다. [그림 3-26]을 보면 '전선'의 경우에도 '몸체'와 마찬가지로 완제품 '책상 스탠드'의 소요량보다 1주일 앞당겨져서 자재소요가 발생하는 것을 확인할 수 있다. BOM에 의하면 완제품 '책상 스탠드'와 전선의 수량구조는 1:1의 관계를 가지고 있기 때문에, 결국 '책상 스탠드'의 계획발주 수량과 동일한 수량을 '전선'을 위한 종속소요량으로 받아들이게 된다. 여기에 로트크기가 L4L방식을 따르므로 종속소요량과 같은 수량을 입고 보충하게 된다.

7) 반제품(3레벨) MRP 수행결과

[그림 3-27]은 반제품 '기둥'의 MRP 수행결과를 정리한 것이다. '기둥'은 '몸체' 하위 레벨에 존재하는 구성제품이므로, [그림 3-25]의 '몸체'의 계획발주기간과 수량정보가 [그림 3-27]에서 총소요량으로 나타나는 것을 확인할 수 있다. 즉, 몸체가 3주, 5주, 6주에 50개씩 생산이 시작되어야 하므로, 몸체의 하부부품인 기둥의 종속소요량이 3주, 5주,

그림 3-27 반제품(3레벨) 기둥의 MRP계산 워크시트

품목 : 기둥(Pillar-S)									
로트크기 : L4L		주(Week)							
리드타임 : 2주(8일)		1	2	3	4	5	6	7	8
총 소요량		0	0	50	0	50	50	0	0
예정 입고		0	0	0	0	0	0	0	0
예상보유재고	0	0	0	-50/0	0	-50/0	-50/0	0	0
계획입고		0	0	50	0	50	50	0	0
계획발주		50	0	50	50	0	0	0	0

6주에 각기 50개씩 필요하게 된다. '기둥'의 로트크기 정책은 L4L 방식이고, 리드타임은 8일이다. [그림 3-27]에서는 로트크기 정책과 리드타임을 고려하여 MRP 수량을 계산하였기 때문에 여기에 맞추어 계획입고 수량과 계획발주시기가 결정되는 것을 확인할 수 있다.

[그림 3-28]은 '기둥'에 대한 SAP ERP를 이용한 MRP 수행결과를 보이고 있는 MRP 리스트 화면이다. [그림 3-24]의 완제품의 경우와 마찬가지로 일단 소요요청일과 수량에 따라 해당 자재를 보충하여야 하는 입고예정일과 계획입고 수량을 계산하였음을 알 수 있다. [그림 3-27]과 [그림 3-28]을 비교해서 보면, MRP계산 워크시트에 1주, 3주, 4주차에 50개씩 계획오더가 생성되고, 마찬가지로 MRP 수행결과인 MRP리스트 상에 리드타임 8일이 고려되어 8월 3일, 8월 17일, 8월 24일에 각기 50개씩의 계획오더가 생성된 모습을 볼 수 있다. 향후 반제품의 생산오더가 발행되어 생산된 수량이 입고되면 재고 정보가 늘어나는 것으로 업데이트되고, 또 해당 자재가 상위제품의 생산을 위하여 투입되면 재고정보가 줄어들게 된다. 이러한 업무처리가 MRP 이후에 진행되어야 한다.

그림 3-28 반제품(3레벨) 기둥의 MRP 수행결과 화면

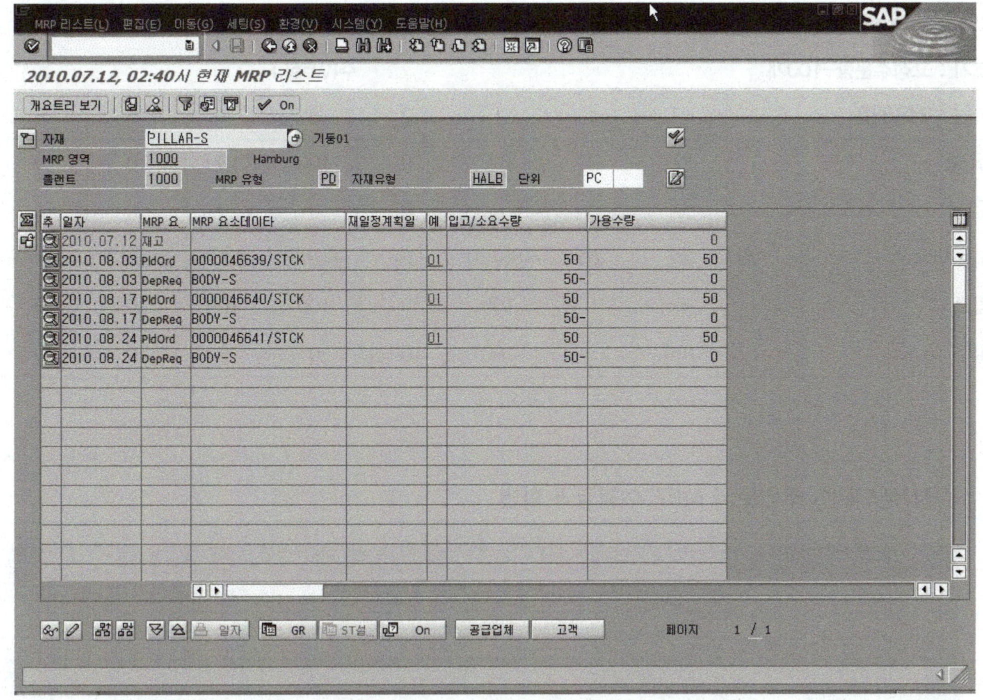

8) 원자재(4레벨) MRP 수행결과

[그림 3-29]는 '기둥' 조립을 위하여 소요되는 원자재 '조인트'의 MRP 수행결과를 정리한 것이다. [그림 3-27]의 '기둥'에 대한 MRP 결과로 계산된 계획오더 시기와 입고수량 50개가 '조인트'에서는 1주, 3주, 4주에 2배의 수량인 100개씩 총소요량에 반영된 것을 [그림 3-29]에서 확인할 수 있다. [그림 3-28]과 같이 '기둥'과 '조인트'의 수량관계는 1:2의 구조를 갖고 있다. 따라서 '기둥'의 계획입고에 따라 생산오더가 발행되면, '조인트'는 해당 시기에 2배에 해당하는 수량이 '기둥' 생산에 투입되어야 하는 것이다. [그림 3-30]은 SAP ERP를 통하여 '조인트'의 MRP 수행결과를 MRP리스트로 조회한 것이다. −1주차인 7월 23일에 100개, 1주차인 8월 6일에 100개, 2주차인 8월 13일에 100개의 계획오더가 MRP 리스트에 생성되어 있다. 즉, 정확하게 '기둥'의 2배의 수량이 '조인트'의 소요량으로 반영되었으며 이를 통하여 계획입고량과 계획발주시기를 계산하였음을 확인할 수 있다.

그림 3-29 원자재(4레벨) 조인트의 MRP계산 워크시트

품목 : 조인트(Joint-S) 로트크기 : 고정주문량-100개 리드타임 : 2주(8일)		주(Week)								
		-1	0	1	2	3	4	5	6	7
총 소요량		0	0	100	0	100	100	0	0	0
예정 입고		0	0	0	0	0	0	0	0	0
예상보유재고	20	20	20	-80/20	20	-80/20	-80/20	20	20	20
계획입고		0	0	100	0	100	100	0	0	0
계획발주		100	0	100	100	0	0	0	0	0

그림 3-30 원자재(4레벨) 조인트의 MRP 수행결과 화면

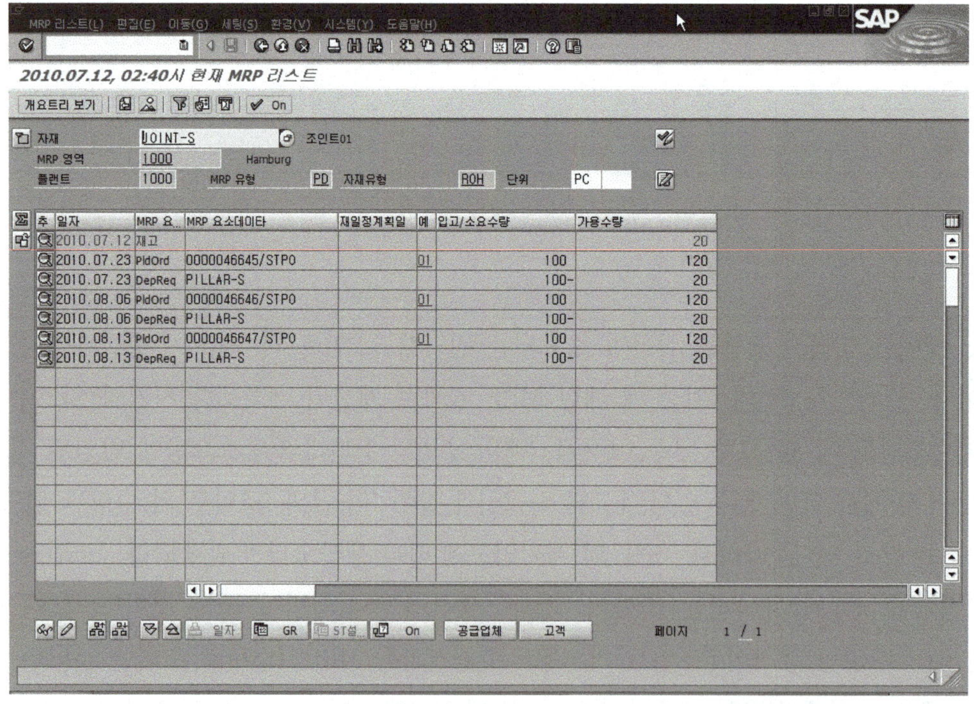

1.3 생산계획에 의한 자재보충 프로세스

(1) MRP 결과에 의한 구매발주

수요예측, MPS, MRP의 과정을 거쳐 MRP를 계산한 후에는, MRP 결과를 이용하여 각각의 원자재들의 자재보충을 위한 구매발주와 반제품 및 완성품을 위한 생산작업이 진행되어야 한다. 우선 원자재, 교역품 등과 같이 구매를 통하여 조달하여야 하는 경우에는, 해당 원자재에 대한 MRP 수행결과를 토대로 구매요청이 생성되고 이를 토대로 구매발주, 입고전기에 이르는 일련의 구매보충 프로세스가 진행된다.

1) 계획오더의 구매요청 전환

MRP를 수행한 후 각각의 원자재에 대한 계산 결과가 MRP 리스트로 나타나면, 해당 원자재에 대한 계획오더를 구매요청으로 전환하여 자재보충을 실시할 수 있다. 계획오더로부터 전환되어 생성된 구매요청을 근거로 구매발주가 이루어지게 되며, 구매프로세스에 의하여 구매오더가 생성되고 납품문서를 거쳐 해당 원자재의 입고가 이루어지면 비로소 MRP에 의하여 계획된 해당 자재의 보충이 제대로 실행된 것이다.

[그림 3-31]은 조인트 원자재에 대한 MRP 리스트 화면에서 계획오더를 조회하는 화면이다. 계획오더는 MRP계산 결과 생성된 것으로, 계획보충을 위한 발주시기와 수량정보를 담고 있다. [그림 3-31]에서 조인트의 계획오더는 미래시점에 100개의 제품을 구매하는

그림 3-31 조인트 원자재의 MRP 리스트 상의 계획오더 조회

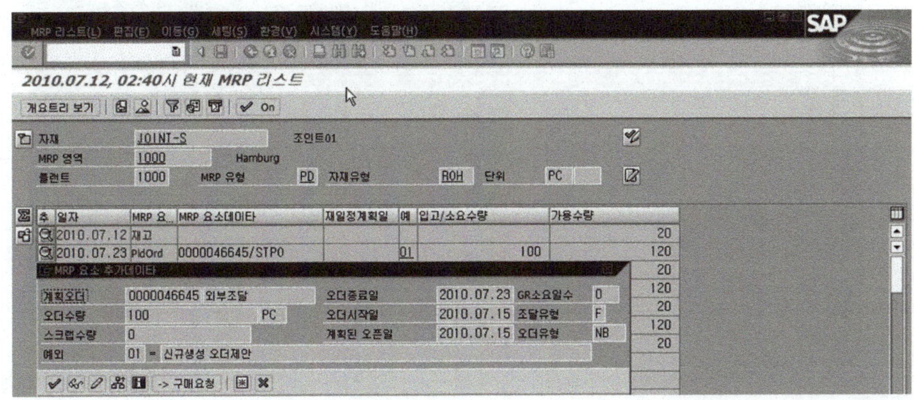

것으로 일정이 잡혀 있는 것을 확인할 수 있다. 이때 수량과 시기는 해당 자재의 기존 보유재고수량과 로트크기 정책, 구매조달과정에서 소요되는 리드타임, 그리고 완제품을 위한 MPS 결과로부터 4레벨에 해당하는 조인트 원자재에 이르기까지 순차적을 계산된 종속소요량, BOM에 따라 정의된 수량구조 등의 정보를 종합하여 계산된 것이다. 계획오더는 이러한 MRP 계산결과를 시기별로 수량을 특정하여 구매발주나 생산작업이 진행 될 수 있도록 준비해 놓은 것이라고 할 수 있다. 조인트와 같이 구매하여 보충하여야 하는 원자재의 경우, 계획오더에 명시된 시기에 해당 수량만큼 구매요청으로 전환시키고 다시 공급업체를 확정지어 실제 구매프로세스를 진행시킬 수 있다.

SAP ERP에서는 [그림 3-32]에서 확인할 수 있는 것과 같이 MRP결과 생성된 계획오더를 구매요청으로 전환시킬 수 있다. 오픈 피리어드내의 계획오더는 바로 구매요청으로 MRP리스트 상에 나타나도록 MRP 파라미터를 설정할 수도 있다. MRP리스트에서 MRP 결과를 확인하고, 계획오더를 구매오더로 전환시킴으로써 MRP결과를 자재보충이라는 후속 프로세스와 긴밀하게 연결되도록 하고 있다.

[그림 3-32]는 계획오더를 구매요청으로 전환시키는 SAP ERP의 화면이다. 새롭게 생

그림 3-32 계획오더의 구매요청 전환

구매요청(P) 편집(E) 이동(G) 시스템(Y) 도움말(H)

구매요청으로 계획오더 전환: 세부사항

공급처지정

자재 JOINT-S 조인트01

계획오더데이타

계획 오더	46645 NB		MRP 영역	1000
계획 오더 수량	100	PC	계획 플랜트	1000
조달 유형	F		저장위치	
계정지정범주			기본 종료일	2010.07.23
BOM 전개 번호			기본 시작일	2010.07.15
확정	☐ 계획 오더	☐ 구성부품	입고소요일수	0

구매요청데이타

구매 요청	NB		MRP 영역	1000
전환수량	100	PC	플랜트	1000
품목범주			저장위치	
계정지정범주			납품일 (시작/종료)	2010.07.23
BOM 전개번호			릴리즈일	2010.07.15
☑ 송장 수령			입고소요일수	
☑ 고정지시자			MRP 관리자	000
☑ 입고			구매그룹	001

참조옵션

계약		구매조직	
확정업체		공급플랜트	

성하는 구매요청의 근거가 되는 계획오더 번호와 수량이 명시되어 있고, 이를 통하여 구매요청으로 전환시키는 수량을 결정할 수 있도록 되어 있다. 즉, 대개의 경우 MRP를 통하여 생산된 계획오더 수량을 전량 구매요청으로 전환하겠지만, 경우에 따라서는 계획오더 수량 전량을 모두 하나의 구매요청으로 생성해야 하는 것만은 아니라는 의미이다.

2) 구매오더 생성

SAP ERP에서는 구매요청을 생성하게 되면 이후부터는 자재관리모듈에서 구매발주 프로세스를 진행하도록 하고 있다. 즉, 계획오더를 바탕으로 한 구매요청까지는 생산관리프로세스의 영역이라고 할 수 있지만, 구매발주 부분은 구매프로세스의 영역이기 때문이다.

그림 3-33 구매오더 생성 초기화면

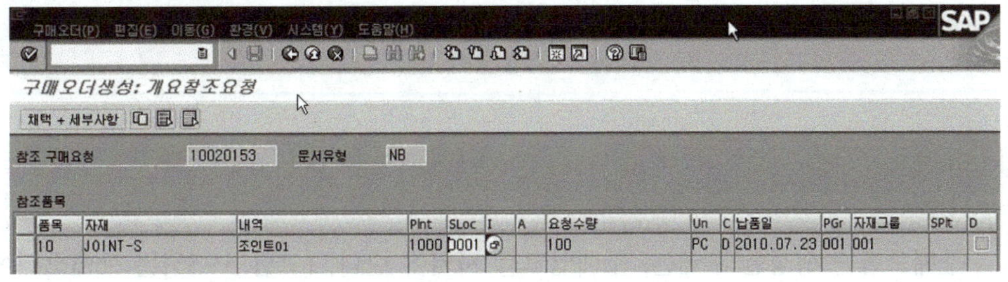

[그림 3-33]은 구매요청을 근거로하여 구매오더를 생성하는 초기화면이다. 구매요청 리스트를 확인한 후 각각의 항목별로 선택적으로 구매오더를 생성하여 나갈 수 있다. [그림 3-33]에서 구매요청을 구매오더로 전환하고자 하는 항목을 선택한 후, 해당 항목을 더블 클릭하면 [그림 3-34]와 같이 구매오더를 생성할 수 있게 된다.

구매오더를 생성할 때 한 가지 주의하여야 하는 점은 해당 원자재를 공급하는 공급업체별로 어떠한 거래조건을 가지고 있는가를 정의한, 자재관리를 위한 기준정보인 구매정보레코드가 미리 셋팅되어 있어야 한다는 것이다. 구매정보레코드는 해당 자재를 특정 공급업체에서 구매할 때 필요한 정보인 구매가격, 표준오더 수량 등을 정의해 놓고 있다. 만일 구매정보 레코드가 사전에 셋팅되어 있지 않을 경우, 구매요청을 구매오더로 전환하는 시점에 필요한 정보들을 모두 입력해야 하는 번거로움이 따른다.

그림 3-34 구매오더 생성 상세화면

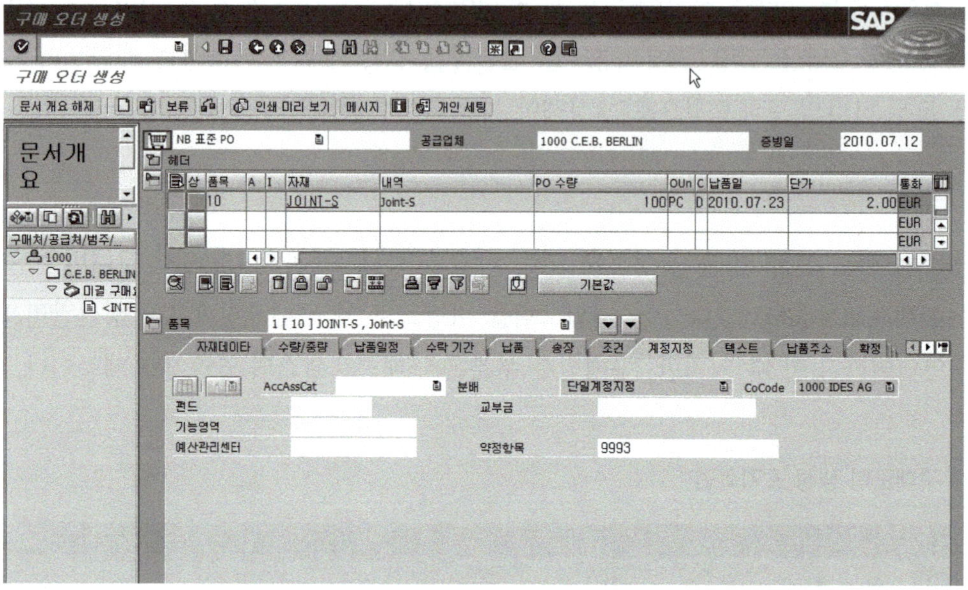

3) 납품문서 생성 및 입고 보충처리

구매오더를 생성한 후에는, 구매입고를 시켜야 한다. [그림 3-35]는 구매오더에 의하여 납품문서를 생성하는 화면이고, [그림 3-36]은 구매오더별로 입고처리하는 화면이다.

SAP ERP에서는 외부 공급업체로부터 원자재나 교역품 등을 구매할 때 해당 제품에 대

그림 3-35 구매오더에 의한 인바운드 납품 생성

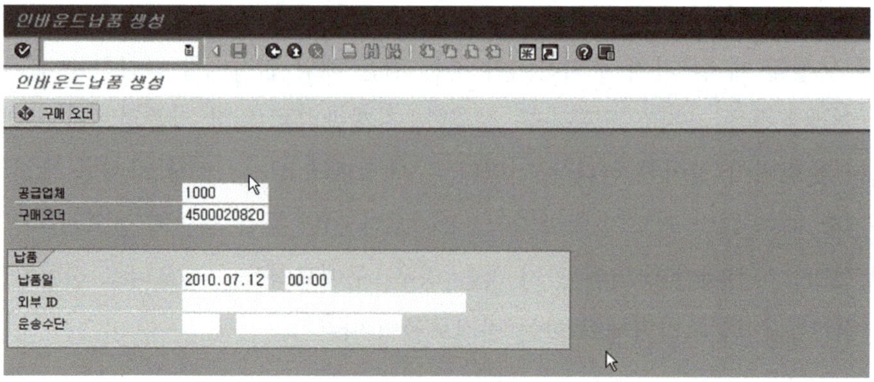

그림 3-36 구매오더에 의한 입고

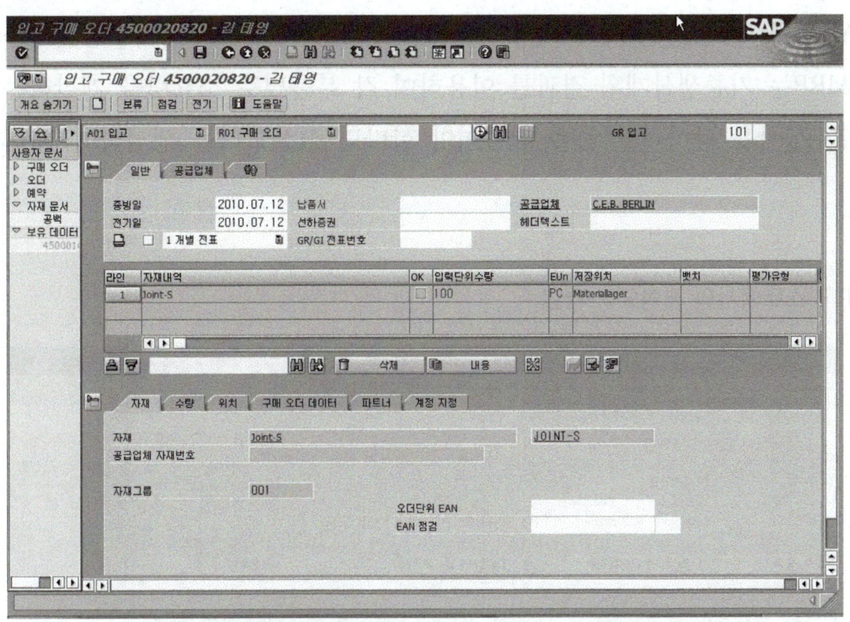

한 납품문서를 인바운드 납품(Inbound Delivery)이라고 부른다. 즉, 기업 외부로부터 기업 내부의 방향으로 구매한 제품이 경계를 넘어 안쪽으로 들어오는 납품이라는 의미이다. 이렇게 납품문서가 생성되고 실제로 구매한 제품이 제대로 배달되어 도착한 것을 확인하였다면, 해당 자재가 도착한 수량만큼 입고처리를 진행하게 된다. 이를 SAP ERP에서는 입고전기라고하며, 시스템에 해당 자재의 재고량이 증가하였다는 것을 정식으로 입력하였다는 의미를 지닌다. 또한 SAP ERP에서는 자재관리모듈에서 자재의 입고전기가 이루어지면 그것과 동시에 재무회계 모듈에서 입고된 수량만큼 기업의 자산이 증가한 것으로 인식하여 이를 처리하게 된다. 이처럼 ERP를 활용하여 물류적인 업무를 처리하면 정확하게 해당 물동량에 맞추어 실시간으로 회계적인 업무처리가 이루어지게 된다.

(2) MRP 결과에 의한 생산 실행

반제품 및 완성품과 같이 생산작업의 결과로 제품재고를 보충하는 경우, MRP결과를 이용하여 생산작업지시를 내리는 생산오더를 생성하여야 한다. 생산오더에 맞추어 생산이 실행되면 이후 생산된 수량만큼 입고시키게 된다.

1) 계획오더의 생산오더 전환

SAP ERP의 생산관리모듈에서는 MRP 리스트에서 MRP 계획수립결과를 확인할 수 있다. MRP는 기준생산계획 결과를 이용하여 각 부품별로 소요량을 계산하는 부분으로, 만일 내부생산을 통하여 부품을 만들어야 한다면 생산오더를 생성하여 작업지시를 내리게 된다.

그림 3-37 MRP 리스트에서의 계획오더 확인

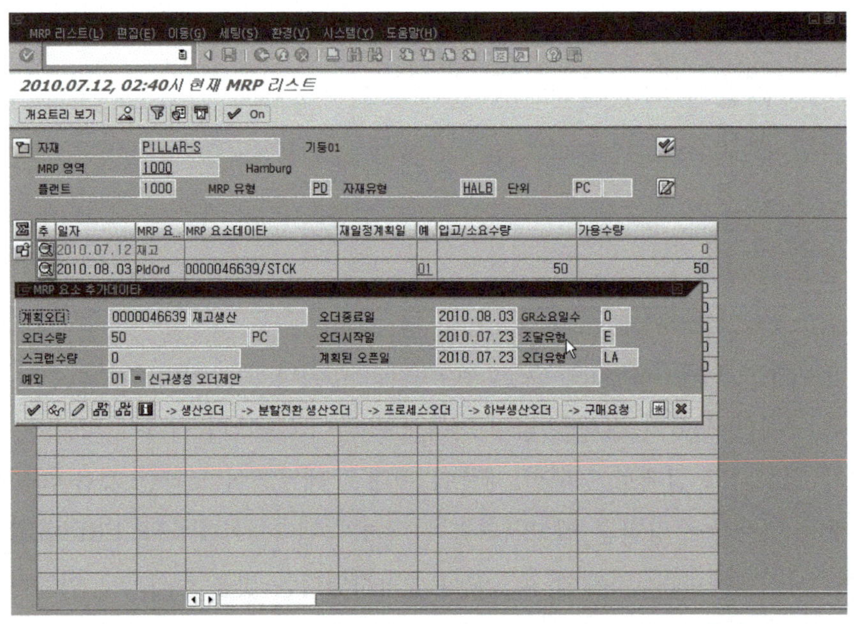

[그림 3-37]과 같이 반제품 '기둥'에 대한 MRP 계획수립결과 계획보충 수량이 계산되어 나왔으며, 그것이 계획오더로 생성되어 있는 것을 확인할 수 있다. 계획오더는 'PldOrd'라는 약어로 표현되어 있다. 이때 이 계획오더를 상세하게 조회하면 특정기간동안 생산수량과 생산이 진행되는 플랜트 위치, 계획이 오픈되는 시기 등을 확인할 수 있다. [그림 3-37]을 보면 MRP계산결과 이 주일 동안 50개를 생산하여 8월 3일까지 생산이 완료되어야 한다는 계획이 수립되었음을 알 수 있다. 계획오더를 조회하는 화면에서 생산오더로의 전환을 선택하면 생산오더를 생성하는 상세화면으로 넘어가게 된다.

[그림 3-38]은 생산오더 생성화면이다. 우선 계획오더정보를 기준으로하여 생산오더를

그림 3-38 계획오더 전환에 의한 생산오더 생성

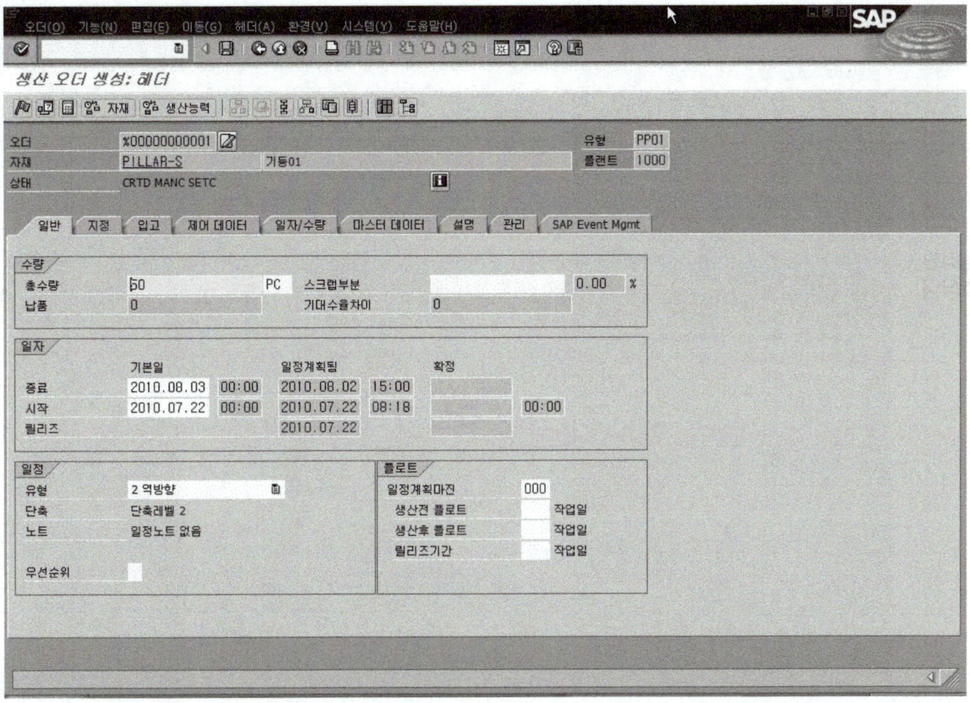

생성할 수 있도록 하고 있고, 해당 반제품을 생산하기 위한 자재명세서(BOM) 및 공정(routing)과 같은 기준정보를 활용하게 된다. 또한 해당 반제품의 자재마스터에 등록된 생산에 소요되는 리드타입을 고려하여 생산오더가 생성되게 된다.

생산오더 생성을 위해서는 우선 계획오더를 릴리즈(Release)하고, 일정계획을 반영한 뒤, 제품생산을 위하여 투입되는 자재의 가용성을 체크하고, 생산능력의 소요량과 여유 생산능력을 확인하여야 한다.

[그림 3-39]에서 계획오더를 이용하여 생산오더를 생성한 뒤 현재 '기둥'의 재고량은 0개이지만 계획오더가 사라지고 생산오더가 생성되어 있는 것을 확인할 수 있다. 이때 생산오더는 'PrdOrd'라는 약어로 표현되어 있으며, MRP 요소 데이터 항목에서 해당 생산오더 번호를 확인할 수 있다. 또한 '기둥'의 MRP결과 내역은 '몸체' 반제품 생산을 위한 MRP의 결과의 종속수요량에 의하여 계산되었다는 것을 알 수 있으며, BOM 트리의 상위 레벨제품을 위하여 투입되는 수량을 확인할 수 있다.

그림 3-39 생산오더 생성 및 입고 전 수량 확인

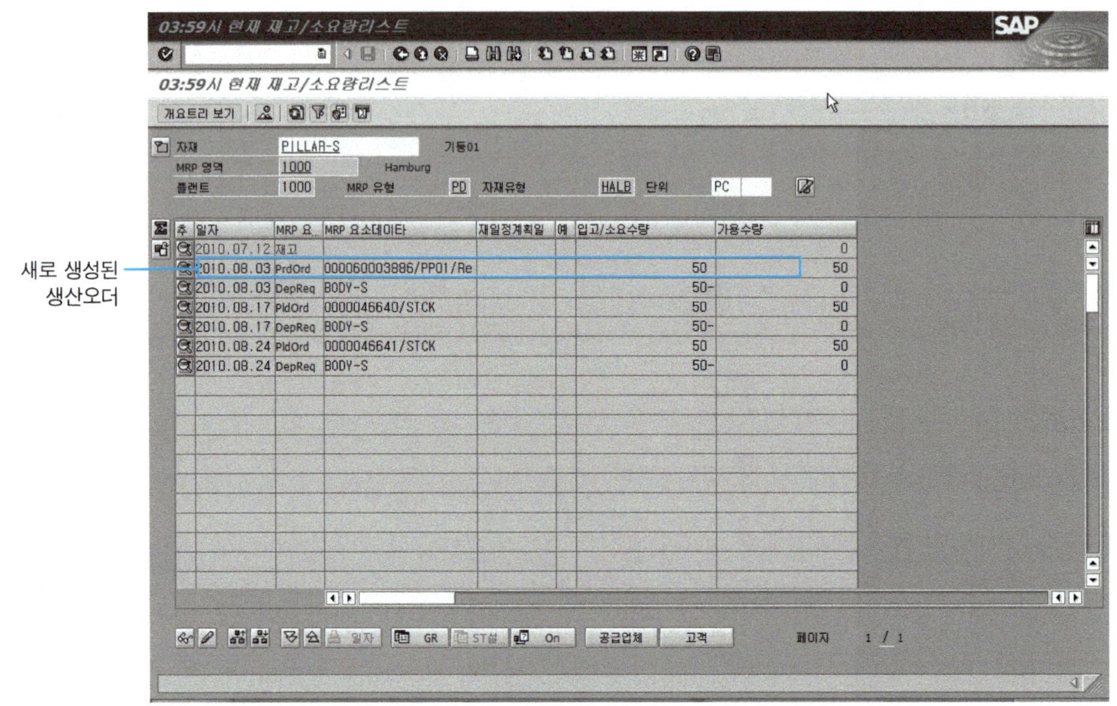

2) 생산오더에 의한 생산 실행 후 입고

생산오더가 생성되면 이를 바탕으로 생산이 이루어지게 된다. 생산오더는 MRP결과에 따라 생산작업을 진행하도록하는 작업지시서의 성격을 가지고 있으며, 이에 따라 생산실행이 이루어진다.

[그림 3-40]은 '기둥' 반제품에 대하여 MRP 계산결과 생성된 계획오더를 이용하여 생산오더 전환작업을 진행한 후, 생산오더에 따라 생산을 실행하고 생산이 완료된 해당 반제품을 입고처리하기위한 초기화면이다. 여기에서는 생산실행의 근거가 된 생산오더 번호를 명시하여야 하고, 해당 자재를 생산한 플랜트(사업장) 정보와 저장 위치정보를 입력한다.

이때 주의하여야 하는 점은, 해당 반제품의 자재마스터에서 미리 플랜트정보와 저장 위치정보를 제대로 설정해 놓아야 한다는 것이다. 해당 자재의 자재마스터에서 SAP ERP의 조직정보에 해당하는 플랜트정보와 저장위치정보가 미리 정의되어 있어야 하고, 그러한 바탕위에서 생산관리모듈에서 MRP를 전개하고 생산계획을 수립하여야 생산이 끝난 후 입

그림 3-40 생산오더에 대한 입고 초기화면

오더에 대한 입고: 초기화면
채택 + 세부사항 오더로... WM 매개변수...
증빙일 2010.07.12 전기일 2010.07.12
납품서
문서헤더텍스트
문서품목에 대한 기본값
이동유형 101
오더 60003886
플랜트 1000 이동사유
저장위치 0001 제로라인제안
GR/GI 전표
출력
개별전표
검사텍스트 포함 개별전표
일괄전표

고처리를 제대로 진행할 수 있다. 만일 해당 반제품을 어느 공장에서 생산하여 어느 창고에 입고할 것인지에 대한 플랜트정보와 저장위치정보가 자재마스터에서 정의되어 있지 않으면, 생산오더를 통한 입고처리가 제대로 진행되지 않는다. 즉, 해당 자재의 생산을 진행

그림 3-41 생산수량 조정과 생산오더에 대한 입고처리

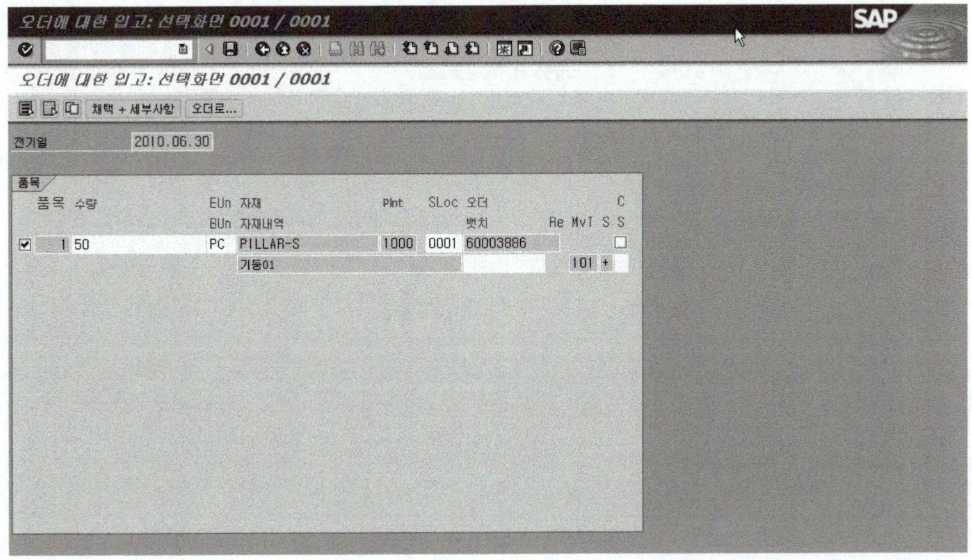

한 공장정보와 해당 자재를 저장할 창고위치가 불명확할 경우에는 완성된 자재를 입고시키기 위하여 플랜트정보와 저장위치정보를 다시 재정의하여야 한다. 생산오더를 선택한 후, [그림 3-41]과 같이 해당 생산오더에서 특정항목을 지정하여 완성된 제품수량을 조정 입력하여 입고를 진행하게 된다.

입고가 완료되었으면 재고량 갱신결과를 재고 소요량 리스트를 통하여 조회할 수 있다. [그림 3-42]를 보면 생산오더에 의하여 입고를 진행한 결과 재고수량이 50으로 증가한 것을 확인할 수 있다. [그림 3-39]에서 생산오더를 생성한 후 입고처리하기 전 재고량을 확인할 때는 재고량이 0이었는데, [그림 3-42]에서는 생산오더에서 작업지시가 이루어진 수량인 50만큼 재고량이 증가한 것을 알 수 있다. 또한 [그림 3-39]에서는 계획오더로부터 전환시켜 생성한 생산오더가 존재하였는데, [그림 3-42]에서는 생산오더가 사라지고 계획된 종속수요량만 남아 있는 것을 알 수 있다. 즉, 생산오더에 의하여 생산작업이 진행되고 입고처리까지 완료되었으므로, 재고량이 늘어나면서 해당 생산오더가 자동으로 삭제된 것이다.

그림 3-42 생산오더에 대한 입고처리 후 재고량 갱신 확인

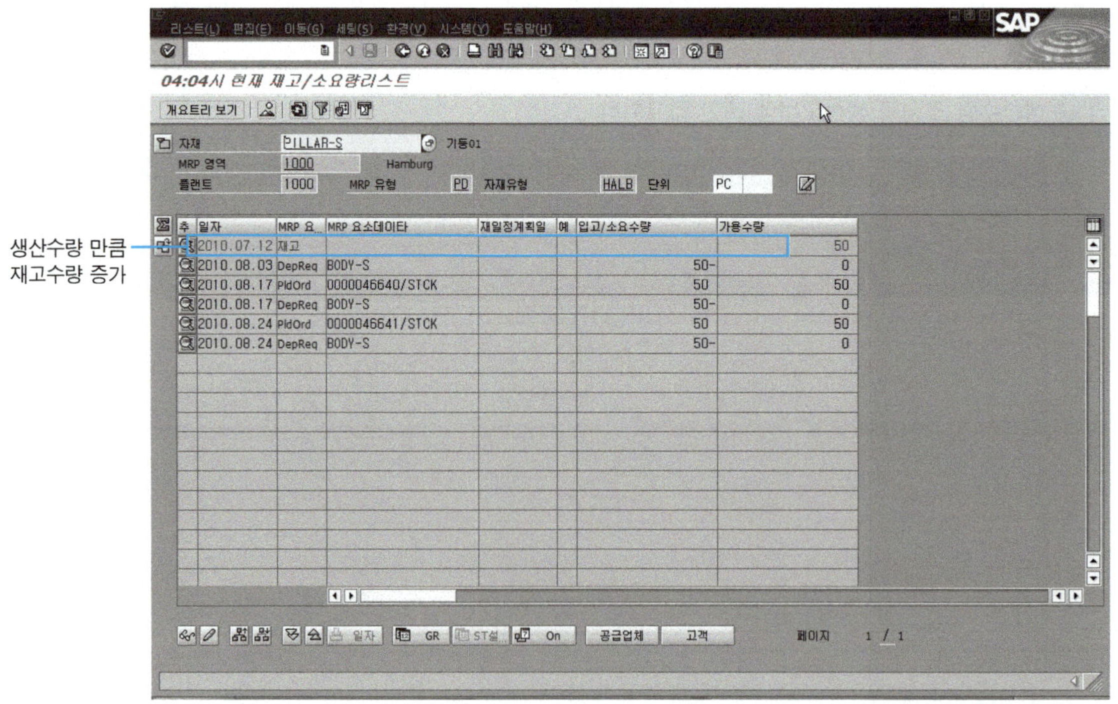

일자	MRP 요	MRP 요소데이타	재일정계획일	예	입고/소요수량	가용수량
2010.07.12	재고					50
2010.08.03	DepReq	BODY-S			50-	0
2010.08.17	PldOrd	0000046640/STCK			50	50
2010.08.17	DepReq	BODY-S			50-	0
2010.08.24	PldOrd	0000046641/STCK			50	50
2010.08.24	DepReq	BODY-S			50-	0

1.4 완제품의 생산 및 판매 프로세스

(1) 완제품의 생산 프로세스

MRP에 의하여 완제품의 생산계획과 하위레벨의 모든 자재들에 대한 보충계획이 수립되면, BOM트리 상의 하위 반제품들의 생산 및 원자재들의 구매가 진행되면서 완제품의 생산도 이루어지게 된다. 완제품에 대하여 수립된 생산계획에 따라 생산오더를 생성한 후, 생산이 완료되면 해당 완제품을 입고하여 재고량을 갱신하게 된다. 또한 완제품생산에 투입된 반제품과 원자재들의 경우, 완제품 생산오더로 출하처리를 해주어야 하므로 투입 수량만큼 재고량이 차감된다.

1) 완제품 계획오더의 생산오더 전환

MRP 전개를 통하여 생산계획을 수립한 후 완제품 '책상 스탠드'에 대한 MRP 결과를

그림 3-43 완제품 책상 스탠드의 MRP 결과 상의 계획오더 조회

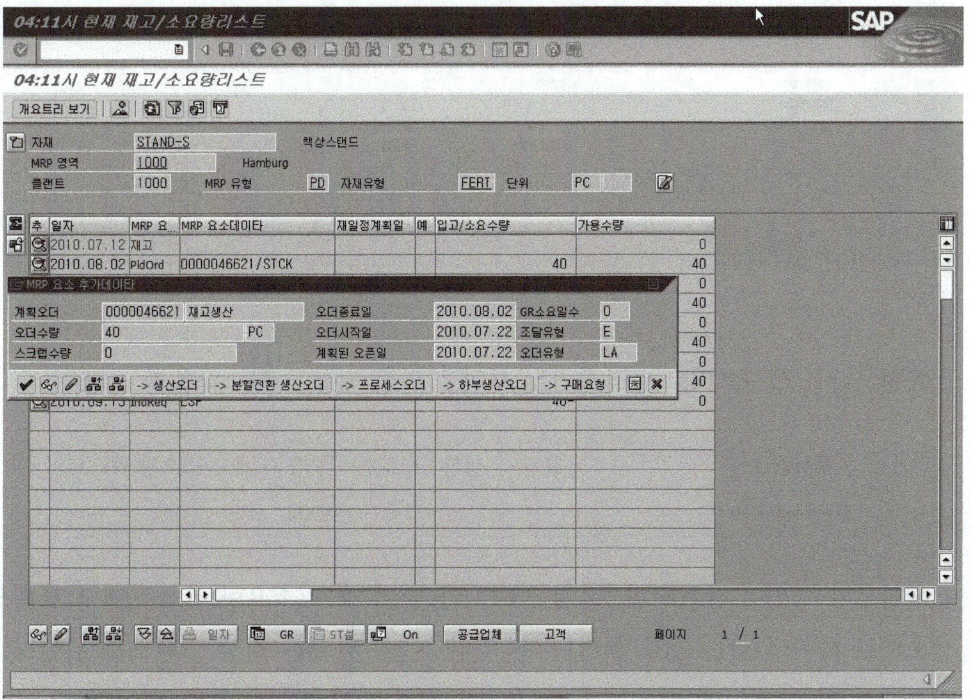

확인하면, [그림 3-43]과 같이 계획오더가 생성되어 있는 것을 알 수 있다. 또한 MRP에 의하여 생산계획만 수립되어 있는 상태에서는 현재 완제품의 재고량이 0인 것을 확인할 수 있다. 이때 계획오더를 선택하여 계획기간과 생산계획수량, 계획오픈일 등을 확인한 후, 이상이 없으면 생산오더 전환을 진행한다. 생산오더생성을 위한 상세화면은 [그림 3-44]와 같다.

그림 3-44 완제품 책상 스탠드의 생산오더 생성

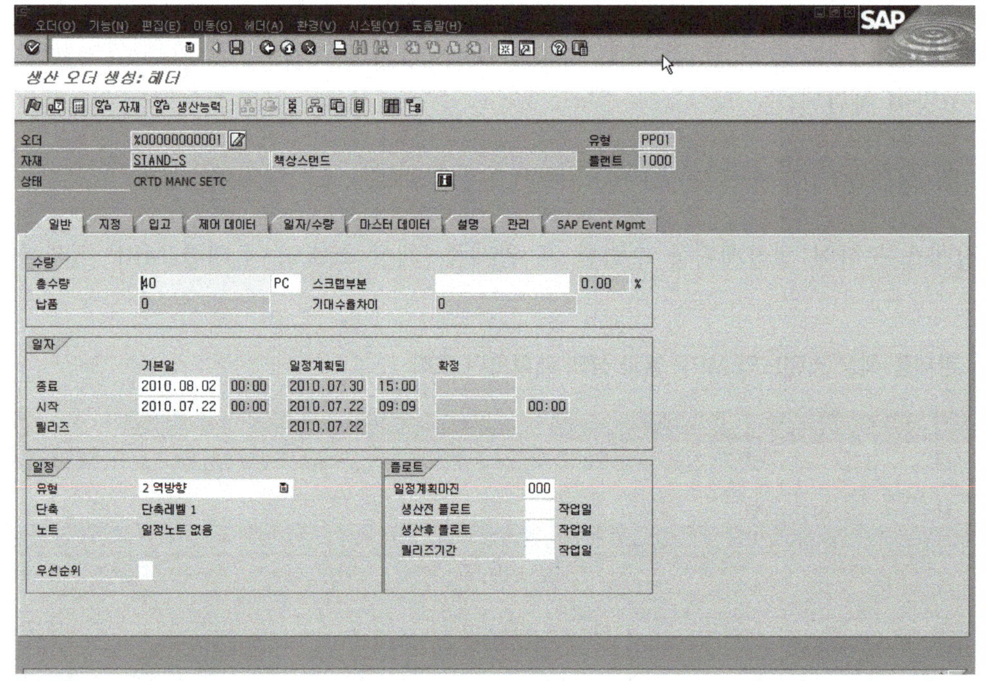

계획오더를 생산오더로 변환시키는 작업을 위한 메뉴경로는 다음과 같다.

메뉴경로	물류 → 생산 → MRP → 평가 → 재고/소요량 리스트
트랜잭션 코드	MD04

생산오더 생성이 완료되면 [그림 3-45]와 같이 재고/소요량 리스트에서 계획오더가 생산오더로 바뀌어 있는 것을 확인할 수 있다. 이때 완제품 책상 스탠드를 위한 생산오더와 소요량이 같은 시기에 같은 수량만큼 생산하고 소요하는 것으로 되어 있다. 또한 [그림

그림 3-45 완제품 책상 스탠드의 생산오더 생성 결과 확인

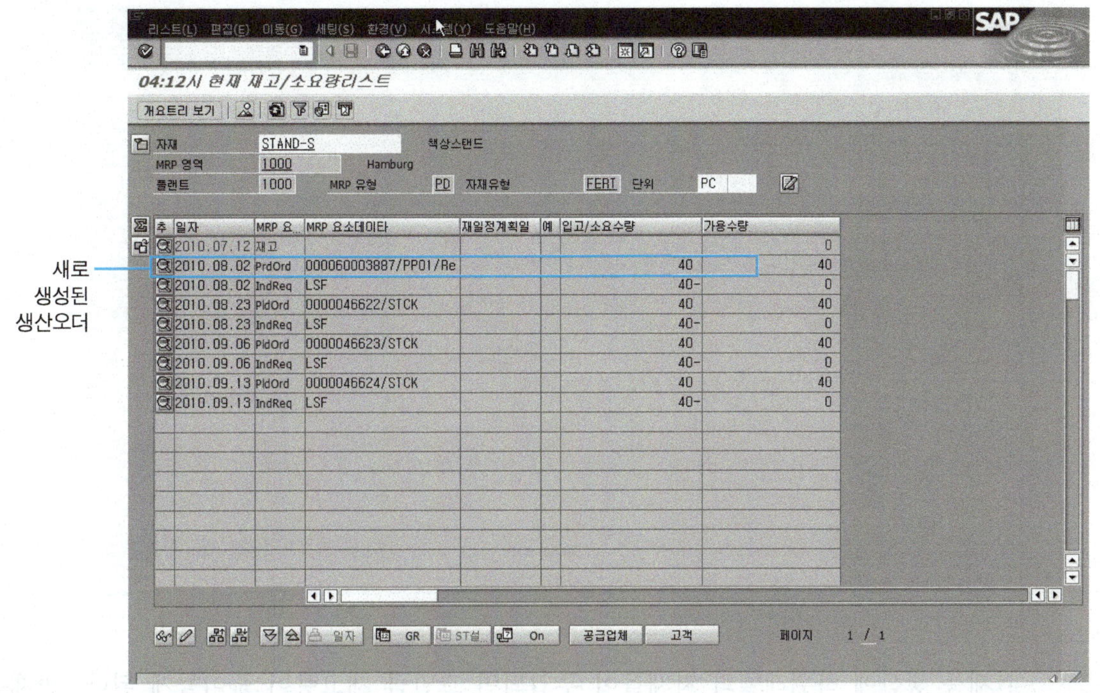

3-42]의 반제품에 대한 재고/소요량리스트에서는 소요량의 MRP 근거정보가 종속소요량(Dependent Requirement)을 나타내는 'DepReq'로 정의되었던 것과는 달리, [그림 3-45]에서는 독립소요량(Independent Requirement)을 나타내는 'IndReq'로 되어 있다. 즉, BOM트리상에서 가장 최상위에 있는 완제품 '책상 스탠드'의 경우, 다른 반제품이나 원자재들과는 달리 해당 완제품에 대한 수요는 어디까지나 독립적으로 오로지 해당 완제품을 위하여 발생한 것이고, 다른 반제품이나 원자재들의 수요에 의하여 영향을 받지 않는다는 의미이다. 완제품이 아닌 BOM트리상에서 완제품 생산을 위하여 투입되는 완제품 하위레벨의 반제품이나 원자재들의 경우에는, 해당 자재의 수요가 상위레벨의 완제품의 수요에 의하여 변동하게 되므로, 이러한 하위레벨의 자재의 수요는 완제품의 수요에 의한 종속소요량으로 나타난다.

2) 완제품 생산을 위한 자재 투입과 출고

완제품 생산을 위해서는 하위레벨의 자재들이 생산에 투입되어야 한다.

그림 3-46 완제품 생산오더에 의한 하위레벨 자재 출고 입력

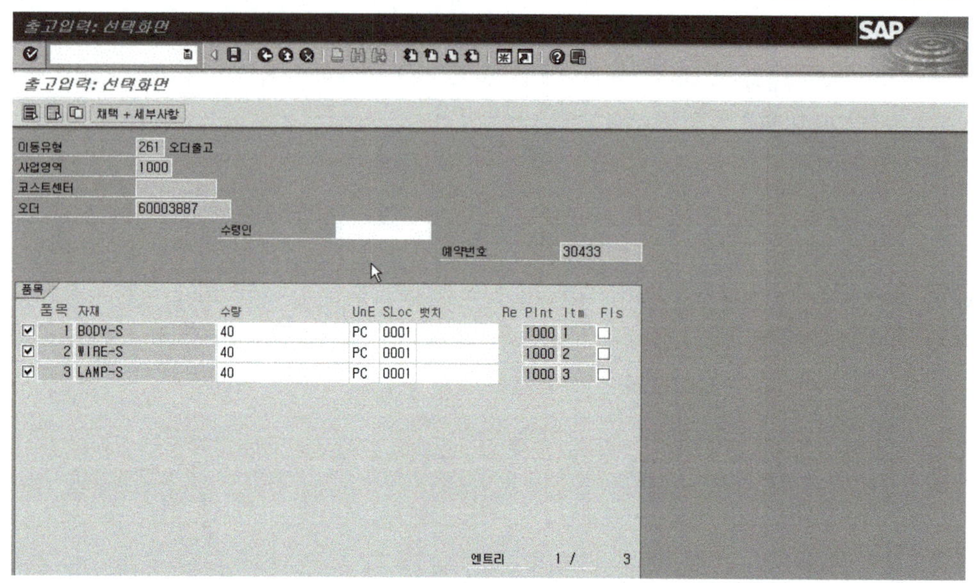

완제품 생산에 하위레벨의 자재들이 투입되면 그만큼 재고량이 줄어들게 된다. 완제품에 대한 생산오더가 생성되면, 이에 맞추어서 하위레벨의 원자재들의 투입을 설정하여야 한다. [그림 3-46]은 완제품 생산을 위하여 투입되는 하위레벨의 원자재들의 출고를 입력하는 화면이다.

이 부분은 자재관리모듈의 재고관리부문에서 처리할 수 있다. 이동유형을 생산오더에 의한 자재출고로 선택한 후, 생산오더 정보를 입력한다. 그러면 자동으로 해당 완성품 생산을 위하여 투입되어야하는 자재의 정보를 BOM으로부터 불러와 하위품목 스크롤에 표현하게 된다. 해당 완제품을 위하여 투입되는 자재들의 소요수량은, 생산오더의 완제품 생산수량에 맞추어 BOM 수량구조에 따라 자동으로 계산되어 나타난다. 이때 경우에 따라 투입수량을 조절하는 것도 가능하다.

자재들의 생산오더에 의한 입고처리와 마찬가지로, 생산오더에 의하여 투입되는 수량만큼 출고처리를 진행할 때도 해당 자재들의 플랜트 정보와 저장위치 정보를 미리 지정하는 것이 필요하다. 자재마스터에서 각각의 자재별로 저장위치 정보를 정확하게 등록하지 않으면, 완성품 생산에 투입하기 위하여 해당 자재를 출고하여야 하는 창고 위치를 정확하게 특정할 수 없게 된다. 해당 자재가 여러 창고 위치에 보관되는 경우에는 출고시키면서 어

그림 3-47 완제품 생산오더에 의한 하위레벨 자재 결과 확인

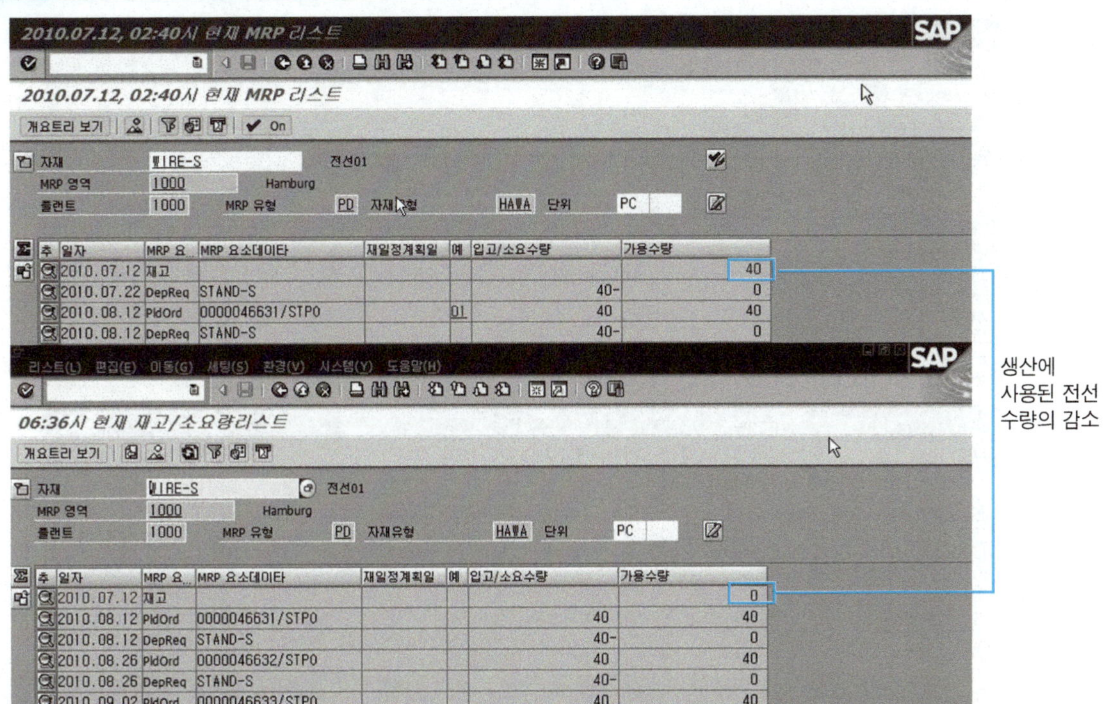

느 창고에서 출고처리를 시킬 것인지를 그때그때 입력해 주어야 한다.

완제품의 생산오더와 해당 완제품을 위한 하위레벨의 원자재 투입수량을 확인한 후, 문제가 없을 경우 이를 승인하면 출고처리가 진행된다. 이때, 자재가 출고된만큼 해당 자재의 재고량이 감소하게 된다. [그림 3-47]은 '전선' 자재가 완성품 '책상 스탠드' 생산오더에 의하여 생산에 투입되면서 재고량이 줄어든 것을 출고전과 출고후의 비교를 통하여 보인 것이다. 또한 해당 자재의 재고량이 감소된만큼 이를 재무회계 모듈에서 실시간으로 회계처리하여 자산 감소에 반영하게 된다.

3) 완제품 생산입고

생산오더에 의하여 완제품의 생산이 이루어지면, 이를 입고처리하여 재고량을 증가시키게 된다. [그림 3-48]은 SAP ERP의 완제품 생산입고를 위한 초기화면과 세부상세 선택화면을 보인 것이다. 우선 계획오더로부터 전환시켜 생성한 생산오더 번호를 선택한 후, 생

그림 3-48 완제품 생산오더에 대한 입고

오더에 대한 입고: 초기화면

채택 + 세부사항 | 오더로... | WM 매개변수...

증빙일 2010.07.12 전기일 2010.07.12

납품서

문서헤더텍스트

문서품목에 대한 기본값

이동유형 101

오더 60003887

플랜트 1000 이동사유

저장위치 0001 제로라인제안

입고(O) 편집(E) 이동(G) 이동유형(M) 환경(V) 시스템(Y) 도움말(H)

오더에 대한 입고: 선택화면 0001 / 0001

채택 + 세부사항 | 오더로...

전기일 2010.06.30

품목

품목	수량	EUn / BUn	자재 / 자재내역	Plnt	SLoc	오더 / 뱃치	Re	MvT	S	C S
1	40	PC	STAND-S / 책상스탠드	1000	0001	60003887		101	+	

그림 3-49 완제품 입고에 의한 재고량 증가

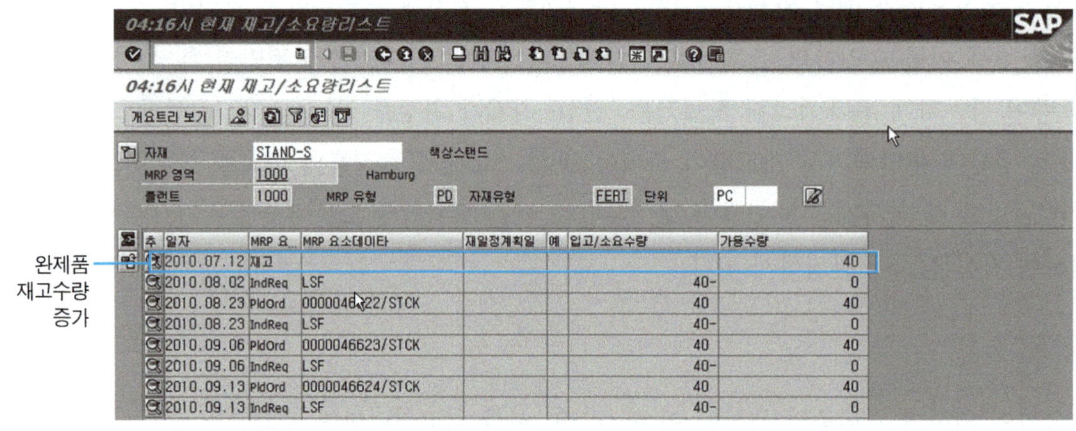

산이 끝난 제품의 수량을 입력하게 된다. 생산완료 수량을 입력한 것만큼 입고처리가 이루어지게 되며, 입고된 수량만큼 재고량이 늘어나게 된다. [그림 3-49]에서 볼 수 있듯이 완제품 생산이 완료된 후 생산오더에 대하여 생산입고처리를 하면, 재고/소요량 리스트에서 보유재고량이 늘어나고 해당 생산오더 정보가 사라진 것을 확인할 수 있다.

(2) 완제품의 판매 프로세스

완제품이 생산 프로세스에 의한 생산이 완료된 후 창고에 입고되면, 고객의 주문에 대응하여 판매할 수 있다. 재고생산방식(MTS)의 경우에는 생산을 먼저 진행한 후 판매하게 되며, 주문생산방식(MTO)의 경우에는 고객의 주문을 먼저 받은 후 생산을 진행하고 고객에게 인도하게 된다. 위에서 설명한 생산 프로세스는 수요예측을 통하여 계획독립수요량을 결정하고 생산을 진행한 재고생산방식(MTS)이다.

1) 판매오더 생성

MTS 방식으로 생산이 완료되어 창고에 재고로 저장 중인 완제품에 대하여, 고객의 주문을 받고 판매를 진행한다. 고객의 판매주문을 받기 전에 한 가지 유의하여야 하는 부분은, 해당 완제품의 자재마스터에서 반드시 영업조직, 유통경로, 제품군에 해당하는 판매를 위한 조직정보를 미리 등록해 놓아야 한다는 점이다. 판매조직이 정의되어 있지 않으면 판매오더를 제대로 생성할 수 없다. 즉, 자재의 입고와 출고를 진행할 때 자재마스터에서 플랜

그림 3-50 판매오더 생성 초기화면

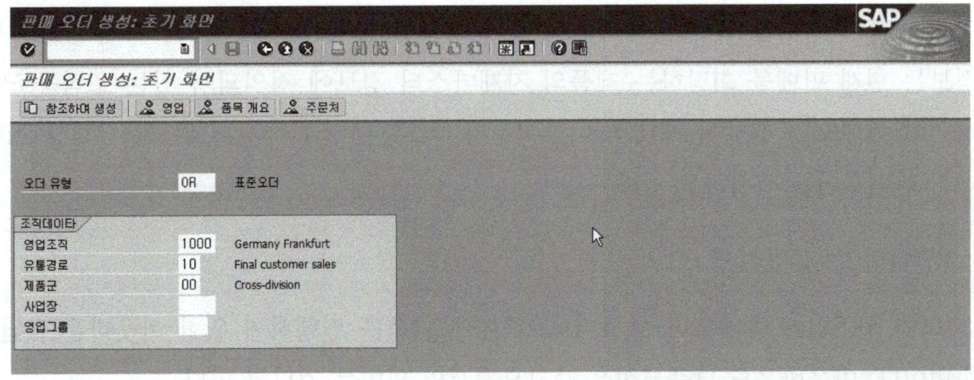

그림 3-51 판매오더 생성 상세화면

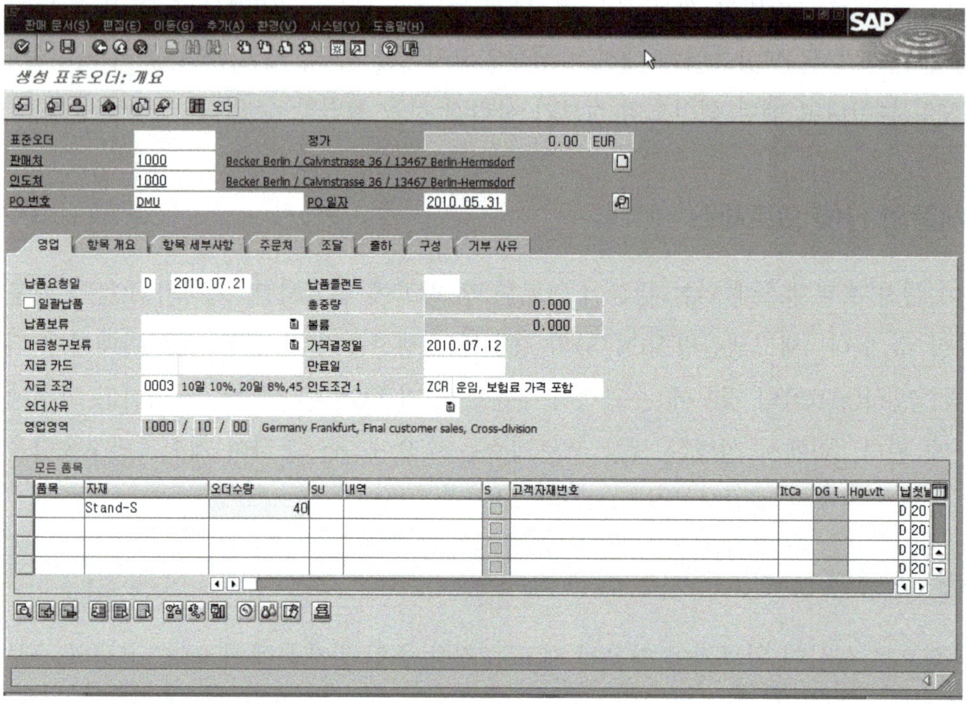

트와 저장위치 등과 같은 조직구조 정보가 미리 정의되어 있지 않으면 업무처리가 제대로 진행되기 어렵듯이, 자재의 판매를 진행할 때에도 판매를 위한 조직정보가 미리 설정되어 있어야 원활한 판매 프로세스 처리가 가능하다.

[그림 3-50]은 판매오더 생성을 위한 초기화면을 보인 것이다. 초기화면에서 영업조직, 유통경로, 제품군 정보를 미리 정의하고 판매오더를 생성할 수도 있고, [그림 3-51]과 같이 판매오더 생성을 위한 상세화면에서 이 정보를 등록할 수도 있다. 이때 판매조직 구조 정보는 현재 판매를 희망하는 제품의 자재마스터 정보에 정의되어 있는 조직구조와 일치하여야 판매오더 생성이 제대로 이루어진다. [그림 3-51]에서는 완제품 '책상 스탠드'에 대한 판매오더를 생성하고 있다.

2) 납품문서 생성과 출고

[그림 3-52]는 판매오더 생성 후 고객에게 납품을 진행하기 위한 아웃바운드 납품문서 화면이다. 아웃바운드 납품생성은 출고요청서의 의미를 지니고 있다.

그림 3-52 아웃바운드 납품과 출고전기

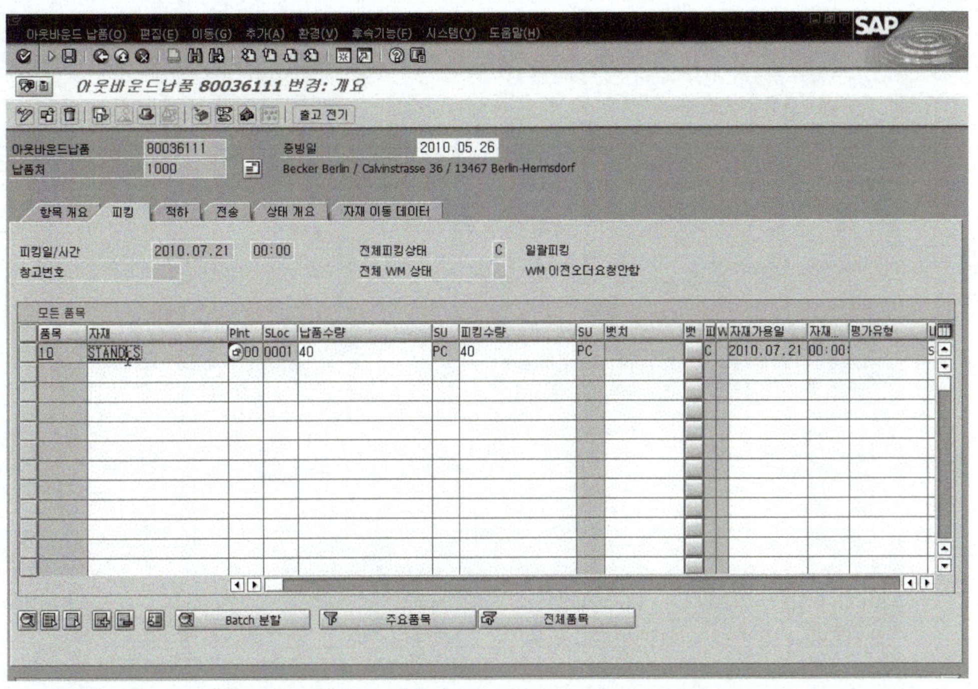

아웃바운드 납품에서 창고의 완제품재고를 고객에게 판매하는 수량만큼 피킹(picking)하고, 피킹된 수량에 대하여 출고전기를 진행하면, 비로소 창고의 재고가 줄어들고 고객에게 납품이 이루어지게 된다. 이때 주의하여야 하는 사항은, 피킹을 하지 않으면 출고전기가 이루어지지 않는다는 점이다. 출고전기란 장부에 해당 제품이 출고되었다는 것을 기재하였다는 의미이다. 즉, 공식적으로 재고량이 줄어들었다는 것을 확인했다는 의미이고, 출고전기가 이루어지는 순간 SAP ERP의 재무회계 모듈에서는 해당 자재가 출고된 수량만큼 자산이 감소했다는 것을 처리하게 된다.

이처럼 ERP를 활용하면 판매업무를 진행하면서 자재관리의 재고량을 확인해 가면서 출고업무를 원활하게 처리할 수 있고, 또 그 내용이 자동으로 회계처리에 반영된다. 실시간으로 여러 관련모듈의 업무처리가 이루어지므로, 중복작업이나 오류발생을 피할 수 있고 또 데이터의 정합성이 떨어지는 상황을 미연에 방지할 수 있다.

[그림 3-53]은 완제품 '책상 스탠드'의 재고량이 고객에게 판매되어 출고된 수량만큼 줄어들었음을 보인 것이다. [그림 3-49]에서는 완제품에 대한 생산계획을 수립하고 그것에

그림 3-53 판매에 의한 재고 감소 확인

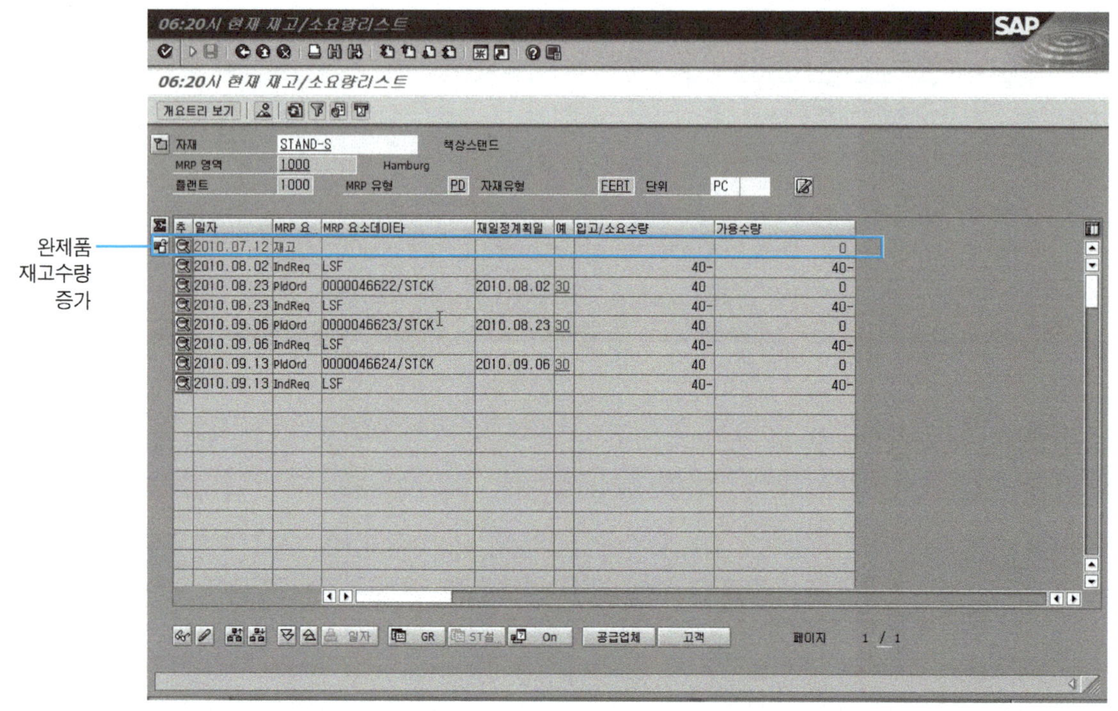

일자	MRP 요	MRP 요소데이터	재일정계획일	예	입고/소요수량	가용수량
2010.07.12	재고					0
2010.08.02	IndReq	LSF			40-	40-
2010.08.23	PldOrd	0000046622/STCK	2010.08.02	30	40	0
2010.08.23	IndReq	LSF			40-	40-
2010.09.06	PldOrd	0000046623/STCK	2010.08.23	30	40	0
2010.09.06	IndReq	LSF			40-	40-
2010.09.13	PldOrd	0000046624/STCK	2010.09.06	30	40	0
2010.09.13	IndReq	LSF			40-	40-

맞추어 생산을 실행한 결과, 완성된 제품 입고수량만큼 재고량이 늘어난 것을 확인할 수 있다. [그림 3-53]에서는 해당 완제품에 대하여 고객에게 판매가 이루어졌을 경우, 고객에게 판매한 수량만큼 판매오더에 의하여 출고가 진행되어 재고량이 줄어든 것을 확인할 수 있다.

지금까지 SRP ERP를 통하여 생산계획 및 MRP 계획과정, 구매 및 생산 진행과정, 그리고 완제품 판매에 의하여 생산된 제품의 재고가 감소되는 과정을 살펴보았다. 이러한 과정을 통해 구매, 생산, 판매 등 기업의 전반적인 경영활동 사이클을 고찰할 수 있었다.

02 • 주문생산

비즈니스 시나리오

고객취향을 반영하여 "HD-1300" 제품에 대한 주문생산을 실시한다. 우선 "HD-1300" 제품 1개에 대한 판매오더를 생성하고 고객의 상세한 주문 옵션을 기록한다. 이때 '영업조직' "1000(Germany Frankfurt)", '유통경로' "12(Sold for Resale)", '제품군'으로는 "00(Cross-Division)"이다. 고객이 주문한 세부옵션은 아래 상세설명에서 다룬다. 해당 제품의 생산은 플랜트 "1000(Werk Hamburg)"에서 실시하고, MRP 영역 "1000(Hamburg)"으로 한다.

주문생산(MTO : Make-to-Order)방식은 먼저 고객으로부터 주문을 받은 후에 주문의 내용에 맞추어 생산을 실시하는 것을 말한다. 이를 위해서는, 우선 SD모듈에서 고객으로부터 주문을 받아 고객이 원하는 제품 내용과 수량, 일자 정보가 담긴 판매오더를 생성한다. 생산계획 모듈에서는 이러한 영업오더를 근거로하여 필요한 자재를 구매하고, 계획오더를 생성하며, 계획오더를 생산오더로 전환하여 생산활동을 실시한다.

2.1 영업오더생성

주문생산(MTO)을 위해서는 우선 고객으로부터 주문을 받아 판매오더를 생성하여야 한다. 판매오더를 생성하기 위한 메뉴경로는 다음과 같다.

메뉴경로	물류 → 판매 관리 → 영업 → 오더 → 생성
트랜잭션 코드	VA01

판매오더 생성 초기화면은 [그림 3-54]와 같다. '오더유형'에 "OR(표준오더)"를 입력하고, '영업조직'에 "1000(Germany Frankfurt)", '유통경로'에 "12(Sold for Resale)"를 선택한다. '제품군'으로는 "00(Cross-Division)"을 선택하여 입력한다. 입력을 마치고 ✔ 버튼을 클릭하면 판매오더를 생성하는 상세화면이 나타난다.

그림 3-54 영업오더 생성 초기화면

[그림 3-55]와 같은 판매오더 생성 상세화면에서 헤더(Header) 입력란에 판매처와 PO 번호, PO일자를 입력하고 ✔ 버튼을 클릭해야 품목 입력란이 활성화된다. 판매처와 인도처에 "1900"을 입력한다. 스크롤바 형태의 품목 입력란에는 고객이 원하는 자재와 수량, 납품요청일 정보를 입력한다. '자재'란에 "HD-1300"을 입력하고 '수량'을 1개로 입력한

그림 3-55 영업오더 생성 상세화면

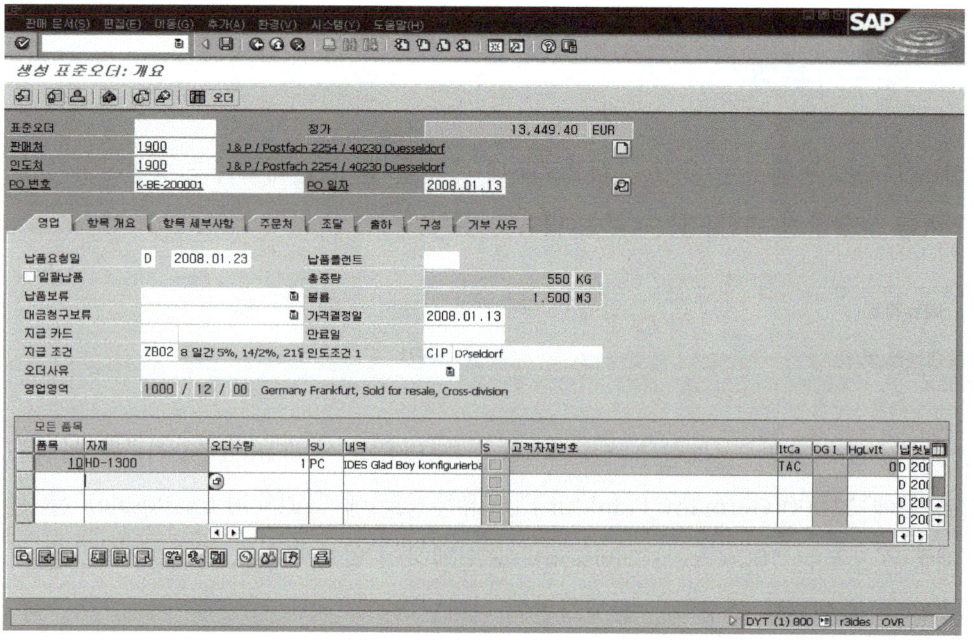

그림 3-56 주문식 생산을 위한 제품의 특성값 지정화면

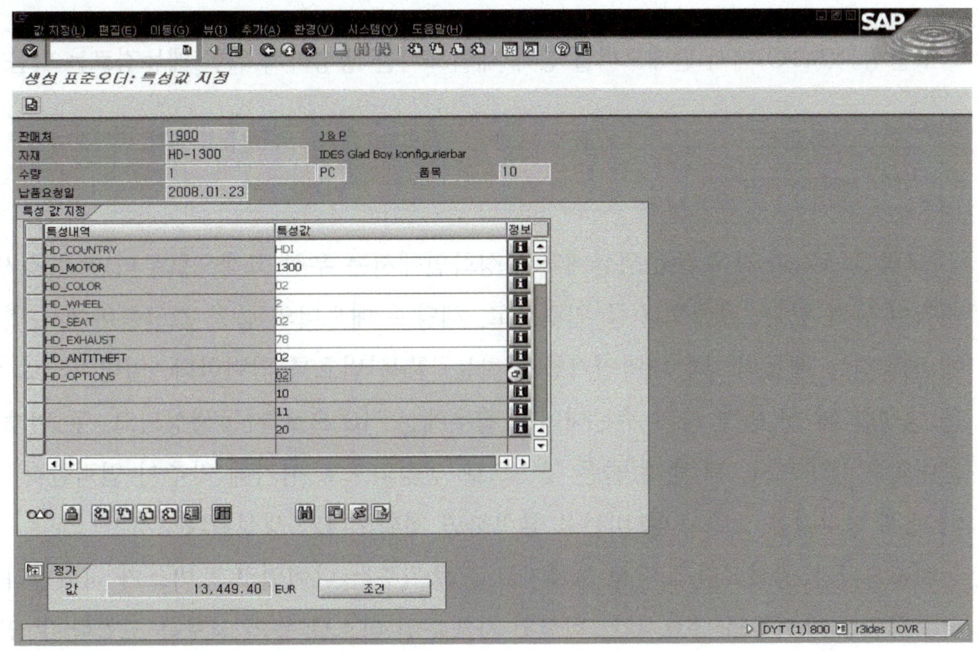

후 버튼을 클릭하거나 키보드의 엔터키를 치면 해당 자재에 대한 특성값을 지정하는 화면이 나타난다.

[그림 3-56]은 "HD-1300"의 특성값을 지정하는 화면이다. 주문식 생산을 위하여 고객이 원하는 사양을 정확하게 파악하여 생산에 반영하고자, 판매오더를 만들면서 제품에 대한 특성값을 상세히 설정하게 된다. "HD-1300"이라는 제품을 고객에게 판매하고자 할 경우, 해당 제품의 색상이나 규격, 여러 가지 형태 등을 고객이 원하는 대로 맞추어 생산에 들어가게 된다.

고객이 원하는 사항을 모두 선택하여 입력하고 버튼을 클릭하면 [그림 3-55]로 되돌아 온다. 모든 입력이 끝난 후 버튼을 누르면 입력 내용이 저장되고 판매오더가 생성되면서 판매오더 번호를 자동 채번하여 알려준다.

2.2 계획오더 생성

주문생산(MTO)에서 판매오더를 통해 계획오더를 생성하기 위한 메뉴경로는 다음과 같다.

메뉴경로	물류 → 생산 → MRP → 계획 → 단일품목 계획, 판매오더
트랜잭션 코드	MD50

[그림 3-57]과 같은 주문생산계획 생성화면에서는 우선 고객으로부터 받은 상세한 주문내역이 담겨 있는 '판매오더'를 입력하고, 해당 판매오더의 품목 스크롤바에서 몇 번째 줄에 해당하는 제품의 주문내역인가를 말하는 '품목'번호를 입력한다. 일반적으로 판매오더를 생성할 때 첫 번째 줄의 주문내역일 경우에는 '10'으로 자동생성되고, 두 번째 줄의 주문내역은 '20'으로, 세 번째 줄은 '30'으로 생성되므로 여기에 맞추어 입력한다. MRP 제어 매개 변수값을 고르고 버튼을 클릭하면 계획오더가 생성된다.

계획오더가 생성되면서 각종 통계자료를 보여주는 다이얼로그 박스가 나타난다. 생산계획수립의 시작시간과 종료시간, 최상위 자재순위 리스트 등의 정보를 조회할 수 있다.

그림 3-57 영업오더로부터 주문생산 계획오더 생성

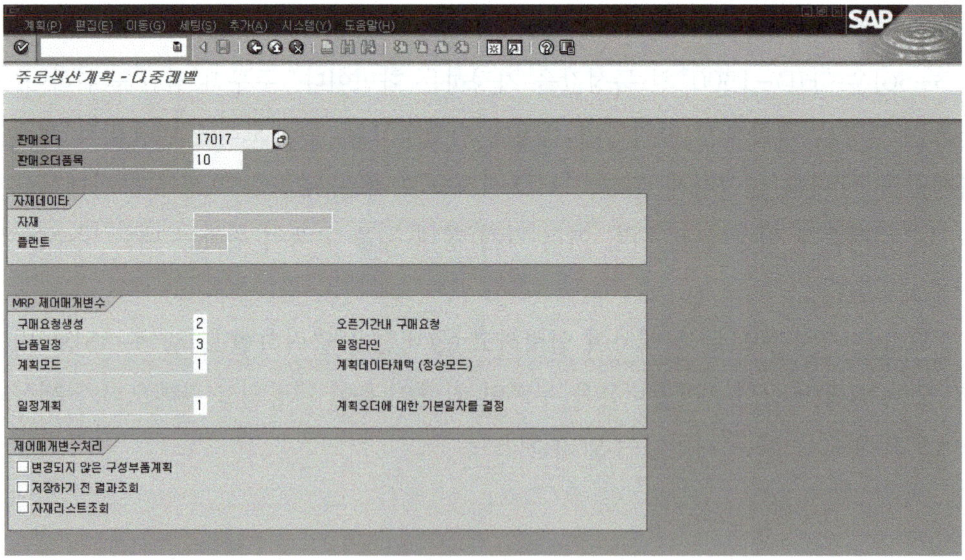

2.3 생산오더 생성

생산을 위한 계획오더를 생성한 후, 이를 생산오더로 변환시키는 작업을 위한 메뉴경로는 다음과 같다.

메뉴경로	물류 → 생산 → MRP → 평가 → 재고/소요량 리스트
트랜잭션 코드	MD04

그림 3-58 재고/소요량 리스트 초기화면

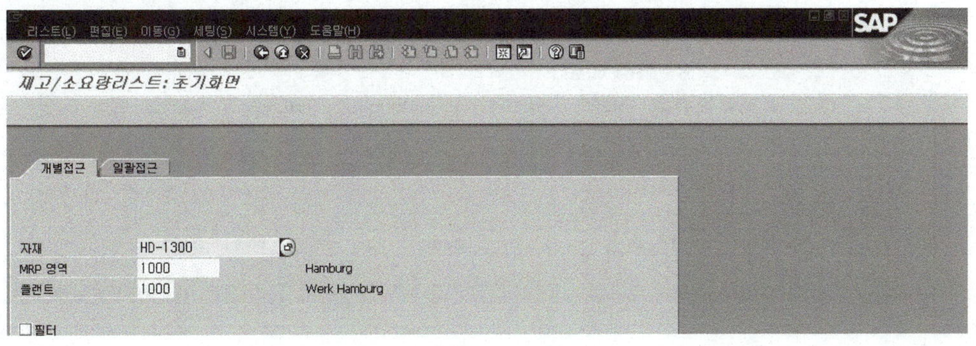

재고/소요량 리스트 초기화면은 [그림 3-58]과 같다. 여기에서는 고객으로부터 주문을 받은 대상제품의 자재번호를 입력하고, 플랜트 정보와 MRP영역을 입력한다. 실습에서는 판매주문을 생성한 자재번호 "HD-1300"을 입력하고, MRP영역 "1000 (Hamburg)", 플랜트 "1000(Werk Hamburg)"을 입력한다. 초기화면에서 기본적인 정보입력을 마치고 버튼을 클릭하면 해당 자재에 대한 재고/소요량 리스트 상세화면으로 넘어간다.

재고/소요량 리스트 상세화면은 [그림 3-59]와 같다. 여기에서는 주문생산(MTO)을 위하여 고객으로부터 받은 판매오더 번호와 일자, 이를 통해 생성된 계획오더 번호와 일자 정보를 확인할 수 있다. 고객의 주문에 대한 판매오더 생성내역은 'MRP 요소'란에 "CustSt"로 나타나고, 'MRP요소 데이터' 란에 오더번호가 표시된다. 판매오더로 생성한 계획오더는 'MRP요소'란에 "PldOrd"로 나타난다. 각각의 오더별로 스크롤바 좌측의 버튼을 클릭하면 팝업 창이 나타나면서 해당 오더에 대한 개략적인 정보를 확인할 수 있고, 팝업 창에서 버튼을 클릭하면 오더내용을 조회할 수 있다.

그림 3-59 MTO 생산방식에서의 계획오더 확인 및 생산오더로의 변환

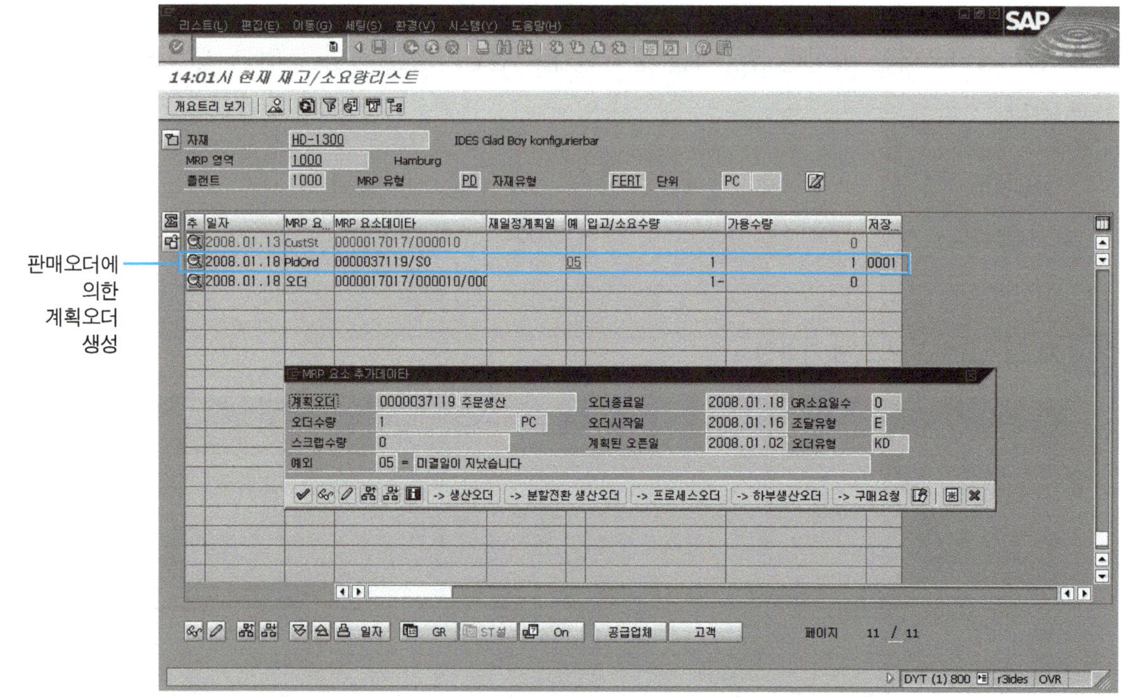

판매오더에 의한 계획오더 생성

영업오더로부터 생성된 생산계획 오더좌측의 버튼을 클릭하면, [그림 3-59] 중앙에 표시된 것과 같은 팝업 창이 나타나고, 여기에 생산오더로 변환 할 수 있는 작업버튼이 있는 것을 알 수 있다. 원하는 작업내용에 따라 다양한 옵션의 생산오더 생성이 가능하다. 계획오더의 팝업 창에서 -> 생산오더 버튼을 누르면 생산오더 생성화면이 나타난다.

생산오더 생성화면은 [그림 3-60]과 같다. 여기에서 우선 버튼을 클릭하여 오더 릴리즈를 수행시킨다. 그리고 버튼을 클릭하여 오더 일정계획을 수행시킬 수 있다.

생산오더를 생성하기 전에, 정상적으로 생산이 가능한지를 체크하는 작업을 실시할 수 있다. 이를 위하여 자재 버튼을 클릭하면 해당 생산활동을 위한 원자재가 충분한지 가용성 체크를 실시한다. 그리고 생산능력 버튼을 클릭하면 설비(Resource)들의 능력 여유가 충분한지에 대한 체크를 실시한다. 이를 통해 생산활동이 가능한가에 대한 결과를 확인할 수 있다. 그리고 버튼을 클릭하면 생산활동에 필요한 상세한 작업사항을 확인할 수 있다. 생산을 위해 작업이 이루어지는 순서대로 어떠한 작업장에서 어떠한 작업이 이루어지게 되는가에 대한 목록이 나타난다.

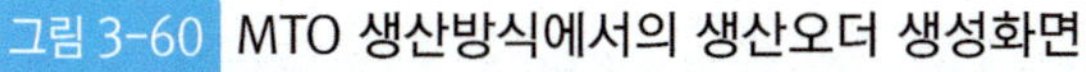

그림 3-60 MTO 생산방식에서의 생산오더 생성화면

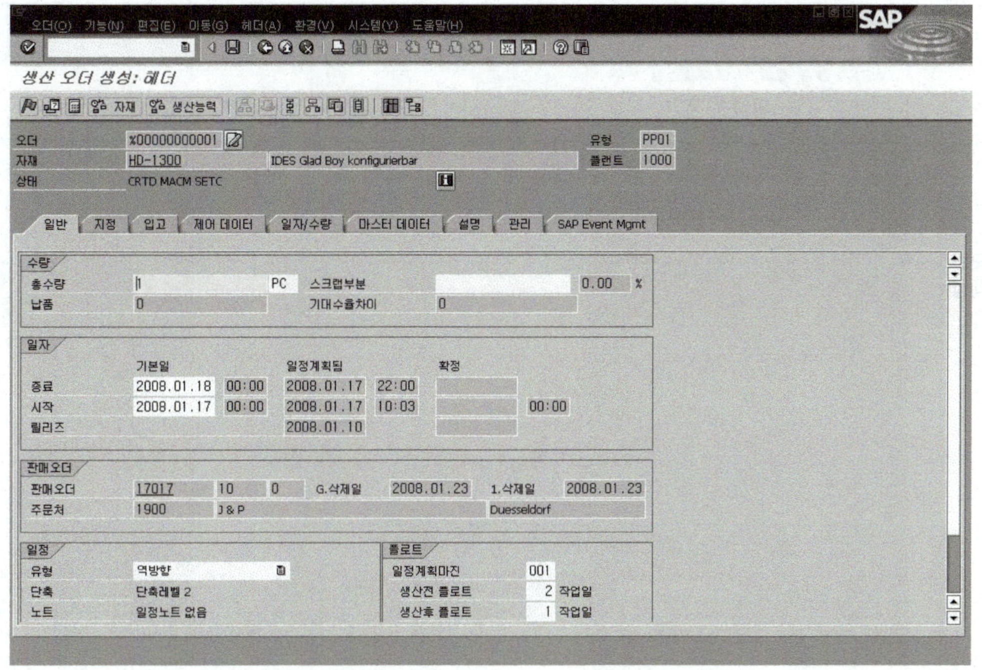

모든 확인작업이 끝나고 버튼을 누르면 생산오더가 생성되면서 생산오더 번호를 자동 채번하여 알려준다.

생산오더를 생성한 후, 그 내역은 재고/소요량 리스트에서 확인하며 메뉴경로는 다음과 같다.

메뉴경로	물류 → 생산 → MRP → 평가 → 재고/소요량 리스트
트랜잭션 코드	MD04

[그림 3-61]에서 보는 바와같이 생산오더를 생성하면 기존에 있던 계획오더 정보가 사라지고, 계획오더로 생성한 생산오더 정보는 'MRP 요소'란에 "PrdOrd"로 바뀌어 표시된다. 즉, 기존의 계획오더가 생산오더로 변환된 것을 알 수 있다. 그리고 이 화면에서 생산오더에 해당하는 스크롤바 좌측의 버튼을 클릭하면 팝업 창이 나타나고, 해당 오더에 대한 개략적인 정보를 확인할 수 있다. 또한 이러한 팝업 창에서 버튼을 클릭하면 생산오더 내용을 조회할 수 있다.

그림 3-61 MTO 생산방식에서 생산오더로의 변환 확인

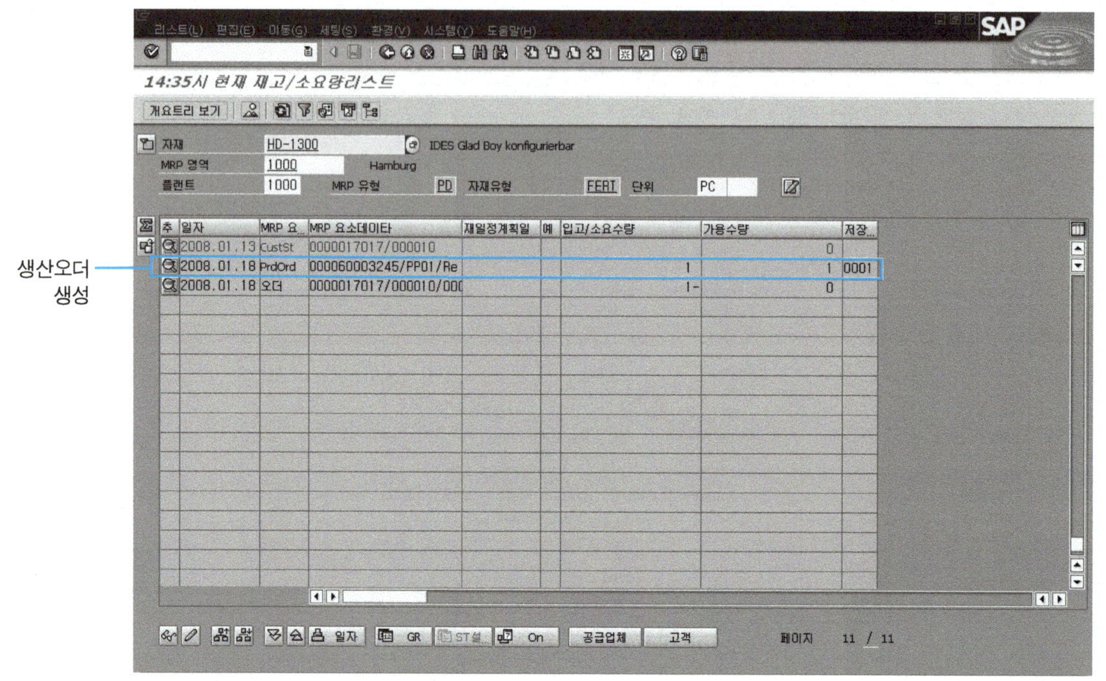

위와 같이 생산오더 생성은 재고/소요량 리스트에서 하나하나 내역을 확인해가면서 실시해도 되지만, 이와는 달리 자세한 내역을 미리 알고 있을 경우 별도로 메뉴경로를 따라 화면을 열어 작업하는 것도 가능하다.

주문생산(MTO)방식에 의해 판매오더를 미리 생성하고, 이를 이용하여 직접 생산오더를 생성하는 메뉴경로는 다음과 같다.

메뉴경로	물류 → 생산 → 생산관리 → 오더 → 생성 → 판매오더
트랜잭션 코드	CO08

이때 나타나는 초기화면은 [그림 3-62]와 같다. 판매오더 번호를 입력하고, 판매오더의 품목 정보순서에 따라 몇 번째에 해당하는 것이었는지 입력한다. 생산작업을 실시하는 플랜트 정보를 입력하고, 오더유형을 “PP01(표준생산오더)”로 선택한다. 이후 버튼을 클릭하면 [그림 3-60]과 동일한 화면이 나타나고, 앞에서 설명한 것과 동일한 방법으로 생산오더를 생성한다.

그림 3-62 생산오더 생성 초기화면

오더(O) 기능(N) 편집(E) 이동(G) 헤더(A) 환경(V) 시스템(Y) 도움말(H)
생산 오더 생성: 초기 화면
판매 오더 17017 10
자재
생산 플랜트 1000 Werk Hamburg
계획 플랜트
오더 유형 PP01 표준생산오더
오더
복사 원본
오더

생산오더를 조회하는 메뉴경로는 다음과 같다.

메뉴경로	물류 → 생산 → 생산관리 → 오더 → 조회
트랜잭션 코드	CO03

생산오더 조회 초기화면은 [그림 3-63]과 같다. 여기에서는 ‘오더’란에 이미 생성한 생산오더 번호를 입력하고, 하단의 라디오 버튼 메뉴 중 “개요조회”를 선택한다. 이후 버튼을 클릭하면 생산오더 생성화면과 구성이 거의 비슷한 조회화면이 나타난다. 이렇게 메뉴경로를 통한 조회화면은 재고/소요량 리스트에서 생산오더를 선택하여 나타난 팝업 창에서 버튼을 클릭하였을 경우의 조회화면과 동일하다.

그림 3-63 생산오더 조회 초기화면

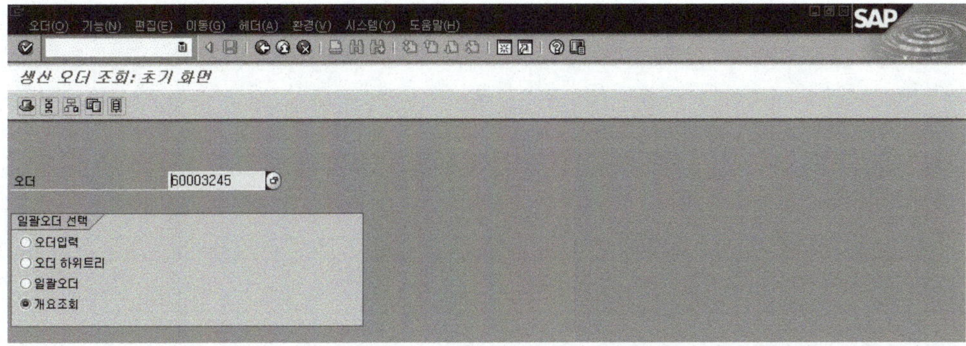

그림 3-64 생산오더 상세 조회화면

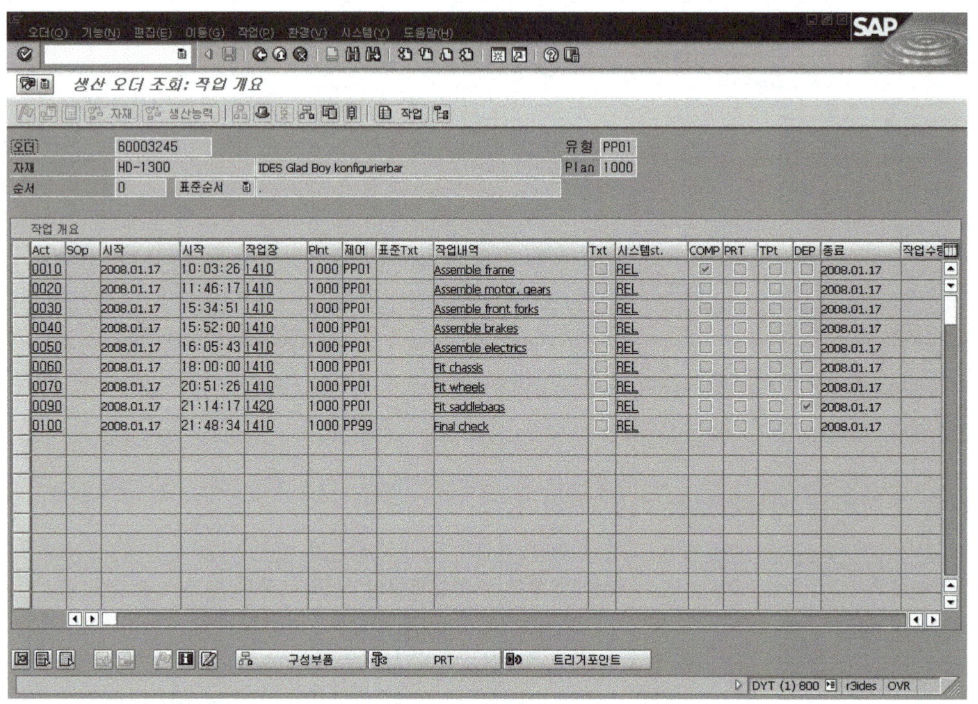

생산오더 생성에서와 마찬가지로 생산오더 조회화면에서도 [버튼 아이콘] 버튼을 클릭하면 [그림 3-64]와 같이 해당 생산오더를 위한 작업내역을 상세하게 확인할 수 있다. 여기에서는 각각의 작업별로 작업이 이루어지는 작업장정보, 작업시작 일자와 종료일, 작업시작 시간정보 등을 조회하는 것이 가능하다.

연 습 문 제

01 ERP에서 가능한 생산능력과 그 뚜렷한 한계를 갖는 설비를 말하는 개념으로서, 생산설비, 저장설비, 운송설비 등을 포함하며 특히 사람도 여기에 포함시킬 수 있다. SAP ERP에서 이러한 생산능력을 가지고 있는 설비를 지칭하는 개념을 무엇이라고 하는가?

02 다음 그림을 보고 답하시오.

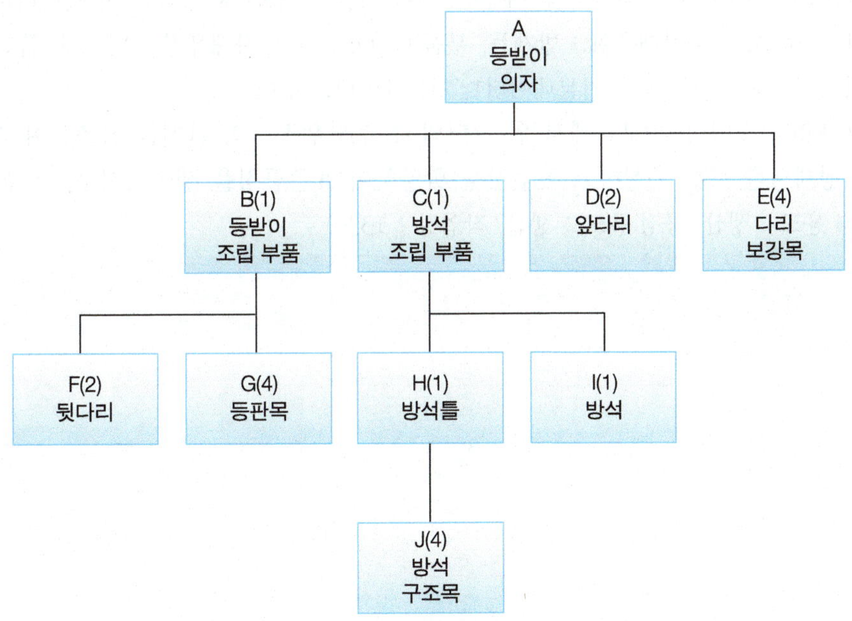

(1) 재고생산(MTS)의 형태로 생산하는 제품을 위하여 구성된 BOM이 위 그림과 같을 때, 등받이 의자를 100개 생산하기 위해서는 원자재 J(방석 구조목)를 몇 개나 준비할 필요가 있는가?

(2) 위 그림에서 반제품 B(등받이 조립 부품)에 대한 BOM을 생성하는 작업에 사용하기 위하여, SAP ERP에서 사전에 미리 만들어져 있어야 하는 기준 정보로는 어떠한 것들이 있는지 기술하시오.

03 다음 그림을 보고 SAP ERP시스템의 MM모듈과 PP모듈에서 실습을 시행하시오.

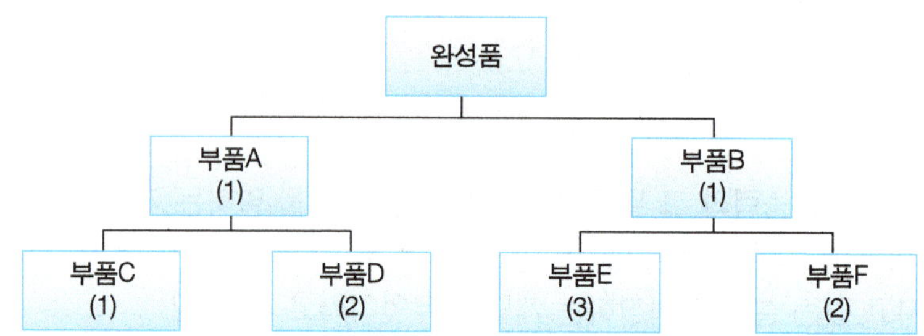

(1) SAP ERP에서 위 그림의 부품과 완성품의 자재마스터를 생성하시오. 완성품명은 본인이름-완성품, 부품명은 본인이름-부품A, 본인이름-부품B 등으로 하시오.(산업부문 : 기계공학, 부품 A, B의 자재유형 : 반제품, 부품 C, D, E, F의 자재유형 : 원자재, 플랜트 : 1000, 구매그룹 : 001, 뷰 선택 : 기본데이터1, 기본데이터2, 구매)

(2) SAP ERP시스템의 PP모듈에서 위 그림의 부품과 완성품의 관계를 참조하여 각각에 대한 자재명세서를 모두 구성하고 작업장을 할당하여 표준공정을 생성하시오. (플랜트 : 1000, BOM 용도 : 생산, 공정 용도 : 생산, 작업장 : 1330)

제4장

영업/유통모듈 및 비즈니스 시나리오 실습

01 견적을 복사하여 영업오더 생성하기

비즈니스 시나리오

베커 고객(1000)에게 견적을 제시하도록 요청받았다고 가정하고, P-103에 대한 견적을 하나 생성하시오. 얼마 후 우리 회사의 견적이 선택되어 베커 고객으로부터 수주를 받게 되었다. 사전에 만들어 놓은 견적을 복사하여 영업오더를 만드시오..

1.1 견적 생성

견적은 고객에게 어떤 제품을 어떠한 가격으로 납품할 수 있는지에 대한 제안을 하는 영업지원활동이다.

메뉴경로	물류 → 판매관리 → 영업 → 오더 → 생성
트랜잭션 코드	VA21

[그림 4-1]의 견적생성 초기화면에서 견적유형(QT), 영업조직(1000), 유통경로(10), 제품군(00)을 입력한다.

그림 4-1 견적생성 초기화면

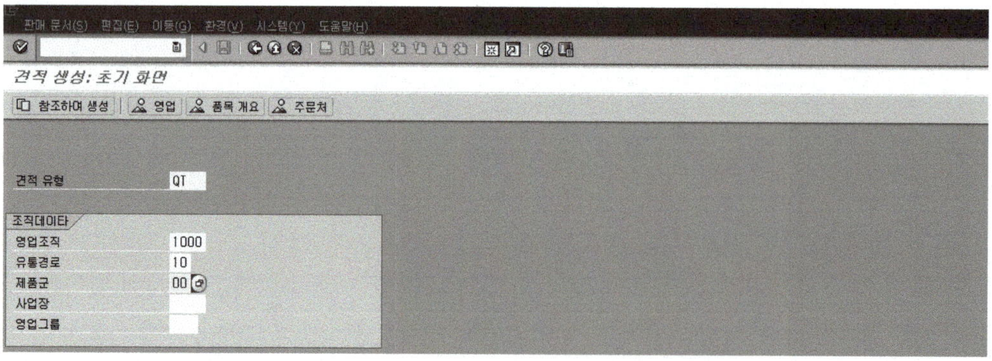

그림 4-2 견적생성 상세화면

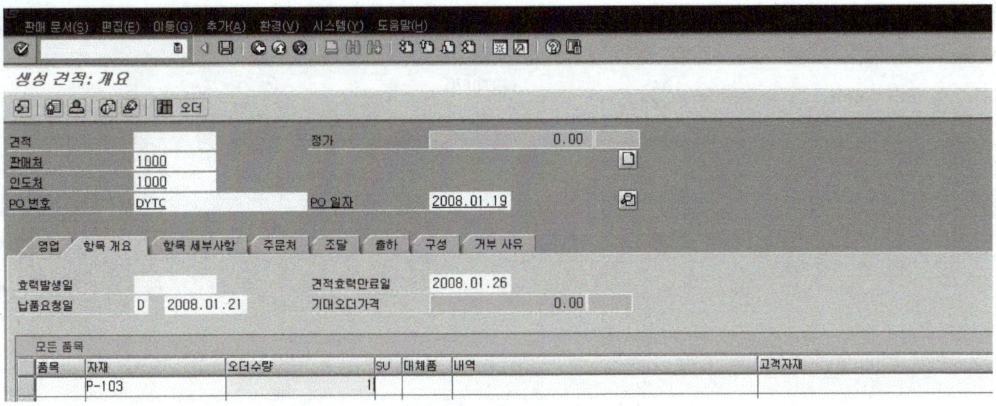

[그림 4-2]의 견적생성 상세화면에서 판매처와 인도처, PO번호 및 PO일자, 견적효력 만료일을 입력해야 한다. 견적에서는 PO번호, PO일자는 선택사항이며, 견적효력 만료일이 필수 입력사항이다. 저장하면 견적번호가 나타나며, 적어놓거나 잘 기억해 두어야 한다.

1.2 견적 참조한 영업오더 생성

메뉴경로	물류 → 판매관리 → 영업 → 오더 → 생성
트랜잭션 코드	VA01

앞에서 생성한 견적을 복사하여 영업오더를 생성하기 위하여 [그림 4-3]에서 오더유형(OR), 영업조직(1000), 유통경로(10), 제품군(00)을 입력한 후 왼쪽 상단의 **참조하여 생성** 을 클릭한다. 그 후 [그림 4-3]의 그림과 같이 **견적** 탭으로 이동하여 위에서 생성한 견적번호를 입력한 뒤 복사를 클릭한다.

그림 4-3 견적복사 영업오더 생성 초기화면

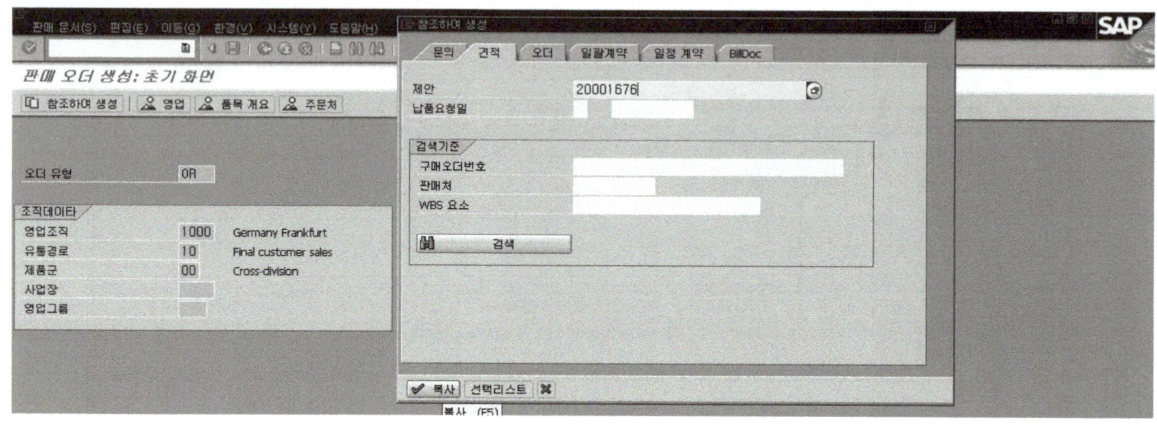

[그림 4-4]는 견적을 복사해서 오더를 생성한 것이므로 견적생성시 가격을 할인하였다면 복사한 영업오더는 할인된 가격을 모두 가져오게 된다. 이때, 우리회사 입장에서는 영업오더이지만, 고객의 입장에서는 구매오더이므로 고객과의 커뮤니케이션을 원활하게 하기 위해 PO번호를 필수 입력사항으로 해놓는 경우가 많다. 입력사항을 모두 확인한 후에 저장하면 견적을 복사하여 생성한 영업오더번호가 만들어진다.

그림 4-4 영업오더 생성 상세화면

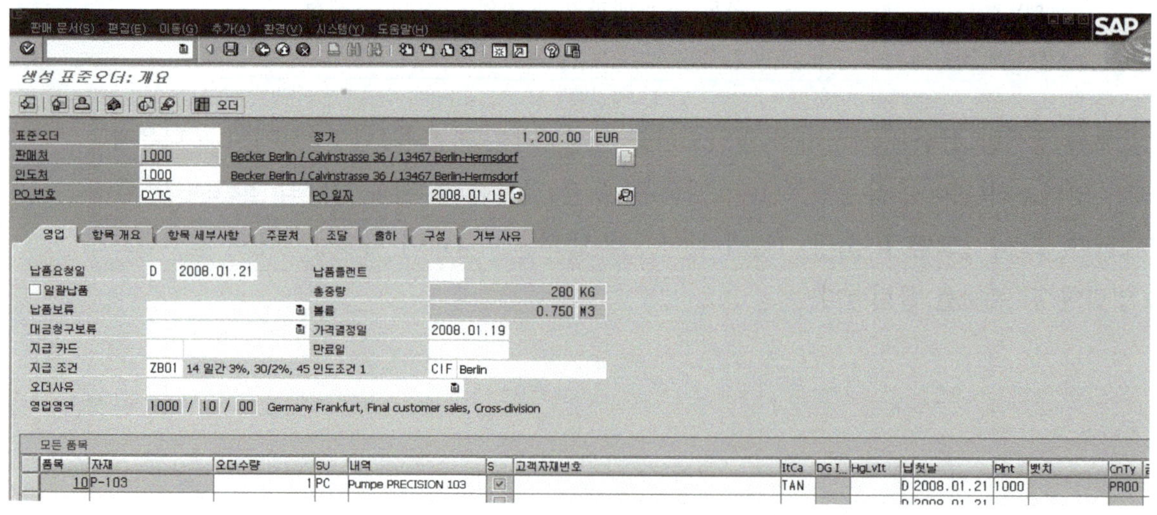

02 영업오더의 납품일정 라인구성과 필요 정보분석

비즈니스 시나리오

베커 고객(1000)은 자재 P-103을 1월 17일에 1개, 1월 27일에 2개를 납품받고 싶어한다. 이에 맞게 납품일정라인을 구성하고, 회사는 이 고객에게 바게트빵(자재번호 1000-1155)을 무상으로 1개 제공하기로 하고 이에 맞는 영업오더를 생성하시오. 그리고 바게트빵이 무상으로 가격결정이 되었는지를 보는 가격결정 절차화면을 보고 이 영업오더로 얼마의 이윤이 남았는지를 분석한 다음, 베커 고객에 대한 여신점검을 하는 화면과 자재 P-103에 대해 가용성점검을 하는 화면을 조회하시오.

2.1 영업오더 생성

영업오더를 생성하기 위한 메뉴경로는 다음과 같다.

메뉴경로	물류 → 판매관리 → 영업 → 오더 → 생성
트랜잭션 코드	VA01

[그림 4-5]와 같이 일반적으로 주문을 입력할 때 가격결정, 가용성점검 그리고 여신점검을 수행하게 된다. 앞의 비즈니스 시나리오를 수행하면 영업오더에서 어떠한 가격결정이 이루어지고, 가용성점검을 하는 화면과 여신점검을 수행한 결과를 보는 것이 우선적으로 이루어져야 한다. 가격결정 내역을 살펴보고 추가할인정책이 가능한지, 충분한 수익성

그림 4-5 주문입력 시의 점검사항

그림 4-6 영업오더 생성 초기화면

판매 오더 생성: 초기 화면

참조하여 생성 | 영업 | 품목 개요 | 주문처

오더 유형 OR

조직데이타

영업조직 1000

유통경로 10

제품군 00

사업장

영업그룹

이 확보되는 거래인지를 판단할 수 있다. 또한 고객이 원하는 날짜에 배송할 수 있는지를 점검하기 위하여 가용성점검이 필요하다. 그리고 물건만 받고 입금을 해주지 않는 불량고객인지를 판단하기 위하여 여신점검도 필요할 것이다.

[그림 4-6]과 같이 오더유형 OR(표준오더), 영업조직 1000, 유통경로 10, 제품군 00을 입력한다.

[그림 4-7]의 세부화면으로 들어가면 판매처 및 인도처는 1000, PO번호, PO일자, 자

그림 4-7 영업오더 생성 세부화면

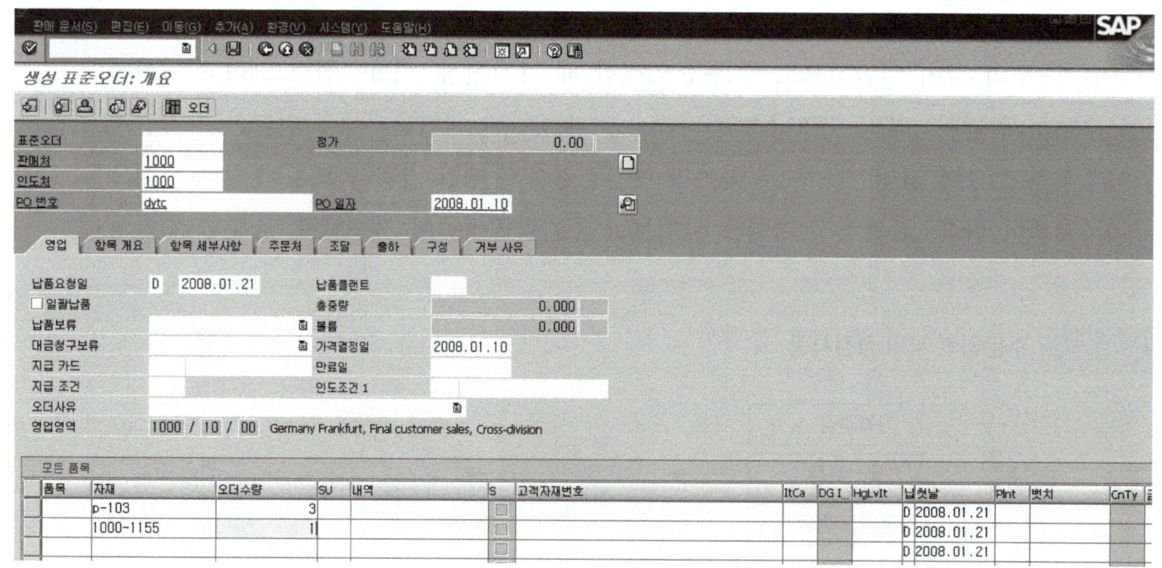

재번호 및 수량을 입력한다. 판매처와 인도처가 다른 경우에는 사전에 고객마스터에서 정의되어 있는대로 판매처와 인도처를 다르게 입력하여야 한다. 이때 고객과 납품요청일, 지급조건, 인도조건을 협의하여 입력하여야 한다. 모든 입력사항을 확인한 후 저장한다.

2.2 무상납품 품목생성

시나리오에서 회사는 바게트빵을 무상으로 제공해 주기로 하였으므로 영업오더의 변경으로 들어가 품목범주(Item Category)를 무상납품으로 바꾸어 주어야 한다. 영업오더를 변경하는 메뉴경로는 다음과 같다.

메뉴경로	물류 → 판매관리 → 영업 → 오더 → 변경
트랜잭션 코드	VA02

[그림 4-8]의 영업오더 변경화면에서 오더번호를 확인한 뒤 입력하여 세부화면으로 들어간다.

그림 4-8 영업오더 변경 초기화면

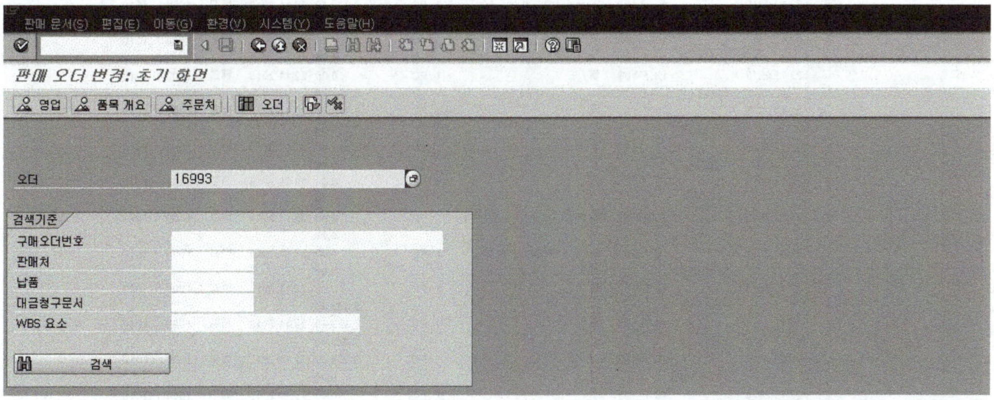

오더 버튼을 누르면 [그림 4-9]와 같이 영업오더 리스트를 조회해 볼 수 있는 화면이 나타난다. 찾고자하는 영업오더와 관련된 판매처와 자재마스터를 입력하고 엔터를 누르면 [그림 4-10]과 같이 영업오더 리스트가 나타나므로 이 리스트에서 영업오더번호를 찾을 수

그림 4-9 영업오더 리스트 검색 초기화면

리스트(L) 편집(E) 이동(G) 세팅(S) 환경(N) 시스템(Y) 도움말(H)

판매오더리스트

조회변형 | 추가선택기준 | 조직 데이터 | 파트너기능...

판매처 1000
자재 p-103
구매오더번호

판매 오더 데이터
증빙일 28.10.2013 종료 27.11.2013

선택 기준
○ 미결판매오더 ☐ 사용자오더
◉ 모든오더

그림 4-10 고객 및 자재 검색에 의한 영업오더 리스트 확인

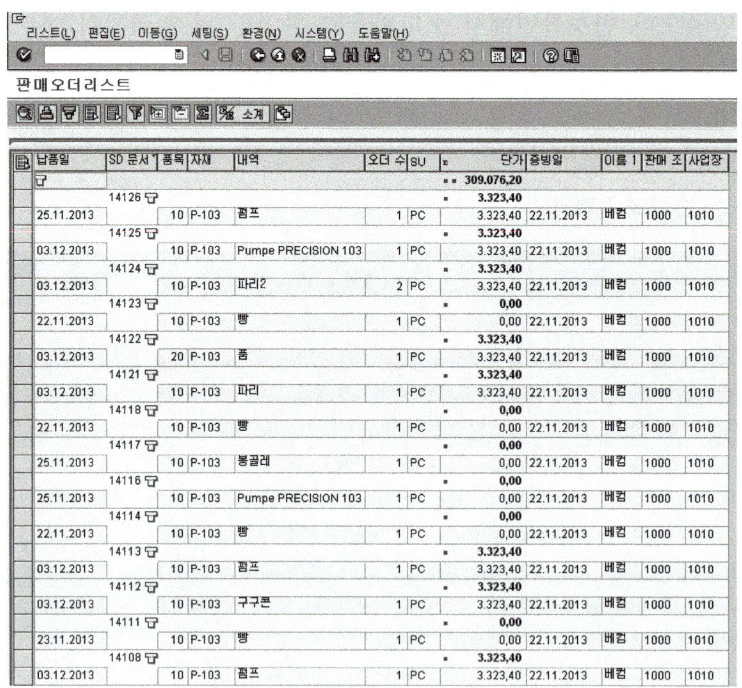

리스트(L) 편집(E) 이동(G) 세팅(S) 환경(N) 시스템(Y) 도움말(H)

판매오더리스트

소계

납품일	SD 문서	품목	자재	내역	오더 수	SU	Σ	단가	증빙일	이름 1	판매 조	사업장
							▪▪	309.076,20				
	14126						▪	3.323,40				
25.11.2013		10	P-103	펌프	1	PC		3.323,40	22.11.2013	베컴	1000	1010
	14125						▪	3.323,40				
03.12.2013		10	P-103	Pumpe PRECISION 103	1	PC		3.323,40	22.11.2013	베컴	1000	1010
	14124						▪	3.323,40				
03.12.2013		10	P-103	파리2	2	PC		3.323,40	22.11.2013	베컴	1000	1010
	14123						▪	0,00				
22.11.2013		10	P-103	빵	1	PC		0,00	22.11.2013	베컴	1000	1010
	14122						▪	3.323,40				
03.12.2013		20	P-103	품	1	PC		3.323,40	22.11.2013	베컴	1000	1010
	14121						▪	3.323,40				
03.12.2013		10	P-103	파리	1	PC		3.323,40	22.11.2013	베컴	1000	1010
	14118						▪	0,00				
22.11.2013		10	P-103	빵	1	PC		0,00	22.11.2013	베컴	1000	1010
	14117						▪	0,00				
25.11.2013		10	P-103	봉골레	1	PC		0,00	22.11.2013	베컴	1000	1010
	14116						▪	0,00				
25.11.2013		10	P-103	Pumpe PRECISION 103	1	PC		0,00	22.11.2013	베컴	1000	1010
	14114						▪	0,00				
22.11.2013		10	P-103	빵	1	PC		0,00	22.11.2013	베컴	1000	1010
	14113						▪	3.323,40				
03.12.2013		10	P-103	펌프	1	PC		3.323,40	22.11.2013	베컴	1000	1010
	14112						▪	3.323,40				
03.12.2013		10	P-103	구구콘	1	PC		3.323,40	22.11.2013	베컴	1000	1010
	14111						▪	0,00				
23.11.2013		10	P-103	빵	1	PC		0,00	22.11.2013	베컴	1000	1010
	14108						▪	3.323,40				
03.12.2013		10	P-103	펌프	1	PC		3.323,40	22.11.2013	베컴	1000	1010

있다. 구매오더번호를 입력한 영업오더는 구매오더번호로 더욱 좁혀서 검색할 수도 있다.

[그림 4-10]에서 납품요청일, 영업문서 번호, 자재, 단가, 고객 등이 보이는 영업오더들

그림 4-11 영업오더 변경 세부화면

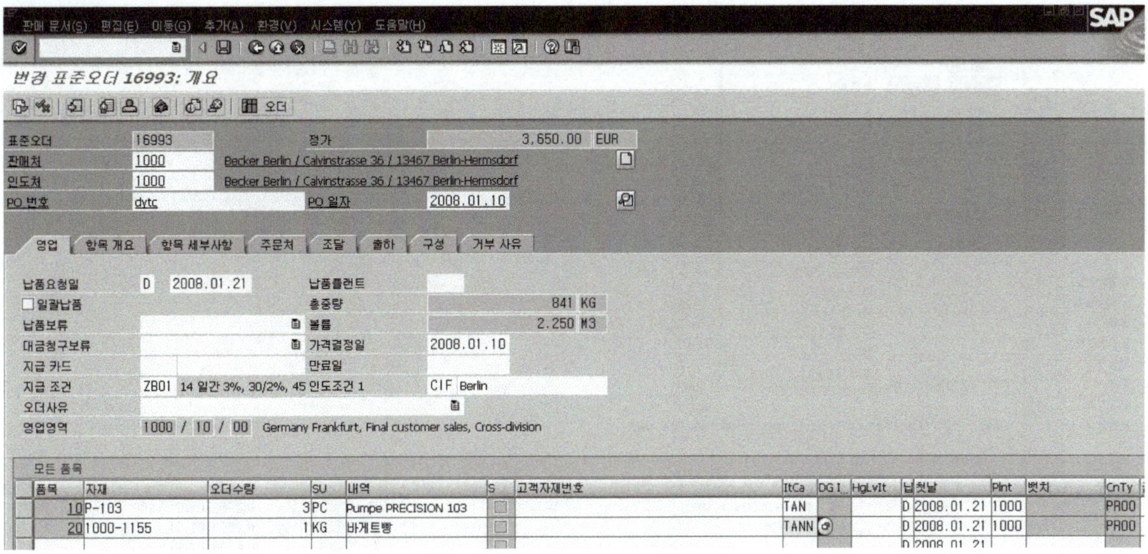

의 리스트를 볼 수 있다. 이 리스트에서 관련된 영업오더번호를 찾아 영업오더를 변경할 수 있다.

고객에게 무상으로 주는 품목을 추가하려면 [그림 4-11]의 영업오더변경 세부화면에서 바게트빵의 품목범주를 TAN에서 TANN(무상품목)으로 바꾼 뒤 저장한다. 저장을 하면 아래와 같이 신규 가격결정을 수행하였다는 메시지가 뜬다.

2.3 품목별 납품일정라인 구성

고객은 한 날짜에 모든 제품을 받기를 원하지 않고 여러 날짜에 나누어 받기를 원할 수 있다. 이와 같이 고객의 요구에 맞게 납품일정라인을 구성하는 메뉴경로는 다음과 같다.

메뉴경로	물류 → 판매관리 → 영업 → 오더 → 변경 → 자재클릭 → 이동 → 품목 → 납품일정라인
트랜잭션 코드	VA02

[그림 4-12]와 같이 납품할 자재를 클릭한 후 상단의 메뉴로 가서 이동 → 품목 → 납품일정라인을 클릭한다. 여기에서 한 품목에 여러 개의 납품일정을 구성할 수 있다. 즉, 오더

그림 4-12 납품일정라인 나누기

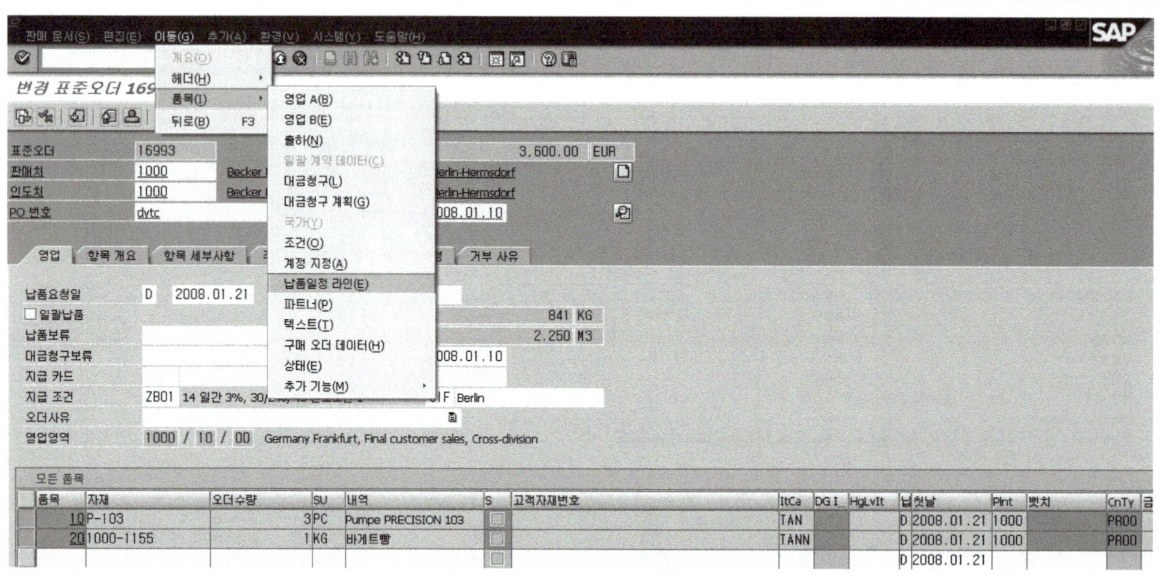

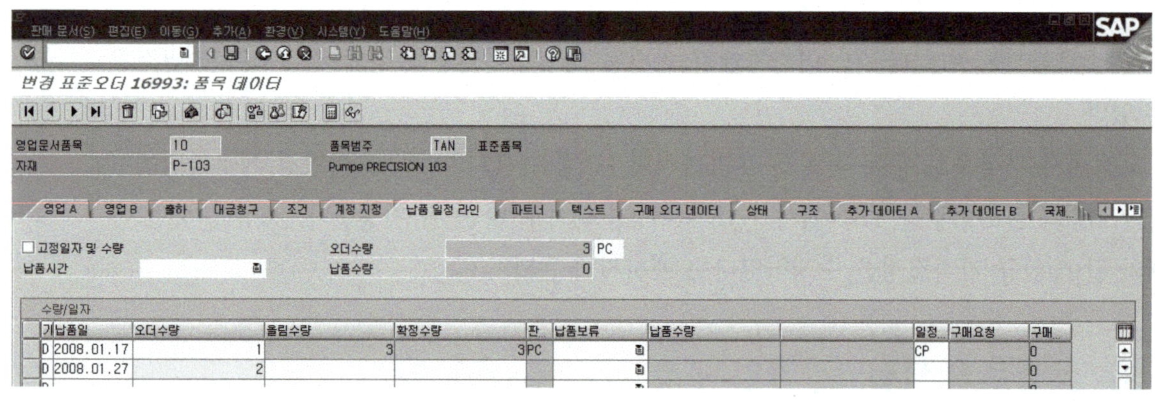

수량은 한꺼번에 주문받지만, 고객의 납품 요청일을 여러 번으로 나누어 주문받을 수 있을 것이다. 납품일정라인을 구성하는 화면에서 고객이 원하는 납품일과 오더수량에 맞게 변경한 뒤 저장한다.

2.4 개별품목에 대한 가격결정 조회

바게트빵이 무상으로 가격결정이 되었는지를 보는 가격결정절차 화면을 보는 메뉴경로는 다음과 같다. 개별품목의 가격결정절차를 조회해야 한다.

메뉴경로	물류 → 판매관리 → 영업 → 조회 → 자재클릭 → 이동 → 품목 → 조건
트랜잭션 코드	VA03

[그림 4-13]의 화면에서 바게뜨빵이 무상으로 납품되어 100% 할인으로 나타나 있는 것을 볼 수 있다. 즉, 원래 50유로의 판매금액이 100% 할인되어 대금청구를 할 필요가 없다는 것을 알 수 있다.

그림 4-13 개별품목별 가격결정 조회

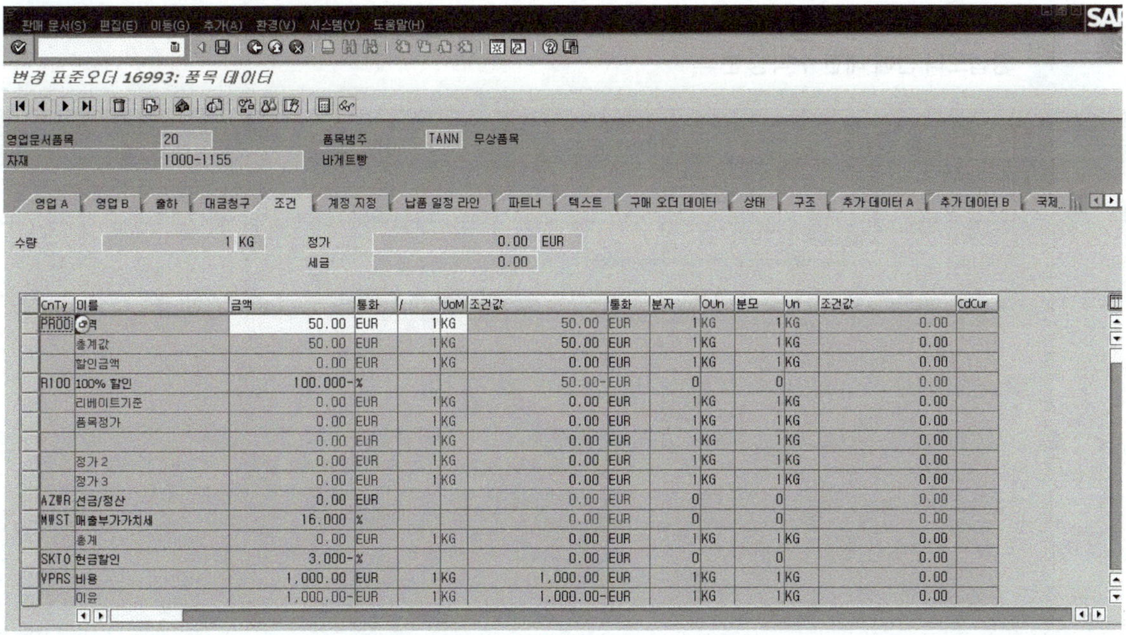

판매 문서(S) 편집(E) 이동(G) 추가(A) 환경(V) 시스템(Y) 도움말(H)

변경 표준오더 16993: 품목 데이터

영업문서품목 20 품목범주 TANN 무상품목
자재 1000-1155 바게트빵

영업 A | 영업 B | 출하 | 대금청구 | 조건 | 계정 지정 | 납품 일정 라인 | 파트너 | 텍스트 | 구매 오더 데이터 | 상태 | 구조 | 추가 데이터 A | 추가 데이터 B | 국제...

수량 1 KG 정가 0.00 EUR
세금 0.00

CnTy	이름	금액	통화	/	UoM	조건값	통화	분자	OUn	분모	Un	조건값	CdCur
PR00	격	50.00	EUR	1	KG	50.00	EUR	1	KG	1	KG	0.00	
	총계값	50.00	EUR	1	KG	50.00	EUR	1	KG	1	KG	0.00	
	할인금액	0.00	EUR	1	KG	0.00	EUR	1	KG	1	KG	0.00	
R100	100% 할인	100.000-	%			50.00-	EUR	0		0		0.00	
	리베이트기준	0.00	EUR	1	KG	0.00	EUR	1	KG	1	KG	0.00	
	품목정가	0.00	EUR	1	KG	0.00	EUR	1	KG	1	KG	0.00	
		0.00	EUR	1	KG	0.00	EUR	1	KG	1	KG	0.00	
	정가 2	0.00	EUR	1	KG	0.00	EUR	1	KG	1	KG	0.00	
	정가 3	0.00	EUR	1	KG	0.00	EUR	1	KG	1	KG	0.00	
AZWR	선금/정산	0.00	EUR			0.00	EUR	0		0		0.00	
MWST	매출부가가치세	16.000	%			0.00	EUR	0		0		0.00	
	총계	0.00	EUR	1	KG	0.00	EUR	1	KG	1	KG	0.00	
SKTO	현금할인	3.000-	%			0.00	EUR	0		0		0.00	
VPRS	비용	1,000.00	EUR	1	KG	1,000.00	EUR	1	KG	1	KG	0.00	
	이윤	1,000.00-	EUR	1	KG	1,000.00-	EUR	1	KG	1	KG	0.00	

2.5 영업오더의 이윤분석 조회

영업오더의 이윤을 분석하기 위한 메뉴경로는 다음과 같다.

메뉴경로	물류 → 판매관리 → 영업 → 조회 → 자재클릭 → 이동 → 헤더 → 조건
트랜잭션 코드	VA03

영업오더 전체의 수익성을 보는 것이므로 개별품목이 아닌 헤더로 가서 조건을 클릭해야 한다. 즉, 바게트빵을 무상으로 납품해도 이번 영업오더 건으로 수익이 나는지를 확인해야 할 것이다.

수익성은 판매가격에서 비용을 빼면 되므로 이 화면에서는 3,600유로 − 2,771.44유로 = 828.56유로이다. 따라서 전체 영업오더건에 대한 이윤은 맨 마지막 줄에 자동으로 계산되어 나타나 있는 828.56유로이다.

그림 4-14 영업오더 건에 대한 수익성 분석

판매 문서(S) 편집(E) 이동(G) 추가(A) 환경(V) 시스템(Y) 도움말(H)
SAP

변경 표준오더 16993: 헤더 데이터

표준오더 16993 구매오더번호 dytc
판매처 1000 Becker Berlin / Calvinstrasse 36 / 13467 Berlin-Hermsdorf

영업 | 출하 | 대금청구 | 지급 카드 | 회계 | 조건 | 계정 지정 | 파트너 | 텍스트 | 구매 오더 데이터 | 상태 | 추가 데이터 A | 추가 데이터 B | 국제 거래

정가 3,600.00 EUR
세금 576.00

CnTy	이름	금액	통화	/	UoM	조건값	통화	조건값	CdCur
PR00	격					3,650.00	EUR	0.00	
	총계값					3,650.00	EUR	0.00	
	할인금액					0.00	EUR	0.00	
R100	100% 할인					50.00-	EUR	0.00	
	리베이트기준					3,600.00	EUR	0.00	
	품목정가					3,600.00	EUR	0.00	
						3,600.00	EUR	0.00	
	정가2					3,600.00	EUR	0.00	
	정가3					3,600.00	EUR	0.00	
AZWR	선금/정산					0.00	EUR	0.00	
MWST	매출부가가치세	16.000	%			576.00	EUR	0.00	
	총계					4,176.00	EUR	0.00	
SKTO	현금할인	3.000-	%			125.28-	EUR	0.00	
VPRS	비용					2,771.44	EUR	0.00	
	이윤					828.56	EUR	0.00	

2.6 여신점검

베커 고객에 대한 여신점검을 하는 화면을 보는 메뉴경로는 다음과 같다.

메뉴경로	물류 → 판매관리 → 영업 → 조회 → 환경 → 파트너 → 여신계정조회
트랜잭션 코드	VA03

[그림 4-15]의 여신점검 화면에서 지금까지 발생되어 있는 총채권이 나타나 있고, 또한 대금 미청구액과 미결납품액 등이 합쳐진 매출환산 가치가 나타나 있으며, 지금까지의 여신한도 사용액에 자동으로 계산되어 있다. 여신한도 사용액에 대한 계산 메커니즘은 1부 7장의 [그림 7-28]을 참조하기 바란다.

그림 4-15 고객 여신점검

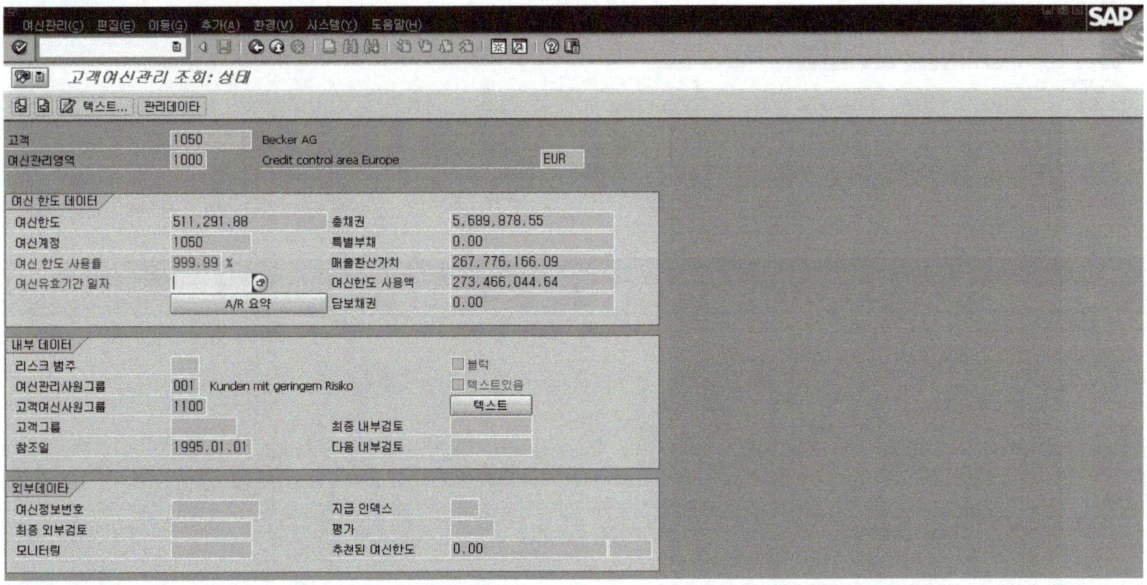

2.7 가용성 조회

영업오더 생성시에 고객의 납품요청일에 납품 가능한 재고가 있는지, 부족하다면 그때까지 생산하여 납품할 수 있는지를 점검해보아야 할 것이다. 자재 P-103에 대해 가용성점검을 하는 화면을 보는 메뉴경로는 다음과 같다.

메뉴경로	물류 → 판매관리 → 영업 → 조회 → 자재클릭 → 환경 → 가용성
트랜잭션 코드	VA03

그림 4-16 가용성점검 메뉴 및 조회화면

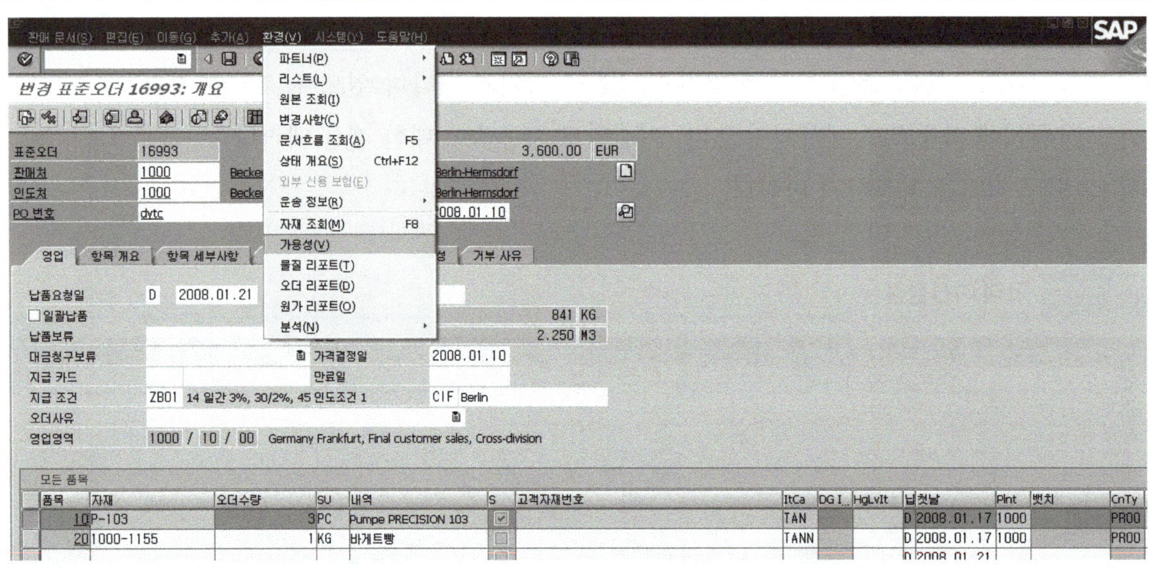

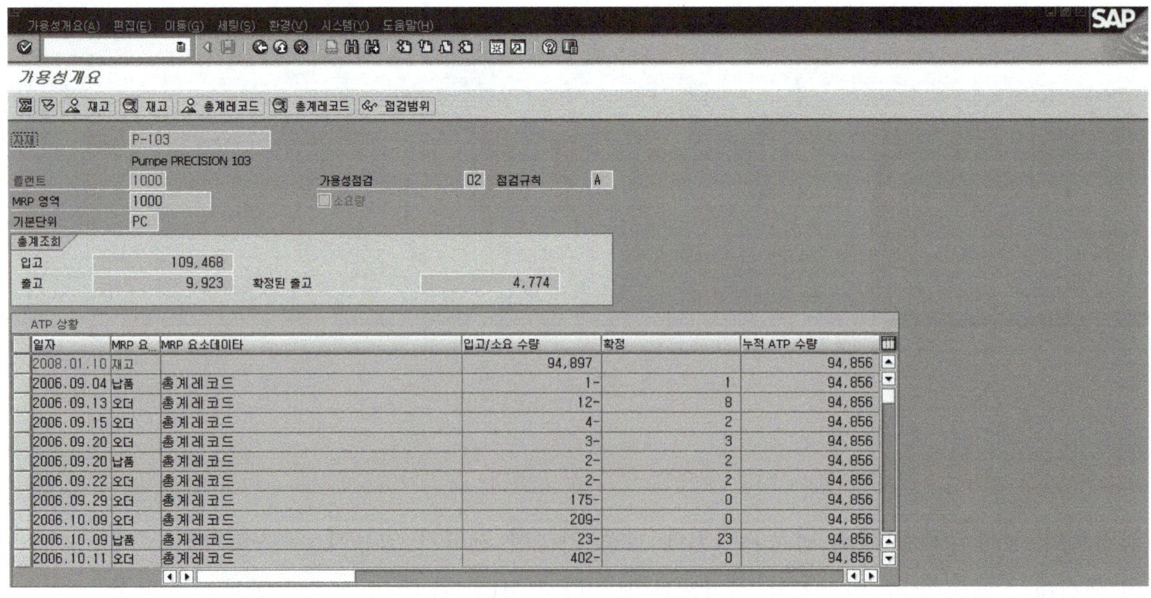

1부 7장에서 살펴본 바와 같이 가용성점검(ATP : Available To Promise Check)은 고객이 요청한 납품 일자에 주문수량의 납품이 가능한지를 확인하여, 가용한 재고가 있는 경우 영업오더에 할당하는 작업이다. 자세한 가용 자재의 증감요인은 7장의 [그림 7-34]를 참조하도록 하자. [그림 4-16]의 가용성 조회화면에서 재고수량과 납품요청된 수량 그리고 영업오더가 생성된 수량을 모두 파악할 수 있다. 가용성점검은 현행 재고에서 이미 할당되어 있는 재고가 아닌 가용재고가 충분히 있는지를 점검한다. 또한 향후에 입고예정인 내용과 출고예정인 내용을 모두 고려하여 가용성점검을 할 수 있다. 가용성점검관련 세부 파라미터를 변경하는 자세한 컨피규레이션 화면은 2부 5장의 [그림 5-47]에서 살펴보도록 한다.

03 납품 및 대금청구

비즈니스 시나리오

앞의 시나리오에서 생성한 영업오더에 대해 고객의 요청대로 1월 17일과 1월 27일에 납품을 각기 생성하고 대금청구를 수행해야 한다. 그런 다음 17일, 27일 납품 건에 대한 대금청구를 취소하고, 영업오더에서 1200유로가 아닌 1000유로로 할인하여 다시 대금청구를 하시오.

3.1 납품일정라인별 납품 생성

1월 17일과 1월 27일에 납품을 각기 생성하고자 한다. 여기서 아웃바운드 납품의 의미는 기업의 상황이나 프로세스에 따라 다르지만 출하요청 또는 출하지시의 의미를 담고 있다. 1월 17일의 납품을 생성하는 메뉴경로는 다음과 같다.

메뉴경로	물류 → 판매관리 → 영업 → 후속기능 → 아웃바운드납품
트랜잭션 코드	VA03

[그림 4-17]의 아웃바운드납품 생성화면으로 들어가서 출하지점 1000, 선택일을 고객납품요청일 또는 자재가용일로 변경한다. 영업오더에서 가용성을 점검하고 자재가 가용한

그림 4-17 아웃바운드 납품 생성

날짜 이후로 선택일을 지정해야만 납품의 생성이 가능하다. 저장을 하게되면 아웃바운드 납품번호가 생성된다.

그림 4-18 피킹 및 출고전기 실행

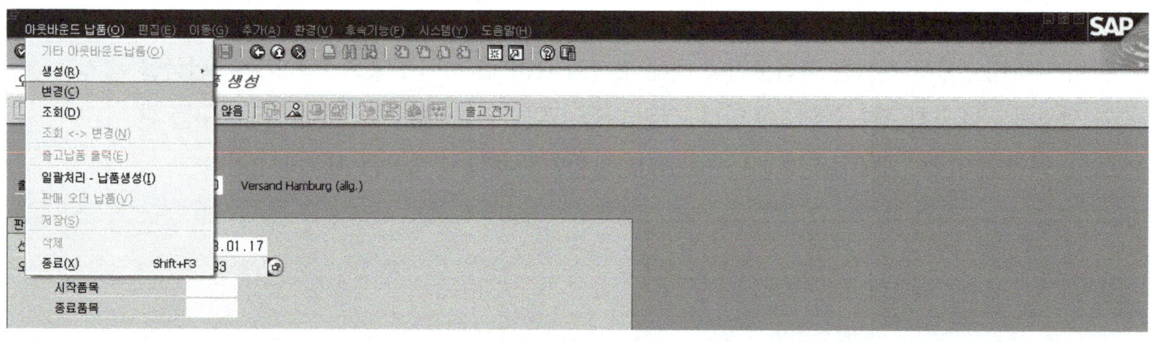

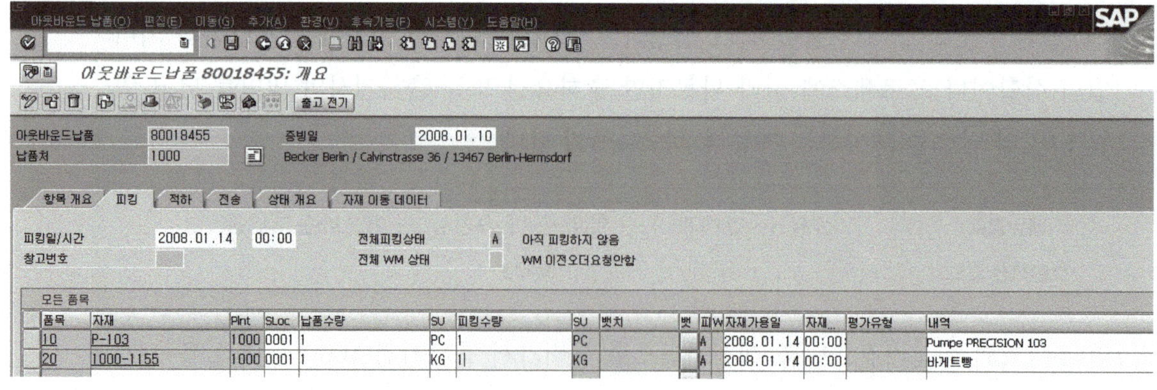

아웃바운드 납품을 생성한 뒤 창고에서 직접 물건을 꺼내는 작업을 하려면, 먼저 아웃바운드 납품의 변경으로 들어간 다음 피킹수량을 입력한다.

그 내용을 저장하고 **출고전기** 를 클릭해야 공장에서 재고가 빠져나간다.

출고전기는 실물 출하신호로 매출원가를 확정한다. 이로써 재고수량이 감소되고 재고평가 금액 변동을 재고계정에 반영하게 되며, 납품 요구수량이 감소되고 영업오더와 납품문서 흐름을 갱신하고 대금청구 예정리스트가 자동으로 작성된다.

1월 27일 납품을 생성하는 메뉴경로도 앞에서 설명한 바와 같다. 출하지점을 1000으로 입력하고, 선택일을 두번째 납품요청일에 대한 자재가용일 이후로 변경하고 저장한다.

아웃바운드납품을 생성한 뒤 직접 물건을 꺼내는 작업을 하려면 1월 17일과 마찬가지로 아웃바운드 납품변경으로 들어가 피킹수량을 입력한 뒤 **출고전기** 를 클릭한다. 아웃바운드 납품 생성 및 피킹 그리고 출고전기를 한번에 작업할 수도 있다.

3.2 대금청구 예정리스트에 의한 대금청구

고객에게 대금을 청구하는 메뉴경로는 다음과 같다.

메뉴경로	물류 → 판매관리 → 대금청구 → 대금청구 예정리스트 유지보수
트랜잭션 코드	VF04

리스트 조회기능은 SAP ERP의 큰 장점이다. SD모듈에서는 영업오더와 납품, 그리고 대금청구 관련정보가 통합되어 있다. 따라서 영업오더를 생성하면 출하 예정리스트(Delivery Due List)에서 실시간으로 조회되어 영업사원들과 출고업무를 수행하는 사원들

그림 4-19 대금청구 문서 검색 화면

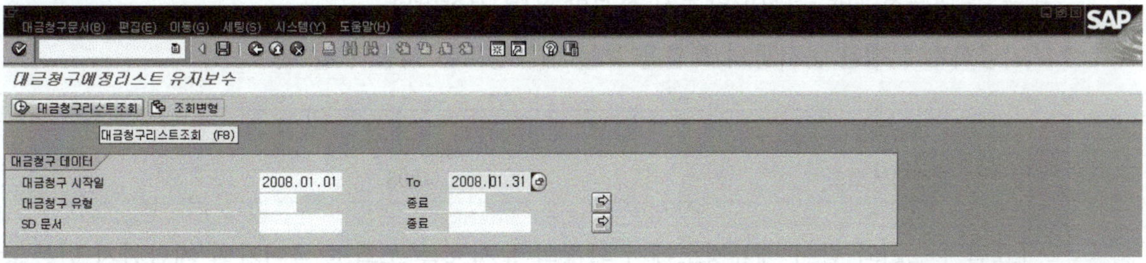

간의 의사소통이 원활해진다. 또한 납품이 완료되면 대금청구 예정리스트(Billing Due List)에서 실시간으로 조회되어 영업관리사원이나 회계부서원들이 어떠한 수주건에 대하여 대금청구를 하여야 할지를 용이하게 파악할 수 있다.

대금청구를 해야 할 문서들을 조회하기 위해 [그림 4-19]에서 대금청구 시작일과 마감일을 입력하고 **대금청구 리스트 조회** 를 클릭한다.

그림 4-20 대금청구 예정리스트 및 송장 생성

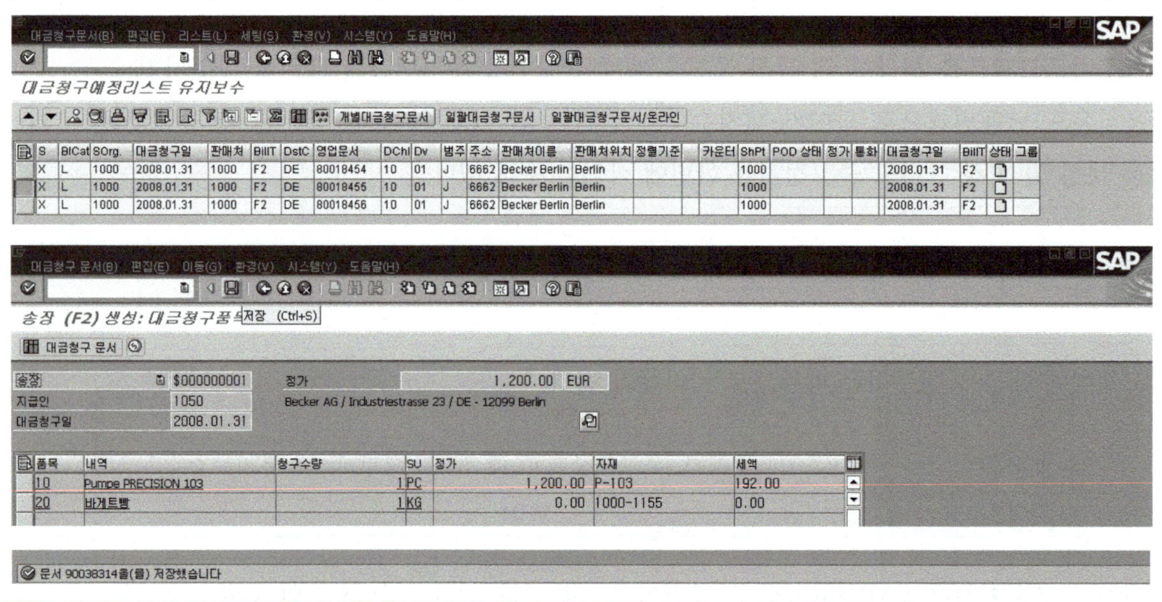

[그림 4-20]에서 첫 번째 아웃바운드 납품번호를 찾아 **개별대금청구문서** 를 클릭한 뒤, 송장 생성화면을 보고 판매가격과 세금 등 대금청구할 금액이 맞는지를 점검한다.

두 번째 아웃바운드 납품번호를 찾아 **개별대금청구문서** 를 클릭한다. 이번에도 판매가격과 세금 등 대금청구할 금액이 맞는지 점검한 후에 저장한다.

지금까지 실행한 문서들의 흐름을 보는 메뉴경로는 다음과 같다.

메뉴경로	물류 → 판매관리 → 영업 → 오더 → 조회
트랜잭션 코드	VA03

[그림 4-22]와 같이 메뉴경로에서 환경의 문서흐름 조회로 들어가면 지금까지 만든 전

그림 4-21 두 번째 납품에 대한 대금청구

대금청구예정리스트 유지보수

S	BlCat	SOrg.	대금청구일	판매처	BillT	DstC	영업문서	DChl	Dv	범주	주소	판매처이름	판매처위치	ShPt	대금청구일	BillT
X	L	1000	2008.01.31	1000	F2	DE	80018454	10	01	J	6662	Becker Berlin	Berlin	1000	2008.01.31	F2
X	L	1000	2008.01.31	1000	F2	DE	80018456	10	01	J	6662	Becker Berlin	Berlin	1000	2008.01.31	F2

송장 (F2) 생성: 대금청구품목개요

송장 $000000001 정가 2,400.00 EUR
지급인 1050 Becker AG / Industriestrasse 23 / DE - 12099 Berlin
대금청구일 2008.01.31

품목	내역	청구수량	SU	정가	자재	세액
10	Pumpe PRECISION 103	2	PC	2,400.00	P-103	384.00

문서 90038315을(를) 저장했습니다

그림 4-22 문서흐름 조회

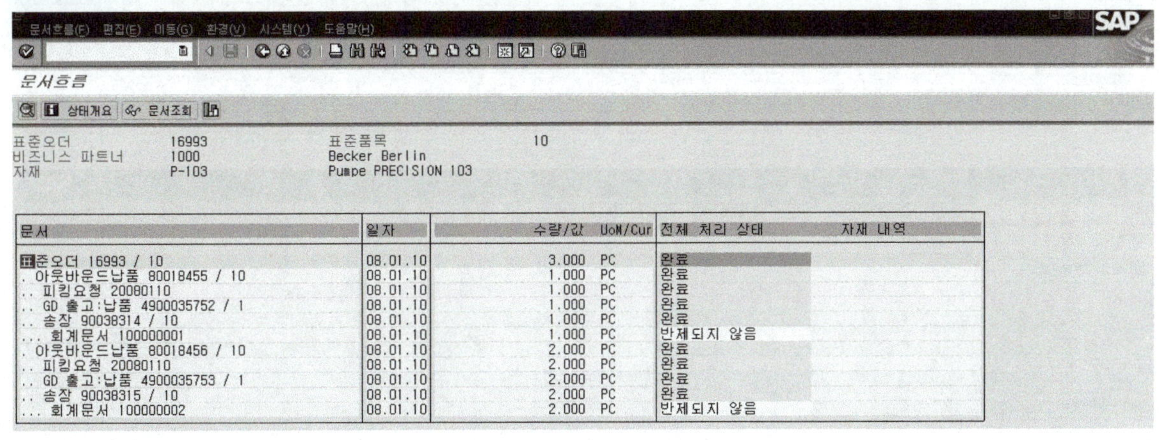
문서흐름

표준오더 16993 표준품목 10
비즈니스 파트너 1000 Becker Berlin
자재 P-103 Pumpe PRECISION 103

문서	일자	수량/값	UoM/Cur	전체 처리 상태
표준오더 16993 / 10	08.01.10	3.000	PC	완료
. 아웃바운드납품 80018455 / 10	08.01.10	1.000	PC	완료
.. 피킹요청 20080110	08.01.10	1.000	PC	완료
.. GD 출고:납품 4900035752 / 1	08.01.10	1.000	PC	완료
.. 송장 90038314 / 10	08.01.10	1.000	PC	완료
... 회계문서 100000001	08.01.10	1.000	PC	반제되지 않음
. 아웃바운드납품 80018456 / 10	08.01.10	2.000	PC	완료
.. 피킹요청 20080110	08.01.10	2.000	PC	완료
.. GD 출고:납품 4900035753 / 1	08.01.10	2.000	PC	완료
.. 송장 90038315 / 10	08.01.10	2.000	PC	완료
... 회계문서 100000002	08.01.10	2.000	PC	반제되지 않음

체 영업문서들의 흐름을 볼 수 있다. 고객의 요청에 맞게 아웃바운드 납품이 두번으로 나누어져 있고 모든 납품건에 대한 대금청구가 이루어져 있는 것을 한 눈에 볼 수 있다.

즉, 표준 영업오더 한개가 각기 1개와 2개의 자재수량씩 두번의 납품으로 나누어지고, 각각의 납품 건에 대해 대금청구가 되었다는 것을 알 수 있다.

3.3 대금청구 취소 및 대금청구 금액 변경

송장을 받아 본 고객의 추가할인요청을 받아들여 17일, 27일 납품건에 대한 대금청구를 취소하고, 영업오더에서 1200유로가 아닌 1000유로로 할인하여 다시 대금청구를 해보자. 먼저 대금청구를 취소하는 메뉴경로는 다음과 같다.

메뉴경로	물류 → 대금청구 → 대금청구문서 → 취소
트랜잭션 코드	VF11

[그림 4-23]의 화면에서 취소하고자 하는 대금청구 문서번호를 입력한다. 취소하고자 하는 문서의 내용을 확인하고 저장한다.

그림 4-23 대금청구 문서 취소

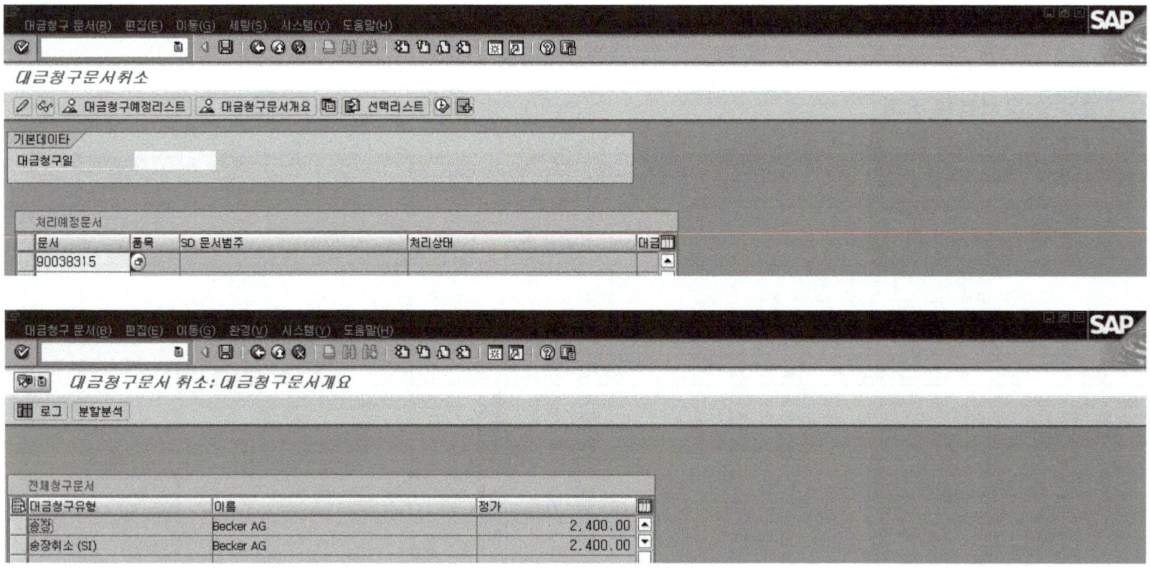

대금청구를 취소했다면, 이제 1200유로를 1000유로로 바꿔보자. 가격을 결정하는 메뉴경로는 다음과 같다.

메뉴경로	물류 → 영업관리 → 영업 → 오더 → 변경 → 구성
트랜잭션 코드	VA02

구성 탭에서 보면 지금 현재 자재 P-103의 판매가격은 [그림 4-24]와 같이 1200유로이다. 화면과 같이 제품 당 가격 1200유로를 1000유로로 가격을 변경시킬 수 있다.

그림 4-24 제품가격의 변경

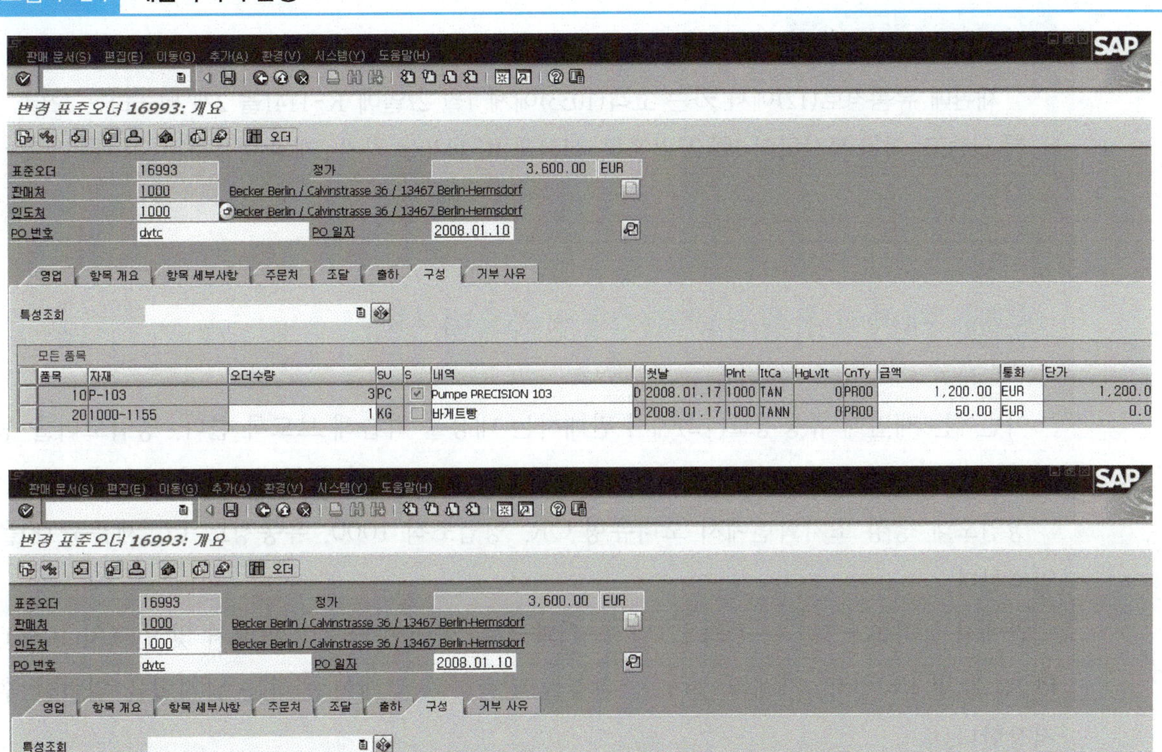

04 영업오더를 복사하여 다른 영업오더 만들기

비즈니스 시나리오

재판매 유통경로(12)에서 카슨 고객(1033)에게 1월 27일에 R-1141을 2개 납품하는 오더를 만들고, 이를 복사하여 1월 27일에 R-1141과 R-1140을 각기 3개씩 납품하는 오더를 만드시오.

4.1 재판매 유통경로에서의 영업오더 생성

이번에는 재판매 유통경로(12)에서 판매하는 내용을 학습해 보도록 한다. 영업오더를 생성하는 메뉴는 유통경로 10과 같고 단지 유통경로에 12를 입력하는 것만이 다르다.

영업오더 생성 초기화면에서 오더유형 OR, 영업조직 1000, 유통경로 12, 제품군 00을 입력한다.

앞에서 살펴본 [그림 4-4]와 [그림 4-7]과 같은 화면이 나오면 판매처 및 인도처(1033), PO번호 및 PO일자, 자재(R-1141), 수량을 입력하고 고객이 원하는 납기일을 입력한 후 저장한다.

4.2 영업오더 복사에 의한 신규 영업오더 생성

앞에서 만든 영업오더를 참조하여 다른 영업오더를 재생성하는 메뉴경로도 처음에는 같다.

메뉴경로	물류 → 판매관리 → 영업 → 오더 → 생성
트랜잭션 코드	VA01

[그림 4-25]에서 왼쪽 상단의 참조하여 생성 을 클릭한 뒤, 오더탭으로 이동하여 미리 생성한 오더번호를 입력하고 복사 를 클릭한다.

그림 4-25 영업오더를 복사하여 신규영업오더 생성

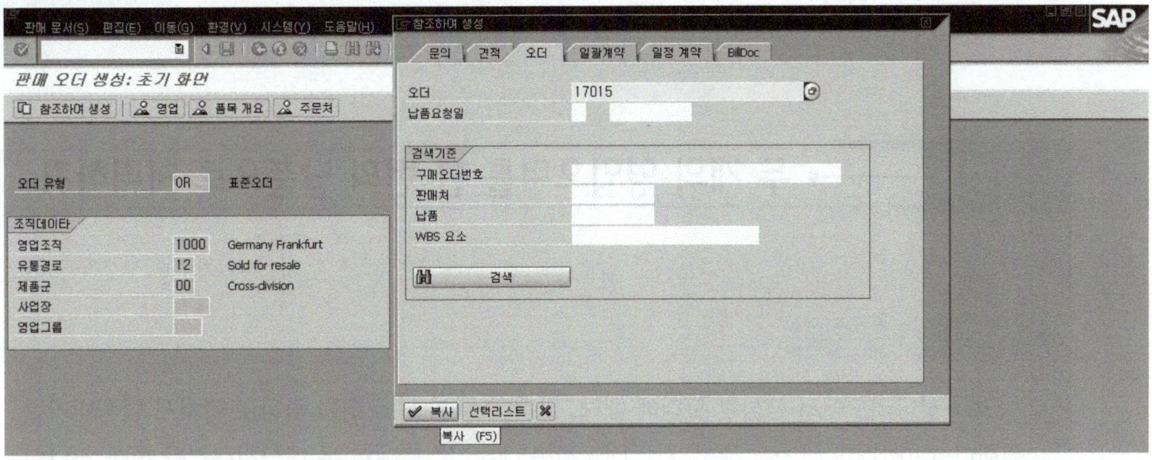

[그림 4-26]을 보면 영업오더 17015를 복사하여 자재 R-1141 2개가 자동으로 입력되어 있는 것을 볼 수 있다. 판매처 및 인도처(1033)도 복사되어 들어와 있으며 PO번호, PO일자 그리고 추가자재 및 수량을 입력하고 납품요청일을 고객이 납품받기를 원하는 1월

그림 4-26 복사된 영업오더 화면

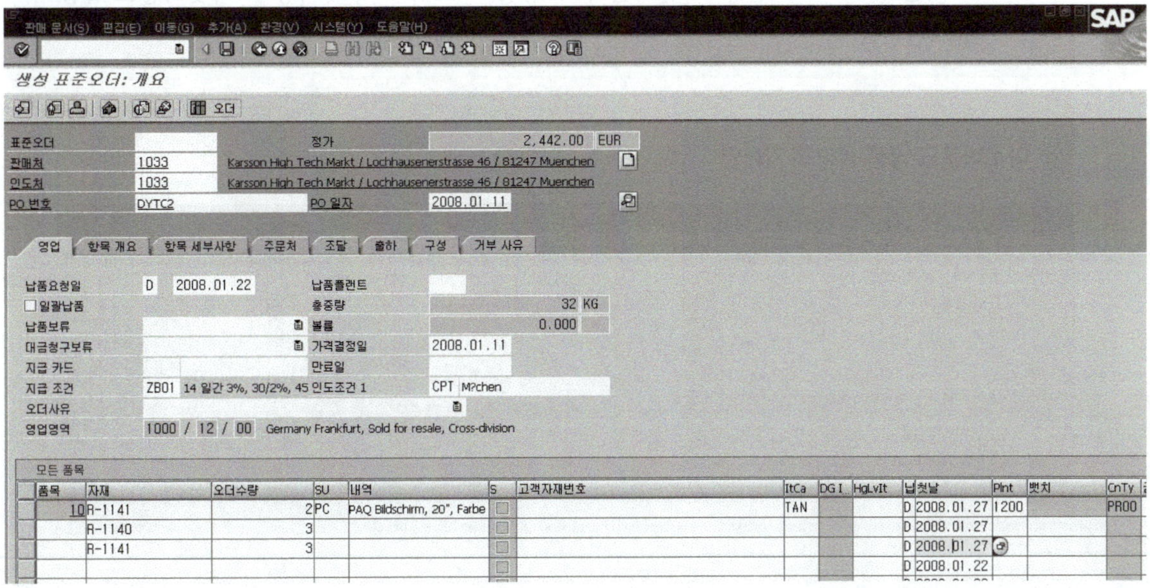

27일로 변경한 후 저장한다.

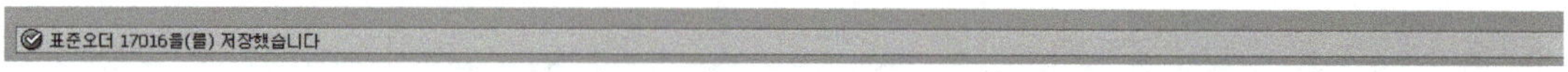
표준오더 17016을(를) 저장했습니다

05 두 개의 영업오더를 한 번의 납품으로 처리하기

비즈니스 시나리오

앞의 시나리오에서 생성한 오더에 대해, 고객이 두 개의 오더를 하나로 합쳐서 납품받기를 원한다. 이에 대한 납품을 생성하고, 대금청구 예정리스트에서 본 대금청구건을 찾아 하나의 대금청구를 마친 뒤, 아웃바운드 납품의 문서흐름을 복사하여 보이시오.

5.1 묶음납품 생성

아웃바운드 납품을 생성하는 메뉴경로는 다음과 같다.

메뉴경로	물류 → 판매관리 → 영업 → 오더 → 후속기능 → 아웃바운드 납품
트랜잭션 코드	VL01N

그림 4-27 아웃바운드 납품 생성 초기화면

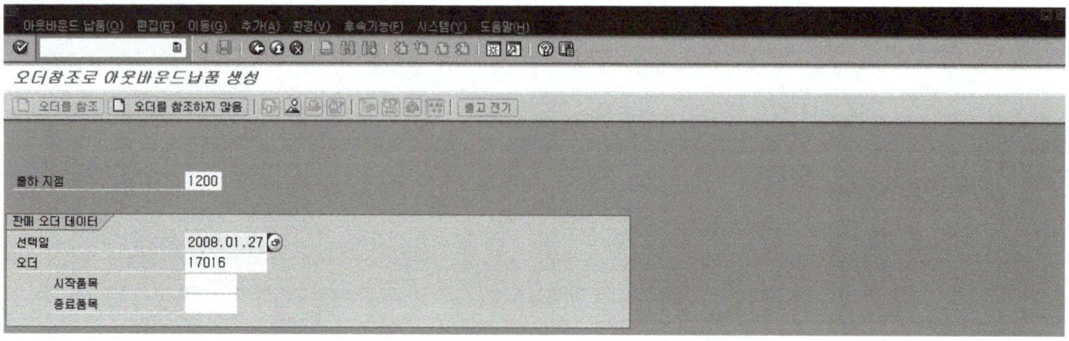
아웃바운드 납품(O) 편집(E) 이동(G) 추가(A) 환경(V) 후속기능(F) 시스템(Y) 도움말(H)
오더참조로 아웃바운드납품 생성
오더를 참조
오더를 참조하지 않음
출고 전기
출하 지점
1200
판매 오더 데이터
선택일
2008.01.27
오더
17016
시작품목
종료품목

[그림 4-27]에서 재판매 유통경로의 출하지점(1200)을 입력한 후, 선택일을 고객의 납품요청일에 맞게 변경하고, 영업오더번호를 입력한 후 엔터 를 친다.

그림 4-28 두 개의 영업오더 내용을 합치는 납품 화면

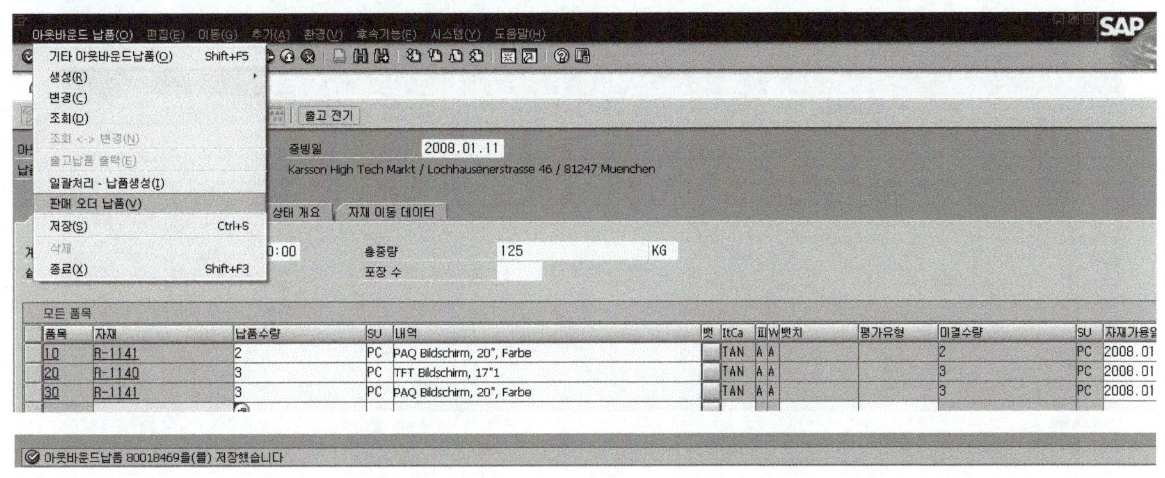

[그림 4-28]의 아웃바운드 납품입력화면에서 왼쪽 상단 메뉴바의 아웃바운드 납품 → 판매오더 납품을 클릭한다.

팝업창에 합치고자 하는 오더번호(이 사례에서는 17015)를 입력하고 엔터를 친다. 다음 화면에서 두 개의 영업오더의 자재들이 하나의 아웃바운드 납품으로 합쳐지는 모습을 볼 수 있다.

5.2 이전오더에 의한 피킹처리

피킹처리를 하기 위하여 앞의 [그림 4-27]에서 왼쪽 상단의 아웃바운드 납품으로 가서 변경을 누른다.

이 시나리오의 영업오더는 재판매 유통경로(12)에서 만들어졌으며, 이 유통경로는 수작업 피킹이 아닌 자동창고에 대한 이전오더를 생성하여 피킹을 하도록 되어 있다. 따라서 [그림 4-29]의 메뉴바의 후속기능으로 가서 이전오더 생성을 누른다.

저장하면 이전오더를 생성하였다는 메시지가 뜬다. 이전오더에 의한 피킹이 완료되면

그림 4-29 자동창고에 대한 이전오더 생성 화면

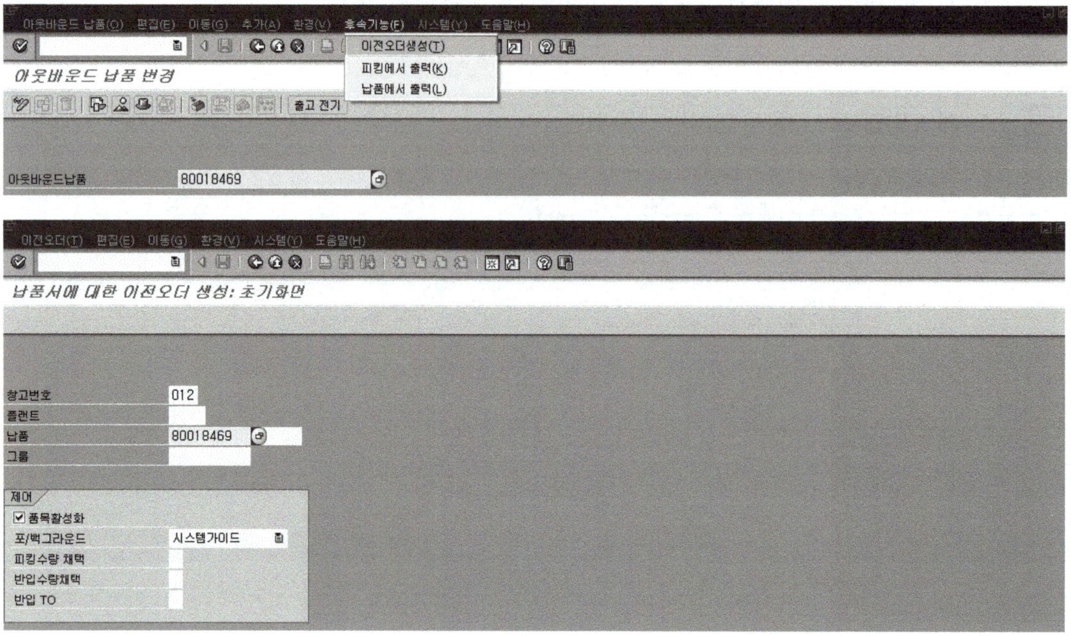

아웃바운드 변경으로 가서 출고전기를 해준다.

5.3 대금청구

대금청구 예정리스트에서 아웃바운드 납품번호를 찾아 대금청구를 하는 메뉴경로는 다음과 같다.

메뉴경로	물류 → 판매관리 → 대금청구 → 대금청구문서 → 대금청구 예정리스트 유지보수
트랜잭션 코드	VF04

[그림 4-30]에서 조회하기 원하는 대금청구 시작일과 대금청구 마지막 날을 입력한 후 **대금청구리스트조회** 버튼을 누른다.

[그림 4-31]이 나타나면 자신이 생성한 오더의 아웃바운드 납품번호를 찾아 클릭한 후 **개별대금청구문서** 를 클릭한다. 그리고 대금을 청구할 금액과 세금 등의 내역을 확인한 뒤 저

그림 4-30 대금청구 예정리스트 조회 초기화면

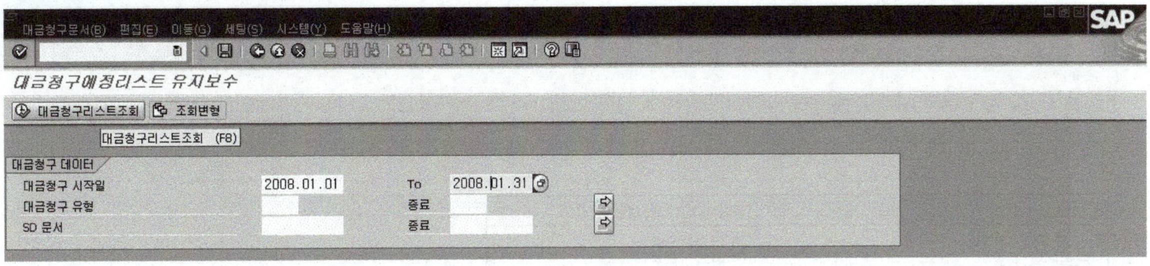

그림 4-31 아웃바운드 납품번호 검색

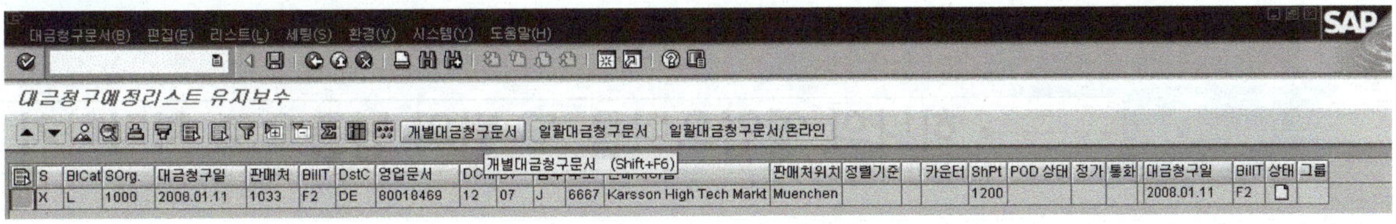

장한다.

5.4 문서흐름 조회

지금까지의 문서생성과정은 영업오더가 아닌 아웃바운드 납품에서 문서흐름을 조회하여야 여러 영업오더를 합쳤다는 것을 조회할 수 있을 것이다.

메뉴경로	물류 → 판매관리 → 출하 및 운송 → 아웃바운드납품 → 변경 → 조회
트랜잭션 코드	VL03N

메뉴 바에서 환경 → 문서흐름 조회를 클릭하면 지금까지 생성된 문서들의 흐름을 조회할 수 있다. [그림 4-32]에서 두 개의 표준오더가 하나로 합쳐서 납품이 되고, 이전오더가 생성된 뒤 출고전기가 된 것을 알 수 있다.

그림 4-32 아웃바운드 납품의 문서흐름 조회

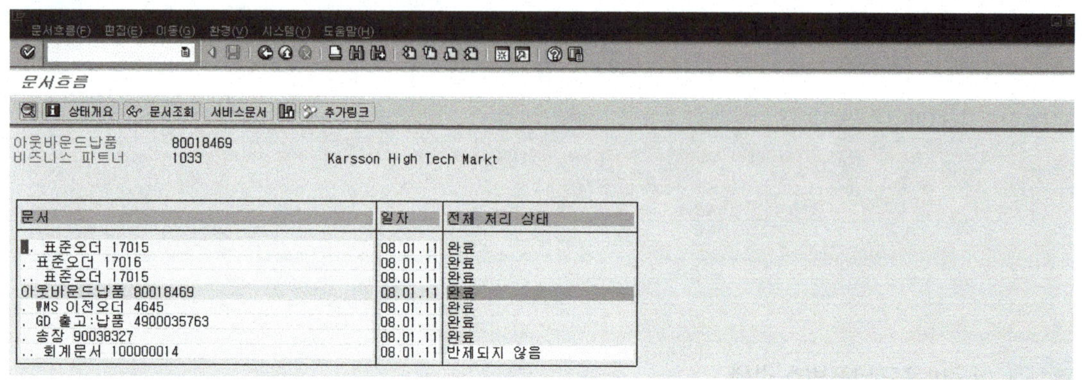

06 하나의 영업오더를 두 번의 납품으로 처리하기

비즈니스 시나리오

1033고객이 재판매 유통경로(12)에서 자재 R-1141을 30개 주문하였다. 며칠 후 고객은 30개 중 20개만 먼저 납품해 달라고 하였다. 그리고 나머지 10개를 납품해 달라고 하였다. 또 고객은 각 납품에 대해 두 번의 대금청구로 나누기를 희망한다. 귀하가 회계부서원이라고 생각하고 대금청구 예정리스트에서 이를 수행하시오.

6.1 분할납품을 위한 영업오더 생성

분할납품은 앞에서 살펴본 납품일정 라인별 납품생성과는 다른 개념이다. 납품일정 라인별 납품은 영업주문을 받을때부터 한 품목의 납품일정을 구분하고, 이에 맞추어 각 날짜가 도래하면서 납품을 수행하는 것이다.

반면에 분할납품은 영업주문을 받을 때에는 한 날짜로 납품요청일을 정했는데, 회사의 사정에 의해서 두 번의 납품으로 나누기를 희망하거나 혹은 갑작스럽게 고객의 요청에 의해서 납품을 분할하는 경우가 여기에 해당한다.

영업오더 생성 초기화면에서 오더유형, 영업조직, 유통경로(12), 제품군을 입력하고 영업오더 입력화면에서 판매처 및 인도처(1033), PO번호 및 PO일자, 자재 및 수량을 입력하고 저장한다.

6.2 첫 번째 분할납품 생성

아웃바운드 납품을 하는 메뉴경로는 다음과 같다.

메뉴경로	물류 → 판매관리 → 영업 → 오더 → 후속기능 → 아웃바운드납품
트랜잭션 코드	VL01N

아웃바운드 납품을 생성하는 초기화면에서 출하지점에 1200을 입력하고, 선택일을 영업오더의 자재가용일 이후로 변경하고 엔터를 치면 [그림 4-33]과 같은 아웃바운드 납품을 입력하는 화면이 나타난다. 여기서 납품수량 30을 고객이 분할납품을 원하는 수량인 20으로 변경한 후, 아웃바운드 납품을 저장한다.

앞에서 살펴본 바와 같이 첫 번째로 생성된 아웃바운드 납품을 변경하여 이전오더를 생성함으로써 피킹을 하고 출고전기를 한다.

그림 4-33 아웃바운드 납품 입력

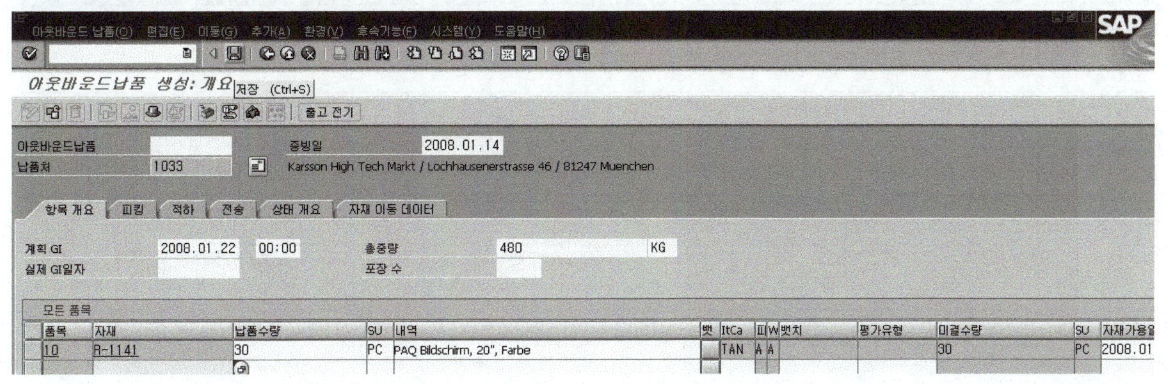

6.3 두 번째 분할납품 생성

두번째 분할납품을 위해 아웃바운드 납품을 변경해보자.

첫번째 분할납품을 수행하고 남은 나머지 10개의 납품수량을 피킹처리하기 위해 이전오더를 생성하고자 한다. [그림 4-34]의 화면에서 첫번째 분할납품 20개가 감해진 10개만 납품수량에 나타나 있는 모습을 볼 수 있다. 메뉴바에서 후속기능 → 이전오더 생성을 처리한다.

그리고 **출고전기** 를 수행한다.

그림 4-34 아웃바운드 납품 생성 및 이전오더에 의한 피킹

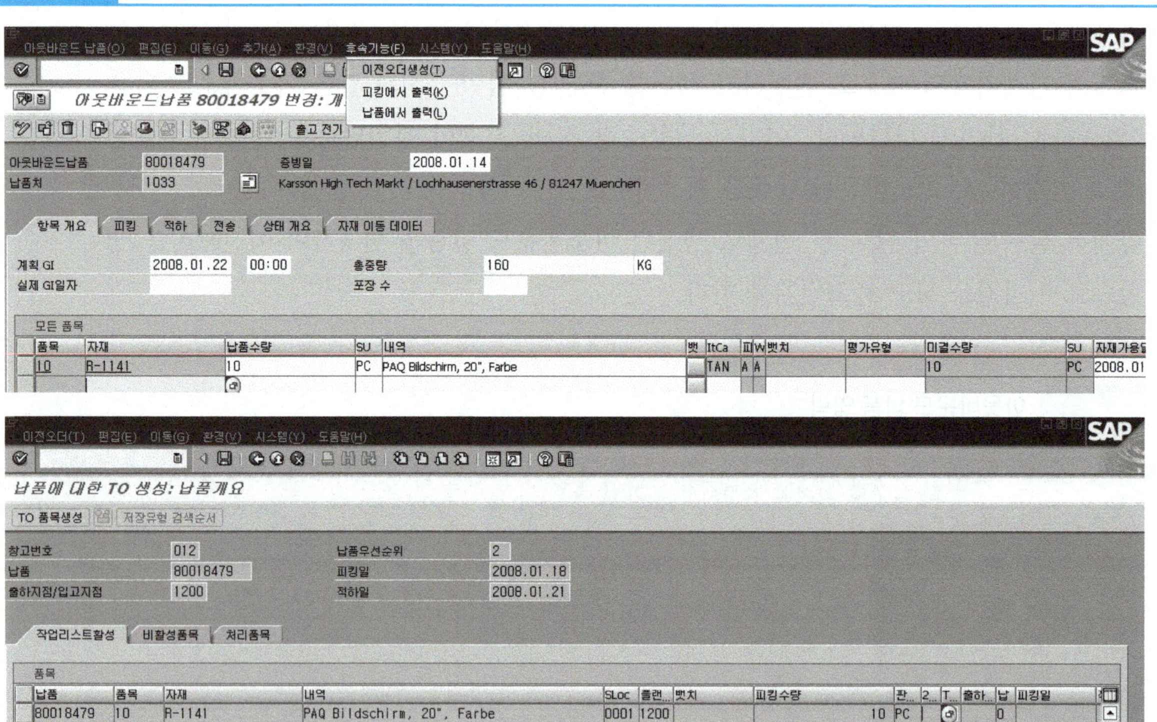

6.4 분할납품에 대한 대금청구 및 문서흐름 조회

대금청구 예정리스트에서 대금청구를 하는 메뉴경로는 다음과 같다.

메뉴경로	물류 → 판매관리 → 대금청구 → 대금청구문서 → 대금청구예정리스트 유지보수
트랜잭션 코드	VF04

5.3 대금청구에서 본 바와 같이 대금청구 예정리스트를 조회하여 두 개의 분할납품 문서를 찾아 대금청구를 실시한다.

영업오더에서 문서흐름을 조회하면 [그림 4-35]와 같이 하나의 영업오더를 대상으로 2개의 아웃바운드 납품과 각각의 이전오더가 생성되고 출고가 된 것을 볼 수 있으며, 대금청구 또한 각각 수행된 것을 확인할 수 있다.

앞에서 설명한 바와 같이 분할납품은 영업주문을 받을 때에는 한 날짜로 납품요청일을 정했지만, 우리 회사의 사정에 의해서 두 번의 납품으로 나누려고 할 때나, 혹은 갑작스럽게 고객이 납품을 여러 번으로 분할해 달라고 요청하는 경우에 사용하는 업무 프로세스이다. 영업오더에서의 납품일정라인별 분할납품과의 차이점을 잘 이해해야 한다.

그림 4-35 문서흐름을 통한 분할납품 조회

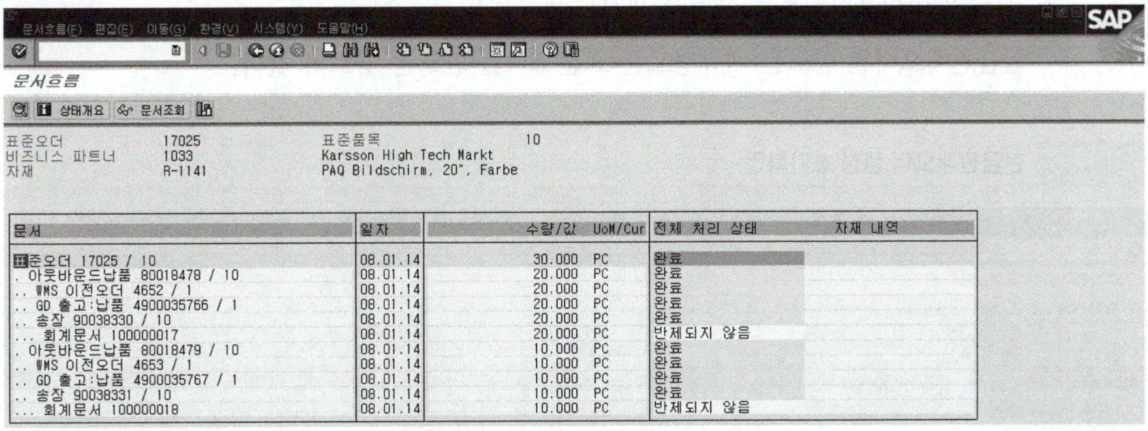

문서흐름(F) 편집(E) 이동(G) 환경(V) 시스템(Y) 도움말(H)

문서흐름

상태개요 문서조회

표준오더 17025 표준품목 10
비즈니스 파트너 1033 Karsson High Tech Markt
자재 R-1141 PAQ Bildschirm, 20", Farbe

문서	일자	수량/값	UoM/Cur	전체 처리 상태	자재 내역
표준오더 17025 / 10	08.01.14	30.000	PC	완료	
. 아웃바운드납품 80018478 / 10	08.01.14	20.000	PC	완료	
.. WMS 이전오더 4652 / 1	08.01.14	20.000	PC	완료	
.. GD 출고:납품 4900035766 / 1	08.01.14	20.000	PC	완료	
.. 송장 90038330 / 10	08.01.14	20.000	PC	완료	
... 회계문서 100000017	08.01.14	20.000	PC	반제되지 않음	
. 아웃바운드납품 80018479 / 10	08.01.14	10.000	PC	완료	
.. WMS 이전오더 4653 / 1	08.01.14	10.000	PC	완료	
.. GD 출고:납품 4900035767 / 1	08.01.14	10.000	PC	완료	
.. 송장 90038331 / 10	08.01.14	10.000	PC	완료	
... 회계문서 100000018	08.01.14	10.000	PC	반제되지 않음	

07 현금판매오더의 생성 및 회계 분개상의 차이 조회

비즈니스 시나리오

고객으로부터 현금을 받고 주문을 받았다고 가정하고, 현금판매오더로 P-103, 2개를 오늘 날짜로 오더를 내고 출하처리 및 대금청구를 수행하시오. 문서흐름에서 대금청구 이후의 회계문서를 조회하고, 표준영업오더와 회계계정 상의 분개의 차이점을 살펴보고 이유를 설명하시오.

7.1 현금판매오더생성

현금판매오더란 우선 현금을 받고 물품을 판매하는 것으로 영업문서 유형(Sales Document Type)에서는 BV를 사용하며, 품목분류(Item Category)는 BVN으로 설정된다. 현금을 받고 영업오더를 생성하므로 바로 납품요청이 이루어지는 것이 논리적으로 맞다는 의미에서 오더를 만들었을 때 아웃바운드 납품까지 동시에 생성된다. 특이한 점은 대금청구를 할 때 다른 오더들처럼 아웃바운드 납품번호를 근거로 대금청구문서가 생성되는 것이 아니라 영업오더번호를 근거로 생성된다.

현금판매오더를 만드는 메뉴경로는 표준오더를 만드는 경로와 같다.

그림 4-36 현금판매오더 생성 초기화면

[그림 4-36]의 영업오더 생성화면에서 현금판매 오더유형(BV), 영업조직, 유통경로, 제품군을 입력한다.

그림 4-37 현금판매오더 입력

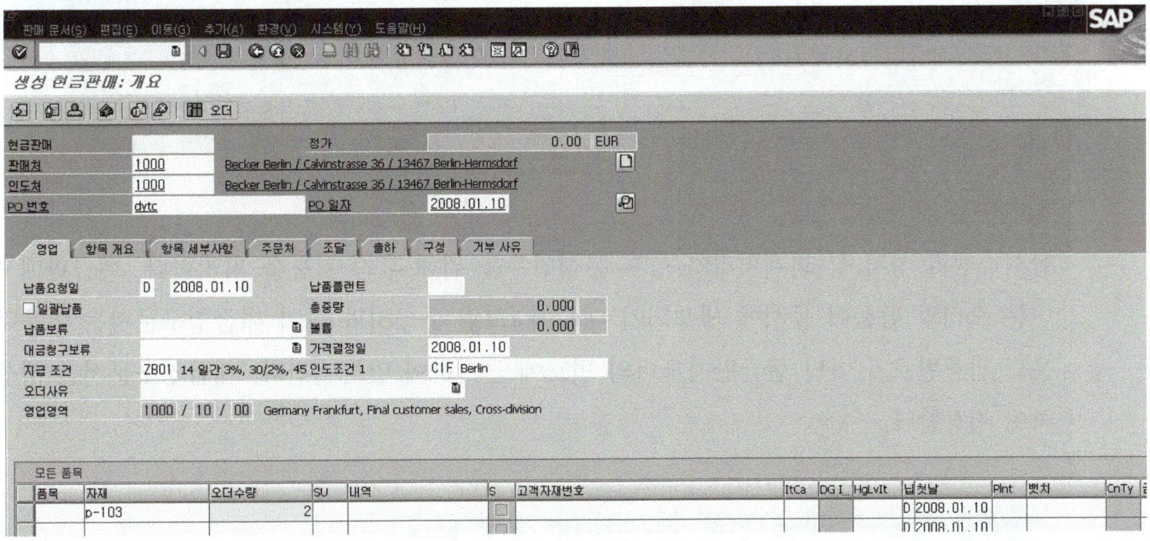

표준오더와 마찬가지로 [그림 4-37]의 입력화면에서 판매처 및 인도처(1000), PO번호 및 PO일자, 자재(P-103) 및 수량을 입력한 뒤 저장한다.

현금판매오더를 저장하면 다음과 같이 오더와 납품이 동시에 생성된다. 미리 현금을 받은 상태이므로 납품요청이 별도로 필요없다는 의미를 담고 있다.

7.2 현금판매 유형의 납품 및 대금청구

오더 생성과 동시에 아웃바운드 납품이 생성되었으므로, 별도의 아웃바운드 납품 생성 없이 바로 아웃바운드 납품 변경으로 들어가서 피킹을 하고 출고전기를 한다.

현금판매오더의 대금청구는 이미 현금을 받은 상태 이므로 시스템 상의 회계분계처리 목적으로만 수행한다. 즉, 이미 입금까지 이루어진 상태에서 대금청구는 의미가 없지만, 통

그림 4-38 현금판매오더의 대금청구

대금청구 문서(B) 편집(E) 이동(G) 세팅(S) 시스템(Y) 도움말(H)

대금청구문서생성

대금청구예정리스트 대금청구문서개요 선택리스트

기본데이타

대금청구유형 서비스제공일

대금청구일 가격결정일

처리예정문서

문서	품목	SD 문서범주	처리상태	대금
16994				

합시스템의 성격 상 회계처리와 향후 분석업무를 위해 후속 기능을 처리한다. 현금판매오더는 오더와 납품이 동시에 생성되기 때문에 [그림 4-38]과 같이 대금청구문서는 아웃바운드 납품번호가 아닌 현금판매오더의 번호에 근거하여 만들어진다. 대금청구문서를 생성하여 저장한다.

7.3 현금판매오더의 회계분개 계정 조회

오더의 조회로 가서 문서흐름을 조회하면 현금판매오더와 아웃바운드 납품이 동시에 생성된 것을 볼 수 있다.

[그림 4-39]에서 회계문서를 클릭한 다음 왼쪽 상단의 문서조회를 클릭하면 [그림

그림 4-39 현금판매오더의 문서흐름

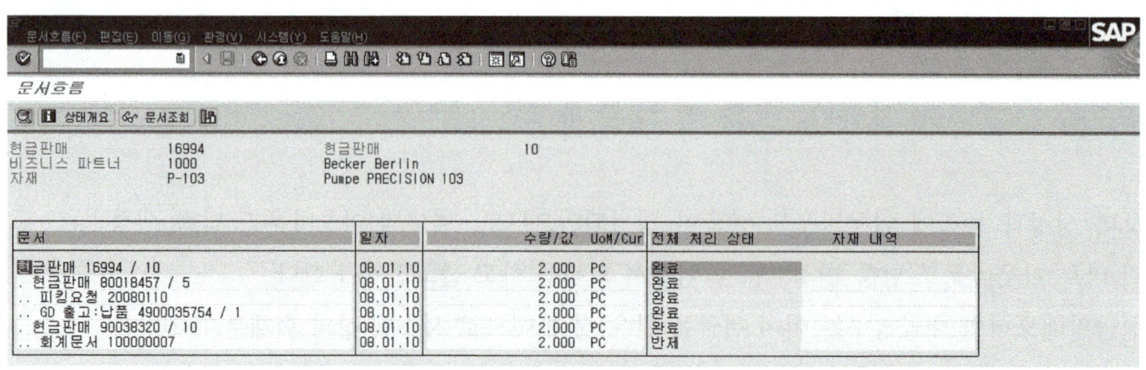

그림 4-40 현금판매오더의 회계문서 조회

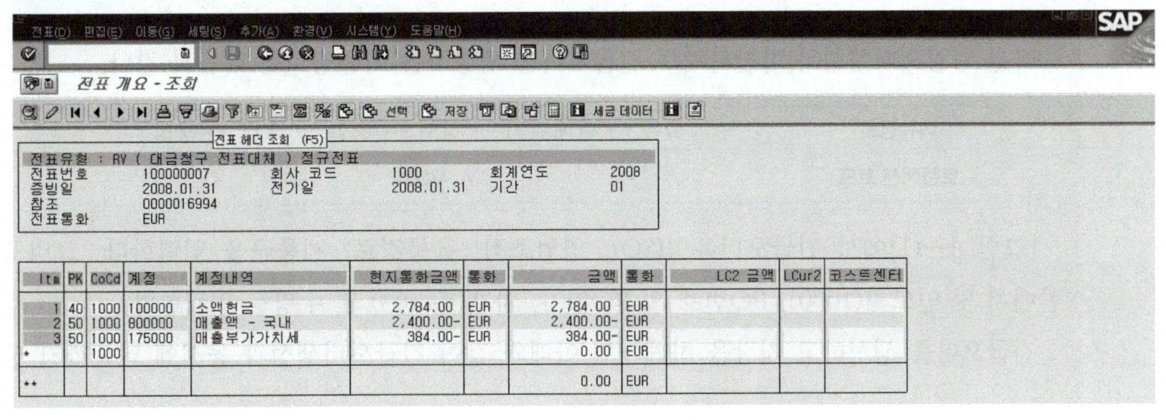

4-40]과 같은 회계문서의 계정을 볼 수 있다. 현금판매는 돈을 받고 물건을 고객에게 넘겨준 것이기 때문에 외상매출금이 아닌 소액현금이 들어왔다는 것을 볼 수 있다.

일반 표준영업오더가 외상매출금 000/매출 000으로 계정전기가 되는데 반해, 현금판매는 현금 000/매출 000으로 계정전기가 된다. 외상매출금이 나중에 들어오는 표준오더와 달리 현금판매는 판매를 하기전에 현금을 받고 제품을 납품하므로 외상매출금 대신 바로 현금이 들어온다. 이에 따라 FI모듈에서 별도의 입금처리를 할 필요가 없다.

08 • 긴급오더 생성 및 후속기능 처리

비즈니스 시나리오

평소 우량고객인 베커 고객이 긴급하게 납품을 요청하였으므로 긴급오더로 P-103, 3개를 주문받고 출하처리 및 대금청구를 수행하시오.

8.1 긴급오더 생성 및 납품 처리

다른 영업오더생성과 마찬가지로 긴급오더를 생성하는 메뉴경로는 다음과 같다.

메뉴경로	물류 → 판매관리 → 영업 → 영업 → 오더 → 생성
트랜잭션 코드	VA01

[그림 4-41]에서 긴급오더유형(SO), 영업조직, 유통경로, 제품군을 입력한다. 그리고 판매처 및 인도처(1000), PO번호 및 PO일자, 자재(P-103) 및 수량을 입력한다.

긴급오더를 생성하고 저장을 하게되면 아래와 같이 긴급오더생성과 동시에 납품까지 생

그림 4-41 긴급오더 생성

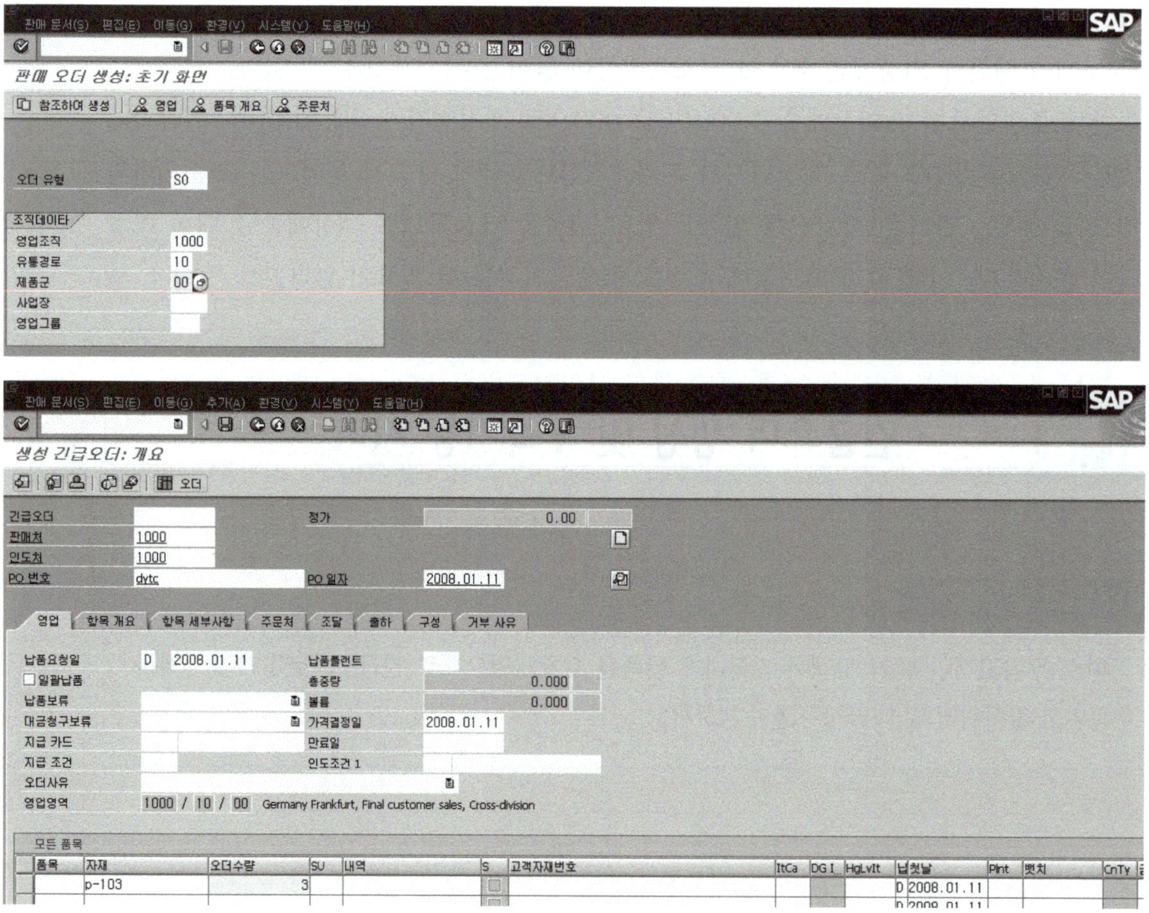

성된 것을 볼 수 있다. 긴급오더는 신속히 처리되어야 하므로 납품요청이 동시에 이루어진다는 의미를 담고 있다.

긴급오더 16995를(를) 저장했습니다 (납품 80018458을(를) 생성했음)

만약 긴급오더 유형의 후속처리 목적으로 아웃바운드 납품을 생성한다면 [그림 4-42]와

그림 4-42 긴급오더에 대한 아웃바운드 납품 생성시의 오류

그림 4-43 아웃바운드 납품 변경에 의한 피킹 및 출고전기 처리

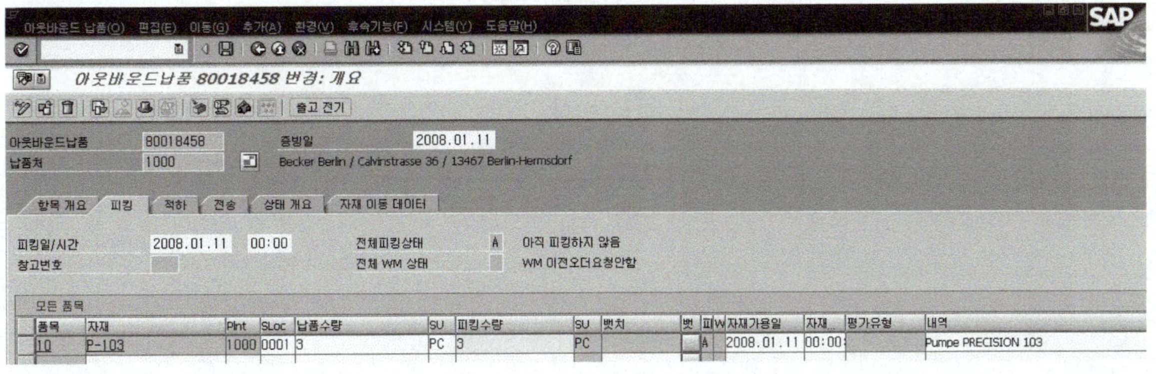

같이 납품생성이 될 수 없다는 화면이 나타난다.

따라서 [그림 4-43]의 화면에서와 같이 바로 아웃바운드 납품 변경으로 들어가 피킹수량을 입력하고 **출고전기** 를 한다.

8.2 긴급주문에 대한 대금청구

대금청구를 하는 메뉴경로는 다음과 같다.

메뉴경로	물류 → 판매관리 → 영업 → 오더 → 후속기능 → 대금청구문서
트랜잭션 코드	VF01

현금판매오더는 오더번호를 근거로 대금청구를했지만 긴급주문의 경우에는 오더생성과 동시에 생성된 아웃바운드 납품번호로 대금청구를 한다.

대금청구 후에 긴급오더의 문서흐름을 조회하면 [그림 4-44]와 같다.

그림 4-44 긴급오더의 문서흐름 조회

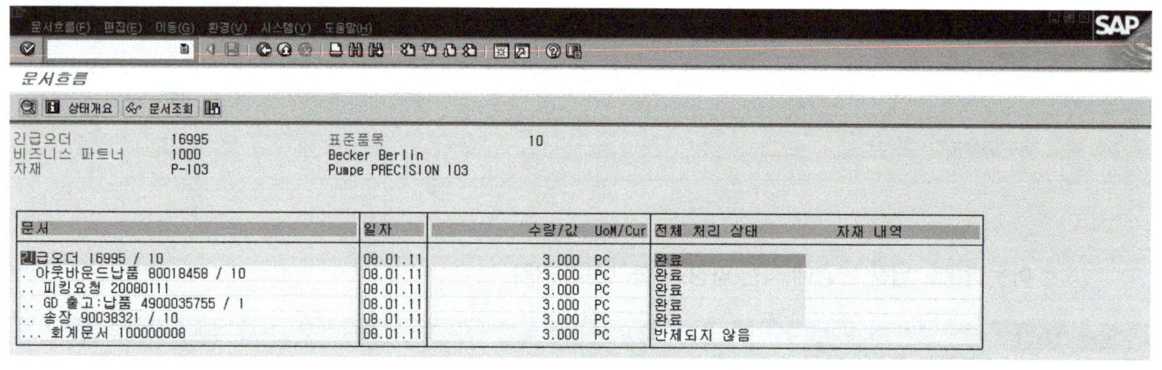

09 • 무상납품오더 생성 및 후속기능 수행

비즈니스 시나리오

신제품이 출시되어 고객에게 견본으로 제시하기위해 무상납품으로 P-103, 3개의 오더를 내고 출하처리 및 대금청구를 수행하시오.

9.1 무상납품오더 생성

[그림 4-45]에서 볼 수 있듯이, 무상납품은 신제품 홍보, 제품 테스트, 전시장에 물품을 지원하는 등 판매촉진목적으로 이루어진다. 무상으로 지원을 하더라도 향후 분석목적 상 반드시 오더처리를 해주어야 한다. 또한 통합시스템의 성격 상 재고는 감소하면서 현금이 들어오지 않는 계정전기처리를 해주어야 하므로 오더를 생성해야 한다. 그러나 무분별한 무상납품을 막기 위해, 오더생성시에 반드시 오더사유를 필수로 입력해야 한다.

그림 4-45 무상판매오더 생성의 오더 사유

그림 4-46 무상납품 생성시의 미완료문서 화면

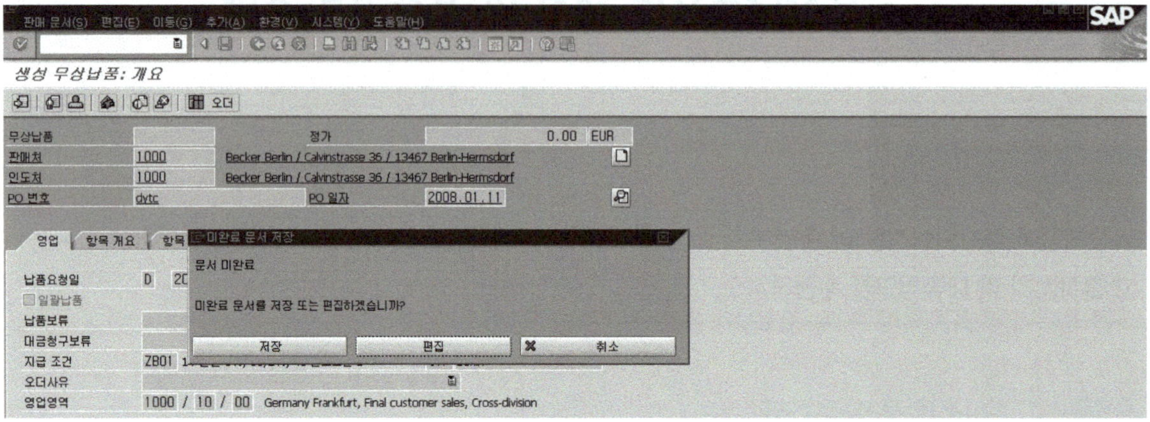

영업오더 생성 초기화면에서 무상납품 오더유형(FD), 영업조직, 유통경로, 제품군을 입력한다. 그리고 판매처 및 인도처(1000), PO번호 및 PO일자, 자재(P-103) 및 수량을 입력한다.

무상납품을 생성할 때에는 반드시 무상으로 주는 오더사유를 입력해야 한다. 필수 입력 필드인 오더사유를 입력하지 않으면 [그림 4-46]과 같이 미완료 문서임을 알리는 화면이 나타난다.

[그림 4-46]에서 편집을 누른 뒤 [그림 4-47]과 같이 파란색 바를 클릭하고 데이터완료 버튼을 누른 후에, 오더사유를 반드시 입력한다.

그림 4-47 무상납품을 위한 오더사유 입력

그림 4-48 무상견본을 위한 무상납품 오더

[그림 4-48]의 화면과 같이 무상견본으로 고객에게 제시하는 것이 오더사유라고 가정하고 입력 후 저장한다.

9.2 무상납품 생성

아웃바운드 납품을 하는 메뉴경로는 다음과 같다.

메뉴경로	물류 → 판매관리 → 영업 → 영업 → 오더 → 후속기능 → 아웃바운드 납품
트랜잭션 코드	VL01N

그림 4-49 무상납품의 문서흐름 조회

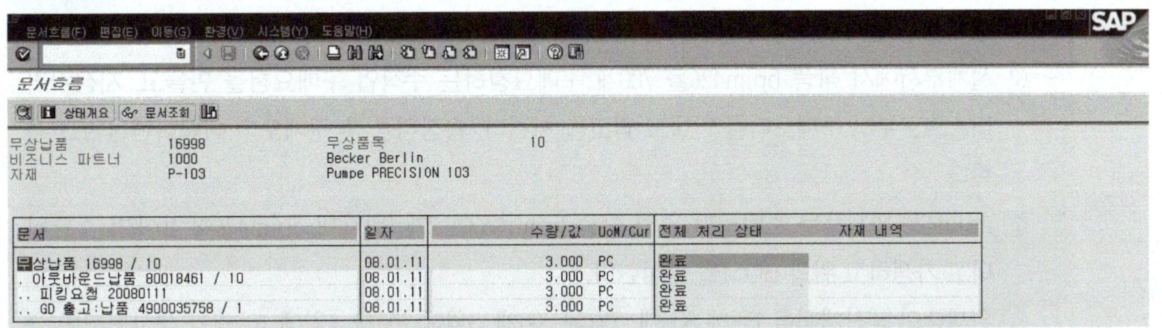

무상납품을 처리하는 방식은 표준오더와 같다. 아웃바운드 납품을 생성하고 바로 피킹수량을 적고 저장한다. 피킹처리 후에 바로 출고전기를 시킬 수도 있고, 아웃바운드 납품의 변경으로 들어가서 출고전기를 처리할 수도 있다. 출고전기와 함께 재고 회계계정에서 재고수량이 빠진다.

무상납품은 판촉, 제품의 하자 발생 등의 이유로 무상으로 고객에게 제공하는 납품이므로 대금청구를 하지 않는다. 그러므로 대금청구를 하지 않고 문서흐름을 조회해도 문서의 흐름이 완료된 것을 볼 수 있다. 논리적으로도 무상으로 납품해 주면서 대금청구를 하는 것은 맞지 않는다.

10 • 자재관리– 생산관리–영업/유통 전체 비즈니스 시나리오 실습

비즈니스 시나리오

완성품 소나타자동차(apjm426) 1대를 만들고 하위상품 1개(bpjm426)와 하위원자재 1개(cpjm426)를 자재마스터데이터로 각기 만들고자 한다.

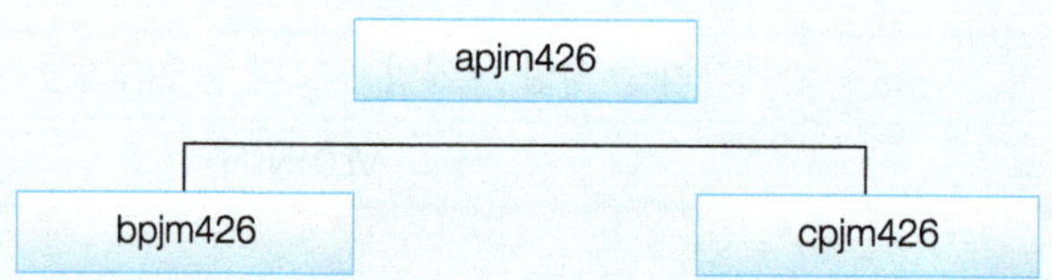

① 상품 bpjm426에 대해 1005번 공급업체에서 구매하는 가격을 50Euro가 되도록 상품과 공급업체를 연결해주는 정보레코드를 만든다.

② 설계부서에서 상품 bpjm426을 700개 구매요청하는 수작업 구매요청을 만들고, 지정처리리스트로부터 구매오더를 만들고 입고를 시킨다. 송장검증 후 구매오더 이력화면을 보고자 한다.

③ apjm426 완제품을 조립하기 위해 상품 bpjm426이 2개, 원자재 cpjm426이 10개가 소요된다고 가정하고 위의 BOM을 구성한다.

④ 완제품의 생산계획을 1월에 500개, 2월에 300개, 3월에 200개, 4월에 100개가 생산되도록 수립한다.

⑤ 완제품을 생산하기 위해 필요한 상품과 원자재 수량을 파악하고 적기에 구매를 하기 위해 MRP를 돌린다.

⑥ 상품 bpjm426의 재고소요량리스트에서 재고수량을 파악한다. 그리고 1월에 완성품을 생산하는데 필요한 상품 bpjm426의 구매요청이 몇 개 나타났는지를 쓰고 그렇게 MRP결과가 나타난 이유를 파악해본다.

⑦ 재고소요량 리스트에서 상품 bpjm426에 대해 1월 생산 양 만큼의 구매요청을 구매오더로 전환시키고 구매오더에 대해 공급업체로부터 납품이 되어 입고를 잡은 후 재고소요량 리스트를 조회한다. 재고의 변화량을 파악하고 그 이유를 이해한다.

⑧ MRP리스트에서 원자재에 대해 1월 생산양 만큼의 구매요청 수량을 파악하고 그 이유를 이해한다. 이 구매요청을 구매오더로 전환시키고, 구매오더에 대해 공급업체로부터 납품을 받고 창고에 입고를 시키고자 한다.

⑨ 소나타자동차를 생산하기 위하여 완성품 MRP리스트에서 생산오더로 500개를 전환하여 생성하고 입고를 시킨다.

⑩ 생산오더 500개를 만드는데 필요한 상품과 원자재를 출고처리하고, 각기 몇 개씩 출고되는지 수량을 파악하고, 상품의 재고소요량 리스트에서 수량이 맞게 줄어들었는지를 확인한다.

⑪ 중요한 고객이 긴급하게 요청하여 긴급영업오더를 생성하여 완제품을 200개 주문받고 출고처리를 하고 대금청구를 하였다. 그후 이에 대한 50개 반품오더를 만들고 입고처리 및 대금청구를 수행한 후 문서흐름를 통해 확인한다.

10.1 전체 비즈니스 시나리오 흐름에 대한 시현

① 완성품 자재마스터데이터 apjm426, 교역품 자재마스터데이터 bpjm426, 그리고 원자재 자재마스터데이터 cpjm426을 각기 만든다. 그리고 자재마스터데이터에 대한 지정 공급업체와 연결하여 단가 등 각종 정보를 결정하기 위하여 [그림 4-50]과 같은 정보레코드를 만든다.

그림 4-50 정보레코드 생성

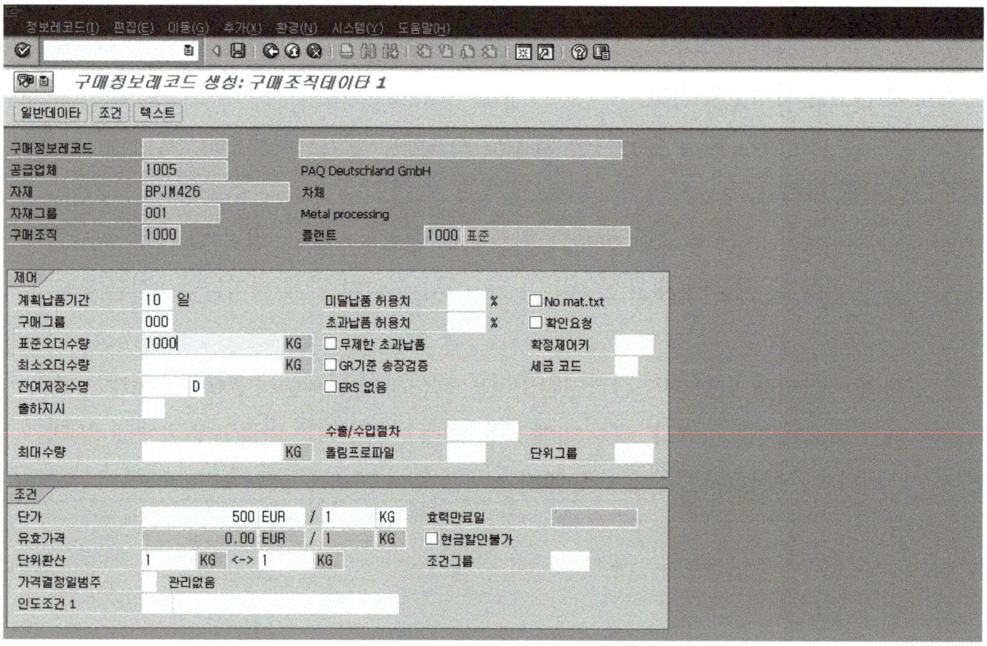

정보레코드(I) 편집(E) 이동(G) 추가(X) 환경(N) 시스템(Y) 도움말(H)
구매정보레코드 생성: 구매조직데이터 1
일반데이터 | 조건 | 텍스트
구매정보레코드
공급업체 1005 PAQ Deutschland GmbH
자재 BPJM426 차체
자재그룹 001 Metal processing
구매조직 1000 플랜트 1000 표준
제어
계획납품기간 10 일 | 미달납품 허용치 % | No mat.txt
구매그룹 000 | 초과납품 허용치 % | 확인요청
표준오더수량 1000 KG | 무제한 초과납품 | 확정제어키
최소오더수량 KG | GR기준 송장검증 | 세금 코드
잔여저장수명 D | ERS 없음
출하지시
수출/수입절차
최대수량 KG | 올림프로파일 | 단위그룹
조건
단가 500 EUR / 1 KG | 효력만료일
유효가격 0.00 EUR / 1 KG | 현금할인불가
단위환산 1 KG <-> 1 KG | 조건그룹
가격결정일범주 관리없음
인도조건 1

② 수작업으로 구매요청을 만들고 구매오더로 전환한 후 관련구매오더 이력을 확인하는 화면은 [그림 4-51]과 같다.

그림 4-51 구매오더 이력조회

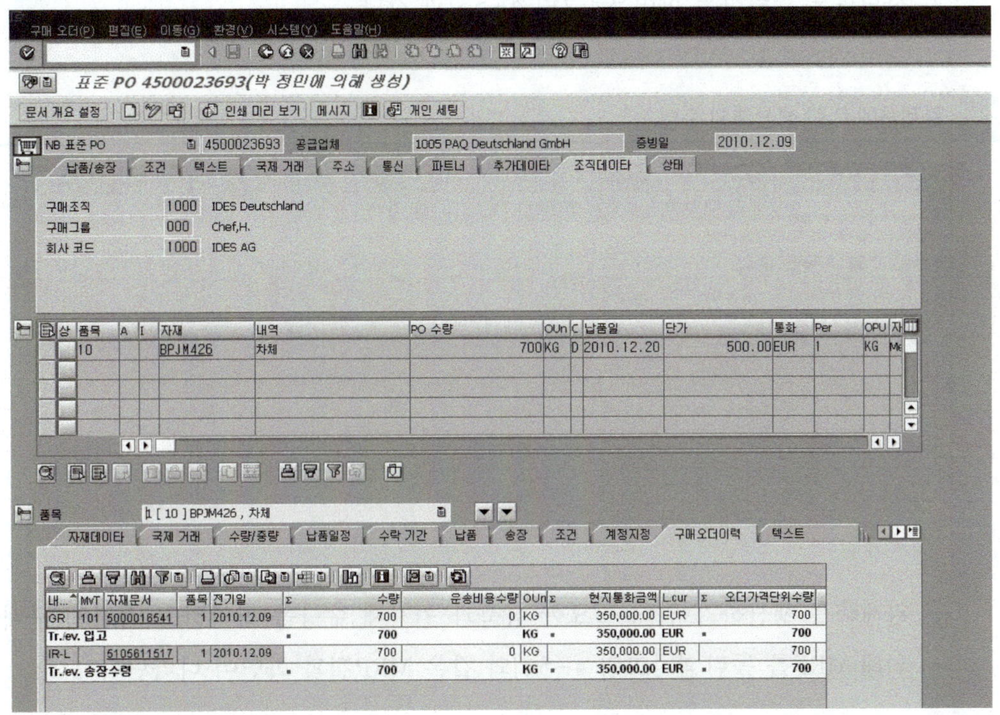

③ apjm426 완제품을 조립하기위해 상품 bpjm426이 2개, 원자재 cpjm426이 10개가 소요된다고 가정하고, BOM을 구성한 화면은 [그림 4-52]와 같다.

그림 4-52 BOM 생성

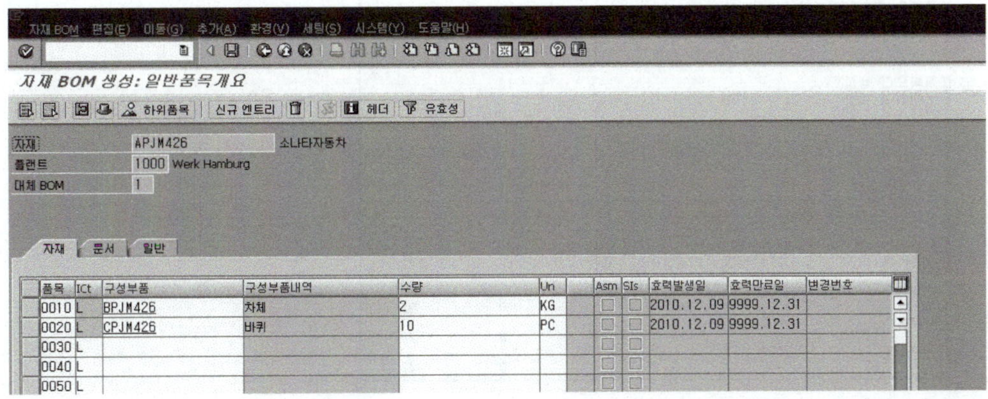

④ 완제품의 생산계획을 1월에 500개, 2월에 300개, 3월에 200개, 4월에 100개가 생산되도록 수립하는 화면은 [그림 4-53]과 같다.

그림 4-53 완제품에 대한 생산계획 수립

계획독립소요량(P) 편집(E) 이동(G) 세팅(S) 환경(V) 시스템(Y) 도움말(H)

계획독립소요량 생성: 계획테이블

계획시작 2010.12.01 계획종료 2012.01.13

테이블 | 품목 | 납품일정라인

자재	MRP 영..	DV	Ac	BUn	M 12.2010	M 01.2011	M 02.2011	M 03.2011	M 04.2011	M 05.2011	M 06.2011	M 07.2011	M 08.2011	M 09.2011
APJM426	1000	00	☑	PC		500	300	200	100					
		00	☑											
		00	☑											
		00	☑											
		00	☑											

⑤ 완제품을 생산하기 위해 필요한 상품과 원자재 수량을 파악하고 적기에 구매를 하기 위해 MRP를 돌린 후 [그림 4-54]와 같은 MRP결과 화면이 나타난다.

그림 4-54 MRP 운영결과

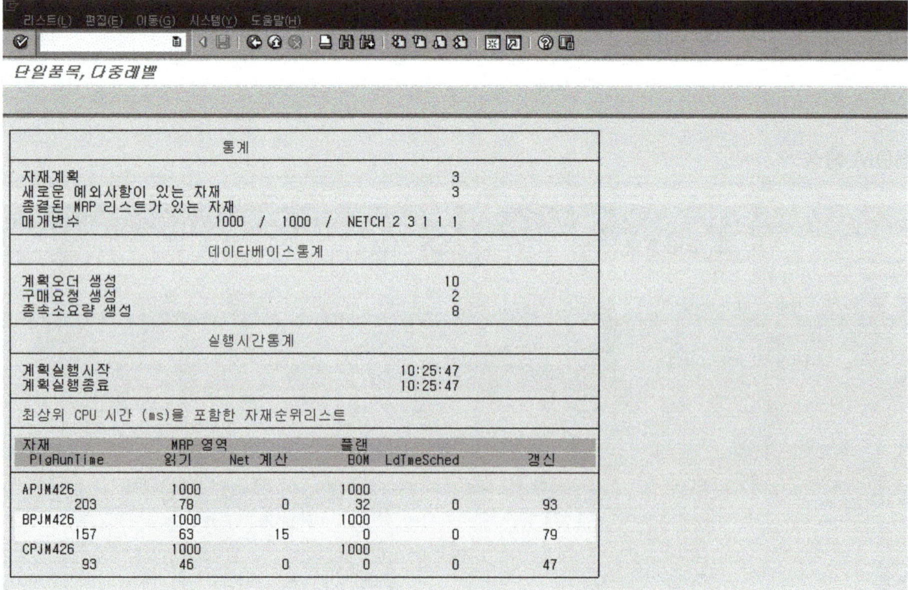

리스트(L) 편집(E) 이동(G) 시스템(Y) 도움말(H)

단일품목, 다중레벨

통계

자재계획 3
새로운 예외사항이 있는 자재 3
종결된 MRP 리스트가 있는 자재
매개변수 1000 / 1000 / NETCH 2 3 1 1 1

데이타베이스통계

계획오더 생성 10
구매요청 생성 2
종속소요량 생성 8

실행시간통계

계획실행시작 10:25:47
계획실행종료 10:25:47

최상위 CPU 시간 (ms)을 포함한 자재순위리스트

자재 / PlgRunTime	MRP 영역 / 읽기	Net 계산	플랜 / BOM	LdTmeSched	갱신
APJM426	1000		1000		
203	78	0	32	0	93
BPJM426	1000		1000		
157	63	15	0	0	79
CPJM426	1000		1000		
93	46	0	0	0	47

⑥ [그림 4-55] 상품 bpjm426의 재고소요량 리스트에서 재고수량을 파악하면 700개이다. 앞에서 설계부서의 요청에 따라 수작업으로 구매오더를 내어 창고에 입고시킨 결과로 재고가 700개 나타나 있다. 그리고 재고가 700개 있는데 1월에 완성품을 생산하는데 추가로 필요한 상품 bhys365의 구매요청 수량은 300개이다. 12월 20일까지는 1,000개가 재고로 있어야 1월에 완제품을 500개 생산하는데 문제가 없기 때문에 이러한 결과가 나타나있다. 즉, 완제품 하나 당 상품이 두 개 필요하므로 완제품 500개를 생산하려는 생산계획을 맞추려면 상품이 1,000개 필요한 것이다.

그림 4-55 수작업 구매오더에 대한 입고처리 후의 교역품 재고소요량 리스트

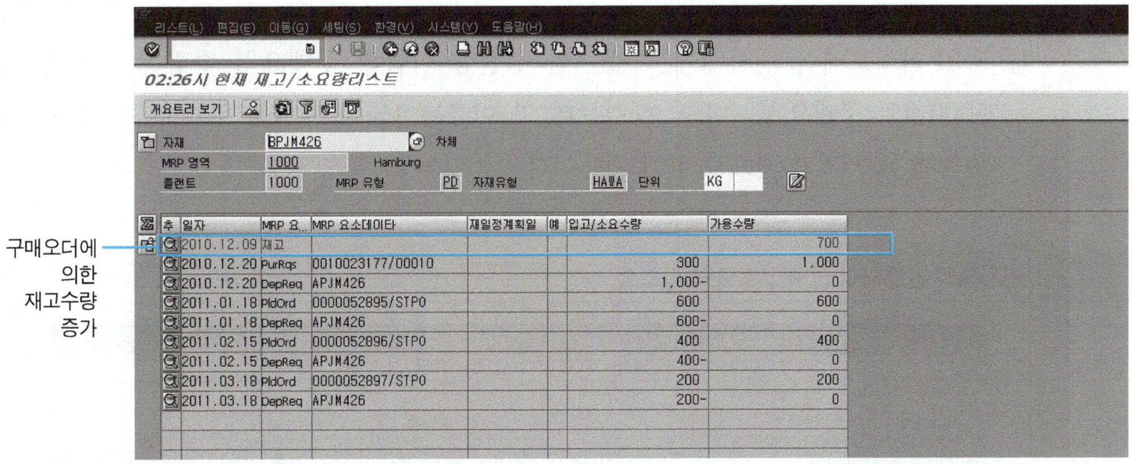

리스트(L) 편집(E) 이동(G) 세팅(S) 환경(V) 시스템(Y) 도움말(H)

02:26시 현재 재고/소요량리스트

개요트리 보기

자재 BPJM426 차체
MRP 영역 1000 Hamburg
플랜트 1000 MRP 유형 PD 자재유형 HAWA 단위 KG

추	일자	MRP 요..	MRP 요소데이타	재일정계획일	예	입고/소요수량	가용수량
	2010.12.09	재고					700
	2010.12.20	PurRqs	0010023177/00010			300	1,000
	2010.12.20	DepReq	APJM426			1,000-	0
	2011.01.18	PldOrd	0000052895/STPO			600	600
	2011.01.18	DepReq	APJM426			600-	0
	2011.02.15	PldOrd	0000052896/STPO			400	400
	2011.02.15	DepReq	APJM426			400-	0
	2011.03.18	PldOrd	0000052897/STPO			200	200
	2011.03.18	DepReq	APJM426			200-	0

구매오더에 의한 재고수량 증가

⑦ 재고소요량 리스트에서 상품 bpjm426에 대해 1월 생산 양 만큼의 구매요청을 구매오더로 전환시키고 구매오더에대해 공급업체로부터 납품이 되어 입고를 잡은 후에 재고소요량 리스트를 조회하면 [그림 4-56]과 같이 나타난다. 재고는 700개에서 300개가 더해져서 1000개로 증가되어 있음을 알 수 있다. 따라서 실제로 500개의 완제품을 만드는데 소요되는 상품의 수량 1000개를 모두 창고에서 보유하고 있다는 것을 알 수 있다.

그림 4-56 MRP 운영 결과에 대한 구매요청에 대한 입고처리 후의 교역품 재고소요량 리스트

리스트(L) 편집(E) 이동(G) 세팅(S) 환경(V) 시스템(Y) 도움말(H)

02:38시 현재 재고/소요량리스트

개요트리 보기

자재 BPJM426 차체
MRP 영역 1000 Hamburg
플랜트 1000 MRP 유형 PD 자재유형 HAWA 단위 KG

일자	MRP 요..	MRP 요소데이타	재일정계획일	예	입고/소요수량	가용수량
2010.12.09	재고					1,000
2010.12.20	DepReq	APJM426			1,000-	0
2011.01.18	PldOrd	0000052895/STPO			600	600
2011.01.18	DepReq	APJM426			600-	0
2011.02.15	PldOrd	0000052896/STPO			400	400
2011.02.15	DepReq	APJM426			400-	0
2011.03.18	PldOrd	0000052897/STPO			200	200
2011.03.18	DepReq	APJM426			200-	0

1월 생산분 만큼의 교역품 재고증가

⑧ MRP리스트에서 원자재에 대해 1월 생산량 만큼의 구매요청 수량을 파악해보면 5000개의 구매요청 수량이 생겼는데 그 이유는 1월의 완제품 500개를 생산하려면 원자재 5000개가 필요로 하기 때문이다.

그림 4-57 원자재의 입고처리 전 재고소요량 리스트

리스트(L) 편집(E) 이동(G) 세팅(S) 환경(V) 시스템(Y) 도움말(H)

02:36시 현재 재고/소요량리스트

개요트리 보기

자재 CPJM426 바퀴
MRP 영역 1000 Hamburg
플랜트 1000 MRP 유형 PD 자재유형 ROH 단위 PC

일자	MRP 요..	MRP 요소데이타	재일정계획일	예	입고/소요수량	가용수량
2010.12.09	재고					0
2010.12.20	PurRqs	0010023178/00010			5,000	5,000
2010.12.20	DepReq	APJM426			5,000-	0
2011.01.18	PldOrd	0000052898/STPO			3,000	3,000
2011.01.18	DepReq	APJM426			3,000-	0
2011.02.15	PldOrd	0000052899/STPO			2,000	2,000
2011.02.15	DepReq	APJM426			2,000-	0
2011.03.18	PldOrd	0000052900/STPO			1,000	1,000
2011.03.18	DepReq	APJM426			1,000-	0

1월 생산분 만큼의 교역품 재고증가

원자재 5000개를 실제 재고로 보유하기 위해서 MRP리스트에 나타난 이 구매요청을 구매오더로 전환시키시고, 구매오더에 대해 공급업체로부터 납품이 되어 창고에 입고를 시키면 리얼타임으로 재고/소요량 리스트에서 [그림 4-58]과 같이 재고가 5000개 생성된 결과를 볼 수 있다.

그림 4-58 원자재의 입고처리 후 재고소요량 리스트

02:40시 현재 재고/소요량리스트

자재 CPJM426 바퀴
MRP 영역 1000 Hamburg
플랜트 1000 MRP 유형 PD 자재유형 ROH 단위 PC

1월 생산분 만큼의 교역품 재고증가

일자	MRP 요	MRP 요소데이타	재일정계획일	예	입고/소요수량	가용수량
2010.12.09	재고					5,000
2010.12.20	DepReq	APJM426			5,000-	0
2011.01.18	PldOrd	0000052898/STPO			3,000	3,000
2011.01.18	DepReq	APJM426			3,000-	0
2011.02.15	PldOrd	0000052899/STPO			2,000	2,000
2011.02.15	DepReq	APJM426			2,000-	0
2011.03.18	PldOrd	0000052900/STPO			1,000	1,000
2011.03.18	DepReq	APJM426			1,000-	0

⑨ 소나타자동차를 생산하기 위하여 완성품 MRP리스트에서 계획오더를 생산오더로 500개 전환시켜 생성하고 입고를 시킨다. [그림 4-59]의 생산오더 생성화면에서 왼쪽 상단의 깃발버튼을 눌러 생산현장에 릴리스를 시키고 저장한다.

그림 4-59 생선오더의 생성

생산 오더 생성: 헤더

오더 %00000000001 유형 PP01
자재 APJM426 소나타자동차 플랜트 1000
상태 REL MANC OPGN SETC
사용자 상태 FRM

일반 | 지정 | 입고 | 제어 데이터 | 일자/수량 | 마스터 데이터 | 설명 | 관리 | SAP Event Mgmt

수량
총수량 500 PC 스크랩부분 0.00 %
납품 0 기대수율차이 0

일자

	기본일		일정계획됨		확정	
종료	2011.01.03	00:00	2010.12.30	15:00		
시작	2010.12.28	00:00	2010.12.30	15:00		00:00
릴리즈			2010.12.23		2010.12.09	

일정
유형 2 역방향
단축 단축수행안됨
노트 일정노트 없음
우선순위

플로트
일정계획마진 001
생산전 플로트 2 작업일
생산후 플로트 1 작업일
릴리즈기간 5 작업일

완제품에 대한 생산이 완료되면 [그림 4-60]에서와 같이 생산오더에 대한 입고를 수행한다.

그림 4-60 완제품 생산오더에 대한 입고

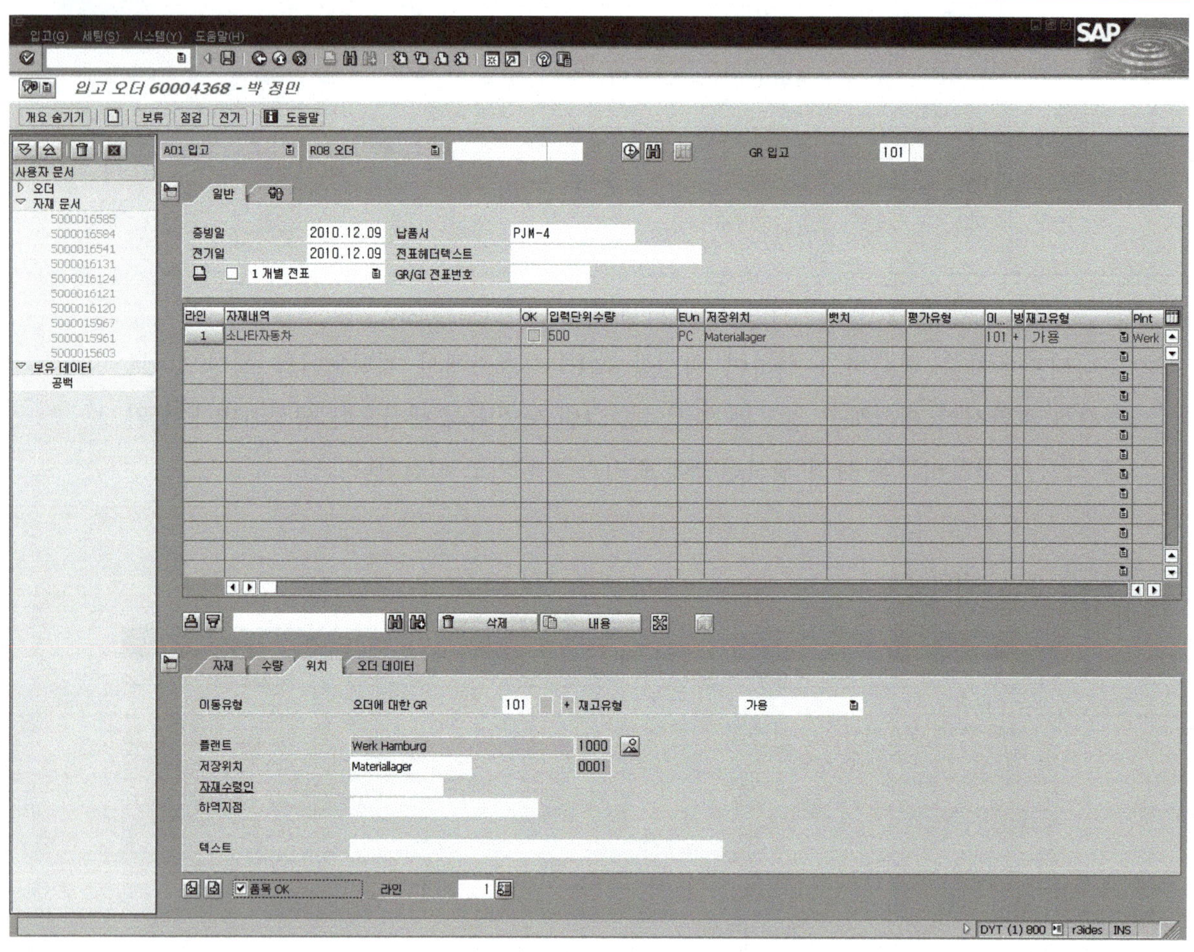

⑩ 완제품을 생산하기 위해서 생산오더 500개를 만드는데 필요한 상품과 원자재를 창고에서 생산라인으로 출고처리해야 한다. 이를 위해 하위상품과 원자재를 생산오더에 대해서 출고시켜야 한다. 즉, 소나타자동차 500대를 생산하려면 상품은 1000개, 원자재는 5000개를 생산오더로 출고처리시켜야 한다.

그림 4-61 교역품과 원자재의 생산오더에 대한 출고

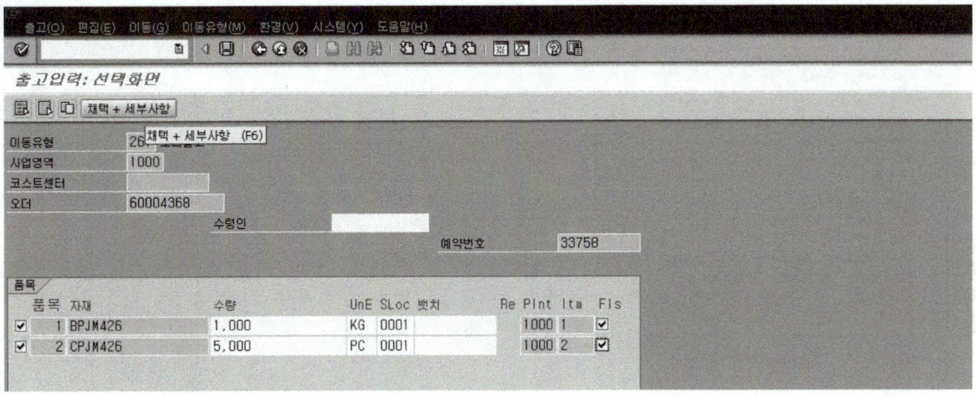

교역품의 경우 1000개의 재고가 있었는데 [그림 4-62]에서 생산오더로 출고처리 후에 그것이 없어지고 재고가 0이 된 것을 볼 수 있다. 즉, 완제품 속으로 조립되고 교역자체의 재고의 수량은 0으로 바뀐후의 모습이다.

그림 4-62 교역품 출고 후의 재고소요량 리스트

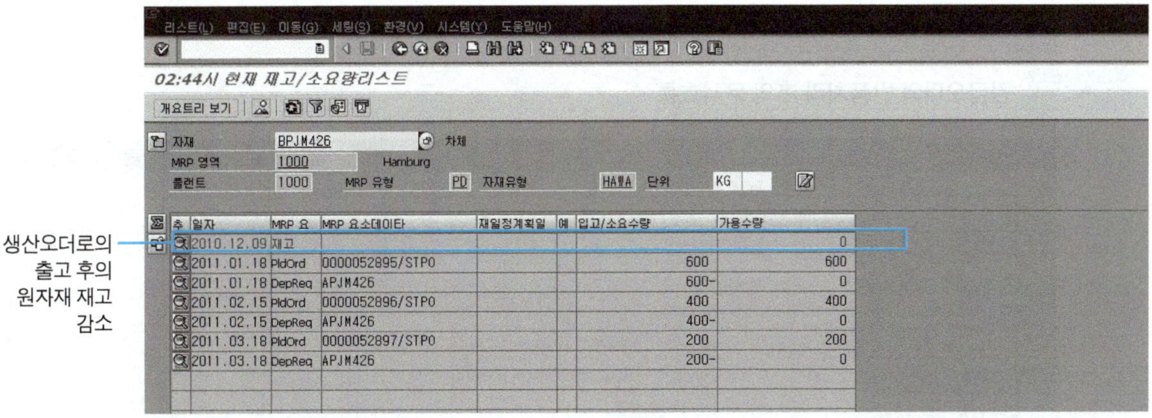

생산오더로의 출고 후의 원자재 재고 감소

원자재의 경우도 마찬가지로 5000개의 재고가 입고가 되어 있었는데 출고처리가 되어 재고가 0이 된 모습을 [그림 4-63]에서 리얼타임으로 확인할 수 있다.
이는 모두 완성품을 생산하기위해 각각 출고처리가 되어 조립이 완료된 것이다.

그림 4-63 원자재 출고 후의 재고소요량 리스트

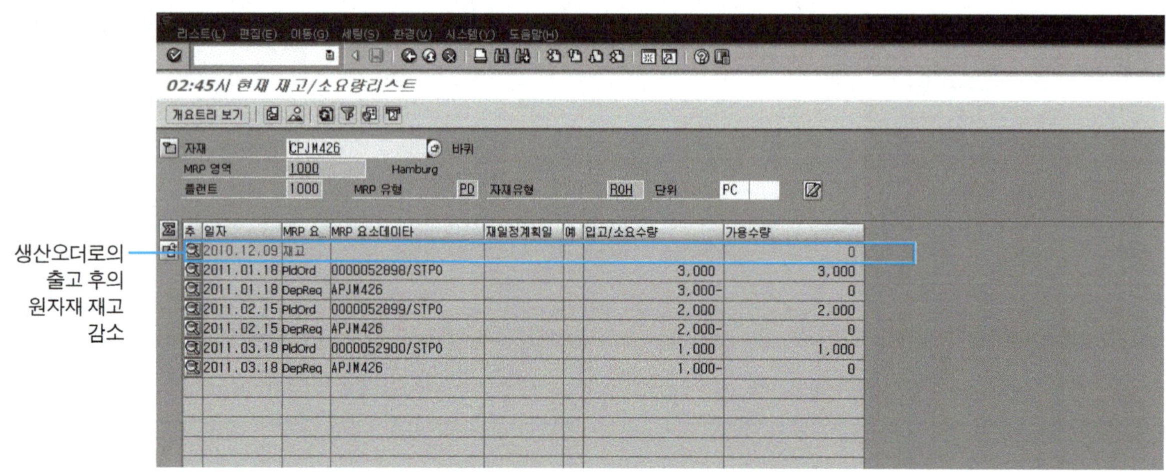

⑪ 중요한 고객이 긴급하게 소나타자동차를 요청하였으므로, 긴급영업오더를 생성하여 완제품을 200개 주문받았다. 그 후에 출고처리를 하고 대금청구를 하였는데 고객의 요구에 의해서 반품을 50개 받아야 하는 상황이 발생하였다. 이에 대한 50개 반품오더를 만들고 입고처리 및 대금청구를 수행한 후 전체 문서흐름를 통해 확인한 결과가 [그림 4-64]에 나타나 있다.

그림 4-64 긴급오더와 반품처리 후의 문서흐름

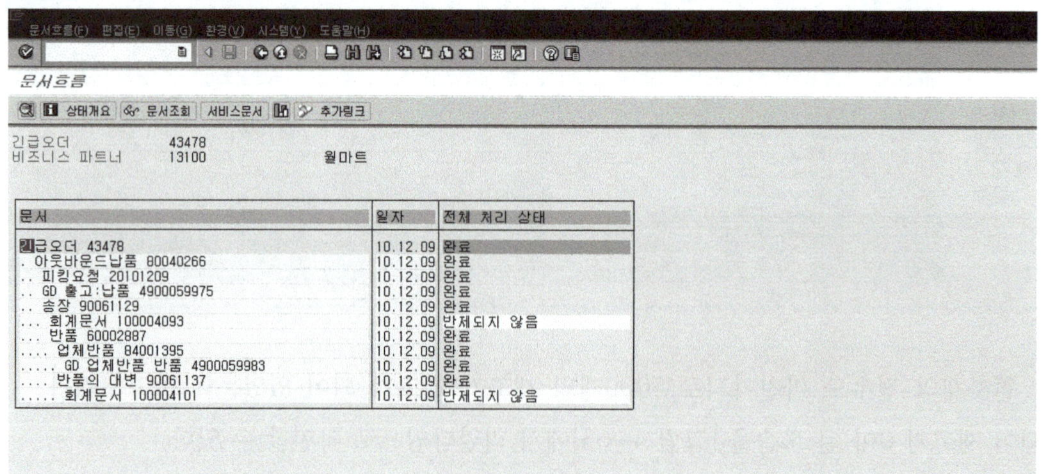

연 습 문 제

01 다음이 의미하는 영업조직체계는 무엇인가?

· 판매자재가 어떠한 방법으로 고객에게 전달될 것인지를 결정하는 조직단위

02 주문생성 시점에서 납품이 가능한 일자를 확정하기 위해서 재고가 필요한 일자에 사용가능한 자원이 있는지 확인하는 것을 무엇이라 하는가?

03 영업오더의 구조를 구성하는 세 가지 구성요소를 쓰시오.

04 영업오더를 만들때 주문유형을 입력하는 이유는 무엇인가?

05 고객에게 견적을 제시하기위해 시스템에 견적을 하나 만들고 견적을 복사하여 영업오더를 만들고자 한다. 이러한 방식으로 영업오더를 만들고 배송처리와 대금청구 업무처리까지 완성하시오.

① 영업오더의 PO번호에 자신의 이름을 넣은 영업오더 화면

② 여신점검을 하는 화면

③ 가용성점검을 하는 화면

④ 저장한 영업오더 번호가 나온 화면

⑤ 출하 예정리스트에서 자기 영업오더 번호가 있는 화면

⑥ 배송 및 대금청구 완료 후 영업오더를 조회하여 문서흐름이 나온 화면을 제출하시오.

06 SAP ERP 시스템의 SD모듈에서 실습을 수행하시오.

① 판매문의, 판매견적의 과정을 거쳐서 영업오더를 생성하시오. (문의 유형 : IN, 견적 유형 : QT, 오더유형 : OR, 영업조직 : 1000, 유통경로 : 10, 제품군 : 00, 판매처 : 1000, 인도처 : 1000, 플랜트 : 1000, 납품요청일 : 오늘 이후의 입력되는 임의의 날짜, 견적효력 발생일 : 오늘, 견적효력 만료일 : 1달 후, 판매 자재 : P-103, 오더수량: 2)

② 판매주문을 참조하여 아웃바운드 납품을 생성하시오. 이때 참조하는 영업오더 데이터의 선택일은 영업오더 생성정보에서 가용성점검을하여 납품이 가능해지는 날짜를 확인하고, 피킹수량은 주문수량 및 아웃바운드 납품수량과 동일하다고 가정한다.

③ 판매주문과 아웃바운드 납품을 참조하여 대금청구 예정리스트에서 대금청구 문서를 생성하시오.

④ 영업오더 화면에서 문서흐름을 조회하시오.

07

① 베커 고객(1000)에게 P-103을 12월 19일에 1개, 12월 26일에 1개를 납품하도록 납품일정라인을 구성하고, 12월 19일에 바게트빵(1000-1155)을 무상으로 1개를 주는 영업오더를 생성하시오.

② 바게트빵이 무상으로 가격결정이 되었는지를 보는 가격결정절차 화면을 보고 이 영업오더로 얼마의 이윤이 남았는지를 분석하시오.

③ 베커 고객에 대한 여신점검을 하는 화면과 P-103에 대해 가용성점검을 하는 화면을 보이시오.

④ 출하 예정리스트에서 각 요구날짜의 납품을 각각 생성하시오.

⑤ 대금청구 예정리스트에서 본 대금청구건을 찾아 각 납품에 대한 두 번의 대금청구를 하시오.

⑥ 각 납품건에 대한 대금청구를 취소하고 영업오더에서 1200유로가 아닌 1000유로로 할인하여 다시 대금청구를 하시오.

⑦ 영업오더의 문서흐름을 복사하여 보이시오.

08

① 현금판매오더의 개념을 기술하고, (2) 현금판매오더(BV)로 P-103 2개를 오늘 날짜로 오더를 내고 출하처리 및 대금청구를 수행하시오. (3) 문서흐름에서 대금청구 이후의 회계문서를 조회하고, 일반 표준영업오더와 회계계정 상의 분개의 차이점을 기술하고 이유를 설명하시오.

09 재판매유통경로(12)에서 카슨고객(1033)에게 R-1141을 2개 납품하는 영업오더를 만드시오.

① 이를 복사하여 R-1141과 R-1140을 각기 3개씩 납품하는 오더를 만드시오.

② 카슨고객이 이 두 개의 영업오더를 하나로 합쳐서 납품하기를 원한다. 자동창고를 사용하므로 이전오더에 의한 피킹을 수행하고 이에 대한 납품을 생성하고

③ 대금청구 예정리스트에서 본 납품건을 찾아 하나의 대금청구를 하시오.

④ 아웃바운드 납품의 문서흐름을 복사하여 보이시오.

10 고객에게 배송을 하기 위해 출고전기 시켰다. 그 결과와 효과를 기술하시오.

11 품목범주(Item Category)를 커스토마이징하는 화면에서 TAN과 TANN의 파라미터 세팅 차이를 기술하고, 이 차이점을 근간으로 품목범주가 수행하는 역할을 5개 이상 기술하시오.

제5장

영업 및 유통 컨피규레이션과 활용

01 주문 입력 및 관련데이터 조회

비즈니스 시나리오

기존에 등록된 고객마스터, 자재마스터, 가격마스터, 오더유형 및 조직 구조(Enterprise Structure)를 이용하여 주문을 입력하시오. 그리고 영업오더의 헤더와 고객마스터에서 영업조직, 유통경로, 제품군 그리고 사업장과 영업그룹을 조회하시오.

- 오더유형 : OR
- 고객마스터 : 판매처-1000 / 납품처-1010
- 자재마스터 : 1000-1155

1.1 영업오더의 생성 및 헤더정보 조회

트랜잭션코드 VA01을 실행한 후 [그림 5-1]과 같이 오더유형에 OR, 판매처에 1000과 PO번호를 입력한다. 자재번호를 1000-1155 그리고 수량을 입력한 후 엔터 를 누른다. ④에서 판매처의 영업영역을 선택한 후에 ✔ 버튼을 클릭한다. ⑥에서 납품되길 원하는 납품처인 인도처를 클릭한다. 내용확인 후에 저장한다. 실습목적상 조회를 하려면 영업오더 번호를 기록해 놓거나 잘 기억해야 한다.

4장에서 영업오더를 여러 번 생성하고 조회해 보았다. 5장에서 영업오더를 생성하는 이유는 헤더정보를 조회하고, 관련데이터를 고객마스터데이터에서 찾아보고, 또한 필요한 데이터를 컨피규레이션을 통해 수정하기 위해서이다.

주문조회는 트랜잭션코드 VA03을 실행한 후 영업오더번호를 입력하고, [그림 5-2]의 ②에 있는 버튼을 클릭해서 영업오더의 헤더정보를 조회한다.

[그림 5-2]의 헤더정보에서 영업영역이 1000/10/00으로 등록이 되어 있는 이유는 [그림 5-1]의 주문입력시에 ④에서 선택하였기 때문이며, 사업장과 영업그룹이 1010-110으로 되어 있는 이유는 1000번 고객마스터에 사업장과 영업그룹이 각기 1010과 110으로 등록되어 있기 때문이다.

그림 5-1 주문 입력과정

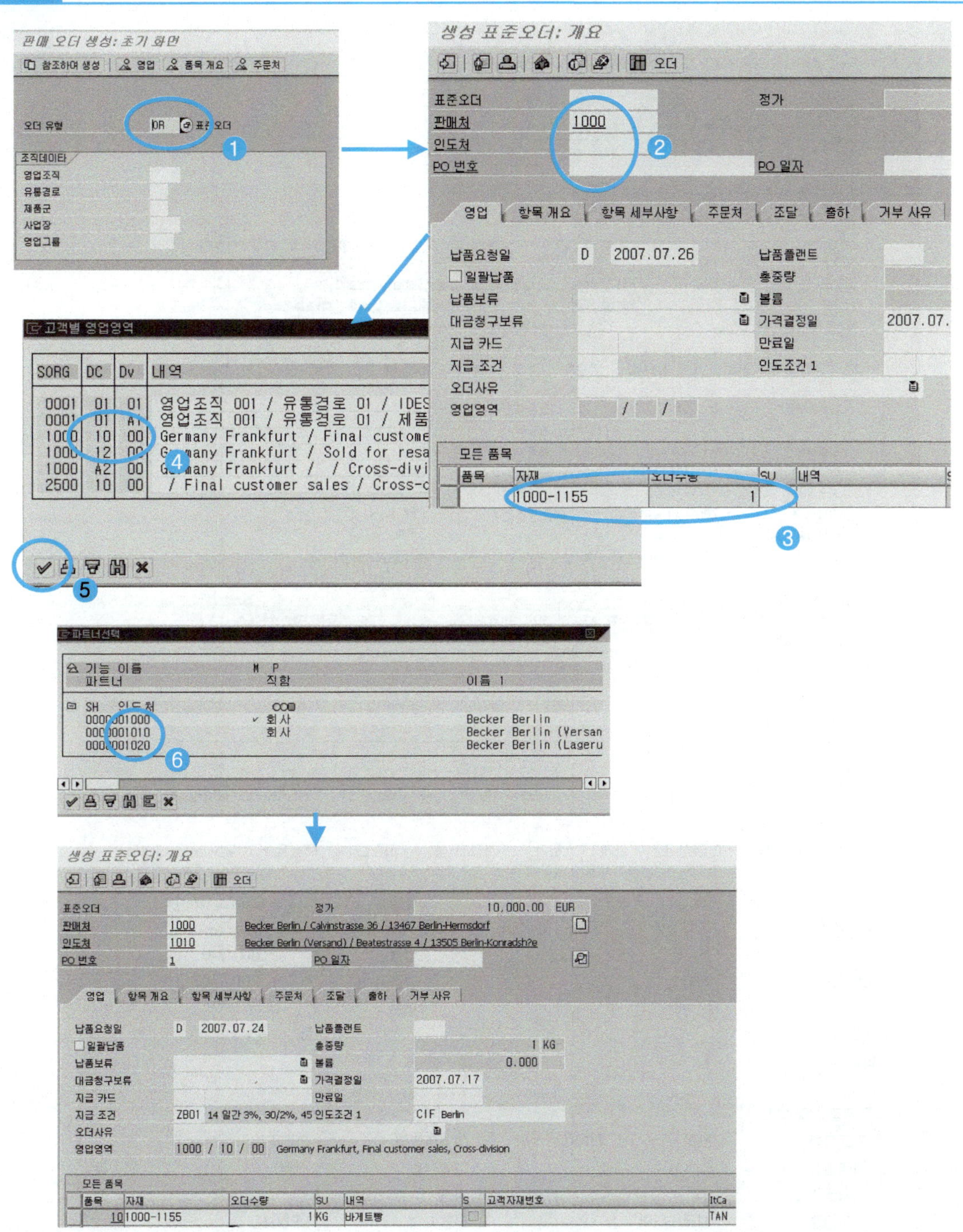

그림 5-2 영업오더의 헤더 정보조회과정

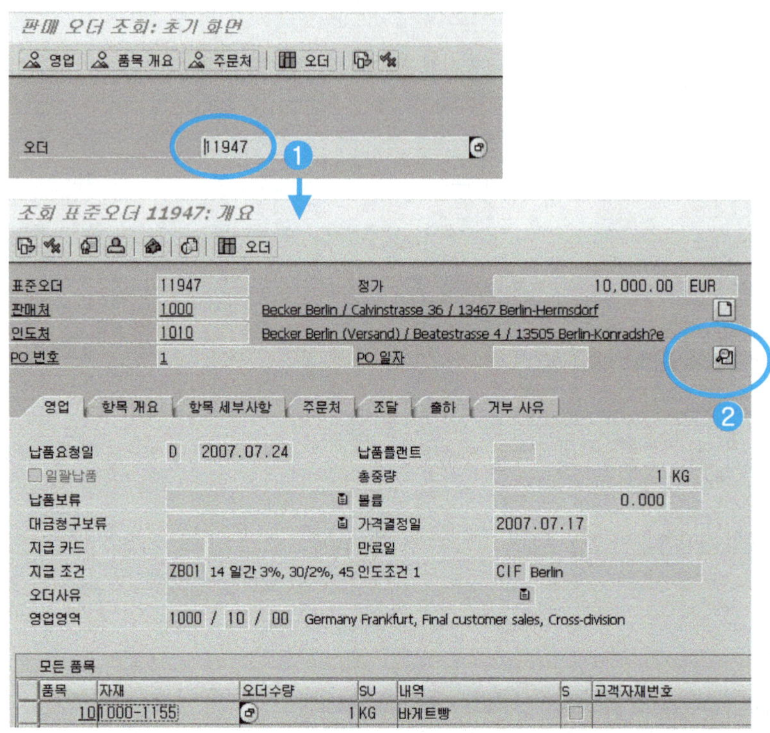

조회 표준오더 11947: 헤더 데이터

표준오더	11947	구매오더번호	1
판매처	1000	Becker Berlin / Calvinstrasse 36 / 13467 Berlin-Hermsdorf	

영업 | 출하 | 대금청구 | 회계 | 조건 | 계정 지정 | 파트너 | 텍스트 | 구매 오더 데이터 | 상

오더 유형	OR 표준오더	증빙일	2007.07.17
영업영역데이타	1000 / 10 / 00	Germany Frankfurt, Final customer sales, Cross-division	
사업장	1010 Office Hamburg	생성인	UHJUNG
영업그룹	110	생성일	2007.07.17
버전		보증	
오더사유			
납품 시간			

가격결정 및 통계

전표통화	EUR / 1.00000	가격결정일	2007.07.17
가격결정절차	RVAA01 표준	고객그룹	산업
가격리스트	03	사용	
가격그룹	벌크바이어	영업지역	DE0010

1.2 고객마스터데이터의 영업영역데이터 조회

트랜잭션코드 XD03을 실행한 후 [그림 5-3]의 ①과 같이 고객번호-1000/회사코드-1000/영업조직-1000/유통경로-10/제품군-00을 입력한 후 엔터 를 누른다. 그리고

그림 5-3 고객마스터데이터의 영업영역데이터 조회과정

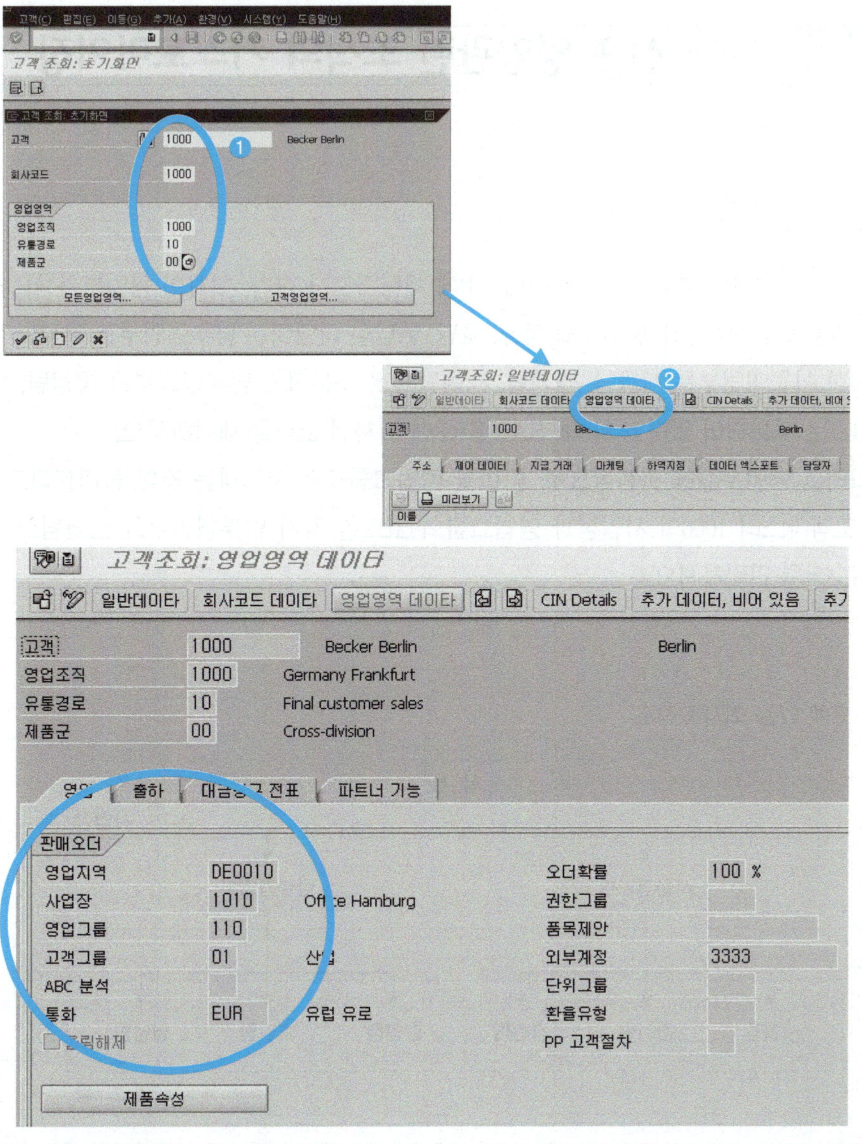

②의 영업영역데이터 버튼을 클릭한다.

영업지역/사업장/영업그룹/고객그룹 등의 여러 정보가 등록이 되어있다. 여기에 등록된 사업장과 영업그룹이 주문 생성시에 주문문서 헤더의 사업장과 영업그룹이 된다. 즉, 고객마스터의 사업장과 영업그룹이 1010-110으로 영업오더의 헤더정보에서 조회한 사업장 및 영업그룹과 일치하는 것을 볼 수 있다.

02 신규 영업관련 조직의 커스토마이징

비즈니스 시나리오

동양주식회사의 영업조직을 SAP ERP에 세팅하고자 한다. 회사의 영업부가 서울, 경기, 강원지방을 담당하는 서울영업부와 충청, 호남, 영남을 담당하는 남부영업부로 구분되어 있다.

또한 서울영업부는 서울팀, 경기팀, 강원팀으로 구분하고 남부영업부는 충청팀, 호남팀, 영남팀으로 구분되어 있다고 할 때, SAP ERP에 회사의 조직을 세팅하시오.

그리고 영업부들을 사업장으로, 팀들을 영업그룹으로 지정하는 것이 올바르다고 판단되었다. 고객마스터 1000의 사업장과 영업그룹의 코드를 각기 남부영업부와 호남팀으로 변경 후 영업오더를 입력하시오.

그림 5-4 시나리오에 있는 회사조직도

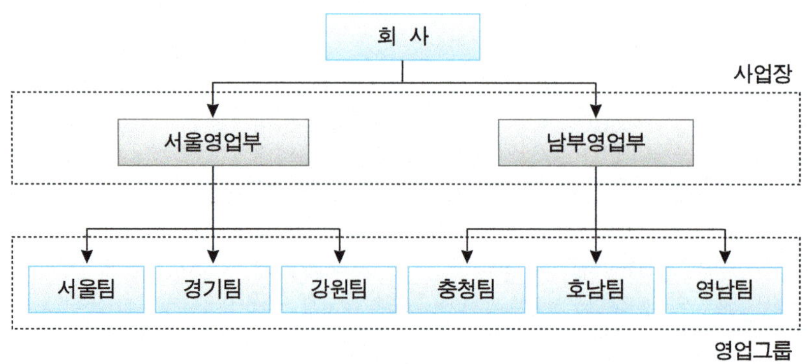

2.1 사업장과 영업그룹 커스토마이징

트랜잭션코드 SPRO를 실행한 후 [그림 5-5]의 화면에서 해당 메뉴를 실행하고, 새로운 엔트리를 등록하기 위해 신규 엔트리 버튼을 클릭한다. 신규 엔트리 대신에 다른 사업장을 복사하여 더욱 용이하게 새로운 사업장을 만들 수 있다. ③에서 새로 생성할 사업장코드와 사업장이름 입력 후 엔터 를 누른다. 신규 사업장에 대한 국가코드를 DE(독일)로 입력 후 엔터 를 누르고, 저장 버튼을 눌러 새로운 사업장코드를 저장한다.

그림 5-5 사업장과 영업그룹의 컨피규레이션-사업장 정의

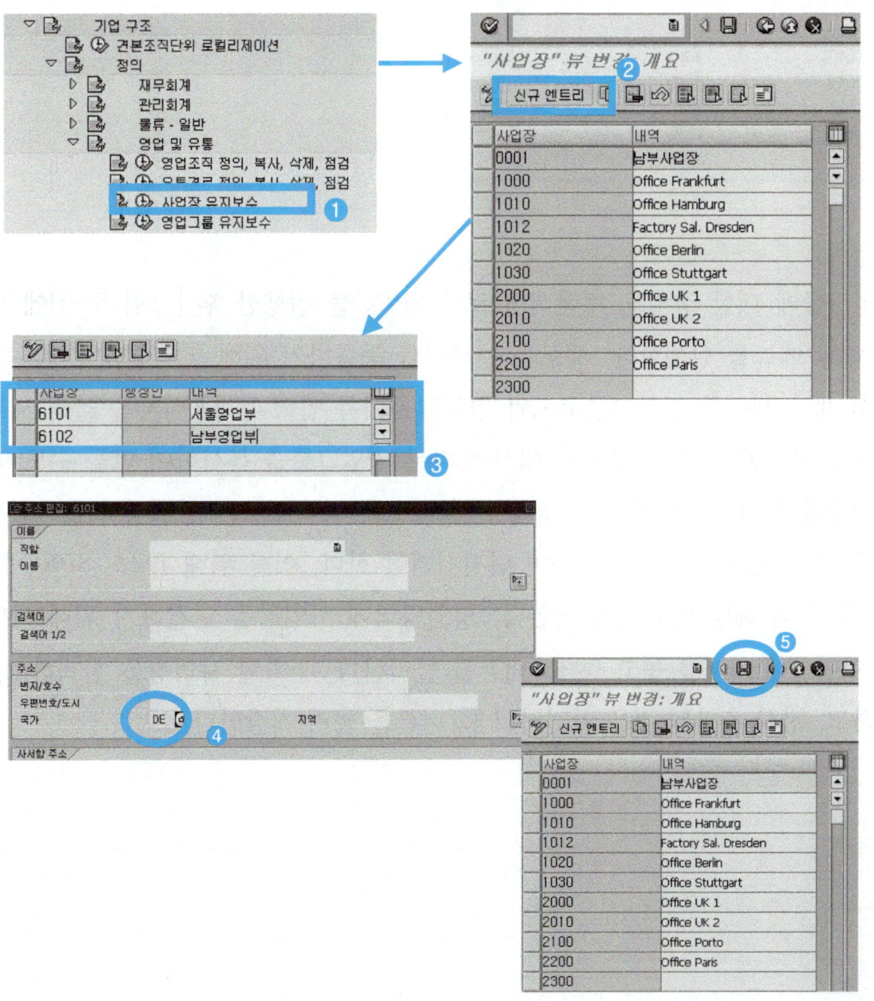

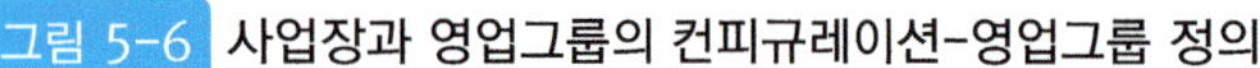

그림 5-6 사업장과 영업그룹의 컨피규레이션-영업그룹 정의

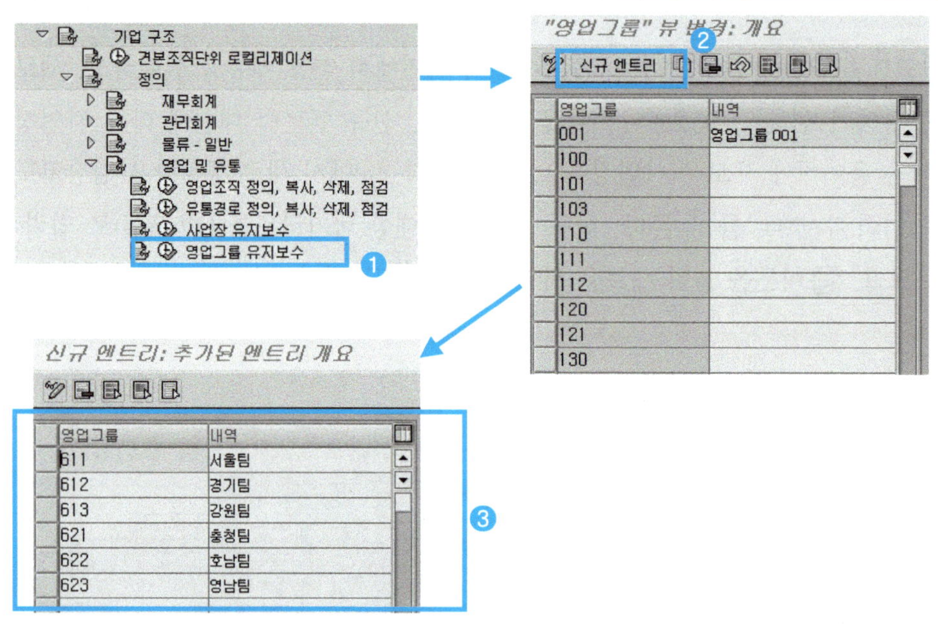

영업그룹에 대한 정의도 트랜잭션 코드 SPRO를 실행한 후 [그림 5-6]에 나타나 있는 ①의 해당 메뉴를 실행한다. 새로운 엔트리를 등록하기 위해 신규 엔트리 버튼을 클릭하고, ③에서 새로 생성할 영업그룹코드와 영업그룹이름 입력 후 버튼을 눌러 새로운 영업그룹코드를 저장한다. 신규 엔트리 대신에 다른 영업그룹을 복사하여 만들 수도 있다.

사업장과 영업그룹에 대한 정의가 끝났으므로, 다음으로는 영업영역에 사업장을 지정하고, 사업장에 영업그룹을 지정하여 연결시켜야 한다. 이를 위해 T코드 SPRO를 실행한 후 [그림 5-7]의 해당 메뉴를 실행한다. 영업영역에 사업장을 연결하기 위해 사업장을 추가할 영업영역에 커서를 놓고 재생 버튼을 클릭한다. 추가할 사업장을 선택하고, ✔ 버튼을 클릭하고, 정상 추가된 것을 확인하고 버튼을 눌러 저장한다.

그림 5-7 영업영역에 사업장 지정

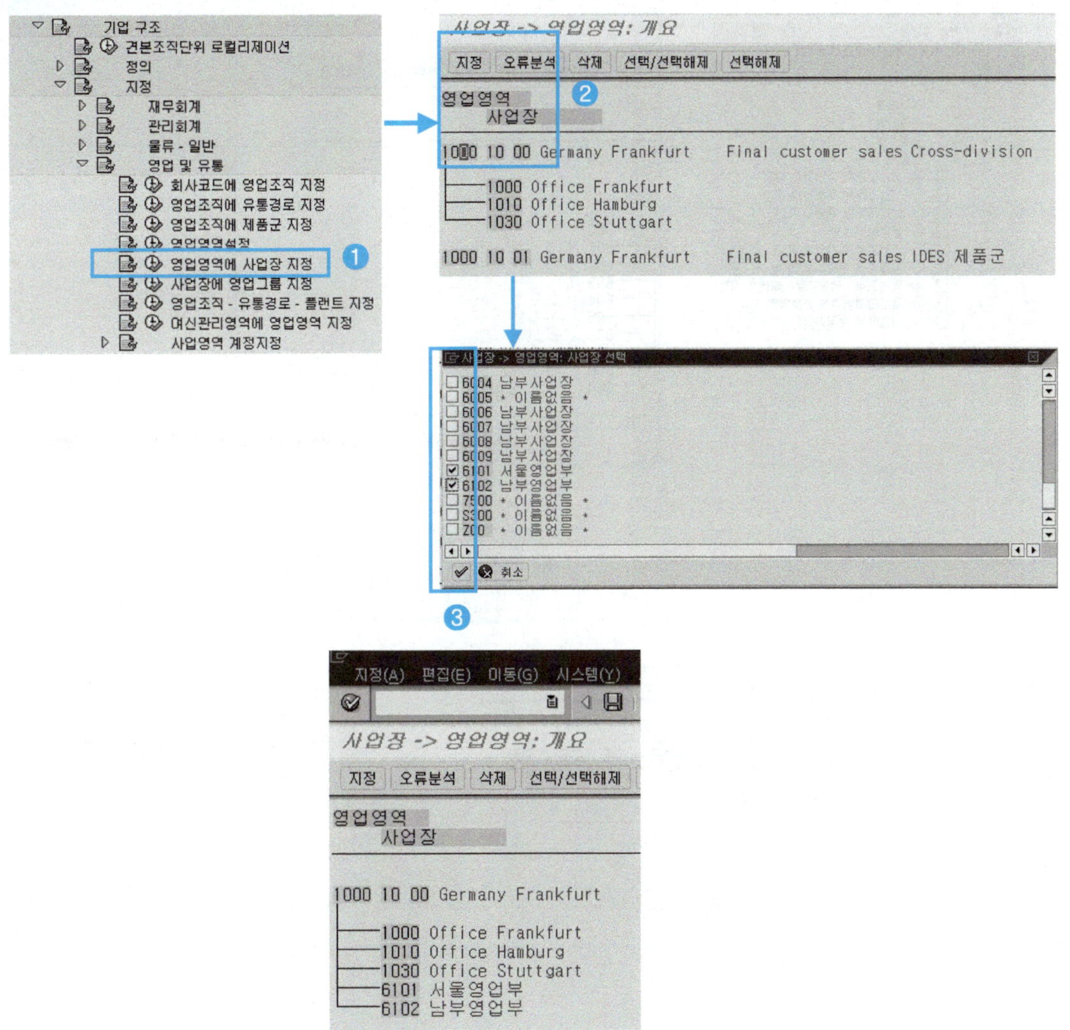

사업장에 영업그룹을 지정하기 위해서는 T코드 SPRO를 실행한 후 [그림 5-8]의 해당 메뉴를 실행한다. ②에서 사업장에 영업그룹을 연결하기 위해 영업그룹을 추가할 사업장에 커서를 놓고 재생 버튼을 클릭한다.

③에서 추가할 영업그룹을 선택하고 ✔ 버튼을 클릭하고, 정상 추가된 것을 확인하고 💾 버튼을 눌러 저장한다. 이와 같이 서울영업부에 서울팀, 경기팀, 강원팀을 연결하였으면, 같은 방법으로 남부영업부에도 충청팀, 호남팀, 영남팀을 추가한다.

그림 5-8 사업장에 영업그룹지정

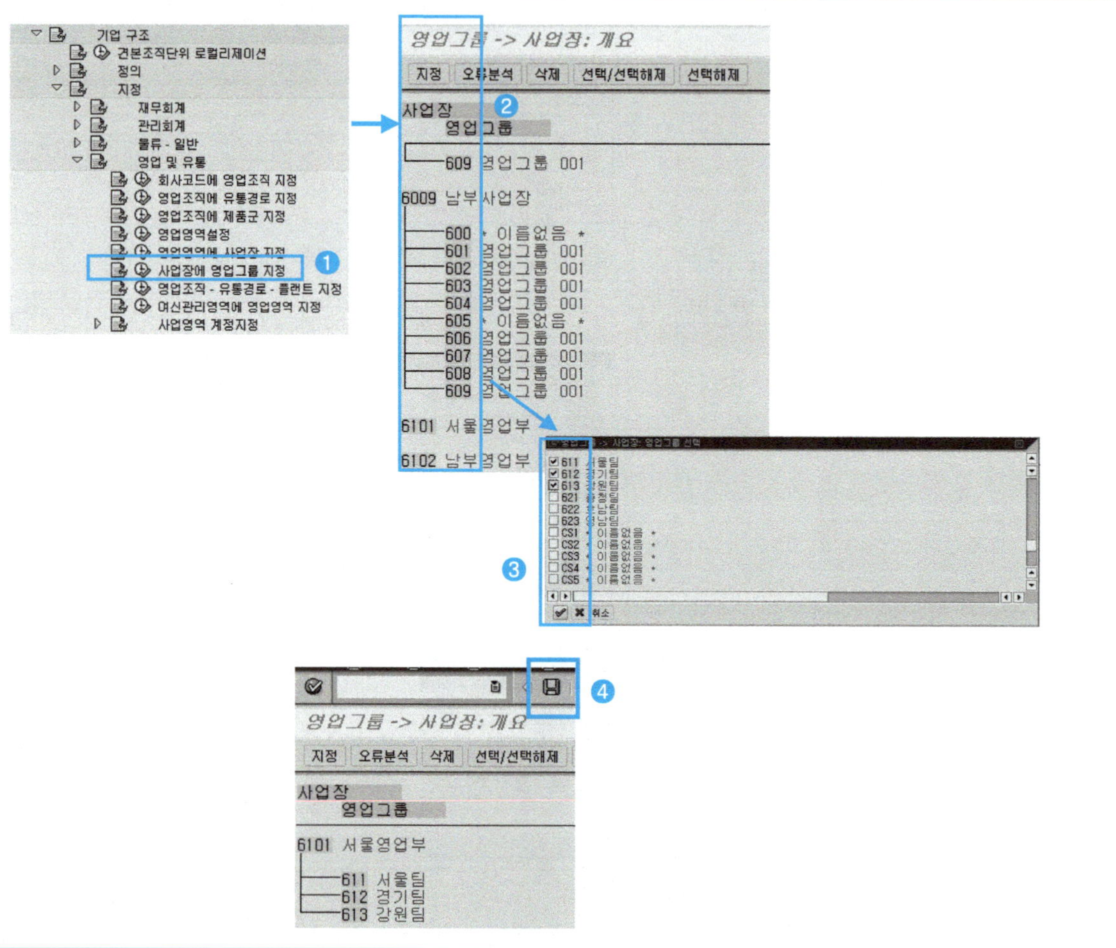

2.2 고객마스터데이터 변경과 신규 영업오더 확인

고객마스터데이터를 변경하기 위해 T코드 XD02를 실행한 후 [그림 5-9]에서 고객번호(1000), 회사코드(1000), 영업조직(1000), 유통경로(10), 제품군(00)을 입력한 후 엔터 를 누른다. ②의 영엽영역데이터 버튼을 클릭한다. ③과 같이 사업장의 가능 엔트리를 눌러 입력 가능한 값들을 조회한 후 신규 생성한 사업장의 하나인 남부영업부를 더블클릭하여 선택한다. 또한 영업그룹의 가능엔트리를 눌러 입력 가능한 값들을 조회한 후 신규 생성한 영업그룹의 하나인 호남팀을 더블클릭한다. 그리고 버튼을 눌러 저장한다.

그림 5-9 신규생성한 사업장과 영업그룹 활용-고객마스터 수정

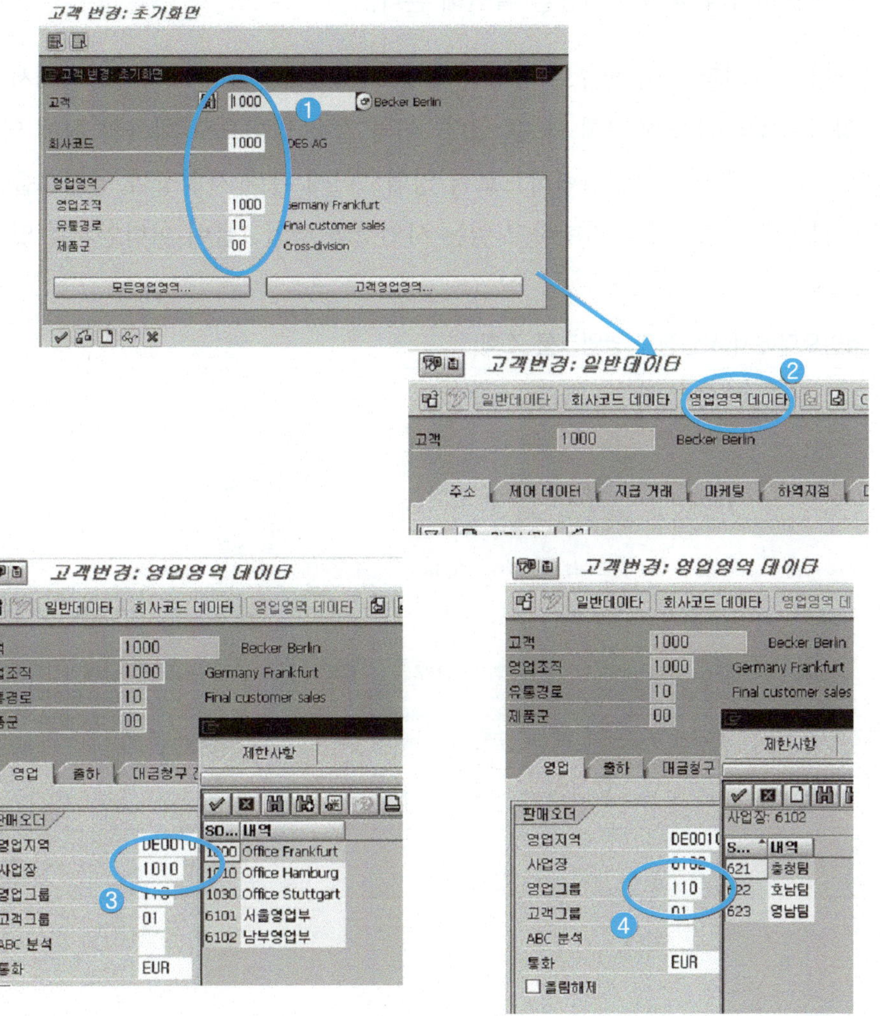

커스터마이징을 통해 추가하고 고객마스터에서 수정한 사업장과 영업그룹이 영업오더 생성시에 활용되는지를 확인해야 한다. 이 과정은 앞에서 이미 실습한 내용과 동일하므로 간략히 살펴보도록 한다.

① 주문을 신규로 다시 생성한다.

- 오더유형 : OR
- 고객마스터 : 판매처-1000 / 인도처-1010

- 자재마스터 : 1000–1155

② 주문문서의 헤더의 내용을 확인해 본다.

[그림 5–10]과 같이 신규로 생성한 영업오더의 헤더에서 고객마스터에서 수정한 사업장과 영업그룹의 값을 확인해 볼 수 있다. 이와 같은 방법으로 회사의 실제 영업부서 조직을 세팅하고, 고객마스터에 입력하므로써 영업오더에 관련 사업장과 영업그룹을 일일이 입력하지 않아도 영업오더를 진행하고 있는 사업장과 영업그룹이 어디인지를 알 수 있다.

그림 5-10 영업오더에서 사업장과 영업그룹 조회

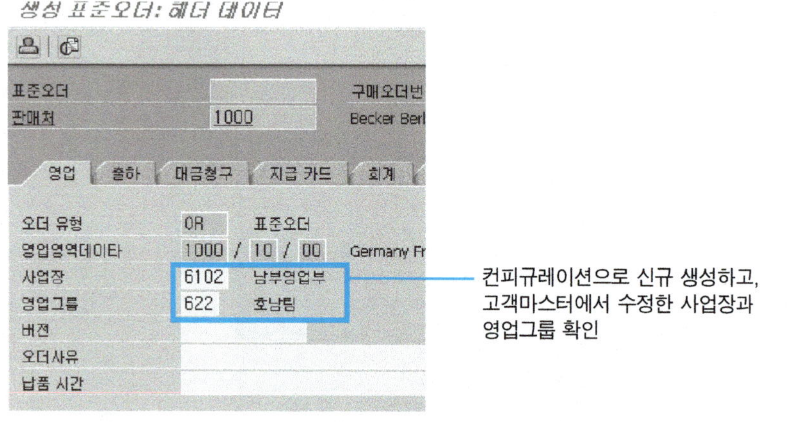

03 조건 마스터데이터 입력

비즈니스 시나리오

기존에 등록된 고객마스터데이터, 자재마스터데이터, 오더유형 및 조직구조를 이용하여 주문을 입력하기 전에 자재의 가격을 변경하도록 한다.

- 오더유형 : OR
- 영업조직 : 1000
- 유통경로 : 10
- 제품군 : 00
- 고객마스터데이터 : 판매처-1000 / 납품처-1010
- 자재마스터데이터 : 1000-1155
- 가격 : 기존 1kg당 10,000유로, 신규 1kg당 12,000유로

자재의 가격을 변경시키기 위해 T코드 VK11을 실행한 후, [그림 5-11]의 ①과 같이 조건유형에 PR00을 입력 후 키조합 버튼을 클릭한다. 릴리즈상태의 자재메뉴를 선택하고 ✔ 버튼을 클릭한다. 영업조직 1000, 유통경로 10, 자재코드 1000-1155, 금액 12,000을 넣고 엔터 를 누른다. 엔터 를 치면 [그림 5-11]의 ④와 같이 단위, 유효일, 효력 만료일 등이 자동으로 들어온 것을 확인할 수 있다. 확인 후 버튼을 눌러 저장한다.

조건 마스터데이터에 신규로 수정한 내용을 아래와 같은 과정을 거쳐 주문문서에서 확인하고자 한다.

① 주문을 신규로 다시 생성한다.

- 오더유형 : OR
- 고객마스터 : 판매처-1000 / 인도처-1010
- 자재마스터 : 1000-1155

② [그림 5-12]와 같이 주문문서에서 가격을 확인한다.

그림 5-11 제품 가격을 입력하는 과정

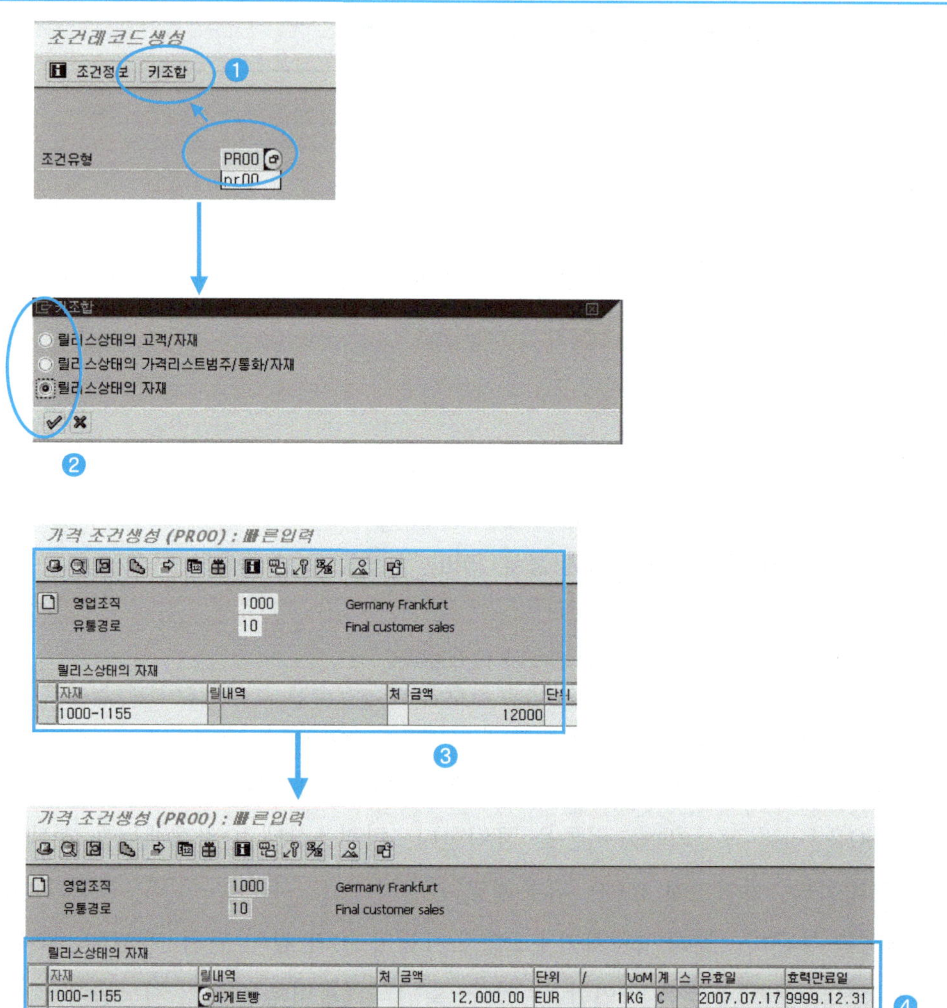

그림 5-12 영업오더에서의 변경한 가격 확인

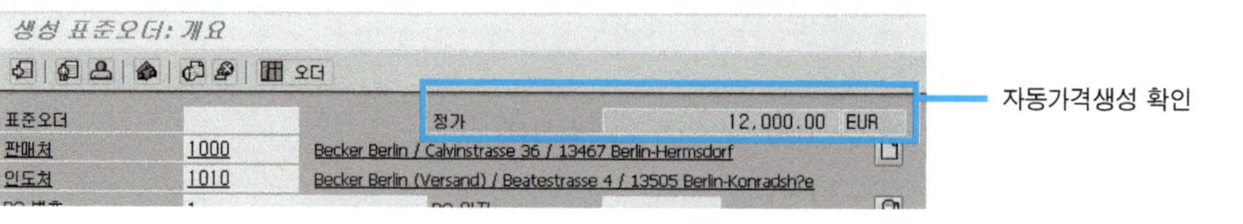

이러한 예제와 같이 가격마스터를 이용하여 기간, 자재, 고객-자재별로 가격을 별도로 유지, 보수할 수 있다.

04 • 신규 고객계정그룹 커스토마이징

비즈니스 시나리오

동양주식회사는 백화점 입점을 통한 영업을 신규로 시작하기로 하고, ERP팀에서 백화점에 대한 고객계정그룹을 별도로 신규생성하기로 하였다. 신규 고객계정그룹에서는 판매처, 인도처, 입금처, 청구처가 동일하도록 생성할 것이며, 고객상호, 세금번호1, 세금번호 2는 필수 입력사항으로 하고, 나머지는 모두 입력해도 되고 안해도 되는 선택 사항으로 규칙을 정했다. 신규 고객계정그룹을 생성하고, 고객 생성화면에서 신규 고객계정그룹인 백화점 고객계정그룹이 나타나는지 확인하시오.

4.1 고객계정그룹 생성

고객계정그룹을 통해 화면 레이아웃을 정의할 수 있다. 또한 고객계정그룹에 의해 필드의 상태를 정의할 수 있다.

[그림 5-13]에서 ①과 ②를 수행한다.

① T코드 SPRO를 실행한 후 해당 메뉴를 실행한다.

② 새로운 엔트리를 등록하기 위해 신규 엔트리 버튼을 클릭한다. 신규 엔트리 대신에 판매처(0001)을 복사하여 쉽게 고객계정그룹을 생성할 수도 있다.

그림 5-13 고객계정그룹 생성 초기화면

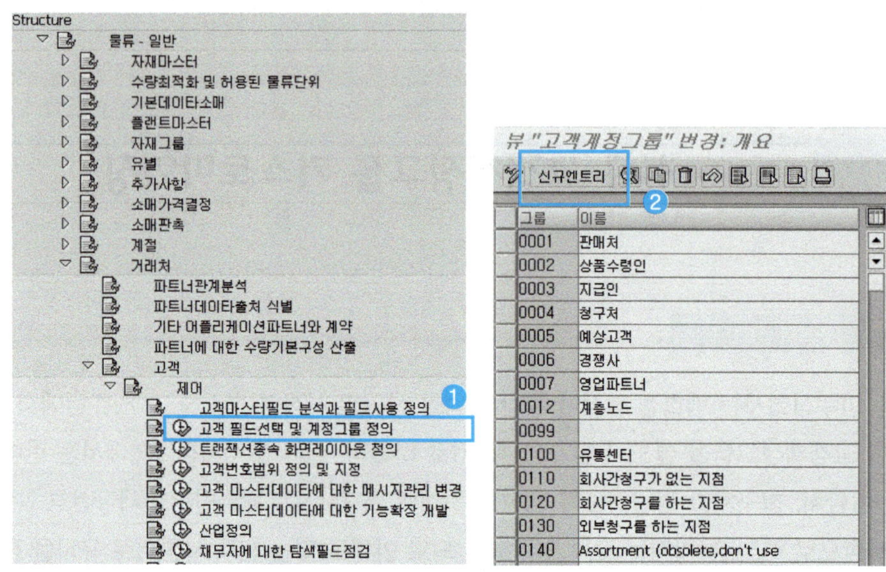

[그림 5-14]의 ①에는 신규로 등록할 고객계정그룹 코드와 계정그룹 명을 입력한다. 또한 ②에는 파트너 결정절차에 AG를 입력한다. ③은 고객마스터의 세 가지 뷰를 나타내는 것으로 각각의 영역을 선택하면 선택된 영역에 해당되는 고객마스터 뷰가 리스트 된다. 즉, 일반데이터를 더블클릭하면 일반데이터의 내용이 나타나고, 영업데이터를 더블클릭하면 영업데이터의 내용이 나타난다.

그림 5-14 고객계정그룹 세부사항 세팅

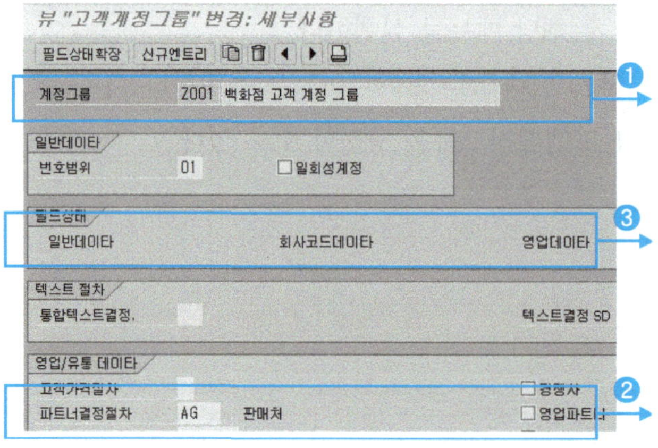

그림 5-15 고객계정그룹의 일반데이터 탭의 내용

[그림 5-15]는 일반데이터를 선택한 경우 나타난 화면이며 아래 그룹선택 의 리스트는 고객마스터의 일반데이터에 해당하는 탭의 리스트이다. 이 리스트 중 하나를 선택하면 고객마스터 등록시 보여지는 필드들이 나타나며 옆에는 그 필드의 상태 값이 있다.

여기서는 주소를 더블 클릭한다.

[그림 5-16]의 왼쪽에 고객마스터데이터의 주소화면에서 관리되어지는 필드의 이름이 나타나며 옆에는 ①과 같이 상태가 설정되어 있다. 원하는 필드의 속성을 선택하고 ②의

그림 5-16 일반데이터 화면의 주소 관련 속성 정의

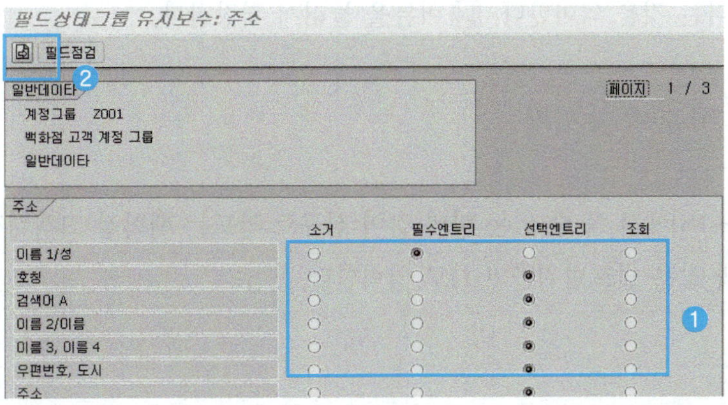

그림 5-17 일반데이터 화면의 관리 관련 속성 정의

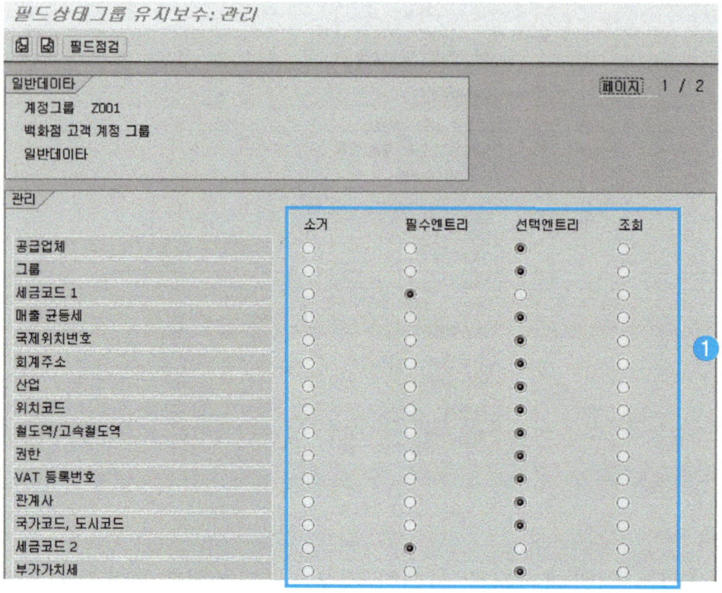

필드상태그룹 유지보수: 관리

필드점검

일반데이터 페이지 1 / 2

계정그룹 Z001
백화점 고객 계정 그룹
일반데이터

관리

	소거	필수엔트리	선택엔트리	조회
공급업체	○	○	●	○
그룹	○	○	●	○
세금코드 1	○	●	○	○
매출 균등세	○	○	●	○
국제위치번호	○	○	●	○
회계주소	○	○	●	○
산업	○	○	●	○
위치코드	○	○	●	○
철도역/고속철도역	○	○	●	○
권한	○	○	●	○
VAT 등록번호	○	○	●	○
관계사	○	○	●	○
국가코드, 도시코드	○	○	●	○
세금코드 2	○	●	○	○
부가가치세	○	○	●	○

1

다음 버튼을 눌러 다른 탭으로 이동한다. 이 예제 시나리오에서는 이름1/성을 필수로 한다. 여기에서 필수엔트리로 속성이 지정되면, 고객마스터 생성시에 필수로 반드시 입력해야만 후속 진행이 된다는 것을 의미한다.

원하는 필드의 속성을 선택하는데 [그림 5-17]에서 보듯이 이 예제 시나리오에서는 세금코드 1과 세금코드 2를 필수 입력사항으로 설정한다. 컨피규레이션에서 필수 입력사항으로 지정되면 해당 고객계정그룹에 속하는 고객마스터 생성시에 필수로 입력되어야 생성이 가능하다는 것을 의미한다. 버튼을 눌러서 저장한다.

4.2 번호범위지정

[그림 5-18]에서 볼 수 있는 바와 같이 신규로 만드는 백화점 고객계정그룹에 기존 0001 고객그룹과 같은 번호범위를 (01)로 입력한다.

그림 5-18 고객계정그룹의 번호범위 입력 과정

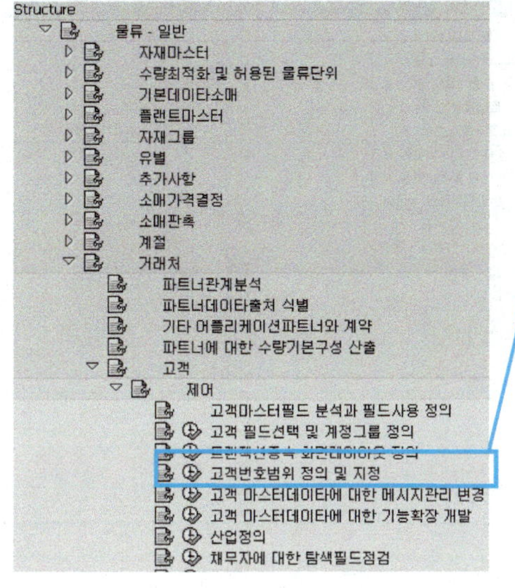

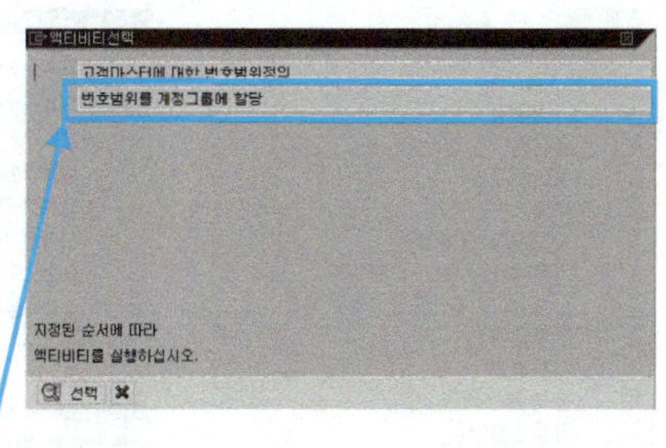

"고객 계정그룹->번호범위" 뷰 변경: 개요

그룹	이름	번호범위
Z001	백화점 고객 계정 그룹	01
ZAG1		07
ZAG2		08
ZAPO		XX
ZARG		02
ZCPG		07
ZCRM		08
ZHOS		XX
ZINT		02
ZK01	판매처	XX

4.3 파트너 결정 설정

다음으로는 신규 고객계정그룹에서 수행하게 될 파트너결정 기능을 지정하도록 한다. [그림 5-19]에서 보듯이 커스토마이징 툴의 판매관리의 기본기능에서 ①의 파트너 결정 메뉴를 실행한다. 그리고 ②의 "고객마스터에 대한 파트너결정 설정"을 더블 클릭한다.

[그림 5-20]의 ①과 같이 계정그룹-기능지정을 더블 클릭하고, 신규 엔트리 버튼을 누른다. 그리고 ②와 같이 SP, SH, PY, BP에 신규 고객계정그룹인 Z001을 입력한다. 이로써 백화점 고객계정그룹으로 고객마스터데이터를 생성하면 판매처, 인도처, 지급처, 청구서를 지정할 수 있다.

그림 5-19 파트너 결정을 위한 메뉴경로

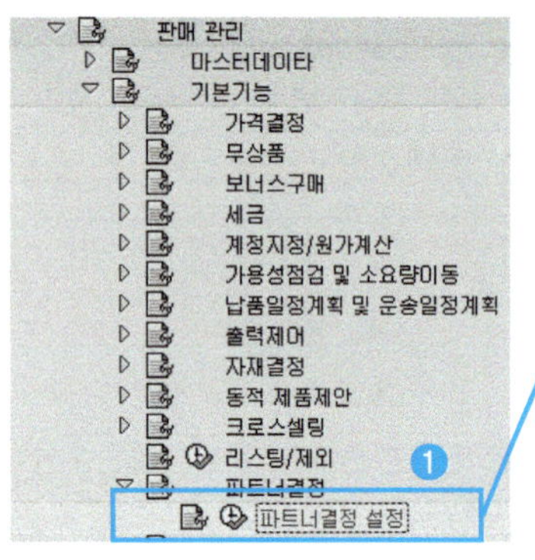

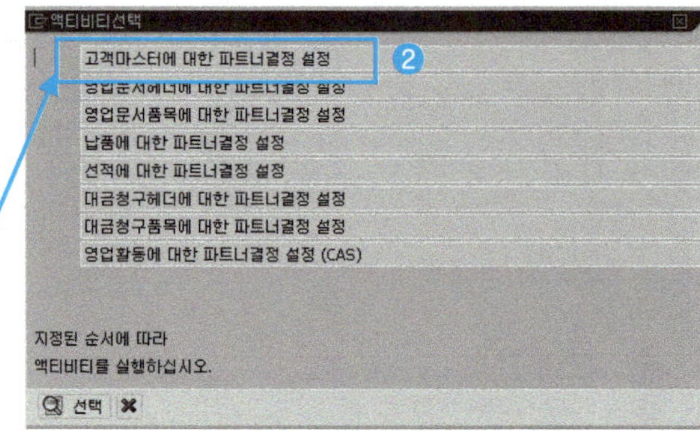

그림 5-20 파트너 결정 설정화면

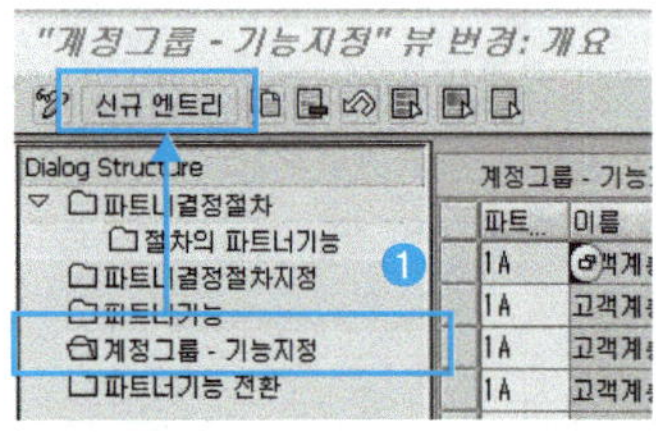

신규 엔트리: 추가된 엔트리 개요

Dialog Structure: 파트너결정절차 / 절차의 파트너기능 / 파트너결정절차지정 / 파트너기능 / 계정그룹 - 기능지정 / 파트너기능 전환

계정그룹 - 기능지정 ❷

파트..	이름	계정그룹	이름
SP	판매처	Z001	백화점 고객 계정 그룹
SH	인도처	Z001	백화점 고객 계정 그룹
PY	지급처	Z001	백화점 고객 계정 그룹
BP	청구처	Z001	백화점 고객 계정 그룹

4.4 신규고객계정그룹 생성여부 확인

T코드 XD01을 실행하고 고객마스터데이터 생성화면에서 계정그룹의 리스트 박스를 열어서 신규로 생성한 백화점 고객계정그룹이 나타나는지를 확인한다. [그림 5-21]에 신규로 커스토마이징한 백화점 고객계정그룹이 나타나는 것을 확인할 수 있다. 신규 고객계정그룹에 대한 속성도 이미 정의되어 있다.

그림 5-21 신규고객계정그룹 확인

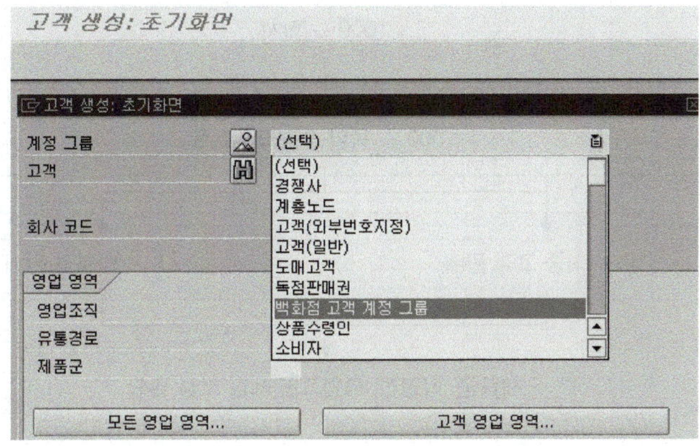

05 영업영역 신규 생성

비즈니스 시나리오

동양주식회사 영업영역을 세팅해 보도록 하자. 회사가 백화점 입점을 통한 영업을 신규로 시작하기로 하고, ERP 팀에서 백화점에 대한 판매를 신규 유통경로로 신설하기로 결정하였다. 신규 유통경로 신설에 의한 기업구조를 세팅하시오. 또한 기존 자재마스터가 신규 유통경로에 판매가 허용이 되도록 마스터를 조정하고, 가격마스터를 등록하고, 앞에서 생성한 신규고객계정그룹으로 고객을 새로 등록한 후에, 등록한 고객을 이용하여 영업오더를 생성해서 확인하라.

5.1 유통경로 정의

T코드 SPRO를 실행한 후에 신규 백화점 유통경로를 정의하기 위해 [그림 5-23]의 ①과 같이 해당 메뉴를 실행하고, 새로운 엔트리를 등록하기 위해 신규 엔트리 버튼을 클릭한다. ③과 같이 새로 생성할 유통경로코드와 유통경로의 이름을 입력한 후 엔터 를 누른다. 버튼을 눌러 새로운 유통경로코드를 저장한다.

그림 5-22 신규 백화점 유통경로

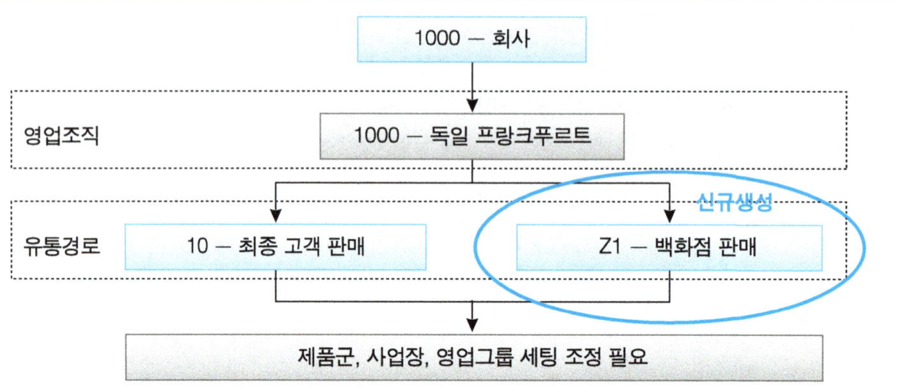

그림 5-23 유통경로 정의 과정

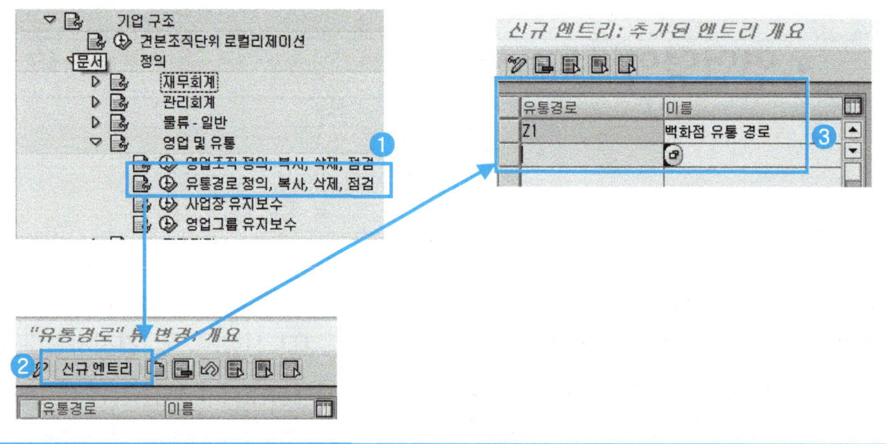

5.2 영업조직에 유통경로 연결

영업조직에 신규 생성한 백화점 유통경로를 연결하기 위해 [그림 5-24]의 화면에서 ①의 해당 메뉴를 실행하고, ②와 같이 1000번 영업조직에 커서를 놓고 지정 버튼을 클릭한다. ③에서 추가할 유통경로를 선택한 후 ✔ 버튼을 클릭한 후, 정상적으로 추가된 것을 확인하고 💾 버튼을 눌러 저장한다.

그림 5-24 영업조직에 유통경로를 지정하는 과정

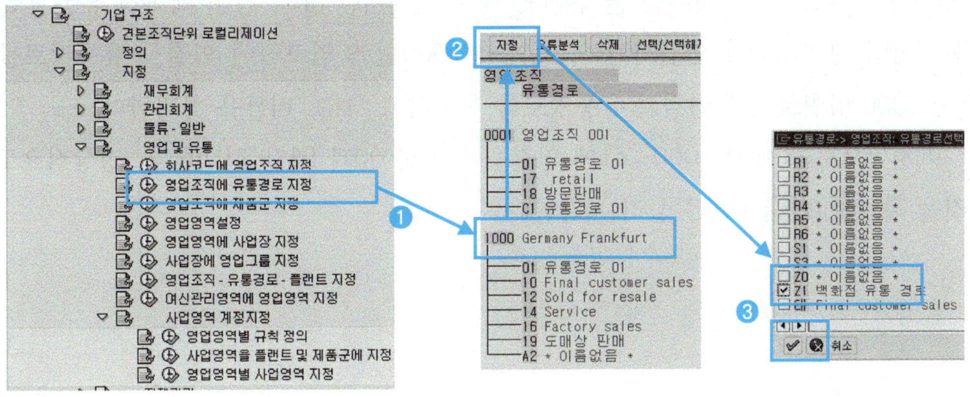

5.3 영업영역 설정

1부의 이론 및 기능에서 학습했듯이 영업영역은 영업조직, 유통채널, 제품군으로 구성되어 영업문서를 생성하는 조직이다.

그림 5-25 영업영역 설정 과정

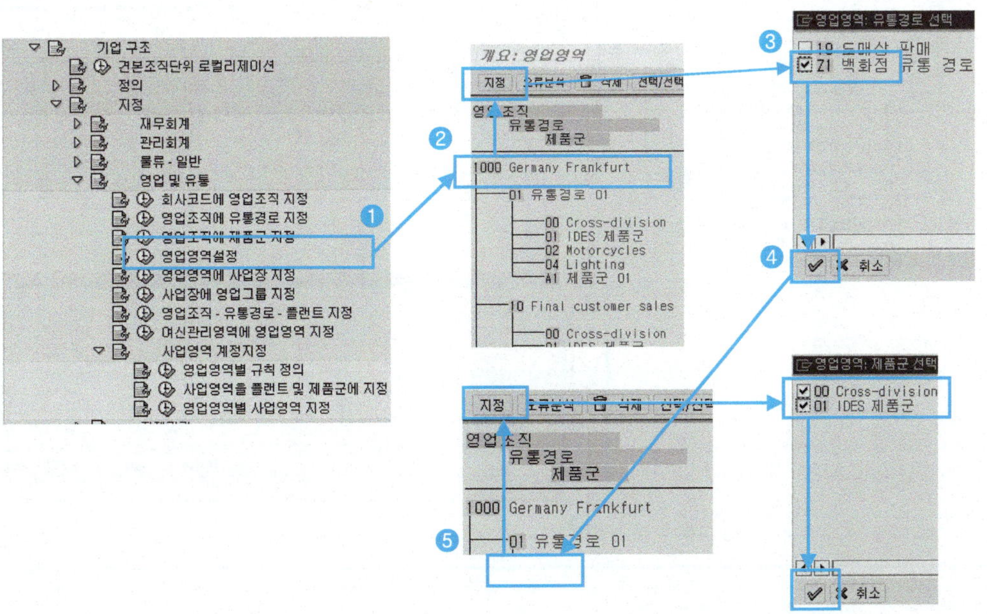

[그림 5-25]에서 영업영역을 설정하는 ①의 해당 메뉴를 실행하고, ②의 1000 영업조직을 선택하고 지정 버튼을 클릭한다. 이 예제에서는 ③과 같이 백화점 유통경로인 Z1을 선택하여 영업조직과 연결시킨다. ⑤에서 1000번 영업조직에 연결할 유통경로를 선택한다. 1000 영업조직에 연결된 유통경로를 선택하고 지정 버튼을 클릭한다.

마지막으로 ⑥에서 1000-Z1에 연결될 제품군 00과 01을 선택한다. 정상적으로 연결된 것을 확인하고 버튼을 눌러 저장한다.

5.4 영업영역에 사업장 지정

[그림 5-26]의 ①에서 해당 메뉴를 실행한다. 영업영역에 사업장을 연결하기 위해 사업장을 추가할 영업영역에 커서를 놓고 지정 버튼을 클릭하고, ③에서 추가할 사업장을 선택하고 ✔ 버튼을 클릭한다. 본 예제에서는 서울영업부와 남부영업부를 사업장으로 추가시킨다. 정상적으로 추가된 것을 확인하고 버튼을 눌러 저장한다.

그림 5-26 영업영역에 사업장을 지정하는 과정

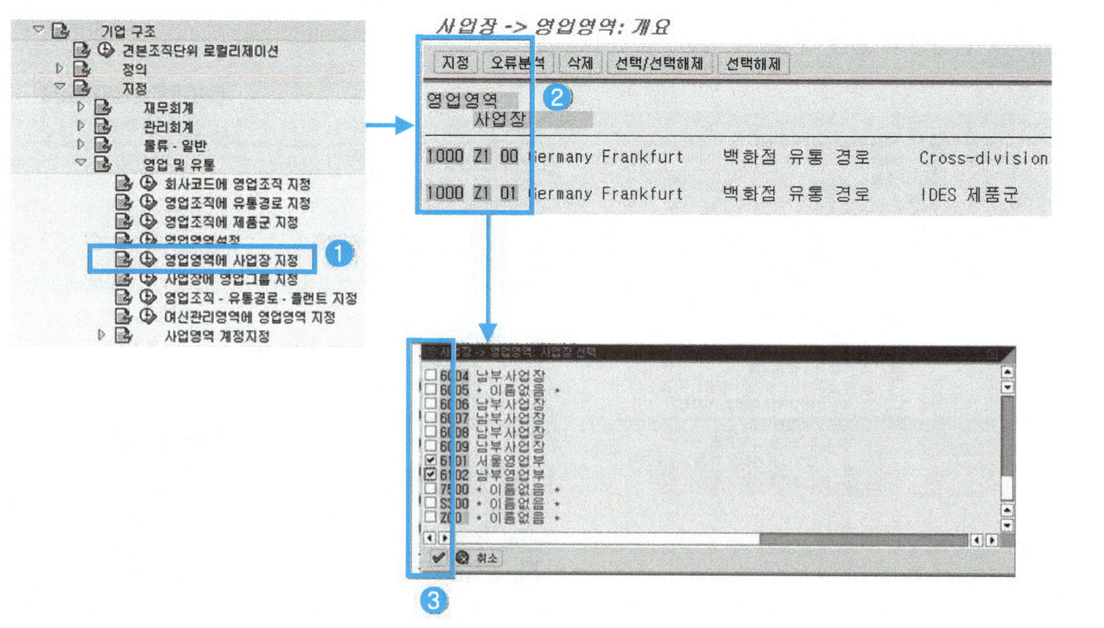

5.5 영업조직 및 유통경로에 플랜트 지정

영업조직과 유통경로를 통해 제품이 판매될 때, 실제 출하가 되어 제품이 나가는 납품플랜트를 지정해 놓아야 한다.

[그림 5-27]의 ①에서 해당 메뉴를 실행하고, 영업조직과 유통경로에 플랜트를 연결하기 위해 플랜트를 추가할 영업조직-유통경로에 커서를 놓고 ②의 지정 버튼을 클릭한다. ③에서 추가할 플랜트를 선택하고 ✔ 버튼을 클릭한다. 정상적으로 추가된 것을 확인하고 💾 버튼을 눌러 저장한다.

그림 5-27 영업조직과 유통경로에 플랜트 지정 과정

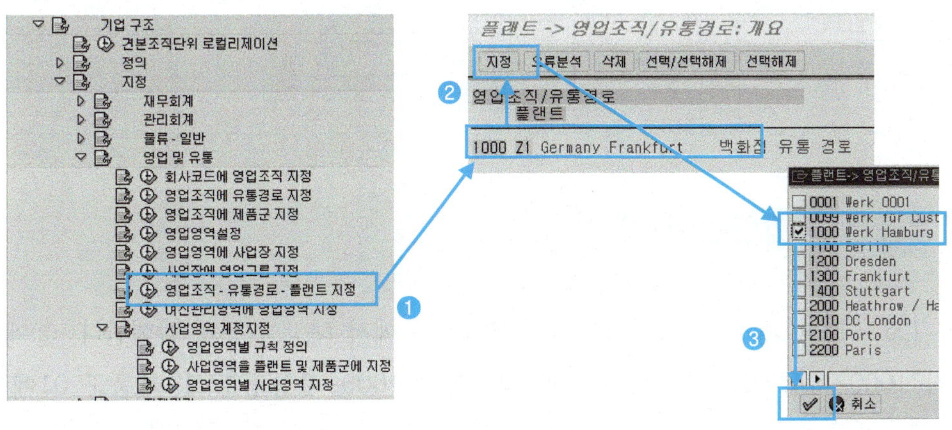

5.6 가격결정절차 지정

해당 영업영역에서 영업오더를 생성할 때 자동으로 가격을 결정하는 절차를 정의해야 한다.

[그림 5-28]의 ①에서 해당 메뉴를 실행한다. 그리고 ②의 가격결정절차결정정의를 더블 클릭한다. 신규 엔트리 를 클릭하고 ④에서 1000-Z1-00-A-1-RVAA01 -PR00와 1000-Z1-01-A-1-RVAA01-PR00를 입력한 후 💾 버튼을 눌러 저장한다. 이것은 RVAA01이라는 표준가격결정 절차를 두개의 영업영역에 그대로 적용시킨다는 의미이다.

그림 5-28 가격결정절차 지정과정

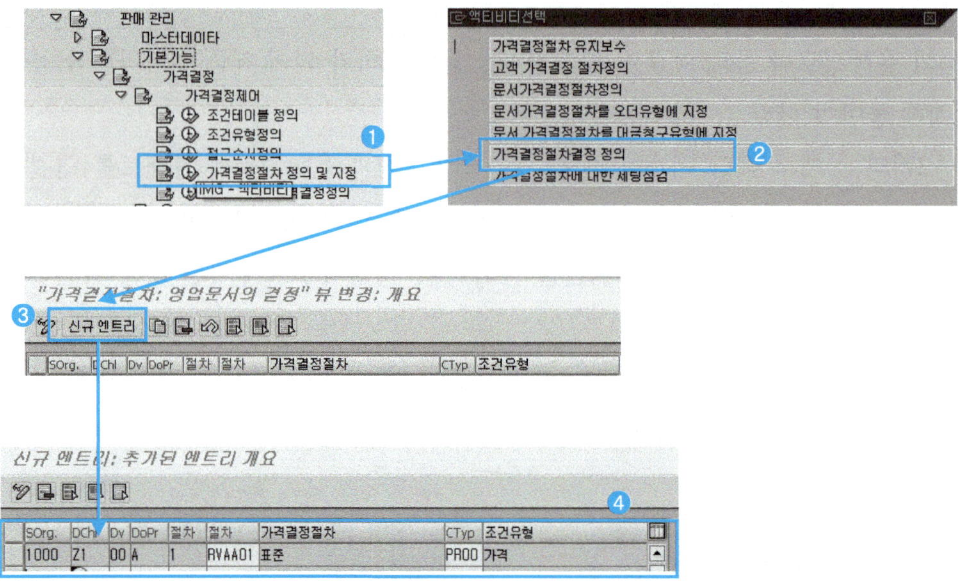

5.7 사업영역 결정 지정

T코드 SPRO를 실행한 후 [그림 5-29]의 ①에서 해당 메뉴를 실행한다. ②에서 영업조직 1000-유통경로Z1-제품군00과 영업조직 1000-유통경로Z1-제품군 01에 규칙 1을

그림 5-29 사업영역 결정규칙을 정의하는 과정

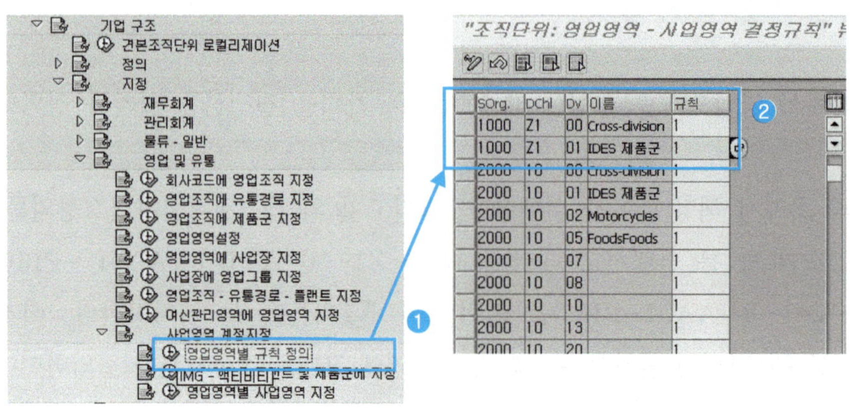

입력하고 버튼을 눌러 사업영역(Business Area)을 결정할 수 있다.

5.8 신규 영업영역에 오더유형 허용

새로 만든 영업영역에 오더유형을 지정하기 위해 [그림 5-30]의 ①처럼 "영업문서 유형에 영업영역 지정" 메뉴를 실행한다. 그리고 ②의 유통경로조합을 더블 클릭한다. 영업조직 1000-유통경로 Z1에 참조 유통경로인 10을 넣어 준다. 버튼을 눌러 저장한다. 이곳에서 지정하는 오더유형만 영업오더 생성이 가능하다.

그림 5-30 신규 영업영역에 오더유형을 지정하는 과정

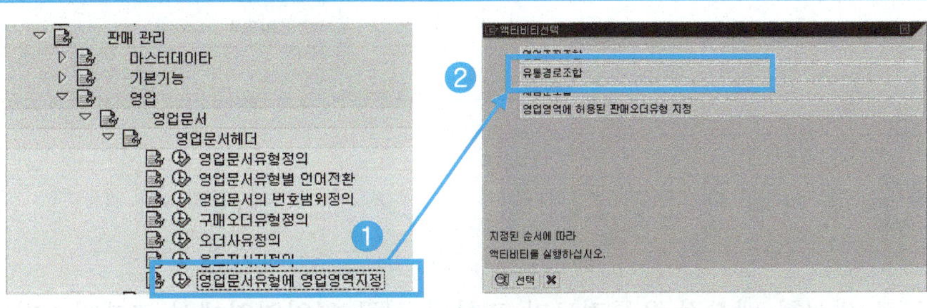

"영업조직별 유통경로 - 오더유형지정" 뷰 변경: 개요

SOrg.	DChl	이름	유통경로	이름
0001	01	유통경로 01		
0001	17	retail		
0001	18	방문판매		
0001	C1	유통경로 01		
1000	01	유통경로 01	10	Final customer sales
1000	10	Final customer sales	10	Final customer sales
1000	12	Sold for resale	10	Final customer sales
1000	14	Service	14	Service
1000	16	Factory sales	16	Factory sales
1000	19	도매상 판매	19	도매상 판매
1000	A2		10	Final customer sales
1000	Z1	백화점 유통 경로	10	al customer sales

③

그림 5-31 신규 영업영역에서 사용할 고객마스터데이터 생성

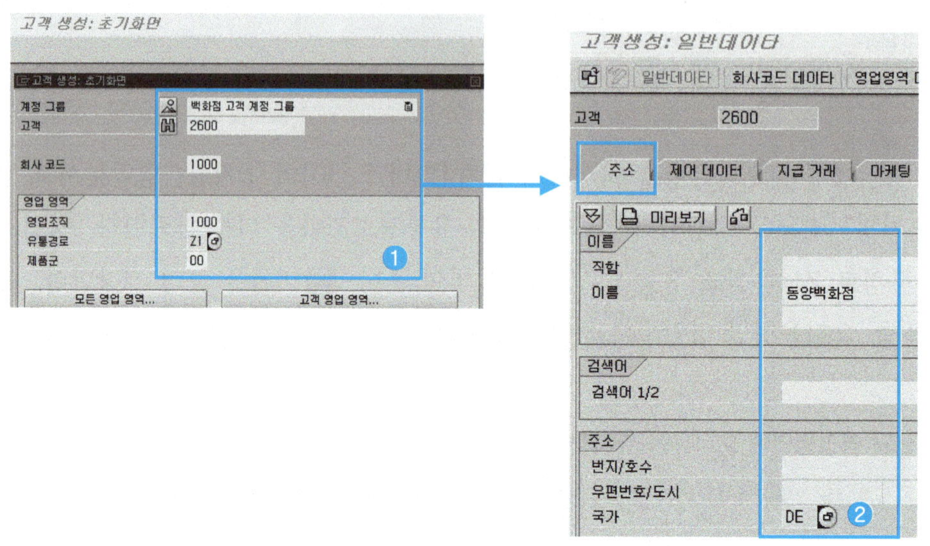

5.9 추가된 영업영역의 활용–고객마스터데이터 생성

신규로 생성한 백화점 유통경로가 포함된 신규 영업영역에서 고객마스터가 제대로 생성되고, 나아가 제반 영업문서가 성공적으로 생성되는지 검증을 해보도록 하자.

T코드 XD01을 실행한 후 [그림 5–31]의 ①에 신규 생성한 백화점 고객계정그룹을 선택하고 생성할 신규 고객번호를 입력한다. 회사코드 1000, 그리고 영업조직 1000을 입력하고 유통경로는 앞에서 신규 생성한 Z1을 입력하고 제품군 00을 입력한다. ②에 신규 고객의 상호명을 입력하고, 고객이 위치한 국가코드를 입력한다. 본 예제에서는 신규 고객의 이름을 동양백화점으로 입력하였고, 국가코드는 독일(DE)로 입력하였다.

[그림 5–32]에서 보듯이 제어데이터 탭에 있는 ①의 세금번호1에 사업자 대표의 주민번호를 입력하고, 세금번호 2에 사업자번호를 입력한다. 회사코드 데이타 창의 계정관리 탭 안에 있는 ②의 조정계정에는 이 고객에 대한 외상매출금이 발생할 때 사용할 계정과목번호(AR계정)를 입력한다.

그림 5-32 제어데이터 탭에 있는 세금번호와 계정관리 탭에 있는 조정계정 입력

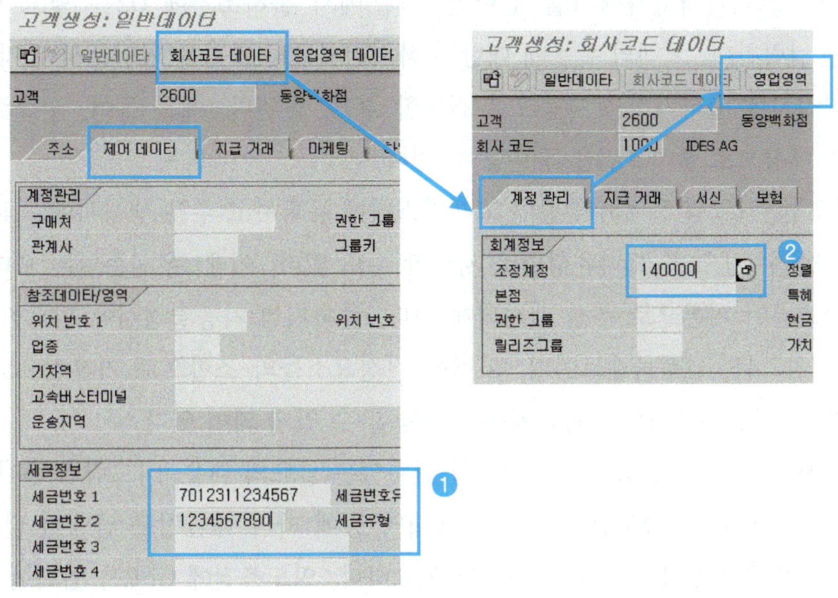

그림 5-33 영업영역 데이터의 영업 탭과 출하 탭

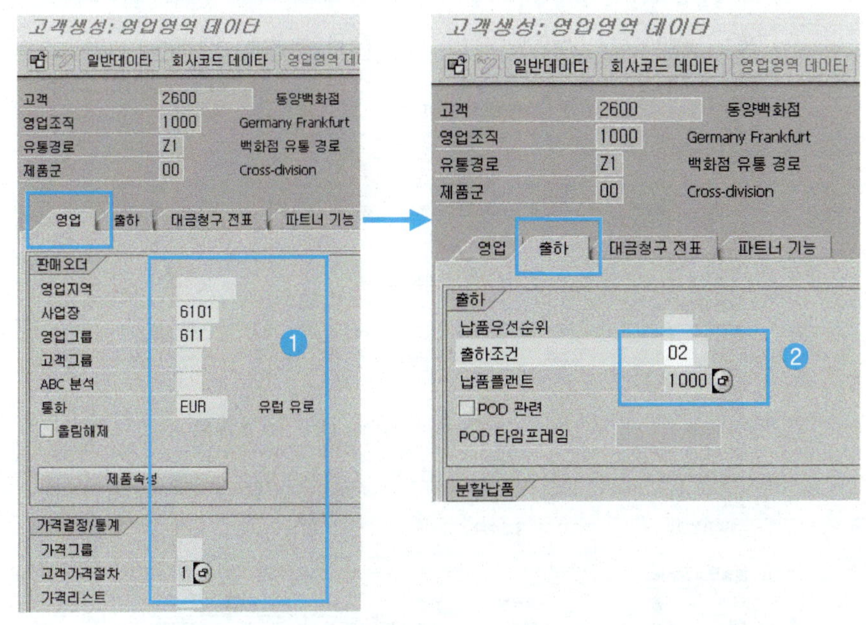

[그림 5-33]과 같이 ①에서 사업장에 서울영업부, 영업그룹에 서울팀을 입력하고 통화에 EUR, 고객가격절차에 1을 입력한다. ②에서 출하조건에 02를 넣고 납품플랜트에 1000을 입력한다. 고객의 주문에 대한 출하처리시 출하조건을 영업문서에 지정하면, 납품문서 작성시에 출하지점을 자동으로 결정할 수 있게 된다. 예를 들어, 수출주문의 경우에 항공 및 해상으로 출하조건을 구분할 수 있다.

출하조건은 [그림 5-33]과 같이 고객마스터에 등록하고 주문 생성시에 기본적으로 제시되도록 할 수 있으며, 오더유형별로 지정할 수도 있다. 이때, 우선순위는 오더유형에 지정된 출하조건이 기본으로 우선 제시되게 된다. 출하지점 자동결정시에 필요한 요소는 출하조건, 적하그룹, 납품플랜트이며, 이러한 결정요소들의 조합으로 기본적으로 출하지점을 우선 제공하고, 수작업으로 출하지점을 변경할 수 있게 되어 있다.

주문입력시의 가격결정과 대금청구와 관련있는 필드의 내용이 [그림 5-34]에 나타나 있다. 인도조건이나 지급조건 그리고 세금내역 등에 따라 대금청구 금액이 달라질 것이며, 대금청구 후에 계정을 지정하는 기능도 필요하다. 인도조건에 CFR을 입력한다. 그리고 그

그림 5-34 영업영역 데이터의 대금청구 전표 탭

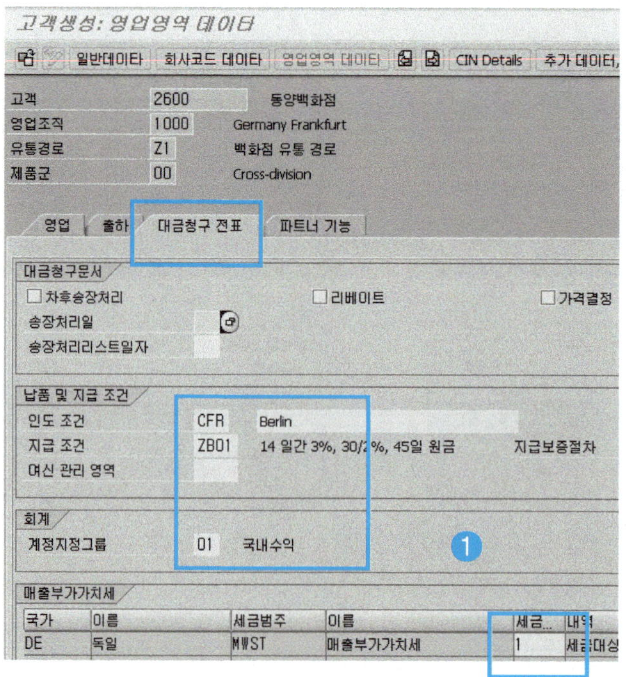

그림 5-35 영업 영역데이터의 파트너 기능탭

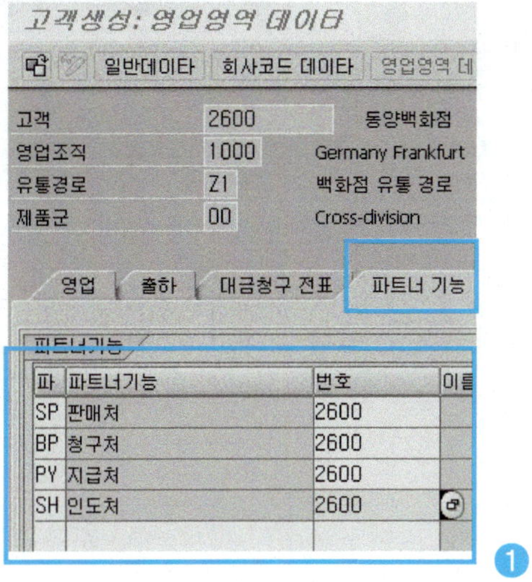

옆에 Berlin을 입력하고, 지급조건에 ZB01을 입력하고, 계정지정그룹에 01, 세금에 1을 입력한다.

[그림 5-35]의 파트너 기능탭에 있는 SP, BP, PY, SH에 모두 신규 생성하는 고객번호를 동일하게 넣어준다. 이것은 판매처, 청구처, 지급처, 그리고 인도처가 모두 동일하다는 의미이다. 그리고 버튼을 눌러 신규 고객을 저장한다. 고객마스터를 생성할 때 기존의 고객인 1000을 복사하여 생성하면 입력해야 할 필드가 훨씬 줄어든다.

5.10 추가된 영업영역의 활용-자재마스터 생성

T코드 MM01을 실행한 후 [그림 5-36]의 ①에 있는 〈자재〉필드에 새로운 유통경로에 등록하고자 하는 자재번호를 입력한다. 그리고 산업구분을 기계공학으로 선택하고, 자재유형을 교역품으로 선택하여 엔터 를 친다. ②에서 영업에 관련된 뷰를 선택하고 버튼을 누른다. ③의 영업조직에 1000을 넣고, 유통경로에는 앞에서 새로 만든 백화점 유통경로인 Z1을 넣고 버튼을 누른다.

[그림 5-37]의 〈영업:판매조직1〉 탭 안에는 여러 가지 필드가 있지만, 납품플랜트 필드에 1000을 입력하고 세금코드에 1을 입력한다. 그리고 〈영업:판매조직2〉 탭을 누른다.

그림 5-36 자재마스터데이터 생성 초기화면

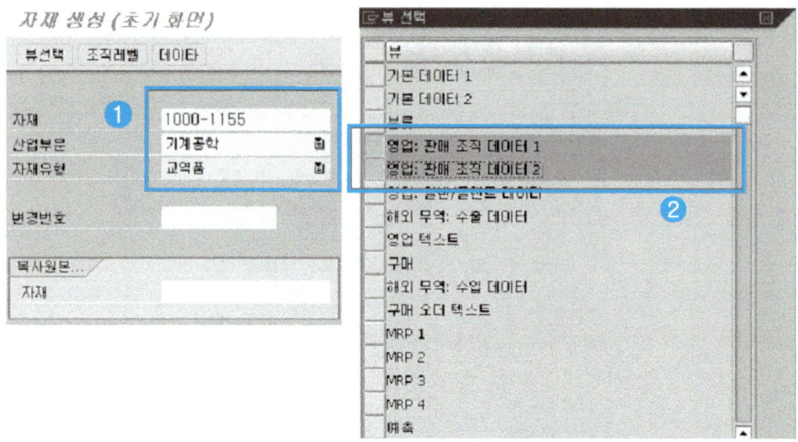

그림 5-37 영업:판매조직1 탭의 모습

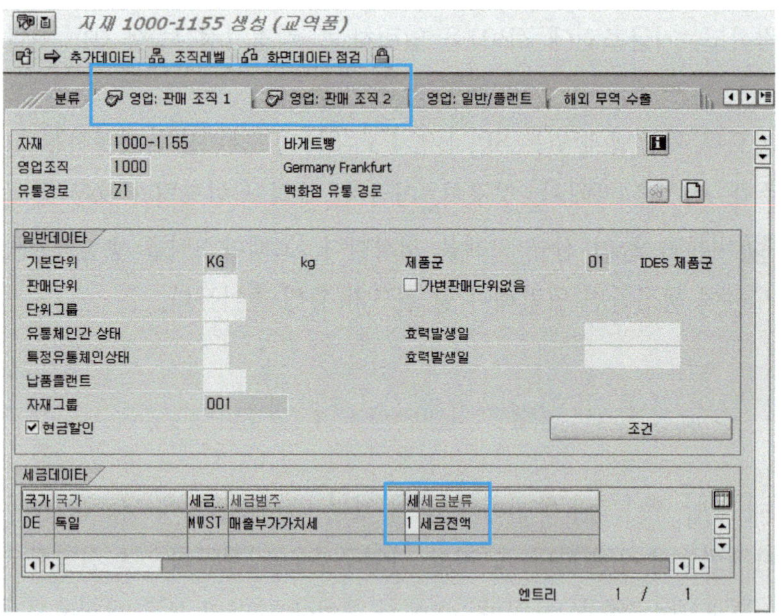

그림 5-38 영업:판매조직2 탭의 모습

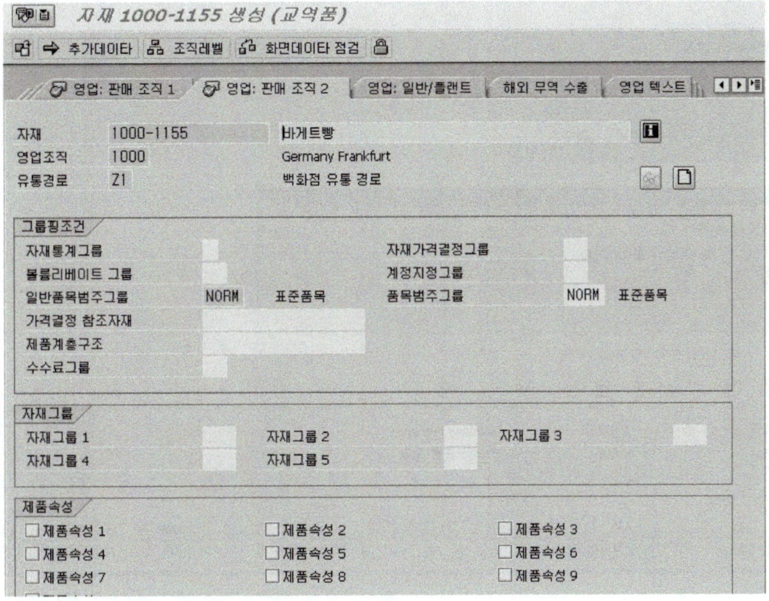

[그림 5-38]의 〈영업:판매조직2〉 탭 안에는 여러 필드가 있지만 꼭 필요한 것들이 아니기 때문에, 일반품목 범주그룹 필드만 확인한 후 버튼을 누른다.

5.11 추가된 영업영역의 활용-조건 마스터데이터 생성

T코드 VK11을 실행 한 후 [그림 5-39]의 ①에서 조건유형에 PR00를 넣고 키조합 버튼을 클릭한다. ②에서 릴리즈 상태의 자재를 선택한 후 버튼을 누른다. 영업조직에 1000, 유통경로에 신규로 생성한 백화점 유통경로인 Z1을 입력한 후에, ③에서 자재번호에 1000-1155를 넣고 금액에 판매하고자 하는 가격인 1100유로를 넣은 후 엔터 를 친다. 데이터를 확인하고 버튼을 눌러 저장한다.

그림 5-39 자재에 대한 가격 입력

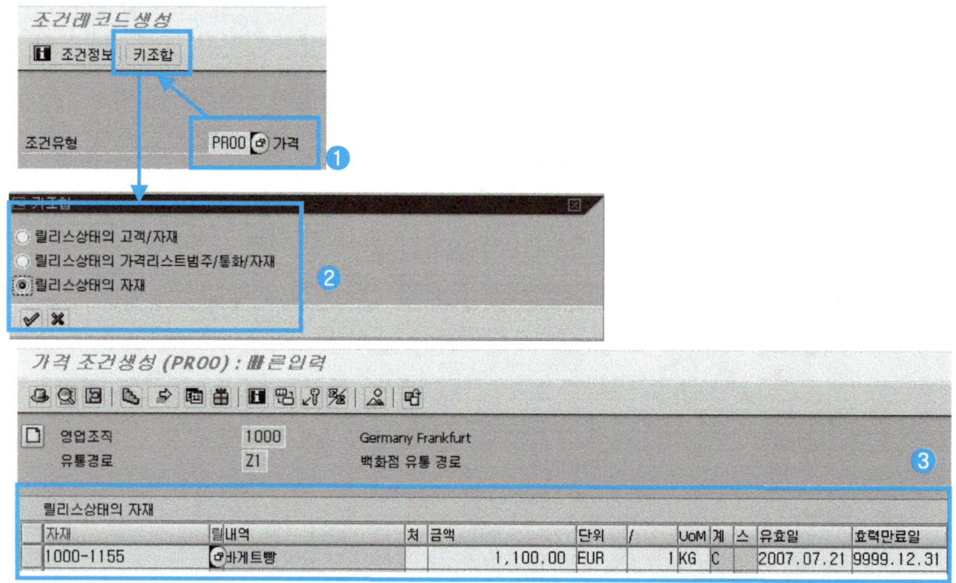

5.12 추가된 영업영역의 활용-영업오더 생성

지금까지 신규로 영업영역을 생성한 이후에, 관련컨피규레이션과 마스터데이터들이 제대로 수행되었는지를 검증하기 위해, 신규 영업영역에서 영업오더를 생성하도록 한다. T코드 VA01을 실행 한 후 영업조직에 1000을 넣고 유통경로에 Z1, 제품군에 00을 넣고 엔터를 친다.

그림 5-40 신규 유통경로의 영업오더 생성 초기화면

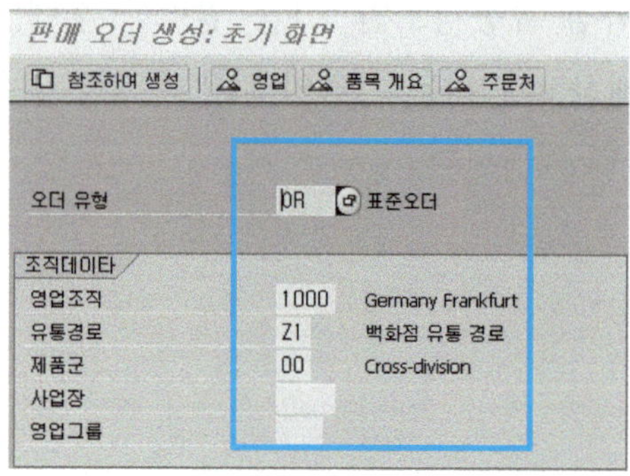

[그림 5-41]의 영업오더 입력화면에서 판매처에 신규로 생성한 고객마스터데이터인 2600을 넣는다. 신규로 생성한 자재인 1000-1155를 넣고, 오더수량에 판매하고자 하는 수량인 1을 넣고 엔터 를 친후 저장한다. 이렇게 영업오더를 생성하는데 성공했다.

지금까지 신규로 백화점 유통경로를 생성함으로써 새로운 영업영역을 생성하는 커스토마이징을 하였다. 또한 신규로 백화점 고객계정그룹 내의 2600번 고객마스터데이터를 만들었으며, 백화점 유통경로에서 유통될 수 있는 바게트빵 자재 1000-1155를 신규로 생성하여 이들을 이용하여 영업오더를 만들었다는 것은 성공적으로 관련세팅을 마쳤다는 것을 의미한다.

지금까지 12개의 과정을 거쳐 하나의 유통경로를 신규로 생성하고 영업영역을 생성했을 경우에 해주어야 할 제반 컨피규레이션과 마스터데이터의 생성 과정들을 살펴보았다.

그림 5-41 신규생성한 고객과 자재를 사용한 영업오더 입력

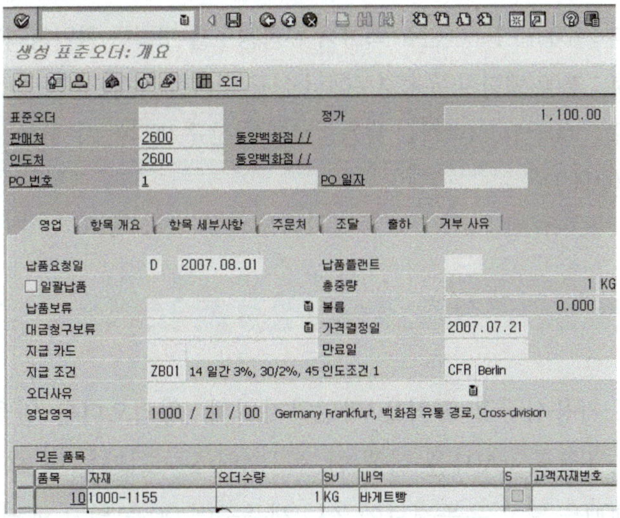

06 가용성점검 규칙 컨피규레이션

비즈니스 시나리오

동양주식회사는 가용성점검 규칙을 수립하고자 한다. 현재 회사의 가용성점검 규칙은 가용재고에 구매오더를 더한 수량에 판매오더와 납품요청 수량을 모두 제외한 수량을 미래 가용재고로 계산하는 규칙이 적용되고 있다. 하지만, 앞으로는 가용재고에 구매오더를 더한 수량에 납품요청 수량만을 제외한 수량을 미래 가용재고로 계산하는 규칙을 사용하기로 결정하였다. 이는 판매주문의 변경이 빈번하여 납품요청이 생성된 수량만을 확정 납품수량으로 인정해야 한다는 회사의 정책변화 때문이다. 현재 상태로 미래 가용재고수량이 어떻게 계산되는지 수량을 확인하고, 가용성점검 규칙을 변경하고, 규칙변경 이후의 가용재고수량을 확인하라.

- 오더유형 : OR
- 영업영역 : 1000-Z1-00(신규 백화점 유통경로를 포함한 영업영역)
- 고객번호 : 2600(백화점 유통경로에서 신규 생성한 고객)
- 자재코드 : 1000-1155(백화점 유통경로에서 신규 생성한 자재)
- 수량 : 100,000

6.1 현재 상태에서의 가용성점검 확인

현재 상태의 가용성점검 규칙을 확인하기위해, 영업오더를 만들어 가용수량을 확인해 보도록 하겠다. T코드 VA01을 실행 한 후 [그림 5-42]와 같이 오더유형에 OR을 넣는다. 영업조직에 1000을 넣고 유통경로에 Z1, 제품군에 00을 넣고 엔터를 친다.

그림 5-42 가용성점검 확인을 위한 영업오더 생성

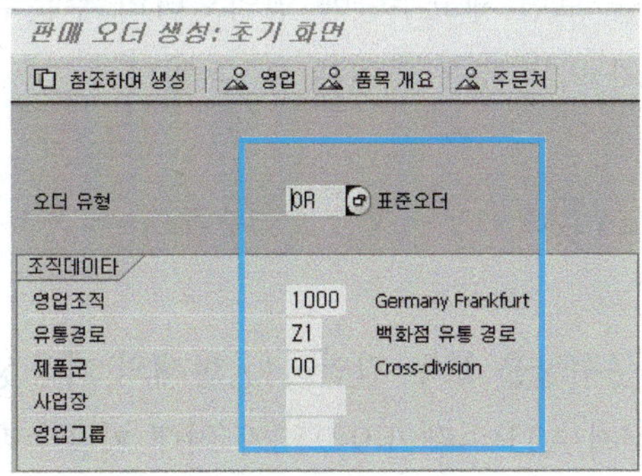

[그림 5-43]에서 판매처에 2600을 넣고 자재코드에 1000-1155, 오더수량에 100,000을 넣고 엔터를 친다. 가용성제어화면의 ②에서 주문가능한 수량(9,942)이 화면에 나타나게 된다. ③의 ATP 수량 버튼을 눌러 ATP 상세화면에 들어간다.

그림 5-43 주문 입력 후 주문가능한 수량 확인

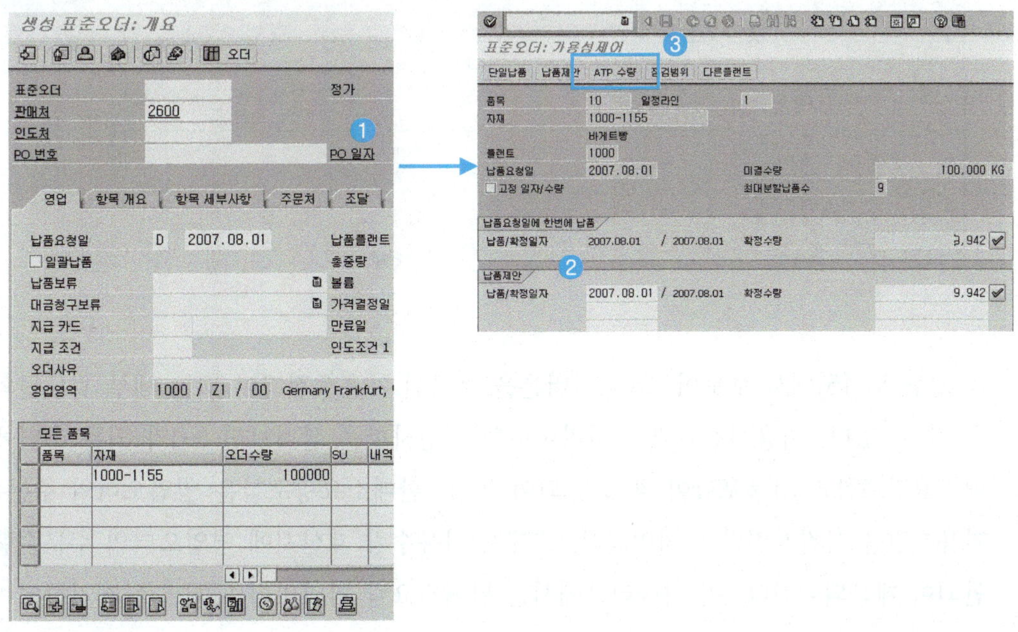

[그림 5-44]에서 가용성점검 필드에 01이 입력되어 있고 점검규칙이 A인 것을 확인할 수 있다. 또한 ATP상황을 보면 재고수량에 영업오더의 주문수량들이 소요량으로 감안이 되어, 가용재고가 9,942가 되는 것을 확인해 볼 수 있다.

현재 재고수량(9,992) – 확정 오더수량(50) = 가용수량(9,942)

따라서 영업오더의 주문수량을 모두 감안하는 현재의 가용성점검 규칙하에서는 시뮬레이션 소요량 칸에 있는 누적 ATP수량인 9,942가 최대 가용수량이다.

버튼을 눌러 앞화면으로 다시 돌아간다.

그림 5-44 가용성점검 내역 확인

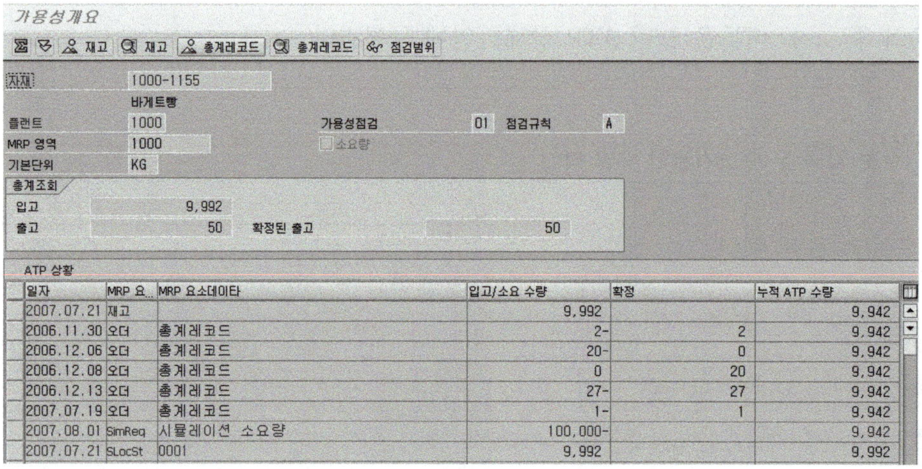

가용성개요

재고 | 재고 | 총계레코드 | 총계레코드 | 점검범위

자재 1000-1155
바게트빵
플랜트 1000 가용성점검 01 점검규칙 A
MRP 영역 1000 소요량
기본단위 KG

총계조회
입고 9,992
출고 50 확정된 출고 50

ATP 상황

일자	MRP 요..	MRP 요소데이타	입고/소요 수량	확정	누적 ATP 수량
2007.07.21	재고		9,992		9,942
2006.11.30	오더	총계레코드	2-	2	9,942
2006.12.06	오더	총계레코드	20-	0	9,942
2006.12.08	오더	총계레코드	0	20	9,942
2006.12.13	오더	총계레코드	27-	27	9,942
2007.07.19	오더	총계레코드	1-	1	9,942
2007.08.01	SimReq	시뮬레이션 소요량	100,000-		9,942
2007.07.21	SLocSt	0001	9,992		9,992

[그림 5-45]에서 보듯이 점검범위 버튼을 누르면 가용성점검이 되는 세부 필드들의 내역을 볼 수 있다. 가용성점검관련 파라미터의 세팅사항을 살펴보면 (–)가 되는 측면에서 판매소요량포함과 납품포함이 체크가 되어 있다. 판매소요량포함은 영업오더의 주문수량이 가용수량을 삭감시킨다는 의미이다. 그래서 가용수량 계산시에 영업오더의 주문수량도 감안되어 계산되어진다. 이 시나리오에서는 판매소요량 파라미터의 체크를 제거하여 납품요청만 가용성 수량을 삭감시키도록 조정하고자 한다.

그림 5-45 가용성점검 관련 세부 파라미터 세팅 확인

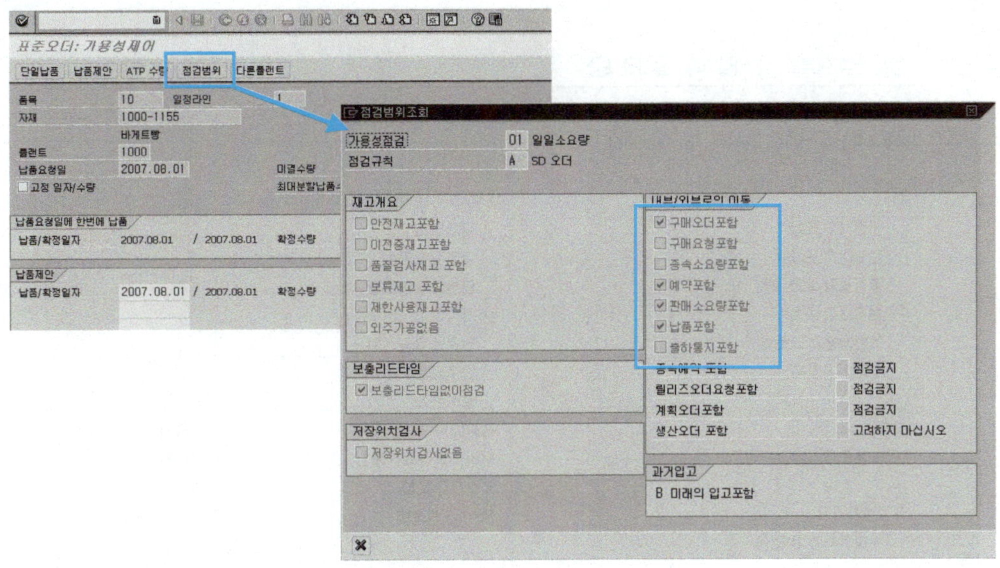

6.2 가용성점검 규칙 수정

가용성점검 규칙을 수정하기 위해 T코드 SPRO를 실행하고 [그림 5-46]에 있는 ①의 해당 메뉴를 실행시킨 후에, 영업오더의 가용성점검 내역에서 확인한 ②의 01(일일소요량)-A(SD 오더)라인을 더블 클릭한다.

그림 5-46 가용성점검의 제어실행 화면

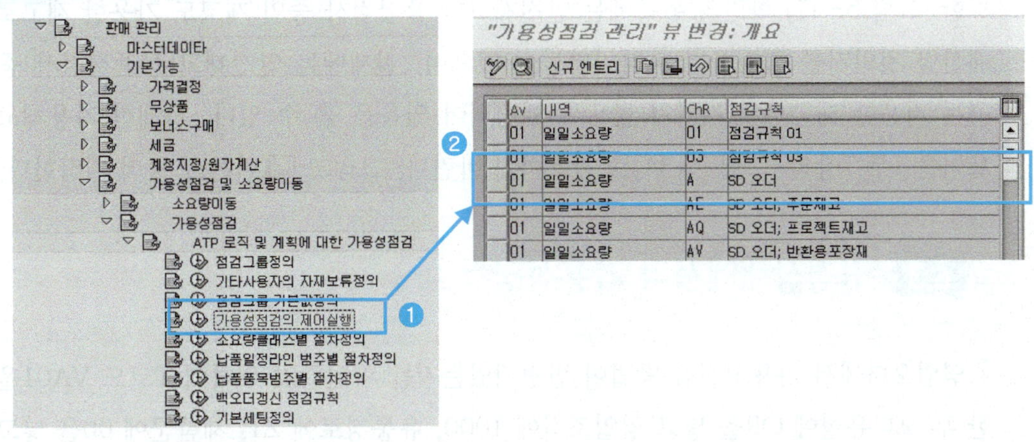

그림 5-47 가용성점검 관련 세부 파라미터 변경

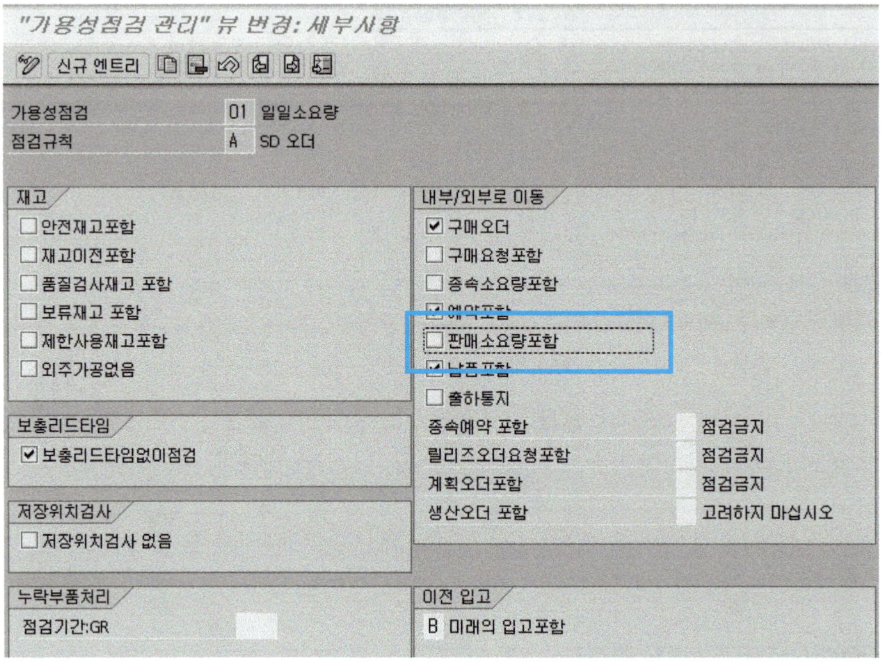

[그림 5-47]의 화면에서 판매소요량포함의 가용성점검 파라미터를 해제하면 앞으로 영업오더에 대한 주문수량은 가용재고를 계산할 때 제외된다. 영업오더의 주문수량 이외에도 고객의 납품요청일 이전에 입고되기로 되어 있는 구매오더나 구매요청 수량을 가용재고에 포함시킬 것인지, 포함시키지 않을 것인지를 파라미터 조정으로 용이하게 결정할 수 있다. 또한 [그림 5-47] 화면의 왼쪽에는 안전재고나 품질검사 중인 재고도 가용한 재고로 보고 계산할 것인지를 결정하는 파라미터들이 있으며, 현재에는 안전재고나 품질검사 중인 재고는 가용한 재고로 고려하지 않도록 세팅되어 있음을 볼 수 있다. 자세한 가용재고 증감 요인은 1부 7장의 [그림 7-34]를 참조하기 바란다. 그리고 버튼을 눌러 저장한다.

6.3 변경상태에서의 가용성점검 확인

영업오더에서 가용성점검 방법이 변경되었는지를 확인하기 위하여 T코드 VA01을 실행한 후 오더유형에 OR을 넣고 영업조직에 1000, 유통경로에 Z1, 제품군에 00을 넣고 엔터

그림 5-48 가용성점검 방법 변경 후 주문가능한 수량 확인

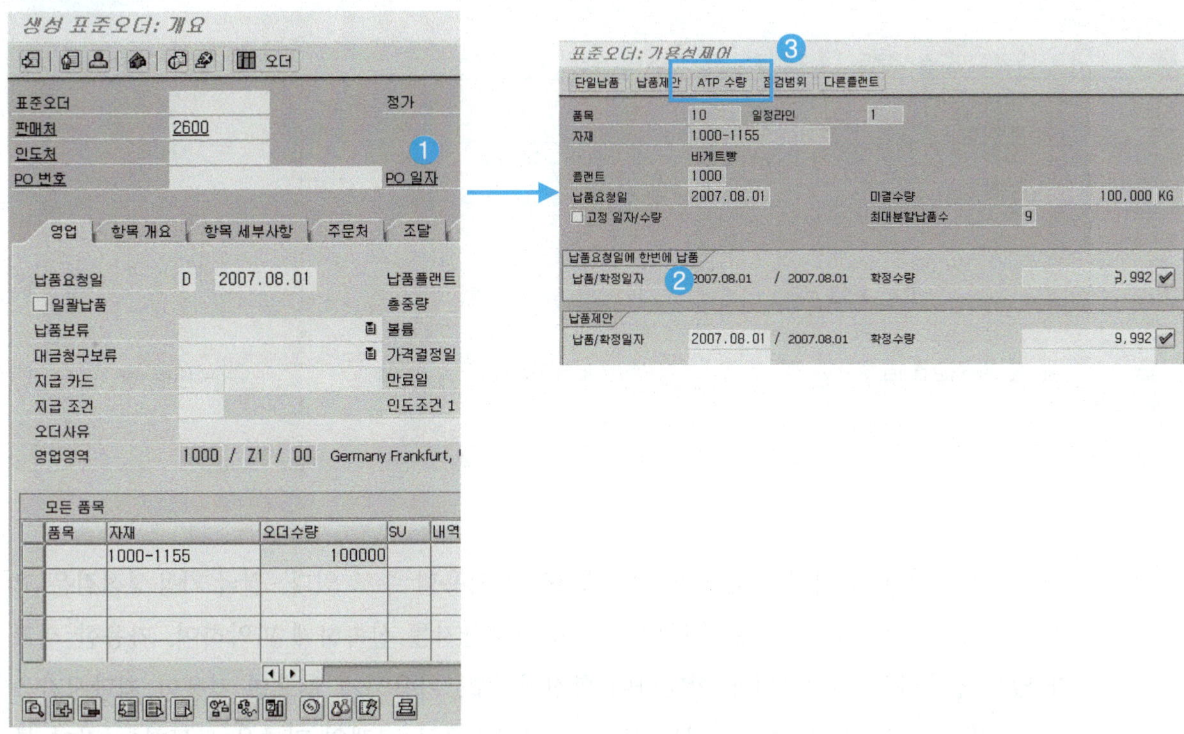

를 친다.

[그림 5-48]의 화면에서 판매처에 2600, 자재코드에 1000-1155, 오더수량을 100,000을 입력한 후 엔터 를 친다. 가용성점검 화면을 보면 ②에서 주문가능한 수량(9,992)이 화면에 나타나게 된다. 영업오더의 주문수량이 가용재고수량을 감소시키는 이전 세팅에서의 가용재고인 9,942보다 수량이 증가함을 알 수 있다. ③의 ATP 수량 버튼을 눌러 ATP 상세화면에 들어간다.

[그림 5-49]에서 이전의 가용성 상세화면과 비교해 보면, 영업오더에 대한 내용이 사라지면서 가용재고수량이 더 많이 계산이 되는 것을 확인할 수 있다. 즉, 영업오더의 주문수량이 가용한 재고수량을 소진시키지 않아 9,942가 9,992로 가용재고수량이 증대되었다.

앞에서 설명한 1부 7장의 [그림 7-34]에 있는 가용성증감 요인과 [그림 5-47]의 가용성점검 세부 파라미터 세팅내용을 잘 이해하면 기업의 상황에 맞는 가용성점검 규칙을 비교적 용이하게 ERP에 적용시킬 수 있다. 가용성점검은 영업영역이나 오더 유형별로, 또는

그림 5-49 가용성점검 방법 변경 후 가용성점검 내역 확인

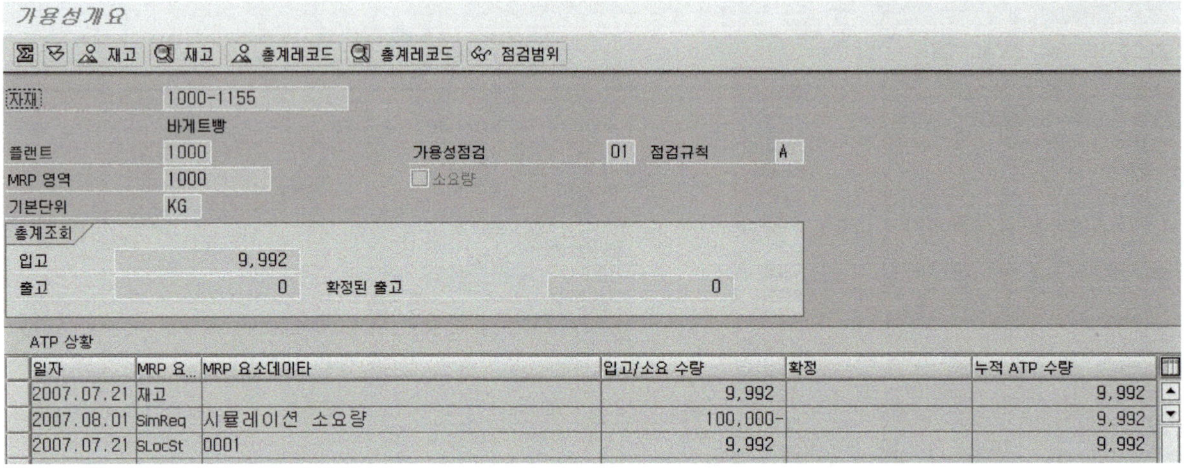

가용성개요

재고 | 재고 | 총계레코드 | 총계레코드 | 점검범위

자재 1000-1155
바게트빵
플랜트 1000 가용성점검 01 점검규칙 A
MRP 영역 1000 소요량
기본단위 KG

총계조회
입고 9,992
출고 0 확정된 출고 0

ATP 상황

일자	MRP 요...	MRP 요소데이타	입고/소요 수량	확정	누적 ATP 수량
2007.07.21	재고		9,992		9,992
2007.08.01	SimReq	시뮬레이션 소요량	100,000-		9,992
2007.07.21	SLocSt	0001	9,992		9,992

제품의 성격에 따라 다양한 점검방식을 세팅해서 사용할 수도 있다. 결국 가용성점검은 고객이 요청한 납품 일자에 주문수량의 납품이 가능한지를 신속하게 파악하여, 가용한 재고가 있는 경우에는 영업오더에 할당하여 확정시키고, 가용하지 않으면 가용한 최단시간을 고객에게 알림으로써 영업을 활성화시키고, 궁극적으로 고객의 만족을 도모하는 것이 목적이다.

07 납품문서 생성 및 출고전기

비즈니스 시나리오

지금까지 백화점에 납품하기 위한 세팅과 고객마스터데이터, 자재마스터데이터, 조건마스터데이터를 모두 등록했다. 그리고, 주문 입력 시 가용성점검을 위한 세팅도 마무리되었다. 다음으로는 신규로 생성한 백화점 유통경로에서 주문을 등록하고 납품문서를 생성하여 출고전기를 해보도록 한다.

- 오더유형 : OR
- 영영영역 : 1000-Z1-00
- 고객번호 : 2600
- 납품요청일 : Today + 10일
- 자재코드 : 1000-1155
- 수량 : 10

앞에서 여러번 영업오더를 만들어 보았기 때문에 이제 쉽게 영업오더를 만들 수 있을 것이다. T코드 VA01을 실행 한 후 오더유형에 OR을 넣고 영업조직에 1000, 유통경로에 Z1, 제품군에 00을 넣고 엔터 를 친다.

[그림 5-50]에서 고객코드 2600과 납품요청일, 자재코드 1000-1155, 수량 10을 넣고 엔터 를 친다. 그리고 ②의 자재입력 라인을 더블클릭하고, 여러 탭 중에서 ③의 출하탭을 클릭한다. ④에서 출하지점이 1000으로 되어 있는 것을 확인하고 버튼을 눌러 저장한다. 출하지점을 확인해야 아웃바운드 납품을 생성시켜야 할 지점을 정확히 알 수 있다.

그림 5-50 영업오더 입력 및 출하지점 확인

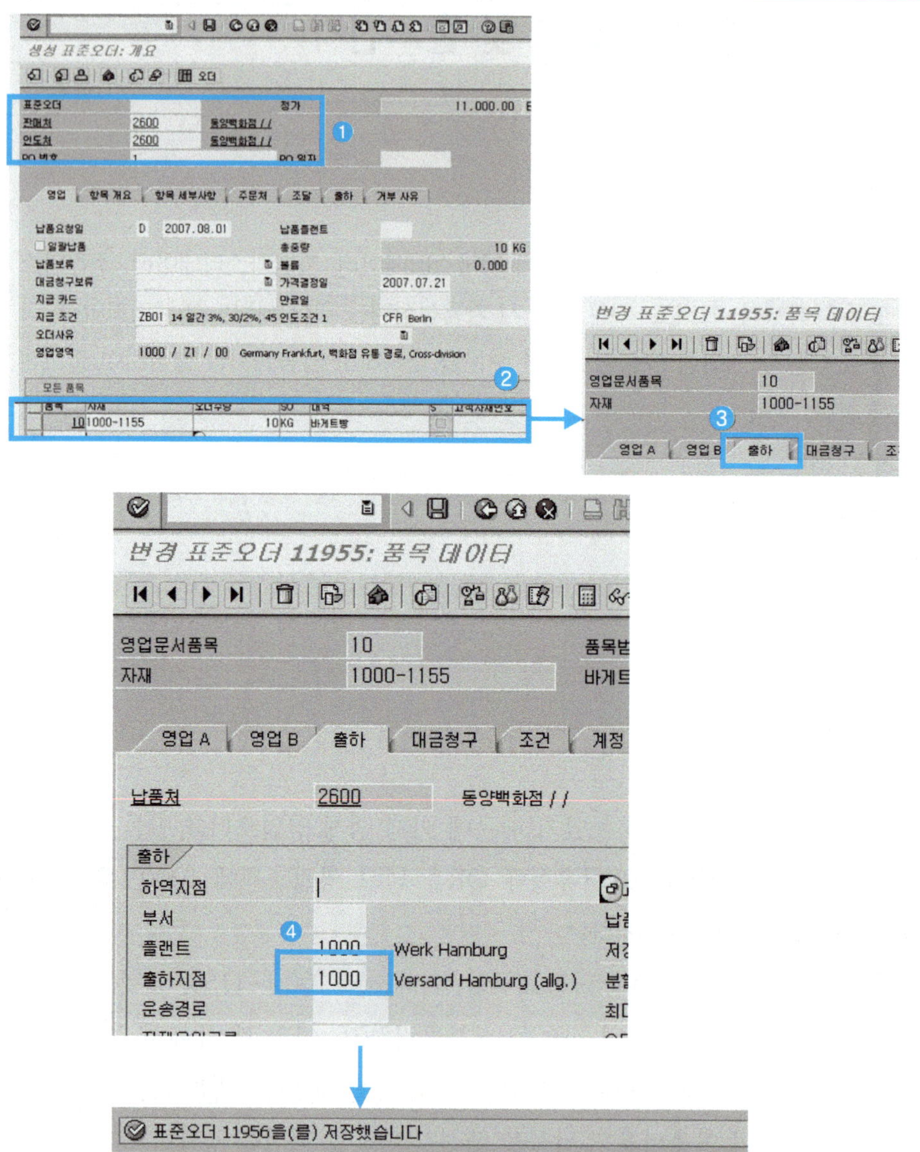

T코드 VL01N을 실행 한 후, [그림 5-51]의 ①에 있는 출하지점에 영업오더에서 확인했던 1000을 넣고 선택일에는 고객의 납품요청일을 입력한 후, 오더를 저장한 영업오더번호를 입력한다. 엔터 를 누르고 ②의 피킹 탭을 누른다.

피킹탭에서 ③의 피킹수량을 납품 수량만큼 입력하고, ④의 출고 전기 버튼을 눌러 납품

그림 5-51 남품문서 생성 및 출고전기 과정

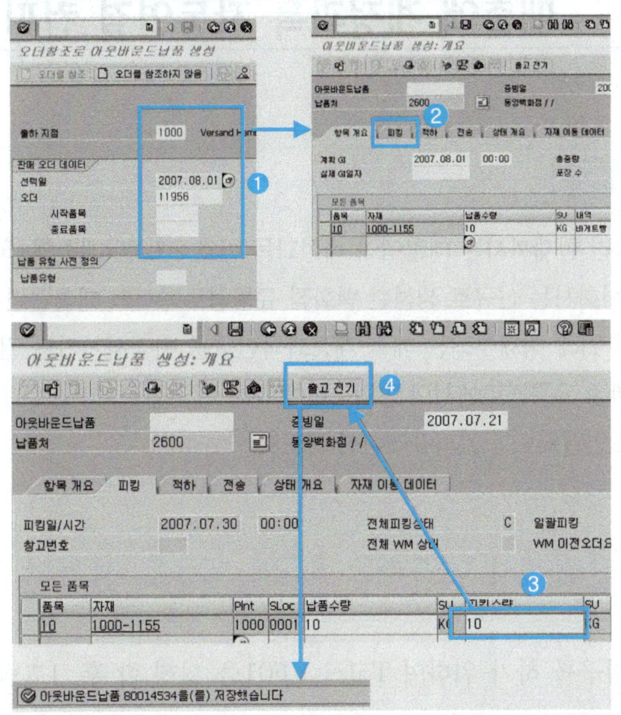

문서의 저장과 동시에 출고전기를 수행한다. 문서흐름을 통해 해당 영업오더의 상태를 확인할 수 있다.

08 • 매출액 계정과목 자동연결 컨피규레이션

비즈니스 시나리오

매출이 발생하면 현재까지는 매출액이 계정과목 번호 800000(매출액-국내)로 자동 생성 되고 있다. 동양주식회사는 신규로 생성한 백화점 유통경로에서의 매출관련 계정과목을 더욱 세분하여 관리하기 위해 이제부터는 매출 계정과목번호를 변경시키기로 결정하였다. 앞으로는 신규 생성한 백화점 유통경로에서의 영업오더에 대한 대금청구시에 800001(서비스 판매)로 변경되어 자동으로 연결되도록 컨피규레이션 해보자.

8.1 현재 상태에서 대금청구 후 FI 모듈로 전기된 회계문서 확인

고객에게 대금청구를 하기 위하여 T코드 VF01을 실행 한 후, [그림 5-52]와 같이 대금청구시 참조할 납품문서를 입력하고, 대금청구문서의 내용을 확인한 후에 버튼을 눌러 저장한다. 생성된 대금청구 문서번호를 기억한다.

그림 5-52 대금청구 생성 과정

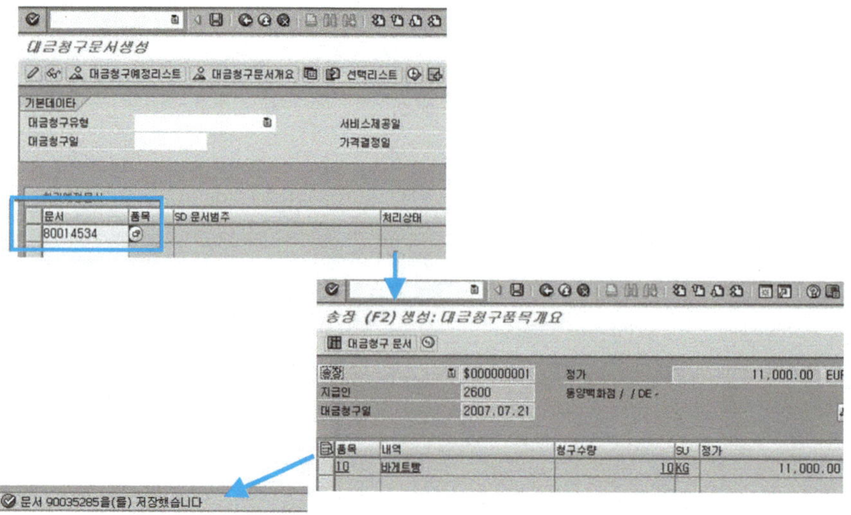

[그림 5-53]에 나타난 바와 같이 T코드 VF03을 실행 한 후, 앞에서 생성한 대금청구 문서를 조회한다. 생성된 대금청구 문서번호를 입력한 후에 ①의 버튼을 눌러 문서흐름을 조회한다. ②에 있는 맨 아래 회계문서에 커서를 선택하고 ③의 문서조회 버튼을 눌러 회계전표를 조회한다. 매출액 계정이 800000번 (매출액-국내)로 전기 처리된 것을 확인해 볼 수 있다.

그림 5-53 대금청구문서 및 회계 계정과목 조회

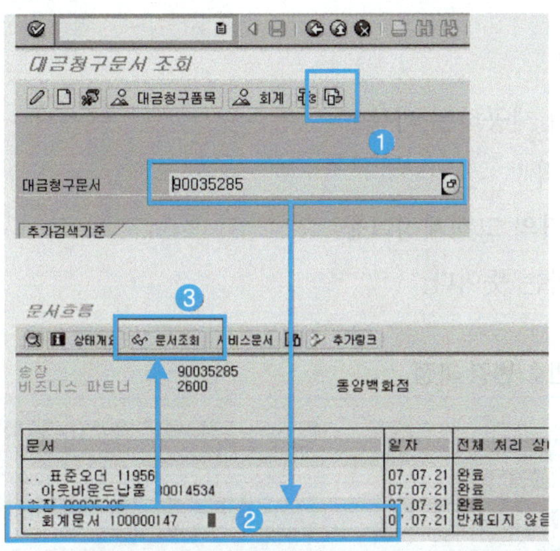

전표 개요 - 조회

선택 저장 세금 데이터

전표유형 : RV (대금청구 전표대체) 정규전표

전표번호	100000147	회사 코드	1000	회계연도	2007
증빙일	2007.07.21	전기일	2007.07.21	기간	07
참조	0090035285				
전표통화	EUR				

Itm	PK	CoCd	계정	계정내역	현지통화금액	통화	금액	통화
1	01	1000	2600	동양백화점	12,760.00	EUR	12,760.00	EUR
2	50	1000	800000	매출액 - 국내	11,000.00-	EUR	11,000.00-	EUR
3	50	1000	175000	매출부가가치세	1,760.00-	EUR	1,760.00-	EUR
*		1000					0.00	EUR
**							0.00	EUR

8.2 매출액 계정연결 세팅의 변경

T-코드 SPRO을 실행한 후 [그림 5-54]의 ①에서 G/L계정 지정메뉴를 실행하고, ②에서 고객그룹/계정키 라인을 더블 클릭한다.

③에 보면 V-KOFI-INT-1000-01-ERL에 계정과목번호가 800000으로 연결되어 있다. 그래서, 현재 이 고객계정그룹에 속한 고객에게 매출이 일어나면 800000으로 연결된다. 연결되어 있는 내용에 대한 각각의 의미를 살펴보면,

- V : 영업
- KOFI : FI전기
- INT : 회사에서 제공하는 과목표
- 1000 : 영업조직
- 01 : 고객마스터의 고객계정그룹
- ERL : 수익이라는 뜻이다.

그림 5-54 매출액 계정 과목 번호 변경 과정

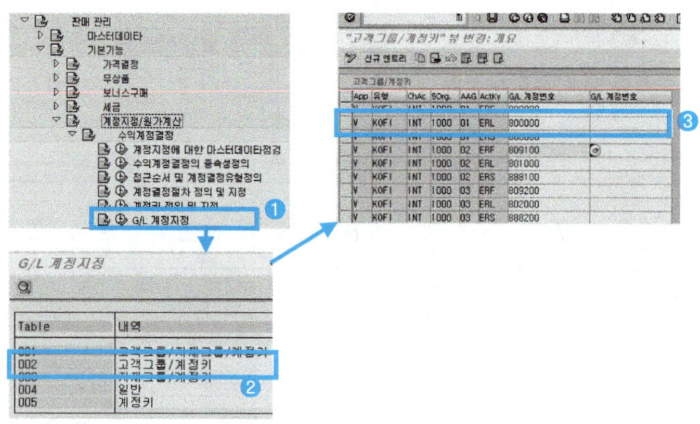

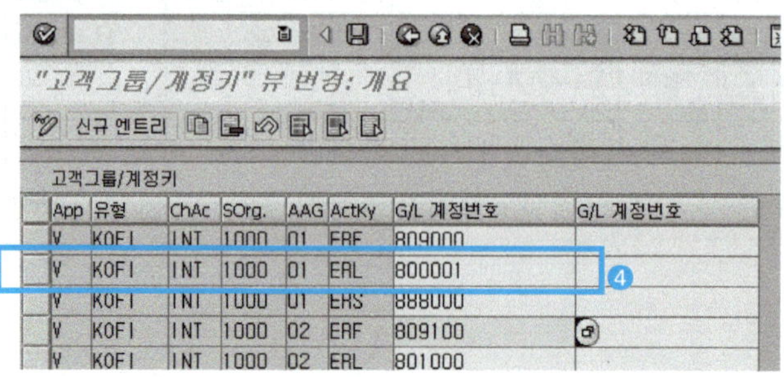

④에서 G/L 계정번호를 변경하고자 하는 계정과목번호인 800001로 바꿔준 후에 💾버튼을 눌러 저장한다.

8.3 매출액 계정과목번호 변경 후 결과 확인

주문을 다시 입력하여 납품처리, 출고전기 그리고 대금청구처리를 하여 FI모듈로 전기된 회계문서에서 매출액 계정과목이 변경되었는지를 확인한다.

T코드 VA01을 실행한 후 오더유형에 OR을 넣고 영업조직에 1000, 유통경로에 Z1, 제품군에 00을 넣고 엔터 를 친다.

그림 5-55 영업오더 생성화면

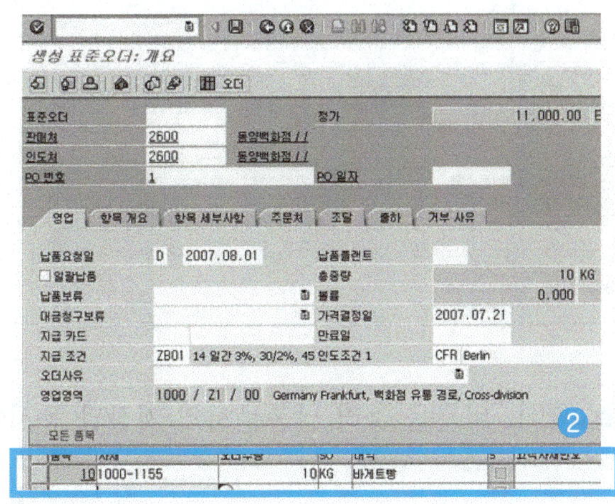
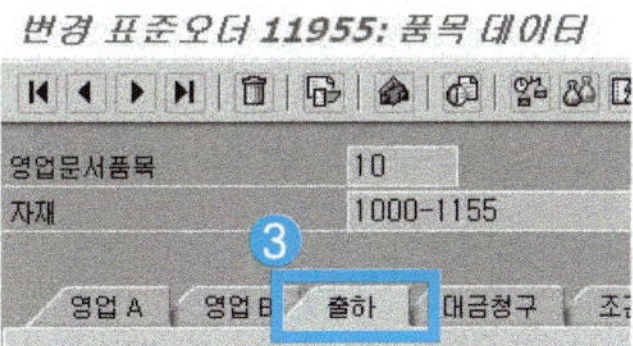

[그림 5-55]와 같이 고객번호 2600, 납품요청일, 자재코드 1000-1155의 수량 10을 넣고 엔터 를 친다.

③의 출하탭에서 출하지점이 1000으로 되어 있는 것을 확인하고 💾버튼을 눌러 저장한다.

출하처리를 위하여 T코드 VL01N을 실행한 후, [그림 5-56]의 ①에서 출하지점에 영업오더에서 확인했던 1000을 넣고 선택일에는 고객의 납품요청일을 넣은 후에, 오더에 저장된 영업오더번호를 입력하고 엔터 를 누른다. ②의 피킹탭을 누른다. 피킹탭에서 피킹수

그림 5-56 납품문서 생성 및 출고전기 과정

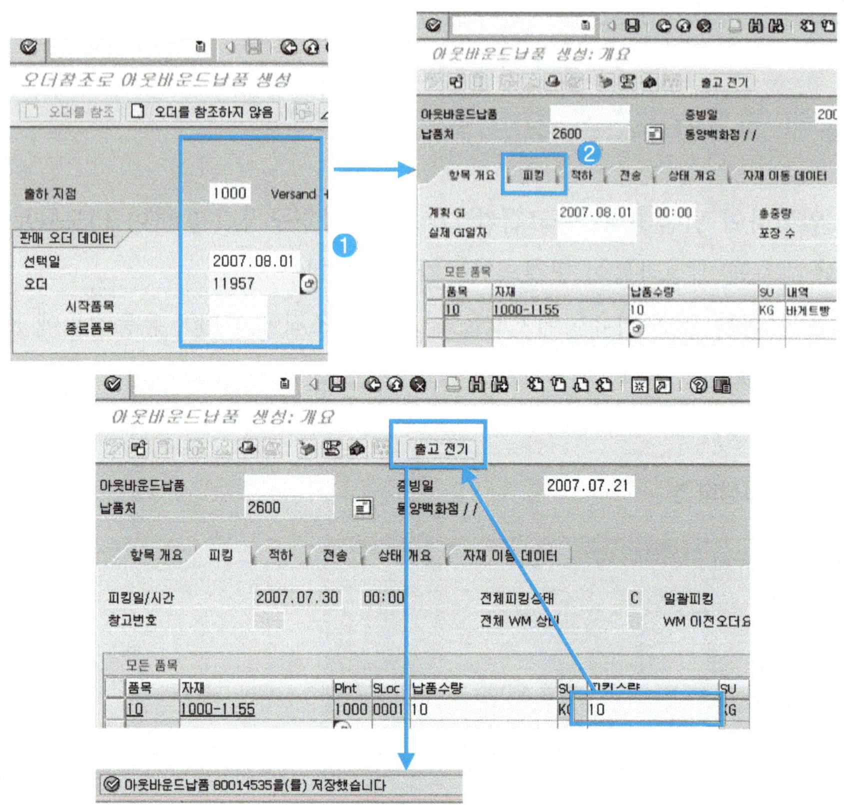

량을 납품수량 만큼 입력하고 출고 전기 버튼을 눌러 납품문서의 저장과 동시에 출고전기를 수행한다.

대금청구문서를 생성하기 위하여 T코드 VF01을 실행 한 후, 대금청구문서를 생성할 납품문서를 입력하고, 대금청구문서의 내용을 확인 후에 버튼을 눌러 저장한다. 이 내용은 앞에서 살펴본 [그림 5-52]의 대금청구 생성과정과 같으며, 생성된 내용을 조회하려면 [그림 5-53]에 있는 과정과 마찬가지로 조회하면 된다. T코드 VF03을 실행 한 후 생성된 대금청구 문서번호를 입력한 후에 버튼을 눌러 문서흐름을 조회한다. 맨 아래 회계문서에 커서를 선택하고, 문서조회 버튼을 눌러 회계전표를 조회한다. [그림 5-57]의 회계전표에 매출액 계정이 800001 서비스판매로 처리된 것을 확인해 볼 수 있다.

고객에게 대금청구를 하면 매출과 매출채권이 발생한다. 이때 작성된 송장을 바탕으로 매출 및 매출채권을 인식하는 회계전표가 자동적으로 생성되는데, [그림 5-57]에서 컨피

그림 5-57 회계문서 조회 및 매출액 계정과목번호 변경 내역 확인

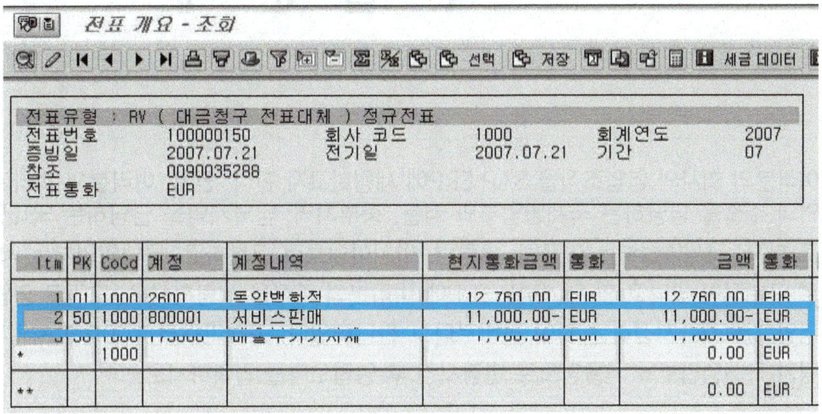

전표 개요 - 조회

선택 저장 세금 데이터

전표유형 : RV (대금청구 전표대체) 정규전표				
전표번호	100000150	회사 코드	1000	회계연도 2007
증빙일	2007.07.21	전기일	2007.07.21	기간 07
참조	0090035288			
전표통화	EUR			

Itm	PK	CoCd	계정	계정내역	현지통화금액	통화	금액	통화
1	01	1000	2600	동양백화점	12,760.00	EUR	12,760.00	EUR
2	50	1000	800001	서비스판매	11,000.00-	EUR	11,000.00-	EUR
[illegible]	[illegible]	[illegible]	[illegible]	[illegible]	[illegible]	[illegible]	[illegible]	[illegible]
*		1000					0.00	EUR
**							0.00	EUR

규레이션을 통해 변경한 회계계정과목으로 자동연결되어 처리되어 있다는 것을 확인할 수 있었다.

지금까지 살펴본 바와 같이 영업/유통모듈과 재무회계모듈이 통합되어, 영업/유통모듈에서 발생하는 거래가 실시간으로 재무회계모듈에 반영됨으로써 관련된 회계전표들이 자동으로 생성되는 것은 SAP ERP의 통합성을 잘 보여주는 측면이라고 볼 수 있다.

연 습 문 제

01 여러분의 회사의 영업조직을 SAP ERP에 세팅하고자 한다. 만약, 여러분의 회사가 미국, 유럽, 아시아 지역의 수출을 담당하는 국제영업부와 서울, 중부지역, 남부지역을 담당하는 국내영업부로 나뉘어져 있다고 하자. 국제영업부는 미국팀, 유럽팀, 아시아팀으로 구분하고, 국내영업부는 서울팀, 중부팀, 남부팀으로 구분되어 있다고 할 때, SAP ERP에 여러분의 조직을 세팅하시오. 그리고 영업부를 사업장으로, 팀을 영업그룹으로 지정하는 것이 올바르다고 판단되었다. 고객마스터 1000의 사업부와 영업그룹의 코드를 각기 국내영업부와 서울팀으로 변경시킨 후 영업오더를 입력하시오.

02 여러분 회사의 고객계정그룹을 세팅한다. 여러분의 회사가 할인점 입점을 통한 영업을 신규로 시작하기로 하고, ERP 팀에서 할인점에 대한 고객계정그룹을 별도로 신규 생성하기로 하였다. 신규 고객계정그룹에서는 판매처, 인도처, 입금처, 청구처가 동일하도록 생성할 것이며, 고객 상호, 세금 번호1은 필수 입력사항으로 하고, 위치코드와 철도역/고속철도역 필드는 소거를 하며 나머지는 모두 입력해도 되고 안해도 되는 옵션으로 규칙을 정했다. 신규 고객계정그룹을 생성하고, 고객 생성화면에서 신규 고객계정그룹인 할인점 고객계정그룹이 나타나는지 확인하시오.

03 여러분의 회사의 가용성점검 규칙을 수립하고자 한다. 현재 여러분의 회사의 가용성점검 규칙은 가용재고에 구매오더를 더한 수량에 판매오더와 납품수량을 제외한 수량을 미래 가용재고로 계산하는 규칙이 적용되고 있다. 하지만, 앞으로는 가용재고에 구매오더를 더한 수량에 납품수량만을 제외한 수량을 미래 가용재고로 계산하는 규칙을 사용하기로 결정하였다. 이는 판매주문의 변경이 빈번하여 납품요청이 생성된 수량만을 확정 납품수량으로 인정해야 한다는 회사의 정책 변화 때문이다. 또한 진행 중인 생산오더의 수량을 가용 수량으로 간주하기로 결정하였다. 현재 상태로 미래 가용재고수량이 어떻게 계산되는지 수량을 확인하시오. 가용성점검 규칙을 변경하고, 규칙 변경 이후의 가용재고 수량을 확인하시오.

04 영업문서 유형 중 오더유형을 컨피규레이션하는 화면을 보이고(오더 유형:SO), 이 유형이 하는 역할을 5개 이상 기술하시오.

05 품목범주를 컨피규레이션하는 화면을 보이고(품목범주 : TANN), 이 유형이 하는 역할을 5개 이상 기술하시오.

06 표준오더유형으로 매출이 발생하면 현재까지는 매출액이 계정과목번호 800000(매출액-국내)로 자동생성되고 있다. 여러분의 회사는 지금부터 신규로 개척한 수출유통경로의 표준오더유형에서는 수출만을 관리하기 결정하였다. 이에 맞추어 매출계정 과목번호를 변경하여 800002(매출액-수출)로 회계계정이 변경되어 발생하도록 컨피규레이션한 후 영업오더의 회계계정을 확인하시오.

제6장

비즈니스 시나리오 구성 및 구현

01 맛나푸드(주)의 비빔밥 제조 및 판매 시나리오

앞에서 학습한 컨피규레이션 내용 및 자재관리모듈, 생산관리모듈, 영업유통모듈을 활용하는 비즈니스 시나리오를 구성하고 이를 시현해 보이도록 한다. 본 시나리오는 현실 위주의 시나리오가 아니고 학생들이 실습하는 데 지루하지 않도록 만든 내용이다.

1.1 비즈니스 시나리오

(1) 시나리오를 위한 기초 정보

주식회사 맛나푸드는 아래와 같은 정보를 바탕으로 국내영업 및 수출영업을 시작하고자 한다.

- 회사이름 : 맛나푸드
- 유통경로 : 86(국내 유통경로) / 87(해외 유통경로)
- 사업장 : 1414(맛나지사)
- 영업그룹 : 411(국내영업), 422(해외영업)
- 고객계정그룹 번호 1 : V707(미국 수출용, 외부 번호부여 방식)
- 고객계정그룹 번호 2 : 1707(일본 수출용, 내부 자동번호 부여방식)
- 고객계정그룹 번호 3 : 1808(국내 판매용, 내부 자동번호 부여방식)
- 고객마스터데이터 1 : costco(코스트코, 미국고객)
- 고객마스터데이터 2 : 61111(자스코, 일본고객)
- 고객마스터데이터 3 : 61122(이마트, 국내고객)
- 완제품 : 비빔밥, 30유로(판매가격)
- 교역품 : 포장용기
- 원자재 1 : 밥
- 원자재 2 : 나물

- 원자재 3 : 고추장

(2) 자재관리모듈 및 생산관리모듈 시나리오

맛나푸드는 신규 유통경로에서 판매할 수 있는 즉석비빔밥을 개발하고 새로 자재마스터 데이터를 생성하고자 한다.

① 완제품 자재유형으로 즉석비빔밥에 대한 자재마스터데이터를 생성한다. 표준원가는 20유로이며 판매가는 30유로이다.

② 교역품 자재유형으로 즉석비빔밥 포장용기에 대한 자재마스터데이터를 생성한다. 표준원가는 5유로이다.

③ 원자재 자재유형으로 즉석비빔밥 원자재인 밥, 나물, 고추장에 대한 자재마스터데이터를 생성한다. 표준원가는 10유로이다.

④ 교역품, 원자재에 대해 1005번 공급업체와의 구매정보레코드를 생성한다.

⑤ 완제품 즉석비빔밥에 대하여 MPS와 BOM을 입력하고 MRP를 전개한다.

⑥ 재고소요량리스트에서 원자재인 밥, 나물, 고추장에 대해 12월 생산량 만큼의 구매요청을 구매오더로 전환시키고, 구매입고 프로세스를 진행한다.

⑦ 생산부서에서 교역품인 포장용기를 12월 생산량 만큼을 구매요청하였다. 구매요청을 기준으로 하여 구매오더를 생성하고 구매입고프로세스를 진행한다.

⑧ 포장용기, 밥, 나물, 고추장에 대한 재고가 올라갔는지를 확인한다.

그림 6-1 완제품의 MPS와 BOM 모습

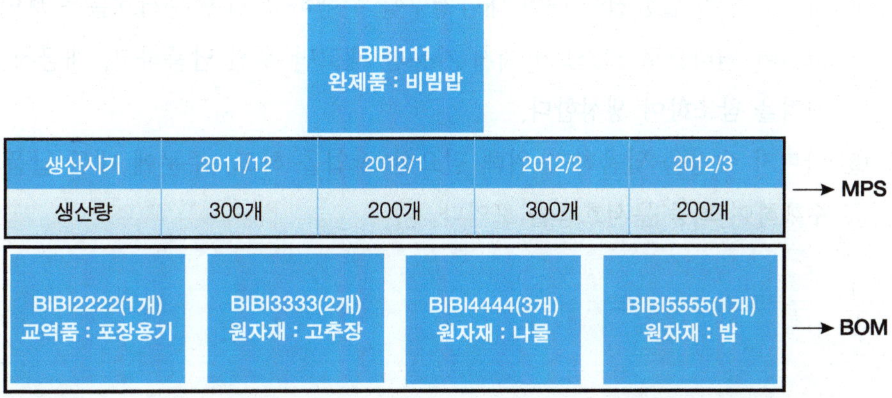

BIBI111
완제품 : 비빔밥

생산시기	2011/12	2012/1	2012/2	2012/3
생산량	300개	200개	300개	200개

→ MPS

BIBI2222(1개) 교역품 : 포장용기	BIBI3333(2개) 원자재 : 고추장	BIBI4444(3개) 원자재 : 나물	BIBI5555(1개) 원자재 : 밥

→ BOM

⑨ 입고된 교역품 자재 포장용기와 원자재 자재밥, 나물, 고추장으로 완제품 즉석비빔밥을 생산하기 위한 공정을 생성한다.
⑩ 재고소요량리스트에서 완제품인 즉석비빔밥에 대해 12월 생산량 만큼의 계획오더를 생산오더로 전환시키고, 생산입고프로세스를 진행한다.
⑪ 이 완제품에 대한 재고가 늘었는지를 확인하고, 판매가격을 30유로로 결정하여 조건마스터데이터를 만든다.

(3) 판매 프로세스 시나리오

① 미국의 코스트코와 일본의 자스코로부터 신제품인 즉석비빔밥에 대한 견적을 제시해 달라고 요청을 받았다. 코스트코에게 100개, 자스코에게 200개의 견적을 내고, 새로 만든 견적을 제시하면서 가격을 35유로로 변경한다.
② 며칠 후 코스트코, 자스코로부터 맛나푸드가 제시한 견적에 대해 영업주문을 받게 되었다. 단 자스코는 비빔밥 200개중 150개는 12월 12일에 배송요청하였고, 50개는 12월 23일에 배송해 달라고 요청하였다.
또한 코스트코는 비빔밥 200개를 가능한 빨리 긴급으로 배송해 달라는 조건으로 주문을 받아달라는 요청을 받았다. 이러한 내용을 참조하여 앞의 견적을 복사하여 각각의 영업주문을 생성한다.
③ 영업주문의 사업장과 영업그룹을 조회한다.
④ 자스코의 주문전체에 대한 수익성이 얼마가 나는 지를 분석한다.
⑤ 자스코의 주문에 대한 각 납품일에 납품을 생성하고 출하를 진행한다.
⑥ 자스코의 각 납품건에 대한 대금청구를 수행하고 최종 문서흐름을 보인다.
⑦ 고객이 원하므로 코스트코에게 가용한 재고만 우선 납품하고, 대금청구를 수행한다. 견적을 참조하여 생성한다.
⑧ 나머지 수량을 납품하기 위해 필요한 작업을 하고, 주문에 대한 납품과 대금청구를 수행하여 최종 문서흐름을 보인다.

1.2 비즈니스 시나리오 구현 및 시현

(1) 유통경로, 사업장, 영업그룹 생성

① 국내유통경로, 수출유통경로를 신설하고 사업장과 영업그룹을 생성한다.

그림 6-2 사업장과 영업그룹의 생성

"사업장" 뷰 변경: 선택된 세트 개요

사업장	내역
1414	맛나지사

"영업그룹" 뷰 변경: 개요

신규 엔트리

영업그룹	내역
360	M/H TV
376	고혁영어그룹2
377	고혁영업그룹
378	영업그룹034
382	서울그룹
400	
404	0완2팀
405	미02팀
410	충청
411	국내영업
412	6조영업
413	6조영업1
419	4조 영업그룹1
420	호남
421	수출고객
422	해외영업
424	고혁영업그룹1
425	고혁영업그룹2

② 영업조직에 신규 유통경로를 연동하고, 제품군 또한 연동한다. 즉, 신규 영업영역을 만든다.

그림 6-3 영업조직에 유통경로 및 제품군의 연동

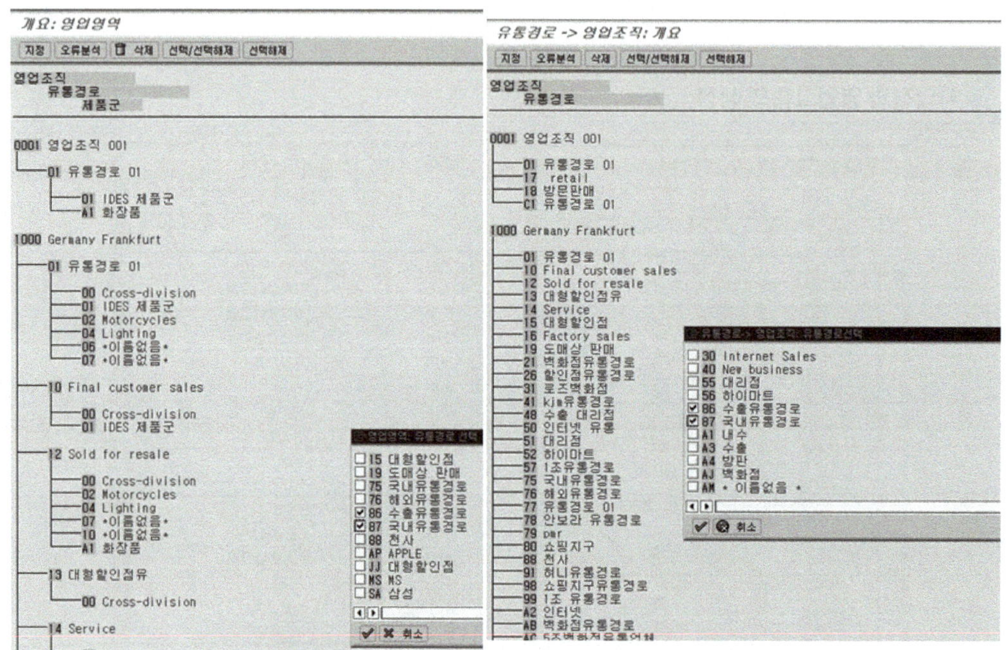

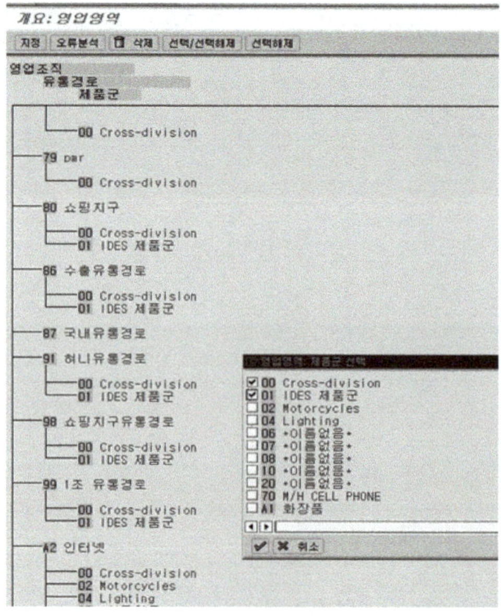

③ 앞에서 만든 사업장과 영업그룹을 연동하고, 1000번 플랜트에 영업조직과 신규 유통 경로를 연동하여 판매가 가능하도록 한다.

그림 6-4 신규 영업영역에 사업장, 영업그룹, 플랜트의 연동

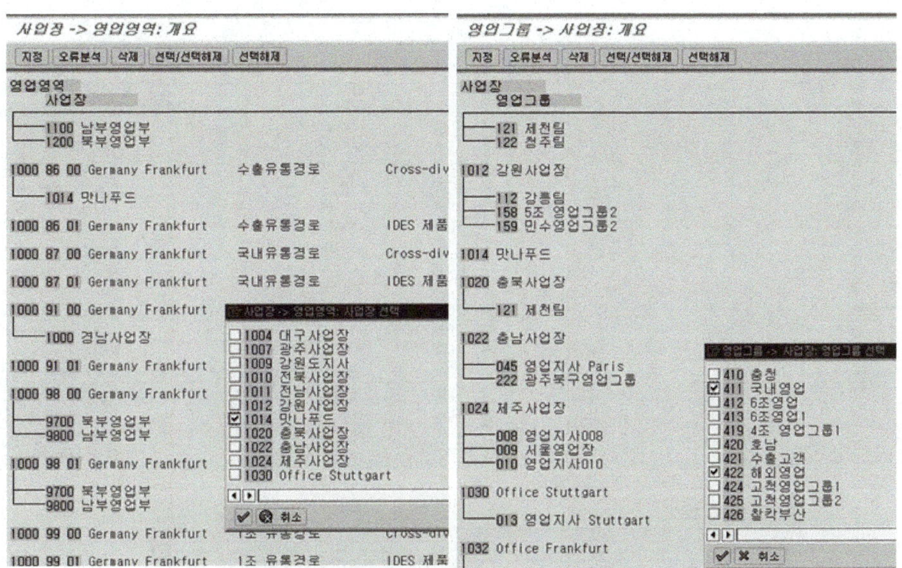

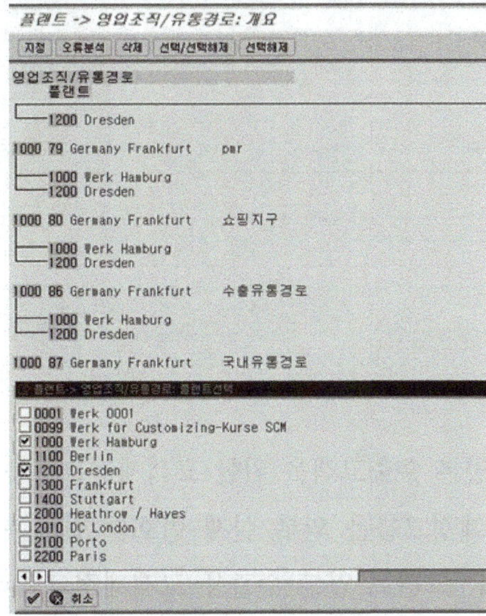

④ 영업영역별 규칙을 정의하고, 신규 유통경로에 오더유형을 지정한다. 또한 가격결정절차를 지정한다.

그림 6-5 신규 영업영역에 대한 오더유형 및 가격결정절차 정의

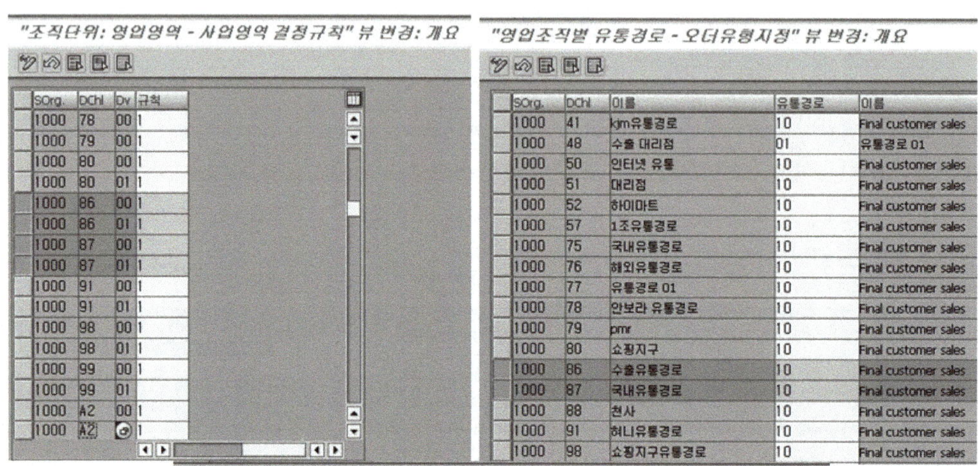

"조직단위: 영업영역 - 사업영역 결정규칙" 뷰 변경: 개요

SOrg.	DChl	Dv	규칙
1000	78	00	1
1000	79	00	1
1000	80	00	1
1000	80	01	1
1000	86	00	1
1000	86	01	1
1000	87	00	1
1000	87	01	1
1000	91	00	1
1000	91	01	1
1000	98	00	1
1000	98	01	1
1000	99	00	1
1000	99	01	
1000	A2	00	1
1000	A2		1

"영업조직별 유통경로 - 오더유형지정" 뷰 변경: 개요

SOrg.	DChl	이름	유통경로	이름
1000	41	kjm유통경로	10	Final customer sales
1000	48	수출 대리점	01	유통경로 01
1000	50	인터넷 유통	10	Final customer sales
1000	51	대리점	10	Final customer sales
1000	52	하이마트	10	Final customer sales
1000	57	1조유통경로	10	Final customer sales
1000	75	국내유통경로	10	Final customer sales
1000	76	해외유통경로	10	Final customer sales
1000	77	유통경로 01	10	Final customer sales
1000	78	안보라 유통경로	10	Final customer sales
1000	79	pmr	10	Final customer sales
1000	80	쇼핑지구	10	Final customer sales
1000	86	수출유통경로	10	Final customer sales
1000	87	국내유통경로	10	Final customer sales
1000	88	천사	10	Final customer sales
1000	91	허니유통경로	10	Final customer sales
1000	98	쇼핑지구유통경로	10	Final customer sales

신규 엔트리: 추가된 엔트리 개요

SOrg.	DChl	Dv	DoPr	절차	절차	가격결정절차	CTyp	조건유형
1000	86	00	A	1	RVAA01	표준	PR00	가격
1000	86	01	A	1	RVAA01	표준	PR00	가격
1000	87	00	A	1	RVAA01	표준	PR00	가격
1000	87	01	A	1	RVAA01	표준	PR00	가격

⑤ 미국 수출고객과 일본 수출고객을 위한 고객계정그룹을 새로 생성한다.

미국 수출용 고객계정그룹은 외부 실제 번호를 만드는 방식이 가능하도록 번호범위를 XX로 지정한다. 그리고 일본 수출용 고객계정그룹과 국내고객용 고객계정그룹은 내부 자동으로 번호가 만들어지는 방식이 가능하도록 번호범위를 01로 지정하여 만든다.

그림 6-6 신규 고객계정그룹 생성 및 번호범위 지정

뷰 "고객계정그룹" 변경: 개요

신규엔트리

그룹	이름
1616	판매처(0001)
1666	수출판매처
1707	일본수출용
1717	대리점 고객계정그룹
1777	해외판매처
1784	대리점 고객계정그룹
1808	국내판매용
1918	연구소(0001)
2009	수출판매처
201	미국수출
2056	수출판매처
2098	1조 수출판매처
2100	유럽수출주문고객
2105	대형할인점 고객 계정 그룹
2107	대형할인점 고객 계정 그룹
2112	수출판매처(0001)
2317	수출판매처

뷰 "고객계정그룹" 변경: 개요

신규엔트리

그룹	이름
CPDA	일회성고객(외부번호지정)
CUST	
DEBI	고객(일반)
KUNA	고객(외부번호지정)
PLNT	
RE	
S11	신규 고객 계정 그룹
SP03	판매처(0001)
V606	일본수출
V707	미국수출용
Z001	백화점 고객 계정 그룹
Z002	백화점 고객 계정 그룹
Z771	감사원
Z772	국정원
Z773	검찰청
Z774	국방부
ZK19	판매처

"고객 계정그룹->번호범위" 뷰 변경: 개요

그룹	이름	번호범위
1578	유럽지역수출고객	01
1606	미국수출	XX
1607	미국수출2	01
1608	일본수출	01
1616	판매처(0001)	01
1666	수출판매처	XX
1707	일본수출용	01
1717	대리점 고객계정그룹	01
1777	해외판매처	01
1784	대리점 고객계정그룹	01
1808	국내판매용	01
1918	연구소(0001)	XX
2009	수출판매처	XX
201	미국수출	XX
2056	수출판매처	XX
2098	1조 수출판매처	XX

"고객 계정그룹->번호범위" 뷰 변경: 개요

그룹	이름	번호범위
PLNT		01
RE		02
S11	신규 고객 계정 그룹	01
SP03	판매처(0001)	01
V606	일본수출	01
V707	미국수출용	XX
Z001	백화점 고객 계정 그룹	01
Z002	백화점 고객 계정 그룹	
Z771	감사원	XX
Z772	국정원	XX
Z773	검찰청	XX
Z774	국방부	XX
ZK19	판매처	XX
ZK20	판매처	XX
ZKKA	판매처(0001)	01
ZMDM		02

⑥ 각 고객계정그룹을 근간으로 신규 수출유통경로에서 영업하는 각 나라별 고객을 신규로 생성한다. [그림 6-7]과같이 고객마스터에는 코스트코, 자스코에게 영업할 수 있도록 앞에서 만든 사업장과 영업그룹이 들어가 있어야 한다.

그림 6-7 신규생성한 고객 마스터데이터에서의 사업장과 영업그룹 조회

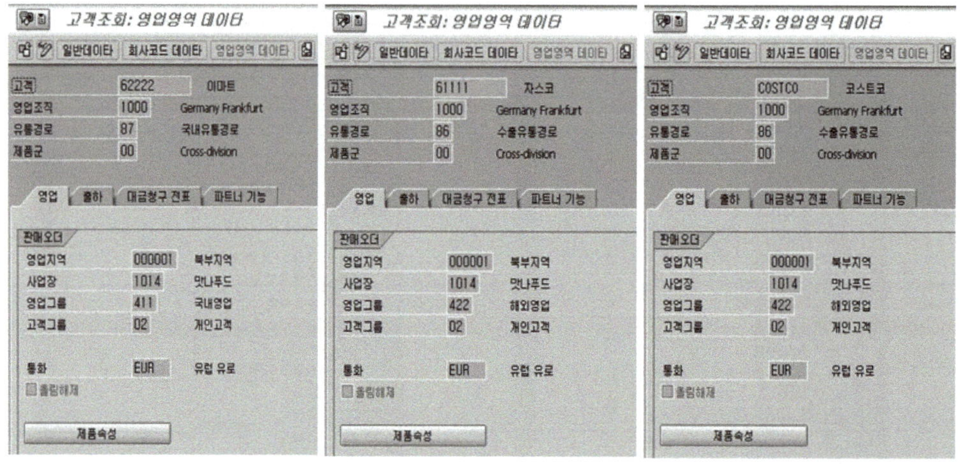

(2) 구매 및 생산 프로세스 실습

① 완제품 자재유형으로 즉석비빔밥에 대한 자재마스터데이터를 생성한다. 완제품의 표준원가는 20유로이다.

그림 6-8 완제품 자재마스터 생성

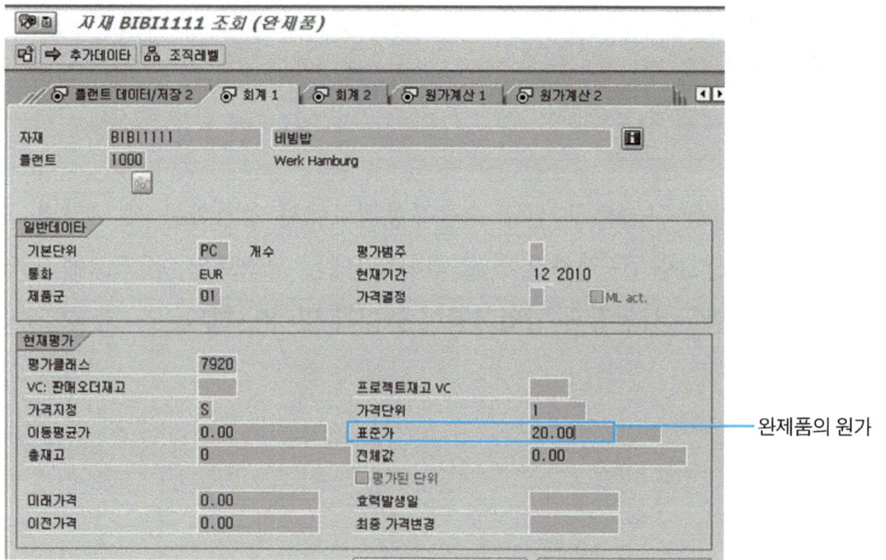

② 교역품 자재유형으로 즉석비빔밥 포장용기에 대한 자재마스터데이터를 생성한다. 교역품의 표준원가는 5유로이다.

그림 6-9 교역품 자재마스터 생성

자재 BIBI2222 조회 (상품)
추가데이타 조직레벨
플랜트 데이터/저장 2 | 회계 1 | 회계 2 | 원가계산 1 | 원가계산 2
자재 BIBI2222 포장용기
플랜트 1000 Werk Hamburg
일반데이타
기본단위 KG kg 평가범주
통화 EUR 현재기간 12 2010
제품군 01 가격결정 ML act.
현재평가
평가클래스 3100
VC: 판매오더재고 프로젝트재고 VC
가격지정 S 가격단위 1
이동평균가 0.00 표준가 5.00
총재고 0 전체값 0.00
평가된 단위
미래가격 0.00 효력발생일
이전가격 0.00 최종 가격변경
교역품의원가

③ 원자재 자재유형으로 즉석비빔밥 원자재인 밥, 나물, 고추장에 대한 자재마스터데이터를 생성하시오. 원자재의 표준원가는 10유로이다.

그림 6-10 원자재 자재마스터 생성

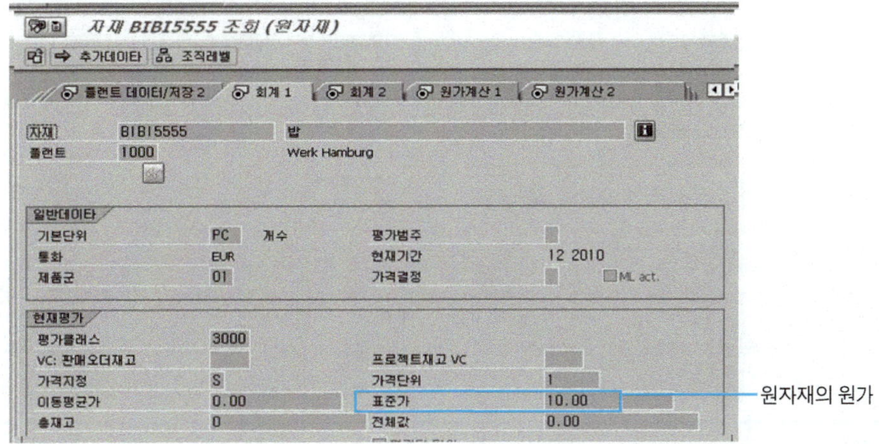

④ 교역품, 원자재에 대해 1005번 공급업체와의 구매정보레코드를 생성한다. 구매정보레코드는 교역품과 원자재를 1005번 공급업체에서 구매하는 각종 정보, 즉, 계획납품기간이나 구매가격 등의 정보를 확정하는 기준정보이다.

그림 6-11 하위 자재들의 정보레코드 생성

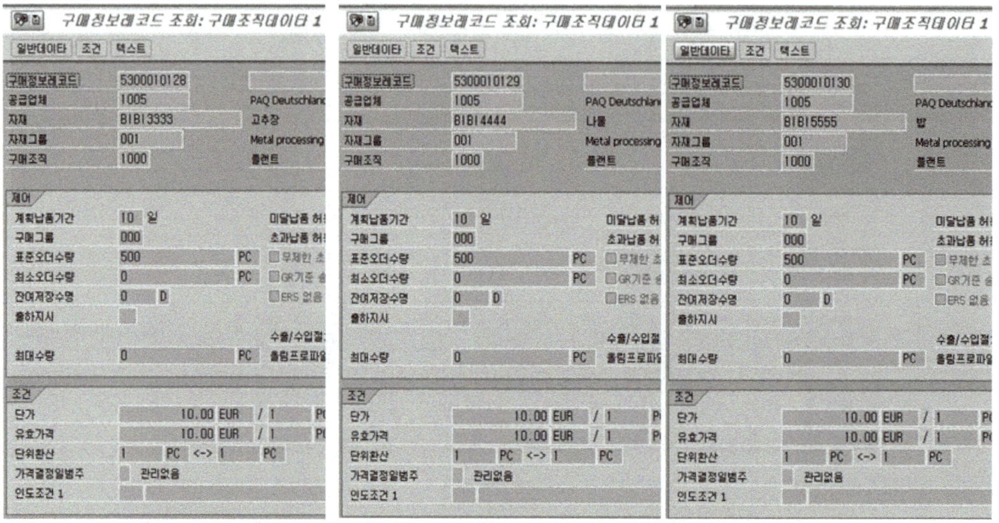

구매정보레코드 조회: 구매조직데이터 1

일반데이타 | 조건 | 텍스트

구매정보레코드	5300010127		
공급업체	1005	PAQ Deutschland GmbH	
자재	BIBI2222	포장용기	
자재그룹	001	Metal processing	
구매조직	1000	플랜트	1000 표준

제어

계획납품기간	10 일	미달납품 허용치	0.0 %	No mat.txt	
구매그룹	000	초과납품 허용치	0.0 %	확인요청	
표준오더수량	500 KG	무제한 초과납품		확정제어키	
최소오더수량	0 KG	GR기준 송장검증		세금 코드	
잔여저장수명	0 D	ERS 없음			
출하지시					
		수출/수입절차			
최대수량	0 KG	올림프로파일		단위그룹	

조건

단가	5.00 EUR / 1 KG	효력만료일	9999.12.31
유효가격	5.00 EUR / 1 KG	현금할인불가	
단위환산	1 KG <-> 1 KG	조건그룹	
가격결정일범주	관리없음		
인도조건 1			

⑤ 완제품인 즉석비빔밥에 대하여 기준생산계획과 자재명세서를 입력하고 자재소요량계획을 전개한다.

그림 6-12 MPS 입력, BOM 생성 후 자재소요량계획 가동

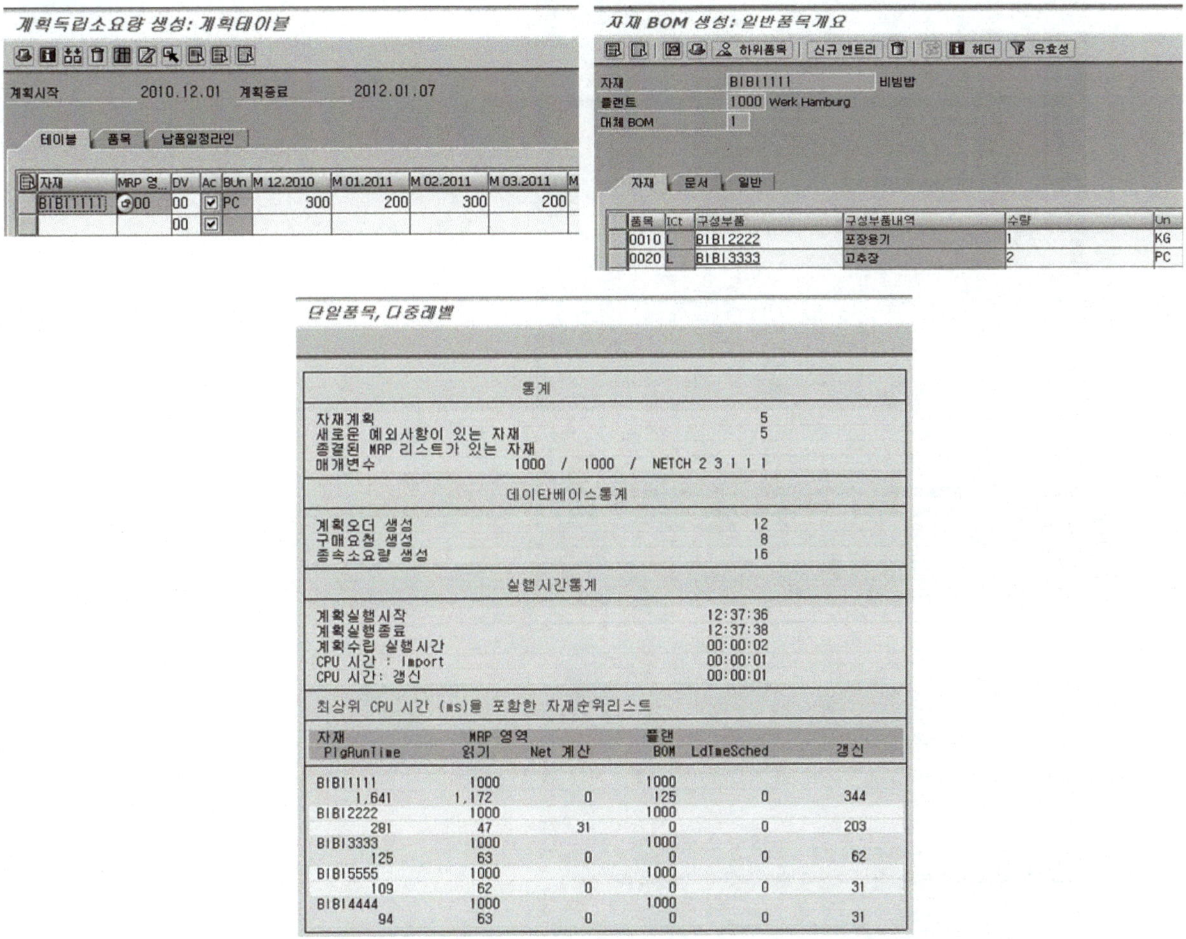

계획독립소요량 생성: 계획테이블

계획시작 2010.12.01 계획종료 2012.01.07

테이블 | 품목 | 납품일정라인

자재	MRP 영...	DV	Ac	BUn	M 12.2010	M 01.2011	M 02.2011	M 03.2011
BIBI1111	00	00	☑	PC	300	200	300	200
		00	☑					

자재 BOM 생성: 일반품목개요

하위품목 | 신규 엔트리 | 헤더 | 유효성

자재 BIBI1111 비빔밥
플랜트 1000 Werk Hamburg
대체 BOM 1

자재 | 문서 | 일반

품목	ICt	구성부품	구성부품내역	수량	Un
0010	L	BIBI2222	포장용기	1	KG
0020	L	BIBI3333	고추장	2	PC

단일품목, 다중레벨

통계

자재계획	5
새로운 예외사항이 있는 자재	5
종결된 MRP 리스트가 있는 자재	
매개변수	1000 / 1000 / NETCH 2 3 1 1 1

데이타베이스통계

계획오더 생성	12
구매요청 생성	8
종속소요량 생성	16

실행시간통계

계획실행시작	12:37:36
계획실행종료	12:37:38
계획수립 실행시간	00:00:02
CPU 시간 : Import	00:00:01
CPU 시간: 갱신	00:00:01

최상위 CPU 시간 (ms)을 포함한 자재순위리스트

자재 / PlgRunTime	MRP 영역 / 읽기	Net 계산	플랜 / BOM	LdTmeSched	갱신
BIBI1111	1000		1000		
1,641	1,172	0	125	0	344
BIBI2222	1000		1000		
281	47	31	0	0	203
BIBI3333	1000		1000		
125	63	0	0	0	62
BIBI5555	1000		1000		
109	62	0	0	0	31
BIBI4444	1000		1000		
94	63	0	0	0	31

⑥ 재고소요량리스트에서 원자재인 고추장, 밥, 나물에 대해 12월 생산량 만큼의 구매요청을 구매오더로 전환시키고, 구매입고 및 송장처리프로세스를 진행하는 것이 필요하다. MRP의 결과로 완제품의 12월 생산계획 수량인 300개를 생산할 수 있도록 고추장 600개, 나물 900개, 밥 300개에 대한 구매요청이 나타나 있는 것을 알 수 있다. [그림 6-13]과 같이 자동 생성된 구매요청을 확인한 후 구매오더로 전환시킨다.

그림 6-13 원자재 구매요청 생성확인 후 구매오더로 전환

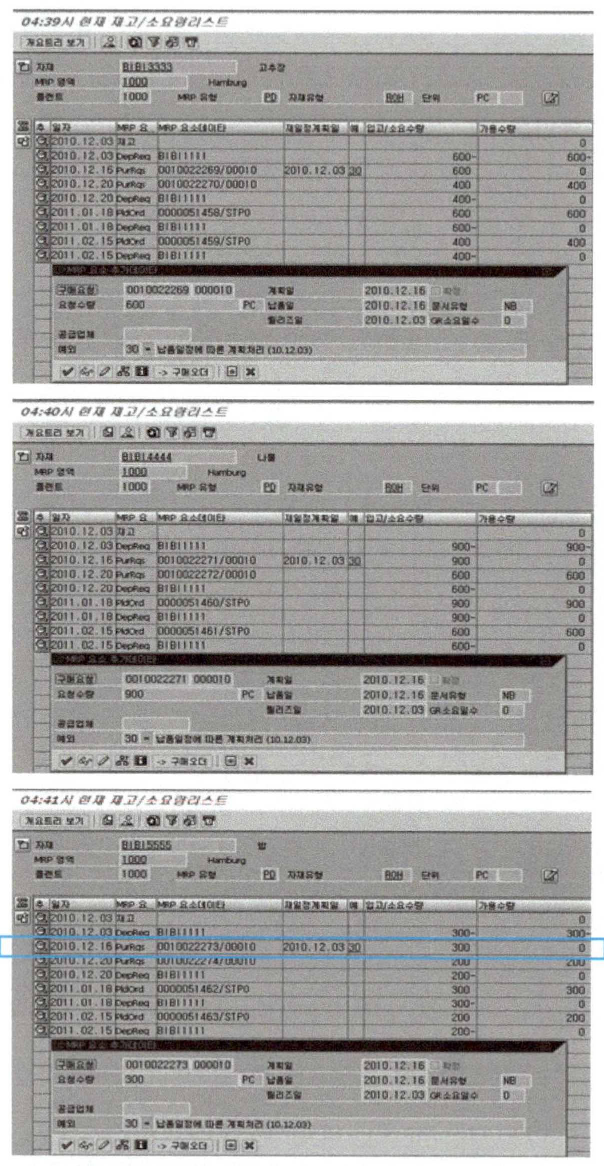

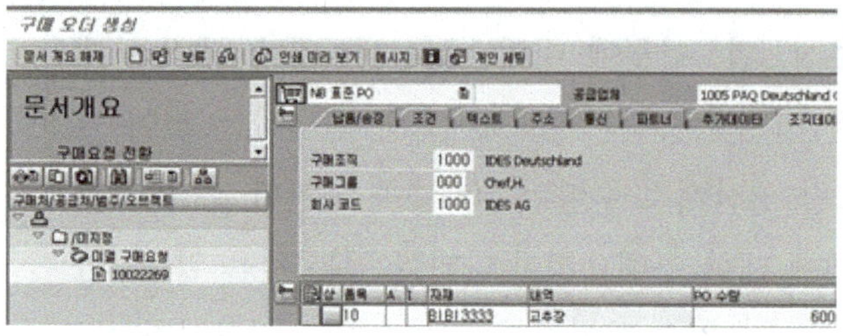

표준 PO을(를) 번호 4500023076하에 생성했습니다

그림 6-14 원자재 구매오더에 대한 입고처리 후 송장검증

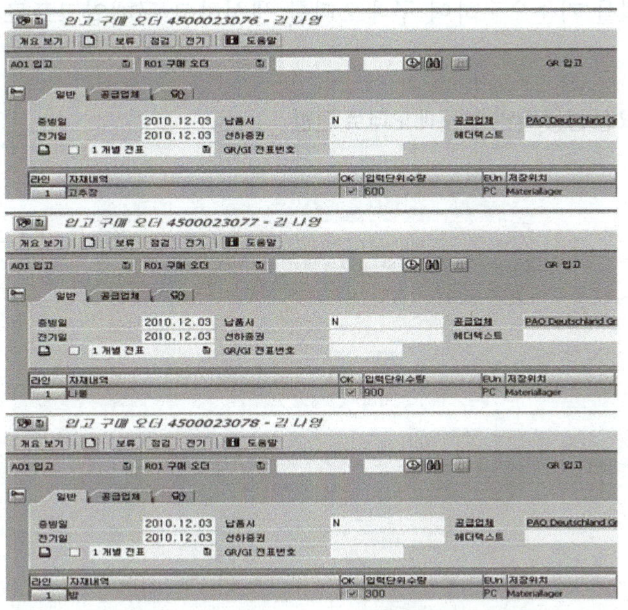

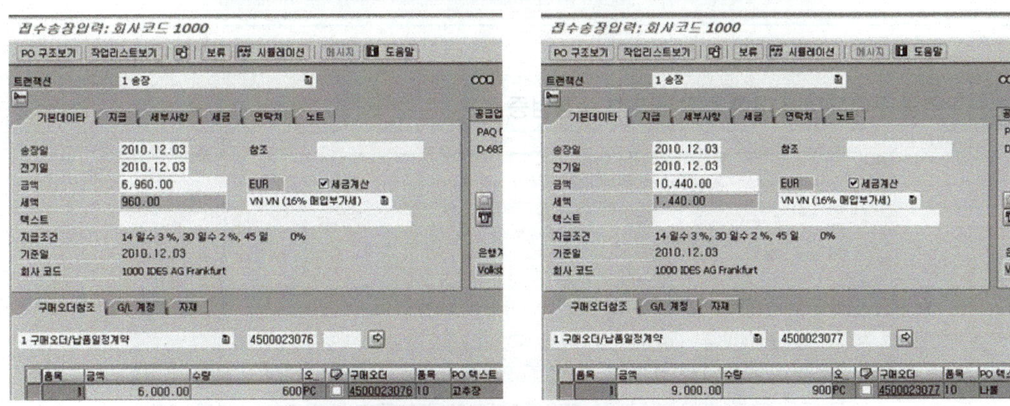

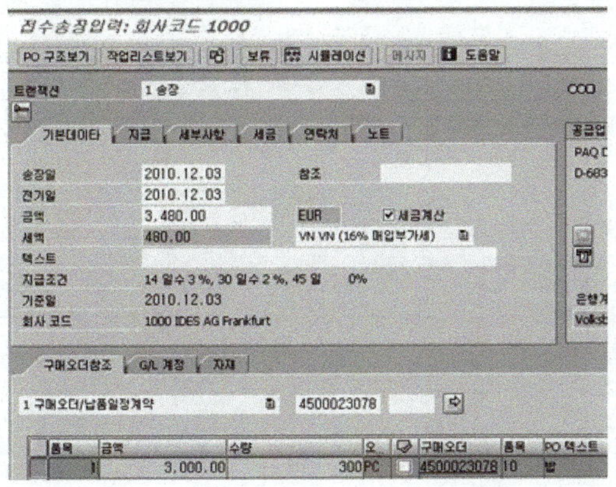

⑦ 생산부서에서 교역품인 포장용기를 12월 생산량 만큼을 수동으로 구매요청하였다. 구매요청을 기준으로하여 구매오더를 생성하고 구매입고프로세스를 진행한다.

그림 6-15 교역품 구매요청 생성 확인 후 구매오더로 전환

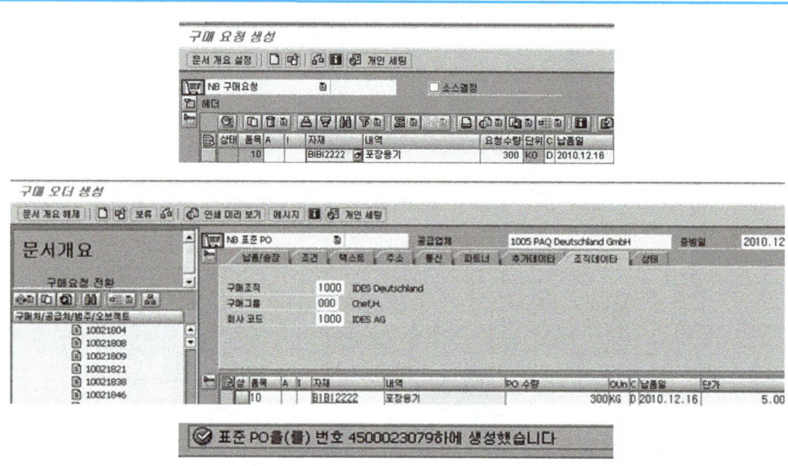

그림 6-16 교역품 구매오더에 대한 입고처리 후 송장검증

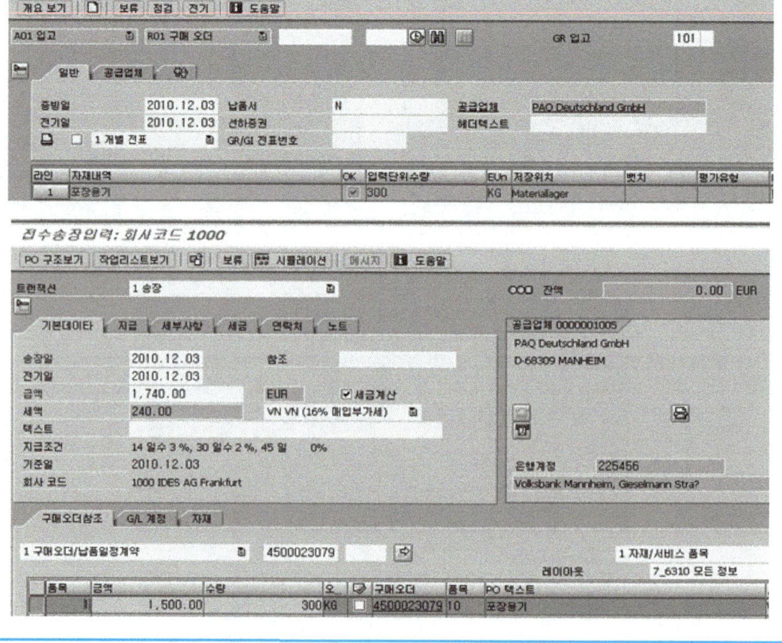

⑧ [그림 6-17]의 화면에서 포장용기, 고추장, 밥, 나물에 대한 가용재고가 12월 생산 분만큼 올라갔는지를 확인할 수 있다.

그림 6-17 하위 자재들의 가용재고 확인

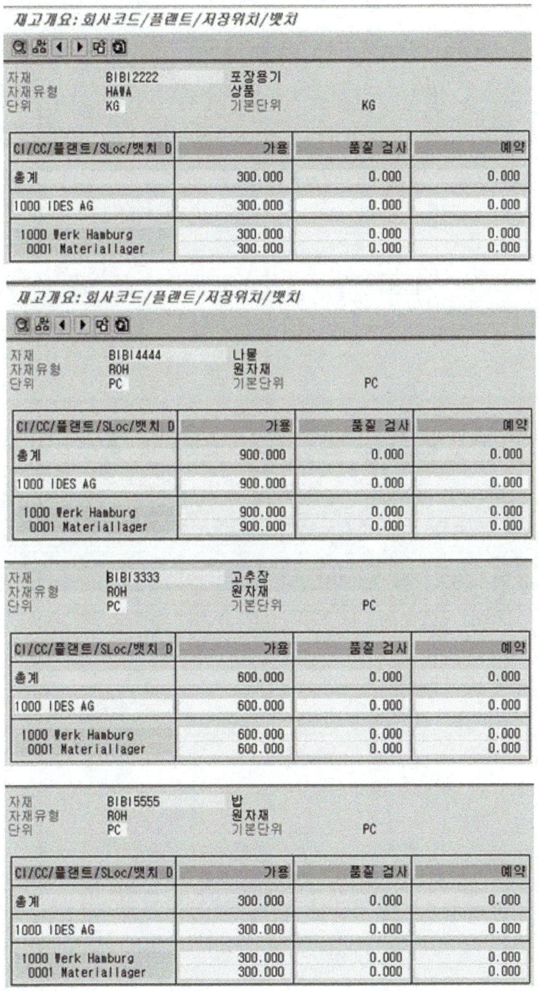

재고개요: 회사코드/플랜트/저장위치/뱃치

자재 BIBI2222 포장용기
자재유형 HAWA 상품
단위 KG 기본단위 KG

CI/CC/플랜트/SLoc/뱃치 D	가용	품질 검사	예약
총계	300.000	0.000	0.000
1000 IDES AG	300.000	0.000	0.000
1000 Werk Hamburg	300.000	0.000	0.000
0001 Materiallager	300.000	0.000	0.000

재고개요: 회사코드/플랜트/저장위치/뱃치

자재 BIBI4444 나물
자재유형 ROH 원자재
단위 PC 기본단위 PC

CI/CC/플랜트/SLoc/뱃치 D	가용	품질 검사	예약
총계	900.000	0.000	0.000
1000 IDES AG	900.000	0.000	0.000
1000 Werk Hamburg	900.000	0.000	0.000
0001 Materiallager	900.000	0.000	0.000

자재 BIBI3333 고추장
자재유형 ROH 원자재
단위 PC 기본단위 PC

CI/CC/플랜트/SLoc/뱃치 D	가용	품질 검사	예약
총계	600.000	0.000	0.000
1000 IDES AG	600.000	0.000	0.000
1000 Werk Hamburg	600.000	0.000	0.000
0001 Materiallager	600.000	0.000	0.000

자재 BIBI5555 밥
자재유형 ROH 원자재
단위 PC 기본단위 PC

CI/CC/플랜트/SLoc/뱃치 D	가용	품질 검사	예약
총계	300.000	0.000	0.000
1000 IDES AG	300.000	0.000	0.000
1000 Werk Hamburg	300.000	0.000	0.000
0001 Materiallager	300.000	0.000	0.000

⑨ 입고된 교역품 자재 포장용기와 원자재 자재밥, 나물, 고추장으로 완제품 즉석비빔밥을 생산하기 위한 공정을 생성한다.

그림 6-18 완제품 생산공정 생성

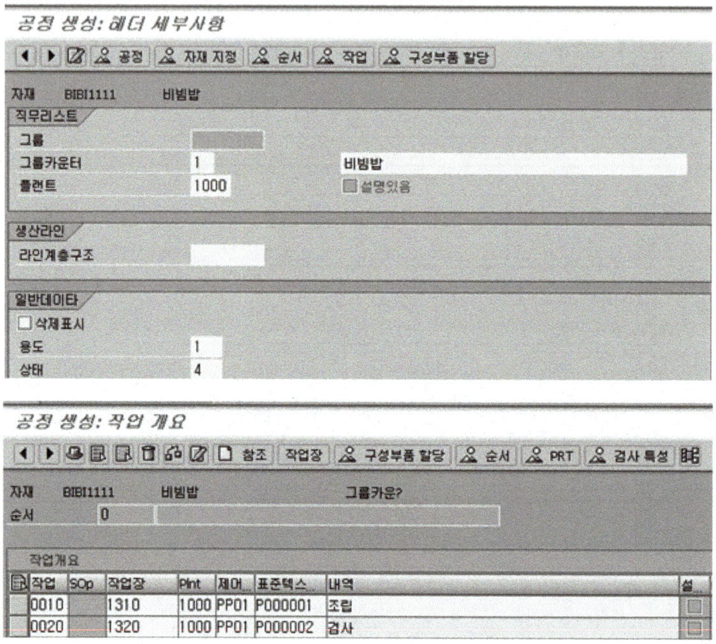

공정 생성: 헤더 세부사항

공정 | 자재 지정 | 순서 | 작업 | 구성부품 할당

자재 BIBI1111 비빔밥

직무리스트

그룹

그룹카운터 1 비빔밥

플랜트 1000 설명있음

생산라인

라인계층구조

일반데이타

삭제표시

용도 1

상태 4

공정 생성: 작업 개요

참조 | 작업장 | 구성부품 할당 | 순서 | PRT | 검사 특성

자재 BIBI1111 비빔밥 그룹카운?

순서 0

작업개요

작업	SOp	작업장	Plnt	제어..	표준텍스..	내역	설..
0010		1310	1000	PP01	P000001	조립	
0020		1320	1000	PP01	P000002	검사	

⑩ 재고소요량리스트에서 완제품인 즉석비빔밥에 대해 12월 생산량 만큼의 계획오더를 생산오더로 전환시키고, 생산입고프로세스를 진행한다. 교역품과 원자재에 대해서는 완제품 생산에 소요되는 만큼 생산오더에 대해 출고처리를 수행한다.

그림 6-19 계획오더 확인 후 생산오더 생성

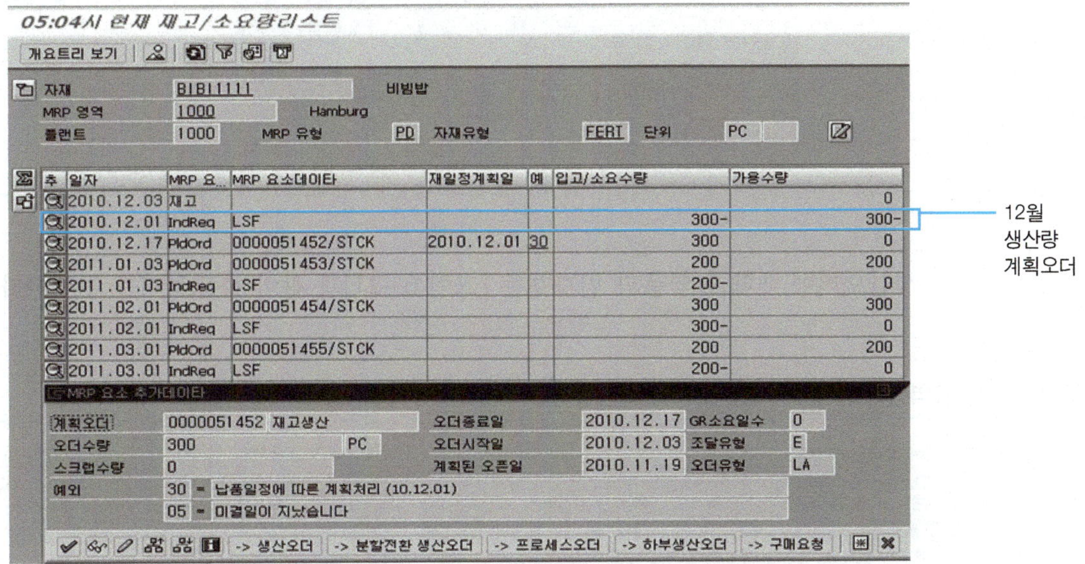

그림 6-20 완제품 생산오더에 대한 입고

생산오더에 대해 교역품과 원자재는 [그림 6-21]과 같이 출고처리를 수행한다.

그림 6-21 교역품과 원자재의 생산오더에 대한 출고

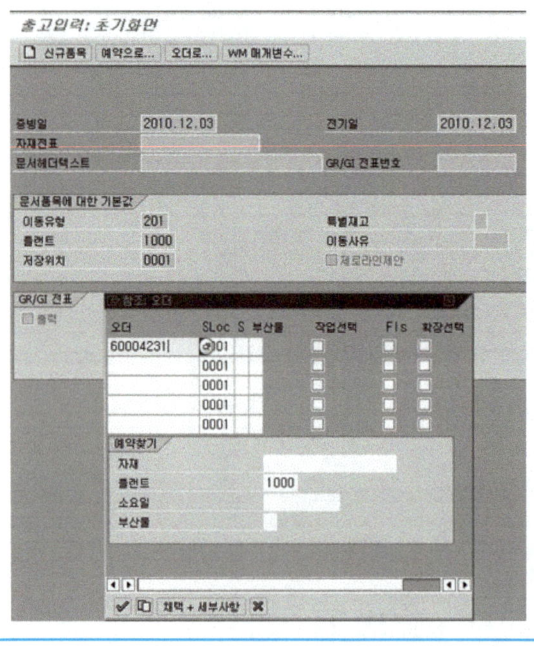

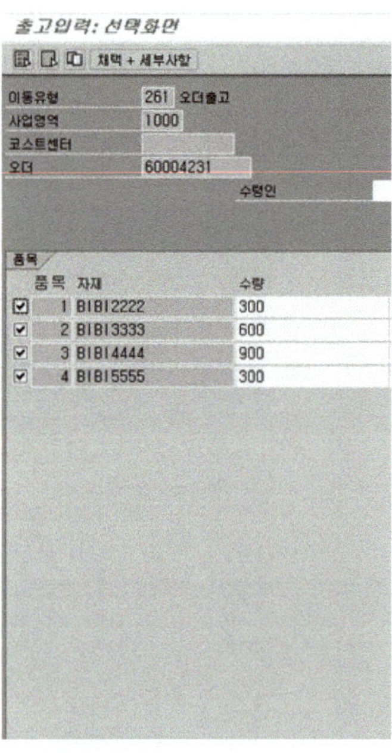

출고처리 전의 포장용기에 대한 재고는 300개가 있는 것을 확인할 수 있으며 출고처리 후에는 포장용기의 재고가 0개로 감소되어 있음을 알 수 있다. 출고처리 후에는 고추장과 나물, 밥에 대한 재고가 모두 0개로 소진되었음을 알 수 있다.

그림 6-22 교역품과 원자재의 출고 전후의 재고수량 확인

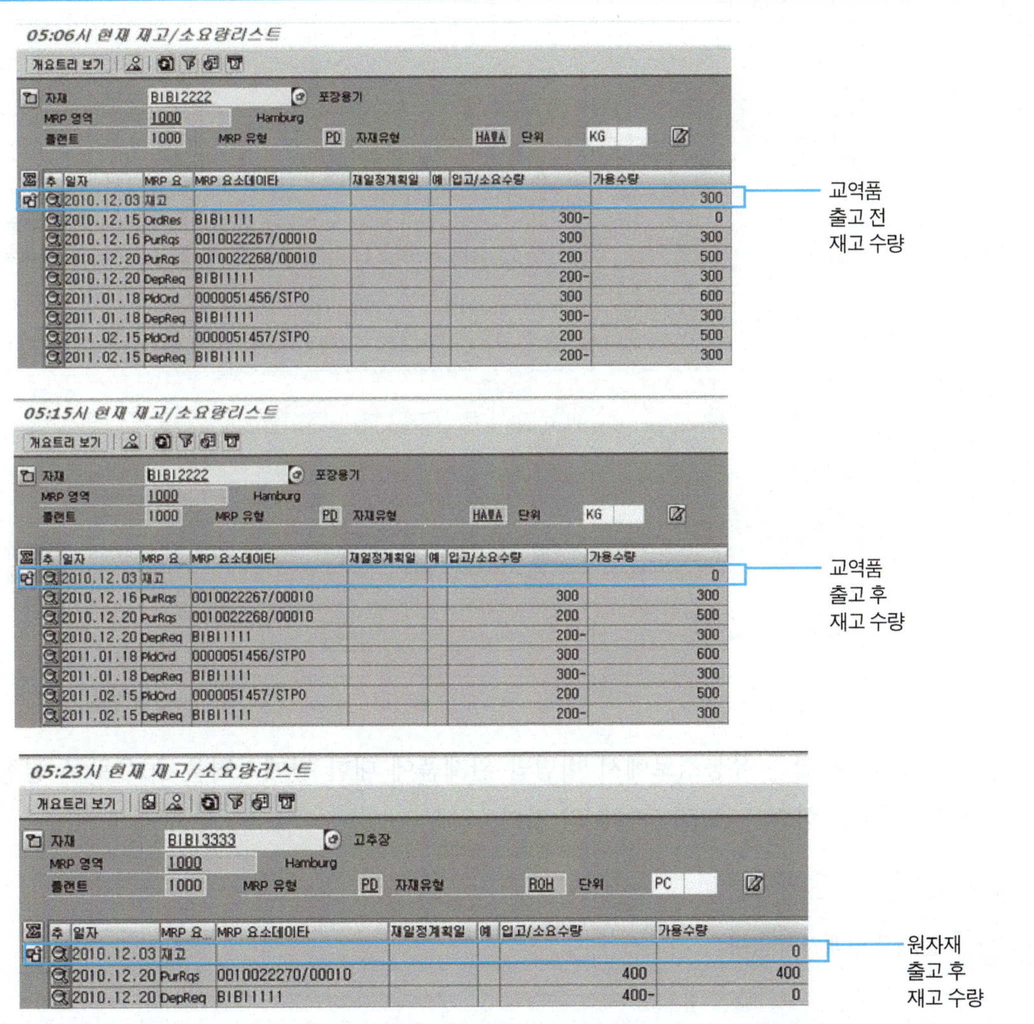

(3) 판매 프로세스 수행

① 비빔밥 완제품에 대한 재고가 300개 늘었는지를 확인하고, 판매가격을 30유로로 결정하여 가격 마스터데이터를 만든다.

그림 6-23 완제품 재고수량 증가 확인

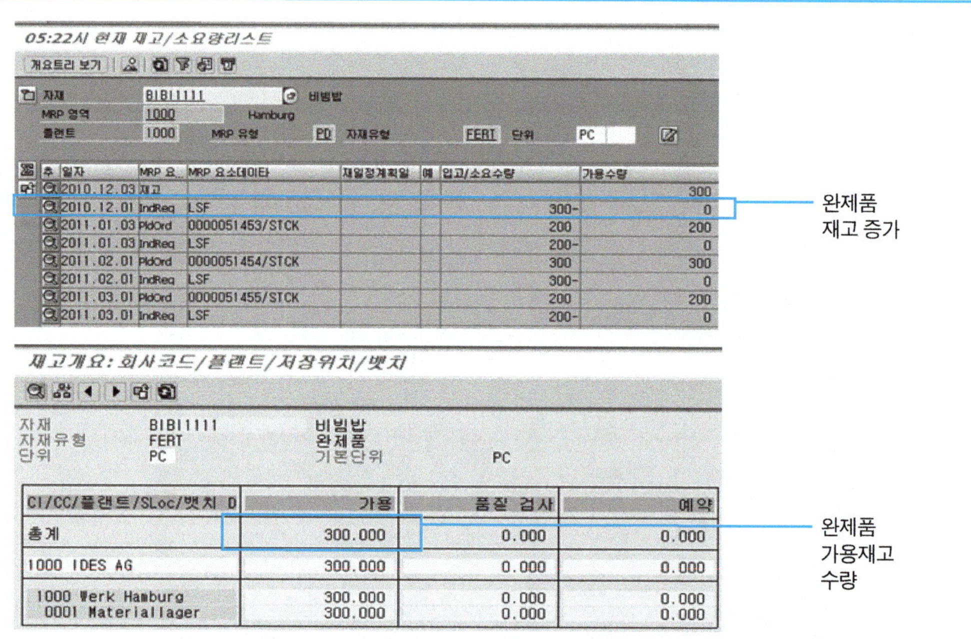

신규로 만든 유통경로에서 비빔밥 완제품에 대한 판매가격을 30유로로 결정하여 입력하는 화면은 [그림 6-24]와 같다.

그림 6-24 완제품 판매가격 입력

가격 조건생성 (PR00) : 빠른입력

영업조직 1000 Germany Frankfurt
유통경로 86 수출유통경로

릴리스상태의 자재

자재	릴	내역	처	금액	단위	/	UoM	계	스	유효일	효력만료일
BIBI1111		비빔밥		30.00	EUR	1	PC	C		2010.12.03	9999.12.31

② 코스트코에게 100개, 자스코에게 200개의 견적을 내고, 새로 만든 견적을 제시하면서 가격을 35유로로 변경한다.

코스트코에 대한 견적 생성 및 가격 변경화면은 [그림 6-25]와 같다.

그림 6-25 코스트코에 대한 견적생성 및 판매가격 변경

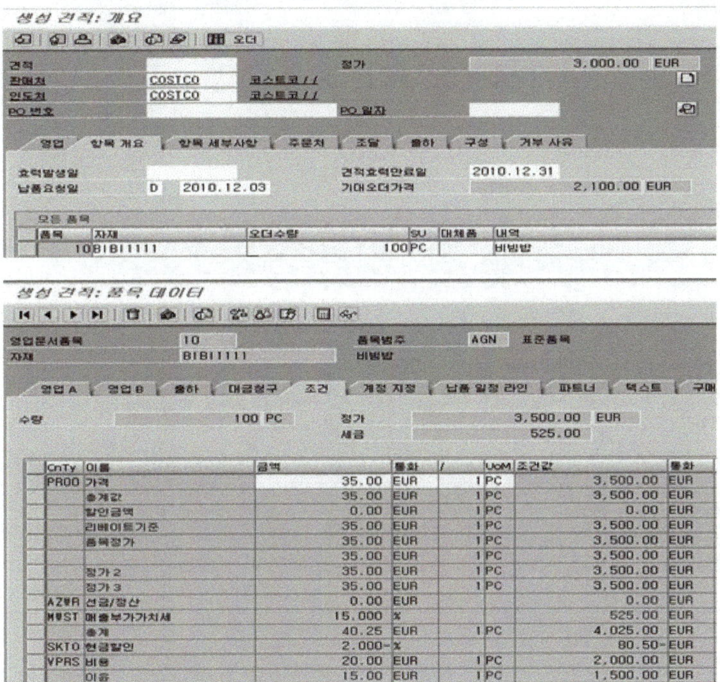

자스코에 대한 견적 생성 및 가격 변경화면은 [그림 6-26]과 같다.

그림 6-26 자스코에 대한 견적생성 및 판매가격 변경

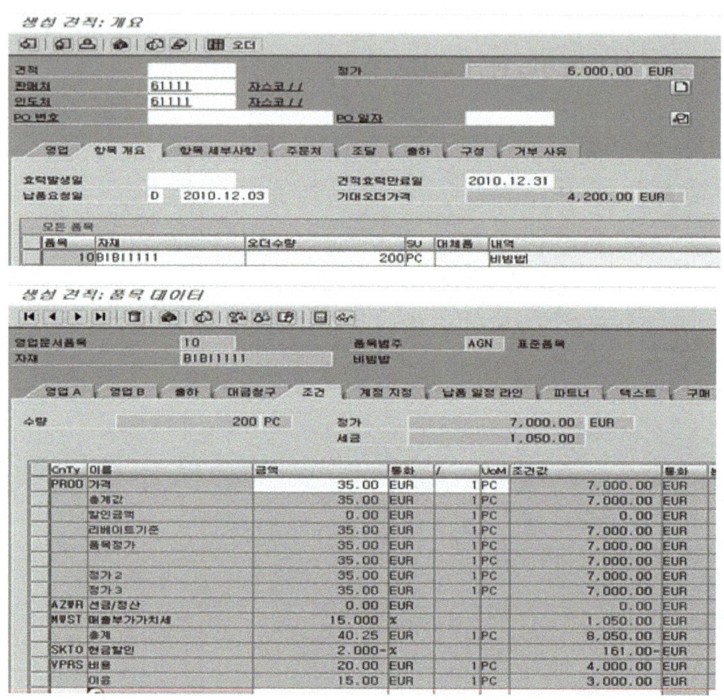

③ 며칠 후 코스트코, 자스코로부터 맛나푸드가 제시한 견적에 대해 영업주문을 받게 되었다. 단 자스코는 비빔밥 200개중 150개는 12월 12일에 배송요청하였고, 50개는 12월 23일에 배송해 달라고 요청하였다.

또한 코스트코는 비빔밥 200개를 가능한 빨리 배송해 달라는 조건으로 주문(긴급주문)을 받아 달라는 요청을 하였다. 이러한 내용을 참조하여 앞의 견적을 복사하여 각각의 영업주문을 생성한다.

그림 6-27 견적을 참조한 영업오더 생성

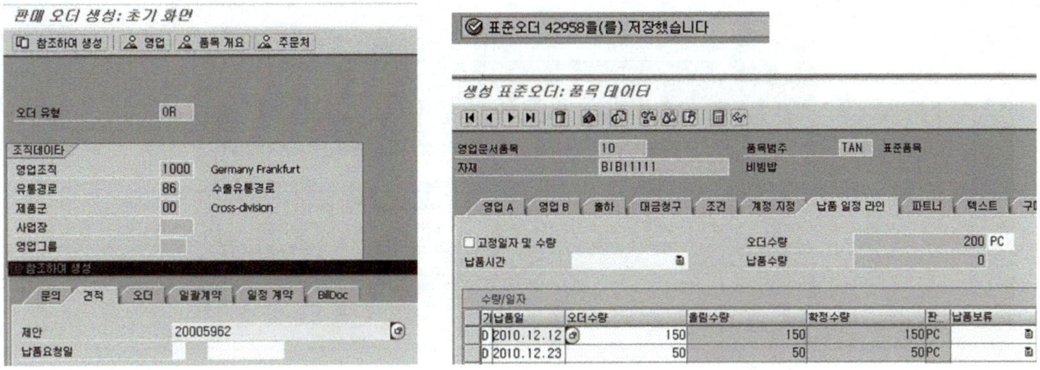

납품요청에 의해 150개와 50개의 납품일정을 분리하는 메뉴경로는 [그림 6-28]과 같다.

그림 6-28 납품일정을 분리하는 메뉴경로

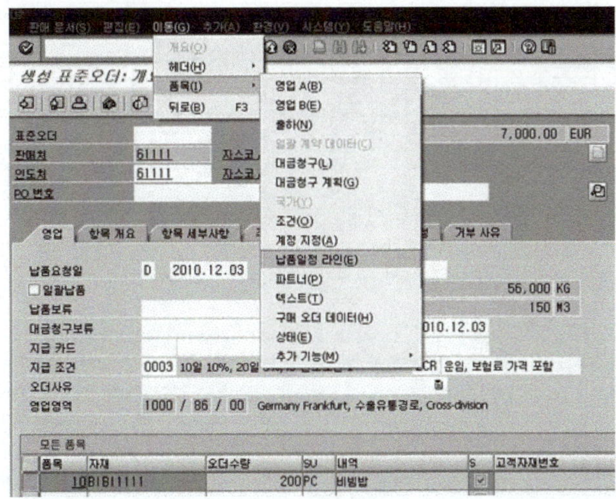

④ 영업주문의 사업장과 영업그룹을 조회한다. 자스코 고객마스터데이터에서 신규로 생성하여 입력한 사업장과 영업그룹을 바로가져오므로 영업주문서에 별도로 입력하지 않아도 조회된다는 것을 확인하는 화면이다.

그림 6-29 영업오더의 사업장과 영업그룹 조회

조회 표준오더 42958: 헤더 데이터

표준오더 42958 구매오더번호
판매처 61111 자스코 / /

영업 | 출하 | 대금청구 | 회계 | 조건 | 계정 지정 | 파트너 | 텍스트 | 구매 오더 데이터

오더 유형	OR	표준오더	증빙일	2010.12.03
영업영역데이타	1000 / 86 / 00	Germany Frankfurt, 수출유통경로, Cross-division		
사업장	1014	맛나푸드	생성인	20091147
영업그룹	422	해외영업	생성일	2010.12.03
버전			보증	
오더사유				
납품 시간				

⑤ 자스코의 주문전체에 대한 수익성이 얼마가 나는지를 분석한다. [그림 6-30]의 화면에서 이번 주문으로 인해 변경된 판매가격 30유로와 표준원가 20유로의 차이에 의해 개당 15유로씩 200개에 대해 3000유로의 수익성이 있다는 것을 분석할 수 있다.

그림 6-30 영업오더의 수익성 분석

조회 표준오더 42958: 헤더 데이터

표준오더 42958 구매오더번호
판매처 61111 자스코 / /

영업 | 출하 | 대금청구 | 회계 | 조건 | 계정 지정 | 파트너 | 텍스트 | 구매 오더 데이터 | 상태 | 추가 데이터 A | 추가

정가 7,000.00 EUR
세금 1,050.00

CnTy	이름	금액	통화	/	UoM	조건값	통화	조건값
PR00	가격					7,000.00	EUR	0.00
	총계값					7,000.00	EUR	0.00
	할인금액					0.00	EUR	0.00
	리베이트기준					7,000.00	EUR	0.00
	품목정가					7,000.00	EUR	0.00
						7,000.00	EUR	0.00
	정가 2					7,000.00	EUR	0.00
	정가 3					7,000.00	EUR	0.00
AZWR	선금/정산					0.00	EUR	0.00
MWST	매출부가가치세	15.000	%			1,050.00	EUR	0.00
	총계					8,050.00	EUR	0.00
SKTO	현금할인	2.000-	%			161.00-	EUR	0.00
VPRS	비용					4,000.00	EUR	0.00
	이윤					3,000.00	EUR	0.00

⑥ 자스코의 주문에 대한 각 납품일에 대해 각기 납품을 생성하고 출하를 진행한다.

그림 6-31 납품생성 및 출하처리

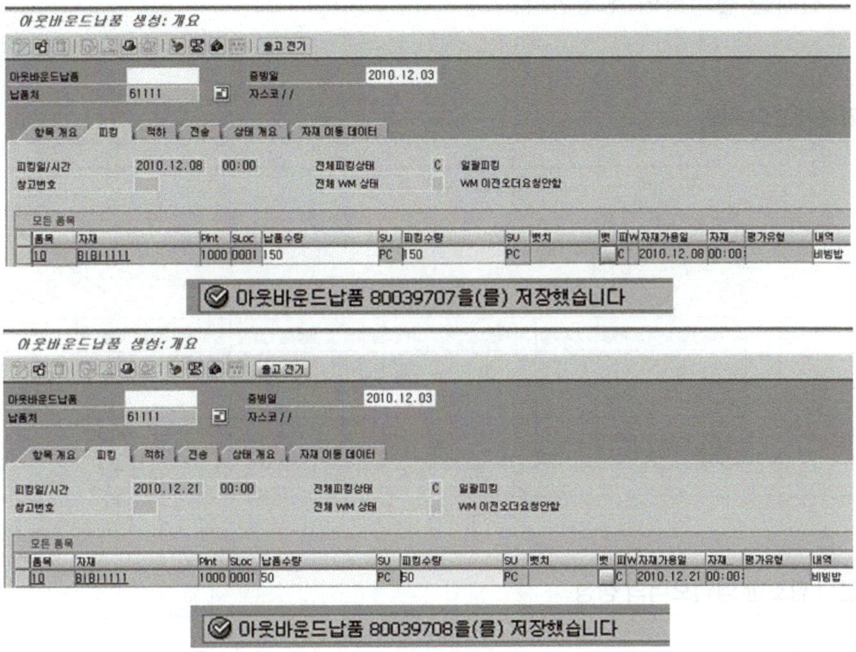
아웃바운드납품 생성: 개요
출고 전기
아웃바운드납품
증빙일 2010.12.03
납품처 61111 자스코 / /
항목 개요 피킹 적하 전송 상태 개요 자재 이동 데이터
피킹일/시간 2010.12.08 00:00
전체피킹상태 C 일괄피킹
창고번호
전체 WM 상태 WM 이전오더요청안함
모든 품목
품목 자재 Plnt SLoc 납품수량 SU 피킹수량 SU 뱃치 뱃 피 W 자재가용일 자재 평가유형 내역
10 BIBI1111 1000 0001 150 PC 150 PC C 2010.12.08 00:00 비빔밥
아웃바운드납품 80039707을(를) 저장했습니다
아웃바운드납품 생성: 개요
출고 전기
아웃바운드납품
증빙일 2010.12.03
납품처 61111 자스코 / /
항목 개요 피킹 적하 전송 상태 개요 자재 이동 데이터
피킹일/시간 2010.12.21 00:00
전체피킹상태 C 일괄피킹
창고번호
전체 WM 상태 WM 이전오더요청안함
모든 품목
품목 자재 Plnt SLoc 납품수량 SU 피킹수량 SU 뱃치 뱃 피 W 자재가용일 자재 평가유형 내역
10 BIBI1111 1000 0001 50 PC 50 PC C 2010.12.21 00:00 비빔밥
아웃바운드납품 80039708을(를) 저장했습니다

⑦ 자스코의 각 납품건에 대한 대금청구를 수행하고 [그림 6-32]와 같이 최종문서흐름을 보인다.

그림 6-32 납품분리에 따른 대금청구 및 문서흐름 조회

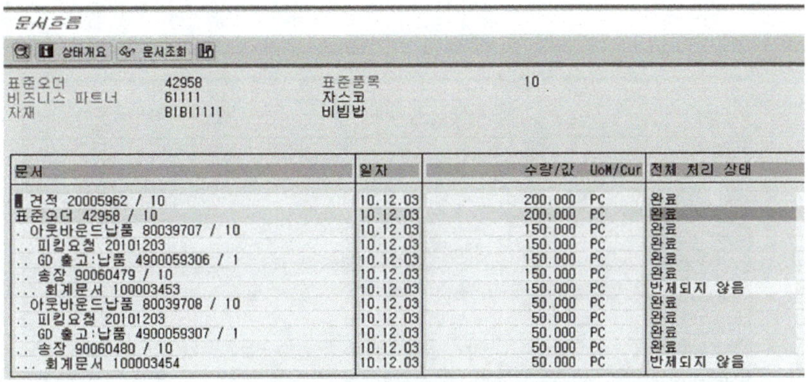
문서흐름
상태개요 문서조회
표준오더 42958 표준품목 10
비즈니스 파트너 61111 자스코
자재 BIBI1111 비빔밥
문서 일자 수량/값 UoM/Cur 전체 처리 상태
견적 20005962 / 10 10.12.03 200.000 PC 완료
표준오더 42958 / 10 10.12.03 200.000 PC 완료
. 아웃바운드납품 80039707 / 10 10.12.03 150.000 PC 완료
.. 피킹요청 20101203 10.12.03 150.000 PC 완료
.. GD 출고:납품 4900059306 / 1 10.12.03 150.000 PC 완료
.. 송장 90060479 / 10 10.12.03 150.000 PC 완료
... 회계문서 100003453 10.12.03 150.000 PC 반제되지 않음
. 아웃바운드납품 80039708 / 10 10.12.03 50.000 PC 완료
.. 피킹요청 20101203 10.12.03 50.000 PC 완료
.. GD 출고:납품 4900059307 / 1 10.12.03 50.000 PC 완료
.. 송장 90060480 / 10 10.12.03 50.000 PC 완료
... 회계문서 100003454 10.12.03 50.000 PC 반제되지 않음

⑧ 고객의 요청에 의해 코스트코에 가용한 재고만 우선 납품하고, 대금청구를 수행한다. 견적을 참조하여 생성한다.

그림 6-33 가용재고의 확인

재고개요: 회사코드/플랜트/저장위치/뱃치

자재	BIBI1111	비빔밥	
자재유형	FERT	완제품	
단위	PC	기본단위	PC

Cl/CC/플랜트/SLoc/뱃치 D	가용	품질 검사	예약
총계	100.000	0.000	0.000
1000 IDES AG	100.000	0.000	0.000
1000 Werk Hamburg	100.000	0.000	0.000
0001 Materiallager	100.000	0.000	0.000

그림 6-34 견적 참조한 영업오더의 생성

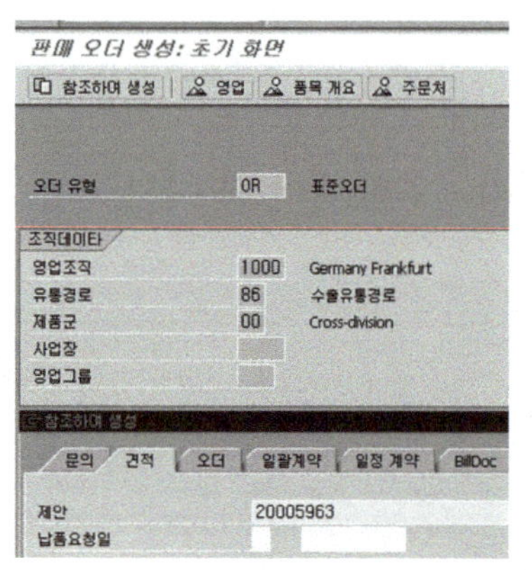

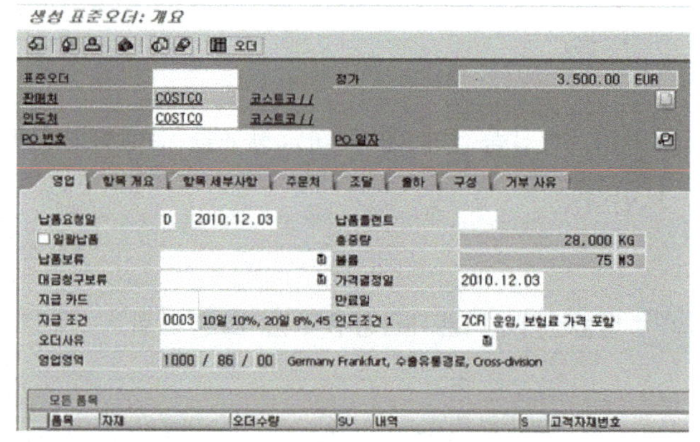

표준오더: 가용성제어

납품제안 | 계속 | ATP 수량 | 점검범위 | 다른플랜트

품목	10	일정라인	1
자재	BIBI1111		
	비빔밥		
플랜트	1000		
납품요청일	2010.12.03	미결수량	200 PC
고정 일자/수량		최대분할납품수	9

납품요청일에 한번에 납품 : 불가능함

납품/확정일자	2010.12.03 / 2010.12.03	확정수량	0

납품제안

납품/확정일자	2010.12.07 / 2010.12.03	확정수량	100

그림 6-35 납품 및 대금청구

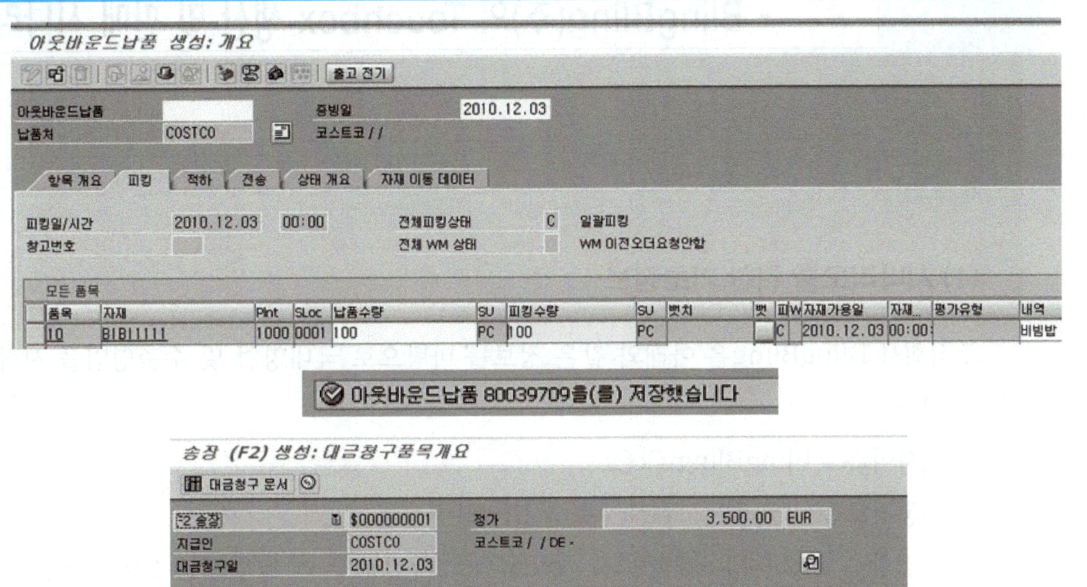

⑨ 지금까지 수행한 작업에 대한 최종문서흐름을 보인다.

그림 6-36 최종 문서흐름의 조회

문서흐름

상태개요 문서조회

표준오더 42959 표준품목 10
비즈니스 파트너 COSTCO 코스트코
자재 BIBI1111 비빔밥

문서	일자	수량/값	UoM/Cur	전체 처리 상태
견적 20005963 / 10	10.12.03	100.000	PC	완료
표준오더 42959 / 10	10.12.03	200.000	PC	처리중임
. 아웃바운드납품 80039709 / 10	10.12.03	100.000	PC	완료
.. 피킹요청 20101203	10.12.03	100.000	PC	완료
.. GD 출고:납품 4900059308 / 1	10.12.03	100.000	PC	완료
.. 송장 90060481 / 10	10.12.03	100.000	PC	완료
... 회계문서 100003455	10.12.03	100.000	PC	반제되지 않음

02 BlingBling(주)의 Touchbox 생산 및 판매 시나리오

2.1 비즈니스 시나리오

(1) 시나리오를 위한 기초정보

주식회사 BlingBling은 아래와 같은 정보를 바탕으로 국내영업 및 수출영업을 시작하고자 한다.

- 회사이름 : BlingBling Co.
- 유통경로 : GG(내수) / NN(수출) / II(인터넷)
- 사업장 : 4586(내수: 대한민국), 4585(수출: 뉴질랜드) / 영업그룹 : 903(내수: 서울지점), 902(수출: 오클랜드)
- 고객계정그룹 번호1 : 9016(외부 번호부여 방식)
- 고객계정그룹 번호2 : 5753(외부 번호부여 방식)
- 고객계정그룹 번호3 : 4122(내부 자동번호 부여 방식)
- 고객 마스터데이터 1 : 내수 고객(EW), 전자월드
- 고객 마스터데이터 2 : 뉴질랜드 수출 고객(NZ) , BlingBling Co. Global.
- 고객 마스터데이터 3 : 인터넷 매장 고객(13550), BlingBling Co. Internet.
- 완제품 : lhsw10000 – TouchBox : 140유로(판매가)
- 교역품 1 : lhsw2222 – 반도체
- 교역품 2 : lhsw3333 – LED 액정
- 원자재 1 : lhsw4444 – 플라스틱 케이스
- 원자재 2 : lhsw5555 – 조이스틱

(2) 자재관리 및 생산관리

① LHSW10000(완제품)을 조립하기 위해 lHSW2222(교역품) 2개, lHSW3333(교역품) 1개, lHSW4444(원자재) 4개, lHSW5555(원자재) 1개가 소요된다고 가정하고 [그림 6-37]과 같이 BOM을 구성한다.

그림 6-37 완제품의 BOM 모습

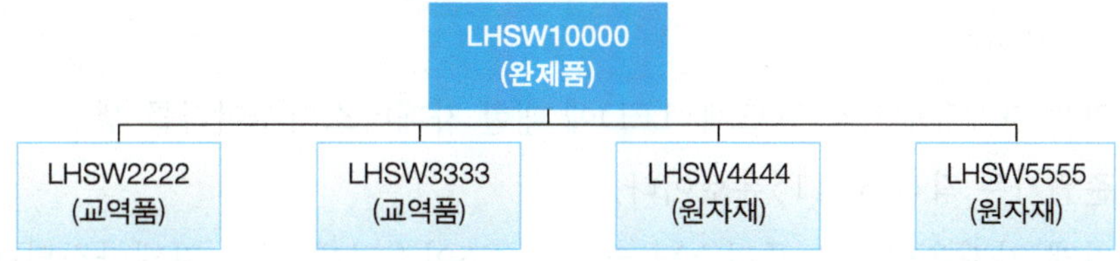

② LHSW10000(완제품)의 생산계획을 2011.11월에 300개, 12월에 400개, 2012.1월에 200개가 생산되도록 수립한다.

③ 완제품에 대해 MRP를 가동한다. 11월에 공장에 문제가 발생하여 모든 생산과 자재구매가 중단된 상태에서 뒤늦게 12월에 공장을 재가동하고 MRP를 다시 실행시킨다고 가정한다.

④ MRP리스트에서 교역품 lHSW2222과 lHSW3333에 대해 11월과 12월 생산량 만큼 구매요청을 구매오더로 전환시키고, lHSW2222과 lHSW3333이 구매오더에 대해 공급업체로부터 납품이 되어 입고를 잡는다.

⑤ MRP리스트에서 원자재 lHSW4444과 lHSW5555에 대해 11월과 12월 생산량 만큼 구매요청을 구매오더로 전환시키고, lHSW4444과 lHSW5555이 구매오더에 대해 공급업체로부터 납품이 되어 입고를 잡는다.

⑥ 완제품 lHSW10000의 생산오더를 만들기 위한 공정설정작업 등 필요한 작업을 한 뒤, MRP리스트에서 생산오더로 300개를 전환하여 생성한다.

⑦ 완제품, 교역품, 원자재의 재고/소요량리스트를 보이고, 재고수량 등의 내용을 확인해 본다.

(3) 영업/유통 시나리오

BlingBling Co는 신규로 수출 및 인터넷 매장, 대형매장 유통영업을 시작하고자 한다. 이에 따라 수출 유통경로(NN), 인터넷 매장(II), 대형매장(GG) 유통경로를 신설하였다.

BlingBling Co는 신규유통경로(GG)에서 판매할 수 있는 TouchBox를 만들고 새로 자재마스터데이터를 생성하고자 한다.

① 완제품 자재유형으로 TouchBox에 대한 자재마스터데이터를 생성한다. 표준원가는 120유로이다.
교역품 자재유형으로 반도체, LED에 대한 자재마스터데이터를 생성한다.
표준원가는 각각 30, 15유로이다.

② 원자재 자재유형으로 플라스틱 케이스, 조이스틱에 대한 자재마스터데이터를 생성한다.
표준원가는 각각 5, 7유로이다.
교역품, 원자재에 대한 구매정보레코드를 생성한다.

③ 1005 공급업체로부터 반도체, LED, 플라스틱 케이스, 조이스틱을 구매하려고 한다. 이에 대한 구매오더를 생성한다.

④ 1005 공급업체로부터 물건이 납품되어 창고에 입고시키고 재고로 관리하고자 한다. 이에 대한 입고 프로세스와 송장검증을 수행한다.

⑤ 이 제품에 대한 재고가 올라갔는지 확인한 후, 이 제품에 대한 판매가격을 140유로의 판매가격을 결정하고, 마스터데이터를 만든다.

자재마스터데이터 생성한 이후에 전자월드로부터 TouchBox 300대에 대한 견적을 제시해 달라고 요청을 받고, 수주가 되어 영업오더 생성 및 그 이후의 후속프로세스를 진행하고자 한다.

⑥ 대형매장(전자월드) 고객을 위한 고객계정그룹을 9016으로 만들고, 이는 외부 번호부여 방식이 가능하도록 한다.

⑦ 이 고객계정그룹은 유통경로(GG)를 근간으로하고, 전자월드 고객을 생성한다.
이 고객마스터에는 전자월드에게 영업할 사업장(4586)과 영업그룹(903)이 들어가야

한다.

며칠 후 전자월드로부터 BlingBling Co가 제시한 견적에 대해 만족한다는 통보를 받고, 영업주문을 받게 되었다. 단, 전자월드는 TouchBox 290대는 12월 10일에, 10대는 12월 20일에 납품해 달라고 요청을 받았다.

⑧ 앞 내용을 참조하여 앞의 300대의 견적을 복사하여 영업주문을 만든다.
⑨ 이 주문전체에 대한 수익성을 평가해본다.
⑩ 12월 10일과 12월 20일의 납품을 생성하고 출하한다.
⑪ 각 납품건에 대해서 대금청구를 수행한다.
⑫ 문서흐름을 조회해 보인다.
⑬ 그러나 납품건에 대해 대금청구에 누락된 부분이 생겨 대금청구를 취소하고 다시 대금청구를 수행했다.

그리고 납품한 제품에 대해 문제가 발생해서 리베이트와 반품요청이 들어왔다.

⑭ 12월 10일에 납품한 제품 중에 대변메모 요청(오더사유 : 손상된 제품)을 수행하여 20개 만큼의 리베이트를 주어 외상매출금을 삭감한다.
⑮ 12월 20일에 납품한 제품 중에 반품(오더사유 : 저품질)을 5개 수행한다.
⑯ 전체 영업문서흐름을 조회해 보인다.

2.2 시나리오에 대한 구현

앞에서 설명한 시나리오에 대해 SAP ERP 화면위주로 간략히 시현하여 보이고자 한다.

(1) 유통경로 설정

그림 6-38 신규 유통경로 설정

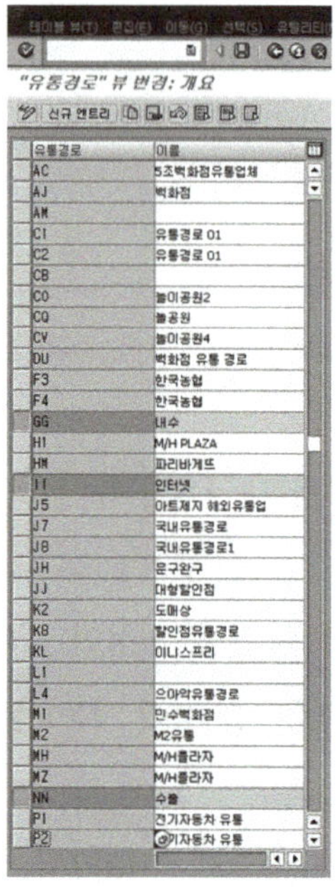

(2) 사업장 설정

그림 6-39 신규 사업장 설정

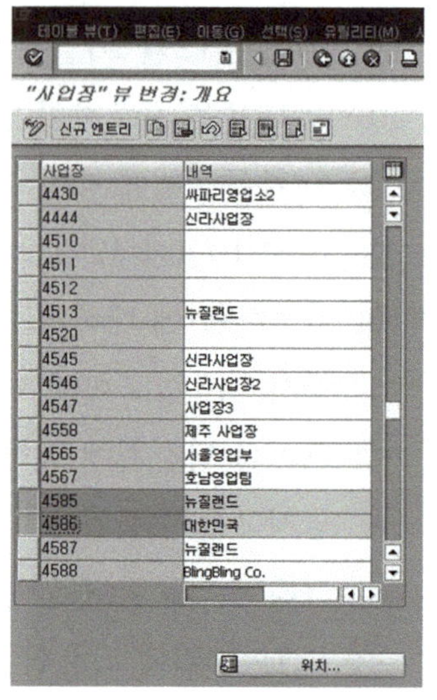

(3) 영업그룹 설정

그림 6-40 신규 영업그룹 설정

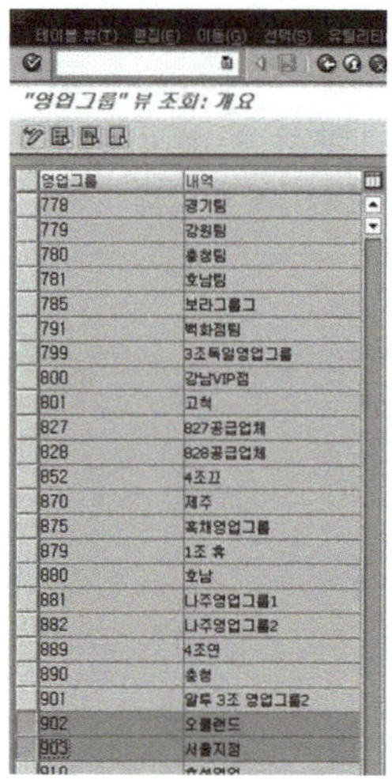

(4) 영업조직 – 유통경로 연동 확인

그림 6-41 영업조직과 유통경로의 연동

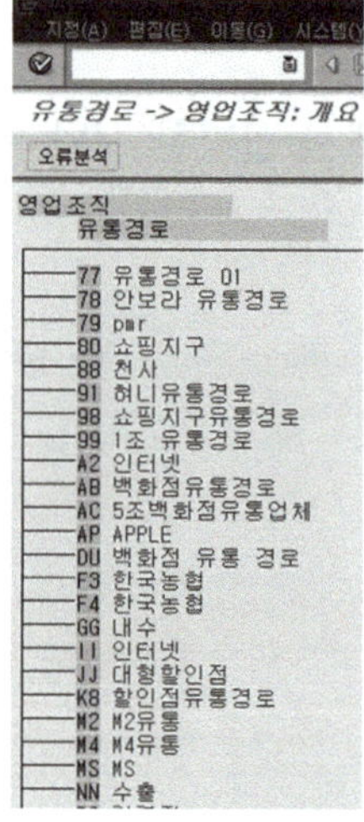

(5) 영업조직-유통경로-제품군 연동 확인

그림 6-42 영업조직, 유통경로, 제품군의 연동

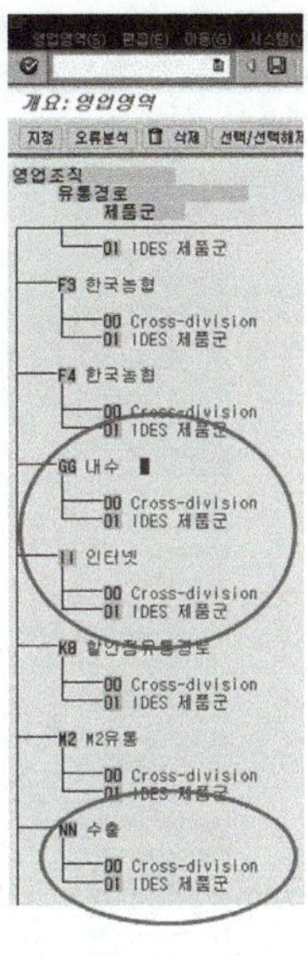

(6) 사업장-영업그룹 연동 확인

그림 6-43 사업장과 영업그룹의 연동

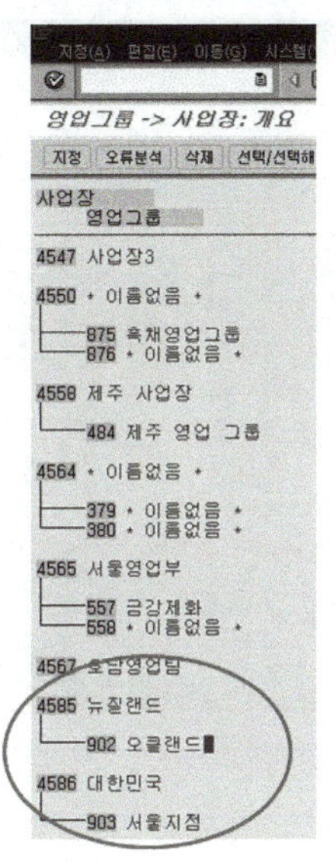

(7) 플랜트-영업조직/유통경로 연동 확인

그림 6-44 플랜트의 연동

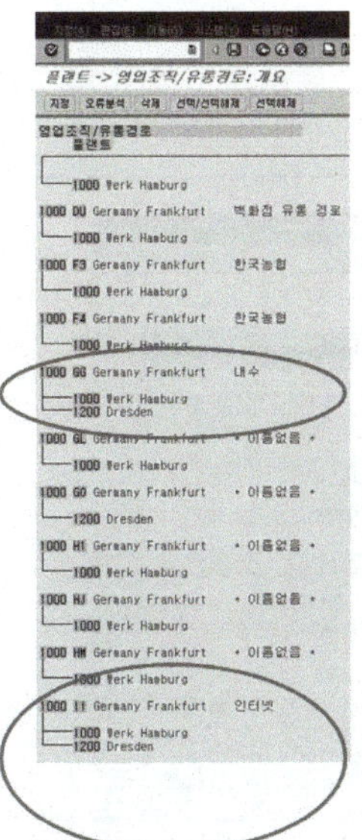

(8) 영업영역별 사업영역 결정규칙 정의

그림 6-45 사업영역 결정규칙 정의

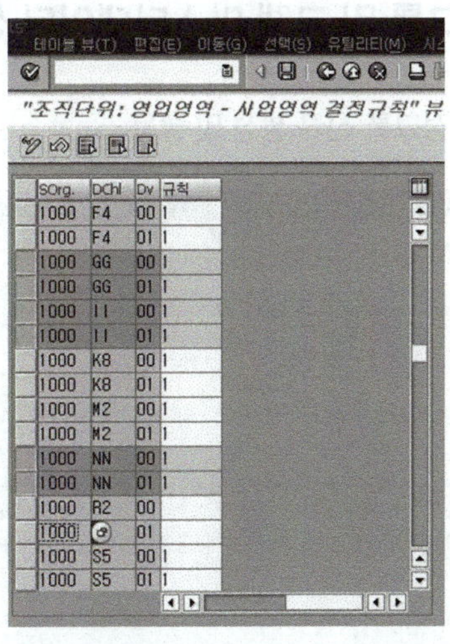

"조직단위: 영업영역 - 사업영역 결정규칙" 뷰

SOrg.	DChl	Dv	규칙
1000	F4	00	1
1000	F4	01	1
1000	GG	00	1
1000	GG	01	1
1000	II	00	1
1000	II	01	1
1000	K8	00	1
1000	K8	01	1
1000	M2	00	1
1000	M2	01	1
1000	NN	00	1
1000	NN	01	1
1000	R2	00	
1000		01	
1000	S5	00	1
1000	S5	01	1

(9) 가격결정 지정

그림 6-46 가격결정절차 지정

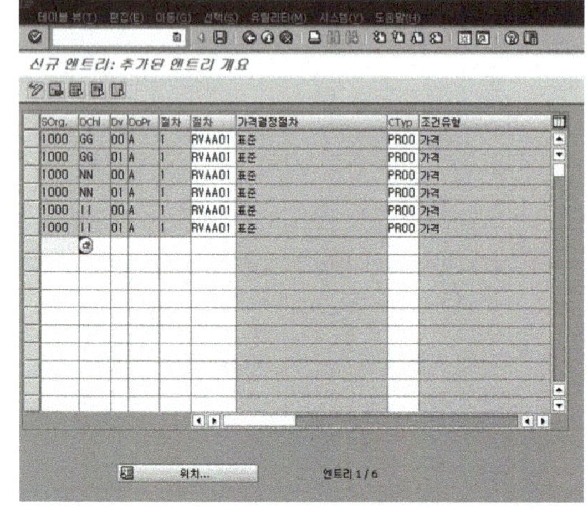

신규 엔트리: 추가된 엔트리 개요

SOrg.	DChl	Dv	DoPr	절차	절차	가격결정절차	CTyp	조건유형
1000	GG	00	A	1	RVAA01	표준	PR00	가격
1000	GG	01	A	1	RVAA01	표준	PR00	가격
1000	NN	00	A	1	RVAA01	표준	PR00	가격
1000	NN	01	A	1	RVAA01	표준	PR00	가격
1000	II	00	A	1	RVAA01	표준	PR00	가격
1000	II	01	A	1	RVAA01	표준	PR00	가격

(10) 영업영역에 영업문서 유형지정

그림 6-47 영업영역에 영업문서 유형지정

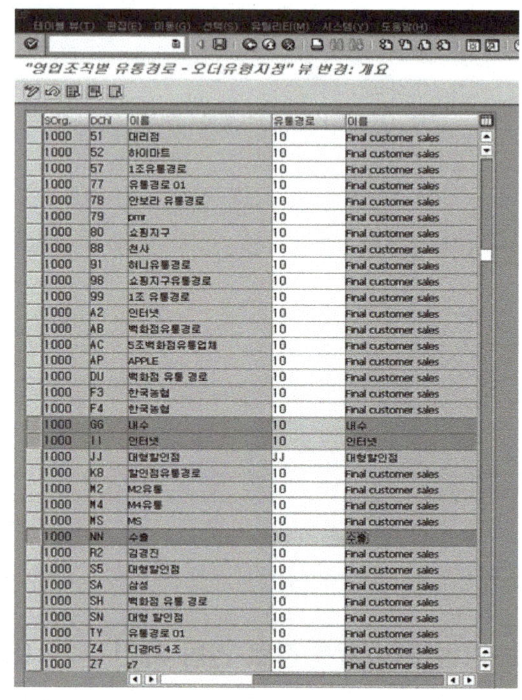

"영업조직별 유통경로 - 오더유형지정" 뷰 변경: 개요

SOrg.	DChl	이름	유통경로	이름
1000	51	대리점	10	Final customer sales
1000	52	하이마트	10	Final customer sales
1000	57	1조유통경로	10	Final customer sales
1000	77	유통경로 01	10	Final customer sales
1000	78	안보라 유통경로	10	Final customer sales
1000	79	pmr	10	Final customer sales
1000	80	쇼핑지구	10	Final customer sales
1000	88	천사	10	Final customer sales
1000	91	허니유통경로	10	Final customer sales
1000	98	쇼핑지구유통경로	10	Final customer sales
1000	99	1조 유통경로	10	Final customer sales
1000	A2	인터넷	10	Final customer sales
1000	AB	백화점유통경로	10	Final customer sales
1000	AC	5조백화점유통업체	10	Final customer sales
1000	AP	APPLE	10	Final customer sales
1000	DU	백화점 유통 경로	10	Final customer sales
1000	F3	한국농협	10	Final customer sales
1000	F4	한국농협	10	Final customer sales
1000	GG	내수	10	내수
1000	II	인터넷	10	인터넷
1000	JJ	대형할인점	JJ	대형할인점
1000	K8	할인점유통경로	10	Final customer sales
1000	M2	M2유통	10	Final customer sales
1000	M4	M4유통	10	Final customer sales
1000	MS	MS	10	Final customer sales
1000	NN	수출	10	수출
1000	R2	김경진	10	Final customer sales
1000	S5	대형할인점	10	Final customer sales
1000	SA	삼성	10	Final customer sales
1000	SH	백화점 유통 경로	10	Final customer sales
1000	SN	대형 할인점	10	Final customer sales
1000	TY	유통경로 01	10	Final customer sales
1000	Z4	디경R5 4조	10	Final customer sales
1000	Z7	z7	10	Final customer sales

(11) 고객계정그룹 및 고객 마스터데이터 생성

그림 6-48 고객계정그룹 신규 생성 및 활용

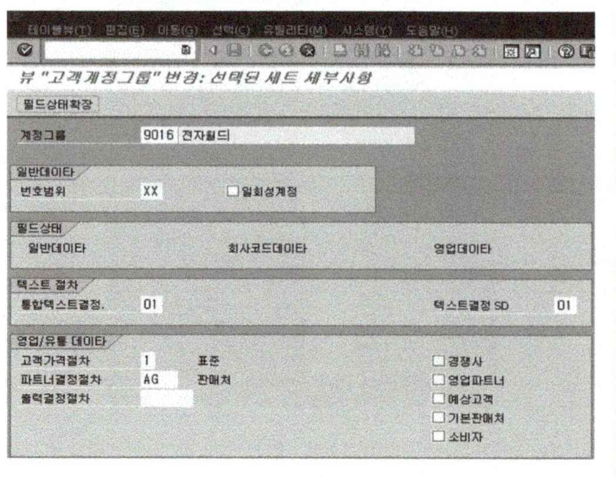

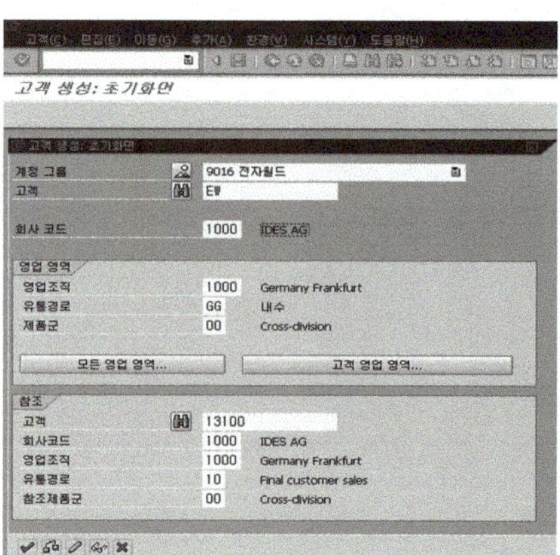

그림 6-49 내수고객, 뉴질랜드 수출고객, 인터넷 매장고객, 마스터데이터 생성

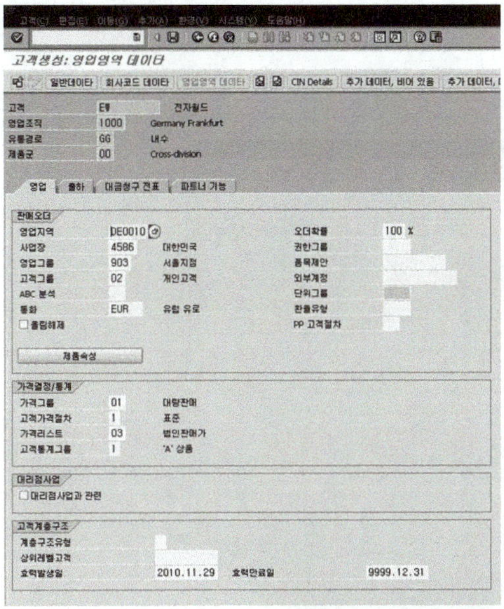

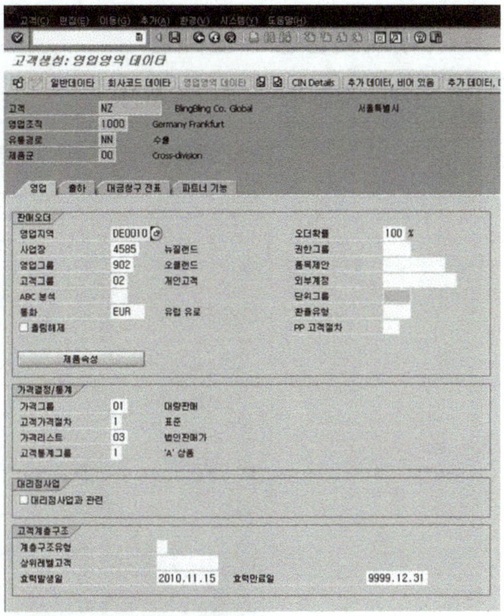

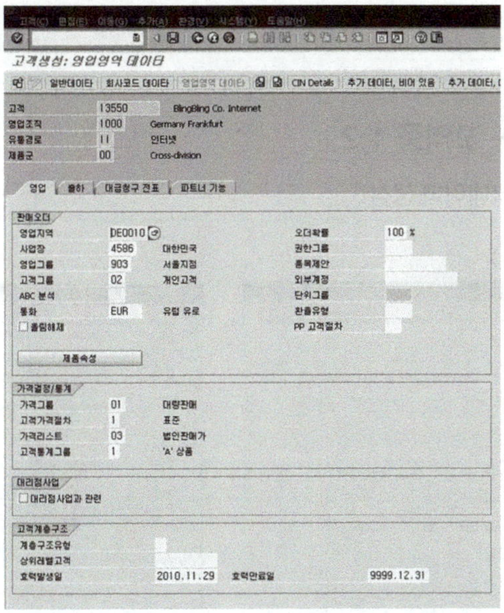

2.3 자재관리 및 생산관리모듈 구현

(1) 자재생성 – 완제품

그림 6-50 완제품 자재마스터데이터 생성

자재 LHSW10000 조회 (완제품)
추가데이터 조직레벨
기본 데이터 1 | 기본 데이터 2 | 분류 | 영업: 판매 조직 1 | 영업: 판매 조직 2
자재 LHSW10000 TouchBox
일반데이타
기본단위 PC 개수 자재그룹 001
기존자재번호 외부자재그룹
제품군 00 실험실/설계실
제품할당결정절차 제품계층구조 001000010000000110
플랜트간 자재상태 효력발생
유효값 지정 일반품목범주 GR NORM 표준품목
자재권한그룹
권한그룹
차원/EAN
총중량 280 중량단위 KG
순중량 250
볼륨 0.750 부피단위 M3
크기/치수 80 X 80 X 120
EAN/UPC EAN 범주
포장자재데이타
포장재그룹 M010
기본데이타텍스트
유지보수된 언어 0 기본데이타text
구성관리
CM 관련 구성관리와 관련없음

(2) 자재생성 – 교역품 1,2

그림 6-51 교역품 자재마스터데이터 생성

〈교역품 1〉

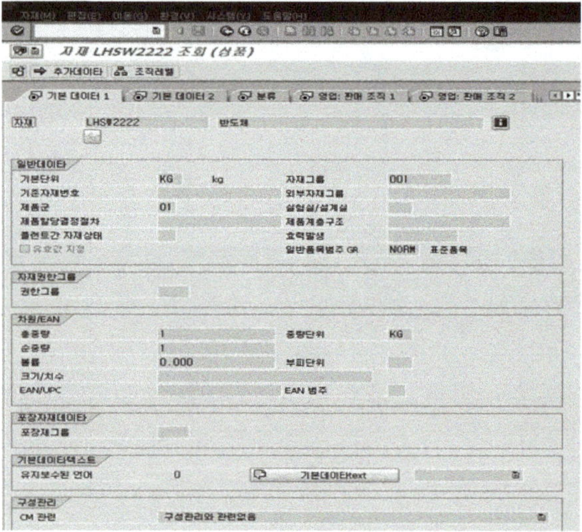
자재 LHSW2222 조회 (상품)
추가데이터 조직레벨
기본 데이터 1 | 기본 데이터 2 | 분류 | 영업: 판매 조직 1 | 영업: 판매 조직 2
자재 LHSW2222 반도체
일반데이타
기본단위 KG kg 자재그룹 001
기존자재번호 외부자재그룹
제품군 01 실험실/설계실
제품할당결정절차 제품계층구조
플랜트간 자재상태 효력발생
유효값 지정 일반품목범주 GR NORM 표준품목
자재권한그룹
권한그룹
차원/EAN
총중량 1 중량단위 KG
순중량 1
볼륨 0.000 부피단위
크기/치수
EAN/UPC EAN 범주
포장자재데이타
포장재그룹
기본데이타텍스트
유지보수된 언어 0 기본데이타text
구성관리
CM 관련 구성관리와 관련없음

〈교역품 2〉

자재 LHSW3333 조회 (상품)
추가데이터 조직레벨
기본 데이터 1 | 기본 데이터 2 | 분류 | 영업: 판매 조직 1 | 영업: 판매 조직 2
자재 LHSW3333 LED 액정
일반데이타
기본단위 KG kg 자재그룹 001
기존자재번호 외부자재그룹
제품군 01 실험실/설계실
제품할당결정절차 제품계층구조
플랜트간 자재상태 효력발생
유효값 지정 일반품목범주 GR NORM 표준품목
자재권한그룹
권한그룹
차원/EAN
총중량 1 중량단위 KG
순중량 1
볼륨 0.000 부피단위
크기/치수
EAN/UPC EAN 범주
포장자재데이타
포장재그룹
기본데이타텍스트
유지보수된 언어 0 기본데이타text
구성관리
CM 관련 구성관리와 관련없음

(3) 자재생성 – 원자재 1,2

그림 6-52 원자재 자재마스터데이터 생성

〈원자재 1〉 〈원자재 2〉

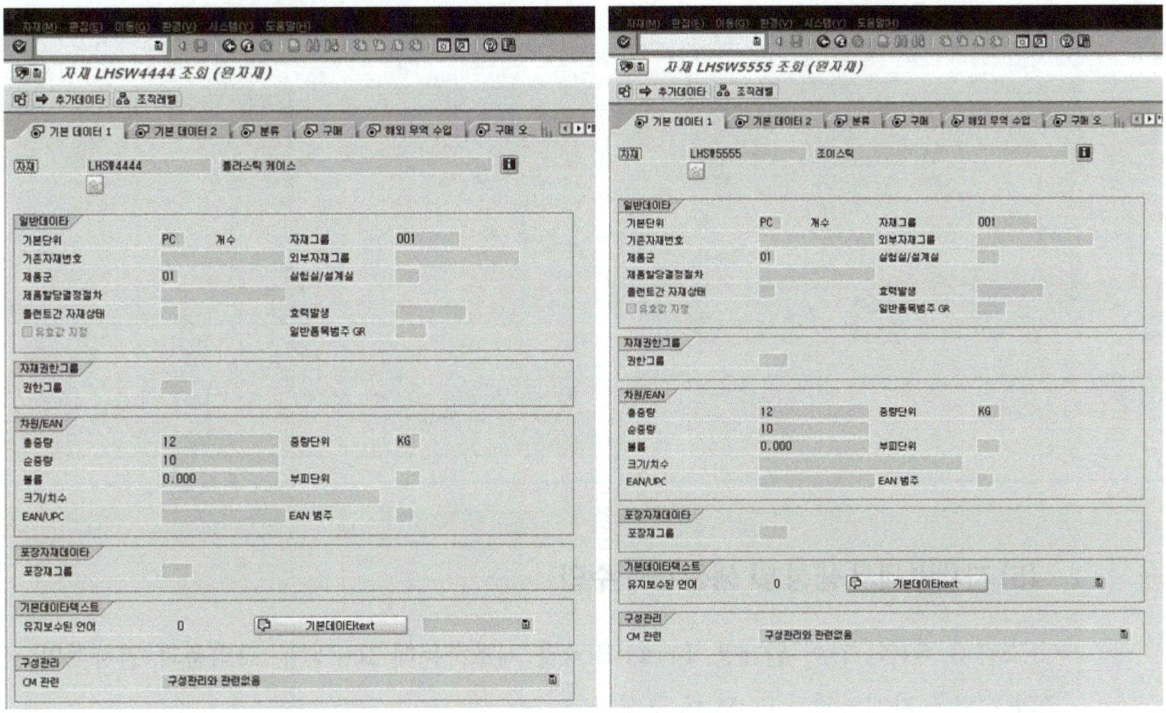

(4) 구매정보레코드

[그림 6-53]과 같이 반도체와 LED 액정에 대하여 공급업체 1005와의 정보레코드를 생성하여 가격 등 제반정보에 대한 기준정보를 입력한다. 마찬가지로 플라스틱 케이스와 조이스틱에 대하여도 공급업체와의 정보레코드를 생성한다.

그림 6-53 구매정보레코드의 생성

구매정보레코드 변경: 구매조직데이터 1

구매정보레코드	5300010007		
공급업체	1005	PAQ Deutschland GmbH	
자재	LHS#2222	반도체	
자재그룹	001	Metal processing	
구매조직	1000	플랜트	1000 표준

계획납품기간	10 일	표준오더수량	4,000 KG
구매그룹	000	잔여저장수명	D
단가	50.00 EUR / 1 KG	효력만료일	2010.12.31
유효가격	50.00 EUR / 1 KG	단위환산	1 KG <-> 1 KG

구매정보레코드 변경: 구매조직데이터 1

구매정보레코드	5300010008		
공급업체	1005	PAQ Deutschland GmbH	
자재	LHS#3333	LED 액정	
자재그룹	001	Metal processing	
구매조직	1000	플랜트	1000 표준

계획납품기간	10 일	표준오더수량	3,000 KG
구매그룹	000	잔여저장수명	D
단가	50.00 EUR / 1 KG	효력만료일	2010.12.31
유효가격	50.00 EUR / 1 KG	단위환산	1 KG <-> 1 KG

(5) 자재명세서 생성 및 생산계획 수립

[그림 6-54]와 같이 완제품 TouchBox를 제조하는데 요구되는 교역품과 원자재의 구조와 수량을 자재명세서(BOM)로 구성한다.

그림 6-54 완제품의 BOM 모습

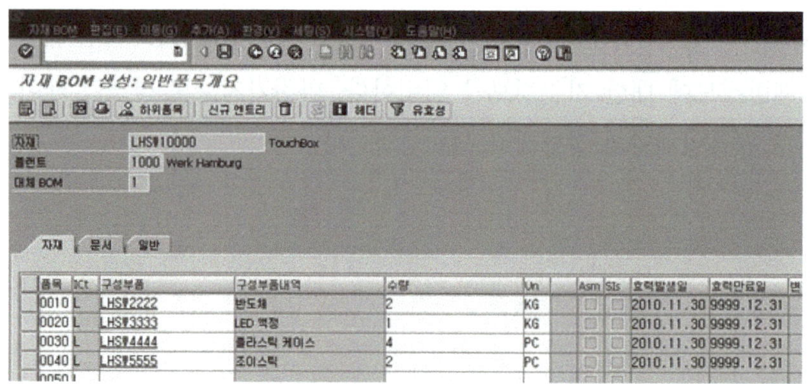

자재 BOM 생성: 일반품목개요

자재 LHS#10000 TouchBox
플랜트 1000 Werk Hamburg
대체 BOM 1

품목	ICt	구성부품	구성부품내역	수량	Un	효력발생일	효력만료일
0010	L	LHS#2222	반도체	2	KG	2010.11.30	9999.12.31
0020	L	LHS#3333	LED 액정	1	KG	2010.11.30	9999.12.31
0030	L	LHS#4444	플라스틱 케이스	4	PC	2010.11.30	9999.12.31
0040	L	LHS#5555	조이스틱	2	PC	2010.11.30	9999.12.31

또한 [그림 6-55]와 같이 완제품의 3개월 기준생산계획을 계획독립소요량으로 수립한다.

그림 6-55 완제품에 대한 기준생산계획 수립

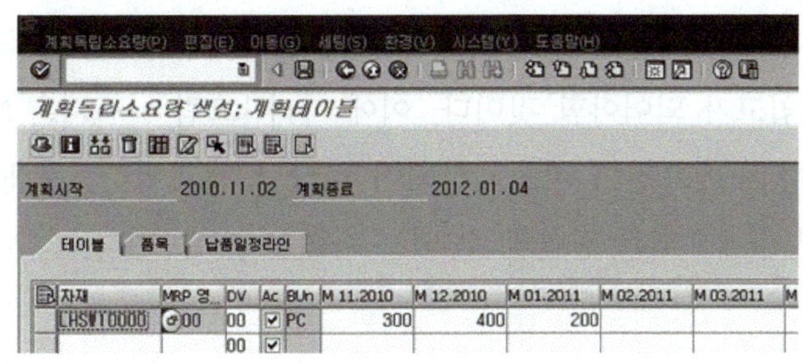

(6) 자재소요량계획 실행

완제품의 기준생산계획을 맞추기 위하여 필요한 자재의 시기 및 소요량을 계산하기 위하여 MRP를 실행한다. MRP를 실행하면 다음과 같은 통계치가 나타난다.

그림 6-56 MRP 가동 후의 화면

단일품목, 다중레벨

통계

자재계획 5
새로운 예외사항이 있는 자재 5
종결된 MRP 리스트가 있는 자재
매개변수 1000 / 1000 / NETCH 2 3 1 1 1

데이타베이스통계

계획오더 생성 3
구매요청 생성 4
구매요청 변경 8
종속소요량 생성 12

실행시간통계

계획실행시작 16:56:49
계획실행종료 16:56:50
계획수립 실행시간 00:00:01
CPU 시간: 갱신 00:00:01

최상위 CPU 시간 (ms)을 포함한 자재순위리스트

자재 / PlgRunTime	MRP 영역 / 읽기	Net 계산	플랜 / BOM	LdTmeSched	갱신
LHS#2222	1000		1000		
422	62	32	0	0	328
LHS#10000	1000		1000		
360	79	15	94	0	172
LHS#5555	1000		1000		
125	63	0	0	0	62
LHS#3333	1000		1000		
125	47	0	0	0	63
LHS#4444	1000		1000		
109	47	0	0	0	62

(7) 교역품 구매오더 생성과정

완제품을 생산하기 위하여 교역품의 재고를 확보하여야 한다. MRP를 실행한 이후에 MRP리스트를 보면 [그림 6-57]과 같이 구매요청이 나타나 있는 것을 볼 수 있다. 생산계획에 맞추어 완제품을 생산하기 위해서는 하위 자재들에 대하여 적기에 그리고 적량을 구매주문 내어 입고가 되어야할 것이다. 이에 따라 [그림 6-57]은 MRP 실행에 의해 필요한 자재들에 대한 구매요청이 자동계산되어 나타난 결과이다. 구매요청으로 나타난 라인을 더블클릭하면 구매오더로 전환할 수 있는 화면을 볼 수 있다.

그림 6-57 교역품의 MRP리스트 및 구매오더 전환 화면

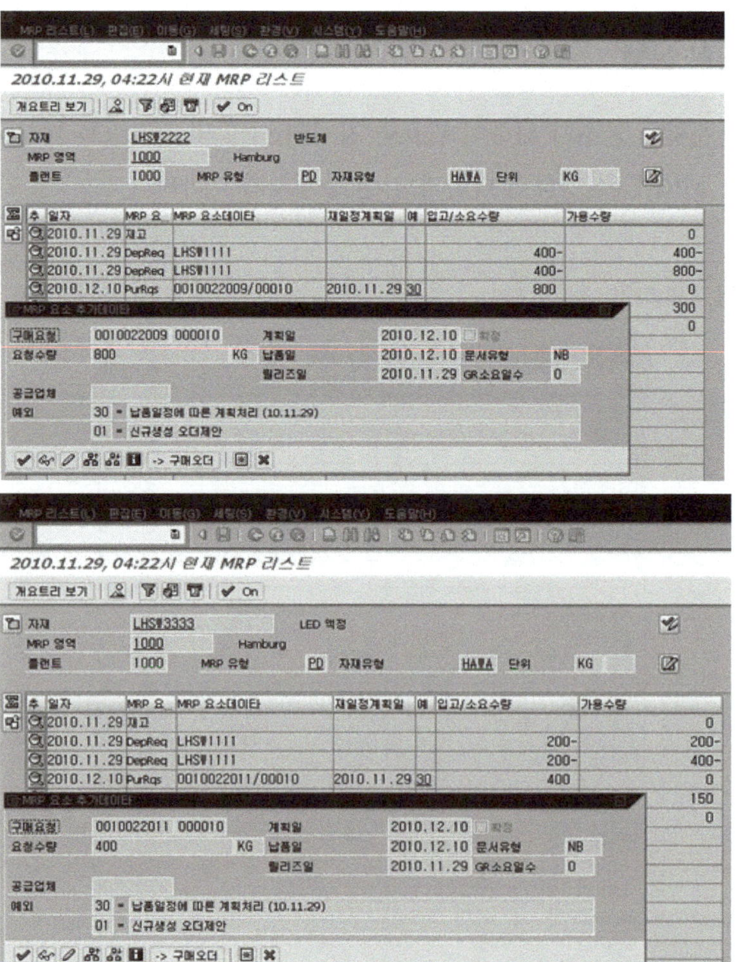

MRP리스트에서 구매오더로 전환하는 버튼을 누르면 [그림 6-58]과 같이 구매오더로 전환할 수 있는 화면이 나타난다. 여기서 해당 구매요청을 채택하고 공급업체와 구매가격 등의 적합여부를 확인한 후에 저장하면 구매오더 번호가 나타나는 것을 확인할 수 있다.

그림 6-58 교역품의 구매오더 생성

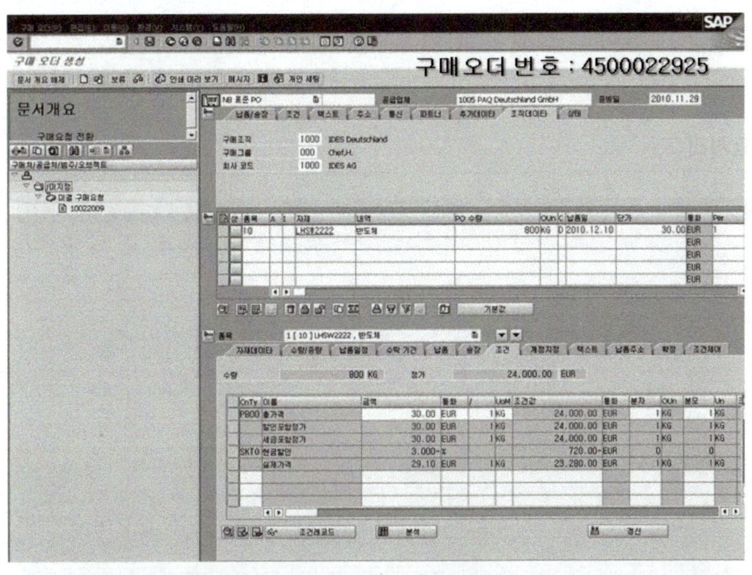

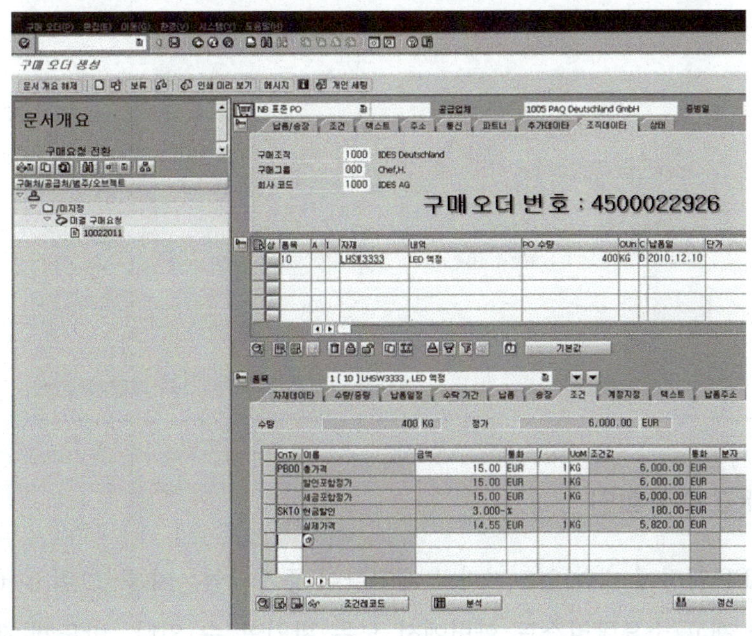

(8) 생성한 구매오더에 대한 입고처리

구매오더에 대해 공급업체가 배송을 하면 우리 업체에서 품질을 검사하고 창고에 보관하는 과정을 거친다. 이러한 입고과정을 끝내야 비로소 회계계정에 재고로 입력되고 실제 생산의 부품으로 사용될 수 있다. [그림 6-59]와 같이 입고화면에서 해당 구매오더 번호를 입력하면 구매오더의 정보들이 보인다. 이러한 정보를 확인한 후에 납품서 번호를 입력하고 품목 OK항목을 체크하고 저장하면 입고과정이 종료된다.

그림 6-59 교역품의 입고처리

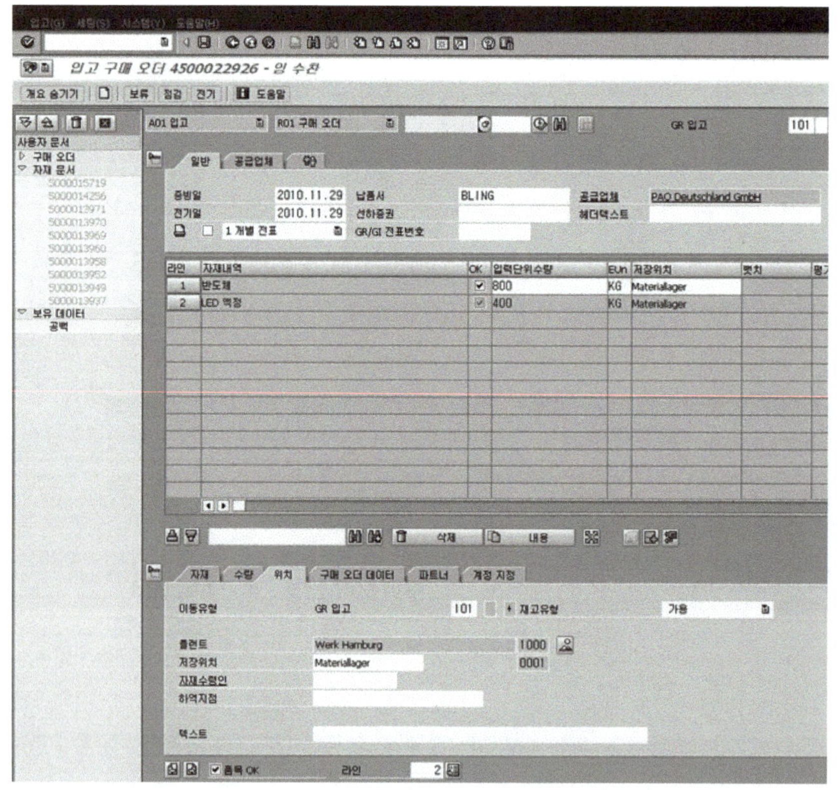

(9) 가용 재고 수량확인

반도체와 LED액정에 대한 입고결과로 재고량이 증가되었는지를 [그림 6-60]과 같이 재고개요화면과 재고/소요량리스트 화면에서 모두 확인할 수 있다. 반도체 재고가 800개,

그림 6-60 교역품에 대한 재고수량 확인

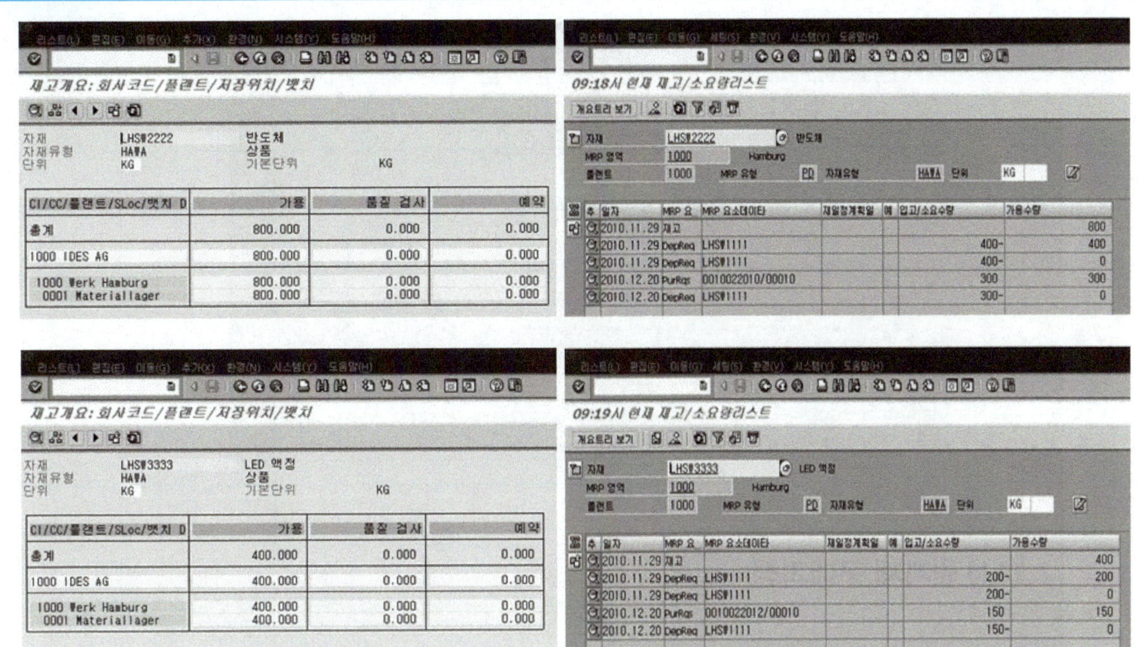

LED액정의 재고가 400개 있는 것을 두 화면에서 모두 확인할 수 있다.

(10) 송장검증

공급업체로부터 상품을 구매하고 입고를 시킨 후에 공급업체에서 온 송장에 대해 검증을 하고 상품대금을 공급업체에 지급하는 과정을 거쳐야 한다. 송장을 검증하는 과정에서 구매오더를 낸 수량과 동일하게 정확히 입고가 되었는지 그리고 입고시킨 수량과 동일하게 송장에 상품수량과 구매가격이 나타나 있는지를 검증하게 된다. 송장검증이 이루어지는 순간 회계적으로는 외상매입금이 발생하고 공급업체에 지급해야 할 금액이 발생하게 된다.

그림 6-61 교역품에 대한 송장검증

(11) 원자재 구매과정

그림 6-62 원자재에 대한 입고처리

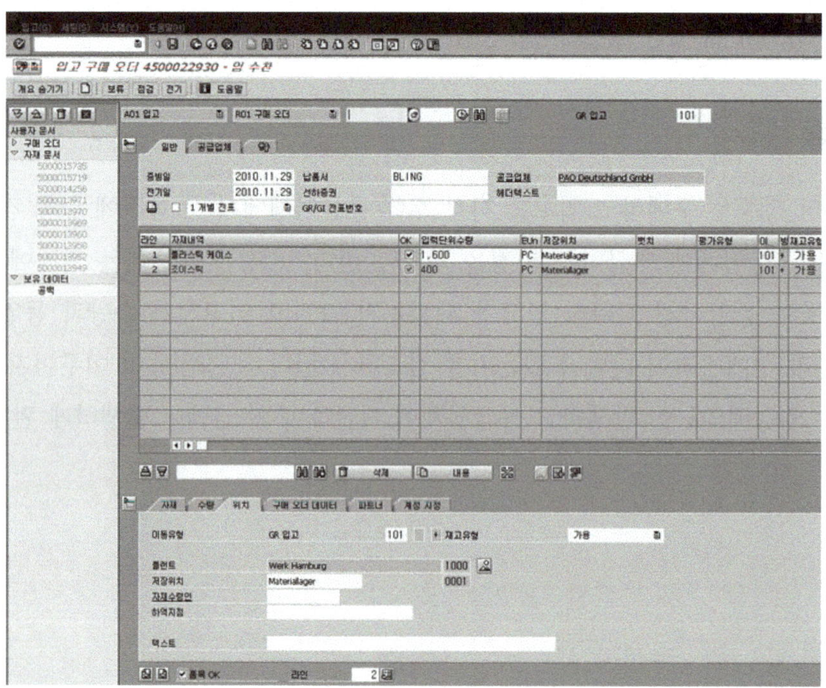

앞에서 수행한 교역품에 대한 구매오더 생성, 구매오더에 대한 입고처리, 재고량 확인 그리고 송장검증과정을 똑같이 거치면 원자재에 대한 구매가 이루어진다. 원자재인 플라스틱 케이스와 조이스틱에 대해 구매오더를 내고 입고를 시키는 화면은 [그림 6-62]에 나타나 있으며, 입고 후에 재고를 조회하는 화면은 [그림 6-63]과 같다.

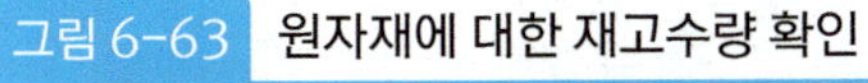
그림 6-63 원자재에 대한 재고수량 확인

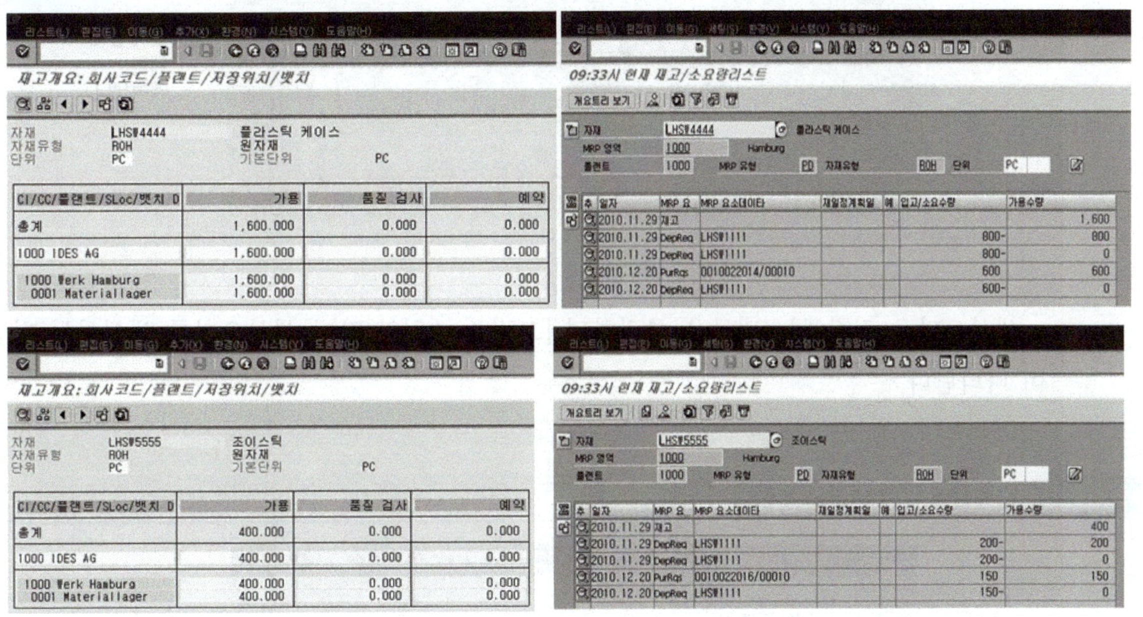

(12) 생산오더 생성 과정

생산계획에 맞추어 생산하는데 필요한 교역품과 원자재에 대한 구매가 끝나면 완제품을 생산할 준비가 된 것이다. MRP리스트를 조회하면 생산계획에 따라 계획오더가 생성되어 있는 모습을 볼 수 있다. 첫째 달 생산계획과 관련된 계획오더를 더블클릭하면 [그림 6-64]와 같이 생산오더로 전환시킬 수 있는 화면이 나타난다.

그림 6-64 완제품의 MRP리스트 및 생산오더로의 전환

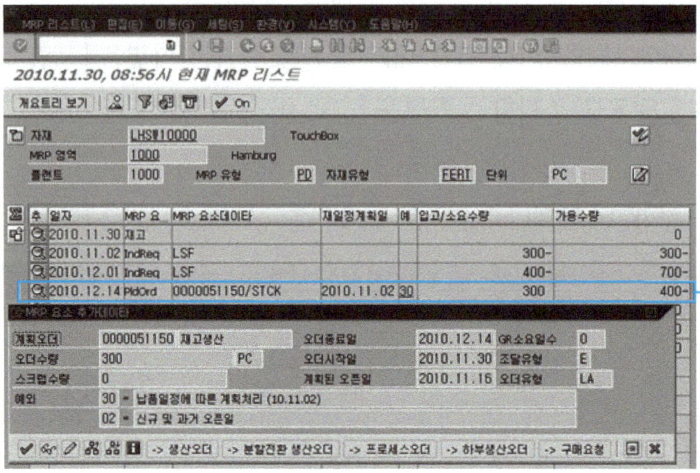

첫째 달에
대한
계획오더

생산오더로 전환하는 버튼을 클릭하면 [그림 6-65]와 같이 생산오더를 생성하는 화면이 나타난다.

그림 6-65 완제품에 대한 생산오더 생성

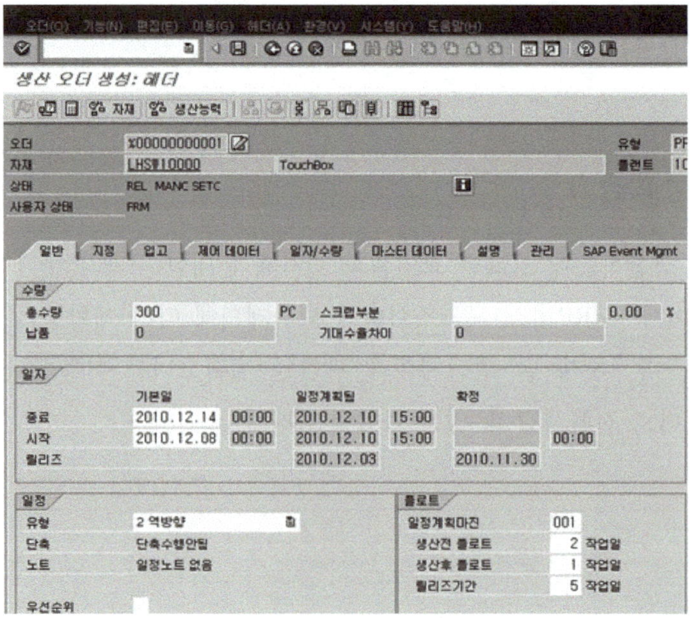

(13) 생산오더에 대한 입고

생산이 완료되면 [그림 6-66]과 같이 완제품을 창고에 입고시키는 과정이 필요하다.

그림 6-66 생산오더에 대한 입고

입고(O) 편집(E) 이동(G) 이동유형(M) 환경(V) 시스템(Y) 도움말(H)
오더에 대한 입고: 선택화면 0001 / 0001
채택 + 세부사항 오더로...
전기일 2010.11.30
품목
품목 수량 EUn 자재 Plnt SLoc 오더 C
BUn 자재내역 뱃치 Re MvT S S
1 300 PC LHS#10000 1000 60004196
TouchBox 101 +

입고를 완료한 후에 재고/소요량리스트를 보면 [그림 6-67]과 같이 완제품 재고가 300개 생성된 것을 볼 수 있다.

그림 6-67 완제품 재고 확인

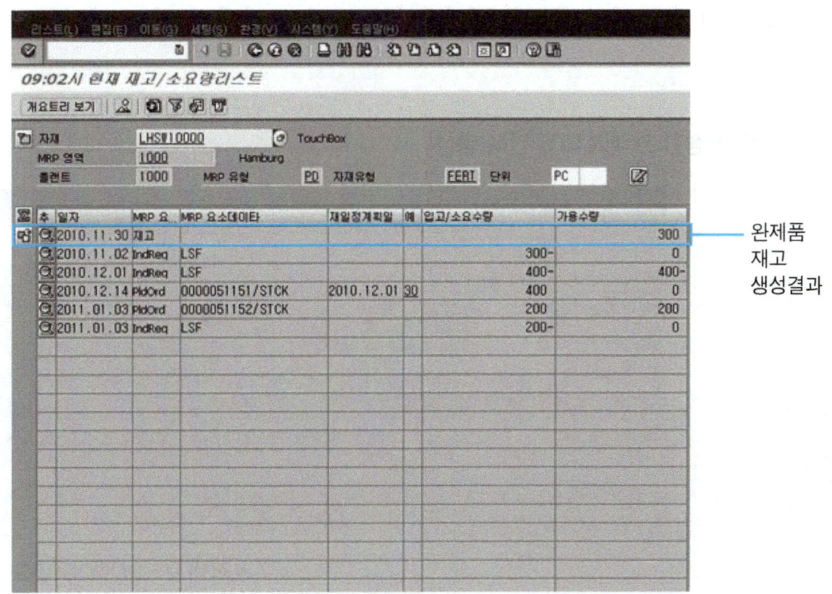

2.4 영업 및 유통 모듈

(1) 가격지정

생산완료 후에 판매과정을 진행하려면 우선 판매가격을 정하고 시스템에 고객별로 완제품의 판매가격을 입력하는 것이 필요하다.

그림 6-68 고객별 제품가격 입력

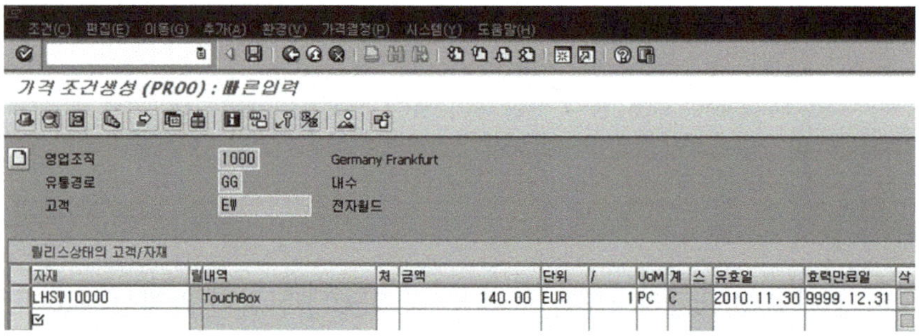

(2) 견적생성

고객의 요청에 의해 견적을 제시할 때에 고객에게 어느 날짜까지 얼마의 가격에 납품할

그림 6-69 신규생성한 고객에 대한 견적 생성

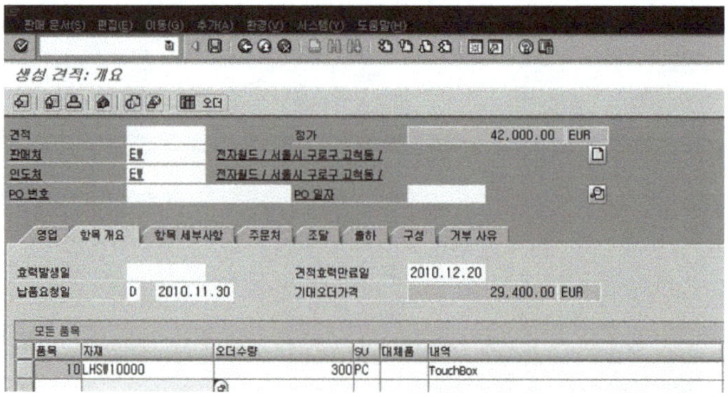

견적번호 : 20005959

수 있다는 견적 제시 내용을 다음과 같이 생성한다. 이때 견적 효력 만료일을 입력해야 시스템에 저장될 수 있다.

(3) 영업오더 생성

견적 제시 이후에 고객이 실제 주문을 하게 되면 영업오더를 생성하게 된다. 영업오더는 견적을 복사하여 생성할 수도 있고, 직접 영업오더를 입력하고 생성할 수도 있다.

영업오더를 생성하면서 해당 영업오더에 대한 수익성 분석을 하여 매출액 대비 원가를 분석하며 고객과 의사소통할 수 있는 기능도 가능하다.

그림 6-70 견적을 참조한 영업오더 생성

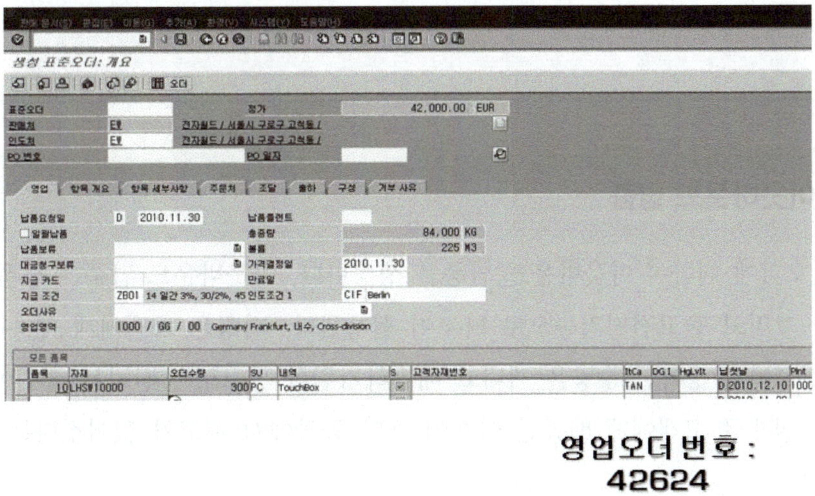

영업오더 번호 :
42624

그림 6-71 영업오더에 대한 수익성 분석

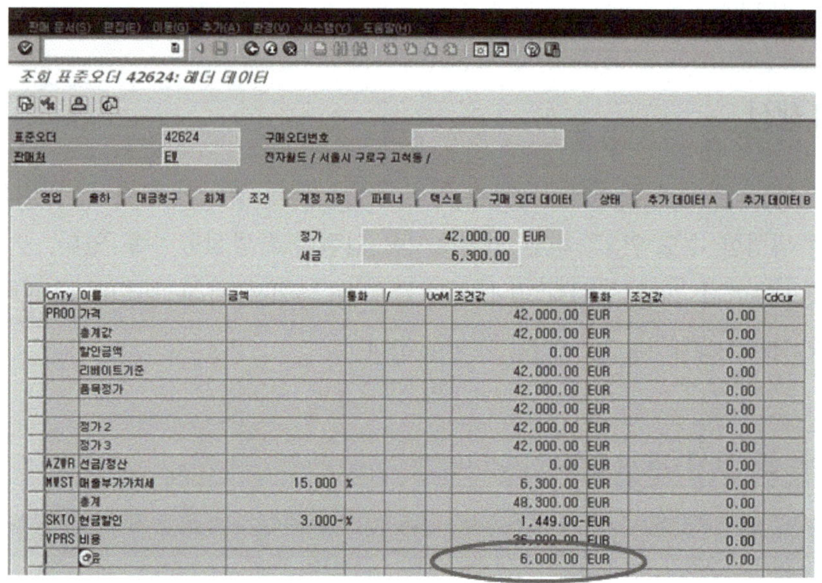

(4) 아웃바운드 납품

영업오더에 대하여 아웃바운드 납품을 생성한다. 아웃바운드 납품은 납품요청기능과 피킹기능 그리고 출고전기기능으로 나누어 실행한다. 피킹은 고객에게 배송하기 위하여 제품을 창고에서 정확한 수량을 꺼내고 배송하기위한 장소로 운반하는 행위이다. 또한 출고전기는 실제로 고객에게 배송한 이후에 해당 공장에서 재고가 없어졌다는 것을 기록하는 내용이다.

그림 6-72 납품생성 및 출하처리

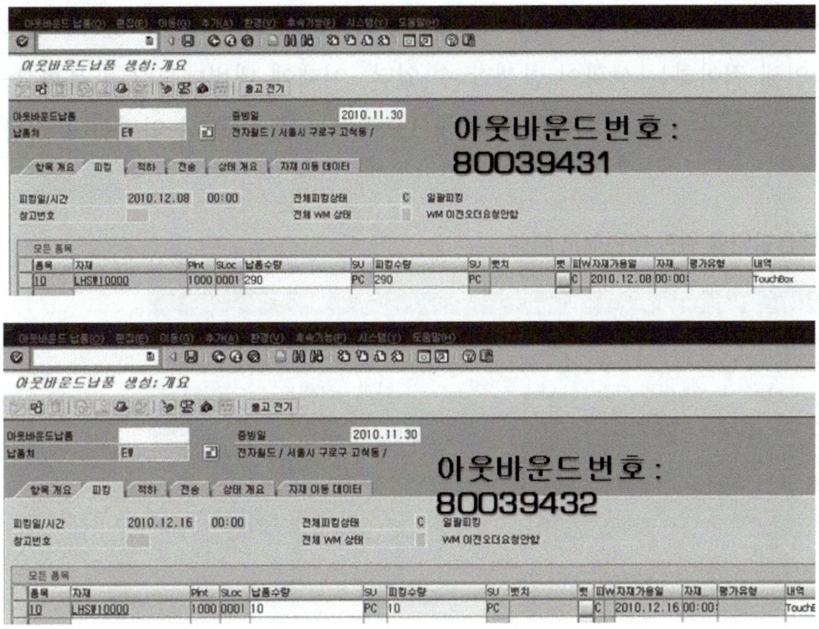

(5) 대금청구

고객에게 물건을 배송한 후에 대금을 청구하여야 한다. 대금청구는 납품문서번호를 근거로 납품한 내용을 조회한 이후에 청구할 금액을 확인한다. 대금청구문서를 저장함과 동시에 회계적으로 외상매출금이 발생한다.

그림 6-73 대금청구

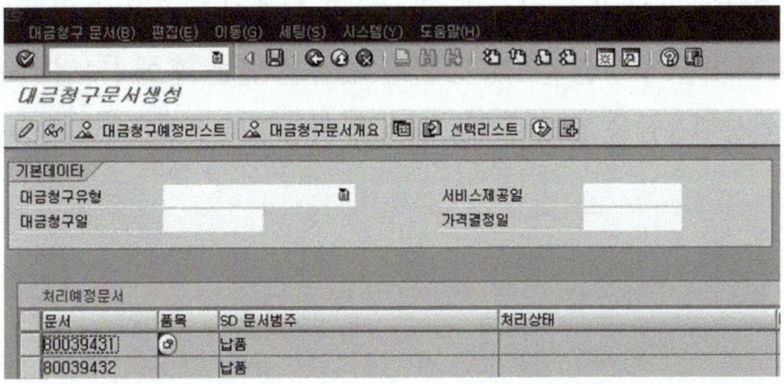

(6) 리베이트 처리

영업상황에서 물건을 배송하고 대금을 청구한 이후에 운송 중 결품발생 등의 이유로 가격을 할인해 줘야하는 상황이 발생할 수 있다. 이때에 대변메모요청 유형으로 대금만 할인해주는 처리가 가능하다. 이때에 대변메모요청 사유를 반드시 입력하고 저장해야 한다.

그림 6-74 판매 대금할인을 위한 대변메모 생성

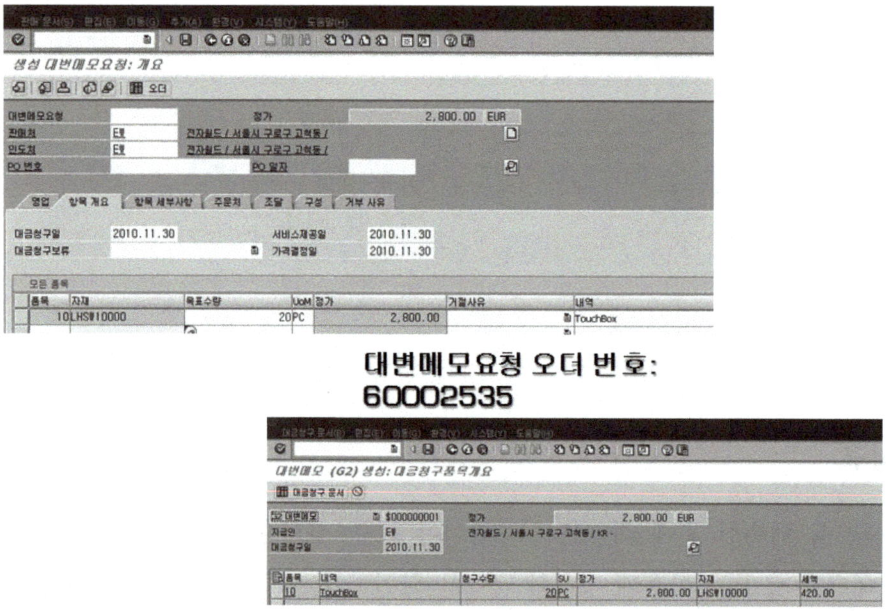

대변메모요청 오더 번호:
60002535

(7) 반품처리

[그림 6-75]와 같이 품질 이상 등의 이유로 고객이 반품을 요청하여 받아들인 경우에 반품유형으로 오더를 생성할 수 있다. 또한 반품을 받은 후에 [그림 6-76]과 같이 대변메모를 통하여 외상매출금을 감소시키는 처리도 가능하다.

그림 6-75 반품 생성

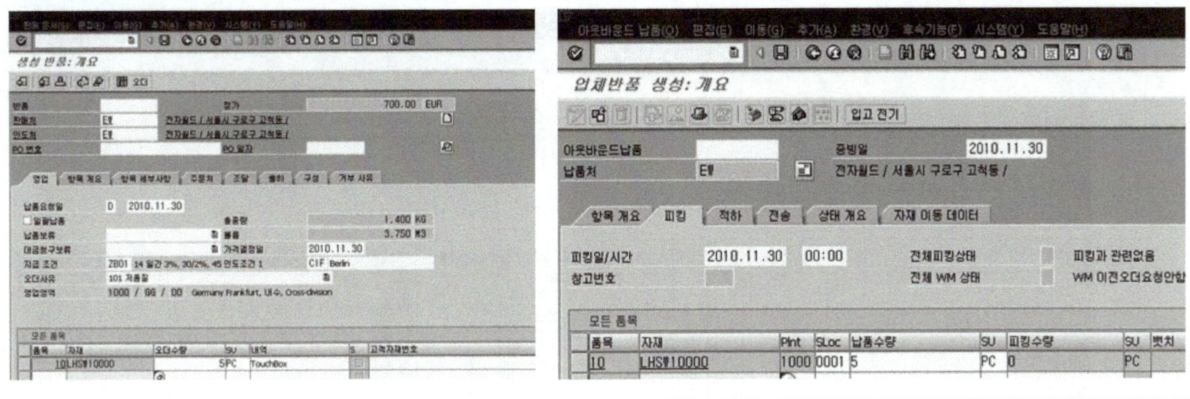

그림 6-76 반품에 의한 대변메모 생성

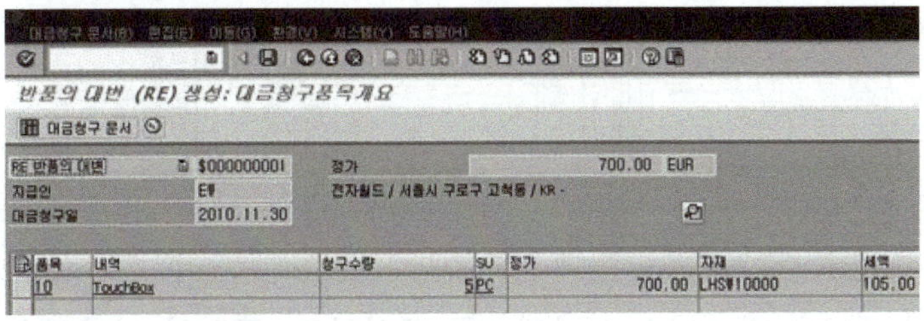

(8) 전체 영업문서 흐름 조회

견적부터 영업오더 생성, 납품, 대금청구에 이르는 모든 과정을 문서흐름조회를 통해 살펴볼 수 있다. 다음 화면에서 300개의 납품을 한 이후에 20개 분량만큼 리베이트 할인을 해주고, 5개를 반품처리 한 결과를 문서흐름조회를 통해 한 눈에 조회할 수 있다.

그림 6-76 반품에 의한 대변메모 생성

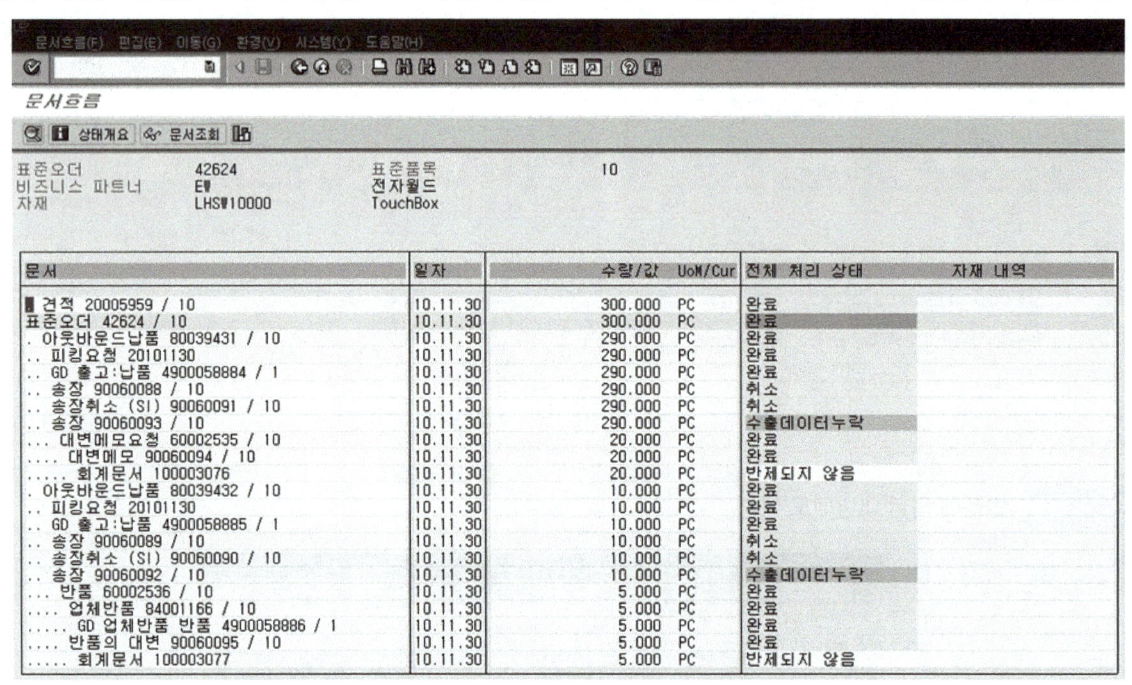

문서	일자	수량/값	UoM/Cur	전체 처리 상태	자재 내역
견적 20005959 / 10	10.11.30	300.000	PC	완료	
표준오더 42624 / 10	10.11.30	300.000	PC	완료	
. 아웃바운드납품 80039431 / 10	10.11.30	290.000	PC	완료	
.. 피킹요청 20101130	10.11.30	290.000	PC	완료	
.. GD 출고:납품 4900058884 / 1	10.11.30	290.000	PC	완료	
.. 송장 90060088 / 10	10.11.30	290.000	PC	취소	
.. 송장취소 (SI) 90060091 / 10	10.11.30	290.000	PC	취소	
.. 송장 90060093 / 10	10.11.30	290.000	PC	수출데이터누락	
... 대변메모요청 60002535 / 10	10.11.30	20.000	PC	완료	
.... 대변메모 90060094 / 10	10.11.30	20.000	PC	완료	
..... 회계문서 100003076	10.11.30	20.000	PC	반제되지 않음	
. 아웃바운드납품 80039432 / 10	10.11.30	10.000	PC	완료	
.. 피킹요청 20101130	10.11.30	10.000	PC	완료	
.. GD 출고:납품 4900058885 / 1	10.11.30	10.000	PC	완료	
.. 송장 90060089 / 10	10.11.30	10.000	PC	취소	
.. 송장취소 (SI) 90060090 / 10	10.11.30	10.000	PC	취소	
.. 송장 90060092 / 10	10.11.30	10.000	PC	수출데이터누락	
... 반품 60002536 / 10	10.11.30	5.000	PC	완료	
.... 업체반품 84001166 / 10	10.11.30	5.000	PC	완료	
..... GD 업체반품 반품 4900058886 / 1	10.11.30	5.000	PC	완료	
.... 반품의 대변 90060095 / 10	10.11.30	5.000	PC	완료	
..... 회계문서 100003077	10.11.30	5.000	PC	반제되지 않음	

지금까지 새로운 비즈니스 시나리오를 구성하고, 구성한 시나리오를 SAP ERP로 시현하였다. 시나리오에 입각하여 컨피규레이션을 하고, 신규로 컨피규레이션한 내용을 구매부터 생산, 영업 및 유통에 이르는 업무처리에 활용하였다.

비록 실제 기업업무로보면 일부분의 내용이지만, ERP의 컨피규레이션을 이해하고 기업의 전체 업무내용을 파악하는데에는 도움이 될 것으로 생각한다.

제7장

ERP를 통한 프로세스 혁신 및 변화관리 사례

01 볼보건설기계 코리아의 프로세스 혁신사례

02 한국타이어의 ERP를 통한 책임경영 구현사례

03 ERP추진 시의 변화관리에 대한 미니사례

01 볼보건설기계 코리아의 프로세스 혁신 사례

국내 기업 중에서 가장 성공적으로 ERP를 구축한 회사 중 하나인 볼보건설기계 코리아(Volvo Construction Equipment Korea)는 해외에도 많이 알려진 상태이고, 볼보그룹 내에서도 현재 벤치마킹의 대상이 되어 한국의 ERP시스템을 역으로 유럽 및 중국의 볼보그룹사로 전파구현(Roll-Out)시켜 나가고 있다.

1.1 ERP 프로젝트 추진과정

볼보사가 ERP구축을 결정하게 된 동기는 그 당시 Y2K 문제에 직면하고 있었고 단위시스템을 통합해야하는 상황때문이었다. SAP ERP로 구축한 모듈은 영업 및 유통, 생산계획, 자재관리, 설비관리, 품질관리, 서비스관리, 창고관리, 관리회계, 재무회계, 자산관리

그림 7-1 1단계 프로젝트 추진일정

기 간 / 활 동	1차 년도 1/4	1차 년도 2/4	1차 년도 3/4	1차 년도 4/4	2차 년도 1/4	2차 년도 2/4	2차 년도 3/4	2차 년도 4/4
FI/CO			AS-IS 분석 및 TO-BE 설계		커스토마이징	테스트 및 보완	안정화	
SD, SM (본사)	TO-BE 설계	국내 딜러 및 대리점 시스템 구축 국내/해외 서비스 시스템 구축 국내영업시스템 인터페이스 구축			테스트 및 보완	테스트 변환		
PP, MM, QM, PM (공장)	TO-BE 설계	마스터데이터 표준설정 및 변환 테스트 수입자재시스템 개발 및 SAP 통합						
현장 통제시스템		AS-IS 분석	To-Be 설계 및 프로그램 개발	테스트 및 보완		SFCS 선적용 / 안정화		
변화관리	PI팀 교육	워킹그룹 교육	· SAP ERP 사용자메뉴얼 작성 및 사용자 교육 · 작업규칙 설정	조직변화관리 및 새로운 프로세스 제시			가동	

등 10개 모듈이며 제조현장관리시스템(Shop Floor Control System)을 별도로 개발하여 ERP와 인터페이스를 시켰다. 모듈구축을 끝낸 상태에서 통합 재무제표를 구성하고, 웹 연결방식인 BAPI(Business Application Program Interface)를 활용하여 딜러와 고객, 협력사와 은행을 인터넷과 EDI로 연결하였다. 본사와 해외 판매회사, 관계사와 미들웨어로 연동시켰으며, HR관련 시스템은 구축을 하지 않고 아웃소싱(Outsourcing) 업체에서 개발한 인사시스템을 그대로 사용하여 FI모듈과 연동시켰다.

1단계 프로젝트의 추진일정은 [그림 7-1]과 같다.

시스템 가동 후 2개월 정도는 PI추진 인력과 현업이 매일 자재 입출고에 대한 오류 및 자재재고를 맞추어 나갔다. 이렇게 하면서 점차 데이터는 안정되어 갔고, 현재까지 사용되었던 기존 시스템과 SAP ERP시스템 간의 개념적인 차이를 이해하게 되었으며, 마스터데이터의 중요성을 인식하게 되었다.

그러나 이때까지만 해도 업무 프로세스 지향적인 사고가 아닌 모듈의 기능구현 및 이해에 그쳐 경영성과로 연결시키기 어려운 단계였으며, 국내의 대부분의 ERP구현 업체들이 이와 비슷한 상황에서 ERP를 구현하는 당시에는 ERP의 기능구현 및 이해에 주력하면서 사업성과로 연결시키지 못하게 되는 실정이다.

볼보사는 이러한 과정을 거치며 사업목표가 실제 결과로 연결될 수 있다는 확신을 갖게 되었으며, ERP구축으로 단위 정보시스템을 통합한 데 그치지 않고, Post-ERP 혁신활동을 통해 프로세스 개선이 사업성과로 이어지도록 할 필요성을 절실히 인식하게 되었다.

1.2 프로세스 혁신과정

구축단계 후 프로세스 혁신의 필요성을 인식하고 BPR(Business Process Reengineering)을 추진하기로 결정하였다. BPR은 비용, 품질, 서비스, 업무속도 등의 기업의 핵심요소를 극적으로 향상시키기 위하여 업무프로세스를 근본적으로 다시 생각하여 완전히 새롭게 재설계하는 것이다.

CEO의 강력한 추진의지에 따라 가동 후 2개월 만에 2단계 Post-ERP 프로젝트가 시작되었다.

(1) 프로젝트의 목표

프로세스가 무엇보다도 중요하기 때문에 "Lets Re-Design Volvo"라는 슬로건을 바탕으로 비즈니스 프로세스를 재설계함으로써 동종 업계뿐만 아니라 볼보그룹 내에서는 벤치마킹의 대상이 되는 회사가 되자는 목표로 99년 9월 당시 CIO가 리더를 맡아 본격적인 개선활동을 시작하게 되었다.

(2) 프로세스별 개선 과제의 선정

프로세스를 재설계하면서 볼보그룹에서 적용하고 있는 아래와 같은 5개 메가 프로세스를 그대로 적용하여 볼보사의 기준으로 정립하고, 프로세스의 처음과 끝을 정하여 프로세스 오너를 결정하였다.

- 제품개발(Product Development) : 제품을 개발하는 프로세스로서 시장조사로부터 제품을 개발하여 시장에 도입되기까지의 프로세스

그림 7-2 2단계 프로젝트 추진일정

2000 2001
09 10 11 12 01 02 03 04 05 06 07 08 09 4Q 01

제품 개발	팀 구성 / 프로세스 관리 / VPM vs. SAP BOM 불일치 개선 / BOM 정도률 감사 / 단일회사 BOM 프로세스 및 환경 구축 / 단일회사 BOM 구축 / PS 모듈 도입(1차) / PS 모듈 추가도입(2차)
판매 및 수주	프로세스 개발 / MAS&SAP 인터페이스(해외 Sales Company)
생신 및 출하	계획 방법 개선 Pilot test / 프로세스 변경 / 개선 적용 / MRP 프로세스 개선 / 백플러쉬 오류 개선활동 / 구매프로세스 재설계 및 시스템 구축 / 주기별 실사 프로세스구축 및 Test / 주기별 실사 적용 및 개선활동 / 자재수급 프로세스 계산
배송 및 재구매	476개 이슈 개선
경영 관리	3레벨 프로세스 맵 / KPI 설정 / 4+5레벨 프로세스 매핑

- 판매 및 수주(Sales to Order) : 고객을 발굴하고 수주를 받아서 제품을 판매하는 프로세스
- 생산 및 출하(Order to Delivery) : 수주를 받아서 생산을 한 후 고객에게 납품하는 프로세스
- 배송 및 재구매(Delivery to Repurchase) : 납품을 한 후에 서비스를 통하여 고객을 만족스럽게 지원하여 재구매를 할때까지의 프로세스
- 경영관리(Business Administration) : 품질, HR, 재무, 원가, IS/IT 등의 지원

각 메가 프로세스의 주요 활동은 아래와 같다.

① 제품개발 프로세스

제품개발 프로세스의 목표를 우선 정하고, 잘되어야 하는 성공요인이 무엇인지 분석하여 성공요인을 측정하는 KPI를 선정해야 했다.

신제품 개발기간을 현재는 26개월인데 23개월로 줄이자는 목표를 정하여 그 개선 과제로서 신제품 개발 프로세스를 재정립하였고, 협력제품개발이 이루어지도록 제품개발단계부터 협력업체가 참여하게 하였으며, 도면 및 개발정보를 실시간으로 공유하기 위해서 시스템을 보완하였다.

이와 더불어 BOM의 정확도를 높이는 활동을 하였는데, 설계에서 선정한 부품과 현장에서 사용하는 것이 다른 경우, 자재를 관리하는 입장에서는 재고차이의 원인이 되기 때문에 정확도를 86%에서 98%로 높이자는 목표를 선정하였고, 개선과제로서 단일회사 BOM을 구축함으로써 이를 달성하였다.

그림 7-3 설계/생산/서비스 BOM의 일원화

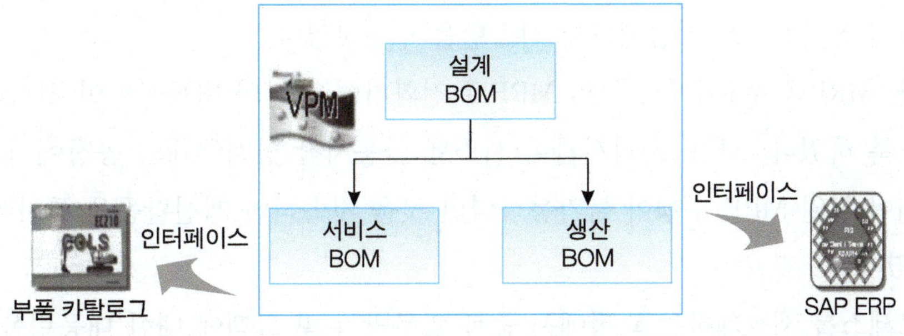

BOM은 용도에 따라 설계, 제조, 서비스용으로 구분되어 별도 데이터베이스로 구축하던 것을 한 회사의 BOM은 오직 한 개라는 개념으로 [그림 7-3]과 같이 단일회사 BOM이라는 용어를 붙여 하나의 데이터베이스에 설계/생산/서비스 BOM을 일원화시키고, VPM(Virtual Product Model)이라는 PDM시스템에 통합하여 구축하였고, 각 용도별로 연계되어 조회되도록 하였다.

선택사양(Option Code) 단위로 생산계획을 수립하는데 영업에서 사용하지 않는 옵션이 너무 과다하여 업무 효율화 측면에서 불필요한 선택사양을 삭제하고 최적화를 시켰다.

그리고 연구개발 프로젝트관리를 효과적으로 하기 위하여 SAP ERP의 PS모듈을 추가로 적용하여 설계공수 및 개발비용을 산출하도록 하였다.

② 판매 및 수주 프로세스

판매 및 수주 프로세스에서는 옵션이 포함된 완성품의 수요예측 정확도를 KPI로 선정하였으며, 납기일정 준수를 위하여 고객 요구일과 납기 약속일을 실제 선적실적과 대비하여 비교되도록 하였다.

해외의 판매 법인들로부터 주문을 받는 시스템과 SAP ERP를 인터페이스 시킴으로써 시스템간 통합을 이루고, 오더 후 진행상황 및 생산상황이 실시간으로 조회될 수 있도록 하였다.

또한, 오더를 신규로 만들 때 SAP ERP의 선택 사양별 자동 가격결정 및 원가분석을 통하여 다양한 선택사양의 변화에 따라 가격과 제조원가를 즉석에서 볼 수가 있어, 판매시 얼마의 이익이 나는지를 사전에 파악할 수 있게 되었다.

③ 생산 및 출하 프로세스

생산 및 출하 프로세스는 수주 후 선적기간을 기존 5주에서 3주로 목표를 정립하고 고객에 대한 납기회신을 48시간으로 정하여 프로세스를 재설계하였으며, 오더에 대한 생산 진행상황이 실시간으로 제공되도록 시스템을 구현하였다.

또한, MRP를 주1회에서 일일 MRP로 전환하여 오더의 변동상황이 신속하게 MRP에 반영되도록 하였다. MRP 운영시간이 시스템 가동시작 당시 3개의 공장에서 총 21시간이나 소요되어 일일 MRP 수행이 불가능하였던 것을 지속적인 개선활동을 통하여 총 1.5시간으로 줄였다.

프로세스를 재설계하는 과정에서 중복 업무방지 및 고객에 대한 대응력을 향상시키기 위하여 생산기획팀과 오더데스크(Order Desk)팀을 신설하였고, 나중에는 마케팅 소속으로 있던 오더데스크를 공장의 생산기획팀으로 위치를 변경하였다.

④ 배송 및 재구매 프로세스

배송 및 재구매 프로세스는 서비스 긴급 오더 준수율 93%, 재고확보 오더는 90% 달성 목표로 추진하였다. 주기별 실사(Cycle Counting)를 실시하여 재고 정도율이 86%에서 93%로 향상되었다. 또한 서비스부품의 수요예측시스템을 별도로 도입하여 정확도를 향상시켰고, 계획방법을 개선하여 ERP시스템에 반영하였다.

⑤ 경영관리 프로세스

영업부문, 생산부문, 서비스부문을 Sales Company, Production Company, Customer Support Company라고 명칭하며 완전한 독립채산제로 운영되도록 하고, 이에 따른 완성품 및 자재이동에 대한 이전가격을 적용하도록 문화를 정착시키고 ERP시스템을 변경한 것이 경영관리프로세스의 가장 큰 변화라고 할 수 있다.

또한 프로세스를 설계할 때 가장 중요한 요소로서 KPI(Key Performance Indicator)를 확립하고 이에 대한 데이터 웨어하우스를 구축하는 것을 가장 큰 과제로 결정하였다. 모든 프로세스는 산출물을 측정하는 도구가 있어야 한다. KPI는 프로세스의 산출물을 측정하는 도구이며 측정되지 않는 것은 향상되지 않는다는 생각으로 KPI는 지속적으로 측정되고 관리되어야 한다.

우선 5대 메가 프로세스별로 오너를 정하여 측정하고자 하는 KPI를 선정하였다. 또한 프로세스 오너는 서브 프로세스별로 오너를 정하고, KPI선정작업을 지속적으로 추진하여 290여 항목의 KPI구조를 완성하였다. 또한 KPI를 산정하는 공식과 측정기준을 확립하였으며, 연도별 실적치를 측정하고 다음해의 목표치를 결정하였다.

[그림 7-4]는 KPI 기준을 설정한 예이다.

그리고, 선정된 KPI의 측정데이터를 원하는 시간에 원하는 형식으로 시스템에서 자동으로 즉시 조회가 가능하게 하기 위하여 SAP ERP의 BIW(Business Information Warehouse)를 도입하여 1단계에서는 재무/원가부문에, 그리고 2단계에서는 영업/물류 등 전 부문에 걸쳐 적용하였다. 그 결과로 추가로 엑셀을 사용하여 1차, 2차 데이터를 가공하지 않고도 의사결정을 위한 객관적인 데이터가 모아짐으로써 경쟁우위를 가지며 사업을 운영하는데 필요한 합리적인 의사결정을 하게 되었다.

그림 7-4 KPI 설정기준 예시

프로세스 명칭		KPI				실적치	목표치	기 간	비 고
		No	부 서	명 칭	공 식				
3.0	생산 및 출하	1	Plant Manager	On time delivery	$\frac{\text{Complete ready to shipments on time}}{\text{Promised ready to shipments}}$	80%	95%	Week	완성품
		2	Plant Manager	Customer's lead time	From S/O receipt to Ready to shipment	–	21 days	Month	
		3	Plant Manager	Inventory turnover days	$\frac{\text{12 months moving average inventory}}{\text{12 months moving SCOS}} \times 360$	38 days	38 days	Month	
		4	Plant Manager	Cost effect	Price level $\frac{\text{effective period}}{365}$	1.46%	1.34%	Month	
		5	Plant Manager	Price level	$\frac{\text{Yearly saving volume}}{\text{Planned yearly volume}}$	1.90%	2.23%	Month	
		6	Plant Manager	Productivity	$\frac{\text{Standard time}}{\text{Operation time}} \times 360$	91.1%	96%	Month	
		7	Plant Manager	Warrant failures (KPI #27)	$\frac{\text{Number of failures warranty period(12months)}}{\text{Number of machines during warranty period}}$	2.51	2.11	Month	failures/unit
		8	Plant Manager	Pure warranty cost(KPI #26)	$\frac{\text{Total pure warranty cost/Warranty machine}}{\text{Total SCOS/Sales machine}} \times 100$	1.52%	1.40%	Month	*SCOS : Standard cost of Sale
		9	Plant Manager	Accident-free	Accident-free attainable days		365 days	Days	
3.1	생산 계획	10	Planning & Schedule	Production plan	$\frac{\text{Actual production}}{\text{production plan}} \times 100$	98%	99%	Month	
		11	Planning & Schedule	Master schedule stability	Changed rate of production order within 3weeks	%	%	Week	Based on start date
		12	Planning & Schedule	CBU Turnover days	$\frac{\text{\# of inventory}}{\text{6 months moving average shipment}} \times \text{30days}$	10 days	5 days	Month	Including K

1.3 ERP구축의 효과

이 사례는 ERP를 통한 경영혁신 사례로서 주요 KPI를 분석한 효과를 보면, 삼성중공업 건설기계 부문을 인수할 당시 4,500억원 정보의 매출액에 670억원의 적자에서 3년만에 300억원의 흑자를 달성하였으며, 그 이후에도 지속적으로 흑자를 내며 발전하여 왔다. 그리고 2007년에는 1조 6,000억원 정도의 매출액에 2,000억원이 넘는 흑자를 달성하였다. 또한 [그림 7-5]에서 볼 수 있는 바와같이 종업원 1인당 매출액이 ERP를 가동하기 시작한

그림 7-5 볼보사의 주요 KPI별 혁신효과

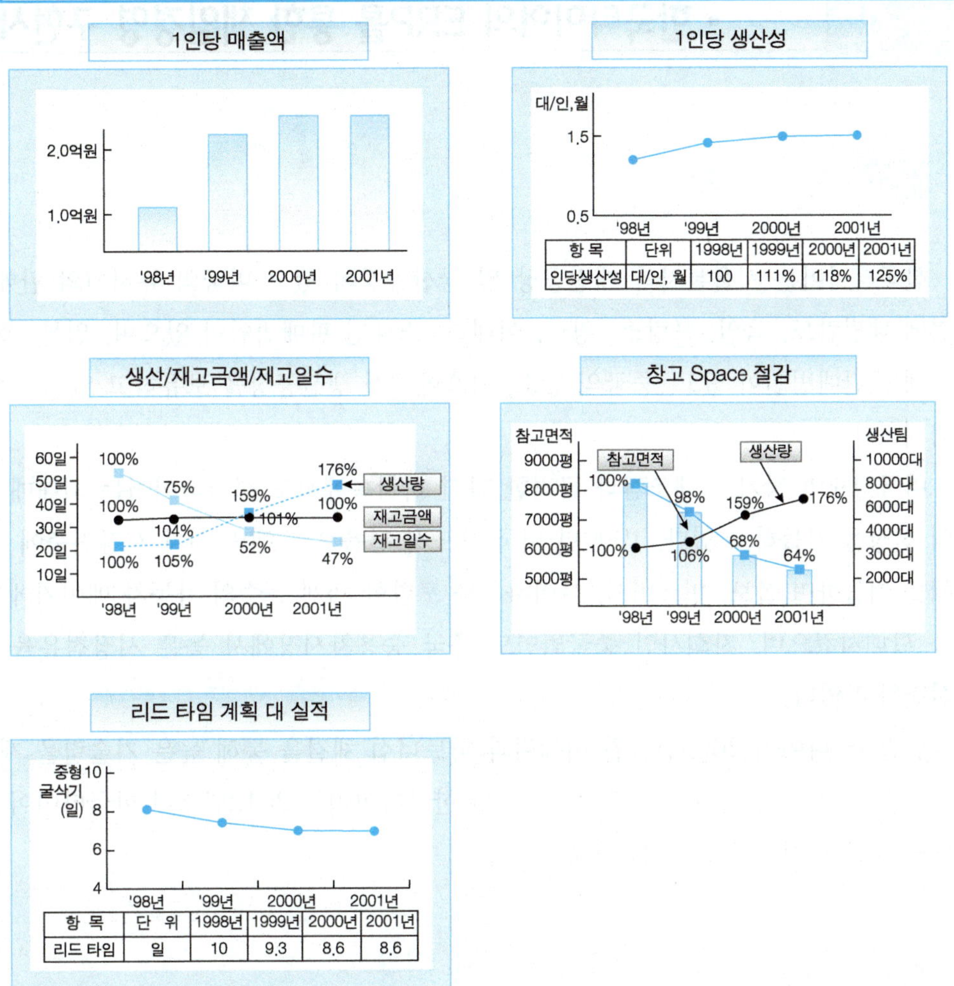

항 목	단위	1998년	1999년	2000년	2001년
인당생산성	대/인, 월	100	111%	118%	125%

항 목	단 위	1998년	1999년	2000년	2001년
리드 타임	일	10	9.3	8.6	8.6

시점에 2억여원에 불과하였지만, 프로세스 개선활동을 통하여 약 2배인 4억원으로 증가하였고 1인당 생산성도 향상되었다.

특히 자재의 재고회전률이 높아져 생산량이 증가하여도 재고금액은 늘어나지 않았고, 자재보관 창고의 면적도 현격히 줄어들었다. 자재결품에 의한 생산중단의 사태가 거의 없어지고, 신속하고 정확한 정보전달체계의 정착으로 제품생산 리드타임(Lead Time)이 짧아졌다.

02 한국타이어의 ERP를 통한 책임경영 구현사례

2.1 회사 소개

한국타이어는 서울본사와 대전공장 및 금산공장이 있고 미국의 뉴저지의 판매법인, 유럽에 네덜란드, 독일, 프랑스, 영국, 이태리, 스페인 판매법인이 있으며, 일본, 호주, 캐나다에도 판매법인이 있고, 중국의 강소, 가흥에 2개 생산공장을 보유하고 있는 타이어 생산업체이다.

미국경제의 장기 침체조짐과 급격한 달러 하락속에서도 한국타이어는 최대매출과 이익의 신장을 거듭하고 있다. 1999년 미국 포드사 납품으로 해외 신차 시장진출에 성공한 뒤 해를 거듭하며 볼보, 미쓰비시, 다이하츠를 포함한 세계 유수의 자동차 메이커에까지 납품을 확대시켰으며, 자회사인 중국법인도 중국 승용차시장에서 높은 시장점유율을 보이며 선전하고 있다.

한발 더 나아가 2003년 1월 미쉐린과 파트너십 체결을 통해 높은 기술력을 재인식시키고, 브랜드가치를 높여 나가고 있다. 또한 한국타이어는 2012년부터 한국타이어 월드와이드를 분할해 지주회사체계를 구축하였다.

2.2 ERP 및 확장형 ERP 추진 내용

여타 국내기업보다 비교적 ERP를 늦게 구축하기 시작한 한국타이어는 제조중심의 기업에서 시장지향적인 기업으로 변신하면서 ERP의 데이터를 획기적으로 활용하여 조기 결산 및 책임경영체제를 이룬 기업이다.

한국타이어사는 조직의 핵심역량 강화를 위한 기반조성, 조직의 구조적 변화 및 책임 경영체제 기반구축, ERP구축을 통한 글로벌 통합 기반조성이라는 세 가지 주요 목표를 가지고 2000년 7월에 ERP 프로젝트를 시작하였다. PI추진을 위하여 "Change Now! Or Never"라는 모토를 내걸고 PI실행전략을 수립하였다.

1단계로 국내본사 및 대전, 금산공장에 ERP시스템을 구축하면서, 동시에 미국 판매법인

ERP시스템을 완료하였다. 2단계로 유럽의 6개 법인과 일본 판매법인의 ERP시스템을 완료하고, 국내 CPM(Corporate Performance Monitoring)시스템을 확장형 ERP 차원에서 구축하였다.

한국타이어시스템의 특징은 ERP뿐만 아니라 공정계획을 위해 SCM 솔루션을 동시에 구현한 점과 물류/창고시스템으로 EXE패키지를 도입하는 등 단기간에 여러 패키지를 구현하고 이의 활용을 정상화시켰다는 점이다.

그 결과로 ERP시스템 가동 후 6개월이 지나면서 최대 출하를 기록하고 국내 대리점과 해외 바이어들도 한국타이어의 스피드 경영과 신속한 납기회답에 만족하였으며, 매월 3일이면 CEO가 시스템으로 결산 상황을 직접 보고 회사의 주요 의사결정을 할 수 있게 되었다.

한국타이어는 여기에 만족하지 않고 Post-ERP혁신을 지속적으로 추진하기로 결정하였다. 특히 한국타이어의 CEO는 ERP가 일회성으로 끝나는 것이 아니고 ERP를 활용하여 지속적인 경영혁신활동을 하도록 부서장들을 독려하였다. 이에 따라 2단계 구주의 6개 판매법인과 2개의 중국공장에도 ERP시스템을 구축하는 글로벌 경영체계를 계획하고, '수익성

그림 7-6 한국타이어 CPM시스템 화면

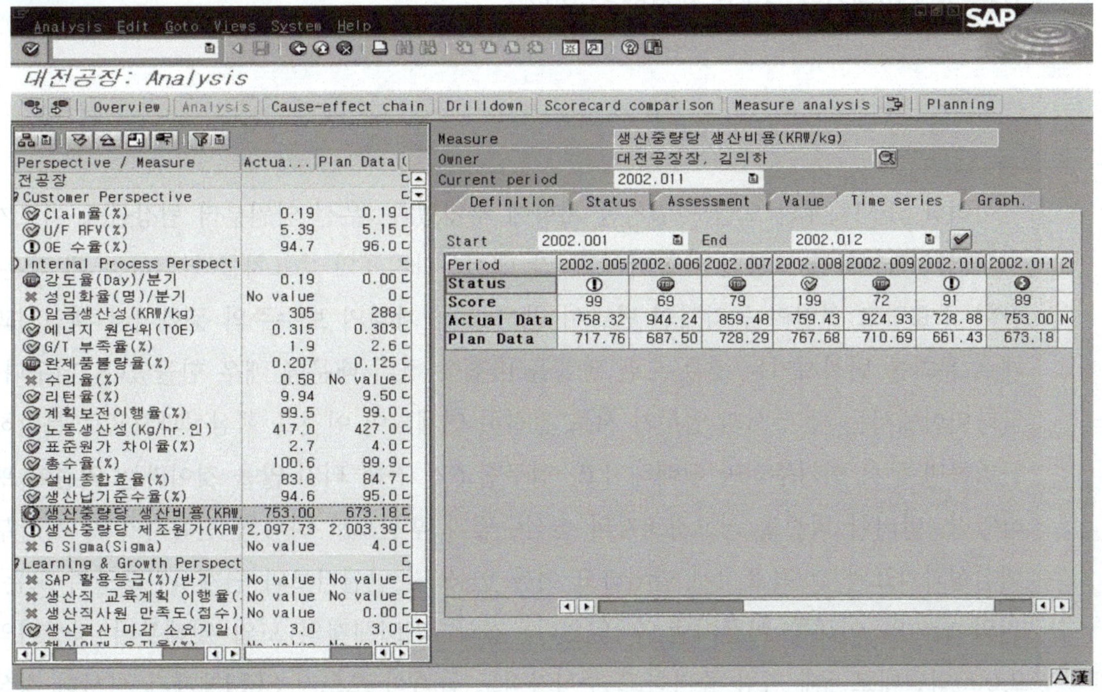

에 기반한 성장'이라는 신 비전을 선포하였다. 새로운 비전에 대한 실천의 일환으로 전사 전략과 연계한 균형성과지표(BSC)를 도출하고, 전략의 실행과 성공여부를 관리하는 기업 성과관리(Corporate Performance Monitoring)시스템을 도입하였다(그림 7-6참조).

2.3 ERP 및 확장형 ERP의 효과

ERP에서 정확하게 실시간으로 나오는 데이터를 기반으로 전사, 사업부, 팀별 핵심성과 지표(KPI)를 최종 확정하고, 책임경영을 강화하는 조직평가시스템 구축을 마련하는 동시에, 공정성을 제고할 수 있는 평가시스템을 구축하고, 우수 인재의 확보 및 동기부여를 가능케 하는 임직원 보상시스템을 구축하였다. 이에 따라 주주의 이익을 극대화시키는 성과 중심의 문화풍토를 조성함과 동시에 임직원 인센티브 제도를 전략실행을 위한 성과관리시스템과 연계함으로써 성과제도의 효과를 극대화시키는 강력한 수단이 되었다. 이와 같이 ERP와 SEM(Strategic Enterprise Management)으로 인해 프로세스 혁신뿐만 아니라 문화 혁신을 이룸으로써 구축전과 비교하여 이익과 주가가 각각 5배 이상씩 오른 놀라운 결과를 가져왔다. 이는 바로 혁신활동의 일환으로 확장형 ERP인 SEM을 전사전략 및 보상시스템으로 확대 연계시킨 결과로 해석할 수 있다.

2.4 SEM 도입과정의 변화관리

이러한 SEM체제의 도입도 엄청난 저항에 부딪혔다. 우선 임원부터 팀장들에 이르기까지 핵심성과지표를 도출하여 합의하고, 각 핵심성과지표의 목표치를 합의하는 데 많은 시간이 소요되고 현업의 공격적인 반발이 발생했다. 기존의 보수주의 문화에서 책임성과체계로 문화를 변화시키는 것은 오랜 관행을 바꿔야 하기 때문에 매우 힘들었다. 더구나 한국타이어에서는 각 부서의 업무가 서로 밀접히 연계되어 이것을 핵심성과지표로 분할하여 관리하면 부서 이기주의만 팽배해지고, 업무협조가 전혀 되지 않을 것이라는 의견이 팽배하였다. 이러한 의견을 최고경영자의 솔선수범과 후원으로 하나씩 변화시키고, 사장부터 핵심성과지표와 그 목표치에 합의하고 이를 연봉 및 인센티브와 연계시킴으로써 모든 임원의 합의와 이해를 이끌어낼 수 있었다. 결국 SEM체제의 도입 첫해부터 경상이익이 2,000억원대로 5배 가량 증가하고 주식가격도 급격히 오르자 SEM체계가 서서히 정상궤

도에 오르기 시작했다.

이와 같이 주주의 이익을 극대화시키는 성과중심의 문화풍토를 조성함과 동시에 임직원 인센티브제도를 전략실행을 위한 성과관리시스템과 연계함으로써 성과제도의 효과를 극대화시키는 강력한 수단이 되었다. 이는 바로 ERP도입과 더불어 혁신활동의 일환으로 확장형 ERP인 SEM을 전사전략 및 보상시스템으로 확대 연계시켰으며, 시스템이 조직에 미치는 영향을 조직에 대한 변화이론에 맞추어 꾸준히 교육시킨 변화관리의 성공이라고 그 결과를 해석할 수 있다. 특히 문화를 바꿔야 시스템이 정상적으로 운영될 수 있는 전사적인 SEM시스템은 ERP도입이 조직과 전략에 미치는 영향을 고려해야 한다는 점을 극단적으로 보여주는 좋은 사례라고 할 수 있다.

03 • ERP 추진 시의 변화관리에 대한 미니 사례

3.1 볼보건설기계 코리아의 변화관리 사례

ERP라는 새로운 시스템을 개발하자 사용자들은 기존에 자신들이 익숙해 있는 업무 프로세스와 똑같이 시스템을 개발하도록 종용하였다. 특히 국내영업과 생산계획 그리고 서비스 부문 등 거의 전 부문에 걸쳐서 이러한 현상이 발생했다. 이들은 “불규칙 선수금이나 불균등 할부금 판매 등의 영업프로세스가 없어지고 ERP에 있는 영업프로세스만으로 바뀌면 국내영업부문에서는 판매가 절대 이루어질 수 없다.” 또는 “생산부문에서 호기별 설계변경이 없어지고 ERP에 있는 날짜별 설계변경으로 바꾸면 재고가 엄청나게 늘어날 것이다”라고 단언하였다. 그 이유는 자신이 익숙해져 있는 업무를 보존하고, 또한 자신의 직무에 대한 위협, 직위에 대한 위협을 느끼면서 자신만이 할 수 있는 업무를 유지하기 위해서였다. 그러자 ERP시스템이 매우 복잡해져서 더 이상 구현이 어려울 정도의 설계가 이루어질 수밖에 없었다. 이 프로젝트의 PM과 모듈 리더들은 많은 회의를 거듭한 결과 시간이 오래 걸리더라도 최고경영자에게 위험관리 보고서를 제출하고 업무프로세스를 ERP에 맞추도록 사용자에 대한 변화관리를 할 것을 결정하였다. 시스템을 성공적으로 가동하고 1년여 후에 프로세스 혁신에 의한 여러 효과가 나타나면서, 이들은 어려움을 무릅쓰고 사용자에 대한 변화관리에 치중한 시스템 개발전략에 대한 결정이 맞았다고 확신하게 되었다.

3.2 동부제강의 변화관리 사례

동부제강에서는 2003년 2월부터 경영혁신을 추진하며 ERP와 SEM시스템을 도입하면서 회사의 업무관행을 획기적으로 변화시키자 현업담당자들의 엄청난 저항에 직면하였다. 오랜 업무관행에 익숙해져 ERP프로세스는 동부제강에 맞지 않다는 언행을 서슴치 않는 공격적인 행위와 ERP프로젝트에 무관심한 행동, 그리고 TFT에 책임을 전가시키는 행위들이 여러 부서에서 발생하는 것을 관찰할 수 있었다. 변화관리에 집중하는 것이 중요하다는 것을 알고 있었으나 일정계획 상 10월부터 TFT멤버가 교육을 진행하는 것은 거의 불가능한 일이었다. 사용자 교재와 매뉴얼 등 교육준비와 9월의 통합테스트와 10월의 데이터 이관 훈련으로 시간이 부족하였기 때문이었다. 30여명의 TFT인원이 동부제강의 수많은 ERP 현업사용자들을 두 달의 기간 동안에 다 교육하는 것도 사실상 불가능한 상황이었다. 많은 고심을 거듭한 끝에 이런 어려움을 극복하고자 TFT요원을 대신할 '불씨요원'으로서 현업강사 요원을 양성하기로 하였다. 현업의 핵심사용자(Key User)들 중에 현업에 능통한 젊은 구성원을 대상으로 강사 64명을 정예요원으로 선발하였다. 강사교육은 7월부터 9월까지 파트타임으로 진행되는 사전교육단계, 강의스킬 향상을 위한 2박 3일의 강의스킬 양성과정, 그리고 10월 1,2주에 10일간에 걸쳐서 풀 타임으로 모듈에 대한 집중교육을 하였다. 사내강사 양성 결과 교육기간 대비 실력 향상이 인정된다는 평가를 받았고, 교육이 끝난 후 전원이 현업교육에서 주강사나 보조강사로 활동하였다. 그 뒤 현업강사들은 ERP사용자 교육 이후에도 현업의 핵심멤버이자 ERP '불씨요원'으로 병행테스트와 시스템 오픈 때 가장 중요한 도우미 역할을 수행하였다. 현업이 불씨가 되어 전사에 혁신의 불씨를 뿌리는 것은 MIS개발자가 교육을 하는 것보다 훨씬 더 큰 효과가 있다고 생각된다. 왜냐하면 같은 현업업무를 하던 구성원들이 직접 변화된 프로세스와 시스템을 설명함으로써 훨씬 더 효과적인 변화분위기와 심리적인 해빙역할을 할 수 있기 때문이다. 총 12개 모듈에 단위과정 수가 109개 과정, 본사 5곳과 공장 6곳, 그리고 지사 1곳 등 모두 12개 교육장에서 강의가 이루어졌다. 이를 통해 연 인원 3703명, 연간 교육시간 1만 5162시간, 교육 참석률 97%의 실적으로 현업사용자 교육을 성공리에 수행할 수 있었다.

연 습 문 제

01 Post-ERP 경영혁신의 의미를 설명하시오.

02 볼보건설기계 코리아에서 프로세스 오너를 중심으로 5대 메가 프로세스를 혁신하기로 결정한 바 있다. 5대 메가 프로세스를 기술하고 간단히 설명하시오.

03 한국타이어의 확장형 ERP는 어떤 관점에서 접근하였는지를 기술하시오.

04 볼보사례와 한국타이어 사례를 바탕으로 성공적인 ERP구축을 위한 시사점을 설명하시오.

05 솔본전자에서 구축한 ERP와 테크노세미켐에서 구축한 독특한 ERP의 구현특징에 대하여 사례를 찾아보고 생각해보자.

06 삼성전자, 삼성SDI, SK Telecom, 에스콰이어, 한샘가구, 한국수력원자력, 동부전자, 한국중부발전, LS전선 등 수많은 국내의 우수 기업들이 SAP ERP를 구축하여 효과를 보았다. 각기 구축한 사례를 찾아보고, 구축 내용과 효과를 분석하시오.

07 동부제강에서 현업을 활용하여 ERP 교육을 시키고 변화관리에 성공하게 된 과정을 기술하시오.

참고문헌

1. 국내문헌

· 김영렬, 한대문, 『ERP 전략 & 회계정보시스템』, 한올출판사, 2008.
· 김은, 박진우, 박준호, 유세열, 『Enterprise Solutions』 어람출판사, 2005.
· 김정욱, 함용석 외 10인, 『경영정보시스템』, 박영사, 2007.
· 김현정, 이영희, "전사적 자원관리시스템의 조직 내 확산에 대한 저항요인", 하계통합학술대회 (경영정보학회 part), 2005, pp.1-14.
· 토머스 데이븐포트 외 2인 공저, 노부호, 함용석 외 9인 옮김, 『빅 아이디어』, 21세기북스, 2003.
· 래리 리츠먼 외 1인 공저 / 강종열, 민동권, 박재홍, 손병규, 원유동 공역, 『생산운영관리의 기초』, 시그마프레스㈜, 2004.
· 류중경, 『e-Business의 성공을 위한 ERP 및 e-ERP 구축 방법』, 삼양미디어, 2003.
· 류지철, 『글로벌 경제시대의 생산경영』, 한올출판사, 2005
· 백주현, 황규진, 함용석, 권오영, 송재도, 최성락 『현대경영의 이해』, 도서출판 두남, 2010.
· 변지석, 『ERP를 통한 경영혁신』, 라이트북닷컴, 2003.
· 시모도이 다카시 지음 / 윤재봉 외 2인 옮김, 『경영시스템 혁신을 위한 SAP R/3』, 대청, 2000.
· 조준서, 『CRM과 데이터마이닝』, 도서출판 청람, 2013
· 최정욱, 함용석, "전자 상거래 환경하의 SCM의 발전단계에 관한 연구", 한국생산관리학회지, 제14권, 제2호, 2003, pp.93-113.
· 함용석, 『가치사슬혁신을 통한 공급사슬관리』, 도서출판 두남, 2010.
· 함용석, 김태영, "H사의 공급망 환경에서의 생산계획 최적화 사례연구", 한국경영정보학회 추계컨퍼런스, 2006, pp.375-381.

· 함용석, 김태영, 박창순 "제조업종의 ERP 도입 전후에 대한 DEA 상대적 효율성 비교 평가", Journal of Information Technology Applications & Management, Vol.20, No.3, 2013, pp.169-185.
· 함용석, 남기찬, "ASP방식을 통한 제이텔의 ERP도입사례", Information Systems Review, Vol.24, No.1, 2002, pp.19-31.
· 함용석, 최정욱, "V사의 Post-ERP 혁신활동을 통한 가치 창출 사례", 한국 SI학회 추계학술대회 논문, 2002, pp.245-251.

2. 국외문헌

· Amako-Gyampha, K and Salam, A.F., "An Extension of the Technology Acceptance Model in an ERP Implementation Environment," Information and Management, Vol.41, 2004, pp.731-745.
· Andreas Vogel and Ian Kimbell, 『mySAP ERP For Dummies』, Wiley Publishing, 2005.
· Boo-Ho Rho, Yong-seok Hahm and Yung Mok Yu, "Improving Interface Congruence between Manufacturing and Marketing in Industrial-Product Manufacturers", International Journal of Production Economics, 37, 1994, pp.27-40.
· Cecil Bozarth, "ERP Implementation Efforts at Three Firms-Integrating Lessons from the SISP and IT-Enabled Change Literature", IJOPM, Vol.26, No.11, 2006.
· David King, Dennis Viehland and Jae Lee, 『Electronic Commerce-A Managerial Perspective』, Pearson Education International, 2006.
· Dimitris N. Chorafas, 『Integrating ERP, CRM, Supply Chain Management, and Smart Materials』, AUERBACH, 2001.
· Gattiker, T.F and Goodhue, D.L., "What Happens after ERP implementation: Understanding the Impact of Interdependence and Differentiation on Plant-Level Outcomes," MIS Quarterly, Vol.29, No.3, 2004, pp.559-585.
· Gerhard Keller and Thomas Teufel, 『SAP R/3 Process-Oriented Implementation-Iterative Process Prototyping』, Addison Wesley Longman, 1998.
· Gerhard Knolmayer, Peter Mertens and Alexander Zeier, 『Supply Chain Management Based on SAP Systems』, Springer, 2002.

· Glynn C. Williams, 『Implementing SAP R/3 Sales and Distribution』, McGraw-Hill, 2000.
· George W. Anderson and Danielle Larocca, 『Sams Teach Yourself SAP in 24 Hours』, Sams Publishing, 2006.
· Horst Keller and Sascha Kruger, 『ABAP Objects-ABAP Programming in SAP Netweaver』, Galileo Press, 2007.
· Jen-Her Wu and Yu-Min Wang, "Measuring ERP Success : the Ultimate User's View", IJOPM, vol.26 no.8, 2006.
· John Storey and Carloline Emberson et al., 『Supply Chain Management: Theory, Practice and Future Challenges』, IJOPM, Vol.26, No.7, 2006.
· Kenneth C. Laudon and Jane P. Laudon, 『Management Information Systems』, Pearson Education International, 2007.
· Lapointe,L. and Rivard, S., "A Multilevel Model of Resistance to Information Technology Implementation," MIS Quarterly, Vol.29, No.3, 2005, pp.461-491.
· Martin Murray, 『SAP MM-Functionality and Technical Configuration』, Galileo Press, 2006.
· Patrik Jonsson and Stig-Arne Mattsson, "A Longitudinal Study of Material Planning Applications in Manufacturing Companies", IJOPM, Vol.26, No.9, 2006.
· Quentin Hurst and David Nowak, 『Configuring SAP R/3 FI/CO』, SYBEX, 2000.
· Stanley E. Fawcett, Lisa M. Ellram and Jeffrey A. Ogden, 『Supply Chain Management: From Vision to Implementation』, Pearson Education International, 2007.

국문색인

ㅊ

ㅋ

ㅌ

ㅍ

ㅎ

영문색인

N, O

P

R

S

T

V

저자소개

■ 함 용 석

- 1993년부터 삼성SDS와 글로벌 경영컨설팅 회사인 Accenture 및 SAP Korea 등에서 근무하며 삼성전자 삼성중공업 조선해양사업부 및 영국생산법인, 삼성항공, 볼보건설기계코리아, 한국타이어, LG전자 등 국내 유수 기업들의 경영 컨설팅을 담당한 바 있다. 서강대학교에서 학사, 석사, 박사를 취득하고, 이화여자대학교, 서강대학교, 인천시립대학교 등에서 학부 및 대학원 강의를 담당하였다.
현재는 동양미래대학에서 ERP 및 SCM관련 과목을 강의하며, 대우조선, 삼성SDI 등에서 『Post-ERP 경영혁신』 과정과 『프로세스 최적화 및 성과지표관리』 과정 등 맞춤형 교육과정을 운영하고 있다. 또한 미국 APICS공인 생산/물류관리사(CPIM) 자격증을 보유하고 있으며, 독일 SAP사의 ERP관련 SD, MM, PP모듈에 대한 공인자격증을 가지고 있다.
- 『빅 아이디어(21세기북스)』, 『전자상거래와 SCM(도서출판 두남)』, 『경영정보시스템(박영사)』등의 주요 저서가 있으며, Improving Interface Congruence between Manufacturing and Marketing in Industrial-Product Manufacturers (International Journal of Production Economics) 등 국내외 학술지에 수십 편의 논문을 발표하였다.

ERP의 이해와 활용 – SAP ERP의 기능을 중심으로 한 –

2014년 2월 25일 1판 1쇄 인쇄
2014년 3월 5일 1판 1쇄 발행
2022년 1월 28일 1판 2쇄 발행

저 자 함 용 석
발행인 류 재 식 · 박 용 범
발행처 도서출판 북 넷

서울시 용산구 효창동 5-3 대신빌딩 2층
등 록 2007. 11. 1 / 제203-90-00857
전 화 (02) 395-2341
팩 스 (02) 395-2303

정가 30,000원

ISBN 978-89-98581-12-1 (93320)
e-mail : book2341@naver.com